经以济世
建言献策

贺教育部
重大攻关项目
成果出版

李晓林
题于京华

教育部哲学社会科学研究重大课题攻关项目

"十四五"时期国家重点出版物出版专项规划项目

推动智库建设
健康发展研究

RESEARCH ON PROMOTING
THE HEALTHY DEVELOPMENT OF
THINK TANKS CONSTRUCTION

李 刚

等著

中国财经出版传媒集团

经济科学出版社

Economic Science Press

图书在版编目（CIP）数据

推动智库建设健康发展研究/李刚等著 . – – 北京：
经济科学出版社，2022.7
教育部哲学社会科学研究重大课题攻关项目 "十四
五"时期国家重点出版物出版专项规划项目
ISBN 978 – 7 – 5218 – 3892 – 3

Ⅰ.①推…　Ⅱ.①李…　Ⅲ.①咨询机构 – 研究 – 中国
Ⅳ.①C932.82

中国版本图书馆 CIP 数据核字（2022）第 202944 号

责任编辑：孙丽丽　戴婷婷
责任校对：靳玉环　李　建
责任印制：范　艳

推动智库建设健康发展研究

李　刚　等著
经济科学出版社出版、发行　新华书店经销
社址：北京市海淀区阜成路甲 28 号　邮编：100142
总编部电话：010 – 88191217　发行部电话：010 – 88191522
网址：www.esp.com.cn
电子邮箱：esp@esp.com.cn
天猫网店：经济科学出版社旗舰店
网址：http://jjkxcbs.tmall.com
北京季蜂印刷有限公司印装
787×1092　16 开　39.5 印张　760000 字
2022 年 11 月第 1 版　2022 年 11 月第 1 次印刷
ISBN 978 – 7 – 5218 – 3892 – 3　定价：158.00 元
（图书出现印装问题，本社负责调换。电话：010 – 88191510）
（版权所有　侵权必究　打击盗版　举报热线：010 – 88191661
QQ：2242791300　营销中心电话：010 – 88191537
电子邮箱：dbts@esp.com.cn）

课题组主要成员

首席负责人　李　刚

首席专家　李　刚

主要成员（以姓氏笔画为序）

　　王　文　王斯敏　甘　琳　刘西忠

　　刘鸿武　吕诚诚　陈亚明　陈　霏

　　沈国麟　钱楚涵　唐洲雁　魏　弋

总　序

哲学社会科学是人们认识世界、改造世界的重要工具，是推动历史发展和社会进步的重要力量，其发展水平反映了一个民族的思维能力、精神品格、文明素质，体现了一个国家的综合国力和国际竞争力。一个国家的发展水平，既取决于自然科学发展水平，也取决于哲学社会科学发展水平。

党和国家高度重视哲学社会科学。党的十八大提出要建设哲学社会科学创新体系，推进马克思主义中国化、时代化、大众化，坚持不懈用中国特色社会主义理论体系武装全党、教育人民。2016 年 5 月 17 日，习近平总书记亲自主持召开哲学社会科学工作座谈会并发表重要讲话。讲话从坚持和发展中国特色社会主义事业全局的高度，深刻阐释了哲学社会科学的战略地位，全面分析了哲学社会科学面临的新形势，明确了加快构建中国特色哲学社会科学的新目标，对哲学社会科学工作者提出了新期待，体现了我们党对哲学社会科学发展规律的认识达到了一个新高度，是一篇新形势下繁荣发展我国哲学社会科学事业的纲领性文献，为哲学社会科学事业提供了强大精神动力，指明了前进方向。

高校是我国哲学社会科学事业的主力军。贯彻落实习近平总书记哲学社会科学座谈会重要讲话精神，加快构建中国特色哲学社会科学，高校应发挥重要作用：要坚持和巩固马克思主义的指导地位，用中国化的马克思主义指导哲学社会科学；要实施以育人育才为中心的哲学社会科学整体发展战略，构筑学生、学术、学科一体的综合发展体系；要以人为本，从人抓起，积极实施人才工程，构建种类齐全、梯队衔接的高校哲学社会科学人才体系；要深化科研管理体制改革，发挥高校人才、智力和学科优势，提升学术原创能力，激发创新创造活力，建设中国特色新型高校智库；要加强组织领导、做好统筹规划、营造良好学术生态，形成统筹推进高校哲学社会科学发展新格局。

哲学社会科学研究重大课题攻关项目计划是教育部贯彻落实党中央决策部署的一项重大举措，是实施"高校哲学社会科学繁荣计划"的重要内容。重大攻关项目采取招投标的组织方式，按照"公平竞争，择优立项，严格管理，铸造精品"的要求进行，每年评审立项约 40 个项目。项目研究实行首席专家负责制，鼓励跨学科、跨学校、跨地区的联合研究，协同创新。重大攻关项目以解决国家现代化建设过程中重大理论和实际问题为主攻方向，以提升为党和政府咨询决策服务能力和推动哲学社会科学发展为战略目标，集合优秀研究团队和顶尖人才联合攻关。自 2003 年以来，项目开展取得了丰硕成果，形成了特色品牌。一大批标志性成果纷纷涌现，一大批科研名家脱颖而出，高校哲学社会科学整体实力和社会影响力快速提升。国务院副总理刘延东同志做出重要批示，指出重大攻关项目有效调动各方面的积极性，产生了一批重要成果，影响广泛，成效显著；要总结经验，再接再厉，紧密服务国家需求，更好地优化资源，突出重点，多出精品，多出人才，为经济社会发展做出新的贡献。

作为教育部社科研究项目中的拳头产品，我们始终秉持以管理创新服务学术创新的理念，坚持科学管理、民主管理、依法管理，切实增强服务意识，不断创新管理模式，健全管理制度，加强对重大攻关项目的选题遴选、评审立项、组织开题、中期检查到最终成果鉴定的全过程管理，逐渐探索并形成一套成熟有效、符合学术研究规律的管理办法，努力将重大攻关项目打造成学术精品工程。我们将项目最终成果汇编成"教育部哲学社会科学研究重大课题攻关项目成果文库"统一组织出版。经济科学出版社倾全社之力，精心组织编辑力量，努力铸造出版精品。国学大师季羡林先生为本文库题词："经时济世　继往开来——贺教育部重大攻关项目成果出版"；欧阳中石先生题写了"教育部哲学社会科学研究重大课题攻关项目"的书名，充分体现了他们对繁荣发展高校哲学社会科学的深切勉励和由衷期望。

　　伟大的时代呼唤伟大的理论，伟大的理论推动伟大的实践。高校哲学社会科学将不忘初心，继续前进。深入贯彻落实习近平总书记系列重要讲话精神，坚持道路自信、理论自信、制度自信、文化自信，立足中国、借鉴国外，挖掘历史、把握当代，关怀人类、面向未来，立时代之潮头、发思想之先声，为加快构建中国特色哲学社会科学，实现中华民族伟大复兴的中国梦做出新的更大贡献！

教育部社会科学司

摘　要

本书以"新型智库建设"为主题，以"健康发展"为核心理念，按照"现状—问题—对策"的研究思路，分为三部分，共计十五章。第一部分包括第一至八章，以论述中国特色新型智库建设的成果与进展为主；第二部分即第九章，总结了中国特色新型智库建设过程中存在的堵点与问题；第三部分包括第十至十五章，从不同方面针对性提出疏通建设堵点、推动智库健康发展的重要方案。本书围绕新型智库建设的一系列理论与实践问题，借助文献调研法、历史研究法等，对中国特色新型智库的基本范畴、源流与演进等进行深入分析与梳理；运用专家调查法、案例分析法、实证分析法等，归纳总结 2015 年以来我国智库建设的治理体系、发展格局、实体运行等现状；通过系统分析法、对比分析法等，从智库外部的发展生态，到智库与政策过程的关系，再到智库内部的人才队伍、科研管理、数字化建设、舆论引导与传播等，提出了富有逻辑性、可行性的利于新型智库建设健康发展的对策建议。

基于此，本书的学术价值主要体现在以下三点：第一，本书系统性地搭建并完善了中国特色新型智库理论体系，不仅系统论述了关于中国特色新型智库建设重要论述的理论渊源、实践基础、丰富内涵、理论与实践意义等，还创新性地从本质论、类型论、功能论、方法论入手剖析中国特色新型智库的基本范畴问题，系统梳理了中国特色新型智库的历史源流，夯实了推动智库建设健康发展的理论根基。第二，本书全方位地归纳并分析了中国特色新型智库建设现状，包括治理体系建设、智库发展格局、实体建设进程、智库研究与评价等，并总结了中国特色新型智库建设的"溢出效应",为智库界后续理论与实践工作提供重要参考。第三,本书系统地提出了中国特色新型智库建设现存堵点的解决方案与对策,包括智库的内部治理与科研管理、人才队伍建设、决策咨询模式创新、数字化保障体系建设、传播能力提升等,还对新型智库政策法规体系、决策咨询市场、协同创新发展体系和智库评价体系等行业生态问题进行科学规划与布局,为解决新型智库建设"重数量、轻质量""重形式传播、轻内容创新"等问题提供重要借鉴。

Abstract

This book is divided into three major parts with the theme of "the construction of new-type think tanks" and the core concept of "healthy development", and is based on the research idea of "status quo-problems-solutions", totaling 15 chapters. The first part includes chapters 1 to 8, which mainly discusses the achievements and progress of the construction of new-type think tanks with Chinese characteristics; The middle part, i. e. chapter 9, which summarizes the blockages and problems in the construction of new-type think tanks with Chinese characteristics; The next part, including chapters 10 to 15, proposes important solutions to unblock the construction blockages and promote the healthy development of think tanks from different aspects. This book focuses on a series of theoretical and practical issues in the construction of new-type think tanks. With the help of literature research method, historical research method, etc., this book provides an in-depth analysis and sorting out the basic categories, origin and evolution of new-type think tanks with Chinese characteristics; Using the expert survey method, case study method, empirical analysis method, etc., this book summarizes the governance system, development pattern, entity operation, etc. of the construction of China's think tank since 2015; Through systematic analysis and comparative analysis, we propose logical and feasible solutions for the healthy development of the construction of new-type think tanks, from the development ecology outside think tanks, to the relationship between the think tank and the policy process, to the internal talent team, scientific research management, digital construction, and public opinion guidance and communication within the think tank.

Based on this, the academic value of this book is mainly reflected in the following three points: First, this book systematically builds and improves the theoretical system of new-type think tanks with Chinese characteristics, not only systematically discusses the theoretical origin, practical basis, rich connotation, theoretical and practical significance of the important discourse on the construction of new-type think tanks with Chinese characteristics, but also innovatively analyzes the basic category of new-type think tanks with Chinese characteristics from the perspective of essence theory, type, function, and methodology, systematically sorts out the historical origin of new-type think tanks with Chinese characteristics, and consolidates the theoretical foundation for promoting the healthy development of the construction of new-type think tanks. Second, the book comprehensively summarizes and analyzes the current situation of the construction of new-type think tanks with Chinese characteristics, including the construction of the governance system, the development pattern of think tanks, the process of entity construction, and the research and evaluation of think tanks, etc., and concludes the "spillover effects" of the construction of new-type think tanks with Chinese characteristics, providing an important reference for the subsequent theoretical and practical work of the think tanks. Third, the book systematically proposes solutions and countermeasures for existing blockages in the construction of new-type think tanks with Chinese characteristics, including internal governance and scientific research management of think tanks, talent team construction, innovation in decision-making consultation mode, the construction of digital support system, and the enhancement of communication capability, etc. It also provides scientific planning and layout for policy and regulation system, decision-making consultation market, collaborative innovation development system, and evaluation system and other industry ecological issues of new-type think tanks, to provide important reference for solving the problems of "quantity but not quality" and "heavy communication but not content innovation" in the construction of new-type think tanks.

目 录
Contents

Contents

3

第一章

绪　　论

习近平总书记关于加强中国特色新型智库建设的重要论述是习近平新时代中国特色社会主义思想的有机组成部分，拥有鲜明的时代特征、深厚的理论来源和扎实的实践基础，本章主要工作是梳理和阐述关于加强中国特色新型智库建设重要论述的主要内容，为全书提供核心概念框架。

第一节　中国特色新型智库建设的理论渊源

任何思想的产生都不可能是无源之水、无本之木，都必然来源于对时代主题审时度势的认识、对社会实践的抽象和超越、对既有理论有所扬弃的继承。习近平总书记关于中国特色新型智库建设的重要论述有深厚的理论渊源，有丰富的社会实践基础，是对国家治理体系和治理能力现代化的新时代国家治理理论的系统思考。

一、继承并发展了中国共产党调查研究的优良传统

调查研究就是通过各种途径、运用各种方法，对客观事物进行调查了解和分析研究，获得对客观事物本质和规律的认识。它是人们认识世界和改造世界的重要途径，也是马克思主义的一种科学方法。理论联系实际是马克思主义的一个基本原则，而调查研究正是使理论联系实际、主观符合客观、认识与实践相统一的

根本途径。马克思主义的产生和它每一步的发展，都与调查研究有着内在的本质联系。

调查研究是马克思、恩格斯创立马克思主义伟大理论的实践基础。马克思和恩格斯十分重视对社会实际的调查与研究，在充分掌握客观现实和历史资料的基础上进行理性分析和科学概括，最终形成了辩证唯物主义和历史唯物主义的思想。为深入了解工人阶级的状况，马克思制定了关于各国工人阶级状况的统计调查提纲和《工人调查表》，在表中提出了近百个问题，涉及工人生产生活的方方面面。撰写《资本论》的过程，也是马克思对资本主义社会进行调查研究的过程，为此他花费四十年时间，参阅一千五百多种书籍和档案资料，还研究了大量的调查报告和经济资料。恩格斯居留英国期间，用一年多时间对英国工人状况和工人运动进行了周密的调查研究，写出了著名的《英国工人阶级状况》。马克思、恩格斯在调查研究的基础上，科学总结无产阶级革命斗争经验、批判继承人类优秀思想文化成果，从而创立了马克思主义。毛泽东同志对此有过清晰的阐释，他指出："认识世界，不是一件容易的事，马克思、恩格斯努力终生，作了许多调查研究工作，才完成了科学的共产主义。"①

毛泽东同志在没有接触到马克思主义的调查研究理论之前就高度重视调查研究，重视国情研究。1917 年暑假，毛泽东与好友结伴同行，从长沙出发，历时一个多月，风餐露宿，步行游历了宁乡、安华、益阳、沅江等地。1920 年 3 月，毛泽东在致友人的信中指出："吾人如果要在现今的世界稍为尽一点力，当然脱不开'中国'这个地盘。关于这地盘内的情形，似不可不加以实地的调查，及研究。"② 大革命时期毛泽东的农村社会调查越发深入，代表作有《中国佃农生活举例》（1926 年）和《湖南农民运动考察报告》（1927 年），后者标志着毛泽东调查研究理论与实践日臻成熟。土地革命战争时期毛泽东在指挥繁重的军事斗争同时坚持农村调查，留下了《寻乌调查》（1930 年 5 月）、《兴国调查》（1930 年 10 月）、《东塘等处调查》（1930 年 11 月）、《木口村调查》（1930 年 11 月）、《长冈乡调查》（1933 年 11 月）、《才溪乡调查》（1933 年 11 月）等名篇。基于这些社会调查，他提出了"没有调查就没有发言权""中国革命斗争的胜利要靠中国同志了解中国情况"③ 等著名论断，提出了走农村包围城市、武装夺取政权的道路，成为中国革命的重大转折。1941 年春天，毛泽东同志亲自整理保存下来的调查材料，把《兴国调查》《长冈乡调查》和《才溪乡调查》等调查报告合

---

① 《毛泽东农村调查文集》，人民出版社 1982 年版，第 2 页。
② 中共中央文献研究室、中共湖南省委《毛泽东早期文稿》编辑组：《毛泽东早期文稿（一九一二年六月～一九二〇年十一月）》，湖南人民出版社 2008 年版，第 474 页。
③ 《毛泽东选集》第 1 卷，人民出版社 1991 年版，第 12 页。

编为《农村调查》一书，并亲自写了序言和跋。可以说，毛泽东创立的调查研究理论与方法就是今天我们说的战略研究、政策研究和国情研究。

新中国成立后，毛泽东同志多次号召全党进行系统的周密的调查研究，探索和挖掘社会主义革命和建设的客观规律。1956 年，毛泽东同志在一个多月的时间里全面听取了中央和国务院 35 个部门的工作汇报，在此基础上形成了《论十大关系》的讲话，成为指导我国社会主义建设的重要文献。[①] 1961 年，为克服国民经济遇到的严重困难，毛泽东同志亲自组织三个调查组，分别到浙江、湖南、广东调查研究，在此基础上制定了"农业六十条"，对促进国民经济恢复和发展起到了极为重要的作用。[②]

邓小平同志一向重视调查研究，他指出："我们办事情，做工作，必须深入调查研究，联系本单位的实际解决问题。"[③] "文化大革命"结束后，中国面临向何方去的关键抉择。1978 年 9 月 13～20 日，邓小平同志到辽宁、黑龙江、吉林、河北、天津调查研究，首次提出了全党工作中心转移的战略问题，为党的十一届三中全会实现伟大历史转折奠定了思想和政治基础。邓小平同志指出："世界天天发生变化，新的事物不断出现，新的问题不断出现，我们关起门来不行"。[④] 他带头走出国门，在一年的时间里先后访问了缅甸、尼泊尔、朝鲜、日本、泰国、马来西亚、新加坡、美国，作出了改革开放的重大决策。改革开放初期，邓小平提出到 20 世纪末人均国民生产总值翻两番，达到"小康水平"的设想。1980 年，他专门到几个省进行调查研究，调查实际可能性。1982 年，党的十二大根据邓小平同志的设想提出"翻两番、达小康"的宏伟目标。1983 年，邓小平同志到经济发展较快的苏浙沪地区进行调查研究，不仅肯定了"翻两番"目标的可行性，而且逐步形成了"三步走"发展战略。1992 年，邓小平同志用一个多月的时间到武昌、深圳、珠海、上海等地调查研究，发表了著名的"南方谈话"，作出建立社会主义市场经济体制的重大决策，进一步坚定改革开放路线。[⑤] 可以说，调查研究伴随着邓小平理论从产生到成熟的全过程。

重视调查研究历来是我们党的优良传统，也是我们党的重要工作作风和工作方法。习近平总书记对党的调查研究理论与方法谙熟于心，并在新时期发展了党

① 中共中央文献研究室编：《毛泽东年谱（一九四九～一九七六）》第二卷，中央文献出版社 2013 年版，第 528 页。
② 中共中央文献研究室编：《毛泽东年谱（一九四九～一九七六）》第四卷，中央文献出版社 2013 年版，第 527～564 页。
③ 《邓小平文选》第 2 卷，人民出版社 1994 年版，第 123 页。
④ 《邓小平文选》第 2 卷，人民出版社 1994 年版，第 128 页。
⑤ 中共中央文献研究室编：《邓小平年谱（1975～1997）》（下卷），中央文献出版社 2004 年版，第 126～1334 页。

的调查研究理论与方法。习近平总书记善于运用调查研究的工作方法，无论是主政地方，还是在中央工作，每每轻车简从、走入基层、亲近百姓，不仅畅通了与人民群众密切联系的渠道，而且掌握了第一手资料，查明了问题，找到了方法。他说："当县委书记一定要跑遍所有的村，当地（市）委书记一定要跑遍所有的乡镇，当省委书记一定要跑遍所有的县市区。"① 习近平总书记也始终坚持在治国理政实践中以"调研开路"。基于丰富的调查研究实践，习近平总书记多次在讲话和文章中阐述调查研究的原则和方法，逐渐形成了系统的调查研究思想。习近平总书记公开发行的文献中，集中论述调查研究的文章有《调研工作务求"深、实、细、准、效"》《调查研究就像"十月怀胎"》《调查研究要点面结合》《求知善读，贵耳重目》《谈谈调查研究》等。② 此外，一些重要文献如《坚持实事求是的思想路线》《在党的十九届一中全会上的讲话》也重点阐述或强调了调查研究。他不仅从党的思想路线高度来认识调查研究，而且阐述了调查研究的内涵、作用、方法、要求等。习近平总书记关于调查研究的理论阐述和经验总结，体现时代性、把握规律性、富于创新性，充满辩证唯物主义光辉和丰富的方法论内涵。

二、继承并发扬了中国传统优秀决策思维方法

任何思维主体都是在自身民族文化的熏陶下进行思维活动，民族的思维文化成果为主体开展思维活动提供了必需的立足点，民族的文化氛围以历史积淀的形式渗透在人民的思维中。因此，习近平总书记关于中国特色新型智库建设的重要论述是深深根植于中华民族的沃土之中，通过不断吸吮着中华民族漫长奋斗积累的文化养分逐渐形成的。

决策活动自古有之，决策思想蕴藏在我国古代文化瑰宝中——许多包含决策思想的文献著作，如《孙子兵法》《吕氏春秋》《战国策》《诸葛亮集》《史记》《贞观政要》《资治通鉴》《盐铁论》等③，其中记载着至今为人称赞的经典决策范例，蕴含着珍贵的决策思想和方法。以《孙子兵法》为例，它是对春秋时期千百次战争中的军事决策经验的系统总结，旨在指导将帅如何正确谋略和决策，这部兵书堪称我国古代决策的典范。习近平总书记也多次引用《孙子兵法》中的经典名句借以说

① 《习近平谈治国理政》，外文出版社2014年版，第440页。
② 黄海涛、任仕暄：《习近平新时代中国特色社会主义思想的形成和发展——以调查研究为科学依据》，载于《江汉学术》2019年第5期。
③ 李晓光、张伟伟：《论新时代决策思维方法的生成根基与整体构成》，载于《思想教育研究》2020年第8期。

明如何做决策，他引用"兵无常势，水无常形"，^① 强调在工作中要根据形势的变化，及时调整相应的思想观念、工作思路和工作重点。

绵延不断的传统文化增进了中华民族思维方式的稳定性，这种稳定性也直接浸润着习近平新时代决策思维方法。中华民族的先哲和仁人志士虽然没有直接提出决策思维方法的概念，但无不实际地运用着战略思维、创新思维、辩证思维、法治思维、底线思维，潜移默化地影响着后人的思维方法。^②

战略决策在军事活动中的运用最为广泛，所以我国古代兵法书籍中对战略思维原则的论述比比皆是。除军事活动之外，战略思维在治国安邦中的运用也较为普遍而且意义重大。司马迁在《史记·高祖本纪》中写到，汉高祖刘邦之所以赞誉张良"运筹于帷幄之中，决胜于千里之外"，就是由于他善于战略思维，为汉朝谋划了许多英明决策。在总结古代战略决策的经验与教训的基础上，清代陈澹然在《迁都建藩议》中提出"自古不谋万世者，不足谋一时；不谋全局者，不足谋一域"，这是对战略思维的经典概括，习近平总书记也经常引用这一名句告诫领导干部做决策时主动运用战略思维方法，切实提高战略思维能力。^③ 此外，习近平总书记还引用《史记》中的"聪者听于无声，明者见于未形"，^④ 强调在工作中要有远见卓识，高瞻远瞩。

创新思维的哲学基础就是认为世界万物是发展变化的。中华文化中的儒家和道家思想中，包含着"变易"哲学思想，深刻影响着中华儿女的创新思维。《大学》提出"苟日新，日日新，又日新"，把万物的发展看作一个新陈代谢、日日生新的过程。《诗经》写道"周虽旧邦，其命维新"，创新思维在传统治国实践中主要表现为革故鼎新，实施变法，历史上通过运用创新思维实施政治改革而实现国家强盛的例子不胜枚举。因而，习近平总书记在实施全面深化改革的重大决策中，引用了《盐铁论》中的"明者因时而变，知者随事而制"，^⑤ 强调改革要树立创新意识、拥有创新精神、运用创新思维。

辩证思维是中华民族一直保持的思维方式，英国学者李约瑟曾说："当希腊

---

① 《学习路上习近平论"辩证"：兵无常势，水无常形》，人民网，2021 年 7 月 17 日，http：//cpc. people. com. cn/xuexi/n/2015/0317/c385474 - 26702943. html。

② 张伟伟：《习近平新时代决策思维方法研究》，北京科技大学博士学位论文，2021 年。

③ 《习近平治国理政"100 句话"之："不谋全局者不足谋一域"》，央广网，2016 年 1 月 22 日，ht-tp：//news. cnr. cn/dj/20160122/t20160122_521203686. shtml。

④ 尹传政：《聪者听于无声，明者见于未形》，人民网，2020 年 5 月 8 日，http：//theory. people. com. cn/n1/2020/0508/c40531 - 31701074. html。

⑤ 《明者因时而变，知者随事而制》，人民网，2017 年 7 月 13 日，http：//theory. people. com. cn/n1/2017/0713/c40531 - 29402607. html。

人和印度人很早就仔细地考虑形式逻辑的时候，中国人一直倾向于发展辩证逻辑。"① 从思想史上看，《周易》阴阳学说所阐述的朴素辩证法，标志着中国传统辩证思维的确立。自此以后，中国古代哲学家和思想家非常重视对事物对立关系的考察和论述，孔子所说的"叩其两端"，老子列举的"有无""难易""祸福"等矛盾范畴都是中国传统哲学中辩证思维的体现。习近平总书记也屡次强调，要始终坚持唯物辩证的思想方法和工作方法。他运用辩证思维方法，提出"绿水青山也是金山银山"② 观点，作出建设美丽中国的决策。

中国历史思维源远流长。在中国传统的世界观和生活哲学中，可以说历史占据了中心位置。程颐说："凡读史，不徒要记事迹，须要识治乱安危兴废存亡之理。"（《程氏遗书》十八），善于运用历史思维，观今而思古，鉴古而知今，成为镶嵌在中国人骨子里的一个思维特征，也对习近平历史思维的形成产生了深远影响。③ 从《论语》记载中看，孔子常常通过表现对"郁郁乎文哉"的周代文化心驰不已的方式，来表达他对当时时代的不满；通过思慕周公、心仪周公的方式，来反省他所处的时代。司马光在《资治通鉴》中常常将他自己的价值观和时代背景投射到历史事实中去，"臣今所述，止欲叙国家之兴衰，著生民之休戚，使观者自择其善恶得失，以为劝戒，非若《春秋》立褒贬之法，拨乱世反诸正也"，从而使帝王从中领悟古今盛衰之变的道理。习近平在中央党校 2011 年秋季学期开学典礼上的讲话中说："在中国的史籍书林之中，蕴涵着十分丰富的治国理政的历史经验。其中包含着许多涉及对国家、社会、民族及个人的成与败、兴与衰、安与危、正与邪、荣与辱、义与利、廉与贪等等方面的经验与教训。"④ 中国古人善于从升平之世中总结丰富经验、从衰乱之世中汲取深刻教训的做法，深深影响了一个大国领导人的历史思维。

中国传统文化中没有直接提出"底线思维"的概念，但其中却蕴含丰富的底线思维思想资源。底线是事物的存在尺度。朱熹说："天下无无性之物。盖有此物，则有此性；无此物，则无此性。"其中的"性"就是此事物区别于其他事物的边界。底线思维首先表现为坚守原则，孔子把"礼"视为道德底线，提出"非礼勿视，非礼勿听，非礼勿言，非礼勿动"。孟子在修身养性运用底线思维方法，倡导坚持人格底线，"富贵不能淫、贫贱不能移、威武不能屈"。儒家中的

① ［英］李约瑟著，《中国科学技术史》翻译小组译：《中国科学技术史（第 3 卷）》，科学出版社 1990 年版，第 337 页。

② 郑端端：《品读习近平的"绿水青山也是金山银山"》，人民网，2014 年 8 月 18 日，http：//cpc. people. com. cn/pinglun/n/2014/0818/c241220 - 25488019. html。

③ 王涛：《习近平的历史思维研究》，山东大学硕士学位论文，2018 年。

④ 新华社：《习近平出席中央党校 2011 年秋季学期开学典礼并讲话》，新华网，2011 年 9 月 1 日，http：//www. gov. cn/jrzg/2011 - 09/01/content_1938689. htm。

"知止"思想就是底线思维的典型表现,"止"就是事物的界限,"知止而后有定,定而后能静,静而后能安,安而后能虑,虑而后能得。物有本末,事有终始。知所先后,则近道矣。"这就是在强调底线思维的重要意义。底线思维还表现为一种忧患意识,是对生存的预警,这也是中华文化积淀的智慧。中华民族在长期的发展中,已经形成了"先天下之忧而忧"的忧患意识。习近平总书记引用"安而不忘危,存而不忘亡,治而不忘乱",① 要求全党全国保持清醒的头脑,认清新形势下我国面临的国家安全挑战。

总体而言,习近平总书记关于中国特色新型智库建设的重要论述是在中国传统文化的滋养中形成的,其思维方法对传统思维方式不是照套照用,而是有鉴别、有扬弃地继承。

第二节　中国特色新型智库建设的丰富内涵

一、新型智库建设是国家治理体系和治理能力现代化的重要路径

习近平很早就认识到智库对决策的重要性。1990 年,时任福建省宁德地委书记的习近平在谈到发挥办公室的参谋作用时指出:"如果我们办公室能够综合四面八方的情况,并进行分析,像国外'智囊团'那样,经常提出一些重大的决策建议,就能为领导迅捷进行决策选择提供便利。"② 2005 年 11 月 2 日,时任浙江省委书记的习近平专门到浙江省委政策研究室调研,他特别提醒,政策研究部门的工作"既不是纯粹的理论研究,也有别于具体的工作部署,而是一种理论与实践相结合的对策性应用研究,必须强调研以致用。"③

2007 年到中央工作后,他更加重视政策研究的重要性。2012 年 11 月 8 日,党的十八大把智库建设正式写入文件,指出:"坚持科学决策、民主决策、依法决策,健全决策机制和程序,发挥思想库作用,建立健全决策问责和纠错

---

① 《习近平在中共中央政治局第十四次集体学习时强调:安而不忘危 存而不忘亡 治而不忘乱》,中新网,2014 年 4 月 27 日,https://www.chinanews.com/shipin/2014/04-27/news417321.shtml。
② 习近平:《摆脱贫困》,福建人民出版社 1992 年版,第 52、58、35~36 页。
③ 习近平:《干在实处,走在前列》,中共中央党校出版社 2006 年版,第 534 页。

制度。"① 在随后召开的 2012 年中央经济工作会议上，习近平强调要健全决策咨询机制，按照服务决策、适度超前的原则，建设高质量智库。② 在经济工作会议上强调智库建设，可见总书记对智库建设的重视。

2013 年 4 月 15 日，习近平总书记对智库建设作出重要批示（简称 "4·15批示"），明确提出了建设 "中国特色新型智库" 这个新目标，要求智库积极为中央科学决策提供高质量的智力支持。③ "4·15 批示" 是中央领导同志专门就智库建设所作出的最为明确、内涵最丰富的一次批示。一是把智库作为国家软实力的重要组成部分，随着形势的发展，智库的作用会越来越大，把智库建设上升到了国家战略高度；二是指出我国智库还相对滞后，应发挥更大的作用；三是明确提出了建设 "中国特色新型智库" 这个新目标；四是要积极探索中国特色新型智库的组织形式和管理方式，采取有效措施引导各类智库加强自身建设；五是要求智库积极为中央科学决策提供高质量的智力支持。2013 年 11 月，党的十八届三中全会通过的《中共中央关于全面深化改革若干重大问题的决定》（以下简称《决定》）进一步明确提出 "加强中国特色新型智库建设，建立健全决策咨询制度"，④把总书记 "4·15 批示" 上升为全党的统一共识和党中央的战略部署。加强中国特色新型智库建设成为一项重要的国家战略。

随后，智库建设列入了中国全面深化改革的议程，进入了顶层设计的框架，被切实提上了党政决策的议事日程。经过紧张的起草和意见征集，2014 年 10 月 27 日，《关于加强中国特色新型智库建设的意见》（以下简称《意见》）提交中央全面深化改革领导小组第六次会议审议，习近平总书记就智库建设再次发表重要讲话。他强调，要从推动科学决策、民主决策，推进国家治理体系和治理能力现代化，增强国家软实力的战略高度，把中国特色新型智库建设作为一项重大而紧迫的任务切实抓好。⑤

党的十八届三中全会提出："坚持把完善和发展中国特色社会主义制度，推进国家治理体系和治理能力现代化作为全面深化改革的总目标。"国家治理体系和治理能力是一个国家制度和制度执行力的集中体现。国家治理体系是在党领导

① 《坚定不移沿着中国特色社会主义道路前进　为全面建成小康社会而奋斗》，人民网，2012 年 11 月 09 日，http://cpc.people.com.cn/18/n/2012/1109/c350821-19529916-5.html.

② 汤建军、郑代良、黄渊基：《中国特色新型智库评价体系初探》，载于《湘潭大学学报（哲学社会科学版）》2018 年第 4 期。

③ 上海社会科学院智库研究中心项目组、李凌：《中国智库影响力的实证研究与政策建议》，载于《社会科学》2014 年第 4 期。

④ 新华社：《中共中央关于全面深化改革若干重大问题的决定》，载于《人民日报》2013 年 11 月 16 日。

⑤ 唐立军、陶品竹：《中国特色新型智库建设须着力几个 "强化"》，光明网，2022 年 5 月 6 日，https://m.gmw.cn/baijia/2022-05/06/35712089.html.

下管理国家的制度体系，认为中国特色新型智库属于国家制度体系的有机构成。这就揭示了中国特色新型智库的本质特征——新型智库不仅是实体性的机构，更是一种顶层的制度设计，它是实现决策科学化、民主化的一种基础性的现代制度。新型智库的科学性体现在它采用了现代社会科学的理论体系、建模方法、计算方法，基于互联网的各种数据收集与处理技术更使得智库的数据收集、分析、报告撰写与传播可以在很短的时间内完成，实现真正的"快速反应"研究。

新型智库的开放性和民主性特性体现在"集智"和"协商"功能，这是实现决策民主化的有力保障。中国传统党政智库，如党委政策研究室和政府研究室，属于党和政府的内部常设机构，虽然以政策研究为主要职能，但是其主要工作还是为领导机关起草文件。总体而言，这些智囊机构相对比较封闭。中国特色新型智库建设显然有助于改变传统的比较封闭的政策研究和决策体制，有助于进一步发挥其他系统（如党校、社科院、高校，甚至社会智库）的力量，形成开放、高效、科学的新的政策研究与决策体制。因此，中国特色新型智库建设事关国家现代治理体系和治理能力的现代化，事关决策的科学化和民主化。①

二、新型智库要坚持党的领导，坚持群众路线，发挥协商民主的独特优势

虽然中国特色新型智库是国家治理体系的有机构成，但是如何把这种制度优势转化为管理国家的效能，发挥新型智库的作用仍是需要探讨的理论问题。有人说新型智库是第五种权力，这是来自西方的智库理论，是建立在三权分立基础上的，意思是立法、司法、行政、媒体和智库五种权力并列。但是这种提法不符合中国国情。习近平总书记旗帜鲜明地指出中国特色新型智库建设"要坚持党的领导，把握正确导向，充分体现中国特色、中国风格、中国气派"。② 这就澄清了中国特色新型智库建设中的许多错误认识，使新型智库建设能沿着正确的道路前进。

第一，政策是党的生命。我们党一定要把政策研究、政策解读和政策宣传工作牢牢地抓在自己手上。大力发展新型智库的目的是健全党和政府的决策咨询制度，所谓"健全"，是在现有系统基础之上的完善，不是推倒重建，不是另建一套新型智库系统取代现有的决策咨询系统，更不是按照西方智库的理论建立一套

---

① 李刚、丁炫凯：《习近平治国理政思想是新型智库建设的指针》，载于《智库理论与实践》2016年第1期。

② 习近平：《全面推进依法治国也需要深化改革》，人民网，2014年10月27日，http：//jhsjk. peo-ple. cn/article/25917995。

独立于党和政府、代表"第五种权力"的新型智库，出现一个"影子政府"和"第二决策中心"，而是在党的统一领导下，以党政内部决策咨询机构为中心，推动党校行政学院、科学院、社科院和高校部分应用性社会科学研究机构，通过深化改革的途径向现代智库转型，培育民间智库，形成一个具有中国特色的新型智库体系。所谓"体系"就意味着既有一批高端智库，也有各具特色的专攻的小型智库；既有全国性智库，也有地方性智库；既有以政策研究见长的智库，也有以咨询见长的智库；既有数据型智库，也有理念创新型智库。体系建设的核心是多元、分工、专业、协同。但是不能忘记建立中国特色新型智库体系的根本目的是发挥我们党的统一领导的优势，各类智库要整合、要协同、要围绕大局，服务于中心工作。

第二，协商民主是中国特色的民主形式，智库是重要的协商渠道。实现民主的形式多种多样，一人一票仅仅是民主的一种形式，绝非唯一形式。协商是民主的更普遍、更本质的形式。协商民主是我国社会主义民主政治的特有形式和独特优势，是党的群众路线在政治领域的重要体现。我国已经初步建立了广泛多层制度化的协商民主体系。《决定》强调在党的领导下，以经济社会发展重大问题和涉及群众切身利益的实际问题为内容，在全社会开展广泛协商，坚持协商于决策之前和决策实施之中。[①] 2014 年 9 月，习近平总书记在全国政协成立 65 周年大会上将十八届三中全会概括的五种协商渠道细化为十种协商渠道，[②] 其中各类智库被总书记列入其中。协商的形式包括提案、会议、座谈、论证、听证、公示、评估、咨询、网络等多种形式。这就为智库赋予了民主协商和统一战线的职能，智库成为各方利益表达的场所。智库作为一个理性的、公开的、超脱的公共空间，作为民主协商的空间，可以对国计民生的重大政策问题进行讨论甚至交锋，这样就很有可能产生解决问题的新思维、新思路、新提法。而且作为政策协商空间，智库受到大众媒介和民粹主义影响较小，这有利于客观科学地进行政策辩论。[③]

三、新型智库要具有中国特色、中国风格和中国气派

坚持中国特色、中国风格和中国气派是由中国新型智库所面对的独特的政策

---

① 《习近平谈治国理政》，外文出版社 2014 年版，第 82、88、417 页。

② 叶小文、张峰：《协商民主：中国特色社会主义新篇章——学习习近平总书记在庆祝中国人民政治协商会议成立 65 周年大会上的重要讲话》，共产党员网，2014 年 9 月 23 日，https://news.12371.cn/2014/09/23/ARTI1411424761400276.shtml。

③ 李刚、丁炫凯：《习近平治国理政思想是新型智库建设的指针》，载于《智库理论与实践》2016 年第 1 期。

过程决定的。智库是围绕政策过程发挥作用的。公共政策过程从对问题的确认开始，通过政策议程设定使社会问题进入政策议程，决策者制定公共政策，优选出方案并将其合法化，之后由执行机构实施方案。这个过程在不同的国家是截然不同的。以美国为代表的西方国家，总统和国会处于政策过程的枢纽地位，总统除日常的行政行为外，大部分治理行为要通过立法的形式才能得以实现，立法就需要复杂的议会党团斗争，而议会党团不仅要代表各自选区选民的利益，而且受到众多利益集团的压力，很难站在全民福祉的立场作出决策。特别是中下阶层由于缺少政治代理人，他们的利益很难得到保障。美国智库就是在这样的政策过程中上下其手、发挥作用的。

相反，中国政策过程的枢纽是党和政府，政策合法化形式有两大类，一是法律法规，二是各级党和政府的文件。法律法规是党领导制定的，文件是党和政府直接制定的。虽然这个过程中没有美国那样热闹的政策辩论过程，但是中国在制定法律法规和重要文件时"征求意见"的过程非常漫长和仔细，已经制度化、规范化和程序化。专家学者是重要的意见征求对象。2014 年 7 月 8 日，习近平总书记在经济形势专家座谈会上指出："党的十八大和十八届三中全会要求加强中国特色新型智库建设，建立健全决策咨询制度。今天的经济形势专家座谈会，就是落实这个决策部署的重要体现。广泛听取各方面专家学者意见并使之制度化，对提高党的执政能力、提高国家治理能力具有重要意义。"[1] 习近平总书记的谈话表明，中国特色新型智库要发挥作用，必须切合中国的政策过程，中国政策过程的本质特征就是党领导各方力量设立政策议程，智库作为决策咨询制度的重要部分，当然要贯彻坚持党的领导原则。

四、新型智库建设重点是推动内容创新、提高研究质量、提升思维能力

2016 年 5 月 17 日，习近平总书记在哲学社会科学工作座谈会上讲话中，对智库建设作出专门论述，他指出：各级党委和政府要发挥哲学社会科学在治国理政中的重要作用。[2] 党的十八届三中全会提出，要加强中国特色新型智库建设，建立健全决策咨询制度。党的十八届五中全会强调，要实施哲学社会科学创新工程，建设中国特色新型智库。2015 年 11 月，国家高端智库建设试点工作方案通

---

[1] 习近平：《更好认识和遵循经济发展规律　推动我国经济持续健康发展》，人民网，2014 年 7 月 9 日，http://jhsjk.people.cn/article/25256114。

[2] 习近平：《在哲学社会科学工作座谈会上的讲话》，新华网，2016 年 5 月 18 日，http://www.xin-huanet.com//politics/2016 - 05/18/c_1118891128_4.htm。

过，第一批高端智库已经建立并运行起来。他在那次会议上强调，要建设一批国家亟需、特色鲜明、制度创新、引领发展的高端智库，重点围绕国家重大战略需求开展前瞻性、针对性、储备性政策研究。近年来，哲学社会科学领域建设智库热情很高，成果也不少，为各级党政部门决策提供了有益帮助。同时，有的智库研究存在重数量、轻质量问题，有的存在重形式传播、轻内容创新问题，还有的流于搭台子、请名人、办论坛等形式主义的做法。智库建设要把重点放在提高研究质量、推动内容创新上。要加强决策部门同智库的信息共享和互动交流，把党政部门政策研究同智库对策研究紧密结合起来，引导和推动智库建设健康发展、更好发挥作用。①

习近平向来强调思维方法的重要性。2003 年 11 月，他指出"一把手"要"用战略思维去观察当今时代，洞悉当代中国，谋划当前浙江，切实把本地、本部门的工作放到国际国内大背景和全党全国全省的工作大局中去思考、去研究、去把握，不断提高领导工作的原则性、系统性、预见性和创造性。"②2013 年 6 月，他指出："干部要勤于学、敏于思，认真学习马克思主义理论特别是中国特色社会主义思想体系，掌握贯穿其中的立场、观点、方法，提高战略思维、创新思维、辩证思维、底线思维能力，正确判断形势，始终保持政治上的清醒和坚定。"③

思维能力是中国特色新型智库建设核心竞争力的重要内容。战略思维能力，就是高瞻远瞩、统揽全局，善于把握事物发展总体趋势和方向的能力。④ 这就告诉我们，新型智库需要加强战略思维能力，增强战略定力，智库政策研究议程设定要能够透过纷繁复杂的表面现象，抓住真正的战略性和全局性问题。"不谋全局者，不足谋一域。"智库研究首先要看是否符合全局需要，"要真正向前展望、超前思维、提前布局"。⑤ 缺乏战略思维的政策研究不仅目光短浅，而且容易钻牛角尖，不知变通，提出的政策方案也很难把握形势发展的方向。

历史思维能力，就是以史为鉴，善于运用历史眼光认识发展规律，把握前进方向。习近平指出："历史、现实、未来是相通的。历史是过去的现实，现实是未来的历史。"⑥ 中国特色新型智库的政策研究、政策解读不能忘记历史的经验教训，中国的智库专家对党史国史"这门课不仅必修，而且必须修好"。⑦ 任何

---

① 习近平：《在哲学社会科学工作座谈会上讲话》，人民出版社 2016 年版，第 26～27 页。

② 习近平：《之江新语》，浙江人民出版社 2007 年版，第 20、166～167 页。

③④⑤ 《习近平谈治国理政》，外文出版社 2014 年版，第 82、88、417 页。

⑥ 《习近平谈治国理政》第一卷，外文出版社 2018 年版，第 67 页。

⑦ 宋子节、黄玉琦：《"开局！习近平落子布局这些事儿"系列报道之一——"这门功课不仅必修，而且必须修好"》，人民网 - 中国共产党新闻网，2021 年 8 月 4 日，http://cpc.people.com.cn/n1/2021/0804/c164113 - 32180993.html。

政策都有历史的渊源，都有变迁的轨迹。过分强调政策研究中运用模型等定量分析方法实际上是一种"去背景"的研究方法，这种脱离具体条件、具体环境的政策研究建议往往脱离实践，难以用于真正的实际需要。

创新思维能力，就是破除迷信经验、迷信本本、迷信权威的惯性思维，摈弃不合时宜的旧观念，以思想认识的新飞跃打开工作的新局面。[1] 习近平总书记指出："我国科技发展的方向就是创新、创新、再创新"，"不能总是用别人的昨天来装扮自己的明天"。[2] 创新驱动战略不仅是我国经济结构调整应该采取的发展战略，也应该是智库政策研究采取的战略。对于智库而言，创新是自己的生命力所在，如果陷入了"意识贫困"和"思路贫困"，那么智库就失去了存在的合法性。智库的主要工作就是政策创意、战略构想和计谋策划。"上兵伐谋"，而谋贵新、贵奇、贵用。智库要成为重要的新思路、新观念、新潮流、新提法、新举措的首要策源地，不能没有创新思维能力。

辩证思维能力，就是要坚持"两点论"，一分为二看问题，不走极端，注重统筹。习近平指出："当前我国正处在发展转型、体制转轨、社会变革的关键时期，我们在解决一些矛盾和问题时往往会面临两难的选择。因此，我们想问题、作决策、办事情，不能非此即彼，要用辩证法，要讲两点论，要找平衡点。"[3] 智库需要高超的辩证思维能力，在提出政策方案时不要追求完美的最优方案、理想方案，而要统筹兼顾，符合实际，如果方案"当前有成效、长远可持续"，那就是好方案。

底线思维能力，就是客观地设定最低目标，立足最低点，争取最大期望值的一种积极的思维能力。[4] 习近平指出："要善于运用'底线思维'的方法，凡事从坏处准备，努力争取最好的结果，这样才能有备无患、遇事不慌，牢牢把握主动权。"[5] 底线思维还意味着守住核心利益的底线绝不让步。中国有自己的国家核心利益，国家主权、祖国统一和领土完整等绝不能拿来做交易。另外，底线思维还指在社会政策上要"托底"，我们不能走福利国家之路，不切实际的高承诺、高福利、高债务，要么是失信于民、政府垮台，要么是债务累累、财政危机。[6]但是政府要发挥保基本、兜底线的作用。守住底线就是要形成以保障基本生活为主的社会公平保障体系，织好民生安全网的"网底"。

—————————

① ④ 《习近平总书记系列重要讲话读本》，民族出版社 2014 年版，第 110～111 页。

② 余惠敏、刘松柏：《跑好科技创新"接力赛"——习近平总书记重要讲话在两院院士中引起热烈反响》，载于《经济日报》2014 年 6 月 10 日。

③ 习近平：《干在实处，走在前列》，中共中央党校出版社 2006 年版，第 535 页。

⑤ 《习近平谈底线思维》，共产党员网，2019 年 1 月 30 日，https://www.12371.cn/2019/01/30/AR-TI1548832293162258.shtml? ivk_sa = 1024320u。

⑥ 《习近平总书记系列重要讲话读本》，民族出版社 2014 年版，第 180 页。

底线思维是智库进行公共政策设计时不可须臾忘却的原则。公共政策设计时要考虑到最坏情况，要考虑到最坏情况发生后的预案，要考虑到政策方案实施的最坏效果以及应对预案。脱离实际的华而不实的方案虽然看起来"高大上"，但是因为违反了底线思维方法，这些方案除了无谓地浪费社会资源，不会有任何积极的意义。我国的社会政策只能走群众路线，只能托底，保障群众的基本需求，而不仅是锦上添花。①

五、新型智库要坚持党的调查研究优良传统

习近平总书记经常引用陈云同志的一句话："领导机关制定政策，要用百分之九十以上时间做调查研究工作，最后讨论作决定用不到百分之十的时间就够了。"② 总书记高度重视调查研究工作对决策的重要性，他说："作出决策之前，先来听他个八面来风，兼听各种意见，深入了解所面临问题的本质，找出其规律，谋而后断；一旦做出决议，在解决问题过程没有结束之前，不作主体更改。"③ 调查研究是为决策服务的，但不仅于此，他认为调查研究还有另外三个作用：第一，调查研究是一个推动工作的过程。一项决策作出后，光靠从会议到会议、从文件到文件是不行的，也是解决不了问题的。领导干部必须沉下去加强调查研究，通过检查工作和批评问题敦促整改，从而使大家有压力、添动力、增活力。第二，调查研究是一个联系群众，为民办事的过程。第三，调查研究也是一个自我学习提高的过程。"在调查研究中，我们要敏而好学，不耻下问，虚心求教，做群众的学生，做群众的朋友。"④

关于如何做调查研究，习近平总书记指出，调研工作要求"深、实、细、准、效"。求"深"就是要深入群众，把基层跑遍、跑深、跑透；求"实"就是作风要实，做到听实话、摸实情、办实事；求"细"就是要听正反方面的意见，掌握全面情况；求"准"就是调查研究的结论要科学、准确，透过现象看本质，把握规律性的东西，提高调研结论的科学性；求"效"就是提出的解决问题的办法要切实可行，制定的政策措施要有较强操作性，做到出实招、见实效。⑤ 习近平认为，调查研究是一门科学，也是一门艺术。他系统地论述了调查研究的

---

① 李刚、丁炫凯：《习近平治国理政思想是新型智库建设的指针》，载于《智库理论与实践》2016年第1期。
② 习近平：《在纪念陈云同志诞辰110周年座谈会上的讲话》，新华网，2015年6月12日，http：//www.xinhuanet.com/politics/2015－06/12/c_1115603689.htm。
③ 习近平：《摆脱贫困》，福建人民出版社1992年版，第52、58、35~36页。
④ 习近平：《干在实处，走在前列》，中共中央党校出版社2006年版，第537页。
⑤ 习近平：《干在实处，走在前列》，中共中央党校出版社2006年版，第538页。

方法：第一，要提高调查研究对象的广泛性。现代社会是一个多样性的社会，由于社会分工日益精细，社会各方面的差异日益突出，这样局部和个体所具有的代表性会有所下降。过去那种"解剖麻雀"等典型调查方法就需要改进，不能"以点概面，以偏概全，只见树木不见森林"。对于领导干部来说，个人时间和精力有限，要解决这个矛盾，就要充分发挥各地各部门特别是综合调研部门的作用，充分调动社会各界的研究力量，充分利用现代化的信息手段，做到点面结合、上下结合、内外结合，多层次、多方位、多渠道地了解情况，使决策有更多的事实依据。① 第二，要提高调查研究内容的针对性。他认为，不少决策的针对性和可操作性不强，根子在调查研究少了一点儿，"情况不明决心大，心中无数点子多"。并指出，"调查研究要围绕中心工作，贴近实际、贴近群众、贴近决策，忙在点子上，谋在关键处，做到有的放矢，事半功倍，富有成效"。"对于多数调研成果而言，提高针对性也就意味着时效性，对热点问题以及领导关注的重要问题，必须集中力量，快速反应，及时调查，积极为领导谋思路、出点子、想对策、拿建议、解难题，满足领导的决策之需。'文当其时，一字千金'，生逢其时才能谋当其用，倘若时过境迁，工作重心转移，才慢腾腾地拿出调研成果，即使写得全面、正确、深刻，也为时已晚，难有大用。"② 第三，要提高调查研究方法的多样性。新型智库除了行之有效的调查会、研讨会、走访调查、蹲点调查、典型调查、实地考察等，还要"善于运用科学的调查方法，综合运用经济学、社会学、信息论、系统论、控制论等多学科理论，为正确决策提供全面、翔实、可靠的信息和数据。"③ 第四，要提高调查研究的有效性。政策研究部门不仅要重调查，更要重研究，"关键是调查后要善于研究，抓点时要善于管窥全豹，跑面中能够见微知著，综合提炼。"④

习近平总书记有关调查研究的指示为智库等综合调研部门提供了发挥作用的广阔空间，中国特色新型智库在工作方法上要充分吸收和应用习近平的调查研究思想。如果忽视我们党近百年积累的调查研究的传统，特别是总书记在新形势下对调研工作的真知灼见，智库工作实际上也就不可能形成中国特色。中国特色不仅体现在智库工作的中国语境，同样，坚持我党的调查研究传统并在新技术和新时代环境中加以发展也是坚持中国特色、中国风格和中国气派的必由之路。中国智库要在世界智库竞争中获得一定的话语权，模仿借鉴西方智库是必要的，但是如果没有"四个自信"，唯西方著名智库马首是瞻，恐怕很难获得应有的尊重。返本开新，这个"本"就是我们党的调查研究传统，如果能在我们的调查研究传

---

① 习近平：《之江新语》，浙江人民出版社 2007 年版，第 20、166～167 页。
②③④ 习近平：《干在实处，走在前列》，中共中央党校出版社 2006 年版，第 549～550 页。

统上形成独特的政策研究范式，中国智库的特色才可能形成，才可能在世界上拥有相应的话语权。

习近平总书记的治国理政思想博大深邃，我们在中国特色新型智库建设之初就要认真学习、努力运用总书记的思想和方法，为新型智库建设打下坚实的理论和方法论基础。中国特色新型智库是顶层的制度设计，根本目的是在党的领导下形成规范有序的公共政策讨论空间，只有着力提升思维能力，在充分发扬调查研究的优良传统基础上，努力运用现代社会科学的理论与方法，形成中国特色的公共政策研究范式，发扬钉钉子精神，不折腾、不反复，走专业化发展之路，才是中国特色新型智库建设的康庄大道。[①]

六、以滴水穿石的精神、功成不必在我的境界推进新型智库的专业化

习近平总书记强调要"重视专业化智库建设"。[②] 专业化智库建设至少包含三层意思。第一，中国特色新型智库需要专业精神。"专业"一词，原意就是利用高深知识和复杂技能服务于公共利益，比如医生、律师、工程师等现代白领职业。新型智库是从事公共政策研究的，是为党和政府提供决策支持的，因此，新型智库的专业精神就是要把公共利益放在个人利益之上。习近平总书记推崇的滴水穿石精神就应该是新型智库的专业精神。他曾经说："滴水穿石的自然景观，我是在插队落户时便耳闻目睹，叹为观止的。直至现在，其锲而不舍的情景仍每每浮现在眼前，我从中领略了不少生命和运动的哲理。"中国特色新型智库建设不可能一蹴而就，万里长城不是一日建成的，需要我们发扬滴水穿石的精神，"一滴滴水对准一块石头，目标一致，矢志不移，日复一日，年复一年地滴下去——这才造就了滴水穿石的神奇"。他还告诫我们："如果我们一说起改革开放，就想马上会四方来助，八面来风，其结果，只能是多了不切实际的幻想，少了艰苦奋斗的精神。"[③] 这些话切中肯綮，中国特色新型智库建设中已经出现了挂牌命名时热热闹闹，成立后冷冷清清的现象。在以往的各种研究中心、研究基地建设中早就出现了重申报、轻建设的现象。目前不少研究中心和研究基地都处于"僵尸状态"，其根本原因就是缺少总书记所说的滴水穿石的精神。他指出，

① 李刚、丁炫凯：《习近平治国理政思想是新型智库建设的指针》，载于《智库理论与实践》2016年第1期。

② 朱书缘：《习近平为何特别强调"新型智库建设"？》，人民网－中国共产党新闻网，2014年10月29日，http://theory.people.com.cn/n/2014/1029/c148980－25928251.html。

③ 习近平：《摆脱贫困》，福建人民出版社1992年版，第52、58、35～36页。

滴水穿石、"喻之于人，是一种前仆后继，勇于牺牲的人格的完美体现。一滴水，既小且弱，对付顽石，肯定粉身碎骨。它在牺牲的瞬间，虽然未能看见自身的价值和成果，但其价值和成果体现在无数水滴前仆后继的粉身碎骨之中，体现在终于穿石的成功之中。"[①] 中国特色新型智库建设需要一代又一代专家发扬这种精神，致力于专业化智库的建设。

第二，智库专业化建设一方面指各智库要术业有专攻，另一方面各智库在自己专业领域还要有主攻方向，在主攻方向上有"拳头产品"。中国需要建设"具有较大影响和国际性影响力"的世界性大智库，但是大智库并不意味着就一定有大影响力，综合性智库也并不意味着就一定有普遍的影响力。如果大智库是由许多名不见经传的研究中心或者研究所组成，那弱弱相加，结果还是弱，数量的简单累计不会带来质变。因此，中国特色新型智库专业化建设首先就需要每个智库根据自己的知识积累和学科专长确定专业范围，比如国际关系类智库就需要明确自己是涉海的，还是国际法的，是国际贸易的，还是军事战略的。确定了智库的专业范围，还要有主攻方向，比如，虽然都是国际贸易专业方向的智库，但是主攻方向可以不同，有主攻中美贸易的，有主攻中国与中亚贸易的。采用这种差异化发展战略，智库的研究才能见深度，才能具有洞察力。另外，在主攻方向应该有"拳头产品"和品牌化产品，比如美国宾夕法尼亚大学的全球智库索引，就是一个很好的品牌化产品，它代表了美国在世界智库研究界的话语权。

在中国特色新型智库建设中除了必要的大而全、全而强的少数智库外，要尽量避免出现小而全的智库，小而全的智库必定是小而弱的。一个智库没有优势学科基础，没有长期理论研究的积累，那它的政策研究和政策咨询就是无源之水、无本之木。美国智库业的发达和美国社会科学的发达有极大的关系，而且许多知名美国智库的历史非常悠久，大部分顶级智库成立在"二战"前后，数十年的知识积累才造就了当今的美国智库的优势地位。没有主攻方向，没有"拳头产品"的智库肯定不是专业智库，没有专业的智库肯定是没有特色的智库，就更谈不上中国特色、中国风格和中国气派了。因此，专业性是中国特色、中国风格和中国气派的基础。

第三，智库专业化还体现在科学的研究方法、规范的运作流程和客观的管理体系上。在《意见》中提出的四大基本原则之一，就是要求新型智库要"坚持科学精神，鼓励大胆探索"。[②] 评价一个智库专业与否，就看它的研究有没有秉持科学精神。智库研究应该不唯上、不媚下、不迷信书本、坚持科学精神。科学

---

① 习近平：《摆脱贫困》，福建人民出版社 1992 年版，第 43 页。
② 中共中央办公厅、国务院办公厅：《关于加强中国特色新型智库建设的意见》，中国政府网，2015 年 1 月 20 日，http：//www.gov.cn/xinwen/2015－01/20/content_2807126.htm。

精神体现在科学方法。1946 年成立的美国兰德公司之所以能够获得美国空军的青睐，关键原因就是研究方法的创新。兰德创始人之一威廉姆斯和兰德的科学家一起优化了运筹学分析的理念，创立了一套分析系统，这个系统可以鉴别政策决策，用科学的方法评估政策的科学性，使决策者以目标为标准作出理性的抉择。这被称为"系统分析法"，是兰德对政策分析学科最重要的贡献。[①] 另外，西方顶级智库管理非常规范，财务、人员、项目、公共关系、运营管理的水准都和著名的营利性咨询公司相差无几，体现了高度的专业性。这显然是中国特色新型智库建设借鉴的重点。[②]

第三节 中国特色新型智库建设的基本路径

习近平总书记关于中国特色新型智库建设的重要论述内涵丰富、意义深远。从理论意义上讲，习近平总书记关于中国特色新型智库建设的重要论述阐明了中国特色新型智库的属性、定位与责任担当。从实践意义上讲，习近平总书记关于中国特色新型智库建设的重要论述明确了中国特色新型智库的发展战略、重点工作和亟需解决的主要问题。

一、阐明了中国特色新型智库属性、定位与责任担当

党的十八届三中全会通过的《决定》提出，加强中国特色新型智库建设，建立健全决策咨询制度。近年来，习近平总书记多次对智库建设作出重要批示，[③] 指出智库是国家软实力的重要组成部分，要高度重视、积极探索中国特色新型智库的组织形式和管理方式等。这些重要论述既表明新型智库建设是推进国家治理体系和治理能力现代化的重要内容，又为建设中国特色新型智库指明了根本方向、提出了总体要求。

中国特色新型智库，立足于中国国情，其发展路径、功能定位和体系建设，与西方智库相比有着明显不同，也与我国古代智囊不同，在于它是规范化、制度

---

① 历克斯·阿贝拉：《兰德公司与美国的崛起》，新华出版社 2011 年版，第 13 页。
② 李刚、丁炫凯：《习近平治国理政思想是新型智库建设的指针》，载于《智库理论与实践》2016年第 1 期。
③ 朱书缘：《习近平谈建设新型智库：改革发展任务越重越需要智力支持》，人民网 – 中国共产党新闻网，2015 年 1 月 21 日，http://cpc.people.com.cn/xuexi/n/2015/0121/c385475 – 26422432.html。

化和科学化的咨询机构，是智力集中地，并以服务社会为宗旨，以服务决策为实现宗旨的手段。中国特色新型智库建设是当前和今后一个时期我国智库发展的基本方向。中国特色新型智库就是在党的领导下，坚持中国特色社会主义，官方智库和民间智库多元主体共存共发展，为党、政府和社会提供政策研究和公共决策咨询、政策解读、决策方案评估等服务，它涵盖的范围极其广泛，是国家的软实力，是国家治理体系和治理能力的组成部分。

建设高质量中国特色新型智库是时代要求。当前，我国正处于全面深化改革的攻坚期和经济增长的阶段转换期，无论是改革方案还是重大政策制定的社会利益相关性、复杂性都不亚于以往任何时期，党中央、国务院对科学决策、民主决策、依法决策以及决策正确度的要求越来越高。可以毫不夸张地说，大变革的新时代已经发出了呼唤智库彰显能量的最强音，历史赋予智库的任务更为艰巨、责任更加重大。

使我国智库真正承担起时代赋予的重任，必须从国家治理体系和治理能力现代化的高度，重视建设中国特色新型智库。一方面，应从国家层面、社会层面创造有利于智库健康发展的环境和条件；另一方面，各类智库要自强自立、有声有为，积极参与决策，正确影响决策。我国各类智库既要遵循决策咨询工作规律，充分吸收借鉴国际先进经验，探索和创新组织形式和管理方式，增强战略谋划能力和综合研判能力，不断提高决策咨询服务水平；更要充分认识我国政治体制和决策机制与西方国家有着明显差异，建设新型智库必须符合我国国家治理体系的特点，符合国情、党情、社情，符合中国特色社会主义制度的根本要求。通过建设高质量的中国特色新型智库，力争为各级党政组织及各类经济实体的决策提供管用的政策建议和咨询意见，提升国家软实力，推进国家治理体系和治理能力现代化。

二、确立了国家高端智库示范引领梯次推进的新型智库发展格局

根据《意见》要求，我国坚持高起点推进、高标准建设，加快实施"国家高端智库建设规划"，鼓励各级各类智库大胆探索、试点先行，发挥改革试点的侦察兵和先遣队作用，以点带面、找出规律、凝聚共识，为全面推进智库建设工作积累经验、创造条件。习近平总书记一直亲自关注国家高端智库试点工作。2015 年 11 月 9 日，中央全面深化改革领导小组第十八次会议审议通过了《国家高端智库建设试点工作方案》（以下简称《试点工作方案》），[1] 强调要紧紧围绕

---

[1] 闵学勤：《智库驱动：社会治理创新的中国探索》，载于《南京社会科学》2016 年第 2 期。

"四个全面"战略布局，以服务党和政府决策为宗旨，以政策研究咨询为主攻方向，以完善组织形式和管理方式为重点，以改革创新为动力，重点围绕国家重大战略需求，开展前瞻性、针对性、储备性政策研究。《试点工作方案》从试点单位的入选条件、认定程序，到试点单位运行管理的具体措施，对国家高端智库试点各项工作予以明确。2015 年 12 月 1 日，国家高端智库建设试点工作启动会在京举行，25 家机构入选首批国家高端智库建设试点单位。[①]

按照中央要求，国家高端智库实行理事会制度，在全国哲学社会科学规划领导小组下设立国家高端智库理事会，将其作为国家高端智库建设的议事机构和评估机构，承担把握战略方向、审议重大决策、指导科研规划、实施监督评估等职责，具体负责审议国家高端智库建设的发展规划和规章制度，提出国家亟需解决的重点研究任务。《国家高端智库管理办法（试行）》（以下简称《智库管理办法》）和《国家高端智库专项经费管理办法（试行）》（以下简称《经费管理办法》）分别对国家高端智库的组织管理方式和经费管理给予制度化安排，国家高端智库建设的蓝图和目标愈加清晰、明确。

按照《意见》中国家高端智库建设规划目标，明确要"重点建设 50 至 100 个国家亟需、特色鲜明、制度创新、引领发展的专业化高端智库"，提出"到 2020 年重点建设一批具有较大影响力和国际知名度的高端智库"。2020 年 3 月 2 日中宣部印发《关于深入推进国家高端智库建设试点工作的意见（2020～2022 年）》（以下简称《意见（2020～2022）》），[②] 强调建设中国特色新型智库是党中央立足党和国家事业全局作出的重要部署，要精益求精、注重科学、讲求质量，切实提高服务决策的能力水平。这是对高端智库深入推进提出的新要求。

三、强调了新型智库建设的特色化差异化发展导向

习近平总书记强调："智库建设要把重点放在提高研究质量、推动内容创新上"。[③] 我国新型智库建设目标之一就是形成各类智库协调发展、定位明晰、特色鲜明、规模适度、布局合理的中国特色新型智库体系，着力增强党委和政府所属政策研究机构的决策服务能力，促进社科院和党校行政学院创新发展，推动高校智库转型发展，建设高水平科技创新智库和企业智库，规范引导社会智库健康

---

① 唐果媛、吕青：《我国智库研究文献的计量分析》，载于《智库理论与实践》2016 年第 1 期。

② 周湘智：《中国特色新型智库：出场逻辑、运作机理与基本范式》，载于《图书情报工作》2021 年第 15 期。

③ 张为付、原小能：《高质量打造国家亟需的现代新型智库》，光明网，2021 年 2 月 23 日，https：//theory. gmw. cn/2021－02/23/content_34635707. htm。

发展。通过优化布局、重点突破，不断深化智库管理体制改革，健全智库建设的制度保障体系，构建各类新型智库差异化发展的新格局。

社科院要着力为各级党委和政府决策服务，有条件的要为中央有关部门提供决策咨询服务。这是社科院建设新型智库的基本遵循。为推进社科院智库建设，要处理好以下几方面的关系：一是观念变革与研究转型的关系，要彻底转变按学科进行机构设置、组织队伍、确定选题、分配资源、评价成果的思维方式和工作方法，坚持问题导向；二是问题导向与学科协同的关系，要在学科扎实研究的基础上，通过多学科协同解决现实问题；三是基础研究与应用研究的关系，要切实解决应用研究低水平重复、基础理论研究向应用研究转化差在"最后一公里"的问题；四是智库功能与评价体系的关系，要发挥社科院的智库功能，用好评价体系这个指挥棒，按照中国特色新型智库咨政建言、理论创新、舆论引导、社会服务、公共外交等重要功能，构建用户评价、同行评价和社会评价相结合的指标体系；五是突出特色与创新发展的关系，要进一步做大做强社科院特色和学科优势，在顶层设计、管理体制、研究体制和应用转化机制等方面深化改革。①

党校作为党委的重要部门，是培训党员领导干部的主渠道和主阵地，在建设中国特色新型智库过程中，在职能定位、师资团队、学科依托、学员资源、组织系统等方面具有明显优势。② 习近平总书记在 2012 年 7 月召开的全国党校校长会上，对党校职能定位提出了新要求，赋予了新内涵，强调党校要发挥好自身特色和优势，努力突出服务大局特色、理论教育和党性教育特色、思想库特色。③ 党校处于新型智库发展新格局的重要位置，要着力为党委和政府决策服务，推动教学培训、科学研究与决策咨询相互促进、协同发展；要发挥党校师资团队优势，使智库研究工作更加贴近党和政府的需要，更好地围绕大局、服务中心工作；要依托党校学科优势，准确抓住党委政府关注的热点、难点和重点问题，提出有现实针对性和可操作性的政策；要发挥学员资源优势，强化政策研究能力，提升党校咨询研究效果；要发挥组织系统优势，进一步加强、拓展、深化系统本身的协作。

高校智库建设要坚持既出思想、又出人才，还要育人的工作思路，使智库建设与学校的教书育人、科学研究和社会服务有机结合，保证智库建设的持续健康发展。④ 我国高校智库要通过加强理论建设，打造"中国学派"，着力战略研究，激扬"中国意识"；重在社会引领，形成"中国话语"；提供政策建言，凸显

---

① 李雪：《地方社科院智库建设应处理好的几个关系——天津市社会科学院党组书记、院长史瑞杰访谈录》，载于《经济师》2018 年第 1 期。

② 危旭芳：《充分发挥党校在建设中国特色新型智库中的应有作用》，载于《探求》2016 年第 1 期。

③ 胡兵：《新时代中共中央党校干部教育培训研究》，中共中央党校博士学位论文，2019 年。

④ 瞿振元：《高校智库建设要出思想、出人才，还要育人》，载于《光明日报》2015 年 7 月 7 日。

"中国方案"。① 高校智库成果要以科学决策为目的，体现知识与政策的结合，要体现决策咨询研究的问题导向与前瞻性。高校智库要协同创新，打破传统智库组织模式，共同开展重大问题研究；要与其他类型智库共享数据、分工协作，就我国重大战略性问题、方向性问题开展协同合作；要积极开展国际合作，广纳海内外专家学者，"不为所有，但为所用"。② 高校智库要培养人才的全局意识、宏观思维，从实现中华民族伟大复兴的高度对现实问题开展理论研究和实际应用分析，把学术研究和服务社会有机结合。

企业智库是落实国家战略、助推行业发展的重要力量。企业尤其是中央企业是党执政兴国的重要基础，大多处于关系国家安全、国计民生的重要行业和关键领域，对推动国民经济和社会发展发挥举足轻重的作用，是落实国家战略的主要力量。③ 企业智库应积极围绕国家战略需求，开展有针对性、创新性的理论研究和实践应用，促进行业科学发展，推进国家有关工作部署深入落实。企业智库应深入洞察外部形势变化，为企业破解发展难题、实现持续健康发展提供强有力的智力支撑。企业智库是连接企业与政府、社会和其他利益相关方的重要桥梁，要听取社会各界的声音，输出成果与观点，与外界形成良性互动，共建良好发展氛围。企业智库与其他智库根据不同的责任分工，互相借力，寻求合作共赢。企业智库通过学习借鉴其他智库的良好运营模式与研究成果、有针对性地为其提供研究咨询、双方联合开展研究、互设研究基地等形式，与其他智库共同配合、融为一体，组成服务党和国家发展大局的中国特色新型智库体系。

社会智库是打通"社会治理知识"与"社会治理政策"脉络的最佳桥梁与媒介，是联通社会与政府的通道，是中国特色新型智库体系的有机组成部分，是支撑党和政府依法在社会治理领域进行科学与民主决策的必要性智力源泉，是国家加强社会治理能力和社会治理体系现代化建设的重要环节。社会智库要沿着法治轨道有序健康发展，健全内部组织形式与治理机制，以良好制度安排、科学整体规划、合理资源配置、优化人才队伍、优化智库布局、突出优势特色为指导，努力做到倾听公众、面向公众、服务政府。

四、明确了体制、机制和制度创新的主攻方向

当前，我国智库发展迎来重大机遇，也面临严峻挑战。解决好当前智库跟不

① 顾海良：《中国特色新型智库建设的高校作用与责任》，载于《中国高等教育》2015 年第 7 期。
② 朱宏亮、蒋艳：《中国高校智库发展现状与未来策略思考》，载于《高校教育管理》2016 年第 10 期。
③ 郑海峰、柴莹：《企业智库在中国特色新型智库体系中的定位及发展研究》，载于《智库理论与实践》2017 年第 4 期。

上、不适应的突出问题，实现我国从智库大国向智库强国的转变，必须依靠改革创新。习近平总书记对中国特色新型智库的系列重要论述揭示了体制、机制和制度创新的主攻方向。

第一，在建设高质量智库上下功夫。智库建设关键在"质"而不在"量"。虽然我国智库群体数量庞大，但是高质量的一流智库数量十分有限，尤其缺乏具有重大影响力和较高国际知名度的高质量智库。《意见》首次明确了建设中国特色新型智库的基本标准以及应当具备的八大基本要素，涉及智库实体机构、研究团队、特色领域、资金来源、学术平台和成果转化、信息支持、治理结构、国际合作交流等方面。这为推进新型智库体制机制改革，加强智库能力建设指明了发展方向与建设路径。现代化高质量智库一要具备战略谋划和综合研判能力，紧紧围绕党和政府决策急需解决的问题开展前瞻性、针对性、储备性政策研究，还要放眼世界开展全球性、国际性研究；二要具备持续产出高质量研究成果的能力，建立成果管控全流程体系，确保成果质量符合高标准高要求；三要具备国际化能力，积极参与全球性议题的设置、研究和交流合作，勇于、善于、精于把中国理念和中国主张有效传播出去。

第二，在深化体制机制改革上下功夫。我国体制内智库体量较大，亟需深化体制机制改革创新。《意见》从智库的组织管理体制、研究体制、经费管理制度、成果评价和应用转化机制、国际交流合作机制五个方面提出了一系列改革措施，目的是要通过深化智库人事、科研、评价、经费和外事管理制度改革，逐步破解目前普遍存在的采用一般行政事业单位体制管理智库的各种弊端。智库的定位与属性要求人事管理、科研管理、成果评价、经费管理和外事管理都要有别于传统的行政管理体制，调动各方面专业人才积极性并相互配合，让科研管理服务于人才，让成果评价激发人才活力，让经费使用与外事管理服务于科研活动。

第三，在完善制度保障体系上下功夫。把决策需求及时传导到智库，把智库高水平研究成果顺畅提供给决策者，让智库有效嵌入政府决策全过程，是智库制度创新的重要内容。①《意见》首次系统地提出中国特色新型智库参与决策咨询的制度性安排。一是完善政府信息公开制度，增强信息发布的权威性和及时性，拓展信息公开渠道和查阅方式，方便智库及时获取政府信息。二是完善政府重大意见征集制度，增强决策透明度与公众参与度，探索建立决策部门对智库咨询意见的回应和反馈机制。三是建立健全政策评估制度，对重大改革方案、重大政策措施、重大工程项目等决策事项，建立事前、事中和事后的内部评估和智库第三方评估相结合的政策评估机制。四是建立政府购买决策咨询服务制度，推进智库

---

① 李伟：《深化体制机制改革 建设高质量中国特色新型智库》，载于《光明日报》2015年1月22日。

提供服务主体多元化和提供方式多样化，完善智库平等参与决策咨询服务的制度
环境。五是健全舆论引导机制，增强智库的传播能力，鼓励智库运用大众媒体有
效引导社会舆论。

小　结

　　习近平总书记关于中国特色新型智库建设的重要论述是习近平新时代中国特
色社会主义思想的有机组成部分，是对我党调查研究理论与方法在新时代的又一
次嬗变和结晶，它不仅集合了中华民族古今决策智慧的大成，而且具有鲜明的现
代特征。习近平总书记用智库这一现代政治概念为我党战略研究、政策研究和国
情研究机构建设指明了发展方向，为党的调查研究传统在新时代的现代转型注入
了新的动能。习近平总书记关于中国特色新型智库建设的重要论述结合时代发展
的新特征、新要求和新问题，全面深刻地洞悉了中国特色新型智库建设的战略目
标和工作重点，为新型智库建设指明了发展道路。新型智库健康发展的关键就是
以习近平新时代中国特色社会主义思想为指导，学习贯彻习近平总书记关于中国
特色新型智库建设的重要论述的丰富内涵，按照战略目标和具体要求，推动智库
制度不断完善，建立健全决策咨询制度。

第二章

中国特色新型智库的基本范畴

智库这一来自西方的概念之所以能在当代中国政治生活中产生一定的反响，原因不仅在于它与中国"学为政本""经世致用"的政治文化传统颇为契合，而且恰逢我国治理体系与治理能力现代化的时代之需。中国特色新型智库基本范畴是新型智库理论建构的逻辑起点，本章从本质论、类型论、功能论、方法论入手，剖析中国特色新型智库的基本范畴问题，为后续智库外部建设和内部治理研究奠定理论根基。

第一节 中国特色新型智库本质论

本质是事物的根本性质，是构成事物各要素之间的内在联系。概念是反映事物本质属性的思维形式，往往是通过词语来表达的。中国特色新型智库作为一种新兴词汇，首要任务就是明确"是什么"的问题。

2013 年 4 月，习近平总书记作出"建设中国特色新型智库"的重要批示，[①]拉开了在党中央领导下中国特色新型智库建设的帷幕。2013 年 11 月，党的十八届三中全会通过的《决定》明确提出，加强中国特色新型智库建设，建立健全决

---

① 《习近平为何特别强调"新型智库建设"?》，人民网－中国共产党新闻网，2014 年 10 月 29 日，http：//theory. people. com. cn/n/2014/1029/c148980－25928251. html。

策咨询制度,^① 这是在中共中央文件中首次提出"中国特色新型智库"这一名词,中国特色新型智库建设被提升到国家战略的高度。2015 年 1 月 20 日,中共中央办公厅、国务院办公厅印发《意见》。《意见》紧紧围绕建设中国特色新型智库这一时代命题,系统阐述了为什么建设、建设什么以及怎么建设等一系列重大理论和实践问题,是当前和今后一个时期指导我国新型智库建设的纲领性文件。《意见》不仅全面准确阐明了建设中国特色新型智库的时代意义,同时也明确了中国特色新型智库的基本内涵。

《意见》明确指出,中国特色新型智库是以战略问题和公共政策为主要研究对象、以服务党和政府科学民主依法决策为宗旨的非营利性研究咨询机构。^② 这一定义,不仅将中国特色新型智库定位为研究咨询机构,还体现出以下三点特殊内涵:

第一,在研究对象方面,必须是战略问题和公共政策问题。毛泽东曾在深刻总结中国革命和建设的历史经验中指出:"政策和策略是党的生命,各级领导同志务必充分注意,万万不可粗心大意。"^③ 回眸党的百年历史,足以阐释中国共产党取得伟大胜利和辉煌成就的"秘诀"——"就在于我们党坚持马克思主义指导,高瞻远瞩、见微知著,既解决现实问题,又解决战略问题,准确判断和把握形势,制定切合实际的目标任务、政策策略。"^④ 因此,中国特色新型智库身兼重任,必须聚焦关系全局、关系长远的重大问题,深入开展政策研究和战略性研究,谋划经世济民之策,为统筹推进"五位一体"总体布局、协调推进"四个全面"战略布局提供智力支持。

第二,在服务宗旨方面,必须服务党和政府科学民主依法决策。一方面,以服务党和政府决策为宗旨,将新型智库与一般的学术机构、商业咨询公司或其他营利性研究组织区分开来;另一方面,强调决策的科学性、民主性和依法性。坚持和完善党的领导制度体系的基本途径是"科学执政""民主执政"和"依法执政",民主执政是根本,依法执政是遵循,科学执政是关键。^⑤ 这不仅对新型智库服务政府决策的质量和水平提出了更高的要求,也强调决策部门要健全决策机制,加强重大决策的调查研究、科学论证、风险评估,强化决策执行、评估、监督等。

---

① 新华社:《中共中央关于全面深化改革若干重大问题的决定》,载于《人民日报》2013 年 11 月 16 日。
② 中共中央办公厅、国务院办公厅:《关于加强中国特色新型智库建设的意见》,中国政府网,2015 年 1 月 20 日,http://www.gov.cn/xinwen/2015-01/20/content_2807126.htm。
③ 《毛泽东选集》第 2 卷,人民出版社 1991 年版,第 525 页。
④ 张燕玲:《陕北之行,习近平为何强调"政策和策略是党的生命"?》,中国新闻网,2021 年 9 月 16 日,https://www.chinanews.com/gn/2021/09-16/9567081.shtml。
⑤ 李刚、王斯敏、冯雅、甘琳等:《CTTI 智库报告(2019)》,南京大学出版社 2020 年版,第 8~9 页。

推动智库建设健康发展研究

第三，在机构属性方面，必须是非营利性组织。这一要求强调了新型智库不能以营利为目的，而是以提供公益性服务为工作重心。党政机关的咨政需求不同于一般性的市场咨询，其核心不是追求经济最大化，而是强调决策服务的公共利益、公共思维与公益精神。新型智库要站在公共利益基础上处理好服务公益性与市场竞争性的关系，通过有效智库产品供给，急公共之所急、想公众之所想、思公益之所思，绝不能打着"非营利"的幌子从事产业化经营活动。

概念能够反映事物的本质属性。一般来讲，对于一个事物的认识除了要了解事物的内涵，还要弄清事物所具有的本质属性，将其与其他事物进行区分，这是逻辑概念论体系的一个根本性问题。根据《意见》中对中国特色新型智库概念的表达，总结出以下几点本质属性。

第一，政治性。政治性说到底，是"举什么旗、为谁服务"的问题。中国特色新型智库作为社会主义意识形态的重要载体，政治性是区别于西方智库最鲜明的本质属性。党的十九大报告指出，"坚持党对一切工作的领导。"[1] 同时，《意见》中也将"坚持党的领导，把握正确导向"作为中国特色新型智库建设必须坚守的首要基本原则，还强调"坚持党管智库，坚持中国特色社会主义方向，遵守国家宪法法律法规，始终以维护国家利益和人民利益为根本出发点。"[2] 可见，中国是社会主义制度的发展中国家，与西方国家在国情特点、制度体系等方面均有不同，决策咨询模式也与苏联时代的"内脑隶属型"、美国智库的"异脑批判型"、德国智库的"委员支撑型"、日本智库的"逐级禀议型"存在差异。中国的决策咨询模式是在党的全面领导下，组织动员各方力量共同参与政策过程、共商治国理政良策的"多元参与型"，这是中国智库独有的一种治理模式，也是中国特色新型智库的命脉所在。此外，从现实层面来看，一是中国智库多半属于官方智库，也就是体制内智库，接受各级党委政府的指导、协调和管理，内部工作者也多半属于行政人员或事业单位人员身份，其职责和义务具备一定的政治性；二是中国智库的资金来源多数来自政府拨款，智库的政治性无法回避；三是加强智库建设本身就是一项具有政治性特征的任务或计划，中国智库借助自身专业知识和独特渠道，为国家和地方经济社会发展提供决策支持，为转型时期的复杂社会问题找到解决之道，都体现了我国智库服务国家发展、促进决策科学化民主化的目的性。[3] 这条政治红线是中国智库的党性底色，也是中国智库必须坚守的政

---

[1] 习近平：《决胜全面建成小康社会 夺取新时代中国特色社会主义伟大胜利——在中国共产党第十九次全国代表大会上的报告》，人民出版社 2017 年版，第 1～71 页。

[2] 中共中央办公厅、国务院办公厅：《关于加强中国特色新型智库建设的意见》，中国政府网，2015 年 1 月 20 日，http://www.gov.cn/xinwen/2015-01/20/content_2807126.htm。

[3] 全守杰、王运来：《高校智库的涵义与特征》，载于《现代教育管理》2016 年第 1 期。

治底线。

第二，人民性。人民性其实就是"为了谁、依靠谁"的问题。"人民是历史的创造者，人民是真正的英雄"① "中国人民是具有伟大创造精神的人民"② "民心是最大的政治"③ "中国共产党人的初心和使命，就是为中国人民谋幸福，为中华民族谋复兴"④ "党的一切工作必须以最广大人民根本利益为最高标准"⑤ "我将无我，不负人民"⑥ ……党的十八大以来，习近平总书记多次强调人民立场的重要性，体现了我们党以人民为中心的发展理念。一切为了人民，一切依靠人民，从群众中来，到群众中去，是中国共产党的优良作风，是中国共产党人民性的集中体现。可见，社会主义是人民群众自己的事业，中国特色新型智库必须始终以维护国家利益和人民群众利益为根本出发点，始终坚持从群众中来、到群众中去的群众路线。新型智库的人民性具体体现在：首先，新型智库人员来自人民，其思想和行为的出发点和落脚点都居于人民的立场。⑦ 其次，新型智库的决策咨询成果反映的是客观实际和社情民意，是人民意愿的"传感器"。新型智库通过吸收来自人民群众的意见，通过科学的专业研究将更好的思路、建议传递给党和政府。再次，新型智库是党和政府决策的监督者，时刻维护人民的利益。新型智库通过评估和监督党和政府决策的科学性，既提供可行论证，也提供不可行论证，推动党和政府的决策更好地代表人民的利益、愿望和意志。

第三，专业性。专业性是中国智库在某领域或某行业开展专深研究并取得一定成就的结果，是一流智库必须具备的重要能力。正如胡鞍钢教授所说，专业化是时间的增函数，需要人力资本、知识资本、智慧资本的不断积累、持续积累和长期积累。⑧ 人力资本是中国智库纵深发展的基础保障，拥有一支专业的、有建树的、有影响的智库领军专家，组建一支结构合理、知识结构完备、学科涉猎广泛、学术实力强劲的智库团队，这对于解决国家重大战略性理论问题和现实问题具有极为关键的作用。⑨ 知识资本是中国智库开展专业性研究的根本要素，没有扎实的知识储备、没有对知识的深入挖掘、没有对知识的创新能力，新型智库就

---

① ② 习近平：《在第十三届全国人民代表大会第一次会议上的讲话》，载于《人民日报》2018 年 3 月 21 日。

③ 理轩：《民心是最大的政治 正义是最强的力量——学习习近平总书记关于反腐败斗争的重要论述》，载于《中国纪检监察》2016 年第 2 期。

④ ⑤ 习近平：《决胜全面建成小康社会 夺取新时代中国特色社会主义伟大胜利》，载于《人民日报》2017 年 10 月 28 日。

⑥ 习近平：《在"七一勋章"颁授仪式上的讲话》，载于《人民日报》2021 年 6 月 30 日。

⑦ 孙蔚：《国家治理视野下的中国特色新型智库》，载于《中共中央党校学报》2014 年第 4 期。

⑧ 胡鞍钢：《建设中国特色新型智库：实践与总结》，载于《上海行政学院学报》2014 年第 2 期。

⑨ 申国昌、程功群：《中国特色新型教育智库的角色定位及建设路径》，载于《华东师范大学学报（教育科学版）》2018 年第 6 期。

无法提供专业的知识服务。新型智库的决策咨询研究是一项知识密集型工作，也是一个复合型研究行为，具有很高的专业性。智库内部的学者们几乎都接受过本专业领域高层次教育，具备扎实的基本素养、专业知识、多元研究方法和工具，[①]这为科研人员针对政府的决策需求，搜集所需的专业知识和信息，开展相关前沿问题分析和政策研究提供了很好的基础。智慧资本是新型智库为政府提供的政策见解和思路，是引导公众舆论奠定的社会基础，也是为政府或直接服务对象培养、储备的各领域政策人才。这些政策建议、社会共识、智库人才都是新型智库长期从事专业研究的积累和沉淀，也是新型智库进一步加强专业化建设的基础。可见，从人力资本、知识资本和智慧资本这三方面都体现出中国智库具有较强的专业性。

第四，科学性。新型智库科学性主要体现在三方面，一是智库观点的客观性；二是智库研究方法的科学性；三是智库成果评价的公正性。首先，中国特色新型智库作为非营利性组织，保持智库研究的客观、公正是智库生存发展的前提。新型智库之所以能够得到党和政府的重视和信任，一个很重要的因素在于智库提供的政策建议具有很强的客观性，能够站在第三方客观的立场上分析、研究和解决问题，其意见建议都是建立在科学论证推理基础之上给出的，能够有效反映客观事实。其次，智库研究方法的科学性也是主要表现之一。我国智库的发展与现代技术紧密融合，一方面广泛利用网络平台进行信息传递和研讨学习，扩展智库研究的深度和广度；另一方面重视方法的创新和分析工具的应用，通过招聘专业技术人员专门从事量化分析与实证研究，保证数据的客观真实和解决方案的科学性，以便为党和政府提供科学、专业的咨政报告。再次，智库成果的评价办法与学术成果有所不同，学术成果看重学术标准、学术规范和学术影响力，以服务同行和传递知识为主要目的，属于内循环、自我循环的学术研究体系；而智库成果更多的是由决策者来评价，看重的是社会影响力和决策影响力，以服务政府、服务公众、传递有用思想和可行方案为主要目的，是一种以智库与政府、社会之间互联协同的外循环式研究体系。

第五，非营利性。非营利性不等于非赢（盈）利性，是指智库的设立和运行不以获取自身经济利益为目的。[②] 有学者认为非营利性包括政治意义和社会意义上的公共性，[③]也就是智库通过有效的决策参与为公众服务，使社会大众能得到益处。政治意义上的公共性是通过政府实现的。政府产生和存在的目的就在于谋求公共利益，实现公共目标，受到社会群体的监督。社会意义上的公共性则体现

①③　全守杰、王运来：《高校智库的涵义与特征》，载于《现代教育管理》2016 年第 1 期。
②　石伟：《准确把握智库的四重属性》，载于《学习时报》2018 年 1 月 29 日。

为社会性和公益性，更注重自由意愿和自主选择。正如《意见》中强调的那样，"中国特色新型智库是以战略问题和公共政策为主要研究对象""按照公益服务导向和非营利机构属性的要求""坚持把社会责任放到首位"……这些都指明我国智库不是传统的学术研究机构，也不是咨询公司，更不是打着"非营利机构"的幌子开展营利活动的机构组织，它是强调决策服务公共利益、公众思维和公益精神的、为民众谋福祉的专业机构。

第六，开放性。面向社会、为公共决策服务的功能决定了我国智库的发展需要形成一个对外开放的系统，通过不断获取海量的外部资源来提升智库能力，引领时代发展大潮。所谓开放性，是要求新型智库既要立足本国实际，又要开门搞研究，站在全球高度来思考与观瞻公共政策问题，提出具有前瞻性、引领性的决策咨询意见；坚持古为今用、洋为中用，融通马克思主义、中华优秀传统文化、国外哲学社会科学等思想，不断推进理论创新、方法创新和知识创新；坚持开门办智库，积极推动政府、媒体、社会公众、社会组织等通过各种形式参与到政策知识的生产过程中。一方面，积极开展一系列专家咨询活动，邀请领域内外知名专家和委托方共同举办内部研讨会或专家咨询会，接受政府部门、委托方、同行专家等多方力量的审阅和把关，共同协商后形成最终的政策建议；另一方面，主动将研究成果以公开发表或发布的形式推送给公众，吸收社会群众对研究成果的意见和建议，在接受公众监督的同时，了解社会公众对政策建议的观点和想法，避免政策实施后引起较大的反响和异议，更好地服务党和政府科学决策。

总之，新型智库与新时代相伴而生，肩负着时代赋予的重要使命，具有丰富的时代内涵。中国特色新型智库继承和发展了传统智库优良属性，结合新时代特点、矛盾和问题而形成了崭新的政策咨询体系，具有政治性、人民性、专业性、科学性、非营利性、开放性等本质属性。中国特色社会主义进入新时代，新型智库也将继续坚持以问题为导向，以服务党和政府科学决策为宗旨，把出高质量成果作为第一目标，切实提升服务决策的能力水平，推动研究成果进入决策、指导工作实践，把发展成果转化为民生福祉。

第二节　中国特色新型智库类型论

长期以来，学者们对中国特色新型智库的类型说法不一。无论是哪种观点，智库类型的界定都需要植根于所处国家的政权组织形式和体制特点。基于我国智库的发展现状，中国特色新型智库的类型普遍从组织属性、所属行业、认定主体三个角度进行划分。

一、按组织属性划分

根据中办、国办《意见》，新型智库按照组织属性，大致分为党政部门智库、高校智库、社科院智库、党校（行政学院）智库、军队智库、科研院所智库、企业智库、社会智库等八大类。

党政部门智库是指存在于党政系统内部，通过立法程序或行政组织条例组建的，以战略问题和公共政策为主要研究对象，以直接服务党和政府决策为宗旨的中央和地方部委办局直属或下设的事业单位性质的科研机构，通常包括：（1）党政军系统直属的政策研究机构，属于最纯粹的官方智库，如国务院发展研究中心（以下简称"国研中心"）、国家行政学院、中共中央党校（国家行政学院）等；（2）与政府部门保持密切联系的国家部委直属/下设科研机构，如中国社会科学院、中国科学院、中国科学技术发展战略研究院（以下简称"科技部战略院"）等、国家发展和改革委员会宏观经济研究院（以下简称"宏观院"）、中国国际问题研究院（以下简称"国研院"）、中国财政科学研究院（以下简称"财科院"）等；（3）全国各省（自治区、直辖市）级政府部门所属专业科研机构。党政部门智库数量比例庞大，由中央财政全额拨款，研究内容宽泛，组织体系较为系统完整，在我国智库的阵营里举足轻重，是目前为党和政府提供决策咨询服务的主力军。

高校智库、社科院智库和党校（行政学院）智库分别是隶属于高校、社科院、党校行政学院系统的专门从事决策咨询研究的科研机构。其中高校智库是由高校单独或与其他组织协作共同创办的政策研究组织，一般分为院系内嵌型和独立自主型，资金来源也很多元，有政府资助、学校拨款、企业捐助以及各类基金会的支持，有些机构也通过自身开展营利性业务板块来生存，能够专门培养政策研究人才，直接或间接影响政策制定和实施的过程，如北京大学国家发展研究院（以下简称"北大国发院"）、清华大学国情研究院、复旦大学中国经济研究中心等都是典型代表。社科院智库是为党和政府决策提供咨询的主要力量，享有制度优势、渠道优势和调研优势，经费来源稳定，主要包括省级社科院、市级社科院和城市社科院等。党校行政学院智库是集教学、科研与决策咨询三要素为一体的科研机构，不仅拥有专门的信息获取与报送渠道以及扎实的党史、马哲等学科基础，还拥有充足的学员资源和庞大的党校网络，为党校行政学院建设智库提供强有力的支撑。以上三类智库具有较强的学术背景，研究问题针对性强，第三方色彩相对明显。

　　企业智库是由企业创办的行业智库，是按照市场或社会规律运作的研究型机构。企业参与新型智库建设的主要形式有：（1）以企业形式注册的智库，如福卡智库；（2）由企业咨询公司转型形成的智库，如德勤咨询（北京）公司；（3）由大型企业投资创办的具有智库属性的研究机构，如阿里研究院、腾讯研究院、敏捷智库等；（4）由企业资助高校组建的智库，如中国人民大学重阳金融研究院（以下简称"人大重阳研究院"）等。企业智库与党政部门、高校、社科院等智库不同，不仅会为政府政策制定和行业发展提供咨询服务，也会为企业战略决策和运营管理提供智力支撑，是中国特色新型智库不可分割的组成部分，在国家决策咨询体系建设中的地位不可或缺。

　　社会智库由境内社会力量举办，以战略问题和公共政策为主要研究对象，以服务党和政府科学民主依法决策为宗旨，采取社会团体、社会服务机构、基金会等组织形式，具有法人资格，是中国特色新型智库的重要组成部分。① 社会智库实行民政部门和业务主管单位双重负责的管理体制，由省（自治区、直辖市）社会科学界联合会担任业务主管单位，并由省级人民政府民政部门进行登记，由民政部门牵头规范、引导和管理。此类智库具有非官方属性，资金自筹且来源方式多元化，既有政府支持、民间捐助，也有盈利业务；类型多样，专业性和综合性都兼备；完全面向市场，对经济市场变化更加敏感，科研组织方式灵活，是连接理论、实践和政策的重要枢纽，如中国国际经济交流中心（以下简称"国经中心"）、综合开发研究院（中国·深圳）（以下简称"综研院"）、全球化智库（Center for China and Globalization，CCG）和盘古智库等都是社会智库的优秀代表。

二、按所属行业划分

　　当前，无论是国家层面，还是地方层面，各级政府决策部门积极响应《意见》号召，主动推进不同类型、不同行业智库的建设。按照所属行业划分，我国智库已出现党建智库、统战智库、教育智库、传媒智库、军事智库、科技创新智库、体育产业智库、文化和旅游行业智库、国家语言文字智库等类型。

　　党建智库。2016年3月，习近平总书记在对全国党建研究会的指示中强调要发挥党建高端智库的作用，为加强和改善党的领导作出积极贡献。② 2018年11

---

　　① 新华社：《关于社会智库健康发展的若干意见》，中国政府网，2017年5月4日，http：//www.gov.cn/xinwen/2017－05/04/content_5190935.htm。
　　② 姜洁：《深入研究党建理论和实际问题　为构建中国化的马克思主义党建理论体系作出新的更大贡献》，载于《人民日报》2016年3月24日。

月，中组部印发《关于进一步发挥全国党建研究会党建高端智库作用的意见》，[①]
对提高新时代党建研究水平、推进全面从严治党向纵深发展提出明确要求。党建
智库是专门服务于政党，依靠政府财政、社会捐款、会员会费等收入来源，为政
党理论与实践研究建言献策的非营利性组织。[②] 根据机构性质和隶属关系，党建
智库主要包括官方、半官方和社会党建智库三大类。[③] 其中官方和半官方党建智
库是主体，主要包括中央和国家机关所属政策研究机构、党校行政学院、干部学
院、社会科学院、高校内部研究院（中心、所）、全国各级党建研究会、媒体类
党建研究机构、国有企事业党建研究部门等，如新时代基层党建研究中心、复旦
大学政党建设与国家发展研究中心、南方党建智库、新时代国有企业党的建设研
究中心等；社会党建智库主要是经民政部门依法登记成立的涉及党建研究的社团
协会等，它们存在于体制外，虽形式灵活，但数量不多，缺乏利好政策支持，发
展速度相对较慢，如全国首个省级社会组织党建智库——北京新华社会组织党建
研究中心等。

统战智库。习近平总书记在 2018 年中央统战工作会议上指出，"要完善政党
协商的内容和形式，建立健全知情和反馈机制，增加讨论交流的平台和机会，使
协商对凝聚共识、优化决策起到作用"，[④] 强调要充分发挥统战系统建言献策的
积极作用。统战智库是以统一战线事业发展和统一战线工作政策为研究对象，从
统一战线视域研究国情民情，为党委和政府科学民主依法决策提供高质量思想产
品的非营利研究咨询机构。统战智库是具有统一战线性质和功能的特殊智库，是
伴随着统一战线新形势新要求应运而生的产物，是中国特色新型智库的重要组成
部分。统战智库由于参与主体来自各民主党派、无党派人士、民族宗教界人士、
新的社会阶层人士等各界人士，智库实现形式也更加多样，主要包括：（1）社会
主义学院（作为统一战线的人才培养基地、理论研究基地和方针政策宣传基地，
通过教学科研带动决策咨询发挥新型智库作用），如江苏省社会主义学院多党合
作理论研究中心；（2）统一战线民主党派团体组织与高校科研院所共建的智库
（通过履行参政议政、民主监督职能发挥智库作用），如江苏经济现代化发展研究
院就是由中国民主建国会江苏省委员会、江苏省发展和改革委员会和南京师范大

---

① 仲组轩：《中组部印发〈关于进一步发挥全国党建研究会党建高端智库作用的意见〉》，载于《中
国组织人事报》2018 年 11 月 12 日。

② 谭玉、蔡雨阳、郭玉瑶：《党建智库建设的国际比较及其对中国的启示》，载于《中共山西省委党
校学报》2019 年第 1 期。

③ 王永志、张亚勇：《中国特色新型党建智库建设：内涵、困境与对策》，载于《理论导刊》2018
年第 7 期。

④ 新华社：《巩固发展最广泛的爱国统一战线　为实现中国梦提供广泛力量支持》，载于《人民日
报》2015 年 5 月 21 日。

学三方共同商讨成立的；（3）中央及地方各级统一战线理论研究会，全国政协及地方政协研究室，国家和地方各级民族、宗教事务部门研究室，全国和地方各级工商联、侨联、台联研究室，国务院和地方参事室（文史研究馆）等研究机构（承担对统战领域内党的方针政策的咨询、解读、评估任务），如盐城市党外人士智库、泰州市统战理论研究会、泰州市民主党派智库等。

教育智库。"提升教育治理体系和治理能力现代化水平，迫切需要教育智库提供更加及时有力的决策咨询、过程指导和监测评估。"① 可见，加强教育智库建设，是推进教育治理体系和治理能力现代化进程的重要任务，也是推进依法治教的重要举措。教育智库是以教育领域重大战略问题和公共政策为主要研究对象，由教育及其相关领域的专家和学者组成，为国家教育领域的战略布局、重大改革发展和重点难点问题提供决策服务的专业化研究机构。② 教育智库可划分为依附型、独立型和中间型三种类型，③ 其中依附型教育智库是指由政府设立的、依附在某政府机关下并接受全额财政资助的教育智库，如隶属于教育部的教育发展研究中心、中国教育科学研究院、教育部民族教育发展中心、教育部职业技术教育中心研究所等；独立型教育智库是指由社会团体或个人通过自筹经费创建的、独立于政府部门之外的智库，如 21 世纪教育研究院和长江教育研究院；中间型教育智库是指既不依附于政府部门，又与政府部门保持较为密切关系的教育智库，是我国教育智库的主力军，通常包括高校内设立的各类教育科研机构，如北京师范大学教师教育研究中心、厦门大学高等教育发展研究中心等。

传媒智库。2018 年 3 月，原国家新闻出版广电总局出台了《关于加快新闻出版行业智库建设的指导意见》，④ 明确提出要统筹利用业内外优质资源，建设一批定位清晰、特色鲜明、布局合理的行业智库、专业智库和媒体智库。传媒智库，又称媒体智库，是以大众传媒为依托，以智库为核心研究机构，以传递主流思想、提供科学决策为核心，以大量用户资源、品牌优势为基础的咨询性研究机构，属于"智库化"的媒体机构。当前媒体智库类型分为传统媒体智库和新媒体智库两类，如新华社成立的瞭望智库、光明日报社成立的智库研究与发布中心、经济日报社成立的中国经济趋势研究院和南方报业传媒集团成立的南方传媒智库矩阵等都属于传统媒体智库；凤凰国际智库、财新智库、新浪财经智库等都属于

---

① 田慧生：《当前教育智库建设的形势、方向与思路》，载于《中国教育学刊》2016 年第 11 期。
② 王建梁、郭万婷：《我国教育智库建设：问题与对策》，载于《教育发展研究》2014 年第 9 期。
③ 徐魁鸿：《我国教育智库的现状、问题及发展策略》，载于《教育与考试》2020 年第 3 期。
④ 《国家新闻出版广电总局关于印发〈关于加快新闻出版行业智库建设的指导意见〉的通知》，国家新闻出版署官网，2018 年 3 月 21 日，http：//www.nppa.gov.cn/nppa/contents/279/1211.shtml。

新媒体智库。媒体了解基层，贴近实践，具备敏锐的问题意识，还在多年跟踪报道过程中积累了大量的数据资源、丰富的专家学者联络资源，媒体智库的出现一定程度上增加了国家政策的可选择性，有利于民主科学决策。[1]

军事智库。在当今变革时代，无论是作战思想的革新、战略大势的研判，还是新式战法的出炉、战场态势的推测，都需要军事智库参与，有效发挥"思想导师"和"战略高参"的重要作用。[2] 军事智库是专门研究军事领域相关问题而建立起来的非营利性的研究咨询机构。[3] 按照服务对象和自身功能将军事智库分为三个层次：其一，在全军层面建设的国家级顶尖智库，主要围绕新形势下国家安全战略和军事战略等全局性、长远性、战略性问题，提供咨询建议和理论支撑，如军事科学院、国防大学等；其二，在每个军种（战区）打造的智库，以本军种（战区）的战略任务为主攻方向，如北京系统工程研究所等；其三，由军种（战区）所属院校或研究机构建设的若干专业智库，如空军航空大学飞行研究所、国防大学国家安全问题研究中心等。[4] 它们都为党和政府提供最新的军事理论创新动向和研究前沿信息，助推强军实践。

科技创新智库。科技创新智库是立足于科技影响力、科学发展规律的研判，结合经济社会和国家战略需求，为政府提供决策咨询参考的专业性智库。为加强科协系统高水平科技创新智库建设工作，中国科协印发《中国科协关于建设高水平科技创新智库的意见》，[5] 对科技创新智库的科技社团智库体系、专家队伍、学术交流平台、成果转化渠道、信息采集分析系统等提出明确要求。科技创新智库既存在于体制内，也有企业自主创办的。例如：科技部战略院是科技部直属的综合性软科学研究机构，直接隶属党政部门，具有相应的行政级别；高校内部的科技创新智库呈现出三种组织形态，即智库与高校内的研究院所/中心"合二为一"、智库挂靠在二级学院内部作为学院的内部组成部分、直属于学校的独立智库机构，如南京理工大学科学技术研究院等；还有一些来自民间的企业型科技创新智库，如北京市长城企业战略研究所等。

体育产业智库。体育产业智库是指以体育产业战略、发展体育产业政策等问题为研究对象，对全球体育秩序形成、体育事务管理、体育政策演进提供科学咨

---

① 王辉耀、苗绿：《如何建设好媒体智库》，载于《传媒》2018年第15期。

② 汤俊峰：《打造中国特色新型军事智库》，载于《中国国防报》2014年10月7日。

③ 张睿峰、李莉：《关于建设中国特色新型高端军事智库的思考》，载于《智库理论与实践》2020年第2期。

④ 温勇、张瑶：《军队智库建设重在搞好顶层设计》，载于《解放军报》2015年3月22日。

⑤ 周焕林：《中国科协印发〈中国科协关于建设高水平科技创新智库的意见〉的通知》，合肥工业大学科学技术协会，2017年4月1日，http://ast.hfut.edu.cn/2017/0401/c2789a48952/page.htm。

询的稳定、独立的体育类非营利性研究咨询机构。① 它通过专业知识和思想来影响体育产业政策，重点聚焦宏观体育战略规划、体育政策咨询、体育公共服务与传播、体育外交政策、体育理论创新等领域，在提升体育产业决策科学化、提高体育产业治理体系和体育产业治理能力现代化的进程中发挥着重要的作用。体育产业智库一般分为三类，一是存在于党和政府内部，直接向各级领导人提供决策服务的官方体育智库；二是半官方体育智库，如体育学术团体、体育行业协会以及研究论坛等；三是附属于高等院校，在大学或者其他团体、机构协助下建立的高校内部体育智库，如上海体育学院久事体育产业智库，均为我国体育产业建成幸福产业提供坚强的智力支持和决策保障。②

文化和旅游行业智库。文化和旅游行业智库是专门为艺术创作、公共文化服务、文化产业、旅游业、对外文化交流和旅游推广等提供决策咨询服务的行业性智库，旨在为文化和旅游领域创新发展提供决策参考和智力支持。2021 年 8 月 19 日，文化和旅游部办公厅公布了 19 家首批文化和旅游行业智库建设试点单位，③ 包括国家图书馆、中国艺术研究院、江苏省文化艺术研究院等 5 家中央和地方党政部门所属的科研事业单位，中国科学院地理科学与资源研究所 1 家科研院所智库，北京大学国家对外文化交流研究基地、中国人民大学文化产业研究院等 8 家高校智库，中国旅游集团有限公司研究院、上海格物文化发展研究院等 5 家企业型智库，构建出不同类型、不同层级的文旅智库发展格局。

国家语言文字智库。为了贯彻落实"推动文化事业和文化产业发展"的十九大精神、深入研究新时代国家语言文字事业服务国家发展的战略，2015 年 3 月 3 日，国家语言文字工作委员会颁布了《国家语言文字智库建设规划》，④ 该文件明确了语言文字智库是以语言政策和语言战略为主要研究对象、以服务党和政府语言文字科学民主依法决策为宗旨的非营利性研究咨询机构，从国家语委研究机构建设、人才队伍建设、管理方式改革、基础资源建设、成果推广应用等方面提出具体要求，推进国家语言文字智库建设，如武汉大学中国语情与社会发展研究中心、上海外国语大学中国外语战略研究中心、上海市教科院国家语言文字政策研究中心等。

---

① 易剑东、任慧涛：《中国体育智库建设研究》，载于《武汉体育学院学报》2015 年第 7 期。
② 徐铮、解毅飞：《我国体育产业智库研究之进展》，载于《山东体育科技》2019 年第 5 期。
③ 安垚：《文旅部公布"首批文化和旅游行业智库建设试点单位"》，央广网，2021 年 8 月 24 日，http：//travel.cnr.cn/list/20210824/t20210824_525577075.shtml。
④ 王芬：《国家语言文字工作委员会关于印发〈国家语言文字智库建设规划〉的通知》，教育部，2015 年 3 月 3 日，http：//www.moe.gov.cn/s78/A19/tongzhi/201504/t20150428_187589.html。

三、按认定主体划分

所谓认定主体，是指智库是否经智库管理部门认定具有法律主体资格或具有智库相关业务功能。根据《意见》要求，中国特色新型智库的定义涵盖法律属性和业务属性两个认定维度。[①] 因此，按照认定主体划分，我国新型智库可分为法律属性的智库和业务属性的智库。

在法律属性上，中国特色新型智库是"非营利性研究咨询机构"。对于官方或半官方智库，通常登记为事业单位法人，适用于《事业单位登记管理暂行条例》（2004）、《事业单位登记管理暂行条例实施细则》（2014）；对于非官方智库，绝大多数登记为社会服务机构（之前称之为"民非企业"），少数登记为社会团体、基金会；再加上《关于社会智库健康发展的若干意见》（以下简称《社会智库发展意见》）明确了社会团体、社会服务机构、基金会等组织形式的社会智库正式的法人资格，具有法律属性，是中国特色新型智库的重要组成部分。[②] 因此，凡是经民政部门批准登记的社会团体、民非机构、基金会机构，只要以战略研究、政策研究为主业，都可以看成广义的智库。党政部门、社科院、党校、高校、科研院所等主体依法设立的战略研究、政策研究和决策咨询机构也可以被视为智库。

有一些智库因为种种原因，没有注册为非营利性的社会组织，但是由于它的主体工作就是以战略问题和公共政策为主要研究对象，以服务党和政府科学民主依法决策为宗旨，此类机构一般也可以看成是广义的智库。这种类型的智库主要表现在以下两种情况：第一，直接在工商局注册的企业法人。它们是通过市场化运作开展公共政策研究的科研机构，虽然不具有非营利性，但却是以开展公共政策、为党和政府科学决策提供支撑的公益服务型科研单位，同样也可以认为是广义的智库。如盘古智库、中国（海南）改革发展研究院、福卡智库等。第二，借助网络工具搭建的智库平台，一般是以网站、论坛等形式。[③] 如中国经济50人论坛、中国金融四十人论坛、全球共享金融100人论坛等，它们属于某行业领域知名专家自主发起的非官方、公益性学术组织，虽然没有官方认可的身份，但都是为行业发展与改革等重大问题献策献力的专业学术组织。

---

① 吴田：《国内社会智库发展综合评价研究：基于 AMI 指标体系》，载于《中国社会科学评价》2018 年第 2 期。

② 新华社：《关于社会智库健康发展的若干意见》，中国政府网，2017 年 5 月 4 日，http：//www.gov.cn/xinwen/2017-05/04/content_5190935.htm。

③ 张旭：《智库法律地位与主体准入制度的比较研究》，载于《智库理论与实践》2020 年第 3 期。

对智库进行科学分类是加强智库建设的基础。近年来，随着《意见》的印发，中国特色新型智库的分类逐渐标准化和归一化，目前以组织属性、所属行业和认定主体为主，其中绝大多数围绕组织属性或按照国家高端智库建设试点单位的划分标准来进行。但是，现实中仍存在一些戴着"智库"帽子开展营利活动的机构组织，完善智库准入机制成为当务之急。政府要提升对智库的管理效力和服务水平，尤其对体制外智库，通过一定的制度设计和法律保障，鼓励引导社会组织登记注册，保证社会组织的活动在法律允许的范围之内。因此，新型智库只有类型划分清晰、准入标准明确，才能更好地为中国特色新型智库行业治理和规范化健康化建设提供决策服务。

第三节　中国特色新型智库功能论

中国特色新型智库不同于西方智库，它是植根于中国国情的、符合中国体制特点的一种多功能跨界机构。虽然《意见》明确了新型智库咨政建言、理论创新、舆论引导、社会服务和公共外交这五大基本功能，但在不同情境下，新型智库的功能逐渐得到延伸，如高校智库的储才育才、党校智库的干部政策教育等。

一、中国特色新型智库的基本功能

我国经过四十多年的改革开放，取得了举世瞩目的成绩，但仍面临很多发展难题，需要智库作出回应，需要智库发挥应有的价值和功能。2015 年 1 月，《意见》提出了中国特色新型智库建设的总体目标，并在目标中指明要"充分发挥中国特色新型智库咨政建言、理论创新、舆论引导、社会服务、公共外交等重要功能。"《意见》提出的五大功能具有整体性和系统性，不仅让各类型智库找到了发挥服务决策价值的机会和入口，也让智库更加明确了自己的功能定位，向着更加明晰的战略定位和方向发展。

（一）咨政建言

智库是一种稳定的、相对独立的、专业的政策研究机构，核心任务就是为政府、企业及公众提供决策咨询服务。单纯从智库概念上看，智库本身就拥有了思想库、智囊团的涵义，也具备提供决策咨询服务的职能。正如美国学者肯特·韦弗（Kent Weaver）所讲，"提出政策理念是智库的基本任务。"① 美国学者詹姆斯·G. 麦甘（James G. McGann）也指出，"在为决策者提供信息和对决策者及决策结果产生影响方面，智库发挥了令人难以置信的潜在作用。"② 美国学者安德鲁·里奇（Andrew Rich）认为，"智库既是专业知识库及高级人才库，也是科学知识与公共政策之间的重要桥梁。"③ 可见，咨政建言是智库的核心功能。回看国内，《意见》中强调智库应"以服务党和政府决策为宗旨，以政策研究咨询为主攻方向"，还将"咨政建言"放在了五大功能之首，突出强调了新型智库的决策咨询职能，足以体现党和国家推进决策科学化民主化的决心。同时，《意见》还明确了落实政府信息公开制度、完善重大决策意见征集制度、建立健全政策评估制度、建立政府购买决策咨询服务制度等保障制度，为新型智库参与政府决策创造了有利条件。

我国智库发挥咨政建言功能的途径和渠道有多种，总体可以归纳为两种形式，即直接服务核心决策者和直接参与决策过程。第一种，直接服务核心决策者。首先，专家受邀授课培训。当前，我国已建立起从中央到地方的层次清晰的干部学习培训体系。在国家层面，党的十六大以来形成了中央政治局集体学习制度，2002 年至今开展了多次集体学习，多位全国各领域的顶尖专家学者成为这个特殊课堂的讲师，④ 不少智库专家受邀进行授课。地方层面的常规干部培训一般由党校系统承担，各级党校经常就国家和地方重大方针政策和文件精神，为领导干部开办培训班和研讨班。邀请专家解读时政热点议题也成为不少政府开展相关专题培训的选择，智库专家积极投身政府的专题培训工作，同样能够直接与决策者对话，实现咨政建言。如上海社会科学院经济研究所专家受邀为内蒙古自治区人大信息工作培训班讲授"一带一路"的相关内容，增强了内蒙古信息调研工作的大局意识，引导关注热点、难点问题，推动内蒙古自治区信息调研工作水平，从而推动科学决策。其次，呈报决策咨询内参。结合自身的研究专长和当前的时政热点，形成研究成果并上报内参是当前很多智库实现决策参考的主要方式。截至 2020 年 11 月底，根据中国智库索引（CTTI）⑤ 系统收录的 940 家来源

① Weaver R. K., The changing world of think-tanks. *Political Science and Politics*，No. 3，1989，pp. 563 – 578.
② ［美］詹姆斯·G. 麦甘，安娜·威登，吉莉恩·拉弗蒂：《智库的力量：公共政策研究机构如何促进社会发展》，社会科学文献出版社 2016 年版，第 60 页。
③ Andrew R.，*Think tanks，Public policy，and the Politics of Expertise*. New York：Cambridge University Press，2004，P. 11.
④ 《中央政治局集体学习（十九届）》，中国共产党新闻网，2017 年 10 月 25 日，http://cpc. people. com. cn/n1/2017/1025/c414940 – 29608670. html? from = singlemessage。
⑤ "中国智库索引"是由江苏省委宣传部与南京大学共建的"南京大学中国智库研究与评价中心（CTTREC）"打造开发，致力于解决我国智库数据的收集、整理、鉴定、保存、检索和利用问题。

智库填报的内参和批示数据，共有内参数据 13 358 条、批示数据 2 203 条①。自 2013 年 4 月习近平总书记对中国特色新型智库建设作出重要批示以来，智库内参的年报送量和批示量均呈逐年递增的趋势。如中国人民大学国家发展与战略研究院（以下简称"人大国发院"）2016 年以来凭借学校中办信息直报点等内参渠道累计向中央报送内参 1 000 余份，据不完全统计，200 余份内参得到党和国家领导人批示，约三分之一成果被有关部门采纳，转化为国家重大决策。② 最后，承接政府咨询课题。智库承接政府咨询课题大体分为两类：一是领导指示圈示课题，研究成果直接报送领导参阅。如贵州省通过省社科院开展省领导指示圈示课题申报，招标和行政委托相结合的方式组织专家对圈示课题开展研究；③ 广州市社科规划办每年开展"领导圈题"活动，课题成果最终直接呈送相关领导。④ 二是政府部门课题，研究成果直接报送委托部门及相关领导参阅。中国旅游研究院西部旅游发展研究基地（陕西师范大学地理科学与旅游学院）承接了西安市政府专家决策咨询委员会的重点课题，启动了"以文化旅游促进乡村振兴战略实施研究"的研究工作，聚焦文化和旅游如何有效助力乡村振兴发展问题。⑤ 第二种，直接参与决策过程。首先，参与政策文件起草。当前，除了各省市政府发展研究中心、政策研究室等党政部门智库作为各地重大政策文件的主要起草机构，第三方机构也参与到政策文件的起草工作中。如中国工程院等 10 余家研究机构，32 位院士及数百名工作人员参与了《交通强国建设纲要》的编制工作；⑥ 贵州省还专门制定了《贵州省政府立法第三方起草和评估办法》，⑦ 从法制层面明确了第三方参与政府立法的程序和规范。其次，提供专家咨询意见。除智库团队整体参与决策过程外，智库专家"单兵作战"主要通过以下两种形式发挥作用。一是入选政府咨询专家库。如山东省人民政府决策咨询特聘专家库⑧和四川

① 统计数据来自中国智库索引（CTTI）系统，访问网址：https：//ctti. nju. edu. cn。

② 严金明：《努力建设成为中国特色新型智库引领者》，中国人民大学国家发展与战略研究院官网，2019 年 4 月 8 日，http：//nads. ruc. edu. cn/yjdt/930cbfa246db4ab3bedd7c3a29fb8c2f. htm。

③ 《关于开展 2019 年省领导指示、圈示课题申报的通知》，铜仁学院科研处官网，2019 年 3 月 15 日，http：//www. gztrc. edu. cn/s. php/kyc/item – view – id – 52105. html。

④ 《广州市第 30 次社会科学研究课题开题评审会召开》，广州社科网，2019 年 5 月 10 日，https：//gzsk. org. cn/index. php？m = content&c = index&a = show&catid = 94&id = 4448。

⑤ 资料来自 2019 年中国智库治理暨思想理论传播高峰论坛之典型工作案例征集活动。

⑥ 《新闻办就〈交通强国建设纲要〉有关情况举行发布会》，中国政府网，2019 年 9 月 24 日，http：//www. gov. cn/xinwen/2019 – 09/24/content_5432724. htm。

⑦ 《贵州省政府立法第三方起草和评估办法》，贵州省人民政府网，2017 年 12 月 27 日，https：//www. guizhou. gov. cn/zwgk/zfgb/gzszfgb/201712/t20171227_70523234. html。

⑧ 《山东省人民政府关于公布首届山东省人民政府决策咨询特聘专家名单的通知》，山东政务服务平台，2018 年 9 月 25 日，http：//zwfw. shandong. gov. cn/art/2018/9/25/art_1684_2073. html。

省立法专家库，①涉及经济、文化、生态等多个领域，为全省的重大决策提供咨询服务。二是出席咨询论证会议。为更好地集民智、听民意，立法决策要进行集体咨询论证，通过举办听证会、交流会、座谈会等各类方式广泛征求意见，其中专家意见尤为得到重视。如湖北省多次召开座谈会，多次听取治疗救治、心理危机干预、应急管理、法律服务等领域的专家以及一线医务工作者关于医疗救治和疫情防控的意见建议。②

（二）理论创新

深厚的学术理论积淀是智库区别于一般咨询公司和内部政策研究机构的首要特征。智库影响公共政策的很多创新性观点和关键性证据，归根结底都来自扎实的学术研究。③ 所谓的理论创新，主要体现在智库对基础理论问题的认识不断深化，对理论问题的研究方法和研究模式进行创新，将人文社科类学科与其他经验型学科进行交叉而形成的一系列创新理论、研究方法与工具、研究范式、思维方式、理论成果等。因此，学术性、理论性、创新性是中国特色新型智库的基本属性，也是主要功能。哲学社会科学是人们认识世界和改造世界的重要成果，也是重要工具。直至今日，将马克思主义者认识世界、改造世界的世界观和方法论发扬光大，建构一套符合现代社会的理论体系，仍然是引领理论创新的方向和趋势，也为中国推动国家治理现代化提供理论支撑。④

为展现科研实力和水平，我国智库积极研究、宣传与阐释党的创新理论，以创办学术期刊、开展课题项目研究、推动学科建设、出版发表学术成果等方式发展哲学社会科学，利用期刊、课题、论文、著作、皮书等成果形式为智库知识界对外发声提供重要的理论阵地，也为我国智库知识体系制度化、规范化提供动力支持。第一，积极研究、宣传与阐释党的创新理论。我国智库按照宣传部要求，对党的理论创新成果，特别是习近平新时代中国特色社会主义思想展开深入研究与阐释，已然成为我国宣传思想文化战线的重要思想力量。党报党刊作为中国对外文化交流的重要窗口，也是智库及时对外"发声"的主要平台。据统计，⑤ CTTI

---

① 王明峰：《四川省建立立法专家库 智力支持提高立法质量》，人民网，2019 年 3 月 28 日，http：//legal. people. com. cn/n1/2019/0328/c42510 - 30999695. html。

② 《湖北防控指挥部再调整，省委书记应勇面对"智囊参谋"说：请大家直言不讳》，上观新闻网，2020 年 2 月 26 日，https：//www. jfdaily. com/news/detail? id =216448。

③ 余晖、刘福才：《英国高校智库：功能定位、运行机制和服务模式》，载于《比较教育研究》2018 年第 12 期。

④ 谢伏瞻：《加快构建中国特色哲学社会科学学科体系、学术体系、话语体系》，载于《中国社会科学》2019 年第 5 期。

⑤ 统计数据来自中国智库索引（CTTI）系统，由本书课题组成员统计得出。

收录报纸文章共计 13 323 篇，其中《光明日报》刊发量最多，占比 28.38%；其次是《人民日报》（占 19.27%）和《经济日报》（占 6.66%），来源范围广泛，涉及中央级报刊、省部级报刊以及地方性报刊等，可见智库普遍借助媒体尤其是中央级党报党刊的力量，将智库成果广泛传播出去，进而提升智库的决策影响力和社会话语权。例如：2015 年以来，江苏省重点智库先后参与到江苏省组织编撰的 14 卷本《社会主义核心价值观研究》丛书，5 卷本《"四个全面"战略布局研究》丛书，7 卷本《领导干部思维方法研究》丛书，5 卷本《新发展理念研究》丛书，4 卷本《中国特色社会主义"四个自信"研究》丛书等一系列理论丛书，① 有力地推动了江苏关于党的创新理论的研究宣传阐释工作。第二，以专业学术研究带动社会科学事业发展。首先，国家科研基金牵引智库研究走向学术前沿。课题研究的水平代表着新型智库建设的水平。各类型智库作为我国哲学社会科学研究的主力军，始终将课题研究作为科研工作的中心环节，也是各级各类科研基金项目的主要承接单位。据统计，② CTTI 共收录纵向课题 15 336 项，主要以省部级课题为主，占比约 47.16%；横向课题共收录 6 992 项，文科项目总数远远超过理科项目，总数相差 4 倍之多。此外，智库还注重课题全流程跟踪管理，尤其是选题和结项评审环节，严格把关，控制质效。如上海社科院在课题选题、发包、调研、成果提交等环节全程跟踪，建立课题结项提醒制度，加强中期检查和成果审核工作，确保课题结项率和成果质量。③ 其次，自办期刊大力宣传智库理论成果。智库作为有价值知识产品的传播平台，自办学术期刊成为承载这类知识成果的必需载体。以社科院智库为例，据统计，④ 中国社科院创办期刊 80 多种，CSSCI 来源期刊高达 54 种，占全部期刊数量的 65.9%，能够比较集中地反映中国社会科学研究的最新成果和学术信息；由省级社科院创办的 CSSCI 来源期刊共 47 种，分布在除西藏、海南、广西以外的 28 个省（自治区、直辖市），已然成为智库传播交流研究成果、聚集研究队伍和推动科研成果转化的重要学术平台。最后，以学术论文、报纸文章、研究报告为主的理论成果数量颇多，理论研究成效卓著。据 CTTI 统计数据显示，⑤ 学术论文以期刊论文为主，占比达 97.21%，其中来自 CSSCI 来源期刊的论文数量最多，占比约 54.04%，而发表在 SCI、SSCI、EI 等国际顶级期刊的论文仅占比 1% ~ 5%；从公开出版的研究报告数量来看，约 55.16% 属于研究报告，其次是咨询报告和调研报告，提升报告成果的有效转化率仍然是加强智库内涵建设的关键内容。

---

① 刘德海：《江苏新型智库发展报告（2015~2018）》，江苏人民出版社 2020 年版，第 9 页。
②⑤ 统计数据来自中国智库索引（CTTI）系统，由本书课题组成员统计得出。
③ 资料由本书课题组调研获得。
④ 统计数据来自社科院官网，由本书课题组成员统计得出。

（三） 舆论引导

中国特色新型智库的工作重点，除发表研究成果和提供咨政报告，还需要与政府和公众建立联系，通过引导社会舆论和社会思潮，达到服务政府决策的目的。正如埃布尔森所讲，智库不同于营利性组织，其受到关注和考核的并非是机构的利润与绩效，而是在辅助决策者制定政策和塑造公众舆论过程中的贡献程度。[①] 当前，新型智库发挥舆论引导功能的方式主要有两种，一种是智库或智库专家主动地、自下而上地将智库成果和思想观点提供给政府部门或政策决策者，一般通过内部刊物、座谈会、培训班等形式传递思想和观点。例如：南京大学长江产业经济研究院（以下简称"长江产经研究院"）院长刘志彪作为受邀专家，多次针对产业链相关问题献言献策。另一种是智库或智库专家开放式地、自上而下地将研究成果和政策观点向公众传播，通过接受媒体采访、开展公开研讨与培训活动、举办社会普及活动等方式影响公众舆论，进而影响政府决策。例如：西南政法大学人权研究院开展人权教育培训，中国政法大学法治政府研究院为立法、司法、行政机关以及教学、研究机构提供以知识更新为主要内容的短期培训；[②] 21 世纪教育研究院院长杨东平针对 2018 年《政府工作报告》中的"着力解决中小学生课外负担重问题"，从教育培训机构的健康发展、均衡教师资源配置、加强师德师风建设、规范民办学校办学等方面进行全面解读。[③]

（四） 社会服务

社会服务是智库影响力建设的重要手段，也是智库发展核心能力的直接表现。近年来，新型智库坚持决策咨询和社会服务并重的初衷，一方面为政府部门领导提供专业科学的决策建议，一方面为社会组织、群众提供咨询服务，通过创建社会服务品牌活动、承接横向课题等方式，不断提高智库的社会服务能力与服务质量，广受社会认可。第一，打造品牌活动，服务社会发展。例如：江苏人才发展战略研究院每年积极挖掘并精心培育具有研究院特色的品牌研究，助力产业人才服务地方经济转型升级，逐渐形成两大社会服务品牌工作。一是开展江苏人才竞争力评价工作，构建了一整套人才评价指标体系，连续 4 年向社会发布江苏省设区市、县（市）、工业企业、开发区、本科院校、高职院校等六大人才竞争

[①] Abelson D. E. , *Do think tanks matter assessing the impact of public policy institutes.* Montreal：Mc Gill-queen's University Press，2002，P. 178.

[②] 朱旭峰：《二轨国际机制与中国思想库发展》，载于《公共外交季刊》2013 年第 16 期。

[③] 杨东平：《"减负"，还得釜底抽薪》，载于《中国教育报》2018 年 3 月 10 日。

力报告，全方位评价江苏人才发展现状，展示人才社会贡献；二是精准绘制产业人才地图，建立相关人才数据库系统，为精准引才、产业布局提供全球导航，已与南京江北新区、苏州工业园区、江宁经济技术开发区、南京白下高新技术产业开发区等签订战略合作协议，尝试将研究成果落地转化并产生社会效益。① 第二，承接横向课题，服务地方建设。例如：长江产业经济研究院与光明日报社联合开展"东部地区高质量发展联合调研"行动，通过与媒体、企业的深度互动，挖掘一手信息，分析我国在新时代高质量发展的现状、问题及对策。② 南京信息工程大学气候与环境治理研究院与学校附属实验小学签署气象科普教育服务协议，共同打造中小学校园气象科普品牌；还以智库专家组为核心，与省生态环境厅土壤处、环科院、生态处、宣教中心、环境评估中心等部门开展协同工作，建立并深化智库专家团队与业务部门的常态化合作机制。③

（五）公共外交

党的十八大以来，以习近平同志为核心的党中央把握国际形势新变化，积极推进外交理论和实践创新，提出一系列新思想、新理念、新举措，推进中国特色大国外交开创新局面。④ 智库作为对外关系的"参谋"和"尖兵"，承担了宣传国家政策、参与国际事务和舆论引导等重要使命。因此，智库作为国家软实力的重要载体和国际竞争力的重要因素，在咨政建言、深度参与外交活动、积极引导国际舆论等方面优势日渐显现，为开创中国特色大国外交新局面注入了鲜活力量，提升了国家软实力和国际影响力。第一，为新时代外交工作咨政建言。智库作为思想创新的源泉，是国家软实力的策源地，能够为国家的整体外交提供创新性和前瞻性的战略思想支持。如国研院作为外交部直属专业研究机构，近年来先后出版《普京大外交：面向 21 世纪的俄罗斯对外战略 1999～2017》《国际秩序演变与中国特色大国外交》《国际形势和中国外交蓝皮书（2019）》《CIIS 研究报告》，主办的国际问题类期刊《国际问题研究》（中英文版）等发布了在国内外有较大影响的理论成果；还与上海国际问题研究院在中国针对欧洲主权债务危机的政策等多个外交问题上，积极服务中国领导者的外交决策。⑤ 第二，深度参与

---

① 刘德海：《江苏新型智库发展报告（2015～2018）》，江苏人民出版社 2020 年版，第 112～114 页。

② 郑芳芳：《南京大学与光明日报社启动"东部地区高质量发展联合调研"》，光明网，2018 年 5 月 17 日，https://share.gmw.cn/theory/2018-05/17/content_28832563.htm。

③ 《气候与环境治理研究院 - 基本概况》，南京信息工程大学气候与环境治理研究院官网，2022 年 6 月 7 日，https://rsc.nuist.edu.cn/lslt/qhyhjzlyjy/list.htm。

④ 齐鹏飞：《改革开放 40 年"中国特色大国外交"的发展历程和基本经验》，载于《学海》2019 年第 1 期。

⑤ 王斯敏：《新型智库为中国特色大国外交贡献力量》，载于《光明日报》2018 年 8 月 2 日。

重大外交活动。近年来，很多智库尤其是国家高端智库顺势而为，在诸多国际智库合作机制中作用日趋凸显。如中国社科院已搭建与中东欧 16 国的智库合作网络，与东盟国家形成了固定的智库交流机制，还与二十国集团（G20）、上海合作组织、金砖国家等成员国知名智库建立经常性合作机制。[1] 人大重阳研究院作为 G20 智库峰会（T20）共同牵头智库，积极配合领导人参加 G20 峰会等重大主场外交和领导人高访活动，受邀在主要官方媒体发表评论。[2] 第三，积极引导国际舆论。新型智库肩负"二轨外交"的重要功能。习近平同志曾指出："要加强国际传播能力建设，精心构建对外话语体系，发挥好新兴媒体作用，增强对外话语的创造力、感召力、公信力，讲好中国故事，传播好中国声音，阐释好中国特色。"[3] 我国智库坚持中国立场、世界眼光，主动传播新时代外交理念，积极参与国际政策辩论，塑造新时代国家良好形象。如新华社国家高端智库围绕我国一系列对外战略和外交重要活动，第一时间组织智库专家发声解读，并综合运用全媒体传播形态，充分发挥海外传播优势，重点稿件集中在美、英、法、德等 G20 成员所在地的主流媒体发布。国防大学、军事科学院智库专家从军事战略视角出发，所著系列文章在互联网上被广泛转载。

二、中国特色新型智库功能的新拓展

《意见》明确智库应具备以上五大功能，但在实际建设与运作过程中，除五大功能以外，智库衍生出诸多新功能，将其作为服务政府科学决策的补充，以充分发挥智库的应有价值，主要有储才育才、数据储备、政策教育、第三方评估、社会监督等功能。

（一）储才育才

作为知识的生产机构和传播机构，智库的人才汇聚与培养作用不言而喻。人才是智库生存与发展的核心要素，也是促进智库持续健康发展的重要保障。因此，智库在扮演好高层次人才"储备库"这一角色的同时，更应承担起人才培养的重任。从狭义来看，储才育才其实是高校智库区别于党政智库和社会智库的显著标志，也是高校智库的优势所在；从广义来看，储才育才是各类型智库均具备

---

[1]　王斯敏：《新型智库为中国特色大国外交贡献力量》，载于《光明日报》2018 年 8 月 2 日。

[2]　浩爽：《中国人民大学智库助力 G20 杭州峰会　重阳金融研究院参与主办 T20 会议》，人大新闻网，2016 年 9 月 5 日，https：//news. ruc. edu. cn/archives/143679。

[3]　曹昆：《习近平的新闻舆论观》，人民网—人民日报海外版，2016 年 2 月 25 日，http：//politics. people. com. cn/n1/2016/0225/c1001 – 28147851. html。

的功能,无论是高校智库的学科型人才、党校智库的政策型人才,还是企业智库的管理型人才或技术型人才,都发挥了一定的人才培养与储备职能。其中,高校智库普遍是以学院为主体,按照一定学科或专业划分,培养知识结构相对单一的专业型、学术型人才;① 社科院、党校行政学院智库通过老专家的"传、帮、带"、科研培训、课题参与、互换交流等方式,培养了一批青年科研骨干。② 此外,智库也发挥了政府和知识界之间"旋转门"的作用。一方面,智库能够为政府决策部门储备和输送所需人才或干部。如山东社科院通过派出"万名干部下基层"省派服务队人员、选派科技副职服务锻炼、推荐干部赴驻外使领馆借调工作等推进智政联动的"人才旋转门";③ 江苏社科院贯彻实施江苏省"科技镇长团"成员选派工作,实现科技人才"旋转门"。④ 另一方面,智库也能够为离退休的政府官员提供继续发挥余热、施展才华的平台和机会,为其提供更为广阔的发展空间。如人大国发院通过设置"智库科研岗",打造多层次人才梯队,吸收其他研究机构的学者、社会名流和学者型官员作为高级研究员进入智库平台,构建中国式"旋转门";⑤ 中山大学粤港澳发展研究院(以下简称"粤港澳研究院")为做好与决策部门的对接工作,邀请具有丰富决策咨询经验、社会知名度高的退休或离职党政官员进入理事会,还不定期邀请相关部门官员到智库传达中央精神,积极推动智库人员与党政部门多方式交流互动。⑥ 因此,新型智库不仅是人才培养的基地,更是高端人才的聚集地和储备池,打通决策层和知识界之间的界限。

(二) 信息功能

随着大数据时代的到来,各类数据信息成为政策研究和制定决策的重要依据,也是影响决策准确度和科学性的重要因素。具备对数据信息进行深度挖掘、存储、分析和利用的能力将是智库占据核心地位的关键之一。⑦ 正如智库学者芭芭拉·米兹塔尔(Barbara A. Misztal)所讲,智库的根本目的在于收集真实、有

---

① 王诗苇:《高校智库建设与人才培养的互动机制研究》,载于《智库时代》2019 年第 28 期。
② 崔树义、杨金卫:《新型智库建设理论与实践》,人民出版社 2015 年版,第 90 页。
③ 资料整理自山东社会科学院官网,http://www.sdass.net.cn/。
④ 《章寿荣副院长参加科技镇长团十周年总结暨第十一批到任工作会议》,江苏省社会科学院官网,2018 年 9 月 6 日,http://www.jsass.org.cn/skdt/gzdt/201911/t20191119_7426.html。
⑤ 《人大国发院召开研究员聘任仪式 百位专家学者共同见证》,中国人民大学国家发展与战略研究院官网,2019 年 9 月 16 日,http://nads.ruc.edu.cn/yjdt/27460b2303744441abafc8cbd2bba9de.htm。
⑥ 中山大学粤港澳发展研究院:《加强供需对接 提升研究实效性》,载于《光明日报》2019 年 7 月 1 日。
⑦ 刘福才、张继明:《高校智库的价值定位与可持续发展》,载于《教育研究》2017 年第 10 期。

效的信息，能够为政治精英和普通民众提供建议，这也让公共决策者认识到智库的重要作用。[①] 因此，随着新一代信息技术的不断发展和智库所带动的政府决策机制的改变，智库研究的范式实现从单纯以经验型信息决策转变为数据驱动与经验驱动相结合。智库可以借助深度学习、自然语言理解、智能感知、知识推荐、数据挖掘等新技术，获取网络上大量潜在的、结构性的基础数据，快速处理采集到的各类数据信息，形成可供决策的新的结论和规律，进而优化决策模型和决策方法，提高决策的可信度和准确性；而且可以结合实地调研、田野调查、问卷调查、专家访谈等方式获取更多一手的、非结构化的文本数据，对这些数据加以统计分析，将得出的结论与大数据处理结果相结合，从而为政府决策提供更为科学的数据依据，以提高政策的针对性和精准性。如新华社在智库实践中，针对智库课题调研要求，注重选调专家型记者编辑参与智库调研，还整合全球信息采集分析网络，开展跨区域协作和国内国际联动，第一时间获取信息，为智库研究提供便捷服务；敏捷智库坚持以数据为基石，创新为动力，在科技和管理双轮驱动的经营理念下，建立了大数据驱动的智库研究范式，构建了基于数据的价值评价模型，持续为政策研究提供可视化、网络分析等方法和工具。[②]

（三）政策教育

在国家和地方政策执行过程中，智库作为"政策宣讲者"或"政策宣传者"，在其中发挥着不可或缺的引导作用，推动政策的有效执行。公共政策学领域专家叶海卡·德罗尔（Yehezkel Dror）认为，公众作为影响政策制定与执行的重要因素，参与政策运行的全过程，向社会及公众进行政策宣传与启蒙教育就成为政策执行过程的一个重要环节。[③] 智库能够代替政府发挥政策教育职能的原因在于，智库本身具有一定的独立性，在开展政策教育和政策宣传工作过程中，能够以更为客观、公正、专业的态度与形象向公众传达政策信息；另外，智库开展舆论引导和政策宣传工作的渠道更为多元，对外宣传的自由度较高，传播受众具有一定的广度和深度，能够把政府的政策想法传播给社会公众，也可以将来自不同群体的想法观点传达给政府决策者，起到了很好的"传递者"和"中转站"的作用。目前，智库开展政策宣传、教育工作的方式有出版并发布正式的研究报告、皮书，在官方媒体平台发表评论，以线上或线下的方式开展政策宣讲

① Barbara A. M. , Public Intellectuals and Think Tanks A Free Market in Ideas？ . *International Journal Politics, Culture, and Society*, No. 4, 2012, pp. 127 - 141.

② 资料由本书课题组调研获得。

③ 陈振明：《政策科学与智库建设》，载于《中国行政管理》2014 年第 5 期。

活动，以智库专家身份出席听证会等。① 例如，中国社会科学院金融研究所不仅专门开设了面向金融学的教育培训项目，还借助"金融论坛""学者博客"等渠道对金融理论、金融政策、金融监管、金融市场等政策研究成果进行广泛传播，着力发挥政策引导和教育作用。②

（四）第三方评估

政策评估是聚焦国际国内经济社会发展前沿问题，对经济社会改革发展的情况进行检测与评价，及时形成反馈意见，为经济社会改革和政策调整优化提供科学依据的一种决策服务行为。政策评估本身是一项复杂的工作，它不仅是一个严谨的理论研究过程，也对评估者的实践操作能力有着一定的考验。智库作为相对独立于政府的第三方机构，既能够超越政策制定者的思想局限和知识视野，也能够较为独立、客观、公正地对政策进行评价和鉴定，更为全面综合地将社会公众和社会各界人士的观点和态度展现出来，进而提出有针对性的修改意见和建议，协助政府改进政策目标、改善政策实施过程、提高政策的科学性和实施效益。③政策解读是通过举办研讨会、发布研究报告、评论评说文章、公开演讲等形式，对国内外政策进行深度分析阐释的一种决策服务行为。智库拥有更为自由灵活的发言权，智库所发布的研究报告、评论的文章、公开演讲的内容都可以对外公开，社会公众都可以在线上浏览交流。可见，智库作为政策的解读者，能够直接深刻地影响社会公众对社会政策的认知，④ 加深公众对各项政策的了解和掌握，推动政策的有效施行，发挥智库传播理念、通达民意、引领思潮、呼吁公众参与的作用。如中国工程院将第三方政策评估作为国家高端智库建设的工作重点之一，积极开展国家重大工程、重大科技计划的立项、进展情况及实施效果等方面第三方评估，包括可再生能源法实施情况评估、三峡工程试验性蓄水阶段评估等，为国家决策提出客观公正的评估意见。

（五）社会监督

社会监督作为政府的重要职能之一，是通过制定相关政策、法律法规和规章制度对社会事务进行规范和管理的行为。只有加强社会监督，才能进一步优化社会结构，调整社会多方的利益关系，充分发挥市场调节机制的作用，维护社会的

---

① ③　彭灵灵：《"社会政策时代"智库的价值、影响机制与体系建构》，载于《湖北社会科学》2019年第3期。

②　资料来自中国社会科学院金融研究所官网，http://ifb.cssn.cn/jypx/jrx/。

④　罗昕、李芷娴：《外脑的力量：全球互联网治理中的美国智库角色》，载于《现代传播（中国传媒大学学报）》2019年第3期。

稳定和社会公正。[①] 但是，政府在履行社会管理和社会监督职能的过程中，可能因管理理念落后、管理方式老旧、管理机制不灵活等因素的影响，造成社会监督效果不佳，这时智库便发挥了补充功能，通过召开学术会议、公开对社会问题辩论解答、借助各类媒体发声讨论等方式，对社会政策的出台与实施进行评估与实时监督，对社会管理工作提出批评和改进建议，辅助政府进行社会监督。当然，智库辅助政府进行社会监督，不仅能够从专业角度为政府提供更多改进方案，也能够提高智库的社会影响力和公信力，塑造专业权威的智库形象，为发挥有效社会监督作用奠定基础。例如：紫金传媒智库面对中国股市的剧烈波动，及时开展股市风潮舆情调查，撰写并发布系列研究报告，在政府、媒介以及人民群众中产生良好反响，有效引导了社会舆论，安抚了社会心态；南京大屠杀史与国际和平研究院致力于公众正确历史认知的树立和记忆共同体的构建，有力批驳了日本极右势力否定南京大屠杀血案和侵华战争罪行的企图，科学引导社会思潮，正确引导舆论走向。

第四节　中国特色新型智库方法论

　　智库从兴起之初就伴随着方法的创新。方法的创新不仅为新型智库长久发展提供重要的思想理论基础，也为新型智库开展高质量战略研究与政策研究提供有力方法和工具。近年来，中国特色新型智库深入贯彻习近平总书记系列重要讲话精神，坚持中国特色社会主义方向，创新智库研究方法和技术工具，充分展现了中国特色、中国风格和中国气派。

一、中国特色新型智库的理论基础

　　"一个民族，要想站在科学的最高峰，就一刻也不能没有理论思维。"[②] 掌握马克思列宁主义、毛泽东思想、邓小平理论、"三个代表"重要思想、科学发展观、习近平新时代中国特色社会主义思想理论的深度，决定着思维视野的广度、政治敏感的程度、思想境界的高度，也是推动中国特色新型智库建设工作的强大

---

　　① 彭灵灵：《"社会政策时代"智库的价值、影响机制与体系建构》，载于《湖北社会科学》2019 年第 3 期。
　　② 《马克思恩格斯选集》（第 3 卷），人民出版社 1972 年版，第 467 页。

力量。建党百年，以毛泽东的调查研究理论、邓小平的"实事求是"思想路线以及习近平总书记治国理政新理念新思想新战略为代表的思想理论，为中国特色新型智库建设筑牢思想理论根基。

（一）毛泽东的调查研究理论

习近平总书记曾指出，"调查研究不仅是一种工作方法，而且是关系党和人民事业得失成败的大问题"，"重视调查研究，是我们党在革命、建设、改革各个历史时期做好领导工作的重要传家宝。"[①] 毛泽东在中国共产党党内不仅开创了马克思主义中国化的先河，也在党内首次提出重视调查研究的工作方法，是我们党强调和践行调查研究工作的典范。毛泽东的调查研究思想是马克思列宁主义与中国革命和建设具体实际相结合的产物，在我们党的政策方针和策略制定过程中发挥了巨大作用。因此，认真学习贯彻毛泽东调查研究思想，对于加强中国特色新型智库建设，促进国家治理体系和治理能力现代化，提高政策研究和决策咨询的质量和水平，具有重要的现实价值。

毛泽东调查研究思想的形成与发展，究其缘由有三：其一，受到中国传统民族文化的熏陶，尤其是毛泽东青年时期深受湖湘文化的影响；其二，得益于马克思主义经典著作的启示；其三，亲自做过或组织过无数次深入细致的调查，同解决中国革命和建设所面临的具体实际问题紧密结合起来。

湖湘文化除了具备中国传统文化的一般特征外，还具有湖湘地域性知识分子的特点，这就是在讲究"内圣修养"的同时，特别强调"外王经世"，[②] 于是便形成了经世致用的务实文化传统。湘湖学派中经世致用思想的集大成者王夫之主张"有即事以穷理，无立理以限事"。他认为，要发现客观事物的规律，从中得出一般性的认识，不能去限制、框定客观事物的发展，而是要探索、研究客观事物本身。[③] 此外，曾国藩的"实事求是""即物穷理"、魏源的"以实事程实功，以实功程实事"、杨昌济的"学者务积功于实事实物"[④] 等主张都对毛泽东调查研究思想的形成产生了深刻的影响。

马克思主义理论在诞生过程中就与调查研究相随相伴，马克思和恩格斯两人都始终把调查研究放在重要位置。为了验证唯物史观，马克思长期跟踪调查法国多年的革命历程，基于收集到的资料撰写出《路易·波拿巴的雾月十八日》《法兰西内战》等著名文章。他还对英国的资本主义进行了长达几十年的跟踪考察，

---

① 习近平：《谈谈调查研究》，载于《学习时报》2011 年 11 月 21 日。
② 李佑新、陈龙：《毛泽东"实事求是"思想的湘学渊源》，载于《哲学研究》2010 年第 1 期。
③ 彭大成：《湖湘文化与毛泽东》，湖南人民出版社 2003 年版，第 242 页。
④ 彭大成：《湖湘文化与毛泽东》，湖南人民出版社 2003 年版，第 242~245 页。

最终写出辉煌著作《资本论》。1842 年 11 月到 1844 年 8 月，恩格斯借助在英国近两年居住所收集到的各种材料，结合对工人阶级长期的实地探访与调查，最终写出《英国工人阶级状况》。① 这些马克思主义思想的先驱及其经典著作给予毛泽东很深的启示，为调查研究思想的形成奠定科学理论基础。

当然，除了借鉴继承马克思主义经典作家关于调查研究的思想理论，汲取中国传统文化中有关社会调查研究的丰富营养之外，毛泽东长期调查研究经验的积累也是这一思想形成并延续至今的核心要素之一。毛泽东调查研究思想的萌芽阶段是他的青年学生时期。早在湖南第一师范学习时，毛泽东就已经认识到了走出校门、投身实践、了解国情社情民情的重要性，如 1917 年至 1920 年，青年毛泽东利用暑假与好友以游学的方式在长沙、宁乡、安化、益阳、沅江、湘阴、岳阳、平江、浏阳等县，对湖南政治、经济、文化、社会等方面进行实地调查，加深了对中国社会的了解。正因为如此，1920 年毛泽东经过深思熟虑后决定放弃出国学习的机会，留下来继续深入了解我国社会实际。他曾在给友人的信中写道："作为中国人，关于中国这个地盘内的情形，不可不加实地的调查研究。"②

建党初期，为了给中国革命寻找正确方向、给无产阶级寻找可靠盟友、纠正党内的右倾和"左"倾机会主义，毛泽东于 1925 年 12 月运用马克思、恩格斯的阶级分析原理写下了《中国社会各阶级的分析》。该文章指出"谁是我们的敌人？谁是我们的朋友？这个问题是革命的首要问题。"③ 这篇文章也是毛泽东调查研究实践初步取得的理论成果。不久，以广东为起点的全国性的农民运动掀起高潮，于是毛泽东从 1927 年的 1 月 4 日到 2 月 5 日，深入湘潭、湘乡、衡山、醴陵、长沙等地的农村认真考察湖南农民运动，广泛接触人民群众，召开各种类型的座谈会，收集了大量的第一手资料，基于这些资料撰写了著名的《湖南农民运动考察报告》，④ 推动了农村大革命运动的继续发展，也为后来农村包围城市道路的选择打下了基础。这场长达 32 天的调查研究活动是我党历史上第一次实际地倡导了调查研究的方法，标志着毛泽东调查研究思想的萌芽。

从 1927 年 9 月率领秋收起义部队向井冈山进军起，到 1934 年 10 月红军主力离开中央苏区进行长征时为止，毛泽东先后到过江西、福建的 60 多个县（市）的广大农村进行调查。⑤ 如 1927 年 11 月和 1928 年 2 月底，毛泽东先后在宁冈坝

---

① 史海燕：《毛泽东调查研究思想的形成、内涵及启示》，载于《党史文汇》2019 年第 1 期。

② 《毛泽东早期文稿》，湖南出版社 1995 年版，第 474 页。

③ 《毛泽东选集》第 1 卷，人民出版社 1991 年版，第 3 页。

④ 《毛泽东选集》第 1 卷，人民出版社 1991 年版，第 21 页。

⑤ 李焱平：《毛泽东：注重和擅长调查研究的典范》，载于《党史文汇》2015 年第 2 期。

上一带、永新秋溪乡一带着重调查当地情况，撰写了《宁冈调查》和《永新调查》，弄清了湘赣边界各县土地占有不合理的具体情况和边界农村阶级关系，为正确开展土地革命斗争建立了政策基础。1929 年 3 月中旬，毛泽东专门找佃农、裁缝、教书先生、钱粮师爷等基层群众，详细调查长汀的经济、政治和民情风俗情况，据此发布《告商人及知识分子》等重要文告，制定出保护商人贸易和欢迎知识分子革命的正确政策；次月，红军转回赣南到达兴国，毛泽东帮助兴国党组织举办土地革命干部训练班，通过讲课、座谈和指导实习了解实际情况，并以《井冈山土地法》为基础制定了《兴国土地法》，把"没收一切土地"改为"没收公共土地及地主阶级的土地"，[①] 深化了对土地革命的认识。

从 1930 年 5 月到 1933 年 11 月，毛泽东在寻乌、兴国和东塘等地就富农土地问题、城市工商业问题开展深入细致的调查，陆续写出《寻乌调查》《兴国调查》《长冈乡调查》和《才溪乡调查》等调查报告，还写下《调查工作》（后改名为《反对本本主义》）这一著名文章，提出"没有调查，没有发言权"重要论述。如 1930 年 5 月，毛泽东在位于福建、广东、江西三省交界处的寻乌县就富农问题和商业状况开展了 20 多天周密细致的调查，为当时中国革命运动中存在的城市贫民和商业资产阶级问题以及如何在土地分配中限制富农等问题的解决提供了实际依据。1930 年 10 月，毛泽东围绕农村土地斗争中各个阶级的表现，对兴国县展开调查；毛泽东还对长冈乡、才溪乡开展了实地调查，[②③] 以此来克服党内的"摆老爷架子""摆官僚架子"的官僚主义。

延安时期，为引导全党搞好调查研究，毛泽东在百忙中亲自根据长征保存下来的调查材料，编印《农村调查》一书，并在 1941 年春天这本书即将付印的时候撰写《〈农村调查〉的序言和跋》，指出"在全党推行调查研究的计划，是转变党的作风的基础一环"，[④] 调查研究"没有满腔的热忱，没有眼睛向下的决心，没有求知的渴望，没有放下臭架子、甘当小学生的精神，是一定不能做，也一定做不好的。"[⑤] 1941 年 5 月 19 日，针对党内广泛存在的非马克思主义思想作风，毛泽东在延安干部大会上作了《改造我们的学习》的报告，指出不注重研究现状、不注重研究历史、不注重马克思列宁主义的应用，这些都是极坏的作风。1941 年 8 月，毛泽东在起草的《关于调查研究的决定》中表示："党内许多同志，还不了解没有调查就没有发言权这一真理。还不了解系统的周密的社会调

① 《毛泽东农村调查文集》，人民出版社 1982 年版，第 59 页。
② 戴文颖：《中央苏区群众工作的经验研究——以〈长冈乡调查〉为例》，载于《祖国》2019 年第 7 期。
③ 石仲泉：《才溪乡调查是一部独特的教科书》，载于《北京日报》2019 年 6 月 24 日。
④ 《毛泽东选集》第 3 卷，人民出版社 1991 年版，第 802 页。
⑤ 《毛泽东选集》第 3 卷，人民出版社 1991 年版，第 790 页。

查，是决定政策的基础。还不知道领导机关的基本任务，就在于了解情况与掌握政策，而情况如不了解，则政策势必错误。"① 1948 年 3 月 20 日，毛泽东为中央草拟了《关于情况的通报》文件，该文件指出，"只有党的政策和策略全部走上正轨，中国革命才有胜利的可能。政策和策略是党的生命，各级领导同志务必充分注意，万万不可粗心大意。"② 由此提出了著名的"政策生命论"。

进入社会主义建设时期后，毛泽东曾为指导农业合作化运动，多次到农村进行调查研究，形成《中国农村的社会主义高潮》一书，提出"土肥水种密保工管"的"农业八字宪法"，号召中国农业走"科技兴农、集约经营"的道路③。这本书被看成是他在新中国成立后的第一次大规模调查研究的成果。之后，毛泽东多次在各种公开场合强调调查研究的重要性，如 1956 年 9 月 25 日，毛泽东在与参加党的八大的拉丁美洲一些党的代表谈话时指出："要争取和依靠农民，就要调查农村……党的领导机关，包括全国性的、省的和县的负责同志，也要亲自调查一两个农村，解剖一两个'麻雀'。这就叫做'解剖学'"，④ 强调了调查研究的重要性和调查研究的方法。1959 年 3 月 9 日，毛泽东在中共湖南省委关于执行郑州会议指示给中央的简报上批示："调查研究要善于抓住主要矛盾"，⑤ 指出了调查研究要有针对性和实效性。毛泽东在 1961 年 1 月 13 日举行的中央工作会议上指出，"这些年来，我们的同志调查研究工作不做了。要是不做调查研究工作，只凭想象和估计办事，我们的工作就没有基础。所以，请同志们回去后大兴调查研究之风，一切从实际出发，没有把握就不要下决心。"⑥ 同时，毛泽东直接领导和组织 3 个调查组，共计 21 人，分别赴广东、湖南、浙江等地开展农村调查研究，号召全党大兴调查研究之风，由此推动了第二次全党范围调查研究之风的兴起。

在毛泽东的倡导和影响下，早期的红军和党组织十分重视调查研究，把调查工作列为日常工作的重要内容之一。可以说，在中国革命的每一个关键时刻，毛泽东都在强调调查研究的重要性，引导全党开展调查研究，用调查研究的实际成果来指导新的革命实践。他的一生始终贯穿着一个永恒的主题，那就是调查研究。

历史经验告诉我们，调查研究是我们党的重要传家宝，是解决中国革命、建设、改革问题的钥匙。一代又一代中国共产党人坚守和发扬调查研究之风，体现

① 《毛泽东文集》第 2 卷，人民出版社 1993 年版，第 360 页。
② 《毛泽东选集》第 4 卷，人民出版社 1991 年版，第 1298 页。
③ 《毛泽东文集》第 8 卷，人民出版社 1999 年版，第 49 页。
④ 《毛泽东文集》第 7 卷，人民出版社 1999 年版，第 134 页。
⑤ 《毛泽东文集》第 8 卷，人民出版社 1999 年版，第 26 页。
⑥ 《毛泽东文集》第 8 卷，人民出版社 1999 年版，第 233 页。

了对毛泽东调查研究思想的延续与传承。"调查研究是谋事之基、成事之道"，①做任何一项科学研究首先就要进行调查研究，以问题为导向，端正调查研究的态度，全面系统地搜集研究资料，采用与时俱进的有效调查方法，一以贯之持续开展调研，进而找到解决问题的办法，这也是中国特色新型智库肩负的职能和使命所在。

（二）邓小平提出的"实事求是"思想路线

实事求是是党的思想路线的核心，也是马克思主义中国化理论成果的精髓。中国共产党百年光辉历程多次证明，在每个历史阶段都要做好马克思主义与中国具体实际相结合，即"实事求是"，其出发点是"实事"，核心是"求是"。实事求是思想路线最早是由毛泽东确立起来的。延安整风期间，毛泽东为中央党校题写了"实事求是"四个大字。按毛泽东的解释，"实事"就是客观存在着的一切事物，"是"就是客观事物的内部联系，即规律性，"求"就是我们去研究，"求是"就是从国内外、省内外、县内外、区内外的实际情况出发，从中引出固有的而不是臆造的规律性，即找出周围事物的内部联系，作为我们行动的向导。②

虽然实事求是思想路线是由毛泽东同志最先提出的，但是能够完整表述实事求是思想路线、增加解放思想内容、突出实事求是实践特征、扩充实事求是内涵的人是邓小平同志。正如邓小平所言，"我读的书并不多，就是一条，相信毛主席讲的实事求是。"③ 于是，在党的十一届五中全会的讲话中，邓小平向全党明确了党的思想路线，即"实事求是，一切从实际出发，理论联系实际，坚持实践是检验真理的标准"④ 这样的精辟概括是迄今为止对以马列主义理论为基础的党的思想路线进行的最完整和最科学的表述。

邓小平实事求是思想的形成离不开毛泽东对实事求是初步论述的基础，离不开马克思主义科学世界观的指导，也离不开他自己早年的学习和实践经验。革命早期，邓小平在经历抵制日货、赴法国勤工俭学后，对资本主义有了一定认识，这为接受和学习马克思主义提供了思想准备。之后，邓小平担任旅欧中国共产主义青年团机关刊物《赤光》成员，并到苏联中山大学深入学习马克思主义，⑤ 让

---

① 中共中央宣传部：《习近平总书记系列重要讲话读本（2016年版）》，学习出版社、人民出版社 2016年版，第288～289页。

② 《毛泽东选集》第3卷，人民出版社1991年版，第801页。

③ 《邓小平文选》第3卷，人民出版社1993年版，第382页。

④ 《邓小平文选》第2卷，人民出版社1994年版，第278页。

⑤ 朱明星：《邓小平实事求是思想研究》，扬州大学硕士学位论文，2012年。

其具有了较高的理论素养，为实事求是思想的形成奠定了理论基础。回国后，邓小平积极投身革命实践，一边宣传马克思主义，一边学习马克思主义，尤其是学习毛泽东对于马克思主义的认识，并付诸实践，在实践中检验与发展，这也成为实事求是思想形成的直接来源。

在抗日战争和解放战争这一段时间中，邓小平更是注重将实事求是运用到具体实践活动中。例如：邓小平在党和抗日民主政权的关系、敌后工作中，注重矛盾的同一性和斗争性的统一；① 在敌我斗争中，注重人民群众的主体地位，指出"敌我斗争的胜负，决定于人民"；② 在整风运动中，用以整顿学风中的主观主义、党风中的宗派主义、文风中的党八股，形成实事求是之风；在主持西南局的新闻工作、少数民族工作、统一战线工作中，注重整体与局部的统一、矛盾的对立统一和时间、地点、条件的变化；③ 在财政工作中，深刻分析当时国家财政困难的情况，指出必须"照顾全局，从实际出发，这两个观点缺一不可"，④ 理顺了中央和地方财政部门的辩证关系，调动了中央和地方两个方面的积极性。

20 世纪 60 年代初，邓小平认真总结"大跃进"和"人民公社化运动"的教训，开始思考社会主义生产关系究竟采取什么形式才能尽快恢复和发展农业生产。1962 年 7 月，他在《怎样恢复农业生产》一文中，就农村包产到户问题指出："生产关系究竟以什么形式为最好，恐怕要采取这样一种态度，就是哪种形式在哪个地方能够比较容易比较快地恢复和发展农业生产，就采取哪种形式；群众愿意采取哪种形式，就应该采取哪种形式，不合法的使它合法起来"，"黄猫、黑猫，只要捉住老鼠就是好猫"，"现在要恢复农业生产，也要看情况，就是在生产关系上不能完全采取一种固定不变的形式，看哪种形式能够调动群众的积极性就采用哪种形式。"⑤ 这段话后来被演绎为"不管黑猫、白猫，抓住老鼠就是好猫"的"猫论"，生动形象地表达了邓小平实事求是的精神。

"文化大革命"结束后，"两个凡是"和"实事求是"之间的真理标准问题引发了激烈的讨论。1977 年 9 月，邓小平一复出就强调，实事求是是毛泽东哲学思想的精髓。1978 年 5 月 11 日，《实践是检验真理的唯一标准》在《光明日报》头版刊登后，由此引发了全国范围内关于真理标准问题的大讨论。邓小平及时又

① 李宇博：《浅析邓小平党团建设思想——基于对〈党与抗日民主政权〉的解读》，载于《邓小平研究》2017 年第 5 期。
② 《邓小平文选》第 1 卷，人民出版社 1993 年版，第 40 页。
③ 周锡银：《民族理论研究的又一佳作——〈邓小平与西南少数民族——在主持西南局工作的日子里〉评介》，载于《西南民族大学学报（人文社科版）》2004 年第 11 期。
④ 邓小平：《地方财政工作要有全局观念（一九五四年一月二十五日）》，载于《财政》1989 年第 6 期。
⑤ 《邓小平文选》第 1 卷，人民出版社 1994 年版，第 323 页。

坚定地表示支持这一讨论，并在全军政治工作会议的讲话中指出："文章符合马克思列宁主义嘛，扳不倒嘛！"① 1978 年 6 月，在真理标准大讨论中，邓小平认为，坚持实事求是，就是坚持唯物主义；反对实事求是，就是滑到唯心主义、形而上学，最终必然会引导到工作的损失和革命的失败。1978 年 9 月 13 日到 20 日，邓小平在访问朝鲜回国后，立即视察了东北三省和河北唐山、天津等地，对"揭批'四人帮'、开展真理标准讨论、工农业生产和群众生活等方面的情况，问得很详细，作了许多极其重要的指示"，② 并多次有针对性地进一步批评"两个凡是"，倡导解放思想。邓小平"北方谈话"是真理标准讨论的深化，谈话内容特别是工作重点转移问题，在党内上层引起强烈反响。正是由于他的这种大力阐发，并且经过真理标准讨论，在 1978 年 12 月党的十一届三中全会上，我们党才重新确立了实事求是的思想路线，实现了政治路线和组织路线的拨乱反正。

此外，邓小平不仅为我们党重新确立了实事求是的思想路线，而且在创新发展实事求是理论方面作出了诸多贡献。其一，强调解放思想与实事求是的高度统一。邓小平曾说："我们一定要肃清林彪、'四人帮'的流毒，拨乱反正，打破精神枷锁，使我们的思想来个大解放。"③ 因此，"不打破思想僵化，不大大解放干部和群众的思想，四个现代化就没有希望"，④ "解放思想，就是使思想和实际相符合，使主观和客观相符合，就是实事求是。"⑤ 邓小平认为，解放思想和实事求是二者是辩证的统一，解放思想的目的是实事求是，实事求是的前提是解放思想，只有在解放思想的过程中才能达到实事求是，只有在实事求是的进程中才能不断解放思想。其二，用实事求是的方法推进理论与实际相结合。邓小平说，"马列主义、毛泽东思想的基本原则，我们任何时候都不能违背，这是毫无疑义的。但是，一定要和实际相结合，要分析研究实际情况，解决实际问题"，⑥ "只有结合中国实际的马克思主义，才是我们所需要的真正的马克思主义"。⑦ 因此，"把马克思主义的普遍真理同我国的具体实际结合起来，走自己的道路，建设有中国特色的社会主义，这就是我们总结长期历史经验得出的基本结论"。⑧ 其三，

---

① 刘林元、姚润皋：《中国马克思主义哲学史（下卷）》，江苏人民出版社 2007 年版，第 75 页。
② 于光远等：《改变中国命运的 41 天：十一届三中全会、中央工作会议亲身经历记》，海天出版社1998 年版，第 232 页。
③ 《邓小平文选》第 2 卷，人民出版社 1994 年版，第 119 页。
④ 《邓小平文选》第 2 卷，人民出版社 1994 年版，第 143 页。
⑤ 《邓小平文选》第 2 卷，人民出版社 1994 年版，第 364 页。
⑥ 《邓小平文选》第 2 卷，人民出版社 1994 年版，第 114 页。
⑦ 《邓小平文选》第 2 卷，人民出版社 1994 年版，第 213 页。
⑧ 《邓小平文选》第 2 卷，人民出版社 1994 年版，第 371 页。

以实事求是思维打造对外开放格局。邓小平认真总结社会主义实践中"急于求成"的建设弊端，在设计对外开放格局时，决定以创办经济特区为突破口，进一步开放沿海港口城市和沿海地区，并以此带动内地的对外开放。这种"由点到面、由外向内逐步推进"的战略以现存的事实为出发点，把利用条件和创造条件结合起来，是对邓小平实事求是思想路线及其方法论的生动实践。

纵观邓小平一生的实践，可以看到实事求是就像一条红线贯穿其中。自从实事求是思想形成之后，邓小平就始终坚持这一思想，并积极地运用到中国的革命和建设中去，又在实践中加以丰富和发展，直至 1992 年的南方谈话，邓小平的实事求是思想达到了一个高峰。因此，邓小平对自己的评价就是："我是实事求是派。"①

（三）习近平新时代中国特色社会主义思想

党的十八大以来，以习近平同志为核心的党中央成功开辟了中国特色社会主义新实践新局面新境界，形成了一系列治国理政新理念新思想新战略，其中蕴含着一系列治国理政的科学思想方法和工作方法，为推进党和国家事业发展提供了锐利思想武器。

究其缘由，习近平新时代中国特色社会主义思想既由马克思主义和中华优秀传统文化传承而来，也是在工作实践中逐步积累起来的，更是从治国理政伟大实践中发展起来的。其一，从马克思主义和中华传统文化中汲取丰富营养。马克思主义哲学在马克思主义科学思想体系中处于最深层次和最核心地位，它深刻揭示了客观世界特别是人类社会发展的一般规律，是科学的世界观和方法论。我们党一直把马克思主义哲学作为"看家本领"。此外，习近平总书记在谈文化自信时指出，"文化是一个国家、一个民族的灵魂。"② 中国共产党是中华民族的领导者和建设者，历来注重对中华民族优秀传统文化的传承和发展。中国优秀传统文化中蕴含的民本思想、忧国忧民思想、和合思想、大同理想、经世致用理念等都为习近平治国理政思想的形成提供了丰富思想资源，让"我们比历史上任何时期都更接近、更有信心和能力实现中华民族伟大复兴的目标。"③ 因此，从根本上讲，习近平治国理政思想是对辩证唯物主义和历史唯物主义的运用、丰富和发展，也是对中国人民几千年来积累的中华优秀传统文化的继承和延

---

① 《邓小平文选》第 3 卷，人民出版社 1993 年版，第 249 页。

② 习近平：《决胜全面建成小康社会 夺取新时代中国特色社会主义伟大胜利——在中国共产党第十九次全国代表大会上的报告》，人民出版社 2017 年版，第 78 页。

③ 习近平：《决胜全面建成小康社会 夺取新时代中国特色社会主义伟大胜利——在中国共产党第十九次全国代表大会上的报告》，人民出版社 2017 年版，第 79 页。

续。其二，来自习近平总书记几十年从政经历和基层锤炼的经验总结和梳理。习近平总书记 16 岁便下乡当知青，在陕北农村工作 7 年，是知青中年龄最小、去的地方最苦、插队时间还最长的，① 正是在那段时光，磨练出习近平坚强的意志，树立了以人民为中心的理念，养成了实事求是的作风。1982 年 3 月到 2007 年 10 月，习近平总书记先后在多地工作，积累了极为丰富的工作经验，为其治国理政思想的形成打下了绝佳的基础，科学的思想方法和工作方法也为其执政实绩提供了最重要的保障。在正定工作时，他把百姓的事放在心上，逐渐形成了"把群众利益放在第一位"的观点；② 在福建工作期间，他坚持问题导向，对滴水穿石、改革争先、创新引领等作出要求；主政浙江、上海时，他强调要深入开展调查研究，强调实事求是，提出"八八战略"和"绿水青山就是金山银山"等观点，体现了系统思维、战略思维、辩证思维等科学方法；到了中央，他始终以饱满的热情、积极的工作态度和强大的魄力统揽全局，将多年的经验、能力和智慧充分展现出来，奠定了他治国理政的扎实根基。其三，历代中国共产党人凝练出的丰富实践经验和科学方法为其提供思想基础和铺垫。在马克思列宁主义的指导下，以毛泽东同志为主要代表的中国共产党人，在结合中国实际情况的基础上，确立了我国社会主义基本政治、经济、文化和党的建设等基本制度内容和指导理论，形成了毛泽东思想，为习近平治国理政思想继续深化马克思主义中国化创造了更多可能；在继承毛泽东思想的基础上，以邓小平同志为主要代表的中国共产党人，提出了坚持解放思想、实事求是和走中国特色社会主义道路，进行改革开放，明确了我国所处的发展阶段和根本任务，提出"一国两制"科学构想等，形成了邓小平理论，为习近平治国理政思想中有关全面深化改革、大国外交等思想的提出提供了坚实的理论基础；在继承毛泽东思想和邓小平理论的基础上，以江泽民同志为主要代表的中国共产党人深化了关于社会主义的认识，加强和改进了党的建设，形成了"三个代表"重要思想，为习近平治国理政思想形成有关全面从严治党、提高党的执政能力和党的领导水平等思想提供了理论基础；在毛泽东思想、邓小平理论、"三个代表"重要思想基础上，以胡锦涛同志为主要代表的中国共产党人，实现了马克思主义关于发展的理论与中国实际相结合，提出了科学发展观，为习近平治国理政思想中有关新发展理念、"五位一体"总体布局等思想的提出提供了理论基础。

基于此，以习近平同志为核心的党中央，在毛泽东思想、邓小平理论、"三

① 中央党校采访实录编辑室：《习近平的七年知青岁月》，中共中央党校出版社 2017 年版，第 429 页。
② 谷峰：《把百姓的事放在心里》，载于《河北日报》2017 年 8 月 14 日。

个代表"重要思想和科学发展观的基础上，以新时代国家面临的新形势为实践背景，在经济发展、社会稳定、创新引领、大国外交、军队改革、国防建设、治党管党等治国理政过程中提出了许多新的思想理念和方略，形成了以人民发展为核心的习近平治国理政思想体系和科学方法论，具体总结为以下几点：

第一，根本政治保障是坚持党中央权威和集中统一领导。中国特色社会主义最本质的特征是中国共产党领导，中国特色社会主义制度的最大优势是中国共产党领导，中国共产党是最高政治领导力量。习近平总书记反复强调，"党中央是大脑和中枢，党中央必须有定于一尊、一锤定音的权威"，[①] "坚持党的领导，首先是坚持党中央权威和集中统一领导，这是党的领导的最高原则"。[②] 可见，坚持党中央权威和集中统一领导，是一个成熟的马克思主义政党必须坚持的工作原则，也是我国革命、建设与改革道路总结的历史经验，更是全国各族人民开展各项改革工作的根本政治保障。党的十八大以来，围绕坚持党中央权威和集中统一领导，全面深化党和国家机构改革，完善党中央重大决策落实机制，出台实施了《中共中央政治局关于加强和维护党中央集中统一领导的若干规定》《中共中央关于加强党的政治建设的意见》等党内法规制度，将"两个维护""四个意识"等内容纳入《中国共产党纪律处分条例》，要求全国各级党组织和广大党员干部自觉在思想上政治上行动上同党中央保持高度一致。因此，坚持党中央权威和集中统一领导，是党和国家的根本所在、命脉所在，也是全国各族人民的利益所在、幸福所在，必须贯彻落实新时代党的建设总要求，坚持党要管党、全面从严治党，以党的政治建设为统领，全面推进党的政治建设、思想建设、组织建设、作风建设、纪律建设，把制度建设贯穿其中，不断提高党的建设规范化科学化水平。

第二，根本工作方法是坚持以人民为中心，走群众路线。坚持以人民为中心是党的十八届五中全会提出的一个重大战略思想。习近平总书记反复强调，"人民是历史的创造者，是决定党和国家前途命运的根本力量。"[③] "历史是人民书写的，一切成就归功于人民。只要我们深深扎根人民、紧紧依靠人民，就可以获得无穷的力量，风雨无阻，奋勇向前。"[④] "让老百姓过上好日子，是我们一切工作的出发点和落脚点，是我们党坚持全心全意为人民服务根本宗旨的重要体现。"[⑤] 因此，习近平治国理政思想坚持人民利益高于一切，将马克思主义关于坚守人民

---

① 《习近平谈治国理政》第三卷，外文出版社 2020 年版，第 84 页。
② 《习近平谈治国理政》第三卷，外文出版社 2020 年版，第 85～86 页。
③ 《习近平谈治国理政》第三卷，外文出版社 2020 年版，第 16～17 页。
④ 《习近平谈治国理政》第三卷，外文出版社 2020 年版，第 67 页。
⑤ 《习近平谈治国理政》第三卷，外文出版社 2020 年版，第 173 页。

立场的思想与实现"人的自由全面发展"的终极价值追求紧密结合，形成具有中国特色的"以人民为中心"的价值理念。同时，群众路线是党的生命线和根本工作路线。习近平总书记曾在撰写的《干部的基本功——密切联系人民群众》一文中强调，① 干部要练好密切联系群众这个基本功，提出坚持走群众路线是密切联系群众最重要内容之一。一切为了群众、一切依靠群众，从群众中来、到群众中去的群众路线，是马克思主义历史唯物主义基本原理在实际工作中的具体表现，也是我们党始终坚持的根本工作路线和根本工作方法。②

第三，根本思想方法是坚持实事求是思想路线。习近平总书记在庆祝改革开放40周年大会上指出，我们必须坚持解放思想和实事求是有机统一。③ 历史和现实的经验表明，坚持实事求是，要深入探求和掌握事物发展的规律，在实践中积累经验、进行理论研究和理论总结，再以实践证明理论可行性，不断在实践中使理论得以检验、修正、丰富和发展。习近平治国理政思想中重申邓小平提出的"解放思想、实事求是"，强调只有解放思想，才能真正做到实事求是；只有实事求是，才是真正解放思想。

第四，坚持七大基本工作方法。（1）坚持问题导向。习近平总书记指出，"目标是奋斗方向，问题是时代声音"，④ "严重的问题不是存在问题，而是不愿不敢直面问题、不想不去解决问题。"⑤ 这体现出以习近平同志为核心的党中央坚持问题导向的思想方法和工作方法。坚持问题导向，不仅要善于发现问题，还必须要从人民利益出发深入研究问题和分析问题，借助各种方法和工具致力于解决问题。（2）坚持顶层设计。习近平总书记指出："要强化顶层设计和统筹协调，提高把方向、谋大局、定政策能力。"⑥ 坚持顶层设计，要牢固树立大局意识、全局观念，做到两点论与重点论的统一，站在国家战略高度统揽全局、长远谋划、自上而下制定高瞻远瞩又符合实际的决策方案；还要全面统筹国内国际两个大局，统筹推进"五位一体"总体布局，协调推动"四个全面"战略布局，实现"各项改革的关联性、系统性、可行性研究"，⑦ 最终达到最佳效果。（3）坚持调查研究。习近平总书记反复强调，"正确的决策离不开调查研

---

① 习近平：《干部的基本功——密切联系人民群众》，宣讲家网，2015 年 3 月 24 日，http：//www.71.cn/2015/0324/807062.shtml。
② 杨玉成：《试论习近平新时代中国特色社会主义思想蕴含的方法论体系》，载于《党建研究》2020年第 10 期。
③ 习近平：《在庆祝改革开放 40 周年大会上的讲话》，载于《人民日报》2018 年 12 月 19 日。
④ 习近平：《论坚持党对一切工作的领导》，中央文献出版社 2019 年版，第 317 页。
⑤ 《习近平谈治国理政》第三卷，外文出版社 2020 年版，第 532 页。
⑥ 《习近平谈治国理政》第三卷，外文出版社 2020 年版，第 425 页。
⑦ 《〈中共中央关于全面深化改革若干重大问题的决定〉辅导读本》，人民出版社 2013 年版，第 97 页。

究，正确的贯彻落实同样也离不开调查研究"，"调查研究是谋事之基、成事之道，没有调查就没有发言权，没有调查就没有决策权"，"要在全党大兴调查研究之风"。① 开展调查研究就要紧扣贯彻落实党中央决策部署需要解决的问题，拓展调研渠道、丰富调研手段、创新调研方式，使调查研究的结论真正建立在广纳群言、广聚群智、广集民意的基础上。（4）坚持试点先行。试点先行是习近平总书记在长期领导工作实践中形成的一种重要的工作方法。习近平总书记曾在河北正定担任县委书记时强调，"试点进行是个好办法，由一点到多点，由单纯向综合，由局部到全局，成功的经验要迅速推开，偏差的地方要及时纠正"，② 通过抓"关键少数"，打造工作标杆和示范，让"关键少数"发挥引领带动作用。（5）坚持狠抓落实。习近平总书记在宁德工作时提出，"实践高于认识的地方正在于它是行动"，③ 强调了决策落实的重要性。他还强调，改革重在落实，也难在落实，要投入更多精力、下更大气力抓落实，把改革重点放到解决实际问题上来。④ 因此，要以钉钉子的精神真抓实干，切实把工作落到实处，做出经得起实践、人民、历史检验的实绩。（6）坚持精准施策。习近平总书记向来重视走精准路线，特别强调要有强烈的到位意识，要对基层群众反映的各类问题及时回应、具体解决，动作要精准到位，认认真真把工作做细做实。推动精准施策，这是新时代习近平治国理政思想的特别之处，它追求精细、精准、具体、准确，特点是务实、管用。比如在脱贫攻坚领域，习近平总书记特别强调"贵在精准，重在精准，成败之举在于精准"，⑤ 要求做到对象要精准、项目安排要精准、资金使用要精准、措施到位要精准、因村派人要精准、脱贫成效要精准。（7）坚持战略定力。习近平总书记强调，全党必须"增强忧患意识、做到居安思危，保持战略定力，坚定必胜信念，大胆开展工作，全面做好改革发展稳定各项工作，着力破解突出矛盾和问题，有效防范和化解各种风险"，⑥ "在道路、方向、立场等重大原则问题上，旗帜要鲜明，态度要明确，不能有丝毫含糊"，⑦ 坚持稳中求进的工作总基调，集中精力做好自己的事，在复杂形势下做到"任凭风浪起，稳坐钓鱼船"。

第五，坚持七大科学思维方法。（1）坚持系统思维。习近平总书记在谈到全面深化改革时强调，"改革全面发力、多点突破、纵深推进，着力增强改革系统

① ⑥　习近平：《在党的十九届一中全会上的讲话》，载于《求是》2018 年第 1 期。

②　习近平：《知之深爱之切》，河北人民出版社 2015 年版，第 170 页。

③　习近平：《摆脱贫困》，福建人民出版社 1992 年版，第 216 页。

④　《习近平谈治国理政》第三卷，外文出版社 2020 年版，第 177～178 页。

⑤　隆斌：《"精准"监督护航 "精准"扶贫》，载于《中国纪检监察》2018 年第 12 期。

⑦　中共中央宣传部：《习近平总书记系列讲话重要读本（2016）》，学习出版社、人民出版社 2016 年版，第 283～284 页。

性、整体性、协同性"。① 习近平总书记在治国理政过程中，始终坚持从整体出发，用系统思维方法来推进党和国家治理体系的变革，既注重系统的整体性与开放性，又注重坚持系统内部各要素协同耦合，实现整体效益最大化，如"四个全面"战略布局、"五位一体"总体布局、"一带一路"倡议、构建人类命运共同体等重大战略构想都体现了系统思维的科学方法。（2）坚持战略思维。习近平总书记在浙江任职期间，强调把方向、抓大事、谋全局是党政"一把手"的根本职责，并针对浙江新发展提出并实施了"八八战略"。要从长远角度看问题，站在时代前沿认识和把握事物发展的本质和规律；要善于站在全局思考问题，从政治上认清形势，着力在把握战略全局中推进工作，在解决突出问题中实现战略突破；要着眼于事物的整体来谋划全局，既要走向世界，又要立足于世界。只有当"战略上判断得准确，战略上谋划得科学，战略上赢得主动，党和人民事业就大有希望。"② （3）坚持历史思维。习近平总书记指出，"治理国家和社会，今天遇到的很多事情都可以在历史上找到影子，历史上发生过的很多事情也都可以作为今天的镜鉴。中国的今天是从中国的昨天和前天发展而来的。"③ 他曾系统深刻阐明了世界社会主义 500 年的历史过程，提出了精辟的"六阶段论"思想，④ 还对我国社会主义建设改革开放前后两个 30 年历史时期进行正确评价，既承认这两个历史时期的重大区别，又充分肯定两者之间是积累与探索的关系。以上表现引导着人们以史为鉴、知古鉴今，加强历史与现实的联系，善于运用历史的眼光认识发展规律，扎实做好做强实际工作，保持坚定的理想信念和坚韧的政治定力，更好地走向未来。（4）坚持创新思维。习近平总书记始终重视开拓创新。他在河北正定工作时，就把工作创新作为考察干部的重要标准之一；在担任浙江省委书记期间，多次强调要坚持创新思维，要处理好继承和创新之间的辩证关系。党的十八大之后，习近平总书记不仅提出"创新是引领发展的第一动力"的重要论断，还将"创新"列入新时代"五大新发展理念"之首，让创新贯穿党和国家一切工作，展现出强烈的创新意识和鲜明的创新特征。（5）坚持辩证思维。以习近平同志为核心的党中央在贯彻落实"五位一体"总体布局时，把工作重点放在协调推进"四个全面"战略布局上，体现出以抓主要矛盾来带动全局工作的工作方法。又比如，在全面深化改革中，把经济体制改革作为重点，以经济体制改

① 习近平：《决胜全面建成小康社会 夺取新时代中国特色社会主义伟大胜利》，载于《人民日报》2017 年 10 月 28 日。
② 《习近平谈治国理政》第二卷，外文出版社 2017 年版，第 10 页。
③ 习近平：《牢记历史经验历史教训历史警示 为国家治理能力现代化提供有益借鉴》，载于《人民日报》2014 年 10 月 14 日。
④ 韩庆祥、陈远章：《学习把握新时代中国特色社会主义的大逻辑》，载于《理论导报》2018 年第 6 期。

革带动其他领域体制改革。此外，强国梦与强军梦的辩证统一、"小康不小康，关键看老乡"、"绿水青山就是金山银山"、思想建党与制度治党紧密结合等一系列新战略都蕴含了丰富的辩证思维方法，是马克思主义唯物辩证法在当代创新运用的典范。(6) 坚持法治思维。习近平总书记强调"法治是治国理政的基本方式"。[①] 习近平总书记针对全面依法治国，既有宏观谋划，又有具体部署，不仅提出了建设"法治中国"的目标，还强调以法治思维图善治，在法治及其正当程序下汇集起来的广泛民智，[②] 进行科学决策，让人民群众感受到公平正义，真正从法治迈向善治。只有坚持法治思维，才能在推进中国特色社会主义伟大实践中更好地把我国制度优势转化为国家治理效能，全面提升国家治理能力和治理水平。(7) 坚持底线思维。习近平总书记始终高度重视底线思维的科学运用，如在发展方向上，坚持"改革是社会主义制度的自我完善"，[③] 决不改旗易帜；在具体实际工作中，要有边界意识，要有政治规矩和政治纪律，决不逾越法律与道德底线；在对外交往过程中，决不放弃正当权益，更不能牺牲国家核心利益，这是我们的底线；因此，要把底线思维贯穿工作始终，增强忧患意识，将事态发展的最坏情况作为战略政策谋划的基点，形成底线式的战略政策储备方案，保持经济持续健康发展和社会大局稳定，这既是一种科学思维方法，也是推动改革创新深入发展的智慧。

总之，建党百年以来，历代中国共产党人把马克思、恩格斯、列宁的国家治理思想、经验、方法运用于我国社会主义现代化建设的具体实际之中，从经济、政治、文化、社会等方面来探索社会主义国家治理道路，从毛泽东的调查研究理论，到邓小平系统提出的"解放思想、实事求是"思想路线，再到习近平总书记的治国理政思想，不同时期、不同背景、不同国情下所形成的一系列新思想、新理论、新方法、新战略，解决了许多长期想解决而没有解决的难题，办成了许多过去想办而没有办成的大事，中华民族迎来了从站起来、富起来到强起来的伟大历史飞跃。一系列重大思想的方法论正是在治国理政的伟大实践中产生并得以验证，这种创造性的实践和历史性的变革又赋予这些方法鲜明的实践特色，值得全国各族人民广泛学习并灵活加以运用。

二、中国特色新型智库的方法体系

近年来，随着中国特色新型智库建设进程加快，我国智库研究在学习借鉴国

---

① 祁雷：《法治是治国理政的基本方式》，载于《南方日报》2015 年 11 月 9 日。
② 人民日报评论部：《以法治思维图善治》，载于《人民日报》2014 年 3 月 11 日。
③ 姜淑萍：《"改革是社会主义制度的自我完善"——对邓小平关于如何坚持和完善中国特色社会主义制度论述的思考》，载于《党的文献》2018 年第 3 期。

外研究方法的基础上，逐渐形成自己的政策分析方法和研究工具，推动着公共政策研究的不断发展与进步。当前，新型智库常用的研究方法包括调查研究、逻辑分析、战略评估等，用于科学决策的研究工具分为数据库类和软件系统类。

（一）常用的研究方法

1. 调查研究法

调查研究一直是我国研究者开展系列工作的传统。1941 年 8 月 1 日，中共中央专门发出毛泽东同志起草的《中共中央关于调查研究的决定》，明确指出"系统的周密的社会调查是决定政策的基础"，引导全党搞好调查研究，倡导全社会采用调研的方式进行社会决策，为我们党全面探索适合中国情况的社会主义建设道路提供了一种更为科学的研究方法。调查研究是谋事之基，决策之道。智库的成果不能闭门造车，一定要真正深入到第一线和基层，尤其对中国的不平衡、不充分发展的问题，一定要找准，居安思危。虽然当前新型网络技术发展迅猛，但最原始的调查研究仍然能够完成高端技术无法完成的任务，比如首席专家任职情况、基础设施完备情况、学术氛围、工作积极性等非定量性指标。因此，智库作为辅助政府决策的跨界性研究机构，在对待不同社会问题时，要把深入细致的实地调研和大数据分析结合起来，既要深入实地，把握事实、真相、规律和趋势，还要将调查结果与网络大数据进行比对，摸清产生差异的主要原因以及背后的动因，进而提出一些管用的、合理的对策性成果。

当前，调查研究法主要包括文献调研法、问卷调查法、专家访谈法、德尔菲法、实地调查法、抽样调查法等。其中，德尔菲法是依据系统的程序，采用匿名方式多轮征询专家意见，直到专家组成员的意见逐步趋于一致，最后获得具有较高准确率的集体判断结果，[①] 这种方法具有预测性和跨学科性，能够将定性研究转向数据统计分析的定量化研究，是一种多主体、多阶段的分析方法。例如：日本科技政策研究所（NISTEP）是参与日本政府的科学技术政策规划的机构[②]，从1971 年开始开展全国规模技术预见调查活动，从第一次技术预见活动便开始应用德尔菲法，对调查过程进行改进，实施 2 轮调查问卷，后续每次技术预见活动都是在德尔菲法的基础上，将文献计量法、需求分析法、定标比超法等作为辅助方法加以运用，以加快识别前沿领域，促进科学决策。问卷法是智库收集资料的常用方法，在调查研究中使用较为广泛。这种方法能够按照主题的需求，编制一

---

① Peterson G. L. , Interviews: An introduction to qualitative research interviewing. *Journal of Phenomenological Psychology*, No. 7, 1997, P. 396.

② 张志强、苏娜:《国际一流智库的研究方法创新》，载于《中国科学院院刊》2017 年第 12 期。

系列定性或定量问题，由被调查者完成回答，最终将问卷进行统计分析，具有效率高、易度量、结构化强的优点，在智库研究中得以广泛应用。

2. 文献计量分析法

文献计量学分析方法是图书情报领域特有的一种定量分析方法，通常是通过解读特定领域的大量学术文献，总结提炼其中的规律和特点，进而得出相应的结论，辅助科学决策。据了解，当前使用较为普遍的文献计量分析方法有社会网络分析法、文本分析法、共现分析法、时间序列分析法、专利计量法、引文分析法等。例如：社会网络分析法是研究者根据数学方法、图论等发展起来的量化分析方法，较早应用于心理学、社会学、公共政策学等领域，后经不断优化和丰富，逐渐在各个领域得以推广和应用，也不断衍生出引文网络、专家合作网络、主题关联网络、热点主题识别、研究方向预判等方向，为智库在构建学术团队、搭建学科体系、前沿技术预见等方面提供重要的研究视角。专利计量法主要是智库对公开的权威的专利数据进行深度挖掘和分析，在勾勒出技术演进和扩散的全景过程中，识别出更多技术前沿和发展态势，为科技创新发展提供更多专业的战略情报服务。

3. 逻辑分析法

逻辑分析法主要是指采用抽象的、理论上前后一致的形式对分析对象进行概括研究的方法，一般是在分析哲学、科学哲学等问题时所使用的分析方法。这种方法要求智库专家具备一定的逻辑思维能力，能够以概念为思维材料，以语言为载体，依托充分的理论依据，对特定问题进行思辨性的解答，其基本形式包括比较、分析、综合、推理等，具体方法有归纳分析、演绎推理、扎根理论、比较分析等，以扎根理论为例。扎根理论最早是由哥伦比亚大学巴尼·格拉泽（Barney Glaser）和安塞尔姆·斯特劳斯（Anselm Strauss）于1967年在《扎根理论的发现》一书中首次提出，是一种在没有预设前提的条件下，通过对原始数据的分析整理来提炼理论的研究方法。[1] 该方法能够广泛得以应用的原因在于，它通过扎根研究所形成的理论能够反推回原始数据，实现对研究结果的反复检验和不断完善，[2] 最大程度上避免主观因素的影响，使建构的理论更具说服力。基于扎根理论的质性研究首先需要对研究对象进行深度访谈，获得原始资料，然后经过开放式编码、主轴编码、选择性编码、理论饱和度检验等过程，形成凝练后达到理论饱和的概念化文字，进而总结出更为科学合理的理论，为后续研究奠定基础。

4. 多要素分析法

多要素分析法是对客观现象进行相关关系分析的研究方法，其目的是帮助智

[1] Glaser B., Holton J., *The Grounded Theory Seminar Reader*. Mill Valley：Sociology Press, 2007, P. 89.
[2] Strauss A., *Qualitative analysis for social scientists*. Cambridge：Cambridge University Press, 1987, P. 5.

库对各要素之间关系的密切程度和变化规律具有数量上的明确认识，进而便于科学决策和研判，主要包括因子分析、聚类分析、回归分析、方差分析、生存分析等等。其中，聚类分析就是根据客观事物本身的特征研究个体类别的分析方法，目的是将具有较大相似度的个体聚集在一起，将不同类别的个体差异性放大，方便对事物的本质特征进行精准划分，做出准确判断。因子分析则是将多个实测对象转换为几个不相关的综合指标的统计分析方法，通过广泛收集数据以便于分析其中潜在规律，探寻其中相关关系。

5. 模型模拟法

模型模拟法是依照模拟原型的主要特征构建的一个相似模型，然后通过新构建的模型来间接研究原型的一种虚拟方法。按照模型和原型之间的相似关系，该方法可分为物理模型模拟法和数学模型模拟法两种；[1] 按照模型研究的方式，可将该方法细化为层次分析法、技术接受模型（UTAUT）、博弈论、LDA 主题模型、链接分析法、熵权法、BP 神经网络、知识组织法、决策试验和评价实验法（DEMATEL）等等。例如：中国石油集团经济技术研究院（以下简称"中石油经研院"）建有基于大数据的全球能源信息系统，自主开发了宏观经济、能源统计、油气市场、海外投资环境等 20 个数据库，建成国际油价预测等 16 个经济分析预测模型，较好地支撑了政策研究。[2] 国网能源研究院建有电力供需研究实验室、公司经营与财务仿真实验室和能源电力规划实验室等三个公司级技术平台，每个技术平台都根据业务需求开发出相应的模型工具库，如能源电力规划实验室内部开发了能源规划软件 TIMED、能源 – 资源 – 环境政策评估系统 3EPES、储能发展综合决策支持系统 ES – Performance 等模型工具。[3]

6. 战略评估分析法

战略评估分析法是指采用一定的定量定性方法，评估研究对象内外环境状况以及挖掘最新最佳的发展机会的一种现状分析与未来预测方法。这种方法一方面能够评估出研究对象内部现行战略的执行效果，并作出是否沿用此战略的决策；另一方面可以全面考察外部环境，研判当前环境下研究对象的发展局限与发展机遇，最终结合内外环境的分析结果，判定研究对象继续执行原战略或采用适应环境要求的新战略。通常，战略评估分析方法主要包括 SWOT 分析法、平衡计分卡（BSC）、数据包络分析法（DEA）、系统分析法、量化指标与指数类方法等等。其中，SWOT 分析是一种最常用的战略分析方法，是将与研究对象密切相关的各

---

[1]　张志强、苏娜：《国际一流智库的研究方法创新》，载于《中国科学院刊》2017 年第 12 期。

[2]　《中国石油经济技术研究院国家高端智库试点建设一年记》，中国石油集团官网，2016 年 11 月 28 日，http：//www.cnpc.com.cn/cnpc/tujiebk/201611/281eb94ff0ab46a6b640387d57e468a6.shtml。

[3]　资料由本书课题组调研获得。

种内部优势因素（Strengths）、弱点因素（Weaknesses）和外部机会因素（Opportunities）、威胁因素（Threats）加以综合评估与分析得出结论，从而在战略与战术层面加以调整方法、资源以保障被分析对象达到所要实现的目标。① 数据包络分析法最早由美国著名运筹学家查恩斯（A. Charnes）和库柏（W. W. Cooper）于1978年提出，是根据多项投入指标（成本指标）和多项产出指标（效益指标），利用线性规划的方法，对具有可比性的同类型单位进行相对有效性评价的一种数量分析方法，主要用于衡量组织的生产力和工作效率等。量化指标与指数类方法是根据解决问题的实际需求，开发科学、恰当的指标体系或指数以精准刻画和评价研究问题的一种方法，如瑞士洛桑国际管理学院（IMD）从1989年开始开发的"世界竞争力指数"，世界经济论坛（WEF）从1979年开始开发"全球竞争力指数"，联合国开发计划署（UNDP）的"人类发展指数";② 综研院（CDI）与英国Z/Yen集团联合编制的"全球金融中心指数"，北大国发院搭建了"中国投资者情绪指数""中国消费者信心指数""中国创新创业区域指数"等一系列指数平台，以指数报告的形式展现中国经济发展态势。

（二）用于科学决策的便捷研究工具

1. 数据库类

大数据时代的到来，为智库研究工作的开展提供了诸多便利，也进一步提升了智库研究成果的科学性和可行性。智库研究除了掌握必要的科学研究方法，还需要开发设计一些提高决策效率和科学性的研究工具，其中数据库是最关键的一种，它能够从源头上把握情报分析工作的准确性和科学性，具体可划分为检索类、研判类、评价类、工具类、资源类等五大类。

第一，检索类数据库。目前，国内外自建数据库除了提供给内部职工使用，多数都具备对外检索查询的功能。例如：哈佛大学肯尼迪学院图书馆在其网站专门开发了名为"Think Tank Search"的智库搜索服务。③ 此智库检索服务的总体框架包括智库检索（本土/国外）、智库评价报告检索、对其他与智库相关的榜单和名录的检索，体现出了极强的专业性和扩展性。目前，用户可直接在此检索到超过700家与该学院研究领域相关的智库（或研究中心）的网址、成果、社会声誉以及影响力等方面的内容，还附有诸如全球智库机构名录、知名智库博客、世

---

① 黄勋敏：《SWOT分析——帮你做成功的求职者》，载于《中国青年报》2001年2月8日。
② 张志强、苏娜：《国际一流智库的研究方法创新》，载于《中国科学院院刊》2017年第12期。
③ Think Tank Search：*Harvard Kennedy School Library & Knowledge Services*，Harvard Kennedy School，2021 - 09 - 12，http：//guides. library. harvard. edu/content. php? pid =481539&sid =3945846。

界著名智库研究项目等网站的链接。① 此外，南京大学中国智库研究与评价中心和光明日报智库研究与发布中心联合开发了中国智库索引（CTTI），该系统共收录940家智库、17万余项智库成果、2.8万场智库活动，② 现已经发展成为集智库搜索、智库数据管理、在线智能评价功能于一体的集成信息管理系统，获得了国内智库同行及专家学者的热切关注和支持。

第二，研判类数据库。政策研判是智库专家审视当前局势和状况，为决策者提供科学、准确的预测性前瞻性方案的工作内容之一。目前，国内一些智库，尤其是技术服务型高端智库会基于先进的云服务体系和人工智能技术，实现大量数据的采集、管控、存储、分析挖掘和基础数据服务，从而完成自动分析识别预警、舆情监控、目标轨迹分析等工作，为决策者提前预防、主动应对、精确判断提供决策支撑。例如：2019年6月10日，上海市发改委和静安区政府联合发布"全球服务商计划"。我国知名企业智库前滩综研借助自主开发的"前研区域洞察系统"，密切跟踪计划进展，实时开展绩效评估，助力"全球服务商计划"落实落细；③ 此外，前滩综研还开发了全国首款"一带一路"研究机器人，运用资讯自动抓取和自然语义分析技术，实现对国内外"一带一路"相关资讯的动态抓取、实时更新和即时推送，同时还能按照国家行动、城市行动和企业行动三类信息进行筛选统计，能够迅速掌握相关讯息，主动研判"一带一路"的发展趋势。④

第三，评价类数据库。项目评价或政策评估是智库依据一定的评价标准，对项目或政策产出及其影响进行检测和评价，以判断政策结果实现政策目标的程度的活动。例如：针对智库评价，中国智库索引（CTTI）智库测评是以第三方身份对智库机构运用资源方式的能力和效益进行"过程—结果"导向性评价。南京大学中国智库研究与评价中心秉承"指标数据颗粒度与可获得性相适应""指标数据的关键性、代表性和表达性要显著""指标要具备客观性与系统性""指标体系必须能起到以评促建的作用"等原则，专门设计了MRPAI评价指标（治理结构、智库资源、智库成果、智库活动、智库媒体影响力），能够对CTTI来源智库进行有效测量和全方位评价。⑤ 此外，前滩综研还开发了"基于'四新'的高质量发展评价系统"，能够聚焦长三角若干主要城市的关键模块，将其应用到大

---

① 梁宵萌：《哈佛大学图书馆面向智库的服务策略与启示》，载于《图书馆论坛》2019年第7期。
② 李刚、王斯敏、吕诚诚等：《CTTI智库报告（2020）》，南京大学出版社2022年版，第2~3页。
③ 李润楠：《前滩综研助力"全球服务商计划"》，澎湃新闻网，2019年6月11日，https：//www.thepaper.cn/newsDetail_forward_3651822。
④ 资料由本书课题组调研获得。
⑤ 李刚、王斯敏、吕诚诚等：《CTTI智库报告（2020）》，南京大学出版社2022年版，第313~321页。

推动智库建设健康发展研究

量实质性场景之中，具有很高的商业价值和智库价值。[①]

第四，工具类数据库。智库报告一般是智库围绕经济社会发展中的重点问题、改革发展稳定中的难点问题以及关系人民群众切身利益的热点问题的系列咨询报告。当前，多数智库的报告撰写方式还是以专家自主编写为主，效率低且一些数据表格类材料需要大量人工专门编写，耗时耗力，但随着人工智能技术的快速发展，辅助报告撰写的机器人工具出现，极大地提高了智库研究的工作效率，解放大量人力资源从事更多智慧层面、知识层面的研究工作。例如：《全球智库动态》是由前滩综研于 2019 年 4 月开始发行的咨政类研究报告，采用前滩综研研究员和研究机器人"人机互动"的模式，实时跟踪全球最活跃的 280 多家智库成果。其中，前滩综研自主研发的"数据报告自动编写机器人"能够帮助研究人员自动完成底层数据的清洗和初级报告的编写，先后在城市治理、社会经济研究、新冠疫情防控等工作中发挥作用。[②]

第五，资源类数据库。资源类数据库的主要作用是对特色的、紧缺的、独有的数据资源进行储存、组织和管理，有效实现纸质资源的数字化保存和再利用。例如：内蒙古社科院建有中国第一个少数民族大规模语料库，即"蒙古语语料库"，具备检索、试听、编辑、添加、复制等功能，对于自治区保护、保存、研究、利用蒙古语语料资源具有重要意义；此外，还建有国内首个少数民族民间文化遗产综合性大型数据库——内蒙古民族民间文化遗产数据库，数据库包括民俗、民间文学、民间艺术和民间文化等内容，对于自治区保护、开发民族文化遗产具有重要价值。[③]

2. 软件系统类

定量分析的自动化、智能化工具是决定智库工作效率的关键。软件系统一般都是商业性、企业类咨询机构来开发设计，从而简化工作流程，提供解决常见问题的实施方案，具体可分为数据采集类、数据分析类、业务管理类、方案制定类等四大类。

第一，数据采集类软件工具。随着研究者对数据质量的要求越来越高，现代信息技术也越来越发达，更多的调查者倾向于使用线上采集技术，如 CAPI（计算机辅助面访，Computer – Assisted Personal Interviewing）是一种使用便携设备如笔记本电脑、平板电脑等进行面对面访问的社会调查技术。访问结束后，通过互联网，访员可以及时把数据传输给研究者，研究者也可以通过互联网给访员发出

---

①② 资料由本书课题组调研获得。

③ 王健、沈桂龙、陈骅：《智库转型——理论创新与实践探索》，生活·读书·新知三联书店 2012 年版，第 12 页。

指令，及时调整访问进程。① 这种线上采集技术既能够缩减大规模或定期重复开展社会调查的成本，也可能消减一些系统性误差和调研人员的误判，大幅度提高数据质量。

第二，数据分析类软件工具。数据分析类工具是根据用户需求，采用多主题的数据分析模型以及门户建立、报告生产等工具包，形成的可供科学决策的数据分析报告或可视化展示系统，以提高智库数据分析工作的效率和准确性。例如：数据分析软件 AD－Adept（自动化经济分析）利用调查中的各类微观数据生成标准化的分析报告；CLSP（生活标准比较项目）提供各类指标并支持用户创建新指标进行统计学分析；PovcalNet（在线贫困分析工具）支持用户自定义地区分类；ODAT（在线数据分析工具）支持用户对软件组件的组合，建立自己的数据分析门户，数据和计算资源由服务器提供，保护个人隐私；② 由麦肯锡咨询公司研发的 Spotlight 主要应用于制药领域，通过专有算法和多个数据流（如销售信息、市场情报和付款情况）进行深层数据分析和多种信息源的整合，进行提前预警和实时跟踪，从而提高工作效果。③

第三，业务管理类软件工具。当前正处于数据驱动社会发展的时代，大量数据、资料、文件以数字化形式呈现，以软件系统平台进行行政服务和业务管理的智库工作效率更高、管理运营更加高效。例如：山东社科院专门搭建财务系统和资产信息化管理系统，对预算管理、采购管理、资产管理、合同管理等环节实现线上处理；贵州社科院建有"科研全过程动态系统""公文传输系统""行政工勤人员量化考核系统"等，④ 大大提高了智库管理工作的效率和水平。

第四，方案制定类软件工具。战略方案制定工具是智库战略咨询及管理咨询实务中经常使用的一种分析工具，目的是通过一定的手段和方法从复杂的数据、信息与线索中，分析出影响战略方案形成的主要因素，以便于下一步的战略选择和制定。例如：Periscope 软件主要应用于 B2B、B2C、金融服务和市场、销售领域，它能够为用户提供历史销售和定价数据，使用先进的分析算法，产生精确、便于执行的价格设置和优化方案，是一种提高绩效管理水平、基于事实的决策工具；⑤ ClickFox 软件主要应用于金融服务、市场和销售、电信领域，它采用独特

① 邹宇春、张丹、张彬：《CAPI 不是万能的：入户调查执行方式与系统性误差》，载于《学习与探索》2019 年第 6 期。
② 张军、周磊、慕慧鸽：《国际权威智库定量研究方法进展与趋势》，载于《图书情报工作》2015年第 7 期。
③ Mckinsey. Spotlight, 2021 年 8 月 18 日, http://solutions.mckinsey.com/index/IE8/solutions/spotlight.html。
④ 资料整理自山东社科院、贵州社科院官网及相关报道。
⑤ 资料整理自 Mckinsey. Periscope, 2021 年 8 月 18 日, http://solutions.mckinsey.com/periscope。

的数据基础设施和专有算法，对客户行程进行分析，将顾客互动数据转化为可操作的方案。① 此外，还有 Finalta（金融服务基准测试）、BioCyc（描述基因组测序）、Pathway Tools（创建生物体测序基因路径）等。②③

小　　结

总之，建设中国特色新型智库，是党中央站位时代发展的高度，着眼于建立健全决策咨询制度，推进国家治理现代化作出的重大举措。《意见》的印发，阐明了新型智库的时代意义，赋予了新型智库全新的时代内涵和价值，明确了新型智库咨政建言、理论创新、舆论引导、社会服务、公共外交五大功能定位，并在马克思列宁主义、毛泽东思想、邓小平理论、"三个代表"重要思想、科学发展观和习近平新时代中国特色社会主义思想的引领和指导下，形成了极具中国特色和中国风格的研究方法和技术工具，为新型智库的高质量发展提供扎实的思想理论基础和方法体系。当前，大变革的新时代已经发出了呼唤新型智库彰显价值的最强音，时代赋予新型智库的任务更为艰巨，责任更加重大，需要新型智库坚持以服务党和政府决策为宗旨，以问题为导向，完善智库治理、提升研究能力，为全面建设社会主义现代化国家提供智力支撑。

---

① 资料整理自 Mckinsey. Clickfox，2021 年 8 月 18 日，http：//solutions. mckinsey. com/index/IE8/solutions/clickfox. html。

② 资料整理自 Mckinsey. Finalta，2021 年 8 月 18 日，http：//www. finalta. eu/home/home. asp。

③ 资料整理自 SRI. Pathway Tools，2021 年 8 月 18 日，http：//bioinformatics. ai. sri. com/ptools。

第三章

中国特色新型智库的源流与演进

中华文明很早就脱离了蒙昧时代，形成了"学为政本"的政治理性主义传统。春秋战国时期就出现了专门为谋政者服务的群体和机构，战国"四公子"孟尝君田文、平原君赵胜、信陵君魏无忌与春申君黄歇所供养的门客动辄千人，其中不乏杰出的战略家和外交家。齐国的稷下学宫则是比较典型的研究与议政合二为一的机构，是全世界智库的"鼻祖"。① 在历史长河中我国"智者谋士"始终在治国理政中拥有一席之地。在创建苏区革命根据地时期，毛泽东同志就形成了系统的、科学的调查研究理论与方法，就作出了"没有调查，没有发言权"的天才论断。正是因为中国共产党的重大战略决策都是基于翔实的调查研究和党内民主讨论，科学的战略决策是中国共产党取得中国革命胜利的主要原因之一。新中国成立后，我国进入社会主义建设时期，中央直属的研究机关、部委办局直属的政策研究机构纷纷成立，为新中国的政治、经济、外交、军事等工作做了大量的调查研究，为社会主义建设建言献策。改革开放为智库转型提供了契机，20世纪80年代出现了一批民间性质的政策研究机构，提升了我国决策咨询体系的开放性、包容性和科学性。进入新时代，中国特色新型智库成为国家治理体系和治理能力现代化的重要途径，我国决策咨询体制进一步朝民主化、法治化、科学化、专业化、开放化、多元化方向发展。本章通过梳理2012年之前的中国共产党政策研究与决策咨询体系的起源与变迁过程，总结各重要历史阶段特征，探寻中国特色新型智库的历史源流、历史基因和历史经验。

---

① 张霄：《从稷下学宫看智库的独立性》，载于《智库理论与实践》2019年第2期。

第一节　中国特色新型智库的历史基因（1921～1949 年）

新文化运动和五四运动是中国共产党产生的时代背景，研究、学习、宣传是中国共产党的看家本领，研究与学习精神是中国共产党的历史基因。如果从智库的视角看，早期的马克思学说研究会本质上就是研究中国战略与政策的组织。苏区时期，毛泽东同志高度重视对实际情况的研究，把政策制定建立在调查研究的基础上，形成了完整的调查研究的理论与方法体系。延安时期，毛泽东又系统地发展了调查研究理论与方法，《矛盾论》和《实践论》等著作标志着毛泽东调查研究理论与方法有了质的飞跃，进入了自由王国，中国共产党的战略研究、政策研究、根据地情况研究在毛泽东调查研究理论与方法的指导下日臻系统。中共七大把毛泽东思想确立为党的指导思想，为中国革命奠定了思想基础。解放战争时期，毛泽东同志又提出了"政策生命论"等光辉论断，进一步发展了自己的调查研究理论与方法。

一、中共成立前后的先进思想研究与宣传组织——马克思学说研究会

马克思学说研究会是中国最早研究与传播马克思主义的团体。在中共一大以前，其作为一种机构设置就已存在于各地"共产主义小组"的工作和活动中，1921 年 11 月 17 日北京大学发布《发起马克思学说研究会启事》，正式公开其存在。[①] 马克思学说研究会由先进知识分子组成，围绕马克思主义开展系统研究，并在中共成立之初发挥学术研究、人才汇集与培养等重要作用，成为推动中共成立与发展壮大的重要研究机构。

马克思学说研究会的宗旨是"研究"，其背后动机与建党主要发起者陈独秀、李大钊等人的"知识分子"特质有重要关系。他们"因自觉相关知识（理论）不明和不足，从而产生了强烈的知识欲乃至伴生焦虑"。[②] 陈独秀认为，虽然党组织的整体工作规划需要从纯粹的研究转向建党和实践，但仍应秉持"不愿见中

[①] 昆明市文史研究馆编：《少年战士：云南早期共产党人播火记》，人民出版社 2021 年版，第 3 页。
[②] 袁超乘：《中共建党前后的"马克思学说研究会"考辩（1920～1923）》，载于《党史研究与教学》2019 年第 6 期。

国共产党竟是没有马克思主义的马克思主义政党"的理念，强调"研究"。因此，马克思学说研究会设置的根本目的在于给中共未来实践以科学性与学理性的支撑和指导，"研究"也不应停留在对基本理论知识的学习，而是需要有精深化的趋向。《北京大学日刊》曾刊登过该研究会的研究方法，包括"（1）讨论会。每星期六晚七时开一次。先有会员一人述释该题之内容及其要点，然后付之讨论。一次讨论不完，下次续之。（2）讲演会。每月终开一次。暂时敦请名人学者担任讲演员，由书记负责接洽。俟本会研究确有成绩后，则完全自行担任。（3）特别研究。完全由会员自动的自由组合。现已有了三个：A. 劳动运动研究……B.《共产党宣言》研究……C. 远东问题研究……"。①

　　在实际运作与定位转变上，马克思学说研究会最初虽然具有开展精深化马克思主义研究的意愿，但一手资料缺乏、外语难关等现实因素一定程度上制约了该意愿的实现，却也因此推动"研究"转变为"学习"，从而使该机构具备了"教育"的意义，并对会员构成行动上的引导，形成一条入党通道。由此，马克思学说研究会逐渐演化为中共组织影响或直接指导下进行理论学习研究、实施主义教育、做公开活动和发展党员的组织机构。1922 年之后，中共开始严格强化政党建设，树立"革命"观念，真正进入实践的场域中，因此逐步抛弃"精深化研究趋向"，对马克思学说研究会的定位也发生了转变。1923 年初，时任团中央书记的施存统重申马克思学说研究会不是培养马克思主义学者，而是为了了解共产国际和中共所采用的原理及政策以及本团所采取的各种方略，该定位赋予研究会教育同志、对外宣传的功能，② 1923 年 10 月 15 日，中共中央给各区、地方和小组发出了关于组织"教育宣传委员会"的信，在附寄的《教育宣传委员会组织法》中明确了施存统对研究会的定位，即"研究并实行团体以内之政治上的主义上的教育工作以及团体以外之宣传鼓动"。③

　　马克思学说研究会从具有精深化研究趋向的学术组织发展成为研究中共采取的政策与战略、开展对外宣传与引导舆论活动、教育培养中共党员的机构。从智库视角看，这些组织就类似当今欧洲的政党智库，具备鲜明的思想教育、价值倡导、社会宣传和政策推广等功能。它们不仅为中共早期马克思主义引进与政策战略部署提供学理性支撑，为中共提供人才输送与培养渠道，更成为中共宣传马克思主义、开展革命实践活动的重要阵地。作为早期先进思想与宣传组织，马克思学说研究会的设立与演变反映了中共成立之初就已存在政策研究、舆论宣

---

　　①② 袁超乘：《中共建党前后的"马克思学说研究会"考辩（1920～1923）》，载于《党史研究与教学》2019 年第 6 期。

　　③ 中共中央宣传部办公厅、中央档案馆编研部：《中国共产党宣传工作文献选编》（1915～1937），学习出版社 1996 年版，第 555 页。

传的意识与传统，研究会对中共成立与发展的重要助推作用充分证明理论与政策研究对于一个政党进行重大决策、凝聚组织精神十分必要。

二、土地革命战争时期中共中央开源情报搜集机构

中共领导人早在土地革命战争时期已充分意识到"开源情报"的重要价值，将敌方公开发表的文章、电台播报的新闻等公开信息作为情报来源，组织专门机构加工、整合、分析这些单独看来缺少价值与意义的公开信息，形成具有情报价值的重要信息，一方面以内参形式报送党中央，服务党的决策，另一方面转化为情报产品，通过舆论引导、对外宣传等方式扩大中共影响力与号召力。红色中华通讯社即是在此背景下成立的重要开源情报搜集与舆论宣传机构。

红色中华通讯社于 1931 年 11 月在江西瑞金创办，简称"红中社"，后于1937 年 1 月改名为新华通讯社，是我国第一批国家高端智库试点单位——新华社的前身，是我国现代媒体型智库的鼻祖。红中社不仅发挥国内外新闻播报的作用，还肩负中央政策文件宣传与解读、重要情报收集并汇编成内刊进行报送的重要责任。一方面，红中社发挥重要的"耳目""喉舌"职能，坚持每天对外播发文字新闻，如授权发布的中华苏维埃共和国临时中央政府的文件，包括声明、宣言、通电、文告、法律、法规等。在 1936 年 12 月西安事变发生后，红中社西安分社成立，为传播中共的政治主张，宣传和平解决西安事变政策，促进抗日民族统一战线的形成作出了重要的政策宣传与舆论引导贡献。另一方面，红中社担负重要的情报收集与报送的重要任务，及时抄收国民党中央社及外国通讯社播发的新闻，编印成内部参考刊物，提供给苏维埃中央政府和红军领导人参阅，该内刊即为《无线电日讯》，也是当今新华社主办的《参考消息》的前身之一。抗日战争时期的红中社已改名为新华通讯社，在敌人的分割封锁下，成为抗日民主根据地对外发布新闻的唯一渠道。此时的新华社，除了继续抄收国民党中央社的新闻外，还可以抄收国外通讯社的电讯，如日本同盟社、法国哈瓦斯社、美国合众社、德国海通社等，[1] 通过对这些开源情报进行汇总、加工、整理、分析，编印成供中央参考的内部刊物，协助中央及时了解国外动态和国际局势，为党中央制定作战战略、处理国共及国际关系提供第一手情报支撑，为党中央及时制定战时应对政策、作出精准预判与决策以取得抗日战争的最终胜利奠定重要情报基础。

中国共产党在第二次国内革命战争的惨痛教训中深刻认识到获取情报的重要

---

① 万京华：《从红中社到新华社》，载于《百年潮》2011 年第 8 期。

意义，收集开源情报的红中社的设立充分体现了中共中央对情报工作的重视程度与前进意识。红中社等各类情报机构肩负党和人民的神圣使命，发挥喉舌、耳目、参谋和信息总汇作用，为党团结带领全国各族人民取得革命、建设和改革的重大胜利作出了重要贡献。

三、延安时期中共中央的决策咨询与政策研究机构

延安时期，中国共产党中央组织体系日趋完善，成立了专门的决策咨询与政策研究机构。自 1935 年开始，中共中央各决策咨询与政策研究机构在新建、更名、改组、合并、协调的过程中不断发展，并在战争时期发挥实际效用，为赢得战争胜利、成立新中国奠定扎实基础，是我国现代智库的直接来源。

延安时期与解放战争时期的党的决策咨询与政策机构发展脉络如图 3 - 1 所示，主要包括中共中央党校、马列学院、自然科学研究院、中央政治研究室、中央政策研究室等。1933 年 3 月，中国共产党在江西瑞金革命根据地创办马克思共产主义学校，是中共中央直接领导的培养高、中级领导干部和马克思主义理论工作干部的最高学府，1935 年随中国工农红军长征到达陕北瓦窑堡后正式改称为

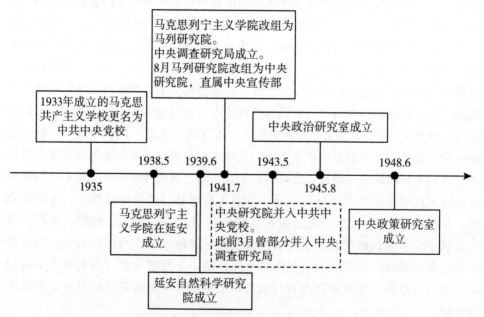

图 3 - 1　新中国成立前的党的决策咨询与政策机构发展脉络

资料来源：由本书课题组调研后整理得出。

中央党校。1938 年 5 月，中共中央在延安创办马克思列宁主义学院，专门从事马列主义基本理论学习、研究和宣传，为加深学生对于党的理论以及政治、哲学等方面的学习，建立了中国问题研究室、马列主义基本问题研究室等，发挥与中央党校相似的职能，[①] 该学院于 1941 年 7 月改组为马列研究院，8 月又改组为中央研究院，并在 1943 年 5 月并入中共中央党校。中央党校自成立以来，不仅是中共领导干部的重要培养阵地，同时对中央重大决策、思想理论和党建工作进行调查研究，并提出相应的对策建议，运用马克思列宁主义立场、观点、方法，来分析研究中国革命的实际问题，为新民主主义革命和建设的胜利提供有力支撑。

与此同时，中央决定在成立中央党校、马列学院培养中共领导干部的基础上，于 1939 年 6 月成立延安自然科学研究院，并在同年 12 月下旬召开了陕甘宁边区第一次科技盛会——自然科学讨论会，深入讨论边区经济建设与抗战生产问题，与会人员共同建议把自然科学研究院更名为自然科学院，发挥培养边区科技人才的重要职能。自然科学院作为中共首家专门科研机构，深入贯彻落实毛泽东同志"调查研究是正确决策基础"的理念，对党的重大决策产生深远影响，科学院生物系师生组成"陕甘宁边区森林考察团"，于 1940 年考察了陕甘宁边区的森林自然状况和植被分布情况，在调查研究基础上向党中央正式呈报一处非常适合农垦和屯兵的"烂泥洼"，得到了中央领导的高度重视，并最终通过了开发"烂泥洼"的决定，这便是大生产运动中最成功的典范——"南泥湾开发"。[②]

1941 年 8 月 1 日，为了克服党内严重存在的理论脱离实际的倾向，加强对中国实际问题的研究，中共中央发布《关于调查研究的决定》，要求各级机关均设置调查研究机关，收集有关该地敌友我政治、军事、经济、文化及社会阶级关系各方面材料，加以研究，以助力该地工作，同时给中央提供材料，例如陕甘宁边区政府下设的研究室、西北局下设的研究室等。随后，从中央到地方，从党委到政府，初步建立起了党政系统上下互联互通的研究体系和工作机制，1945 年 8 月，中央政治局扩大会议批准在中央书记处之下设立政治研究室，负责研究政治理论与国际局势，并为中央决策提供参考。1947 年底，在中共中央扩大会议上，毛泽东全面审视了政策对于团结力量、孤立敌人、赢得胜利的重要性，将党迎来战略转折点的政治原因归为"政策适当"，1948 年 2 月，毛泽东就工商业政策问题，从理论与实践结合的角度指出"政策是革命政党一切实际行动的出发点，并且表现于行动的过程和归宿"，[③] 再次强调政策的重要性，认为政策必须在实践中证明其正确性；同年 3

① 王纪刚：《延安风尚》，世界图书出版公司 2017 年版，第 151 页。
② 李刚、李梓萌：《新民主主义革命时期党的调查研究与政策研究》，载于《社会治理》2022 年第 4 期。
③ 《毛泽东选集》第 4 卷，人民出版社 1991 年版，第 1284 页。

月，毛泽东第一次向全党作出了"政策和策略是党的生命"的著名论断。① 在此背景下，1948 年 6 月，中共中央在西柏坡成立中央政策研究室，负责根据中央指示研究解放区城市与农村各项政策，新区工作及不属于其他部、委、校的各项工作政策，同年 12 月中央发出《中央关于中央政策研究室业务的通知》，分设新区政策组、土地改革及农村建政组、城市工商组、农业生产及合作社与人民负担组、蒋区调查组、职工运动组、编译组，明确中央政策研究室"是帮助中央了解与分析情况并制定与贯彻执行政策的助手之一，是党的政策参谋部的一部分"。②

与建党之初相比，延安时期随着理论脱离实际、盲目照搬马克思主义等问题的出现，中央更加重视党内高级干部的培育与思想引导、党建活动的开展与舆论宣传，同时在战争影响下研究视野也更加开阔，对国际局势的研究得到重视，国内现实问题的关注度也逐步提升。因此，在不断总结与反思、不断推动理论与实践相结合、马克思主义与中国实际相结合的情况下，中国共产党第一批官方决策咨询与政策研究机构应运而生。这些机构在中央指示下开展系统的政策研究与分析，在马克思主义理论的指导下具体分析中国国情，从而为实现全党新的团结与统一、为抗战胜利和新民主主义革命在全国的胜利奠定重要的思想政治基础，也为新中国成立以后战略研究和政策研究工作奠定了扎实的基础。

第二节　社会主义建设时期政策研究和决策咨询体系的形成与发展

新中国成立前夕，毛泽东曾给邓小平等人发电报指示："应成立类似参议室的咨询机构，以吸纳上层党外民主人士，共同建设新中国"。③ 可见，毛泽东等领导同志此时已经有了建立决策咨询机构的前瞻性思考。20 世纪 50 年代，党中央、国务院和中央军委直属的部委办局成立了一批专门的政策研究机构，这批机构发挥了调查研究、建言献策、咨询国是的重要作用，并不断扩大研究领域，管理层级从中央延展至地方，体现出较为明显的智库特征，因而被国外学者普遍认为是中国的"第一代智库"。④ 新中国成立以后，中国共产党成为执政党，面临

---

① 《毛泽东选集》第 4 卷，人民出版社 1991 年版，第 1296 页。
② 蒋建农：《创建新中国的政策与策略准备——新中国成立前夕毛泽东相关著作版本研究》，载于《湘潭大学学报（哲学社会科学版）》2019 年第 43 卷第 4 期。
③ 王波：《李烈：没想到成为国务院参事》，载于《中国青年报》2011 年 4 月 20 日。
④ Tanner S. M., Changing Windows on a Changing China: The Evolving 'Think Tank' System and the Case of the Public Security Sector. *China Quarterly*, Vol. 7, 2002, pp. 559 – 574.

着繁重的社会主义建设和经济社会发展任务，抗美援朝战争的爆发更增加了决策工作的复杂性。这就要求建立高效的决策咨询体系，提高对中央决策工作的保障能力和保障水平。在这个时期，满足中央急需的决策咨询需求主要途径包括：充分发挥政治协商优势，发挥民主党派的顾问咨询作用；组建各种形式的咨询机关；组建隶属部委办局的专业政策研究机构。

一、发挥民主党派参政功能，彰显政治协商优势

在这一时期，一些民主党派作为参政党也建立了自己的研究咨询机构，每年都出版或者提交大量各类研究报告，这些"在社会主义工业化建设以及三大改造、一五计划的制定以及过渡时期总路线、冷战背景下中国外交军事、科技发展战略、政策的选择和制定等方面都起到了作用"。[1] 20世纪50年代开始，中国共产党还通过双周座谈会、协面座谈会、最高国务会议这三种形式与各参政的民主党派进行政策制定上的直接合作和协商，着重就党的方针、政策、国家大计等方面征求民主党派的建议或者与其沟通思想，当时党和国家的许多重大决策都是经过或初步经过这些形式讨论协商之后作出决定的。例如：关于土地改革、关于社会主义改造、关于延长发放资本家定息、关于农业发展纲要四十条等问题的决定。[2] 在1954年11月，第一届全国人大常委会第二次会议决定设立国务院参事室，为国务院的直属机构，国务院参事室具有统一战线职能，也是备顾问咨询的重要机关。其基本任务便有"学习中共中央、国务院制定的路线、方针、政策，并在工作中贯彻执行；组织参事进行力所能及的调查研究和考察参观，提出意见和建议，向国务院有关部门反映；组织参事对有关部门送来的法律、法规草案进行研究，提出意见"这几项。[3]

二、成立一批隶属党中央、国务院和中央军委的政策研究机构

1949年9月27日，中国人民政治协商会议第一届全体会议一致通过《中华人民共和国中央人民政府组织法》，其中规定政务院之下设"科学院"，它被列为政务院的政府部门，其行政职能是管理全国科学研究事业，科学院与文化部、

① 张骞：《新中国成立以来的决策体制演变及智库发展回顾》，载于《全国商情》2016年第27期。
② 赵晓呼：《中国参政党：理论实践、自身建设》，天津人民出版社1999年版，第106页。
③ 叶文松：《中华人民共和国政府机关总览》，中国物资出版社1993年版，第499页。

教育部、卫生部和出版总署等政府部门一样同受政务院文化教育委员会的指导，但又有别于政府其他各部，它直接领导若干研究所，而不在各省、直辖市、自治区设置相应的地方管理机构。11 月 1 日，中国科学院在北京开始办公，宣告正式成立，它接收了中央和地方的前国立中央研究院、前北平研究院、延安自然科学研究院等研究机构，进行调整整合，又增设了 4 个研究单位，共计 21 个研究所。中国科学院在 1950 年，就已经在东北地质矿产调查、黄河水利勘探等国家项目上做出了重大贡献。① 其 1955 年成立的哲学科学研究学部提出的全国科技发展长远规则应该尽快制订的建议，得到了党中央的支持，由此成立了国务院科学规划委员会，集中科院 400 多位专家的群策群力完成了"十二年科技发展远景规划"（1956 ~ 1967 年），对上世纪中国的科学技术、国防工业和经济的快速发展起到了重要的推动作用。② 1958 年成立了中国军事科学院和中国科学技术协会，1959 年成立了地质科学研究会。到 1962 年，全国科研机构（国防系统除外）已由 1956 年的 381 个增加到 1 296 个。③ 当然，这些机构并非专门的政策研究机关，但是都具备一定的决策咨询功能，属于广义的决策咨询体系的一部分。

1949 年 2 月 15 日，中国人民外交学会在北京成立，周恩来为名誉会长。它是以研究国际问题和外交政策，进行国际交流、开展人民外交活动为宗旨的人民团体。自成立以来，学会的主要工作是同世界各国的政治活动家、知名人士、国际问题的机构和学者进行交往和联系，同时组织和参加双边或多边的学术讨论会等活动，并就国际问题进行研究、探讨和交换意见。从 1952 年中日两国重开人民之间往来至 1968 年的十六年间，中国人民外交学会接待了日本朝野政党、国会议员、前军人等政治、经济、文化各界知名人士代表团 107 个，总计780 多人次，并发表了和日本社会党第四次访华代表团的共同声明（1964 年 10 月 29 日）。④

这一时期新华社也加强了决策咨询职能。1948 年 6 月 5 日，中共中央发出《关于新华社应供给各种资料的指示》，这是第一次正式赋予新华社决策咨询和情报收集职能。1949 年 9 月 22 日，新华社根据中央指示正式出版《内部参考》，刊登记者反映的国内外重要情况，供中央领导同志参阅。毛泽东曾言："我认为此种内部参考材料甚为有益。凡重要者，应发到有关部门和有关地方的负责同志，引起他们注意。各大区和各省市最好都有此种内部参考，收集和刊印本区本

① 中共中央党校理论研究室编、刘海藩主编：《历史的丰碑：中华人民共和国国史全鉴 - 科技卷》，中共中央文献出版社 2004 年版，第 1 ~ 2 页。
② 张骞：《新中国成立以来的决策体制演变及智库发展回顾》，载于《全国商情》2016 年第 27 期。
③ 孙英兰：《向科学进军 中国科技史上的第一个规划》，载于《科学大观园》2021 年第 13 期。
④ 大公报社人民手册编辑委员会：《1959 人民手册》，大公报社 1959 年版，第 346 页。

省本市的内部参考材料。"① 1959 年 2 月 16 日，新华社成立参考资料编辑部，"以便在国际参考报道中为党中央和有关部门更好地起到'耳目'作用"。1959 年 3 月，毛泽东在一次谈话中说："现在的报纸我只看一些消息，但《参考资料》《内部参考》每天必看。"② 可以说新华社的新闻内参对毛泽东了解国内外的实时信息和制定决策起到了很大的辅助作用。

三、成立一批部委办局直属的专业政策研究机构

1956 年 6 月，根据毛泽东主席关于财政部要加强财政经济问题研究的指示，财政部财政科学研究所正式成立，财科所一直围绕国家财政中心工作，开展财经理论和政策研究，为国家决策和国家治理建言献策，为财政政策提供智力支撑。③ 同年 11 月，中国科学院国际关系研究所成立，1958 年该机构从中科院脱离出来，并更名为"国际关系研究所"，该机构是在时任外交部常务副部长张闻天的提议下，经国务院批准成立的，主要职能是研究国际政治问题，对国际事务提供咨询协助④。1957 年 1 月 26 日，经国务院和中央书记处批准，中央教育科学研究所建立，开展教育科学研究工作。此类机构和党中央、国务院的综合性政策研究机关不同，他们更注重专业领域的政策研究，也把保障本部门本系统的决策咨询需求作为基本任务。

四、研究室体制的确定

1975 年 6 月，设立了国务院政治研究室，政治研究室基本职能是政策研究和文稿工作。1975 年 7 月，除了《毛泽东选集》第五卷编辑工作，研究室在邓小平的指导下重新起草并修改了一些重要的国务院文件，其中最重要的是《关于加快工业发展的若干问题》（《工业二十条》）和《关于科技工作的几个问题（汇报提纲）》。有西方学者认为，国务院政治研究室是邓小平在意识形态上对抗

---

① 中共中央文献研讨室：《建国以来毛泽东文稿（第四册）》，中央文献出版社 1990 年版，第 457 页。

② 刘宪阁：《毛泽东是怎样用内参来治国理政的》，人民网－中国共产党新闻网，2017 年 03 月 15 日，http：//dangshi. people. com. cn/n1/2017/0315/c85037－29145621. html。

③ 《中国财政科学研究院简介》，中国财政科学研究院官方网站，2021 年 8 月 1 日，https：//www. chineseafs. org/ckynewsmgr/staticpage_queryOneStaticePage. action？systemType＝1&pageType＝100001&retVal＝cngw。

④ 董哲：《中国国际问题研究院历史沿革》，中国国际问题研究院，2021 年 8 月 1 日，http：//www. ciis. org. cn/gyygk/gyyjj/lsyg/202007/t20200714_1563. html。

"四人帮"的作战总部，其拨乱反正的政治作用更为显著。"它被定性为思想库。但这是一个驯服的、不完整的描述，因为它在一段时间激烈的冲突中扮演着先锋和战斗角色。"① 1977 年 3 月 4 日，国务院政治研究室被改组为"国务院研究室"，但是主要工作依旧是为拨乱反正、解放思想造舆论。②

　　地方各级党委和政府也建立了研究室体制。新中国成立之初，中央人民政府政务院在《关于各级政府机关秘书长和不设秘书长的办公厅主任的工作任务和秘书工作机构的决定》中规定"大行政区和各省（行署、市）人民政府的政策研究机构，应视各地具体工作情况和干部条件建立。"在此背景下，广州、武汉等市开始着手，1949 年 11 月，中国共产党广州市委设立研究室（原政策研究室），是市委调查研究、决策参谋部门，同年中国共产党武汉市委政策研究室成立，第二年 4 月，中国共产党成都市委政策研究室正式成立。

　　研究室是各级党委和政府内的政策研究机构，从机构属性上来说，研究室是党委政府的部委办局一部分，是正式的党委政府机关，其职员属于公务员。从业务性质上来说，研究室不是秘书部门，是专门的政策研究部门，但是和作为事业单位性质的政策研究机构也不同。这些政策研究机构不是党委和政府组成部门，他们要承担基础理论的研究，其政策研究有一定的前瞻性、战略性和储备性。而党委政府的研究室主要是围绕党委政府的当前任务开展调查研究，甚至还要承担相当一部分重要文稿的起草工作，因此研究室是靠近决策中枢，反应敏捷的政策研究部门。

第三节　改革开放时期政策研究与决策咨询体系的蓬勃发展

　　1978 年 12 月，党的十一届三中全会作出改革开放的决议。为了适应社会主义现代化建设的需要，全会决定要加强党内和国家的政治民主，并且决议恢复实事求是的优良传统，重新确立了实践是检验真理的唯一标准的马克思主义基本原则。党的工作重心转移之后，如何发展经济、如何推进改革、如何对外开放则成为当务之急。值此风云变幻之际，决策环境的复杂性不断增加，因此中央和地方各级决策机构制定决策方案时，需要大量的研究者和研究机构提供智力支持，我

---

① ［英］迈克尔·迪伦著，闫笑岩译：《邓小平》，国际文化出版公司 2017 年版，第 258 页。
② 程中原：《信史立国：当代中国史研究纵横谈》，上海人民出版社 2015 年版，第 378 页。

国的政策研究和咨询机构开始迎来发展黄金期。

一、党中央国务院直属政策研究机构的恢复与创设

第一，成立中国社会科学院。1977 年 5 月 7 日，中央批准在中国科学院哲学社会科学部基础上正式组建了中国社会科学院。党中央对该院提出的三大定位是："马克思主义的坚强阵地、中国哲学社会科学研究的最高殿堂、党中央国务院重要的思想库和智囊团"。中国社会科学院的建立，被认为是中国现代智库体系初步建立的标志性事件和特点。① 从 1977 年起，以中国社会科学院和各省社科院为主干的社科院系统也基本建构完成，从 1978 年开始，中国社会科学院面向全国招收研究生，培养哲学社会科学方面的高层次的研究人才。②

第二，国务院三大研究中心的成立与改组。1980 年 7 月 8 日，薛暮桥报请国务院建议成立国务院经济研究中心。此时，经济体制才开始改革，一系列复杂的经济问题摆在面前，党和政府开始重视政策咨询研究工作，需要发挥经济专家和学者的参谋作用，但是当前的经济决策咨询活动比较分散，未能形成正规的咨询研究体系，不能满足现实要求，需要建立由经济专家和学者参加的、非行政性的经济决策咨询研究机构，组织在京经济研究单位加强经济问题的研究，国务院经济研究中心应运而生。国务院在 1982 年 8 月 14 日《关于加强国务院经济中心工作的意见》中正式宣告了国务院经济研究中心的成立，明确其是国务院和中央财经领导小组领导下的一个咨询研究机构。③ 第二个是 1981 年 5 月 3 日成立的国务院技术经济研究中心。④ 第三个是 1981 年 7 月 7 日成立的国务院价格研究中心。同年 8 月 1 日，薛暮桥、马洪、刘卓甫联合向国务院报送《关于价格研究中心组织方案和测算理论价格工作安排的报告》，得到批准，在此基础上，1985 年 6 月 29 日，这三个中心合并，国务院经济技术社会发展研究中心正式成立。《国务院关于成立经济技术社会发展研究中心的决定》中规定国研中心是咨询研究机构，在国务院和中央财经领导小组的直接领导下工作，主要任务是：研究经济、技术、社会发展中带有全面性、战略性、长期性和综合性的问题，经常分析经济发展、技术发展和社会发展方面的动态，预测发展的前景，并及时提供决策所需的

---

① 上海社会科学院智库研究中心：《2013 年全球智库报告——影响力排名与政策建议》，上海社会科学院出版社 2014 年版，第 13 页。
② 龙德、蔡翔：《中华人民共和国通鉴》，辽宁人民出版社 2000 年版，第 983 页。
③ 国务院发展研究中心大事记编写组：《国务院发展研究中心大事记——1980~2013》，中国发展出版社 2015 年版，第 2 页。
④ 国务院发展研究中心大事记编写组：《国务院发展研究中心大事记——1980~2013》，中国发展出版社 2015 年版，第 28 页。

各种建议和咨询意见。① 1989 年 12 月 18 日，中心向国务院各部委、各直属单位，各省、市、自治区人民政府、各计划单列市人民政府发出《关于更改名称启用新印章通知》："经国务院批准，原'国务院经济技术社会发展研究中心'更名为'国务院发展研究中心'，仍属国务院直属事业单位"。1990 年 10 月 9 日，国务院农村发展研究中心的部分职能和人员也并入发展研究中心，成为农村经济和城乡协调发展研究部。国务院农村发展研究中心成立于 1982 年 4 月，前身是中央书记处农研室，是我国著名的农村政策研究机构，主要任务曾一度是制定每年一度的中央一号文件，以指导我国农村经济的发展，被称作"中国政府农村政策的高级参谋部"和农村经济体制改革方案的摇篮。② 国研中心和中国社科院这些事业单位型机构与隶属党委政府的研究室体制不同，它们的主要工作不是文件起草和文稿服务，而是真正的政策调查与研究部门，作为独立的事业单位实体，一方面它们的研究经费有政府财政拨款，这保证它们的政策研究不会受到部门利益的影响；另一方面作为独立法人实体，也拥有完整的议程设置权限，可以展开自主选题的研究。

国务院三大研究中心对政府经济政策的制定起到了重大作用。比如 1981 年 6 月 10 日，技术经济研究中心召开了国民经济模型研讨会，把数理经济学引入到国民经济与发展的宏观经济研究，又在 1982 年 12 月 20～24 日召开了"建设和改造项目经济评价讨论会"，对微观经济的项目进行评价研究，两次会议的成果被国家宏观发展战略采纳。1982 年 5 月至 9 月，国务院经济研究中心同新成立的国家经济体制改革委员会为配合十二大的召开，组织了一次关于经济体制改革理论问题的讨论，十二大同意其提议，将贯彻计划经济为主、市场调节为辅的原则写入报告。③

第三，充实中央政策研究室的研究力量。中共中央办公厅原本有一个研究室，后改为中共中央书记处研究室，1981 年又在此基础上成立中共中央政策研究室。1982 年 4 月，根据中央决定，在国家农业委员会撤销后中央书记处下设农村政策研究室。其职责是：对农村工作进行系统的、深入的调查研究，及时地反映农村工作中的新情况、新问题；代中央起草或参加起草农村工作方面的文件、文稿；检查各地、各部门贯彻执行中央的有关方针、政策的情况；完成中央交办的其他事项。④ 从 1982 年到 1986 年的五年时间，中央"一号文件"都是农业发

---

① 国务院发展研究中心大事记编写组：《国务院发展研究中心大事记——1980～2013》，中国发展出版社 2015 年版，第 66 页。

② 国家科委科技政策局：《软科学的崛起：中国软科学研究机构》，地震出版社 1989 年版，第 40 页。

③ 樊宪雷：《三中全会和改革开放》，青岛出版社 2016 年版，第 45 页。

④ 中国中共党史学会：《中国共产党历史系列辞典》，中共党史出版社、党建读物出版社 2019 年版，第 89 页。

展相关，在背后出谋划策的就是中央农村政策研究室，同时研究室的成果也直接推动了家庭承包经营制度的诞生。1988 年 1 月，根据中央决定，中央书记处农村政策研究室改为中共中央农村政策研究室。其职能是调查研究，为中共中央制定农村政策、农村发展战略和深化农村体制改革提供咨询服务。1989 年 7 月，根据中央决定，中共中央农村政策研究室撤销，合并到中央政策研究室。[①]

二、出现专门从事政策研究和决策咨询工作的高校智库和社会智库

在中央和国务院直属政策研究机构回复和发展的同时，随着新思潮的输入，改革开放催生的巨大政策研究需求，高校内的政策研究中心也悄然兴起。北京大学国际关系研究所（1985 年）和复旦大学美国研究中心（1985 年）是最早的一批。除了高校智库开始萌芽以外，1986 年万里的发言也给民办政策咨询机构的起步提供了契机。当年 7 月 31 日，时任国务院副总理万里在全国软科学座谈会上作了题为《决策民主化和科学化是政治体制改革的一个重要课题》的重要讲话，提出为政治体制改革的一个极为重要的方面即是决策"民主化、科学化和制度化"。这次讲话着重点在要改变不适应改革开放的旧决策方法，并强调专业知识和科学研究在决策咨询中的重要作用。[②] 从这次谈话开始，因政策开放，非官方的决策咨询机构开始陆续出现，1986 年中国政治与行政科学研究所正式成立，它是第一个形态完整的民办政策研究机构，挂靠在国家科委人才交流中心下，主要研究对象是政治和行政体制改革问题，其运行方式完全自主，经费来源于自筹。同年又成立了北京社会经济科学研究所，主要以多学科视角研究中国现代化建设中的改革发展和转型问题。伴随着当时的"下海"潮流，从政府部门和官方机构走出了一批专家，自主创办了属于自己的研究机构，如1989 年初成立的深圳综合开发研究院（CDI），是当时的经济学家和社会活动家马洪、李灏、陈锦华、高尚全等人士自愿联合组建的。另外中国（海南）改革发展研究院（1991 年）、上海华夏社会发展研究院（1994 年）等亦在几年间成立。[③]

① 中国中共党史学会：《中国共产党历史系列辞典》，中共党史出版社、党建读物出版社 2019 年版，第 100 页。
② 《万里文选》，人民出版社 1995 年版，第 514～532 页。
③ 张颖春：《中国咨询机构的政府决策咨询功能研究》，天津人民出版社 2013 年版，第 50 页。

三、"南方谈话"后政策研究与决策咨询体系的新发展

1992 年初邓小平南方谈话后，中国的改革开放提速，进入了攻坚阶段。1992年，党的十四大报告提出："决策的科学化、民主化是实行民主集中制的重要环节，是社会主义民主政治建设的重要任务。领导机关和领导干部要认真听取群众意见，充分发挥各类专家和研究咨询机构的作用，加速建立一套民主的科学的决策制度"。1994 年 9 月，中国共产党十四届四中全会在《中共中央关于加强党的建设几个重大问题的决定》中再次强调："决策民主化是发展党内民主的重要内容，也是实现决策科学化的前提。要建立健全领导、专家、群众相结合的决策体制，逐步完善民主科学决策制度"。从国内层面而言，政治经济环境复杂化所带来的治理难题增加了对经济改革、社会治理、环境保护等方面政策咨询的需求；①从对外关系层面而言，中国对外部世界的参与不断深入，如何更好地融入世界经济，更好地应对国际问题成为焦点，外交和国家安全政策专业分析的需求也在增长。因此，国家领导人变得更加愿意向研究机构和高校寻求专业帮助，借助高校科研人员与专家学者的多元专业背景与知识为支撑，更好地了解日益复杂的外部世界，促使中国的决策更加务实，由此高校智库迎来快速发展时期。同时，更加多元和更具竞争性的政策环境赋予了智库研究者更大的影响力，也在传统研究系统之外创造出了研究者之间新的竞争，社会智库因其独立性、灵活性特征得以加速发展。一时间不同类型智库在中国大地上蓬勃发展，我国政策研究与决策咨询机构迎来了百花齐放的发展与转型时期。

首先，我国高校智库悄然兴起。最早的高校实体性决策咨询机构由国家外事部门和高校共建共管，旨在为国家外交政策提供决策咨询服务，包括中国人民大学苏联东欧研究室、北京大学亚非研究所、吉林大学日本研究所与朝鲜研究所、厦门大学南洋研究所等。高校智库建设走向规范化，逐步建立起官方网站，创办向各级政府及其下属部门定期、常态化递送政策研究成果的内刊、要报或咨政参考等智库简报性质的出版物。1999 年开始创设的教育部人文社会科学重点研究基地中有相当比例的政策研究机构，教育部文件也明确指出"研究基地应围绕体制改革、科学研究、人才培养、学术交流和决策咨询五大任务进行建设，将研究基地的研究咨询报告被领导批示、政府相关部门的采用情况作为重要

---

① 贾杨、朱旭峰：《中国智库的独特发展道路：对国外学者研究之思辨》，载于《南京社会科学》2018 年第 10 期。

的评价指标"。① 教育部人文社会科学重点研究基地为高校智库建设打下了扎实
基础。

其次，政府职能的转变和开放性决策理念为社会智库的发展提供了良好的发
展环境，社会型决策咨询机构方兴未艾，出现了北京视野咨询研究中心、长城企
业战略研究所等社会智库，这些社会智库的创始人基本具有政府部门、科研事业
单位的从业经历，创始人基本上是具备相关理论知识背景的社会精英人士，因此
这一时期称为"学者驱动时期"。②

进入 21 世纪后，我国加入世贸组织，全球化蓬勃发展，我国经济体系迅速
融入世界经济体系，工业化加速，国际贸易迅猛发展，中外学术交流、智库交流
进入黄金时期。这个时期我国决策咨询体系不再局限于官方智库，政策研究主体
日益多元化，形成几路大军竞争发展的新阶段。

第一，官方智库愈加受到高层领导的关注与重视。2004 年中共中央印发的
《关于进一步繁荣发展哲学社会科学的意见》明确指出"要使哲学社会科学界成
为党和政府工作的思想库和智囊团"，我国官方智库开始收到关于民生环保、公
共卫生等复杂体制改革的研究任务，如国研中心承接了关于中国医疗卫生体制改
革的政策评估工作，③ 2006 年 11 月和 2007 年 7 月，中国智库论坛先后在北京和
上海举办。第二，高校智库的政策研究与决策咨询功能不断被强化，2003 年教
育部发布《关于进一步发展繁荣高校哲学社会科学的若干意见》强调"发挥高
校哲学社会科学的决策咨询作用"；2005 年教育部发布《关于大力提高高等学校
哲学社会科学研究质量的意见》，明确提出高校要加强基础理论研究，强化应用
对策研究，使高等学校成为哲学社会科学的学术研究中心、文献辐射中心、先进
文化孵化中心和决策咨询服务中心；2007 年党的十七大报告中首次提出"繁荣
发展哲学社会科学，推进学科体系、学术观点、科研方法创新，鼓励哲学社会科
学界为党和人民事业发挥思想库作用，推动我国哲学社会科学优秀成果和优秀人
才走向世界"。第三，社会智库经历短暂困难后迎来了新的发展动能。为规范企
业名称，2004 年 6 月国家工商行政管理总局发布的《企业名称登记管理实施办
法》（修订版）规定所有以企业形式注册的研究中心和研究所都必须重新注册为
公司，在出清一大批僵尸智库的同时也造成一些智库品牌价值的耗散。但 2008
年全球金融危机的爆发后，智库咨政建言、决策咨询作用凸显，政界、学界对智
库的关注度再次升温，"社会智库"的概念逐步从"民间智库"的大概念中剥离

---

① 教育部：《中国教育年鉴（2007）》，人民教育出版社 2007 年版，第 38 页。
② 陈祝红：《我国民间智库发展历程研究》，江西农业大学硕士学位论文，2017 年。
③ 国务院发展研究中心课题组：《对中国医疗卫生体制改革的评价与建议》，载于《中国发展评论》
2005 年第 1 期。

出来，范围界定更为具体和明确，越来越多的社会智库成立并不断发展壮大，在研究领域、营利特征、注册方式、国际化程度等方面呈现出多样化发展态势，如全球化智库，在培养自身研究人员的同时还形成了由海内外杰出专家学者组成的国际研究网络，以国际化的研究视野在中国与全球化发展相关研究领域开展领先研究，参与推动和影响了诸多国家发展和全球治理的政策，积极发挥社会智库的民间交流与"二轨外交"作用。[①] 2009 年 3 月，中国国际交流经济中心成立，整合了原来国家发改委下属的国际合作中心和对外开放咨询中心两大智库。中心一成立就组织召开了全球智库峰会和中国经济年会，[②] 完成多项重点课题，其中涉及金融危机第二次被冲击的可能性、构建国际金融新秩序、中美战略经济合作等宏观性、前瞻性问题。

总之，自 1978 年改革开放，到 1992 年邓小平南方谈话和党的十四大召开，再到 2012 年党的十八大报告"坚持科学决策、民主决策、依法决策，健全决策机制和程序，发挥思想库作用"的明确提出，国内经济发展、体制改革和国际环境的纷繁复杂极大促进了我国决策咨询体制转变、提高了决策咨询的需求量，从而为我国现代智库的多元蓬勃发展提供重要契机，中国的智库事业得到了前所未有的关注和重视，官方智库、高校智库、社会智库全面发展，并在各领域发挥重要的决策咨询职能，具有中国特色的现代智库崭露头角，具有中国特色的智库品牌逐步形成，关于智库的学术研究也日趋广泛和深入。可以说，该阶段我国智库的快速发展、百花齐放，为之后构建中国特色哲学社会科学体系、推进中国特色新型智库体系建设与发展奠定了重要的理论与实践根基。

小　结

中国特色新型智库的历史源流可以追溯至中国共产党成立前期，从国民思想觉醒后研究与宣传马克思主义先进思想与理念的组织，到战时为政治保卫设立的秘密情报与开源情报搜集机构，再到延安时期充分发挥"内脑"作用的决策咨询与政策研究机构，充分表明智库建设并非新兴概念，而是植根于历代中共领导人的治国理政理念之中。

新中国成立后形成的中央直属研究机关、部委办局直属的政策研究机构，在

[①]　资料整理自中国与全球化智库官网，http://www.ccg.org.cn/overview。
[②]　董成颖、李刚：《改革开放以来中国智库研究综述》，载于《情报探索》2017 年第 12 期。

新中国的政治、经济、外交、军事等方面完成了大量的调查研究工作，充分发挥了为社会主义建设建言献策的重要职能，随后而来的改革开放的热潮更是引领了各类智库转型发展。可以说自中国共产党成立至 2012 年我国智库的建设与发展，让中国特色新型智库的诞生成为时代的必然趋势，让健全中国特色新型智库体系成为实现国家科学民主决策、提升中国国际话语权的必由之路。

第四章

中国特色新型智库治理体系基本形成

我国新型智库不仅实体建设取得了长足的进步，而且内部治理与行业治理体系建设也逐步完善，瞄准"构建定位明晰、特色鲜明、规模适度、布局合理的中国特色新型智库体系"这一目标，坚持党管智库的基本原则，搭建科学合理、形式多元的治理结构，健全完善智库政策保障体系，搭建柔性协同、和而不同的智库治理网络，营造出规范有序、充满活力的智库行业治理环境，引领智库健康有序发展，推进新型智库更好地参与国家治理现代化建设。

第一节　坚持党管智库的基本治理原则

习近平总书记在党的十九大报告中强调，把"坚持党对一切工作的领导"作为新时代坚持和发展中国特色社会主义基本方略的第一条，并指出"党政军民学，东西南北中，党是领导一切的。"① 这体现出党的领导具有全局性和根本性，中国特色社会主义事业建设的方方面面都要坚持党的领导。中国特色新型智库作为国家治理体系和治理能力现代化的重要部分，以服务党和政府决策为己任，"坚持党管智库，坚持中国特色社会主义方向"② 是必须遵循的基本原则。

---

① 光明日报评论员：《坚持党对一切工作的领导》，载于《光明日报》2017 年 10 月 28 日。
② 中共中央办公厅、国务院办公厅：《关于加强中国特色新型智库建设的意见》，中国政府网，2015 年 1 月 20 日，http://www.gov.cn/xinwen/2015-01/20/content_2807126.htm。

一、党管智库的必要性

中国革命、建设和改革实践证明，充分发挥党的领导核心作用，是我们战胜风险挑战、不断夺取胜利、实现党的历史使命的关键所在。智库坚持党的全面领导，不仅是党牢牢掌握意识形态领导权的需要，也是确保智库沿着正确方向发展的"指挥棒"，为智库健康发展提供强大政治保障，确保决策成果落地生根、开花结果。

（一）"党管智库"是党牢牢掌握意识形态领导权的需要

2013 年 8 月 19 日，习近平总书记在全国宣传思想工作会议指出，"一个政权的瓦解往往是从思想领域开始的……思想防线被攻破了，其他防线就很难守得住。我们必须充分认识意识形态工作的极端重要性，把意识形态工作的领导权、管理权、话语权牢牢掌握在手中"。[1] 哲学社会科学具有鲜明的意识形态属性，社会科学工作者是意识形态建设的重要力量。当前，我国面临的意识形态领域情况颇为复杂、斗争尖锐，各种思想相互激荡，各种文化相互交融，一方面，社会转型带来的各种矛盾交织在一起；另一方面，当前世界正处于百年未有之大变局，各种思潮对人民群众的精神世界带来的冲击越来越明显；同时，互联网技术的快速发展在为经济社会发展带来重要机遇的同时，也对主流意识形态的安全带来更多的威胁和挑战。因此，在这种日益复杂和严峻的意识形态斗争背景下，2017 年 10 月习近平总书记在党的十九大报告中明确提出牢牢掌握意识形态工作领导权这一重大任务，并在这一任务中着重强调"加快构建中国特色哲学社会科学，加强中国特色新型智库建设。"[2] 可见，中国特色新型智库建设是在牢牢掌握意识形态工作领导权的语境下部署实施的，党中央赋予了新型智库建设鲜明的中国特色和政治属性。

对于执政党来说，意识形态领导权是长久执政的根本保证。对于智库而言，"党管智库"是中国特色新型智库最鲜明的特点，也是智库健康发展的重要保证。我国特色社会主义已经进入新时代，在实现中华民族伟大复兴中国梦历史使命的过程中，还将面临许多具有新的历史特点的伟大斗争，牢牢掌握意识形态领导权是应对外部风险挑战、解决国内矛盾、巩固党的执政地位的关键。中国特色新型

---

① 鲁言：《意识形态工作关乎党和国家前途命运》，载于《红旗文稿》2016 年第 6 期。

② 习近平：《决胜全面建成小康社会 夺取新时代中国特色社会主义伟大胜利》，载于《人民日报》2017 年 10 月 28 日。

智库作为宣传思想文化战线的重要阵地，应当发挥独特优势，积极主动作为，在党的意识形态工作中作表率、走前列，既要坚决守住新型智库这一思想舆论领域的红色地带，守住马克思主义、中国特色社会主义的前沿阵地；同时要加强党的思想理论研究阐释，加强对各种社会思潮的辨析引导，敢于发声亮剑，善于解疑释惑，在舆论引导和增进认知认同上有所作为。

（二）坚持党的领导能够确保智库沿着正确政治方向发展

党领导智库是中国特色新型智库与其他西方智库在意识形态属性上的本质区别，也是我国智库必须坚守的政治原则。在中国新型政党制度下，中国共产党领导下的多党合作和政治协商制度决定了我国智库必须坚守正确的政治导向和政治站位，以服务中央决策为己任，立足中国国情，服务党和政府科学决策。一方面，近年来党中央对中国特色新型智库的性质、功能、任务、目标等都给予了科学准确的指导，为智库健康发展提供了强大支持、注入强劲动力。因此，在完成中华民族伟大复兴中国梦历史使命的新征程中，中国特色新型智库必须坚持党的领导，用党的理论武装思想，用党的经验把握发展方向，充分发挥党的领导这一最大的政治优势。另一方面，中国特色新型智库的重要使命是服务党和政策科学民主依法决策，中国共产党是指引智库发展的"指南针"，我国智库若没有明确的功能定位，在发展过程中极易偏离正确的政治方向，容易成为其他利益集团的代表，出现资本绑架思想的情况，这很容易给我国主流意识形态安全带来极大的威胁和挑战。因此，智库的功能定位和发展方向至关重要，需要党的全面领导。

同时，我国智库也需要依托自身优势为党的领导工作提供更多支持，要重点服务于党把方向、谋大局、定政策、促改革的要求，确保决策咨询与政策研究的专业性和客观性。一方面，我国智库要为党"把谋定促"工作中提供高质量的智力支持，围绕党的基本路线，坚定自己正确的政治方向，善于用政治眼光看待问题，站在国家角度思考问题，立足于党和国家工作大局进行系统化的思考和谋划，提出政治方向正确、真正发挥实效、利于工作大局、视野开阔长远的有用政策建议；此外，还要时刻关注和跟踪评估政策的执行效果，广泛采纳社会民意，为确保政策在合适的时机达到预期效果提供更好的意见建议。另一方面，各类型智库要在党的引领和指导下，充分发挥自身独特优势，明确自己的发展方向和主要发力点，如社科院智库要始终以服务地方经济社会发展为中心任务，用好学术研究、理论阐释和决策咨询"三支笔"；党校（行政学院）智库要善于借助学员、渠道和系统优势推进党的思想理论和政策宣讲与教育；高校智库要依托人才、学科和科研平台优势为党和政府培养更多高站位、高素质、视野宽的智库人才；社会智库独立于体制外生存，灵活性强，扎根基层，更要以维护党和国家利益为价值取向，在发展方向、总体规划布局上坚持党的领导，为党和政府提供高质量的、有前瞻性的思想产品。

习近平总书记反复强调，"办好中国的事情，关键在党"。[①] 这是中国革命、建设和改革事业得出的一条基本结论。我国智库只有坚持党的领导，以党和国家决策需求为发展指向，充分发挥专业研究领域的优势，才能在我国智库体系建设中不断地发展壮大，增强自身影响力。因此，坚持党的领导从根本上确保我国智库沿着正确的方向发展，是中国特色新型智库实现健康发展的重要前提。

（三）坚持党的领导是智库健康发展的强大政治保障

中国特色新型智库是在党和国家决策需求下产生的，因而我国智库的生存与发展也是在中国特色社会主义政治制度这个大原则下进行的。我国智库建设的"特"和"新"充分体现了坚持党的领导、多党合作政治决策体制这一鲜明政治底色，只有在党的全面领导下，来自智库的多方力量才能够凝聚起强大的力量，为党和政府决策提供优质的服务。因此，坚持党的领导，不仅是中国特色新型智库建设必须坚守的基本原则，也是新型智库健康发展的强大政治保障。

一方面，坚持党的领导，能够为新型智库建设提供稳定的政治前提。任何智库都是在一定的政治制度之下运行的，这是智库发挥决策咨询作用的前提条件。无论是体制内智库，还是体制外智库，为谁提供决策咨询服务是我国智库在发展过程中首先需要回答的问题，这关系到智库的长远健康发展。在党中央立足党和国家事业全局的统筹部署下，明确了我国智库是以向党和政府提供决策咨询服务为目标的，是服务于国家利益和人民群众的。我国智库必须把对社会的关切、对人民的责任放在首位，要有家国情怀、责任担当和使命感，要保持客观公正的研究态度，秉持不奉迎行政部门、利益集团的原则，积极开展基于证据和实证的研究，善于用事实和数据说话，确保政策研究的客观性和真实性。

另一方面，坚持党的领导，能够为新型智库建设提供充足的制度空间。自2013 年 4 月 15 日习近平总书记作出关于加强中国特色新型智库建设的重要批示（简称"4·15 批示"）以来，党和政府为新型智库发展作出了一系列的政策设计，兼顾国家高端智库、省市和基层智库建设的需要，制度设计自上而下逐步贯通，制度体系的结构性、协调性和实操性不断增强，既发挥出了我国新型举国体制的优势，也为我国智库参与决策提供了更广阔的制度空间，让更多智库及智库专家进入决策体系之中。因此，这种从传统的个人决策、经验决策向现代民主决

---

① 习近平：《在庆祝中国共产党成立 95 周年大会上的讲话》，载于《人民日报》2016 年 7 月 2 日。

策、科学决策的转变，使决策体制由封闭走向开放，也让多方利益诉求得到反映渠道，更好地发挥智库的决策咨询职能，为党和政府提供更多全面客观真实的信息情报和意见建议。

二、贯彻党管智库原则的主要内涵

2016 年 5 月 18 日，习近平总书记在哲学社会科学工作座谈会上强调，构建中国特色哲学社会科学，必须加强和改善党对哲学社会科学工作的领导。[①] 因此，中国特色新型智库要以服务中心、推动发展为目标，积极推进智库党的政治、组织、作风和制度建设，以政治建设为统领，着力提高智库科研人员思想素质；以组织建设为基础，充分发挥党组织战斗堡垒和党员先锋模范作用；以作风建设为抓手，弘扬和锤炼智库科研人员优良传统和作风；以制度建设为保障，营造宽严相济的智库研究氛围，充分发挥党在国家治理体系中总揽全局、协调各方的领导核心作用的同时，把握好党领导智库的着力点，实现党的建设与智库发展两结合、双促进，为建设中国特色新型智库提供有力的政治、思想和组织保证。

（一）以政治建设为统领，着力提高智库科研人员思想素质

党的政治建设是党的根本性建设，决定党的建设方向和效果，事关统揽推进伟大斗争、伟大工程、伟大事业、伟大梦想。[②] 中国特色新型智库作为国家治理体系和治理能力现代化的重要内容，必须坚决执行党的政治路线，严守党的政治纪律和政治规矩，牢固树立"四个意识"，在政治立场、政治方向、政治原则和政治道路上，始终与党中央保持高度一致。

第一，严格遵守政治纪律和政治规矩。一方面要旗帜鲜明讲政治，站稳政治立场，以实现国家利益最大化为主要方向，在大政方针和党中央保持高度一致；另一方面要进一步提升政治站位，坚决维护党中央集中统一领导和习近平总书记的核心地位，时刻擦亮智库作为服务党和政府科学民主依法决策的非营利决策咨询机构的政治底色。例如，中国中医科学院作为国家中医药管理局直属的集科研、医疗、教学为一体的综合性中医药研究机构，规定各所起草《年度党建工作要点》《党支部工作量化考核细则》等文件，制定党委理论学习中心组学习计划；还专门成立党风廉政建设工作领导小组，负责审议《党风廉政建设和反腐败工作分工意见表》《领导干部廉洁从政、廉洁从业主体责任承诺书》等事宜，严

---

① 杨军：《加强和改善党对哲学社会科学工作的领导》，载于《中国社会科学报》2016 年 6 月 7 日。
② 董德兵：《坚持以党的政治建设为统领》，载于《中国纪检监察报》2020 年 3 月 26 日。

把政治关卡。① 天津社科院专门制定加强党内政治文化建设的实施方案，进一步完善党组会议议题征集机制，加强督查督办工作，提高了党组会议的议事效率和党组决议、领导批示的执行效率；还成立院党建工作领导小组，加强对全院党建工作的统一领导。②

第二，坚持马克思主义的指导地位。坚持以马克思主义为指导，是中国特色新型智库区别于其他智库的根本标志。党的十八大提出，要"推进马克思主义中国化时代化大众化，坚持不懈用中国特色社会主义理论体系武装全党、教育人民，深入实施马克思主义理论研究和建设工程，建设哲学社会科学创新体系"。③因此，智库要真学、真懂、真信、真用马克思主义，善于运用马克思主义的世界观和方法论去发现问题、研究问题和解决问题，把中国特色新型智库建设成为马克思主义坚强阵地。例如，自1977年中国社科院正式成立，党中央便赋予其三大职能定位，即马克思主义的坚强阵地、中国哲学社会科学研究的最高殿堂、党中央国务院重要的"思想库"和"智囊团"，要求社科院切实开展理论学习和理论宣传工作，在学思践悟中切实履行好理论宣传和理论阐释的使命和职责，如中国社科院围绕马克思主义中国化特别是习近平新时代中国特色社会主义思想，专门设置重大理论研究选题，努力推动马克思主义中国化和党的思想理论创新。对于党校智库而言，按照《中国共产党党校（行政学院）工作条例》要求，党校（行政学院）智库的一项重要任务就是"针对改革开放和社会主义现代化进程中的重大理论和现实问题，开展马克思主义中国化最新成果的理论宣传，开展党的路线、方针、政策的宣传。"④ 习近平总书记也曾强调，党校（行政学院）要"根据时代变化和实践发展，加强理论总结和理论创新，为发展21世纪马克思主义、当代中国马克思主义作出努力。"⑤ 据不完全统计，经过调研的18家党校（行政学院）有11家将马克思主义哲学专业设置为招生学科，15家设置中共党史专业，9家设立科学社会主义与国际共产主义运动专业⑥，充分体现出党校（行政学院）智库始终把马克思主义中国化理论创新成果，特别是习近平新时代中国特色社会主义思想作为理论教育的重中之重，扛起了思想引领的大旗。

第三，抓好智库基层党建工作。思想是行动的先导，抓好基层党建工作也始

---

① 资料整理自中国中医科学院官网，https：//www.cacms.ac.cn/。

② 资料由本书课题组调研获得。

③ 孟轲、马从辉：《推进马克思主义大众化》，载于《人民日报》2012年12月3日。

④ 新华社：《中国共产党党校工作条例》，中国政府网，2008年10月29日，http：//www.gov.cn/jrzg/2008-10/29/content_1134879.htm。

⑤ 习近平：《在全国党校工作会议上的讲话》，载于《求是》2016年第9期。

⑥ 资料整理自各党校（行政学院）官网，由本书课题组成员统计得出。

终是中国特色新型智库的本职工作，尤其是体制内智库的隶属关系和职责定位决定了他们必须把党建工作作为主业来落实，坚持把党建工作贯穿于研究工作的全过程，以党建促业务，以党建谋发展。一方面要认真学习贯彻十九大精神和习近平新时代中国特色社会主义思想，把学习十九大有关建设中国特色新型智库、全面从严治党，以及习近平总书记在哲学社会科学工作座谈会上的重要讲话精神作为突出的政治任务，切实抓紧抓好，使每一位智库科研人员都能掌握习近平新时代中国特色社会主义思想的精神实质和具体要求。另一方面要注重党性教育的常态化制度化，着力推动党建工作进智库，在各类别、各层次智库中实现党的组织和党的工作有效覆盖。例如：国经中心在官方网页"中心动态"下设有"党政党建"一栏，内容呈现出党建工作与日常业务工作紧密结合的特点。[①] 天津社科院结合智库建设中心工作，举办党务工作者培训班，创新党建工作方法，提升"三会一课"质量，丰富主题党日活动，加强对全院党员的管理教育，切实增强了基层党组织的凝聚力、战斗力和创造力。广东亚太创新经济研究院（以下简称"亚太经研院"）着力建设学习型党组织，不断增强党员思想政治素质，邀请专家为研究院员工讲党课，深化对基层党组织建设和"不忘初心 牢记使命"主题教育等的认识，切实把党对智库研究工作的领导渗透到各项业务工作之中。

第四，严肃党内政治生活，确保意识形态安全。智库要开展严肃认真的党内政治生活，切实统一思想、强化行动。一是要准确把握加强和规范党内政治生活的总体要求。坚持正确方向，以党章为根本遵循，严肃认真开展党内政治生活，着力增强党自我净化、自我完善、自我革新、自我提高能力，落实"四性"要求，实现"六有"目标。二是要教育引导智库各级党组织和党员干部严守工作规范，特别就严肃党内政治生活提出的一系列禁止性的规定，坚决不逾越政治底线。三是要全面履行加强和规范党内政治生活的领导责任，强化对党内政治生活准则落实情况的督促检查，加强党内政治生活定期分析和综合研判，确保加强和规范党内政治生活各项任务落到实处。

（二）以组织建设为基础，充分发挥党组织战斗堡垒和党员先锋模范作用

组织建设是党的建设的重要基础。[②] 2015 年以来，党和政府着力强化中国特

---

① 资料来自中国国际经济交流中心官网，http：//www. cciee. org. cn/gzdtlist. aspx？ clmId =653。
② 新华社：《贯彻落实好新时代党的组织路线 不断把党建得更加坚强有力》，载于《人民日报》2020 年 7 月 1 日。

色新型智库的组织领导，明确党的理论干部和宣传干部的身份认同，坚持贯彻党管干部、党管人才原则，创新基层党组织工作，充分发挥党组织战斗堡垒和党员先锋模范作用，推动不同层级智库主体发展壮大。

第一，强化组织领导，明确责任主体。《意见》强调，"各级党委和政府要充分认识中国特色新型智库的地位和作用"……"建立健全党委统一领导、有关部门分工负责的工作体制"。① 可见，《意见》明确指出了党委和政府作为新型智库建设的责任主体，肩负对智库建设工作的领导职能。智库党组织大概分为党委（党组）、党的基层组织和党支部三个层次，其中党委（党组）充当龙头，起到把方向、管大局、保落实的引领作用；基层组织负责智库各项实施工作，坚守智库建设第一线，是凝聚人心、汇聚人力、促进和谐的坚强战斗堡垒；党支部担负教育、管理、监督党员和组织、服务群众的职责，是党的基础组织。近年来，各级各类智库按照中央要求，将抓好机关党建视为本职工作，扎实推进党的组织建设，认真谋划、部署、抓实党建各项工作，切实履行"为党咨政、为国建言、为民服务"的职责。例如国研中心充分发挥好党建工作领导小组议事协调作用，建立党建工作述职评议考核制度，形成党组书记负总责、党组成员分工负责、机关党委推进落实、机关纪委监督执行、基层党组织主要负责同志"一岗双责"的党建工作责任体系；还要求机关党委等职能部门举办公开党课和青年讲坛，鼓励支持基层党组织创新开展跨支部、跨领域联学共建，推动形成学用党的创新理论的良好氛围。②

第二，明确党的理论干部和宣传干部的身份认同。正如人大重阳研究院王文所言，凡人只有一条命，即性命；优秀的人有两条命，即性命与生命；智库学者必须要有三条命，即性命、生命和使命。③ 优秀的智库要有浓厚的家国情怀和现实关怀，发自内心的使命感是一名智库学者的必备个性。中国特色新型智库作为党领导下的决策咨询机构，必须端正思想认识，在日常工作中真正认识到我党的政治优势和身份责任，切实形成高度自觉。首先要坚持牢固树立"抓好党建就是最大政绩"的理念，清楚认识和深刻领会"智库研究什么，如何研究以及为谁研究"这个根本问题，充分发挥党组织在推动智库事业发展中"统揽全局、协调各方"的领导核心作用。其次要坚持抓好理想信念教育，把深入学习中国特色社会主义理论体系和习近平总书记系列重要讲话精神作为重大政治任务，将"一切以

---

① 中共中央办公厅、国务院办公厅：《关于加强中国特色新型智库建设的意见》，中国政府网，2015年1月20日，http://www.gov.cn/xinwen/2015-01/20/content_2807126.htm。

② 马建堂：《以党建高质量发展引领国家高端智库建设》，载于《旗帜》2021年第2期。

③ 王文：《我们需要怎样的智库文化与学者品格》，人民论坛网，2014年8月18日，http://theory.rmlt.com.cn/2014/0818/307625.shtml。

党的利益为重"等理念融入日常的党性教育和党性锻炼之中，推动"两学一做"学习教育常态化制度化，引导全体党员干部增强政治定力、坚定"四个自信"，做到"两个维护"，坚决克服名利思想，强化智库学者作为党的理论干部和宣传干部的身份认同，努力建设一支高素质、专业化、思想过硬的干部队伍。

第三，坚持贯彻党管干部、党管人才的原则，发挥党组织在选人用人中的主导作用。一是新型智库要按照信念坚定、为民服务、勤政务实、敢于担当、清正廉洁的好干部标准，大力选拔培养党和人民需要的好干部，优化领导班子知识结构和专业结构，注重培养选拔政治强、懂专业、善治理、敢担当、作风正的领导干部。二是新型智库要坚持对人才工作的领导，对于专业人才的培养和引进，应在尊重学术权利的基础上，要管宏观、管政策、管协调、管服务，要确定用人标准、研究推荐人选、完善评价体系、加强监督管理、培养优秀人才，要负起人才政治把关的责任，要在选人、育人、用人中发挥主导作用，始终坚持党管人才原则并将其真正落到实处。例如国研中心通过全面推进党支部标准化规范化建设，选优配强基层党组织书记、副书记，指导基层党组织健全优化组织设置、完成换届或委员增补工作，不断强化支部委员会建设，真正发挥党管干部、党管人才的作用。①

第四，推动基层党组织工作创新，改进工作方式方法。中国特色新型智库要不断创新党建活动形式，注重用党的理论武装基层党组织思想；做好党员教育、管理和服务工作，完善党内激励、关怀、帮扶机制，加强人文关怀，帮助党员解决实际困难。例如：国研中心开展强化政治机关意识系列教育活动，邀请专家学者结合各自的研究领域和研究体会为青年党员讲党课，鼓励支持基层党组织创新开展跨支部、跨领域联学共建，探索线上线下相结合的方式，努力营造良好积极的干事氛围。② 中国艺术科技研究所定期开展警示教育会议、集体观看主题教育纪录片、召开专题读书会、组织公文书写专项培训班等，充分发挥党组织的政治核心作用、战斗堡垒作用和党员的先锋模范作用。③ 中国科学院着力"抓学习教育、抓党风党纪、抓支部能力、抓制度规范、抓人才队伍、抓文化氛围"，加强政治坚定、视野开阔、思维前瞻的高端科技智库人才队伍建设，加强国家高端科技智库品牌建设，营造崇尚创新的事业环境、和谐奋进的文化氛围。④

（三）以作风建设为抓手，弘扬和锤炼智库科研人员优良传统和作风

作风建设是党的建设的重要内容，是党加强自身建设的显著特点。作风建设

---

① ② 马建堂：《以党建高质量发展引领国家高端智库建设》，载于《旗帜》2021年第2期。
③ 资料整理自文化和旅游部中国艺术科技研究所官网。
④ 资料整理自中国科学院官网。

作为智库基层党组织建设的主要内容，对智库健康发展同样重要。正如国研中心原副主任韩俊所讲，"没有一流的作风，打造'一流智库'的建设根基就不会硬"，作风建设要强调宗旨意识和使命感，要强调扎实开展调研，真正深入一线，深入群众，深入基层当中去。①

一方面，新型智库要秉持实事求是、严谨认真的态度，坚持求实务实作风。我们党历来有调查研究、艰苦奋斗的优良传统，还有理论联系实际、密切联系群众、批评与自我批评的三大作风。新型智库建设中要弘扬这些传统和作风，同时要充分发挥智库，尤其是体制内智库渠道广、调研方便的优势。在研究中既要有宏观思维，又能够像解剖一只麻雀那般去发现内在问题和总结逻辑规律，使理论思维和实践调查、宏观和微观相结合、相印证。如新华社为提升智库调研针对性和有效性，采用"宏观研究＋一线调查"研究方式，围绕"打赢脱贫攻坚战""防范化解风险""民营企业家群体状态"等提出许多针对性强、参考价值高的对策建议。② 中石油经研院借助深入调查研究和产研结合的体制优势，通过定期参加企业领导周例会、生产经营会等方式，及时了解企业需求。③

另一方面，新型智库要时刻引导科研人员深入践行社会主义核心价值观，大力弘扬科学精神。一是巩固深化党的群众路线教育实践活动、"三严三实"和"两学一做"教育成果，引导科研人员从我做起，落细落小，彻底解决"四风"和"不严不实"问题。二是教育和引导科研人员爱岗敬业、有所作为，深入调查、潜心钻研，培养笃学实干、笔耕不辍的科研工作作风。三是落实党的十九大和习近平总书记在哲学社会科学工作座谈会上的讲话要求，持续加强学风建设，力戒学术浮夸，消除浮躁作风，反对粗制滥造；大力弘扬马克思主义学风，把软约束和硬措施结合起来，推动形成崇尚精品、严谨治学、敢于担当的良好学风，营造风清气正、互学互鉴、积极向上的学术生态。例如：中国社科院高度重视学风文风建设，把抓学风文风作为进入创新工程的一项重要条件、作为评价考核创新项目实施效果的一项重要标准，自 2011 年 10 月全面开启"走转改"活动，④通过这种制度化措施让"走转改"成为社科工作者的自觉行动，还专门启动实施"书记所长抓学风"专项管理，着力解决急功近利等学风浮躁问题。国研中心大力推进精文减会，严格控制发文数量，压减通报类文件，鼓励召开线上会议，提高会议质量和效率；还制定《深入基层一线、提高调研质量的意见》，鼓励年轻

① 李海楠：《"一流作风"保障"一流智库"建设》，载于《中国经济时报》2013 年 9 月 6 日。
② 新华社：《宏观研究与一线调查两手并重》，载于《光明日报》2019 年 7 月 1 日。
③ 资料整理自中国石油集团经济技术研究院官网。
④ 李瑞英：《中国社科院全面启动"走转改"活动》，载于《光明日报》2011 年 10 月 14 日。

干部长时间蹲点调研，持续改进工作作风。①

（四）以制度建设为保障，营造宽严相济的智库研究氛围

中国特色新型智库既要有严明的政治纪律，也要有活跃的研究氛围。② 因此，需要政府、智库等多方力量的配合，共同为新型智库建设建立有利于营造良好研究氛围的纪律和制度。

第一，要处理好学术研究和政治立场的关系。习近平总书记曾多次强调，"人的问题是哲学社会科学研究的根本性、原则性问题"。③ 有学者认为，这一观点的提出要求哲学社会科学工作者既要善于把学问写进群众心坎里，又要能够用学术讲政治，善于从政治上分析问题、解决问题，真正做到内部讨论无禁区、对外宣传有纪律。我国智库需要对党组织和学术委员会建立一些指导性的原则，规定在处理具体决策事务时要听取学术委员会和专家学者的意见，妥善处理好学术研究和政治立场之间的关系。

第二，要正确处理与国外机构研究合作和对外保密的关系。从长远来看，既要对智库对外合作持鼓励态度，又要对智库涉外保密工作进行严格管理，制定相关的涉外保密工作管理办法，针对外事接待、对外合作交流和对外经济技术与商务活动、设立境外实体分支机构等涉外工作实行统一领导、归口管理、各负其责的工作体制。此外，还要注意数据安全问题，建立风险防控机制，如课题立项要经过相关部门审批；研究中只能采用公开数据，不能使用内部数据；研究成果发布要经有关部门的审批等。如国研中心大力推进形成"长久立"的机制，聚焦主责主业、着力防范重大风险等，制定出台 34 项制度、修订完善 11 项制度，④实现智库对外服务工作的规范化、程序化、制度化。

第三，推动党建工作与科研业务工作相融合。新型智库要克服党建工作与业务工作"两张皮"现象，坚持围绕发展目标来思考、来谋划党建工作。一是建立和完善联系服务科研人员的长效工作机制，不断完善谈心谈话制度、基层调研机制、结对联系机制、群众意见反映机制等。二是要加强科研党员干部的思想监督，将党性教育纳入一般性科研考核任务中去，每年开展先进党支部、先进党员的评选，将评选结果与推选"四个一批""万人计划"等人才称号相挂钩，把抓党建和抓发展有机结合。三是要打造党建活动新载体，依托党建项目，培育党建品牌，通过队伍联动、阵地联用、活动联办等机制，充分发挥示范导向和辐

---

①④　马建堂：《以党建高质量发展引领国家高端智库建设》，载于《旗帜》2021 年第 2 期。

②　王金照、赵彬、钱越、高强、张立君：《党的领导与中国特色党政智库建设》，载于《中国领导科学》2018 年第 6 期。

③　谢伏瞻：《谱写加快构建中国特色哲学社会科学新篇章》，载于《人民日报》2021 年 5 月 20 日。

射带动作用，切实将党的政治优势转化为发展优势，真正做到两手抓、两不误、两促进。

中国特色新型智库建设是党中央倡导并部署的，党中央把高端智库建设交给中央宣传部，各省市也把地方新型智库交给宣传部门负责，不仅体现出党管智库的政治属性，也体现了党中央对中国特色新型智库建设的高度重视和强烈期待。因此，我国智库必须坚持党管智库的根本原则，坚持用伟大建党精神启迪智慧，传承建党百年以来无数革命先烈、知识分子摸索检验出来的光荣传统，胸怀深厚的家国情怀和强烈的社会责任感使命感，弘扬科学家精神，勇于创新、无私奉献，为实现第二个百年奋斗目标作出新的更大贡献。

第二节　形成了规范有序、充满活力的新型智库行业治理体系

借用经济学领域的相关概念，智库治理通常分为宏观治理和微观治理，其中宏观治理是智库外部的权力部门对辖域内众多智库机构的治理，是对智库的引导、宏观控制、相关制度的确立以及评价与利用等多方面任务和过程的总和。本节围绕新型智库"怎么管理""怎么协同""怎么评价""产生什么效应"等方面问题展开论述。

一、条块结合、宽严相济增强新型智库发展的协调性和协同性

条块管理是国家行政管理体制的一种模式，"条"是指自上而下的垂直管理体系，上级主管部门接受下级部门指导监督，属地干预较少；"块"是指以地方行政机构分管某一区域全部行政行为的水平管理体系，是按照行政区划分管理权限的。条块管理旨在正确处理中央和地方的关系，把中央的集中领导和地方的独立性结合起来。按照《意见》要求，"有关部门和业务主管单位要按照谁主管、谁负责和属地管理、归口管理的原则，切实负起管理责任"，并指出"各地区各有关部门要结合实际，按照本意见精神制定具体办法。"① 可见，党中央一方面

---

① 中共中央办公厅、国务院办公厅：《关于加强中国特色新型智库建设的意见》，中国政府网，2015年1月20日，http://www.gov.cn/xinwen/2015-01/20/content_2807126.htm。

要求智库坚持党的领导，为党和政府科学决策服务，另一方面允许地方自行探索发展道路，给予地方政府较多的智库建设自主权和更大的自由度。近年来，中国特色新型智库建设坚持条块结合的管理原则，以重点高端为引领，逐渐构建出以宣传部门为指导单位，以社科规划办为实施部门，以理事会、决策咨询委员会、社科联等为支撑部门的统一领导、分类管理、分级负责、分块布局、宽严相济的智库组织管理体系，实现党政部门、高校、社科院、党校等各类智库主体统筹部署、协同创新、协调发展。

（一）形成了以宣传部门为主导，以决策咨询委员会、理事会等为补充的上下贯通的智库管理责任链条

按照《意见》要求，鼓励全国各地研究制定地区和系统内部的智库建设实施方案。智库主管部门作为推动新型智库体系建设的主要力量，不仅具有统筹指导智库建设各项工作的职能，也发挥桥梁纽带和联络功能。当前，我国新型智库建设工作由中共中央宣传部及各省市自治区宣传部门牵头，智库的协调指导与管理服务工作主要由全国及地方哲学社科工作办（规划办）或下设的相关智库管理部门负责。具体而言，全国各地新型智库建设的推进模式主要有以下三种情况（见表4-1）：

表4-1　　　　　　　省级重点智库主管/指导单位一览

省份	重点智库名称	主管/指导单位
北京	首批首都高端智库建设试点单位	首都高端智库理事会
黑龙江	黑龙江省重点培育智库（共两批）	黑龙江省委宣传部
吉林	吉林省级新型智库建设试点单位	吉林省委宣传部
辽宁	辽宁省首批省级重点新型智库	辽宁省委省政府决策咨询委员会
江苏	江苏省重点高端智库	江苏省委宣传部
江苏	江苏省重点培育智库	江苏省委宣传部
山东	首批重点新型智库建设试点单位	山东省委宣传部
安徽	安徽省重点智库	安徽省委宣传部
安徽	安徽省重点培育智库	安徽省委宣传部
河北	河北省首批新型智库试点单位	河北省哲学社会科学规划办公室
河北	河北省新型智库重点培育单位	河北省哲学社会科学规划办公室
湖北	湖北省十大新型智库	湖北省委宣传部
湖北	湖北省十大改革智库	湖北省委政策研究室（省改革办）

省份	重点智库名称	主管/指导单位
湖南	湖南省首批省级重点智库建设单位	湖南省委宣传部
	湖南省专业特色智库	
江西	首批省级重点智库建设单位	江西省委宣传部
广西	广西特色新型智库联盟重点智库	广西壮族自治区决策咨询委员会
重庆	重庆市综合高端智库建设试点单位	重庆市委宣传部
四川	四川首批新型智库	四川省委宣传部

注：表中"主管/指导单位"根据智库《管理办法》印发单位、重点智库名单发布单位、重点智库遴选工作负责单位等发挥统筹协调作用的管理部门进行确定，具体以真实情况为准。

第一，以宣传部门下属的社科工作办（规划办）组织实施的推进模式。这是我国新型智库建设最主要的推进模式。从国家层面看，按照《试点工作方案》要求，国家高端智库建设试点工作由中共中央宣传部牵头，全国社科规划办具体负责日常联系和沟通工作，并要求在全国哲学社科规划领导小组设立国家高端智库理事会，将其作为国家高端智库建设的议事机构和评估机构，承担把握战略方向、审议重大决策、指导科研规划、实施监督评估等职责。从地方层面看，黑龙江、吉林、江苏、山东、安徽、湖南等10余省市以这种模式推进全省重点智库建设工作。[1] 例如，河北省新型智库试点单位是由河北省委宣传部批准成立，由河北省哲学社会科学规划办公室指导，服务省委省政府决策的河北新型智库。[2]

第二，以决策咨询委员会为牵头单位的推进模式。据调研，各省决策咨询委员会的办事机构一般存在四种运行模式，包括独立运行模式、党委研究室合署模式、政府发展中心合署模式和政协内嵌模式，[3] 除负责全省智库建设工作外，还对全省改革、发展、稳定工作的方针政策和重大问题进行研究咨询论证，对影响全局的专项改革方案或有战略意义的重大项目提供咨询参考意见。例如：吉林省委决策咨询委员会下设经济社会发展组、政治文化组和党建组，咨询委员实行聘任制和动态管理，以会议咨询、函审咨询、直接提出等形式参与各类决策咨询活动；辽宁省委省政府决策咨询委员会是服务省委省政府决策的咨询研究组织，通过广泛吸纳和联系党政机关、科研院所、大专院校、企事业单位等社会各界专家

---

① 资料由本书课题组成员整理得到。

② 《关于申报河北省重点培育智库的通知》，北华航天工业学院官网，2021年7月9日，https://www.nciae.edu.cn/info/1011/8095.htm。

③ 刘西忠：《新型智库质量提升与国家治理现代化》，江苏人民出版社2021年版，第278~280页。

学者、有识之士参政议政，为提升辽宁软实力、实现辽宁老工业基地科学发展、全面振兴和持续健康发展提供重要的战略支撑；广西壮族自治区决策咨询委员会由广西壮族自治区委员会政策研究室代管，除了负责对广西特色新型智库建设总体工作进行统筹管理及具体事务工作，也负责与咨询专家和特邀咨询委员进行联络，编辑咨询专刊等日常事务。①

第三，以理事会、社科联、联席会、联盟等为支撑的推进模式。针对智库管理协调机制，我国多数采用与社科联合署办公（如北京市社科联、海南省社科联（省社科院））、成立智库理事会（如宁夏新型智库理事会）、成立智库联盟（如贵州社科特色新型智库联盟、云南新型智库联盟）、建立智库工作联席会议制度（如山东省建立以省委宣传部牵头的联席会议制度）、筹建新型智库领导小组（如河北省哲学社会科学工作（新型智库建设）领导小组、四川新型智库建设领导小组）、组建智库建设指导协调委员会（如黑龙江新型智库建设指导协调委员会、江西省新型智库建设指导委员会）等形式开展智库工作，重在协调党政部门与智库的关系，促进智政良性互动。例如：北京市社科联机关与市社科规划办合署办公，负责开展相关决策咨询服务工作，承担首都高端智库建设试点的相关工作。四川新型智库建设领导小组作为在省委省政府领导下负责四川新型智库建设工作的议事协调机构，负责与四川省社科规划办公室联合组织省决策咨询专项课题和创办《智库成果专报》，还将办公室设在省委政研室，更加接近智库"建－管－用"的最终端，即注重发挥新型智库的决策参谋作用。②

（二）打造出以智库管理部门为统筹、多类型智库为主体、多种服务平台为支撑的新型智库发展体系

近年来，随着各省市智库建设工作的加快推进，以广西、江苏、四川等为代表的省市按照"重点先行、一般跟进"的建设思路，逐步构建出以高校智库、科研院所智库、科技创新智库、社会智库等行业性智库为构成主体的省级智库发展新格局。这种建设模式不仅能打好"国家牌"又能打好"地方牌"，不仅能讲好"普通话"又能讲好"地方话"，不仅能做好"规定动作"又能做好"自选动作"，从而彰显地方特色，发出地方声音。

第一，"1＋1＋6＋4"的广西特色新型智库体系。广西壮族自治区于2016年

---

① 中共广西壮族自治区委员会办公厅：《自治区决策咨询委员会工作暂行办法》，广西决策咨询网，2009年6月18日，https://www.gxjczx.gov.cn/news/241.html。
② 敬茂明：《地方党委政研室应在新型智库建设中起好四大作用》，载于《邓小平研究》2019年第1期。

1 月印发《关于加强广西特色新型智库建设的实施意见》,[①] 明确要求建构以 1 个决策咨询委员会为统筹、1 个智库联盟为协调、6 类智库建设为主体、4 种服务平台为支撑的"1 + 1 + 6 + 4"的广西特色新型智库体系,其中自治区决策咨询委员会负责对广西特色新型智库建设总体工作进行统筹管理,广西特色新型智库联盟负责协调广西各类智库建设具体业务工作,6 类智库包括党政部门智库、社科院、党校行政学院干部学院智库、高校智库、科研院所智库、企业智库和社会智库,4 个服务平台即反映广西决策咨询研究需求及中长期发展研究计划的"需求库"、汇集广西经济社会发展及各区域各行业相关信息的"信息库"、聚集各领域专家学者基本信息的"专家库"、集中汇总决策咨询研究成果的"成果库",为实现广西壮族自治区"两个建成"目标提供智力支撑。

第二,江苏省"一体两翼"的工作格局和梯次发展的"雁阵布局"。自 2015年 11 月《关于加强江苏新型智库建设的实施意见》印发后,[②] 江苏进一步推动新型智库建设工作细化、实化。在管理体系上"架梁立柱",初步形成以省委宣传部为主体,以南京大学中国智库研究与评价中心、省社科联建设的江苏智库研究与交流中心为重要平台的"一体两翼"工作格局。在智库主体上培育"领头雁",在全国率先构建了重点高端智库、重点培育智库和决策研究基地三级智库建设体系。目前,该体系已经发展成为"12 家重点高端智库 +17 家重点培育智库 +50 家决策研究基地"的新格局,江苏成为全国最完整的智库集群之一。其中,29 家重点智库各具特色,涵盖了产业政策、农业政策、市场政策、社会保障政策、文化政策、司法政策、意识形态政策等近 40 多个研究领域,为推进"强富美高"新江苏建设提供全方位的咨政建言服务;50 家省决策咨询类研究基地主要包括国家部委与江苏合作建设的决策咨询类研究机构、与省实际工作部门合作建设的智库和决策咨询类研究机构和江苏省社科联牵头建设的江苏省决策咨询研究基地,涵盖 30 多个专家团队、100 多名首席专家和数百名学者,旨在面向国家和地方亟须解决的重大问题,进行跨机构、跨地域和跨学科协同研究,实现高校、政府部门和在京机构三方研究力量的深度融合。[③]

第三,"五位一体"构建四川新型智库体系。为深入贯彻落实党的十九大精神,认真落实中央关于加强中国特色新型智库建设的决策部署,2016 年 7 月四川省委办公厅、省政府办公厅印发《关于加强四川新型智库建设的意见》,计划以省委省政府决策咨询委员会为骨干和领军,加强"五位一体"和党的建设智库建

① 广西壮族自治区人民政府:《关于加强广西特色新型智库建设的实施意见》,载于《广西日报》2016 年 1 月 21 日。

② 江苏省人民政府:《关于加强江苏新型智库建设的实施意见》,载于《新华日报》2015 年 11 月 6 日。

③ 刘德海:《江苏新型智库发展报告(2015～2018)》,江苏人民出版社 2020 年版,第 36～78 页。

设，构建四川新型智库体系，以科学咨询支撑科学决策。① 其中，省委省政府决策咨询委员会作为省委、省政府的智囊团和思想库，对省委、省政府重大决策事项进行咨询论证、政策评估；围绕经济、政治、文化、社会和生态文明建设五大领域加快智库建设。另外，四川省专门成立新型智库建设领导小组，并设立四川新型智库建设专家委员会。2017年12月，四川省公布首批新型智库名单，共9大类22个，分别是战略谋划类、区域发展类、创新驱动类、农业农村类、改革开放类、社会建设类、文化建设类、政治建设类、生态文明建设类。② "五位一体"新型智库体系的建立，不仅建设了一批党委政府决策急需、学科优势明显、具有较大影响力的专业化高端智库，也为建设具有四川特色的新型高端智库探索更多新路。

此外，为解决条块分割现象，智库界已经尝试多种方式打破行政划分或行业界定，比如山东智库联盟的建立，在一定程度上能够将山东省内各类智库、各地市社科院和调研基地的智库专家召集起来，共同围绕山东经济文化强省建设和经济社会发展需要联合开展课题研究；广东智库联盟是由广东省社科院等20多家社科研究机构共同发起成立，构建出覆盖全省的理论研究和决策研究网络；③ 中国经济江苏智库联合研究会是由长江产经研究院牵头成立，是以决策咨询为中心，以研究课题为纽带，以江苏及长三角经济发展实践为样板，以中国经济发展重要战略问题为内容的"智智互动"合作联盟；④ 此外，还有"京津冀智库产业集群示范区""长三角产业创新智库联盟""长三角高校智库联盟""东北四省区经济智库联盟论坛""'长三角—珠三角'党校智库联盟"等。随着这些城市经济区型、协会联盟型智库陆续建立起来，条块分割问题得到一定程度的改善，跨省市、跨区域、跨学科的条块结合举措逐渐落地生根。

综上，现行条块管理体制下的新型智库建设，一方面在党的领导下，各级宣传部门统筹管理智库建设各项工作，从顶层设计明确智库发展方向、提供制度保障；另一方面地方党委政府加强所属地区智库的专业化、特色化建设，结合各省市自身建设情况和经济社会发展状况，整合配置省内优秀智库资源，自主搭建出了定位明晰、特色鲜明、布局合理的地方新型智库发展体系，一定程度上打破了条块分割的界限，将不同类型、不同学科的智库联结到一起，实现各级各类智库

① 黄大海：《四川省构建新型智库体系》，中国政府网，2016年7月28日，http://www.gov.cn/xin-wen/2016-07/28/content_5095411.htm。
② 《四川首批22个新型智库名单公布 包括9大类别》，新浪网，2017年12月3日，http://k.sina.com.cn/article_2810373291_a782e4ab04200824g.html。
③ 南方日报：《广东社科界构建"智库联盟"》，新浪网，2010年9月29日，http://finance.sina.com.cn/roll/20100929/08228723267.shtml。
④ 李先昭：《中国经济江苏智库联合研究会正式成立》，载于《新华日报》2020年6月19日。

既紧密协同又有合理的分工，避免智库发展的同质化和智库低端产能的严重过
剩，形成规模效应和协同效应。

二、跨界融合互动加强智库共同体建设

在我国新型智库建设进程中，智库共同体的形成对于促进智库要素的整合、
智库平台的融合，形成分类分层、协调有序的新型智库发展体系有重要意义。通
过加强与政府、媒体、学术界、企业、国际组织的互动合作，可以在一定程度上
避免智库研究的同质化、碎片化等问题，使智库资源利用最大化；以课题研究和
学术研讨为纽带，集聚跨地区、跨部门、跨体制、跨专业、跨行业的优质智库资
源，形成智库合力，弥补单个智库的短板弱处，打造"强强联合、优势互补、开
放融合"的多元协同智库建设新机制，达到"1 + 1 > 2"的效果，形成智库建设
与发展的新格局。

（一）智政互通，咨政建言谋实谋势

2016 年 5 月，习近平总书记在哲学社会科学工作座谈会上，强调各级党委
和政府要发挥哲学社会科学在治国理政中的重要作用。习近平总书记还强调，
要加强决策部门同智库的信息共享和互动交流，把党政部门政策研究同智库对
策研究紧密结合起来，引导和推动智库建设健康发展、更好发挥作用，① 指明
了党政部门推动智库健康发展的着力点。智库共同体的形成能够有效缓解个体智
库差异，搭建政智交流合作的桥梁，促进政智互通；此外，智库共同体在提供咨
政服务时，也需要紧跟时事热点，聚焦大势，主动适应社会环境变化，切合国家
大政方针及战略的调整。咨政建言只有谋实谋势，才能充分发挥智库共同体咨政
之职。②

例如，为进一步发挥河南省高校智库联盟的平台优势以及"共商、共建、共
享"的作用，更好地服务河南经济社会发展大局，2019 年 11 月，河南省高校智
库联盟召开成果发布会，32 所高校的 43 个智库提交展示成果 132 项。③ 这次成
果发布会给予了智库与实际工作部门面对面对接和交流的机会，有利于破解智库
建设中智库与政府长期"分离""两不靠"的老大难问题和瓶颈制约，缓解部分

① 习近平：《在哲学社会科学工作座谈会上的讲话》，载于《人民日报》2016 年 5 月 19 日。
② 李刚、王斯敏、冯雅、甘琳：《CTTI 智库报告（2019）》，南京大学出版社 2020 年版，第 125 ~
126 页。
③ 姜秋霞：《河南省高校智库联盟成果发布会在黄河科技学院召开》，大河网，2019 年 11 月 26 日，
https：//city. dahe. cn/2019/11 - 26/561755. html。

智库关门做学问、自拉自唱甚至自娱自乐的窘况。为促进中韩（盐城）产业园的高质量发展，"沿海发展智库"与中韩（盐城）产业园建设办公室主动对接，构建交流协作机制，通过联席会议、实地调研、专家研讨、宣传推介等有效沟通机制，提出诸多咨询建议，共建"中韩产业合作联合研究中心"，还协助中韩（盐城）产业园建设各类国际、国内论坛，在共享各类信息的同时共同推进园区的高质量发展。① 中国旅游研究院将自己定位为"政府主管部门的顾问"，除为领导者提供内部研究报告以外，还会为政府举办两种类型的研讨会，即面向非旅游部门的"一般性旅游讲座/讲习班"和针对文旅部/原国家旅游局的"主题性/特别议题的研讨会或讲座"，向旅游政策制定者及时地传达行业热点问题，为旅游战略或政策提供技术和智力支持。②

虽然党政部门与智库仍然存在供需匹配契合度不够高、交流沟通频度不够强、成果转化力度不够大等问题，但近年来智库参与政策决策过程的频率越来越高，积极性也越来越高，政府对智库也越发重视和关注，智库建设工作也逐渐从"装门面""走形式"变成"抓实干""创实效"，政府决策需求与智库对策研究的脱节问题渐渐有所改善。总之，加强党政部门与智库的良性互动，实现政府决策质量和智库建设水平双提升，必将促进我国各类智库健康发展，从而在更高层次、更大程度上推进国家治理体系和治理能力现代化。

（二）智媒互联，舆论引导及时发声

传播技术与媒体平台的不断发展是当今社会的重要特点之一。对于智库而言，媒体是智库传播的重要途径。通过与媒体平台合作，智库能够更快、更广泛地发布智库成果，提升和扩大自身影响力与知名度。目前，智媒联合，甚至智媒融合，已经成为融媒体时代智库发展的重要趋势。在实践中，我国新型智库积极与媒体平台、网络平台合作，建立"线上＋线下"的智库传播格局。

当前，很多智库着力搭建多元化的媒体矩阵，借助报刊、网站、微信公众号等媒体平台，广泛宣传智库重要成果和有突出贡献的智库专家，不断提升智库影响力和公信力。如宏观院开设"国宏高端智库"微信公众号，完成了内网网站、外网中文网站和外网英文网站的"三网"建设。③ 复旦大学中国研究院提出"三个平台发力"，分别是举办"思想者论坛"线下活动、搭建"观察者网"线上平台和创建"观视频"思想短视频品牌，三大平台协同作战，构建"智库＋'互

---

① 资料来自 2019 年中国智库治理暨思想理论传播高峰论坛之典型工作案例征集活动。
② 资料整理自中国旅游研究院官网，http：//www.ctaweb.org.cn。
③ 资料整理自国家发展和改革委员会宏观经济研究院官网，http：//www.amr.gov.cn。

联网＋'"模式。① 上海社科院成立科研成果传播办公室，开办院网、院报和院微信公众号，开设专栏、定制频道，充分发挥传统媒体和新兴媒体的融合优势，形成了极具影响力的"四位一体"传播网络。② 粤港澳大湾区发展广州智库高度重视创新智库媒体联动机制，积极引导社会舆情；加强与《光明日报》《中国社会科学报》《广州日报》、光明网、大洋网等媒体合作，探索"智库＋媒体"联动机制，以专版、专题、专栏等形式，围绕粤港澳大湾区建设等相关主题，组织策划专家访谈，及时发出智库声音，引导社会主流舆论。③

此外，随着智库与媒体的合作越发频繁，网络意识形态安全问题仍需要多加关注。当前，为了保证对外宣传的客观、及时、准确，诸多体制内智库往往倾向于与传统官方媒体保持长期的合作关系，借助"三报一刊"等中央级媒体进行重大政策或战略的解读和宣介，对那些传播范围广、传播力度强劲，④ 但不易掌控的新兴媒体持相对谨慎的态度。因此，在新媒体时代刷新人民群众接受信息的观念和方式的过程中，我国智库作为党领导下的决策咨询机构，更应积极主动适应互联网时代新媒体传播的新常态，在保证意识形态安全、网络安全、数据安全的基础上，加强智库成果宣传的强度和广度，制定明确的对外宣传工作办法和内容控制标准，充分发挥智库"上献良策、下启民智"的示范引领带头作用，提升和延展智库思想传播的能力及效果。

（三）智学互助，智库研究谋深谋远

智库不是单纯的学术研究机构，但学术研究为智库研究提供了理论与学术基础，专业性的思考是智库研究的出发点。智库研究相比学术研究更具应用性和实践性。因此，在我国智库共同体的发展过程中，同样注重智库研究与学术研究相互促进，相辅相成，并在学术研究的基础上深化智库研究的应用性、政策性、前瞻性与战略性。⑤ 例如：为响应国家战略的指示，上海交通运输协会多式联运分会与中国（上海）自贸区供应链研究院共同推进"基于铁路运输的多式联运综合评价指标体系研究"，以多式联运协会为领导单位，专门组建了项目领导小组，并协同长三角三省一市的主要铁路货场和管理部门联合实施。该研究不仅为结构

---

① 张维为：《建设"四位一体"一流高端智库》，载于《光明日报》2016 年 3 月 3 日。

② 《探索新时代新型智库传播的新要求 新趋势——上海社会科学院举办〈国家高端智库提升社会传播力研究〉媒体负责人沙龙》，上海社会科学院官网，2018 年 11 月 27 日，https://www.sass.org.cn/2018/1210/c1198a38663/page.htm。

③ 资料来自 2019 年中国智库治理暨思想理论传播高峰论坛之典型工作案例征集活动。

④ "三报一刊"是指《人民日报》《光明日报》《经济日报》和《求是》。

⑤ 李刚、王斯敏、冯雅、甘琳等：《CTTI 智库报告（2019）》，南京大学出版社 2020 年版，第 127～128 页。

转型的多式联运建设提供评价方法，更为国家相关部门衡量我国各地区、城市、港口以及示范工程多式联运的发展效果提供技术支撑。①

此外，智学联合不仅体现在智库研究与学术研究的整合，也体现在不同类型智库之间的联合，如政府智库与社会智库、传媒智库与高校智库等。随着决策环境发生变化，决策挑战日益增多，政策制定越来越依赖来自政府系统以外的智库提供政策研究与分析，不同类型智库之间凭借各自优势，在良性竞争基础上探索建构合作共荣的发展道路。比如联合成立研究协会，破除原有的组织划割和组织身份障碍，一切以项目为依托、以问题研究为宗旨、以服务决策为原则，对最为迫切的现实问题集中开展攻关研究，如辽宁省软科学研究会、广西文化旅游智库研究会等。另外，智库建设需要多方研究力量的整合、研究方法的融合和研究过程的协同，哲学社会科学需要自然科学的研究方法，自然科学研究也需要借鉴哲学社会科学经世致用的理念，两者在政策、技术、工具、价值层面的高度有机融合能够提出基于技术/数据的政策研究方案，促进新型智库研究质量的提升。② 例如：北京市于 2003 年在全国率先成立了自然科学界与社会科学界联席会议机制，并设立高峰论坛。该论坛通过召集两界专家学者研讨交流、协同攻关，已然成为两界高端对话机制和服务市委市政府科学决策的创新型综合性智库。③ 2012 年 12 月，为促进两界更深层次的合作、交流与融合，北京市社科联与市科协创新北京两界联席会议运行机制，联合建立首批 6 个北京市社会科学与自然科学协同创新研究基地，④ 推动首都率先形成科技创新、文化创新"双轮驱动"的发展格局。

（四）智企互动，融智推动行业发展

按照《意见》要求，允许发展一批企业智库参与政策研究和决策咨询，同时也鼓励智库与企业加强合作交流、优势互补、资源共享，逐步在党的全面领导下形成规范有序、运行良好的咨询服务市场。近年来，智库与企业之间的关系越发紧密，企业既是智库建设的积极参与者，也成为智库研究的重要合作伙伴，形成了更加强大的发展合力，具体合作模式有以下几种：

第一，以企业形式注册成为智库。随着 2017 年《社会智库发展意见》的出

---

① 资料来自 2019 年中国智库治理暨思想理论传播高峰论坛之典型工作案例征集活动。
② 刘西忠：《新型智库质量提升与国家治理现代化》，江苏人民出版社 2021 年版，第 359～364 页。
③ 章功常：《"北京市自然科学界和社会科学界联席会议首次会议"在京召开》，载于《自然辩证法研究》2004 年第 1 期。
④ 北京市社科联：《首批北京市社会科学与自然科学协同创新研究基地揭牌》，上海市社会科学界联合会官网，2012 年 12 月 5 日，http：//www. sssa. org. cn/skpj3/669374. htm。

台，企业有机会通过合法途径注册成为服务公共政策的企业智库或社会智库，让一些有志于服务政府决策的企业集团或社会人士以合法的身份参与政策研究，如盘古智库号召众多中外知名专家在"一带一路"沿线国别研究与民间外交、区域产业与新经济等领域贡献智慧，服务国家大政方针。当然，也有些企业或社会智库是在咨询公司的基础之上转型成为智库，如亚太经研院采用新独立注册或原相近业务剥离的方式，组建新的社会智库，强化决策咨询服务职能。此外，有不少大型民营企业采用在企业内部设立研究机构的方式强化公共政策研究，如阿里研究院、腾讯研究院、恒大研究院、美团研究院等。

第二，企业资助高校用于智库建设。《意见》指出，"探索建立多元化、多渠道、多层次的投入体系""落实公益捐赠制度，鼓励企业、社会组织、个人捐赠资助智库建设"。[1] 部分企业借助专项资金资助的形式推动智库建设。如人大重阳研究院就是上海重阳投资管理股份有限公司董事长向母校捐款 2 亿元的主要资助项目。[2] 人大国发院根据智库研究内在规律和成长逻辑，于 2016 年 10 月成立了"国家高端智库研究基金"。该基金由泰康保险集团股份有限公司、中国诚信信用管理股份有限公司、上海重阳投资管理股份有限公司等捐资设立，一部分用于保证本院资金的有效流动，另一部分则以母基金形式，注入资金运作，满足持续性发展需求。[3]

第三，以项目合作实现资源共享、智慧汇集。近年来，除通过自主/资助建立智库外，多数智库仍以项目合作的方式与企业建立长期合作，以资源互补加深双方互动交流，如新华社联合荣程祥泰投资控股集团和其他企业就大数据的应用开展合作，促进行业发展。财科院与中国国新控股有限责任公司按照中央关于创新科研体制机制精神，联合设立新型科研平台和高端智库——社会资本合作（PPP）研究所，致力于在 PPP、地方债、现代农业产业园、国有资产运营等领域开展研究和创新；还与蚂蚁集团研究院在线联合发布了《数字消费券对居民消费及复工复产的效应分析》研究报告，该研究成果相继被《今日商业》（Business Today）、《今日财富加》（Wealthplus Today）等 30 多家海外媒体转载报道。[4] 北京师范大学与中信国安集团有限公司携手举办老龄健康与经济发展论坛，该论坛以详细的政策解读、落地的学术科研与高端的产业实践对话为特色，对老龄健康产业进行深度剖析，推动老龄健康行业向纵深发展。

---

[1] 中共中央办公厅、国务院办公厅：《关于加强中国特色新型智库建设的意见》，中国政府网，2015 年 1 月 20 日，http：//www.gov.cn/xinwen/2015 - 01/20/content_2807126.htm。

[2] 资料来自中国人民大学重阳金融研究院官网，http：//www.rdcy.org/。

[3] 《人大国发院募集 1 亿国家高端智库研究基金》，腾讯网，2016 年 10 月 18 日，https：//edu.qq.com/a/20161017/044206.htm。

[4] 资料整理自中国财政科学研究院官网以及本书课题组实地调研获得，https：//www.chineseafs.org。

由此可见，从宏观上看，智库已经成为推动我国社会事业和高端咨询业发展的一个重要组成部分，智库行业也将成为现代服务业的一种新型业态。从微观上看，随着智库体制机制改革不断加深，智库与企业合作形态多样，形成了独立型、混合型、集群型等智企合作模式，发挥出强大的鲇鱼效应，成为新型智库建设的一支重要力量。

（五）智声海外，中外对话崭露头角

《意见》提出要"加强中国特色新型智库对外传播能力和话语体系建设，提升我国智库的国际竞争力和国际影响力。建立与国际知名智库交流合作机制，开展国际合作项目研究，积极参与国际智库平台对话。"[①] 总体上来说，经过几年时间的发展，我国智库通过项目合作、联合办会、搭建平台、主动发声等方式，让我国国际影响力有了较大提升，也在很大程度上帮助智库发挥了公共外交的职能以及智库国际话语权的建立。

第一，利用多边关系，搭建合作平台。如"2019年上海全球智库论坛"由上海社会科学院、"一带一路"智库合作联盟、宏观院、复旦大学、上海全球城市研究院和万里智库等共同主办，论坛以"中国的新开放与全球智库创新"为主题，来自中国、美国、德国、英国、荷兰等国70余家智库的近200位专家学者参加了研讨。[②] 国经中心举办的"全球智库峰会"，中国社会科学院和俄罗斯国际事务委员会主办的"中俄高端智库论坛"，中国人民大学、光明日报社、"一带一路"智库合作联盟主办的"中国智库国际影响力论坛"等都成为我国智库发出"中国声音"，讲好"中国故事"，促进中外智库交流，引领智库研究和创新发展的重要学术品牌和传播平台。

第二，参与国际议程设置，积极提出"中国主张"。如天津大学生物安全战略研究中心为推动构建全球生物安全命运共同体，制定生物科学家行为准则，承办了许多重要国内外会议，通过一系列努力，"生物科学家行为准则范本"现已成为联合国《禁止生物武器公约》专家会议题，正式列入会议工作计划，展现了我国在全球生物安全治理中的示范与引领作用。[③] 2020年，金砖国家工商理事会通过视频方式召开专题会议，共同研判后疫情时代世界经济发展形势并发表联合

---

① 中共中央办公厅、国务院办公厅：《关于加强中国特色新型智库建设的意见》，中国政府网，2015年1月20日，http：//www.gov.cn/xinwen/2015-01/20/content_2807126.htm。

② 王宏泽：《2019年上海全球智库论坛在沪举行》，光明网，2019年10月24日，https：//news.gmw.cn/2019-10/24/content_33262725.htm。

③ 赵晖：《天大承办"构建全球生物安全命运共同体：制定生物科学家行为准则"国际研讨会》，天津大学官网，2018年6月26日，http：//news.tju.edu.cn/info/1003/39638.htm。

抗疫宣言，我国智库专家在参与审议《金砖国家工商理事会联合抗疫宣言》和宣介中国抗疫经验过程中向国际智库展现出了中国思想、中国力量和中国价值。①

第三，积极主动作为，倡导成立国际联盟，促成智库国际合作。以复旦发展研究院金砖国家研究中心为例，中心于 2019 年初承担金砖国家大学联盟秘书处工作之后，秘书处在建章立制、治理架构、代表性平台、核心产品四个方面取得重大突破，实现大学联盟的稳健运行，② 在主要合作伙伴中形成显著的影响力，进一步巩固和提升中方在金砖国家大学联盟中的声望和影响力。

随着我国新型智库的快速发展，智库与政府、媒体、企业等治理主体之间的交流不断深入，跨界融合取得显著成效，为新型智库共同体的形成奠定了基础。但目前我国智库共同体建设仍处于发展初期，存在着合法身份有待认证、共同体体系有待完善、共同体运作缺乏平台支撑、网络桎梏有待破除、共同体凝聚力较低、功能较弱等问题。新型智库共同体的发展与新型智库建设相辅相成，是一项长期性系统性的工程，必须打破地域、学科、性质、领域、机构、形态的限制，使之成为一个有机整体，才能充分发挥智库共同体的聚合、交流、咨政作用。③

三、科学考核评估提升新型智库发展的健康度和管理质量

党的十九届四中全会通过的《中共中央关于坚持和完善中国特色社会主义制度、推进国家治理体系和治理能力现代化若干重大问题的决定》指出："健全决策机制，加强重大决策的调查研究、科学论证、风险评估，强化决策执行、评估、监督。"④ 该文件强调了评估体系是国家治理体系现代化建设的重要组成部分，评估能力是治理体系现代化建设的重要内容。评价是现代公共管理的重要手段，主要对象是公共机构和公共产品。就公共机构而言，评价工作分为外部评价和内部评价。外部评价又分为管理方评价（即主动参与评价）和第三方评价（被动参与评价）两类。内部评价一般有两种目的，一是回应外部的问责，二是

---

① 《金砖国家工商理事会发布联合抗疫宣言》，中国远洋海运集团有限公司官网，2020 年 7 月 22 日，http://www.coscoshipping.com/art/2020/7/22/art_6864_172295.html。

② 《复旦发展研究院"承担金砖国家大学联盟秘书处工作案例"荣获"2019 年度 CTTI 智库最佳实践案例"》，2019 年 12 月 26 日，https://fddi.fudan.edu.cn/61/5a/c19132a221530/page.htm。

③ 李刚、王斯敏、冯雅、甘琳等：《CTTI 智库报告（2019）》，南京大学出版社 2020 年版，第 128～129 页。

④ 新华社：《中共中央关于坚持和完善中国特色社会主义制度、推进国家治理体系和治理能力现代化若干重大问题的决定》，中国政府网，2019 年 11 月 5 日，http://www.gov.cn/zhengce/2019-11/05/content_5449023.htm。

改善机构营运质量。智库作为提供战略研究和公共政策分析产品与服务的机构，既是评价工作的主体，也是各种社会评价的客体。①

（一） 内部评价——绩效发放与人才评价的重要依据

智库内部评价属于第一方绩效考核，是智库对内设部门、研究所、课题组和专家工作绩效的考核，考核单元通常是组成单位和智库专家个人，考核周期一般以月度、季度、年度、三至五年聘期为主，考核方法采用定性定量相结合、目标管理法、关键绩效指标法（KPI）、等级分类考评法等，② 考核内容包括智库人才评价、产出评价、项目管理评价、财务评价、研究咨询评价、传播沟通评价等，评价要素之间相互联系、相互影响，最终将考评结果用于绩效发放与人才评价，以加强智库内部治理。近年来，智库在内部考核方面发生了以下几点变化。

第一，专门为智库专家开辟专职序列，打通职业通道。例如：人大国发院创新首席专家制、团队滚动制、高级研究员、市场聘任制等制度，制定《智库科研岗岗位设置与聘用管理实施细则》，设立"智库科研岗"，给予不同层次人才配套相应的待遇，最大限度激发各层次人才活力。③ 此外，上海社科院、浙江大学区域协调发展研究中心（以下简称"浙大区域中心"）等也都开设智库研究员序列，构建智库与院系的人才流动通道，其中上海社科院实行双序列的职称晋升体系，即偏重理论研究的基础研究系列和强调决策咨询的应用研究序列，规定科研人员可以根据自身研究偏重，选择适合的晋升序列，充分调动科研人员参与决策咨询工作的积极性。④

第二，将智库成果纳入考评体系，提升智库成果认同感。例如：人大国发院构建出更加完善的智库成果评价机制，在传统考核办法基础上，将研究报告、内参、批示等智库成果纳入教师考核内容；在基金项目评估和结项中，将智库成果纳入评估标准和结项要求，有关内参和政府部门采纳、批示等可以作为结项依据；在学校薪酬体系改革的大框架下，将优秀智库成果纳入科研业绩奖励。⑤ 军事科学院专门制定了《决策咨询类科研成果奖励细则》，对奖励原则、范围、标准、额度、程度等作出了明确。⑥ 上海社科院在科研考核评价体系中增加"决策咨询活动"项，并根据不同层次，给予不同的考核分值，提升科研人员参与决策

---

① 李刚：《建立智库全层次全要素评价体系》，载于《光明日报》2017 年 2 月 9 日。
② 胡海滨：《智库绩效考核：制度设计与执行》，载于《智库理论与实践》2019 年第 1 期。
③ 刘元春：《思想力是智库灵魂》，载于《唯实（现代管理）》2016 年第 8 期。
④ 资料整理自上海社会科学院、浙江大学区域协调发展研究中心官网，http：//www.crcd.zju.edu.cn。
⑤ 资料由本书课题组调研获得。
⑥ 军事科学院：《强化过程管理　确保成果质量》，载于《光明日报》2019 年 7 月 1 日。

咨询活动的积极性。长江产经研究院制定专门的《绩效考核办法》，将决策咨询成果、理论研究成果、舆论引导成果、重大奖项等多项成果纳入业绩考核，激励研究人员多出精品成果。[①] 天津社科院连续两年对院科研工作考核办法进行修订，将内参批示、建言采纳等咨政成果、领导下派、交办、指定的指令性任务以及媒体采访、节目录制等舆论引导活动纳入科研成果鉴定体系中，基本建立了学术类成果与决策咨询类成果相结合、相贯通的成果鉴定机制。[②] 南京师范大学中国法治现代化研究院（以下简称"南师大法治研究院"）制定并完善了《决策咨询成果评价和奖励办法实施细则》《关于建立健全智库专职研究人员绩效考核机制的暂行办法》，详细规定了各种成果的奖励标准及对研究人员考核流程等。[③]

第三，制定激励约束并重的全员绩效考核制度。例如：财科院实行全员绩效考核，对科研岗、教学岗和管理岗人员按照积分进行量化管理，对科研人员的成果采用分层分类的考核方式，不同类型、不同等级、不同水平的成果赋予不同的分值，并将积分量与收入分配和年度考核相挂钩，与评先评优、出国访学、荣誉称号、职称晋升相挂钩；对管理人员的智力劳动（领导讲话、管理制度、年度工作总结等文件的起草等）和创造性劳动（管理模式的创新等）进行评分，效果显著。[④] 宏观院以目标绩效为导向，针对不同岗位实行差别化全员绩效考核，并且在技术层面组织力量开发绩效管理和日常考核信息系统。[⑤] 上海社科院实行与岗位职责、工作业绩、实际贡献紧密结合的薪酬制度，完善以品德、能力和贡献为导向的人才评价机制和激励政策，加大对全院人员的业绩管理和绩效引导。山东社科院以实施创新工程为抓手，着力深化管理体制改革，实行"创新团队—创新岗位—动态调整"新型科研管理模式，通过建立 10 ~ 20 支在各专业领域具有突出优势和引领力的科研创新团队，按照绩效导向、优胜劣汰的原则，强化对各创新团队目标计划责任管理，优化资源配置，凝聚学科方向，严格年度考核，着力打造协同联动、快速反应、能上能下、灵活高效的创新型智库科研组织；配以生产高质量成果为目标的科研绩效评价制度，对每一个创新团队及其成员打出客观量化的分值，判定其是否达标，并认定创新工程高质量精品成果；建立激励约束机制，按科研业绩评估排名动态调整创新岗位，给予智力报偿。[⑥]

（二）管理方评价——资源配置与服务效益的重要依据

智库的内部考评往往通过成果计数和以领导、同事和自我评价为主的 360 度

---

① ② ④ ⑥ 资料由本书课题组调研获得。
③ 刘德海：《江苏新型智库发展报告（2015 ~ 2018）》，江苏人民出版社 2020 年版，第 139 ~ 140 页。
⑤ 李国强、李昂：《我国党政直属智库建设新进展新探索》，载于《光明日报》2016 年 3 月 30 日。

考核法来完成，但这种方式存在形式化严重、考核内容单一、考核反馈缺失等问题，无法真正达到绩效考核的目的。在全面提升智库研究质量、深入推进新型智库健康发展的要求之下，作为主管智库的党委政府部门，迫切需要发挥第二方考评单位的身份优势，探索建立相应的质量考核体系，规范新型智库发展秩序，以科学化、差别化的考核促进新型智库高质量、专业化发展。管理方评价一般表现在三方面，一是为重点智库量身定做绩效评价办法；二是突出质量和实效，定性定量、线上线下结合评估建设成效，既采用材料审核和实地考察相结合的形式，也采用自查自评、客观评价和专家评审相结合的形式；三是坚持激励与约束并重，考核结果决定智库去留和资源投入，以江苏省和江西省重点智库考核为例。

江苏省新型智库管理与考核评估办法

（1）考核负责单位：江苏省新型智库建设办公室。

（2）考核对象：12 家重点高端智库 + 17 家重点培育智库。

（3）考核指标：①组织架构（8 分），包括机构性质、理事会、学术委员会等内容；②人力资本（12 分），包括团队结构、培训活动、人才招募等内容；③决策咨询与成果传播（54 分），包括成果提交、决策影响、媒体影响、学术影响、成果传播等内容；④治理结构与营运管理（10 分），包括财务制度、质量控制、信息管理等内容；⑤服务保障（11 分），包括资金募集和办公条件等内容；⑥工作创新与获奖（5 分）。

（4）考核程序：①制定考核方案，包括成立考核组、分工、具体安排等；②修订考核指标，指标要可量化，突出重点，发挥导向作用；③向各智库发布通知，提交审核材料；④材料集中评审，包括考核组审核材料、考核组负责人复核分数、省智库办复审；⑤专家评审，包括智库负责人汇报智库工作、专家提问、专家审核等；⑥形成最终考核报告。

（5）考核方式：纸质材料审核、答辩式和实地考察相结合。

（6）考核周期：重点高端智库 5 年一考核、重点培育智库 3 年一考核。

（7）考核结果运用：分优秀、良好和合格三个等次；按照考核等次拨付经费，其中对于重点高端智库，三年期满考核不合格取消后期资助，五年期满考核不合格取消重点智库资格；对于重点培育智库，年度考核不合格取消下一年资助，三年期满考核不合格取消重点培育智库资格。

（8）工作要求：每年向省新型智库建设办公室提交智库年度工作报告，每月向省新型智库建设办公室提交 1 篇以上高质量的决策咨询研究成果；编制较为详细的年度预算和决算报告，建立健全预算和经费信息公开公示制度。

资料来源：《江苏新型智库发展报告（2015～2018）》，江苏人民出版社2020年版，第39～40页。

江西省重点新型智库管理办法

（1）考核负责单位：江西新型智库建设指导委员会办公室。

（2）考核对象：10 家省级重点高端智库＋5 家省级重点培育智库。

（3）考核指标：①组织架构（5分），包括机构性质、学术委员会等内容；②人才队伍建设（15分），包括团队结构、培训活动、人才招募等内容；③智库研究成果与传播（54分），包括成果提交、决策影响、媒体影响、学术影响、成果传播等内容；④治理结构与营运管理（9分），包括财务制度、质量控制、信息管理等内容；⑤工作创新与获奖（10分）；⑥服务保障（7分），包括资金支持和办公条件等内容。

（4）考核程序：①考评筹备阶段，包括以省委宣传部名义下发考核通知、汇总各智库试点单位自评报告、佐证材料等；②实地核查阶段，专家组对各试点单位建设情况开展实地核查，查看场所设施、了解相关情况；③集中评审阶段，包括召开专家评审会，现场听取各智库试点单位有关情况汇报，结合实地核查情况，对各智库进行集中评审打分，形成评估初步结果报省委宣传部；④考核终审阶段，包括部领导审定、遴选确定最终重点智库名单。

（5）考核方式：综合评价与年度抽查相结合。

（6）考核周期：每年 1 次工作抽查，一定建设周期开展综合考评。

（7）考核结果运用：省委宣传部对考评排名前两名的重点高端智库给予相应奖励，对考评排名在最后两名的重点高端智库降级为重点培育智库；对考评排名前两名的重点培育智库晋升为重点高端智库，对考评排名在最后两名的重点培育智库予以淘汰；设立"智库优秀成果奖"，对智库优秀成果进行表彰奖励；《智库成果专报》刊发的研究成果，获省部级以上书面肯定性批示，并被相关实际部门采纳、转化为决策成果的，给予相应的成果奖励。

（8）工作要求：积极参与"江西智库峰会"的相关策划、组织工作；研究成果应标注智库名称，及时向《智库成果专报》报送，每年10月应向江西新型智库建设指导委员会办公室提交智库年度工作报告。

资料来源：由本书课题组调研获得。

由此可见，一方面，作为智库的管理方，党政部门对智库的实际工作情况相对比较了解，比第三方评价所掌握的信息更加全面详细。当然这多半是因为组织考核方与被考核方存在管理与被管理的关系，在一定程度上掌握着智库资源的调配权力，甚至能够决定智库的去留。因此，智库通常会更加重视管理方组织的考核工作，也会更加积极主动地提供考核所需的各种信息、数据和证明材料。另一方面，管理方往往是智库成果的使用者或是转化方，对智库成果的研究过程、内容质量、转化效果等情况更加了解，智库评价结果也会更加客观真实。从总体来看，对于管理方评价，只要考核方法得当、组织过程严密、评审环节客观，得到的考核结果自然是符合客观实际的。

（三）第三方评价——引导智库行业健康发展的重要依据

自2015年新型智库建设兴起以来，针对智库的第三方评价机构开始自发地对我国智库的发展水平进行评价与研究，其中既有国外对我国智库的评价，也有国内机构对我国智库的评价。当前，以评价机构或课题组身份发布的评价成果主要有以下七种①：

第一，美国宾夕法尼亚大学智库研究项目提出的全球智库评价研究体系（TTCSP，2007年以来共发布15次《全球智库报告》），主要从智库的资源指标、效用指标、产出指标与影响指标四个方面进行评价；

第二，上海社会科学院智库研究中心提出的中国智库影响力评价指标体系（2014年以来共发布7次《中国智库报告》），主要从决策影响力、学术影响力、社会影响力、国际影响力、智库成长能力五个方面进行评价；

第三，零点国际发展研究院和中国互联网新闻中心/中国网联合发布智库评价体系（2015年以来发布1次《中国智库影响力报告》），主要从专业影响力、政府影响力、社会影响力和国际影响力四个方面进行评价；

---

① 统计数据由本书课题组成员统计得出。

第四，中国社会科学评价中心（中国社会科学评价研究院前身）提出的全球智库综合评价指标体系和中国智库综合评价 AMI 指标体系（2015 年发布《全球智库评价报告》、2017 年、2019 年发布《中国智库综合评价研究报告》），主要从吸引力、管理力和影响力三个层次进行评价；

第五，四川省社会科学院和中国科学院成都文献情报中心联合发布的智库评价体系（2015 年以来发布 6 次《中华智库影响力报告》），主要从决策影响力、舆论影响力、社会影响力、专业影响力和国际影响力五个方面进行评价；

第六，南京大学和光明日报合作提出的智库 MRPAI 测评指标体系（2016 年以来共发布 5 次《CTTI 智库报告》），主要从治理结构、智力资源、智库成果、智库活动、智库媒体影响力五个方面进行评价；

第七，清华大学公共管理学院"中国智库大数据评价研究"课题组的智库大数据评价体系（2016 年以来发布 4 次《清华大学智库大数据报告》）。2017～2019 年，该报告从智库微信公众号影响力指数、智库微博专家影响力指数和智库微信引用影响力指数进行评价；2020 年，该报告由清华大学公共管理学院智库研究中心和北京字节跳动公共政策研究院联合发布"今日头条"版本，构建"清华大学智库头条指数"，包括智库头条号指数和智库头条引用指数。

可见，现有的智库评价体系大都聚焦影响力评价，是对智库的效用、效果进行评价，属于外部评价。对于这类评价，智库虽然是评价的客体，但都是被动评价，评价指标、权重是重点。通过对三类智库评价方法进行研究，发现现有的智库评价呈现三点共性：一是现有的评价大都是以结果导向的评价体系，过程性的、回应性的评价不多；二是对智库的评价大都采用同一个评价指标体系，没有充分考虑智库类型的不同、体量的不同；三是智库成果认定与评价以定性的主观评价方法为主，内容质量评价尚缺乏更科学准确的办法。综上，与第三方评价相比，管理方评价掌握更多信息，信息相对对称，内部评价更了解自身情况和研究过程，但缺少客观评价。因此，接下来应推动第三方评价与管理方、智库自我评价的有机结合，鼓励智库主管部门与第三方评价机构展开合作，将管理方掌握的第一手信息的优势与第三方评价机构的专业优势相结合，再加上智库对评价工作的全力配合，以增强智库评价工作的真实性、客观性和专业性。

总之，评价本质上是评价主体和评价客体之间沟通对话的持续性互动过程，其目的是促进智库共同体内部的会话与沟通，从而促进共同体内部的思想创新、知识创新、话语创新、政策创新、管理创新。智库评价应深刻把握智库共同体运行的内在规律，把基于数据、证据的定量评价和专家经验判断定性评价相结合，把基于结果的数量评估和基于过程的质量评估相结合，形成科学化、标准化的智库的全层次全要素评价体系,① 推动中国特色新型智库迈向内涵式发展新范式。

四、善治、善用、善待智库成为社会各界广泛共识

《意见》强调,"中央和国家机关所属政策研究机构要围绕中心任务和重点工作,定期发布决策需求信息……引导相关智库开展政策研究、决策评估、政策解读等工作"。② 习近平总书记也曾强调,要加强决策部门同智库的信息共享和互动交流,把党政部门政策研究同智库对策研究紧密结合起来,引导和推动智库健康发展、更好发挥作用。③ 可见,中国特色新型智库建设是需要政府与智库"双向互动"的,不仅需要智库主动为决策部门提供咨询服务,政府决策部门也要主动打开公共需求的"闸门",④ 为智库服务决策创造更多便利,这样才能让智库真正发挥作用、服务决策。经过近些年的努力,新型智库在各行各业逐渐获得关注和重视,具体表现在以下几点。

(一) 政府主动向智库寻求智力支持

随着智库作用的日益凸显,越来越多的中央决策部门和地方政府主动"找上门",寻求智库在决策咨询、舆论引导、对外合作等方面的智力支持。

第一,主动交办重要研究任务。国家高端智库理事会每年都会给高端智库交办重点研究课题,如人大国发院近几年累计承担国家高端智库理事会和有关部委交办的重点课题及"百企调研"等重要调研任务 150 余项,刊发《国家高端智库报告》成果 15 篇。⑤ 党中央、国务院以及国家相关部委也主动向智库寻求帮助,交办了诸多重大重点课题。例如:2019～2020 年,为进一步深化网络安全和信息化领域重大理论和实践问题研究,为网信事业发展提供决策参考,国家互联网信息办公室连续两年公开招标年度课题,分别是 25 项和 14 项,⑥⑦ 研究主题

---

① 李刚:《建立智库全层次全要素评价体系》,载于《光明日报》2017 年 2 月 9 日。
② 中共中央办公厅、国务院办公厅:《关于加强中国特色新型智库建设的意见》,中国政府网,2015 年 1 月 20 日,http://www.gov.cn/xinwen/2015-01/20/content_2807126.htm。
③ 习近平:《在哲学社会科学工作座谈会上的讲话》,载于《人民日报》2016 年 5 月 19 日。
④ 双传学:《以智库全程化参与助推科学化决策》,载于《光明日报》2016 年 5 月 25 日。
⑤ 严金明:《努力建设成为中国特色新型智库引领者》,中国人民大学国家发展与战略研究院官网,2019 年 4 月 8 日,http://nads.ruc.edu.cn/yjdt/930cbfa246db4ab3bedd7c3a29fb8c2f.htm。
⑥ 《国家互联网信息办公室 2019 年课题中标情况公示》,中共中央网络安全和信息化委员会办公室网站,2019 年 10 月 10 日,http://www.cac.gov.cn/2019-10/10/c_1572247793393291.htm。
⑦ 《国家互联网信息办公室 2020 年课题中标情况公示》,中共中央网络安全和信息化委员会办公室网站,2020 年 8 月 3 日,http://www.cac.gov.cn/2020-08/03/c_1598010276645052.htm。

涉及互联网信息内容执法法律问题研究、全球数字化转型及中长期发展趋势研究和信息化促进供给侧结构性改革助力经济高质量发展研究。国家发改委委托给国经中心关于"孟中印缅""中老""中缅"经济走廊等议题的重大研究任务。[①] 2019 年 3 月 1 日，全国人大环资委委托中国工程院作为第三方开展可再生能源法实施情况评估，这也是十三届全国人大常委会执法检查工作方式上的一个重要创新。[②] 中联部委托科技部战略院开展"金砖国家新工业革命伙伴关系——以科技创新为视角"课题研究；国家发改委还邀请科技部战略院专家参与《关于推动先进制造业和现代服务业深度融合发展的实施意见》等多个规范性文件的起草；根据国家统计局科技统计专项安排，组织科技部战略院开展第 18 次全国创业风险投资调查；国家知识产权局委托科技部战略院开展"知识产权金融服务体系及政策支持研究"等等。工信部先后委托长江产经研究院部级课题 16 项，其中 2 项成果被工信部内参《研究与参考》刊发并上报中央领导。[③] 国家发改委自 2010 年开始，每年委托浙大区域中心承担《国家西部开发报告》的编撰工作，研究工作获得高度认可。[④]

第二，建立制度化战略合作关系。国务院研究室与中国科学院共建中国创新战略和政策研究中心，充分发挥双方优势，为国家创新战略和政策的宏观决策提供科学依据和智力支撑。最高人民法院在与武汉大学国际法研究所合作完成《中华人民共和国法律适用法（建议案）》起草任务后，决定合作设立涉外法治人才培养基地。[⑤] 粤港澳研究院被中宣部列为舆情信息网络单位，经全国人大常委会港澳基本法委批准建立港澳基本法研究基地，与广东省港澳办共建港澳大湾区研究基地，与香港中联办深圳培训调研中心共建调研基地等等。[⑥] 2019 年 8 月 29日，松原市人民政府与财科院签署战略合作协议，双方将在财政经济政策研究、财政经济人才培养、科研成果转化落地等方面加大合作。[⑦] 科技日报社、湖南省科学技术厅与科技部战略院签订战略合作协议，并联合主办了第 14 届中国科技

---

① 《举办"一带一路"系列丛书发布会》，中国国际经济交流中心官网，2019 年 6 月 18 日，http: //www. cciee. org. cn/Detail. aspx？TId = 692&newsId = 17233。

② 《"可再生能源法实施情况评估研究"项目启动会在京召开》，中国工程院官网，2019 年 3 月 5 日，https: //www. cae. cn/cae/html/main/col1/2019 - 03/05/20190305175538778195978_1. html。

③ 资料由本书课题组调研获得。

④ 《西部院承担编撰的〈2015 国家西部开发报告〉正式出版发行》，浙江大学区域协调发展研究中心官网，2015 年 10 月 19 日，http: //www. crcd. zju. edu. cn/index. php？m = content&c = index&a = show&catid = 102&id = 4359。

⑤ 李霄鹏：《最高人民法院党组副书记、常务副院长贺荣来院调研》，武汉大学国际法研究所官网，2021 年 5 月 1 日，http: //translaw. whu. edu. cn/index. php/index - view - aid - 1128. html。

⑥ 《国家高端智库中山大学粤港澳发展研究院建设巡礼》，广东高校校报网，2018 年 5 月 18 日，http: //www. gdgxxbw. com/appraisal/show/2163. html。

⑦ 《松原市与中国财政科学研究院签署战略合作协议》，中国新闻网，2019 年 9 月 2 日，http: //www. jl. chinanews. com. cn/jlyw/2019 - 09 - 02/88133. html。

论坛。① 民进云南省委与北京师范大学中国教育与社会发展研究院（以下简称"北师大教育研究院"）联合完成"建设国家桥头堡，高等教育要先行"的政策建议，该成果被纳入国家"十二五"发展规划，推动了国家西南桥头堡建设战略的实施。②

第三，常态化邀请智库专家参与对外交流活动。科技部战略院院长胡志坚受中宣部邀请赴法国巴黎参加"中法全球治理论坛"，还赴塞尔维亚出席"第四届中国—中东欧国家创新合作大会"。③ 曾担任国研院院长的戚振宏于 2018 年 9 月 18 日应邀出席在天津举行的世界经济论坛（夏季达沃斯论坛）新领军者年会，并发表观点。④ 财科院副院长马骏应邀参加由财政部和亚洲开发银行主办的"2019 亚洲评价周——基于结果导向的高质量评价"高峰论坛，并在分论坛作主旨发言。⑤ 浙大区域中心执行主任周谷平教授应邀参加亚洲文明对话大会及系列活动，并在分论坛三个主题单元之一作为唯一一位中国嘉宾作了主旨演讲。⑥

（二）媒体主动对外宣介智库声音

媒体与智库合作已经成为融媒体时代智库发展的重要趋势。为提升我国智库的国际影响力和话语权，媒体会主动邀请智库专家参与节目录制或采访，为智库专家提供解读政策、宣传成果、观点阐述的平台；甚至有些知名媒体还专门开设智库专栏，及时推介智库成果、研究课题、重点活动和工作经验，为扩大智库及其成果的政策影响力、社会影响力和国际影响力提供重要平台。

第一，与智库建立常态化合作关系。例如：东方广播中心、人民网上海频道等媒体与上海社会科学院开展战略合作，专门为其开设专栏、定制频道，为智库专家发表观点提供平台。由国务院新闻办主管的中国网与综研院合作开设"综研国策"专栏，发动全体研究人员聚焦国家战略和重大政策问题发表观点，并将"综研国策"专栏作为优秀作品申报。人大国发院与 20 多家主流媒体建立战略合作关系，积极参与央视《新闻联播》《焦点访谈》《今日关注》等重

① 《第 14 届中国科技论坛"回顾与展望：新中国科技创新 70 年与面向 2035 年"会议通知》，中国科学技术发展战略研究院官网，2019 年 6 月 21 日，http：//www. casted. org. cn/channel/newsinfo/7350。
② 周玉铭：《优化教育资源配置，推动城乡教育均衡发展》，民进中央网上参政议政部平台，2012 年 11 月 6 日，https：//www. mj. org. cn/mjzt/2012nzt/sdgzxl/cg/czyz/201211/t20121106_144375_3. html。
③ 资料整理自中国科学技术发展战略研究院官网，http：//www. casted. org. cn。
④ 陈须隆：《戚振宏院长出席夏季达沃斯论坛》，载于《国际问题研究》2018 年第 6 期。
⑤ 许建蒙：《树立长期过紧日子思想，提高部门整体支出绩效》，搜狐网，2019 年 9 月 4 日，https：//www. sohu. com/a/338751068_100002691。
⑥ 《周谷平教授受邀出席亚洲文明对话大会 并在分论坛相关单元作主旨演讲》，浙江大学中国西部发展研究院官网，http：//www. cawd. zju. edu. cn/index. php? m = content&c = index&a = show&catid = 17&id = 4742。

磅节目,在上百家海内外知名媒体开设评论栏目。① 长江产经研究院与新华社、《人民日报》《光明日报》《经济日报》等多家媒体形成合作关系,其中与光明日报在北京联合举办 4 场成果发布会,还成为《经济日报》首批全国调研点并合作内参直报。②

第二,邀请智库专家参与节目、解读政策。例如:科技部战略院院长胡志坚作为首席专家,多次以智库专家身份接受中央电视台等知名媒体采访;于 2019 年 7 月在 2019 夏季达沃斯论坛上接受《中国经济周刊》的采访;还于 2019 年 8 月接受《中国日报》专访。③ 科技部战略院智库研究员何光喜接受《科技日报》采访,就科技部发布的《科研诚信案件调查处理规则(试行)》《科学技术违规行为处理规定(征求意见稿)》进行政策解读。④ 浙大区域中心执行主任周谷平教授接受《人民日报》《光明日报》《中国社会科学报》等国内媒体专访,宣介推动构建人类命运共同体等理念与主张;⑤ 中心副主任董雪兵教授接受《南方周末》、人民网等媒体采访,就新时代推进西部大开发形成新格局、"一带一路"视角下的海上丝路贸易指数等问题发表看法;⑥⑦ 副院长陈健作为特约嘉宾,出席《浙江精神》第七集面对面节目,点评浙江企业家的创业发展史等内容,深入解读浙江精神。⑧ 清华大学国情研究院有关教师应邀接受央视、新华社、光明网理论频道、北京卫视、陕西卫视、东南卫视等多家主流媒体采访,全面解读十九大精神。⑨ 中石油经研院副院长吕建中多次受邀中央电视台财经频道,就当前油气行业发展态势、国际油价、能源安全等问题发表专家观点,引起广

---

① 黄米佳:《人大国发院:国家高端智库是如何炼成的》,搜狐网,2019 年 3 月 8 日,https://www.sohu.com/a/299904576_345245。

② 《新春呈献:长江产业经济研究院 2019 年度工作总结》,搜狐网,2020 年 1 月 24 日,https://www.sohu.com/a/368705635_701468。

③ 资料整理自中国科学技术发展战略研究院官网,http://www.casted.org.cn。

④ 科技日报:《全覆盖一体化 查处科研失信行为有了统一规则》,央广网,2019 年 10 月 11 日,http://hn.cnr.cn/fz/20191011/t20191011_524810577.shtml。

⑤ 资料整理自浙江大学区域协调发展研究中心官网,http://www.crcd.zju.edu.cn/index.php?a=show&c=index&catid=126&id=100&m=content。

⑥ 董雪兵:《大力发展数字经济,推动西部大开发形成新格局》,澎湃新闻-澎湃号,2020 年 7 月 16 日,https://www.thepaper.cn/newsDetail_forward_8319873。

⑦ 董雪兵:《中国与"一带一路"国家形成相对稳定的产业链供应链关系》,搜狐网,2021 年 3 月 20 日,https://www.sohu.com/a/456375433_352307。

⑧ 季元恺:《〈浙江精神〉第七集完整版抢先看!挑战和机遇面前 图强才会赢!》,浙江网络广播电视台,2019 年 9 月 11 日,http://n.cztv.com/news/13291198.html。

⑨ 黄斐:《清华大学 107 周年校庆国情研究院 2018 年度院友年会成功举行》,清华大学国情研究院官网,2018 年 4 月 29 日,http://www.iccs.tsinghua.edu.cn/NewsSt/552.html。

泛反响。①

第三，开设智库专栏，及时推介智库成果和建设经验。据不完全统计，目前国内重点报刊中专门开设智库栏目的大概有7家，② 其中包括《光明日报》智库版、《经济日报》中经智库版、《中国社会科学报》智库专版、《学习时报》科研智库版、《中国经济时报》智库专版、《解放日报》上观智库版、《文汇报》智库专版等。以光明日报为例，2014年12月25日，光明日报推出全新版面《智库》周刊，③ 以刊登专家文章、专访等为主要内容形式，旨在展现我国智库研究成果、智库专家对策建议、智库自身建设成功经验等，为我国智库提供一个对外宣介成果、人才、经验的思想舞台。截至2021年6月17日，《光明日报》智库版已公开发表279期，其中有一期启用两个整版刊载25家首批国家高端智库建设试点单位的建设经验，得到智库界的广泛关注和引用转载。④⑤

（三）智库服务西部建设和扶贫工作获得社会认可

智社互动通常是指智库与社会组织、社会群众等的互动。在日常工作生活中，智库"存在感"很低，原因在于，一方面智库在社会上的官方资格还未确立起来，导致多数民众无法知晓智库的存在，更无法认识到智库的重要地位和发挥的作用；另一方面，智库与政府、媒体、高校等"显示度"颇高的机构相比，更多的是担当"桥梁"的角色，智库及智库专家在各种重大决策中发挥的作用无法体现出来，更无法让社会公众真实地看到。但是，随着智库开展越来越多接近民生、靠近基层的经济社会活动，智库及其成果逐渐从"束之高阁"回到民间，走进社会。

新型智库除了服务中央决策以外，还承担服务社会、服务民生、服务基层的职能，努力做好西部建设和扶贫工作，逐渐获得了来自社会公众的广泛认可和支持。例如：浙大区域中心建有一个学生社团——"浙江大学学生心系西部协会"，每年定期选拔和组织志愿者奔赴我国西部地区进行支教和调研活动，至今已有1 000多名志愿者在11个省份38所中小学开展了支教活动。⑥ 此类活动不仅能让学生了解国情、服务西部，还可以将中央相关政策通过智库解读并传达给地方，

---

① 《吕建中接受央视财经专访谈近期国际石油热点话题》，中国石油集团经济技术研究院官网，2021年1月8日，http://etri.cnpc.com.cn/etri/qydt/202101/06f55877955545d9a32fb08c4d2f53e0.shtml。

② 统计数据由本书课题组成员统计得出。

③ 王斯敏：《光明日报〈智库〉版与读者见面》，载于《光明日报》2014年12月25日。

④⑤ 王斯敏、焦德武、张胜等：《不负使命、奋发有为 以高端成果服务国家决策——国家高端智库建设经验交流会发言摘登》，载于《光明日报》2019年7月1日。

⑥ 浙江大学学生心系西部协会：《中国人民保险浙大西部支教公益助学活动捐赠仪式举行》，搜狐网，2019年7月8日，https://www.sohu.com/a/325507556_120058210。

达到政策教育、凝聚社会共识的目的。北师大教育研究院秉持"扶贫先扶智、扶智先扶教"的理念，利用教师资源，设立专项扶贫项目"彩烛工程"及配套项目"相守计划"教师培训项目，专门对西部地区的小学校长进行培训，提升西部地区小学校长的能力素养和当地教育教学水平，更好地发挥了智库的智力支持作用和社会服务功能。截至目前，研究院已举办十四期培训班，已培养四川省古蔺县、贵州省务川县等西部地区小学校长近 700 名。[1]

可见，中国特色新型智库经过多年的建设，让国家重大决策中凝结了越来越多智库的智慧，新闻媒体上展示了越来越多智库专家的声音，国际舞台上也出现了越来越多中国智库专家的身影，智库的"存在感"不断增强，政府、媒体、社会公众对智库的重视程度不断提升，善治善用善待智库成为社会各界的广泛共识。

第三节　搭建了科学合理的智库内部治理结构

智库内部治理结构是智库内部机构的设立及职权配置。智库治理结构主要分为四层：第一层是治理层，是由有关政府高层和学校高层组成的协调机构，不承担具体事务，旨在为智库建设拓展空间、整合资源，争取资金、政策等方面的支持。第二层是管理（执行）层，通常是理事会、董事会、学术委员会、咨询委员会等，理事会或董事会是智库实体最高决策机构，根据章程行使权力，为智库发展的重大问题做决策；学术委员会或咨询委员会作为智库学术研究的指导机构，负责审定研究计划、审核研究成果、监督学风学纪等。第三层是研究层，是智库开展各项研究与咨询工作的主力，通常既有实体化的研究机构，也有虚体化的智库平台。第四层是辅助层，负责智库日常的人事、财务、会务、传播、基础设施管理、信息资源建设等管理和营运工作。搭建科学合理的智库组织形式和架构，有助于发挥智库智力资源的作用，更好地激发其研究和咨政能力。目前，不同类型智库由于自身性质及定位的不同，构建出了不同的内部治理结构。

一、传统型——党政部门智库

党政部门智库主要是指直接隶属于各级党委、政府的政策研究和决策咨询机

---

① 《"彩烛工程"2015 年度培训圆满收官》，北京师范大学中国社会管理研究院/社会学院官网，2015 年 12 月 22 日，https://casm.bnu.edu.cn/skfw/skfwdt/127.htm。

构。狭义的党政部门智库一般包括宏观院、国研院、财科院等国家部委直属/下设科研机构，以及全国各省（自治区、直辖市）级发改委、科技厅、人社厅等地方政府部门所属专业科研机构。近年来，我国党政部门智库创新内部治理结构，建立以党委办公室为中心的统筹协调机制，逐渐完善党委领导下的学术委员会或理事会业务管理体制，探索实行首席专家负责制，促进行政管理与科研管理分工协作，协调发展。

第一，在理事会设置方面，多数智库已逐步完善理事会制度，理事会成员以上级主管部门领导或行业知名专家为主，如宏观院理事会由国家发改委主管副主任担任学术理事长；科技部战略院理事会长由科技部部长担任，理事会成员不仅包括司局级干部和相关研究机构专家，还邀请企业代表加入理事会，充分吸纳并利用外部专家资源。① 另外，中国劳动和社会保障科学研究院（以下简称"劳科院"）虽然未设立理事会（见图4－1），但现有的院务会和管理咨询委员会在一定程度上也能够发挥理事会功能，其中院务会负责讨论并决定工作中的重大决策、重要人事任免、重大项目安排和大额资金使用等事宜；管理咨询委员会作为全院基本科研业务费的管理咨询审议机构，负责审议基本科研业务费相关的重要事项。

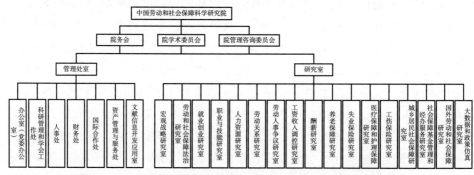

图4－1　中国劳动和社会保障科学研究院内部治理结构

资料来源：整理自中国劳动和社会保障科学研究院官方网站。

第二，在学术委员会设置方面，多数智库均设有学术委员会，主要负责学术指导、成果质量审核、科研规划与决策等，如宏观院根据"1个院部、10个研究所"的结构特征，在设立院学术委员会的基础上，由院内作为学术带头人的所长组建所学术委员会，确保所有学术研究成果和决策先经各研究所学术委员会决议并上报，再由院学术委员会根据上报内容做最终决策，② 这种"院＋所"模式的

---

① 资料整理自国家发展和改革委员会宏观经济研究院官网，http://www.amr.gov.cn。
② 资料由本书课题组调研获得。

学术委员会设置能够通过层层把关提高决策效率，确保"不以一人说了算"。另外，山东省宏观经济研究院除了利用山东省发改委学术委员来发挥学术指导与监督职能，还建有一个学术性非营利社会团体法人单位——山东省宏观经济学会（见图4-2）。该学会广泛召集山东省从事宏观经济研究、管理和宏观经济业务相关的单位和个人，不仅拥有集聚高端项目、智力和人才的平台功能，也发挥了学术指导和质量把关的学术委员会职能，旨在为党和政府科学决策贡献更多"外脑"智慧。

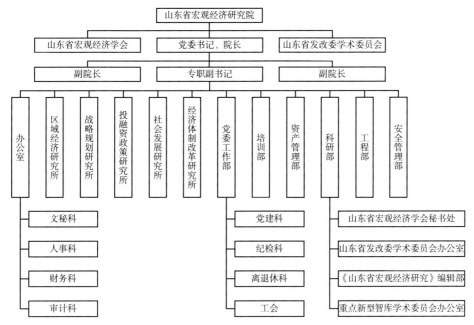

图4-2 山东省宏观经济研究院内部治理结构

资料来源：整理自山东省宏观经济研究院官方网站。

第三，在管理部门设置方面，党政部门智库一般都沿用国家机关或事业单位的机构设置和组织管理模式，按照"三定方案"进行机构设置和职能分工，如科技部战略院设置综合事务管理办公室和科研组织管理办公室，分别对智库的总体事务和科研活动的组织开展进行管理，保障智库的日常运营和科研工作有序开展；[①] 商务部国际贸易经济合作研究院（以下简称"商务部经研院"）在设置传统管理部门的基础上特别设立智库对外联络办公室、智库内参编辑办公室和智库对外宣传办公室，专门负责制定高端智库发展总体方案、内参文稿编辑报送、承

---

① 资料整理自中国科学技术发展战略研究院官网，http://www.casted.org.cn/channel/index/wid/55。

办对外宣传业务等工作，全面加强智库管理。① 此外，部分智库也设有专门的期刊编辑部、出版社或杂志社，负责自办刊物的创办与发行等工作，有利于规范智库宣传工作的开展，促进智库营运能力建设。

第四，在科研部门设置方面，我国新型智库普遍按照职能定位和重点研究方向设置自己的研究室（所、中心、平台），有些智库以实体部门为主，也有些智库探索"实体＋虚体"相结合的组织模式，搭建面向课题的跨学科智库研究与交流平台，如国研院采用虚实结合的方式，在八个实体研究所的基础上，划分面向特定议题的多个非实体研究中心，以聚集研究领域或研究兴趣趋同的研究人员共同进行科学研究，提升研究的科学性与创新性;② 财科院设置无编制、无经费的科研平台，由正高以上研究员自行组建研究队伍，享受与在编科研人员同等待遇的同时，可以独立领导团队完成科研任务，为"想干事、能干事"的年轻人找到出路;③ 宏观院的院部与 10 个下设研究所实行"两级法人"机制，研究所成员可独立进行科研活动，一定程度上保障了科研灵活性，调动了科研人员研究积极性。④

二、固定＋柔性结合型——社科院智库

社科院智库是为政府决策提供咨询的主要力量，主要包括省级社科院、市级社科院和城市社科院等。社科院智库治理结构框架相对固定，一般由院党组、学术委员会、职能部门、研究所以及辅助部门组成。但近年来，随着社科院智库化转型力度不断加大，社科院通过优化和调整组织架构，强化咨政建言职能，在固定的实体职能部门的基础上，搭建虚体化的智库平台，推进智库高质量建设。据调研，全国省级社科院智库在组织结构上存在以下普遍现象：

第一，普遍按照学科系制设置研究所。省级社科院智库多数延续以文、史、哲、经、法等传统学科门类设置研究所，如黑龙江、广西、湖北、江苏等；此外，部分社科院也有相对凸显地方特色的研究所，如天津的"伦理学研究所"、山西的"语言研究所"、上海的"世界中国学研究所"等。

第二，智库管理与建设工作普遍由科研处负责。据不完全统计，⑤ 省级社科院中有 13 家的智库管理工作交由科研处负责（如天津、山西、湖北等），剩余 2 家通过建立新的职能部门来专门负责智库建设工作（上海和四川）。虽然多

---

① 资料整理自商务部国际贸易经济合作研究院官网，https://www.caitec.org.cn/n2/set/。
②③④ 资料由本书课题组调研获得。
⑤ 统计数据均来自各地方社科院的官方网站和实地调研。

数社科院普遍将智库管理工作交由科研处负责，但几乎每家社科院均配备专职的智库负责人来统筹管理智库各项工作，统一规划和管理智库成果报送发、智库专家聘考奖、智库活动筹办与宣传等事务，实现智库建设的归口管理和有序推进。

第三，开始探索建立凸显地方优势的跨学科研究所、研究中心或研究基地。据不完全统计，[①] 省级社科院中有9家设立跨学科研究中心（如上海、湖南、重庆、黑龙江等地），9家成立地方研究/实践基地（如山东、江苏、黑龙江、甘肃等地）。无论以何种方式开展跨学科研究，最终目的是将院内优势资源与外部资源结合起来，形成更强大的合力，促进跨学科、多主体的联合研究。

第四，为适应智库发展，尝试将职能任务有交叉的部门进行合并。以行政后勤职能划分为例，据不完全统计，[②] 省级社科院中有4家将行政后勤工作交由办公室统一管理（山西、浙江、福建、广东），有4家将行政后勤与财务处职能合并（江西、重庆、甘肃、湖南），有8家单独设立行政处，专门负责行政后勤工作（如天津、河北、吉林、上海、山东等），有4家并未设立行政处，而是专门成立后勤管理处（江苏、四川、陕西、广西）来管理行政后勤工作，以提升行政管理效率，加强扁平化管理。

第五，对外交流合作事务多数由科研处负责，也有部分社科院单独设立对外交流合作处/中心。据不完全统计，[③] 省级社科院中有5家机构单独设立对外交流合作处/中心（吉林、上海、福建、江西、重庆），4家交由科研处负责（湖北、广东、四川、甘肃），1家由办公室负责（即天津），1家由培训处负责（即河北）。各家社科院结合自身职能划分和组织特点，加强对外交流工作监管的同时，强化智库的舆论引导和公共外交职能。

第六，普遍在图书馆或文献信息（情报）中心下设立技术岗位来完成信息资料管理和网络技术应用。据不完全统计，[④] 省级社科院中有10家社科院在图书馆/文献信息中心专设技术岗，分管数据平台建设和网络运行维护，有2家图书馆和网络信息中心单独设置、单独管理（吉林和上海），有2家社科院将图书管理工作和网络信息工作进行合署办公（重庆和陕西），有2家成立数据/信息中心，下设信息科/图书馆（甘肃和广西），着力强化社科院的信息化建设水平。

第七，较少拥有自己的出版社，拥有出版社的社科院也未完全将其加以运用，支撑智库建设。出版社是社科院智库成果宣传推介的重要场所，通过以公开出版的形式展示智库成果，更能充分发挥智库研究在诸如影响公众、公共外交等

---

①②③④　统计数据均来自各地方社科院的官方网站和实地调研。

方面的舆论引导作用，扩大智库成果的影响力。然而，据不完全统计，① 省级社科院中只有天津、上海和重庆拥有自己的出版社，而且只是单纯地将智库成果进行编辑、出版、发行，并未在智库系列图书出版领域深耕。社科院需要借助出版社把更多高质量智库成果做专、做精、做出影响、做出品牌。

具体来看，上海社科院形成了由院党政领导班子、院学术委员会、院学位委员会、管理部门、研究所、直属单位、直属研究中心及群团组织构成的内部治理结构（见图4-3）。值得一提的是，2013年上海社科院将原科研处拆分为科研处及智库建设处，智库建设处专门承担社科院智库建设规划工作及中央、上海等地智库研究工作，对接国家高端智库建设试点建设任务。②

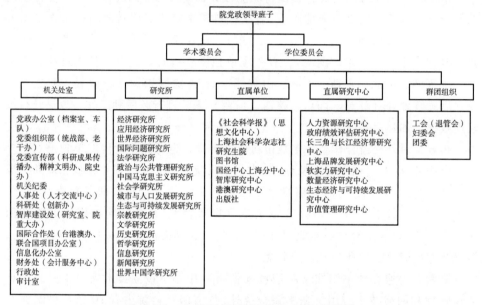

图4-3 上海社会科学院内部治理结构

资料来源：引用自上海社会科学院官方网站。

天津社科院组织架构层次合理，已经搭建成由院党组、院学术委员会、职能部门、研究所、智库型研究中心和科辅部门构成的内部治理结构（见图4-4），基本具备了发挥领导协调作用的管理部门（院党组）和发挥学术指导、科研规划职能的学术委员会，还制定了院学术委员会章程和工作细则，保证科研工作有章可循、有制可依。

---

① 统计数据均来自各地方社科院的官方网站和实地调研。
② 里昕：《京沪地区智库的发展经验及借鉴》，载于《智库理论与实践》2018年第3期。

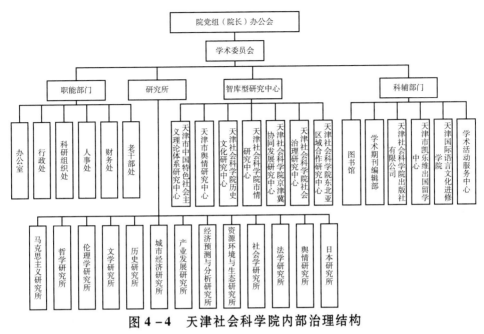

图4-4 天津社会科学院内部治理结构

资料来源：整理自天津社会科学院官方网站，部分内容来自实地调研。

三、教研管一体化型——党校行政学院智库

2008年10月，《中国共产党党校工作条例》指出要发挥"党校在党委和政府决策中的思想库作用。"① 党校行政学院智库作为集教学、科研与决策咨询三要素为一体的决策咨询机构，三者互相影响，良性互动。为响应《意见》要求，各级各地党校行政学院逐渐开展智库建设工作，围绕教学、科研与决策咨询三大职能设计适应发展的组织结构，划清各职能部门的职责权力，强化机构内部的决策咨询职能，优先从管理上真正使咨政底气"硬起来"。

如中央党校（国家行政学院）根据中央要求，在校委统一领导下，设立了中央党校国家高端智库理事会和学术委员会，其中理事会负责智库的组织领导、宏观管理及监督检查，学术委员会负责智库研究计划制定、研究项目发布等工作；② 此外，中央党校还以项目组的形式开展决策咨询研究，实行首席专家负责制，加强智库课题研究的全过程管理和跟踪。③ 广东省委党校（广东行政学院）根据自

---

① 新华社：《中国共产党党校工作条例》，中国政府网，2008年10月29日，http://www.gov.cn/jrzg/2008-10/29/content_1134879.htm。

② 甄占民：《党校应走在智库建设的前列》，载于《学习时报》2017年7月28日。

③ 中共中央党校（国家行政学院）：《服务党的理论创新聚焦重大问题研究》，载于《光明日报》2019年7月1日。

行制定的《中共广东省委党校（广东行政学院）关于加强新型智库建设的意见》，建立起学校、教研部（所、刊、馆）、研究机构三个层次协调统一的运行机制；还创新地提出成立院内智库联盟，即以各教研部（所、刊、馆）为主体，成立包括设立或挂靠在校（院）和校（院）内设的非编学术机构为成员单位的"广东省委党校智库联盟"，借助联盟平台加强院内合作。① 天津市委党校（天津行政学院）提出建设红色智库，创新性地搭建出了新型红色智库"协调推动机构＋专家委员会＋中心（学会、协会）＋智库专家"的运行模式。② 云南省委党校（云南行政学院）建有 10 个行政管理部门、10 个教学科研部门和 5 个教辅部门，建成了集教学科研、管理服务、业务支撑于一体的内部治理架构（见图 4-5），以改革创新精神推进教学、科研、资政、管理、服务等各项工作，以高水平治理助推办学质量提升。

图 4-5　云南省委党校（云南行政学院）内部治理结构

资料来源：引用自云南省委党校（云南行政学院）官方网站。

① 《全国党校智库建设座谈会发言摘要》，广东省委党校（广东行政学院）官网，2017 年 7 月 29 日，http：//www.gddx.gov.cn/xyxw/xxpt/content/post_144766.html。
② 《精心打造党和国家的重要智库》，中国社会科学网，2017 年 9 月 22 日，http：//www.cssn.cn/dzyx/dzyx_llsj/201709/t20170922_3649612_1.shtml。

此外，地方各级党校（行政学院）也先后成立了专门的决策咨询部或省（市）情研究中心，如四川省委党校（四川行政学院）成立决策咨询部，在项目管理、资源整合、团队培育、成果转化、制度保障等方面出实招、下实功、求实效，推出了一批有价值的决策咨询成果，产生了较好的政策效应和社会效应。[①]河南省委党校（河南行政学院）专门从全校教研部门选调 6 名优秀博士研究生充实决策咨询工作队伍，并在 2015 年被批准为"河南省省情研究软科学研究基地"，初步形成了"一刊一部一基地一论坛"的新型智库平台体系。[②]

四、学术自治型——高校智库

我国高校智库一般有两种类型，一类是校内有编制的实体型智库，此类智库和院系一个级别，负责人由学校正式任命，学校解决编制和经费；另一类是没有学校编制的智库，包括学校和部委办局共建的机构、学校和校外企事业共建的机构、学校和国际组织共建机构等。高校智库无论是有编制的实体，还是无编制的实体，或者无编制的虚体，一般都采用自治模式，鼓励智库自我管理。高校智库与大学研究院所有所不同，高校智库普遍实行理事会领导下的院长负责制，主要职能机构包括学术委员会、管理委员会、咨询委员会等，依托所属院系的学科方向搭建以课题研究为导向的智库研究中心（或研究平台、研究小组），形成较为扁平化的治理结构，提高决策咨询效率，提升高校内智库对政策研究的敏感性和适应性。这种治理结构能够较快地对现实问题进行预判、研讨和决策，并及时组织校内教师资源开展针对性研究，典型代表有清华大学、北京大学、南京大学等双一流高校科研院所。但由于各高校智库定位不同、特色不一，仍然需要具体问题具体分析。

清华大学国情研究院采取理事会领导下的院长负责制。理事会负责机构重大事宜的决策和协调，由清华大学主管文科工作的副校长担任理事会主任，从公共管理学院、社会科学学院、教育研究院、教育基金会选派人员任理事会委员。另外，院长主要负责机构的日常运行管理，学术委员会统筹行使学术事务的决策、审议、评定和咨询等职权。[③]

东南大学中国特色社会主义发展研究院在治理结构上不仅强调院务委员会的

---

① 资料整理自四川省委党校（四川行政学院）官网，http：//www. scge. gov. cn/html/website/outsite/yuanxiaogaikuang/jigoushezhi/index. html。

② 豫文：《建设服务党委政府决策的新型智库——河南省委党校（行政学院）智库建设纪实》，载于《学习时报》2020 年 3 月 27 日。

③ "组织架构"，清华大学国情研究院官网，http：//www. iccs. tsinghua. edu. cn/AboutSt/zzkj. html。

职能，其他执行部门分工明确、可操作性强。院务委员会除 1 名院长外，还配备了 5 名副院长、1 名秘书长，分管和协助院务工作；规定院务委员会至少每月召开一次，规划布置各项工作。此外，该智库设立党的建设与国家治理现代化研究中心、创新驱动发展研究中心等 7 个研究中心，每个中心配备了主任、副主任，分别从理论、道路、制度、文化、创新发展、新型城镇化等方面展开理论研究和决策咨询。[①]

南师大法治研究院努力探索"小核心、大外围"的扁平化管理模式，在充分发挥理事会、专家咨询委员会、学术委员会等机构作用的基础上，以 6 个研究所、1 个研究中心、1 个工作室为基本研究单位，围绕全面依法治国和法治江苏建设的重大需求，进行跟踪研究，建立品牌研究项目，形成政策咨询成果；以专职研究人员为核心，围绕研究项目，组织协调校内外、省内外多学科专家开展专题研究，形成研究报告，提出政策咨询意见。[②]

五、独立＋嵌入型——企业智库

企业智库内部治理结构通常有两种情况，一种就是企业的业务单元，按照企业业务单元来治理，将智库管理与研究工作嵌入企业的业务部门之中，如电力规划设计总院、中石油经研院等；一种是企业的独立决策咨询部门或者软科学部门，按照企业的事业部门来治理，把部分研究机构和业务部门纳入新型智库体系当中，如国网能源研究院；甚至有些大型企业将运行过程中产生的大量数据或者某些技术团队提供给企业内部研究机构支撑其开展政策类研究，如阿里研究院、美团研究院、敏捷智库等。

电力规划设计总院是由中国能源建设集团有限公司管理的一家国家级高端咨询机构，主要向政府部门、金融机构、电力相关企业提供服务，具有国家发展和改革委员会认定的电力工程项目评估资格。近年来，电力规划设计总院始终坚持党委领导的核心地位，实行院长和董事长双重负责制，下设 7 个职能管理部门（含党委办公室、党委组织部、党群工作部、纪律检查部等）、6 个业务事业部门、3 家分公司、5 家所属企业、2 家参股机构、4 个智库平台和 5 个国际交流平台（见图 4-6）。为加强公司智库工作，专门设立智库办公室，主要负责智库研究策划、智库产品管理、能源电力重大战略性前瞻性研究的组织与协调、与决策

---

① 资料由本书课题组调研获得。

② 资料整理自南京师范大学中国法治现代化研究院官网，http：//iclms. njnu. edu. cn/ArticleDetail.
aspx? id＝54。

部门的沟通、智库文献研究与评价、智库培训等工作。① 此外，还建立了国家电力规划研究中心、国家能源科技资源中心等4个专业智库平台，着力开展电力行业发展战略、产业政策、发展规划电力新技术等方面的研究，电力工程项目的评审、评估和咨询，科研标准化等工作。②

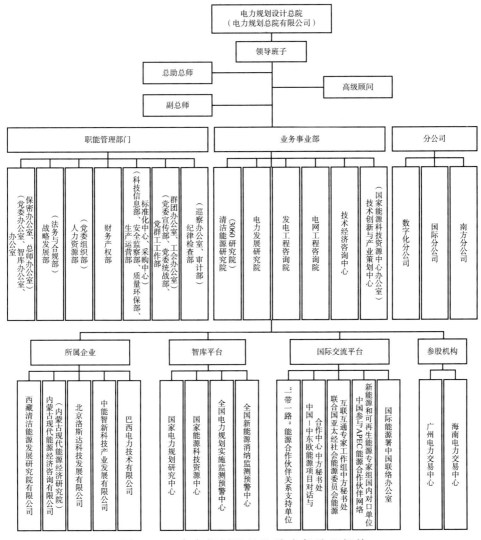

图4-6　电力规划设计总院内部治理机构

资料来源：引用自电力规划设计总院官网网站。

①②　资料整理自电力规划设计总院官网，http：//www.eppei.com/col/col50128/index.html。

国网能源研究院作为国家电网公司系统唯一从事软科学研究的智库机构和科研机构，是国家电网公司智库体系的主体单位，不仅为公司战略决策和运营管理提供智力支撑，也为政府政策制定和能源电力行业发展提供咨询服务。在公司党组的坚强领导下，国网能源院坚持以习近平新时代中国特色社会主义思想为指导，围绕落实公司的总体布局开展全方位研究论证，设立 9 个业务部门、5 个职能部门和 2 家下属单位（见图 4-7），还建有一个公司级全球能源研究统一平台，该平台以大型数据库、专业模型工具和智能分析应用软件系统为主体，将公司及各所长期积累沉淀的数据、外部采购的权威数据库以及自主爬取的数据汇集于此，以实现数据集成、培训学习、数据存储、智能化检索、政策仿真、展示交流等功能；此外还有集宏观经济分析、电力供需形势分析、有序用电管理、DSM目标责任考核、网络培训、信息发布等功能于一身的国家电力供需侧管理平台，

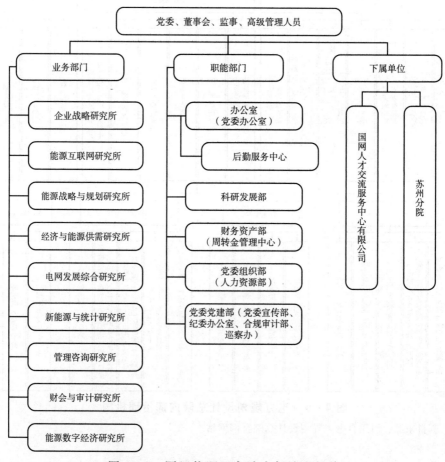

图 4-7 国网能源研究院内部治理机构

资料来源：整理自国网能源研究院官方网站。

以及泛在电力物联网商业模式仿真实验室、能源电力规划实验室、电力供需研究实验室、经营与财务仿真实验室等,用以支撑能源电力行业发展、企业战略等领域研究及政策编制,形成数据产品。可见,国网能源研究院属于内嵌式智库治理架构,虽然没有专门成立智库管理部门及智库研究中心,但下设的职能部门和业务部门均以服务党和政府决策为工作重点,实现党的建设、科学研究与决策咨询工作的融合与促进,更好地服务党和国家工作大局。

中石油经研院按照公司党组的要求,充分发挥集团决策参谋部的作用,决定将智库建设交由集团主要领导亲抓亲管,成立中国石油集团国家高端智库建设工作领导小组,作为中石油经研院国家高端智库建设工作的最高决策机构,下设办公室,设在集团公司政策研究室;还单独成立中国石油集团国家高端智库研究中心,作为集团公司国家高端智库建设的具体实施平台,与中石油经研院"一个机构、两块牌子",以"小平台、大网络"为形式,实施开放式管理,下设办公室,具体承担日常运行事务;设立中国石油集团国家高端智库学术委员会,依据专业领域成立四个专业委员会,重点发挥学术规划、学术组织、学术审议等方面作用,下设秘书处,设在智库研究中心(见图4-8)。智库建设领导小组、学术

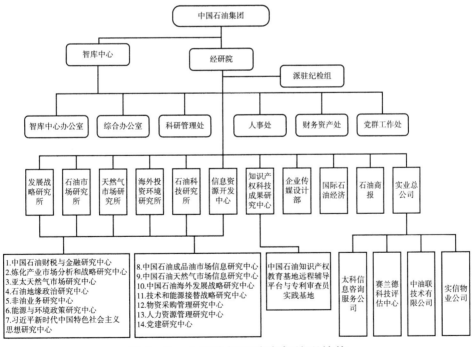

图4-8 中石油经研院内部治理结构

资料来源:整理自中国石油集团经济技术研究院官方网站。

委员会、智库研究中心的成立，是集团公司贯彻落实中央关于中国特色新型智库建设要求，有效统筹整合优质智力资源和研究力量，全面加强中石油经研院国家高端智库建设的重大改革举措，为全面完成国家高端智库建设试点工作任务目标提供关键的组织支撑。

六、灵活创新型——社会智库

自 2017 年中办、国办印发《社会智库发展意见》后，社会智库在管理体制、职责要求、业务活动、社会监督等方面得到进一步的规范和约束。该文件强调，社会智库要"完善法人治理结构和运行机制"，"真正成为依法自办、权责明确、运转协调、制衡有效的法人主体。"① 目前，社会智库已经成为我国社会事业和智力行业发展的一个重要门类，其内部治理的方式也由于其灵活多变的运行机制而出现专业型、内生型和合作型三种，内生型又包括"社会智库内生咨询公司模式"和"咨询公司内生社会智库模式"，如国经咨询有限公司、亚太经研院，合作型多以传统智库注册下属公司为主，如国研文化传媒集团股份有限公司（以下简称"国研智库"），均建立起相对灵活且合法规范的现代智库内部治理结构，着力提升内部治理水平。

国研智库是由国研中心直属单位中国发展出版社等机构发起设立的国有公益性智库类企业，整合部委专业人才和高校专家资源，分智库、会展、智慧园区、传媒、数据、教育培训、金融七大板块，是国研中心政策解读与对外宣传的重要传播平台和高端智库建设的有益补充。国研智库属于传统智库注册下属公司的治理模式，尝试探索如何用市场化机制办智库的路子，设有董事会、监事会，打造了国家政策解读与辅导平台、科技创新公共研发服务平台、重点行业发展预测研究平台等七大创新平台，还与山东合作成立国研智库济南中心（山东省高质量发展研究院），与教育部学校规划建设发展中心、天津大学等高校合作建立未来教育科技创新产业基地，与清华大学共建大数据平台及数权经济创新发展中心，与各地建立多个国研智库创新科学园分园，形成了创新性、独特性的业务模式。②

综研院作为经国务院批准成立的国内第一家综合性、全国性的社会智库，③不断探索完善有利于社会智库发展的管理机制和运作模式，实行理事会领导下的

---

① 新华社：《关于社会智库健康发展的若干意见》，中国政府网，2017 年 5 月 4 日，http：//www.gov.cn/xinwen/2017 - 05/04/content_5190935.htm。

② 资料由本书课题组调研获得。

③ 资料整理自综合开发研究院（中国·深圳）官网，http：//www.cdi.com.cn/Aboutus/Index?ColumnId = 140。

院长负责制，由中央社会主义学院原党组书记、第一副院长叶小文任理事长，著名经济学家樊纲任院长兼首席专家，这种人员安排目的是将智库的行政负责人与学术负责人一体化运行，让内行办智库；此外，理事会成员由专家学者、企业家和社会活动者三方面人士组成，其中专家学者组成学术委员会，企业家和社会活动者组成基金会，两会的职能相互结合，互为支撑；为实行民主管理、民主决策和院务公开，设立院务会和职员代表会议，凡是涉及职员切身利益的决策事项，都要进行集体讨论和质询。综研院下设院办公室、研究部，以及区域发展规划研究所、城市化发展研究所、公共经济研究所等 9 个研究所等部门，研究部下又设立产业经济研究中心、企业与市场研究中心、区域与产业研究中心等 10 个研究中心（见图 4 - 9）。此外，综研院为适应智库发展，及时调整部门管理架构，改

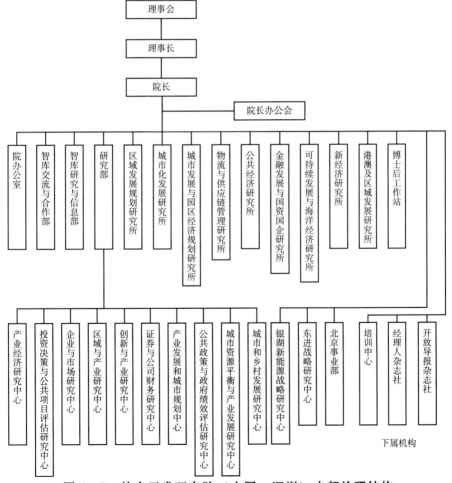

图 4 - 9　综合开发研究院（中国·深圳）内部治理结构

资料来源：整理自综合开发研究院（中国·深圳）官方网站。

组成立"智库研究与信息部"和"智库交流与合作部",加强智库研究与国际合作交流水平。

　　盘古智库是由中外知名学者共同组成,植根于中国的公共政策研究机构,是中国最具影响力的社会智库之一。盘古智库设有顾问委员会、学术委员会,汇聚近 400 位国内外学界、政界、智库界、企业界专业人士担任职务;设立智库秘书处,下设学术研究部、咨询服务部、媒体部等 6 个职能部门;成立 13 个研究中心,在长沙、呼和浩特、西安、长春等地设有研究院和办事处(见图 4 - 10),推动各地经济社会高质量发展,还倡议成立了由来自中国、美国、德国、意大利、印度、新加坡、加拿大等国的海内外近 20 家一流智库组成的全球治理智库连线,提高了中国智库在全球治理中的话语权。①

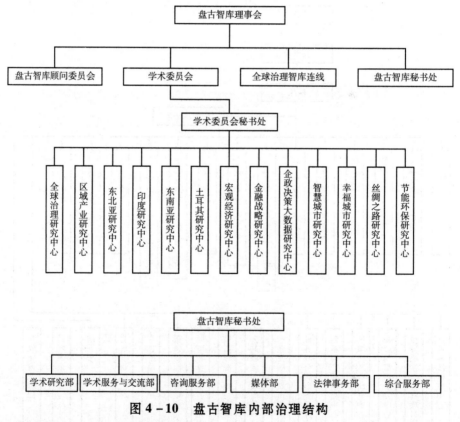

图 4 - 10　盘古智库内部治理结构
资料来源:引用自盘古智库官方网站。

①　资料整理自盘古智库官网,http://www.pangoal.cn/index.php? c = category&id = 5。

综上，新型智库需要完善合理的内部组织方式和治理结构。目前，不同类型、不同层级智库的内部治理结构普遍由党组织引领下的理事会、院务会、学术委员会和管理咨询委员会等构成的决策系统，办公室（党委办公室）、业务部门、服务支撑部门等组成的行政系统，以及根据不同研究方向和领域组建的研究室（研究所、研究中心、研究基地）构成的科研系统共同组成的，内部治理日益规范。但是，尽管各智库在治理结构上相对完备，但有些体制内智库仍存在机构庞杂、研究队伍臃肿，内部流程与部门协调过程冗长，甚至因职责交叉、分工不清而出现运行机制不畅通的现象，如部分高校智库与学校现行的运行体系不兼容，与其职称体系、评价体系不接轨，存在"智库孤岛"现象，造成智库整体工作效率不高；有些社会智库虽然表面上已建立理事会、学术委员会，但实际仍由智库创始人和管理层集中统一领导，未能充分发挥理事会的决策功能和学术委员会的学术规划、组织与审议作用，内部治理的科学化规范化有待提升。

第四节　形成了三级三层新型智库政策制度框架

政策支撑是智库参与决策过程、推进智库体系建设的先决条件，按政策的层级标准划分可将公共政策分为元政策、基本政策、具体政策，[1] 其中基本政策是元政策之下某个领域或某个社会内容的指导性原则，具体政策是基本政策的具体化，包括宏观具体政策和微观具体政策。我国新型智库坚持高起点推进、高标准建设，以体制机制创新为突破口，制定了一系列科学合理的政策设计，从中央层面的《意见》，到各省市区的一系列指导意见、管理办法和建设方案，再到地方性规章制度，基本形成了基础制度、运行管理制度、个性化制度三个层次的制度框架，为我国智库规范化管理和运行提供了基本遵循（见图4-11）。

一、新型智库建设指导意见出台

2013年11月，党的十八届三中全会通过了《决定》，明确提出"加强中国特色新型智库建设，建立健全决策咨询制度。"[2] 这表明中国特色新型智库建设已

---

① 刘圣中：《公共政策学》，武汉大学出版社2008年版，第49页。
② 新华社：《中共中央关于全面深化改革若干重大问题的决定》，载于《人民日报》2013年11月16日。

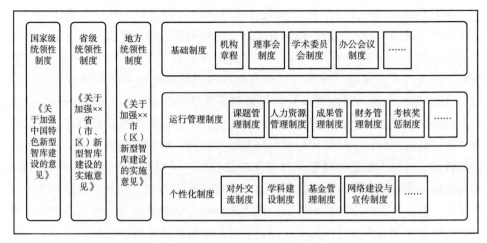

图 4 - 11　国家级、省级、地市级新型智库建设政策体系构成

经被纳入全面深化改革的总体布局当中。2014 年 10 月 27 日，习近平总书记在中央全面深化改革领导小组第六次会议审议《意见》时强调，要从推动科学决策、民主决策，推进国家治理体系和治理能力现代化、增强国家软实力的战略高度，把中国特色新型智库建设作为一项重大而紧迫的任务切实抓好。直到 2015 年 1 月 20 日，新华社全文播发了《意见》，该文件不仅对中国特色新型智库的内涵进行定义，还提出"形成定位明晰、特色鲜明、规模适度、布局合理的中国特色新型智库体系"的总体目标，指出搭建包括社科院智库、党校行政学院智库、高校智库、科技创新智库、企业智库、社会智库、国家高端智库、中央和国家机关所属政策研究机构等在内的诸多类型智库的发展新格局，要求新型智库要深化组织管理体制、研究体制、经费管理制度、成果评价和应用转化机制、国际交流合作机制等五方面管理体制改革，健全政府信息公开、重大决策意见征集、政策评估、政府购买决策咨询服务、舆论引导等制度保障体系。此外，《意见》还明确了智库建设的重大意义、基本原则等，成为我国新型智库建设的首份发展纲要。

二、新型智库建设文件出台

中办、国办印发的《意见》中提出，统筹推进党政部门、社科院、党校行政学院、高校、军队、科研院所和企业、社会智库协调发展，形成定位明晰、特色鲜明、规模适度、布局合理的中国特色新型智库体系。[1] 无论是国家层面，还是

---

[1]　中共中央办公厅、国务院办公厅：《关于加强中国特色新型智库建设的意见》，中国政府网，2015 年 1 月 20 日，http://www.gov.cn/xinwen/2015 - 01/20/content_2807126.htm。

地方层面，各行业、各系统的政府决策部门积极响应《意见》号召，主动推进行业政策的制定和实施，以下以高校智库、科技创新智库、社会智库、交通运输智库、国家语言文字智库等为例。

2013 年 5 月 30 日，刘延东副总理主持召开"繁荣发展高校哲学社会科学推动中国特色新型智库建设座谈会"并作重要讲话，强调要充分发挥高校学科齐全、人才密集的优势，繁荣发展高校哲学社会科学，为建设中国特色新型智库作出贡献。会后，教育部便着手起草专门针对高校智库建设的统领性文件，最终于 2014 年 2 月 10 日制定出台了《中国特色新型高校智库建设推进计划》（以下简称《计划》）。①《计划》强调，"聚焦国家急需，明确建设目标，立足高校特点，以学者为核心，以机构建设为重点，以项目为抓手，以成果转化平台为基础，创新体制机制，整合优质资源，打造高校智库品牌""推进中国特色新型高校智库建设，为党和政府科学决策提供高水平智力支持"，指明了高校智库建设应做好的七个方面的工作，成为我国高校新型智库建设的总揽性抓手。

为了贯彻落实十九大精神"推动文化事业和文化产业发展"、深入研究新时代国家语言文字事业服务国家发展的战略，2015 年 3 月 3 日，国家语言文字工作委员会颁布了《国家语言文字智库建设规划》。② 该文件作为今后一个时期指导全国语言文字智库建设的重要文件，对推进国家语言文字智库建设、促进语言文字事业的科学发展、服务党和国家工作大局具有重要的意义。同年 5 月，教育部语言文字信息管理司决定，在上海、武汉两地开展国家语言文字智库建设首批试点工作。③

2015 年 6 月 4 日，农业部召开党组会议，研究农业农村经济发展新型智库建设，强调切实加强农业农村经济发展新型智库建设，建立健全农业部门重大决策智力支撑体系，推动科学民主依法决策，促进农业农村经济持续健康发展。④ 同月 24 日，中共农业部党组正式发布《关于加强农业农村经济发展新型智库建设的意见》，提出组建农业部专家咨询委员会、建设部属高水平农业科技创新智库、建设农业农村经济发展高端智库、规范和引导部属顾问咨询组织健康发展等多项具体要求。⑤

① 教育部：《关于印发〈中国特色新型高校智库建设推进计划〉的通知》，中国政府网，2014 年 2 月 10 日，http：//www.gov.cn/gongbao/content/2014/content_2697085.htm。
② 国家语言文字工作委员会：《关于印发〈国家语言文字智库建设规划〉的通知》，教育部官网，2015 年 3 月 3 日，http：//www.moe.cn/s78/A19/tongzhi/201504/t20150428_187589.html。
③ 郝日虹：《提升语言咨政能力》，载于《中国社会科学报》2015 年 6 月 19 日。
④ 农民日报：《农业部：要谋划打造农业农村经济发展高端智库》，中国网 - 智库中国，2015 年 6 月 9 日，http：//www.china.com.cn/opinion/think/2015 - 06/09/content_35773004.htm。
⑤ 宁启文：《切实加强农业农村经济发展新型智库建设》，载于《农民日报》2015 年 6 月 5 日。

2011 年 5 月 27 日，习近平总书记在中国科协第八次全国代表大会上的祝词中强调，中国科协应积极推动科学家同决策者和社会公众之间的交流，充分发挥党和人民事业发展的思想库作用。① 《意见》中也再次强调"中国科协在国家科技战略、规划、布局、政策等方面发挥支撑作用。"党中央领导的多次指导和指示，进一步明确了科协组织在中国特色新型智库建设中的战略定位和发展目标，为中国科协建设高水平科技创新智库指明了方向。为加强科协系统高水平科技创新智库建设工作，中国科协组织有关全国学会及中国科协科技思想库试点单位，形成了《中国科协关于建设高水平科技创新智库的意见》，② 并于 2015 年 9 月 6 日正式发布并实施。该文件强调，建设高水平科技创新智库是科协事业拓展升级的战略支点，是中国科协围绕中心、服务大局的重大任务，也是彰显科协决策咨询优势拓展工作空间的战略举措，进一步明确了我国科技创新智库建设的重要意义、重点工作、重大举措和条件保障，扎实推进中国科协建设高水平科技创新智库工作。随后，中办、国办于 2015 年 9 月 24 日印发《深化科技体制改革实施方案》，要求"建立国家科技创新决策咨询机制，发挥好科技界和智库对创新决策的支撑作用，成立国家科技创新咨询委员会"。随后，中央全面深化改革领导小组于 2017 年 2 月 6 日审议通过《国家科技决策咨询制度建设方案》，强调建设国家科技决策咨询制度，把立足点放在支撑国家发展全局、服务党中央重大科技决策的需求上。③

2016 年 8 月 21 日，中办、国办发布《关于改革社会组织管理制度促进社会组织健康有序发展的实施意见》④，提出大力培育发展社区社会组织、完善扶持社会组织发展政策措施、严格社会组织登记审查、建立健全社会组织管理体制等意见，对引导和规范社会智库健康发展起到了重要作用。⑤ 2017 年 2 月 6 日，中央全面深化改革领导小组第 32 次会议审议通过了《社会智库发展意见》，⑥ 并于同年 4 月 24 日由民政部、宣传部等 9 部门正式印发，进一步明确了新时代中国社会智库的基本内涵和科学定义，提出了社会智库现存的共性问题，明确了扶持与规范并重的基本发展原则，规定了活动范围及活动方式，列举了加强自身建设

---

① 《打造创新引领的高端科技智库》，载于《科技日报》2015 年 10 月 1 日。

② 周焕林：《中国科协印发〈中国科协关于建设高水平科技创新智库的意见〉的通知》，合肥工业大学科学技术协会，2017 年 4 月 1 日，http://ast.hfut.edu.cn/2017/0401/c2789a48952/page.htm。

③ 代涛：《建设国家科技决策咨询制度，支撑创新驱动发展》，载于《中国科学报》2017 年 4 月 24 日。

④⑤ 新华社：《中共中央办公厅 国务院办公厅印发〈关于改革社会组织管理制度促进社会组织健康有序发展的意见〉》，中国政府网，2016 年 8 月 21 日，http://www.gov.cn/xinwen/2016-08/21/content_5101125.htm。

⑥ 新华社：《关于社会智库健康发展的若干意见》，中国政府网，2017 年 5 月 4 日，http://www.gov.cn/xinwen/2017-05/04/content_5190935.htm。

的具体途径，优化了人才、资金、传播等多方面发展环境，赋予了社会智库更多权利，拓展了社会智库的发展空间。

《意见》印发以后，针对国家高端智库、科技创新智库、社会智库的智库纲领性文件陆续出台，为建设交通运输新型智库提供了基本遵循。为服务交通强国建设，促进交通运输部门决策科学化、民主化、法治化，交通运输部于2018年2月23日印发了《关于促进交通运输新型智库发展的实施意见》，① 强调以习近平新时代中国特色社会主义思想为指导，以服务交通强国建设为导向，以创新组织形式和管理方式为重点，以激励、引导、评价为抓手，统筹推进部属智库单位转型发展，力争用五年左右时间在铁路、公路、水运、民航、邮政及综合交通运输等领域建设一批新型智库。

除了以上行业性智库发展较为突出以外，自2014年以来其他行业部门虽然并未明确制定有关智库建设的规范性文件，但普遍已经在各部门的"十三五"发展规划、五年行动纲要、三年行动计划、年度战略推进计划、行业工作指导意见等官方文件中有所体现（详见表4-2）。据统计可见，来自制造业、建筑业、服务业、文化、体育与教育业、环保业等领域的主管部门主动推进中国特色行业智库建设，要求各机构积极整合各类优势研究资源，建立专家咨询委员会，完善政策咨询制度，建立行业高层次专家信息库，广泛汇集各方面行业专家，为行业科学决策工作提供智力指导。例如：知识产权局出台的《2015年全国专利事业发展战略推进计划》，② 要求建立重大专利决策与立法咨询活动的专家参与机制，明确专家参与的流程和专家意见的作用；工信部出台的《工业控制系统信息安全行动计划（2018~2020年)》中③，提出打造国家工控安全高端智库，培养一支门类齐全、技术精湛的工控安全专业人才队伍，为工控安全战略部署、规划制定、决策咨询、重大问题提供智力支持和技术支撑；交通运输部出台的《关于进一步提升交通运输发展软实力的意见》中④，提出进一步推动智库联盟化发展，重点打造决策咨询、交流合作、传播展示、研究集散、国际合作、人才集聚平台。

---

① 曹文娟：《建设新型智库　服务交通强国》，载于《中国交通报》2018年3月27日。

② 《2015年全国专利事业发展战略推进计划》，国家知识产权局官网，2015年1月16日，https：//www. cnipa. gov. cn/art/2015/1/16/art_65_11379. html。

③ 《工业和信息化部关于印发工业控制系统信息安全行动计划（2018~2020年）通知》，搜狐网，2018年1月2日，https：//www. sohu. com/a/214132524_100049381。

④ 《交通运输部关于进一步提升交通运输发展软实力的意见》，中国政府网，2019年12月23日，http：//www. gov. cn/zhengce/zhengceku/2020-01/14/content_5468854. htm。

表4-2　　　　不同行业部门涉及智库建设的规范性文件统计

序号	涉及行业	规范性文件名称	发文/审议通过时间	智库类型	发文机构
1	商务服务业	《广告产业发展"十三五"规划》	2020年11月4日	广告业新型智库	国家工商总局
2	制造业和信息产业	《工业控制系统信息安全行动计划（2018~2020年）》	2017年12月29日	国家工业控制安全智库	工业和信息化部
3		《制造业设计能力提升专项行动计划（2019~2022年）》	2019年10月11日	制造业创新智库	工业和信息化部、国家发展和改革委员会等13部门
4		《关于健全支持中小企业发展制度的若干意见》	2020年7月24日	中小企业智库	工业和信息化部、国家发展和改革委员会等17部门
5		《加强工业互联网安全工作的指导意见》	2019年8月28日	国家工业互联网安全智库	工业和信息化部、教育部等10部门
6	建筑业	《关于加强测绘地理信息科技创新的意见》	2015年12月24日	测绘地理信息智库	国家测绘地理信息局
7	运输业	《关于促进航空货运设施发展的意见》	2020年8月24日	航空物流行业智库	国家发展改革委、民航局
8	文化体育业	《关于加强和改进群众体育工作的意见》	2014年12月25日	群众体育工作智库	国家体育总局
9		《关于加快发展体育产业促进体育消费的若干意见》	2014年10月20日	体育产业研究智库	国务院
10		《关于切实加强新时代高等学校美育工作的意见》	2019年3月29日	美育高端智库	教育部
11	交通运输业	《关于完善综合交通法规体系的意见》	2020年12月8日	交通运输立法智库	交通运输部
12		《关于进一步提升交通运输发展软实力的意见》	2020年1月14日	交通运输新型智库	交通运输部
13		《关于推进交通运输治理体系和治理能力现代化若干问题的意见》	2020年10月24日	交通运输新型智库	交通运输部
14		《推进综合交通运输大数据发展行动纲要（2020~2025年）》	2019年12月12日	综合交通运输大数据智库	交通运输部

序号	涉及行业	规范性文件名称	发文/审议通过时间	智库类型	发文机构
15		《高校科技创新服务"一带一路"倡议行动计划》	2018 年 11 月 7 日	高校智库	教育部
16		《关于加强新时代教育科学研究工作的意见》	2019 年 10 月 24 日	教育智库	教育部
17		《国家开放大学综合改革方案》	2020 年 8 月 31 日	教育智库	教育部
18	教育业	《高等学校人工智能创新行动计划》	2018 年 4 月 2 日	高校科技创新智库	教育部
19		《高等学校乡村振兴科技创新行动计划（2018~2022 年)》	2018 年 12 月 29 日	乡村振兴战略研究高端智库	教育部
20		《关于高等学校加快"双一流"建设的指导意见》	2018 年 8 月 8 日	高校智库	教育部、财政部、国家发展改革委
21		《关于加强新时代高校教师队伍建设改革的指导意见》	2020 年 12 月 24 日	高校智库	教育部、组织部等 6 部门
22	卫生和社会工作业	《全国民政标准化"十三五"发展规划》	2016 年 8 月 19 日	民政标准化智库	民政部
23		《非洲猪瘟等重大动物疫病分区防控工作方案（试行)》	2021 年 4 月 21 日	大区重大动物疫病防控专家智库	农业农村部
24	环保业	《关于优化生态环境保护执法方式提高执法效能的指导意见》	2021 年 1 月 6 日	生态环境执法智库	生态环境部
25	信息技术服务业	《2015 年全国专利事业发展战略推进计划》	2015 年 1 月 16 日	知识产权智库	知识产权局
26		《关于进一步推动中国科协学会创新发展的意见》	2020 年 12 月 16 日	科技创新智库	中国科协、民政部

资料来源：多数来自中国政府网以及国务院各部门官网，部分来自国家工商总局、工业和信息化部、国家发展和改革委员会、教育部等单位的官方报道信息。

三、省市自治区出台的新型智库建设实施意见

在中办、国办印发《意见》后，各省（自治区、直辖市）深入贯彻落实，

相继出台地方性新型智库建设指导意见。据统计（截至 2021 年 5 月），除新疆以外，目前已有 30 个省（自治区、直辖市）先后出台了新型智库建设意见或实施意见，占比达到 96.8%，发布时间大多集中在 2015~2017 年这三年，智库管理工作主要由省委宣传部或决咨委（办）负责，说明我国地方相关部门对加强中国特色新型智库建设的必要性和紧迫性达成了一定的共识。① 例如：江苏省出台的《关于加强江苏新型智库建设的实施意见》指出"到 2020 年，重点建设一批支撑国家和区域发展的专业化高端智库"。江苏省作为全国率先出台地方性新型智库建设基础文件的省份之一，反应早、起步快、强度大。② 河南省出台的《关于加强中原智库建设的实施意见》提出"到 2020 年，争取 2~3 个智库进入国家专业化高端智库行列，打造 5~8 个在中西部乃至全国有影响的专业智库"。③ 河北省出台的《关于加强河北新型智库建设的意见》，要求按照"公益服务导向、非营利机构属性、围绕中心工作"的要求，积极推进不同类型、不同性质智库分类改革，争取到 2020 年，形成定位明晰、特色鲜明、规模适度、布局合理的河北多层次、多元化新型智库体系。④

省市自治区除了综合性的新型智库建设实施文件外，还相继制定针对高校智库、科技创新智库、社会智库等行业性智库的实施意见或建设方案（见表 4-3）。据不完全统计，共有 13 个省教育厅（局）出台了针对高校智库建设的实施方案或建设计划，占比约 41.9%；有 14 个省民政厅（局）印发了关于社会智库健康发展的专门性文件，占比约 45.2%；有 17 个省科技厅（局）或省科协出台了科技创新智库建设方案、实施意见或管理办法，占比约 58.1%。⑤ 单纯从政策出台角度来看，我国地方行业性智库建设已经起步，正处于突飞猛进的发展阶段，尤其是黑龙江、安徽、甘肃、云南等地各项政策均已出台，政策体系较为完备；天津、宁夏等地均只出台了高校新型智库建设方案；福建、北京等地出台社会智库建设方案，浙江等地出台了关于科技创新智库的建设方案，可见全国各行业智库建设工作已逐步开展，反响较好。

---

① 数据由本书课题组成员统计得出。
② 刘德海：《江苏新型智库发展报告（2015~2018）》，江苏人民出版社 2020 年版，第 23~26 页。
③ 《中共河南省委办公厅 河南省人民政府办公厅印发〈关于加强中原智库建设的实施意见〉的通知》，国脉电子政务网，2015 年 7 月 1 日，http://www.echinagov.com/policy/209348.htm。
④ 中共河北省委办公厅、河北省人民政府办公厅：《关于加强河北新型智库建设的意见》，河北新闻网，2015 年 10 月 22 日，http://kxghw.hebnews.cn/skdt/2015-10/22/content_5115112.htm。
⑤ 统计数据由本书课题组成员统计得出。

表4-3   全国省（自治区、直辖市）级智库政策文件出台情况统计

省、自治区、市	文件类型			
	综合性文件	高校智库	社会智库	科技创新智库
黑龙江省	✓	✓	✓	✓
吉林省	✓	✓	✕	✕
辽宁省	✓	✓	✕	✓
河北省	✓	✕	✕	✓
河南省	✓	✓	✓	✓
山东省	✓	✕	✓	✓
山西省	✓	✕	✓	✓
安徽省	✓	✓	✓	✓
江西省	✓	✕	✓	✓
江苏省	✓	✕	✓	✓
浙江省	✓	✕	✕	✓
福建省	✓	✕	✕	✓
广东省	✓	✓	✓	✓
湖南省	✓	✕	✕	✕
湖北省	✓	✕	✕	✕
甘肃省	✓	✓	✓	✓
海南省	✓	✕	✕	✓
云南省	✓	✓	✓	✓
贵州省	✓	✓	✕	✓
四川省	✓	✕	✕	✓
青海省	✓	✕	✕	✓
陕西省	✓	✓	✕	✓
内蒙古自治区	✓	✕	✕	✕
新疆维吾尔自治区	✕	✕	✕	✕
广西壮族自治区	✓	✕	✕	✕
宁夏回族自治区	✓	✓	✕	✕
西藏自治区	✓	✕	✕	✕

续表

省、自治区、市	文件类型			
	综合性文件	高校智库	社会智库	科技创新智库
北京市	✓	×	✓	×
天津市	✓	✓	×	×
上海市	✓	✓	✓	✓
重庆市	✓	×	✓	✓

资料来源：来自 31 个省（自治区、直辖市）宣传部门、科技部门、教育部门、民政部门及其他智库管理部门官网公开发布的政策文件或官方报道信息。

从行业政策文件的内容来看，各省（自治区、直辖市）行业政策总体思路均以《意见》为总指挥，结合行业自身特色和地方特点，设定科学明确、重点突出、特色鲜明的智库发展目标。

第一，地方高校智库在良性竞争环境中自加压力。如安徽省教育厅于 2015 年 8 月 19 日印发《安徽高校智库建设计划》，提出将安徽省智库打造成为理论创新和政策建言的高地、培养高端人才聚集和高水平人才的重要基地、舆论引导和对外交流的重要阵地。[①] 辽宁省教育厅于 2018 年 9 月 27 日公开发布《辽宁省高等学校新型智库建设实施方案》，要求省新型高校智库根据《辽宁省高等学校新型智库建设评估指标体系》进行年度评估，按照"有进有退、优胜劣汰"的原则进行动态管理。[②]

第二，地方科技创新智库紧密围绕科技进步和社会发展战略需求。如 2015 年 5 月，上海市委、市政府制定出台了《关于加快建设具有全球影响力的科技创新中心的意见》，提出加强和完善科技创新智库建设，建设具有全球影响力的科技创新中心。山西省认真学习贯彻《意见》精神，以国家级科技思想库建设为引领，积极推进科技智库建设工作，相继出台《山西省科协高水平科技创新智库建设"十三五"规划》《山西省科协科技创新智库专家管理办法》等文件。2020 年 7 月，山东省发布《山东省科技智库建设规范》和《山东省科技智库评估体系》，这是我国科技智库建设领域首次发布的地方标准，填补了我国科技智库建设领域地方标准的空白。[③]

---

① 《安徽省教育厅关于印发安徽高校智库建设计划的通知》，2015 年 8 月 19 日，https://kyc.ah-nu.edu.cn/__local/3/39/0A/02CE79FD72F7115CB352C9329D0_82B37FF9_16C023.pdf? e =.pdf。

② 辽宁省教育厅：《关于实施辽宁省高等学校新型智库建设方案的通知》，大连海洋大学科技处网站，2018 年 9 月 30 日，https://kjc.dlou.edu.cn/2018/0930/c6100a87527/page.htm。

③ 李政刚：《新型地方科技智库建设实证研究——以重庆为例》，载于《智库理论与实践》2018 年第 1 期。

第三，地方社会智库结合建设现状规范有序发展。如 2017 年 8 月 19 日，黑龙江省民政厅等 11 部门联合印发了《关于社会智库健康发展的实施方案》，紧密结合黑龙江省社会智库仍处于起步阶段，数量少、经费匮乏、生存能力较弱的基础现状，明确了发展原则、培育重点、建设标准和具体步骤，重点突出，可操作性强。① 2018 年 1 月 18 日，安徽省民政厅等 10 部门联合印发了《关于规范和引导社会智库健康发展的实施意见》，该实施意见结合安徽省社会智库处于起步阶段的实际，针对社会智库发展面临的困难和问题，明确了发展原则和举措，为安徽省社会智库的健康有序发展提供重要的政策支持。② 2018 年 11 月 2 日，山东省民政厅等 12 个部门联合印发了《关于促进社会智库健康发展的意见》，明确了山东省社会智库的总体发展目标、标准条件和登记管理体制，提出了规范与扶持并重的具体政策措施。③

四、利好新型智库建设的政策文件陆续出台

（一）中央出台的对新型智库建设利好的文件

除面向各类型智库的专项建设意见以外，国家其他部委办局认真贯彻学习《意见》文件精神，为加快新型智库体制机制改革、推进中国特色新型智库建设提出一系列管理改革措施，更为各类型智库建设与发展提供了更大的政策空间。

2015 年 3 月 13 日，中共中央、国务院出台《关于深化体制机制改革加快实施创新驱动发展战略的若干意见》，指出"破除一切制约创新的思想障碍和制度藩篱，激发全社会创新活力和创造潜能"。④ 中办、国办于 2016 年 2 月 28 日印发《关于加强外国人永久居留服务管理的意见》，强调"建立永久居留政策专家咨询机制，借助各类智库资源开展调查研究。"⑤ 国务院于 2016 年 3 月 2 日发布

---

① 《黑龙江省民政厅、中共黑龙江省委组织部、中共黑龙江省委宣传部等 11 部门联合印发〈关于社会智库健康发展的实施方案〉的通知》，北大法宝法律数据库，2017 年 8 月 17 日，http：//mzt. hlj. gov. cn/1635/27567. html。

② 《关于规范和引导社会智库健康发展的实施意见》，安徽省民政厅官网，2020 年 12 月 23 日，ht-tp：//mz. ah. gov. cn/public/21761/119942461. html。

③ 《关于促进社会智库健康发展的实施意见》，山东省民政厅官网，2018 年 11 月 14 日，http：//mzt. shandong. gov. cn/art/2018/11/14/art_100905_7471894. html。

④ 新华社：《中共中央　国务院关于深化体制机制改革加快实施创新驱动发展战略的若干意见》，2015 年 3 月 23 日，中国政府网，http：//www. gov. cn/xinwen/2015 － 03/23/content_2837629. htm。

⑤ 新华社：《中共中央办公厅　国务院办公厅印发〈关于加强外国人永久居留服务管理的意见〉》，中国政府网，2016 年 2 月 18 日，http：//www. gov. cn/xinwen/2016 － 02/18/content_5043448. htm。

《关于印发实施〈中华人民共和国促进科技成果转化法〉若干规定》，提出要将科技成果转化的情况作为研究开发机构、高等院校等单位绩效考评的评价指标之一，并对业绩突出的专业化技术转移机构给予奖励。①

中共中央于 2016 年 3 月 21 日印发《关于深化人才发展体制机制改革的意见》（以下简称《人才改革意见》），该文件作为我国第一个针对人才发展体制机制改革的综合性文件，主要包括推进人才管理体制改革、改进人才培养支持机制、创新人才评价机制、健全人才顺畅流动机制、强化人才创新创业激励机制、构建具有国际竞争力的引才用才机制、建立人才优先发展保障机制、加强对人才工作的领导等多方面内容，有力推进人才强国建设，把各方面优秀人才集聚到党和国家事业中来。② 农业部等五部委于 2016 年 7 月 8 日联名下发《关于扩大种业人才发展和科研成果权益改革试点的指导意见》，更加注重人才激励和人才发展，允许给科研人员以股权激励，通过产权激励最大程度地激发科研人员创新积极性，同时允许科研人员兼职或离岗创业，兼职期间同等享有参加职称评聘、荐奖评优、岗位等级晋升和社会保险等方面权利，促进人才流动。中办、国办于 2016 年 7 月 31 日印发《关于进一步完善中央财政科研项目资金管理等政策的若干意见》，针对中央财政科研项目资金管理、中央高校和科研院所差旅会议管理、科研仪器设备采购管理、基本建设项目管理等方面提出诸多切实可行的改革举措，进一步推进简政放权、放管结合、优化服务，促进形成充满活力的科技管理和运行机制，以深化改革更好激发广大科研人员积极性。③ 中办、国办于 2016 年 11 月 7 日印发的《关于实行以增加知识价值为导向分配政策的若干意见》，为深化包括社科院在内的官方科研单位体制机制改革提供更多政策支持和改革空间。④

2018 年 1 月 31 日，国务院印发《国务院关于全面加强基础科学研究的若干意见》，强调"完善学科布局，推动基础学科与应用学科均衡协调发展，鼓励开展跨学科研究，促进自然科学、人文社会科学等不同学科之间的交叉融合。"⑤ 交叉学科往往是学术研究新的生长点，这一政策的实施对促进智库改革发展和学

---

① 《国务院关于印发实施〈中华人民共和国促进科技成果转化法〉若干规定的通知》，中国政府网，2016 年 2 月 26 日，http：//www.gov.cn/zhengce/content/2016 - 03/02/content_5048192.htm。

② 新华社：《中共中央印发〈关于深化人才发展体制机制改革的意见〉》，中国政府网，2016 年 3 月 21 日，http：//www.gov.cn/xinwen/2016 - 03/21/content_5056113.htm。

③ 新华社：《中共中央办公厅 国务院办公厅印发〈关于进一步完善中央财政科研项目资金管理等政策的若干意见〉》，中国政府网，2016 年 7 月 31 日，http：//www.gov.cn/xinwen/2016 - 07/31/content_5096421.htm。

④ 黄晋鸿：《科研改革为智库带来政策红利》，载于《光明日报》2016 年 12 月 14 日。

⑤ 《国务院关于全面加强基础科学研究的若干意见》，中国政府网，2018 年 1 月 31 日，http：//www.gov.cn/zhengce/content/2018 - 01/31/content_5262539.htm。

术创新提供更多机会。2018 年 7 月 24 日，国务院印发《关于优化科研管理提升科研绩效若干措施的通知》，强调建立完善以信任为前提的科研管理机制，通过优化科研项目和经费管理、完善有利于创新的评价激励制度、强化科研项目绩效评价、完善分级责任担当机制等方式减轻科研人员负担，充分释放创新活力，调动科研人员的积极性。① 此外，中央和地方愈加重视学术规范和科研诚信建设。对此，中宣部等 7 部门于 2019 年 5 月 16 日联合印发《哲学社会科学科研诚信建设实施办法》，专门成立哲学社会科学科研诚信建设联席会议，不仅把科研诚信和学术道德教育作为学习培训的必要内容，还在科研项目、人才计划、科研奖项、成果发表等各项科研活动的各个环节加强科研诚信审核，在年度考核、职称评定、岗位聘用、评优奖励中强化科研诚信考核，严格约束学术道德规范，进一步优化学术生态。②

（二）地方为新型智库建设配套的文件

为进一步提高各省（自治区、直辖市）智库的内部治理与运行管理水平，各省（自治区、直辖市）相关部门也相应出台系列专项管理办法与实施细则，一些政策直接影响着智库的职能发挥。

一是新型智库专项经费管理政策。智库经费的合理使用影响着新型智库规范化运营与管理成效，在财政部出台的《经费管理办法》的总体指导下，北京、黑龙江、江苏、安徽、宁夏等地陆续出台了适应本地发展的专项经费管理办法，明确了专项资金的资助额度、开支范围、预算管理和使用监督等具体内容。除此之外，广西、湖北、重庆、河北等地还设立了决策咨询成果奖，评奖范围更侧重于应用对策研究。③ 广东省于 2015 年 2 月出台《关于加快科技创新的若干政策意见》，赋予高校、科研机构科技成果转化自主处置权，为广东省科技成果转化收益机制和人才建设提供保障。④ 此外，还有福建省制定的《福建省创新驱动助力工程专项资金管理办法》和《福建省科技计划项目经费管理办法》等。⑤

---

① 《国务院关于优化科研管理提升科研绩效若干措施的通知》，中国政府网，2018 年 7 月 24 日，ht-tp：//www. gov. cn/zhengce/content/2018 – 07/24/content_5308787. htm。

② 《中宣部　教育　科技　中共中央党校（国家行政学院）中国社会科学院　国务院发展研究中心　中央军委科学技术委员会关于印发〈哲学社会科学科研诚信建设实施办法〉的通知》，中国社会科学网，2019 年 6 月 27 日，https：//www. sinoss. net/show. php？contentid = 87873。

③ 资料由本书课题组调研获得。

④ 《广东省人民政府关于加快科技创新的若干政策意见》，广东省科学技术厅官网，2017 年 3 月 2日，http：//gdstc. gd. cn/rcptxx/rczcfg/content/post_2712877. html。

⑤ 《福建省科学技术厅、福建省科学技术协会关于组织申报 2021 年福建省创新战略研究计划联合项目的通知》，福建省科学技术厅网站，2021 年 6 月 15 日，https：//kjt. fujian. gov. cn/xxgk/tzgg/202106/t20210615_5622213. htm。

二是新型智库专家队伍建设相关政策。人才队伍是智库建设的核心竞争力。为了进一步加强省级智库人才队伍的建设与管理，充分发挥智库专家的决策主力作用，部分省（自治区、直辖市）制定了人才资助计划或管理办法，如山东省于2016年年初提出科研机构职称评聘合一的改革举措，制定了《关于加快智库高端人才队伍建设的实施意见》《关于印发省属事业单位公开招聘放权试点工作实施方案的通知》《关于做好省属事业单位高层次退休专家特聘工作的意见（实行）》《省属事业单位特聘专家（哲学社会科学领域）行业专家评议实施细则》等人才政策，力图做到培养好人才、留住好人才和用好好人才，为政府决策和机构体制改革提供强有力的支撑。① 此外，黑龙江省教育厅制定《"龙江学者支持计划"管理办法》、河南省出台《"中原学者"管理办法》、山西省制定《山西省科协科技创新智库专家管理办法》《山西省科协智库专家管理办法》、湖南省制定《湖南省科技咨询与评审专家库和专家管理办法》等，明确了智库专家的聘任条件及范围、工作职责、奖励机制、成果考评等具体要求。②

三是新型智库考核评估政策。为了有效监督和评价省级智库建设成效，各省市制定智库评估工作方案，完善了监督考核机制，包括详细的考核评估指标体系、重点智库名单动态调整和后备智库制度等。例如：在浙江省政协第221号重点提案办理工作座谈会上，审议通过《浙江省新型智库评估指标体系》，逐渐形成了浙江省智库工作大框架。③ 2016年12月，江苏省出台《江苏省新型智库管理与考核评估试行办法》，明确由江苏省智库建设办公室负责智库考核工作，实行"重点高端智库5年一考核、重点培育智库3年一考核"的动态考核机制，并进一步明确了智库考核评价指标和具体的实施细则；④ 还制定了《江苏省科协科技智库特色学会和科技智库基地建设评价评估标准》，对科技智库基地的规范化管理提供遵循。⑤

总体上，我国智库的政策环境正在日益得到改善，实现点面结合，其中国家政策起到很好的统领全局和方向引导的作用；地方政策也紧跟国家步伐，纷纷带头作出示范；行业政策拓展智库应用范围，充分发挥智库决策咨询在各行业的关键作用；研究经费、人才队伍、考核评价等配套政策为释放智库创新活

① 黄晋鸿：《科研改革为智库带来政策红利》，载于《光明日报》2016年12月14日。
② 资料由本书课题组调研获得。
③ 周大彬、王志敏、叶春：《马光明出席省政协重点提案办理工作座谈会并讲话》，中国人民政治协商会议浙江省委员会官网，2019年10月29日，https：//www.zjzx.gov.cn/ldjh/content_87011。
④ 吴寒飞：《江苏省新型智库管理与考核评估试行办法》，南通大学人文社科处官网，2020年2月26日，https：//rwsk.ntu.edu.cn/2020/0226/c2409a110074/page.htm。
⑤ 《江苏省科协科技智库特色学会和科技智库基地建设评价评估标准》，江苏公众科技网，2018年3月9日，http：//www.jskx.org.cn/web/artlist/785964。

力提供了绝佳的发展红利。虽然国家政策印发迅速、落实有序，但各省市的政策落实情况不一，推进改革的做法和力度也不尽相同，存在政策落实"最后一公里"的现象。从政策制定层面来看，仍有部分地区受社会经济发展水平、智库建设基础、思想认识等条件的限制，尚未落实智库的建设规划工作，部分地区针对智库专门的配套政策和保障措施还未得到完善，省级智库的准入条件、建设标准、经费管理、评估方法、淘汰机制还未专门制定管理方法加以明确。从政策实施层面来看，地方部门往往因交流不足、上下沟通不畅造成政策难以落地。因此，智库建设不应流于形式，更应该聚焦内容创新与质量提升，充分借助制度优势，深化体制机制改革，为国家重大战略和地方经济发展提供更好的决策支持。

第五节　构建了新型智库协同网络

新型智库的迅速发展促进了智库网络和智库共同体的形成。智库网络是智库之间交流合作、信息共享、资源整合的柔性松散的联盟。根据我国新型智库发展实际，我国智库网络可以分为政府主导型、系统型、平台型以及联盟型等四种形态，不同的智库网络有着不同的特点。[①]

一、政府主导型网络凝聚高端"智"力

建设"中国特色新型智库"已被提升至国家战略的高度，政府的重视与鼓励是我国新型智库发展的一大重要机遇。"政府主导型网络"主要是指以国家高端智库、各省市级重点智库等为代表的网络形态，是我国智库从中央到地方政策试点推广形成的主要形态之一。这类智库网络由政府主导创立，受到官方认可，因而拥有较高的资源保障，打破了智库的地域、性质、学科的界限，网络的稳定性较高；网络宗旨主要是着眼于"重点建设一批具有较大影响力和国际知名度的高端智库"的目标，智库网络成员大都是经过千挑万选，发展状况良好或拥有较大发展空间的智库"翘楚"，拥有较强实力，政策转化率相对较高。因此，政府主导型智库网络成为凝聚高端精英智库资源的智库网络形式。

[①]　李刚、王斯敏、冯雅、甘琳等：《CTTI 智库报告（2019）》，南京大学出版社 2020 年版，第 108～119 页。

（一）国家高端智库网络凝聚国内领先力量

国家高端智库网络是指由国家高端智库建设试点单位和国家高端智库建设培育单位构成的智库网络，凝聚了国内各领域领先的智库力量。2015 年 12 月 1 日，国家高端智库建设试点工作会议在京召开，标志着试点工作正式启动。首批国家高端智库建设试点单位共 25 家。2017 年，中宣部公布了 13 家国家高端智库建设培育单位。在 2018 年的党和国家机构改革中，中央党校和国家行政学院的职责整合，组建新的中央党校（国家行政学院），25 家试点单位遂变更为 24 家。直到 2020 年 3 月 2 日，中宣部正式公布 5 家新增试点单位，均从培育智库中"升级"而来。由此，国家高端智库建设试点单位由 24 家增加至 29 家，培育智库也从 13 家减少至 8 家，形成了"29＋8"的国家高端智库网络。

为进一步扩大智库内部治理自主权，提高资源配置效率，激发智库的活力，中宣部研究起草了《智库管理办法》，与财政部共同制定了《经费管理办法》，作为高端智库运行管理和专项经费管理的基本规范。同时，为加强国家高端智库的协调管理，中央要求在全国哲学社会科学规划领导小组下设立国家高端智库理事会，作为国家高端智库建设的议事机构和评估机构，发挥引导管理、统筹协调功能，积极打通咨政渠道，增强智库间的联系。[1] 作为"智库国家队"，国家高端智库网络集合了国内最精锐的智库力量，智库类型多样，覆盖广泛，特色鲜明；智库网络具有实体性质的理事会和工作会议、严密的组织管理制度、稳定的资金支持，为全国新型智库建设积累了宝贵经验，发挥了良好的示范作用。

（二）省市重点智库网络集聚区域优势力量

随着《意见》出台以及国家高端智库建设试点工作开展，各省市纷纷着手开展本省市的新型智库建设工作，培养本区域内的重点智库，由此形成了各个省市重点智库网络。例如，2016 年 4 月，由河北省委宣传部批准成立九家首批新型智库试点单位；2016 年 9 月，山东省委宣传部下发《关于公布山东省重点新型智库建设试点单位名单的通知》，遴选确定 15 家智库作为首批重点新型智库建设试点单位。2017 年 12 月，江西省委宣传部发出《关于遴选首批省级重点智库的通知》，并于 2018 年公布了 17 家重点智库名单。2017 年 8 月，黑龙江省委宣传部组织开展了黑龙江省重点智库培育工作，最终研究决定设立 20 家省首批重点培育智库；2018 年 9 月，面向全省公开组织开展第二批重点培育智库遴选工作，11 月公布了黑龙江省第二批 6 家重点培育智库。2018 年 5 月，浙江省启动新型智库

---

[1] 贾宇：《立足高端　服务决策　引领发展》，载于《光明日报》2016 年 12 月 1 日。

遴选工作，并于 9 月公布了 13 家浙江省新型重点专业智库和 8 家浙江省重点培育智库，以 5 年为期建设重点智库，从而形成了新型重点专业智库与重点培育智库互补的智库发展格局。[①] 与之相类似的还有北京、江苏、湖南、广东、安徽、湖北、重庆、四川等地都制定本地区智库建设的《意见》或《方案》，组织开展试点工作，从而形成了省级重点智库网络。除了省级重点智库网络之外，部分县市的重点智库同样构成了智库网络。例如 2017 年 5 月，滁州市公布了 4 家重点智库和 4 家重点培育智库；2018 年 3 月，连云港市公布了 9 家首批重点智库；2018 年 4 月，南京市公布了首批 6 家重点新型智库。[②]

此外，部分省市还成立了重点智库建设工作指导管理机构。例如江苏省设立了新型智库建设工作指导委员会，下设江苏省新型智库建设办公室负责新型智库建设事宜，并在 2017 年 5 月成立江苏省新型智库理事会，作为指导全省新型智库建设的议事机构和评估机构。四川省成立了由省委、省政府领导下的新型智库建设领导小组，作为负责四川新型智库建设工作的议事协调机构，并设立四川新型智库建设专家委员会作为领导小组专门的学术咨询机构。[③]

各省市为促进本地区新型智库的建设与发展，制定了一系列的政策，因此各省市重点智库网络往往与国家高端智库网络一样，拥有一定的资金与政策支持、较为完善的管理与评估制度以及更畅通的咨政通道。省市重点智库网络的形成一方面起到了较强的引导和标杆作用，为本地新型智库建设积累经验；另一方面也有助于集合本地区的优势智库力量与智库资源，推动当地智库共同体建设，拢指合拳，形成区域智库合力，更高效服务于当地政府决策。

二、系统型网络富集行业"智"力

系统型智库网络主要由国家部委或是相关部门倡导成立的某一系统（行业）内的智库构成。《意见》提出中国特色新型智库的发展要做到规模适度、布局合理，并将新型智库划分了七个类型：党政部门、社科院、党校行政学院、高校、军队、科研院所和企业、社会智库。不同类型的智库往往拥有不同的特点与隶属关系，而同类型智库则具有较大的相似性。因此在我国新型智库建设热潮中，不同系统不同类型的智库相互联系，形成了系统型网络。

系统型网络往往具有较强的行业属性，由相同领域、行业的智库组成，因此网络的政策领域相对更为集中，成员间的行业差距、学科差距更小；网络稳定性相对较高；其网络宗旨往往是在相关部门指导下，以促进相关系统工作和相关行

---

①②③　以上资料均由本书课题组调研获得。

业发展为目标。例如 2014 年，教育部印发的《计划》中提到"以 2011 协同创新中心和人文社会科学重点研究基地建设为抓手，重点打造一批国家级智库"①，这可看作是教育系统的智库网络。除了国家级的教育系统智库网络，部分省市教育系统也建立了相应的智库网络。2015 年，甘肃省教育厅（高校工委）启动实施了甘肃高校精准扶贫智库建设，并于 10 月公布了 5 家甘肃省高校精准扶贫智库，瞄准全省精准扶贫、精准脱贫工作展开深入研究，并为政府扶贫决策提供智力支持。2018 年 8 月，福建省教育厅遴选确定 20 个福建省高校特色新型智库。②

在教育系统中，还形成了某一领域的智库网络。例如教育部国别和区域研究备案中心组成了教育系统有关国别和区域研究的智库网络。2011 年 11 月，教育部区域和国别研究培育基地项目启动；2015 年 1 月，教育部出台《国别和区域研究基地培育和建设暂行办法》；2017 年 3 月，出台了《国别和区域研究中心建设指引（试行）》；③2018 年 11 月，教育部国别和区域研究备案中心第四次交流会议暨非洲中心建设专题研讨会在浙江师范大学召开。④ 建设国别和区域研究备案中心旨在服务国家的外交战略，以高校的研究为国家外交发展提供咨询，促进高校发展成为国家重要决策的"智囊团"和"思想库"。

除了教育系统的智库网络之外，还有文化、科技、交通等系统的智库网络。例如，2016 年 4 月，文化部办公厅开展了年度文化艺术智库项目申报工作，以项目申报的形式促进文化艺术智库体系建设；11 月，文化部文化科技司组织的文化艺术智库项目集体开题会在贵州举行，首批 4 个文化艺术智库项目集体开题，标志着"文化艺术智库体系建设工程"正式启动。此外，文化部还通过相应的评选程序，推出"智库联系点"，以符合条件的省级艺术研究院所为依托，聚集社会各方文化艺术研究力量。⑤此后 2017 年、2018 年，文化部继续开展了文化艺术智库项目申报工作，依托文化艺术智库体系形成了文化艺术智库网络，不仅为当地文化艺术建设提供决策咨询，其中具有典型性和示范作用的研究成果也可为国家文化艺术建设提供决策参考。2018 年 2 月，交通运输部出台了《关于促进交通运输新型智库发展的实施意见》，明确提出要依次按照部属、行业、社会不同圈层的智库，进行分类指导，分类推进各类智库发展，力争用五年左右时间，在铁路、公路、水运、民航、邮政及综合交通运输等领域建设一批新型智库，并开

---

① 《教育部关于印发〈中国特色新型高校智库建设推进计划〉的通知》，教育部官网，2014 年 2 月 10 日，http://www.moe.gov.cn/srcsite/A13/s7061/201402/t20140212_164598.html。

②③⑤ 以上资料由本书课题组调研获得。

④ 卢洁：《147 家国别和区域研究备案中心专家齐聚浙师大：研讨非洲中心建设工作》，金华网，2018 年 11 月 14 日，https://www.jinhua.com.cn/app/news/jinhua/2018-11-14/430825.html。

展部级新型智库试点工作，由此可形成交通系统的智库网络。[①]

三、平台型网络汇聚广泛"智"力

平台主导型智库网络主要依托于某一平台形成，智库网络受平台影响较大，例如智库网络的稳定性、网络成员之间的凝聚力、网络成员的资格要求，与前两者网络类型相比具有不确定性。因此，平台型网络往往具有较强的可扩容性，可以在更大范围汇聚智库资源。平台型网络的产生一方面得益于信息技术的发展；另一方面，由于党和政府的大力支持，各类型智库数量不断增长，体系架构不断优化，质量不断提升，在很大程度上刺激了各类智库研究与评价机构的发展。因此，平台型网络可按平台的功能进行分类，常见的平台型智库网络有依托研究评价型平台而建立的智库网络、依托服务型平台而建立的智库网络、依托管理型平台而建立的智库网络。

评价型平台网络是主要依托相关智库研究评价机构而形成的智库网络。2016年12月，由光明日报社、南京大学主办，光明日报智库研究与发布中心、南京大学中国智库研究与评价中心承办的"2016中国智库治理论坛"在南京举行，我国首个智库垂直搜索引擎和数据管理平台——中国智库索引（CTTI）发布，并公布首批入选智库名录。[②]截至2020年12月，全国共有940家CTTI来源智库融入了一个共建共治共享，线上线下良性互动的智库网络中。同时，光明日报社与南京大学共同主办的"中国智库治理论坛"从2016年开始已连续举办5届，累计数千人参会。以"中国智库治理论坛"和"中国智库索引"为纽带，940家CTTI来源智库构成的智库网络共同推动了新型智库共同体建设。[③]此外，上海社会科学院智库研究中心推出的《中国智库报告》年度系列，包含500余家智库在内的智库备选池同样构成了一个以研究评价平台为纽带的智库网络。[④]

服务型平台网络主要依托服务型平台而建立，智库参与该网络主要是利用平台的服务功能。以新浪智库平台为例，在新浪平台上线后，有国内外40余家优秀智库入驻，[⑤]不仅为合作智库在新浪网上提供了具有增值能力服务的独立展示空间，同时还成为智库、政府、企业项目对接的高效通道，构建"线上＋线下"

[①] 《交通运输部关于促进交通运输新型智库发展的实施意见》，交通运输部官网，2018年2月7日，https://xxgk.mot.gov.cn/2020/jigou/zcyjs/202006/t20200623_3307289.html。

[②] 张胜、贾宇：《2016中国智库治理论坛在南京举行》，载于《智库理论与实践》2016年第1期。

[③] 资料由本书课题组成员统计得出。

[④] 上海社会科学院智库研究中心：《〈2018中国智库报告〉发布，综合影响力50强智库出炉》，澎湃新闻网，2019年2月1日，https://www.thepaper.cn/newsDetail_forward_2940462。

[⑤] 杨谧：《新浪智库平台上线》，载于《光明日报》2015年8月13日。

一体化服务体系，从而将智力资源转变为信息增值服务的产品，更好地服务于社会。

管理型平台网络往往由智库主管部门倡导建立。智库主管部门依托相关信息平台，达到管理、服务、引导智库发展的目的。例如2018年9月，民航局出台《关于加强民航局新型智库建设的实施办法》，[①] 提出建设信息化的民航局新型智库管理服务平台。平台将依托民航局网站建设，具备政策研究需求发布、智库成员登记注册、研究申报、信息发布、项目管理与评估等五大功能；为打造开放式的民航局新型智库格局，民航局对智库成员实行登记注册制管理，智库成员单位或智库个人成员两种类型，在平台登记注册，经过审核后完成认证。通过平台，可以发布政策研究方向，加强信息交流，实现资源共享，也可促进智库成员之间加强横向交流和联合研究。该平台既是决策部门借智引智的平台，也是智库与决策部门沟通交流的平台、智库成果传播转化的平台。在该平台登记的会员单位或个人则构成了以民航局新型智库管理服务平台为纽带的智库网络。由于平台带有一定的管理性质，有严格的注册认证体系，因此，该类型的平台型网络相比于其他平台型网络具有更高的凝聚力。

四、联盟型网络吸纳专业"智"力

联盟指多个行动者集中资源，并在联合行动期间积极沟通以实现共同目标，是一种网络形式。近年来，我国智库联盟建设势头十足，这促使智库联盟成为国内最为普遍、分布较广的网络形态之一。联盟型智库网络的宗旨或目的往往十分明确，一般由智库自发成立，为的是集合某一地区、某一行业乃至某一学科的智库力量和资源，搭建智库信息、资源、成果共享的交流合作平台。与政府主导型网络和系统型网络不同，联盟型网络按照不同的地域、研究领域、行业、学科、智库属性等组建而成的智库联盟形成了不同的联盟型网络，属于"条块"结合的智库网络形态。

2013年之后，智库联盟有了爆发性的发展。据统计，2015年到2018年的4年间，国内成立了70余家智库联盟。2019年上半年已经有越南研究智库联盟、河南省高校智库联盟、江苏新智库联盟、长三角地区党校（行政学院）智库联盟等数家智库联盟成立。截至2020年12月，国内已经建成的智库联盟已有百余家，这百余家智库联盟可以为不同地区、不同领域、不同类型的智库提供一个交

---

① 《关于加强民航局新型智库建设的实施办法》，中国民航局官网，2018年9月18日，http：//www.caac.gov.cn/XWZX/MHYW/201809/t20180918_191768.html。

流合作的平台，打破智力孤岛，提高智库之间的协同创新能力和政策服务能力（见图 4 - 12）。

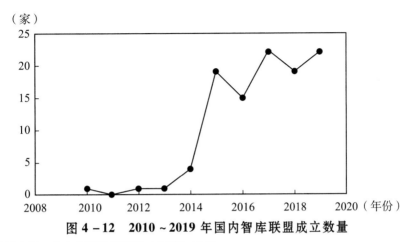

图 4 - 12　2010～2019 年国内智库联盟成立数量

资料来源：来自中国智库索引（CTTI）系统。

　　从智库性质层面来讲，不同类型智库如高校智库、社会智库、党政军智库、企业智库等根据自身不同性质组成了不同性质的智库联盟。例如，国家级或省级高校智库联盟（如河南省高校智库联盟），党校系统联盟（如山东省党校系统智库联盟、长三角 - 珠三角党校智库合作联盟），企业智库联盟（如中央企业智库联盟）和社会智库联盟（如蓝迪国际智库平台）等。

　　从智库联盟涉及的地域来看，目前国内主要有全国性智库联盟、省级智库联盟、区域性智库联盟、市县级智库联盟以及国际性智库联盟。国际智库联盟主要是由我国智库倡导成立的、有外国智库加入的智库联盟。区域性智库联盟主要是跨省市的区域联盟。据统计（见图 4 - 13），国内目前有广东、广西、云南、湖南、山东、江苏、贵州、甘肃等地成立的省级智库联盟；南京、苏州、武汉、黑河等地成立市级智库联盟；甚至部分县、区也成立了相应的智库联盟。如国内第一家省级智库行业协会——山西省智库发展协会（三晋智库联盟）汇集了全省高校、科研机构、国有企业和各界专家学者；[1] 由甘肃省 25 家党政机关、院所高校、科技企业、行业协会、新闻媒体机构等 40 多家智库自愿联合发起成立省内首个以科技创新为主旨的新型智库联盟——甘肃省科技创新智库联盟；[2] 山东社

---

　　[1]　《山西省智库发展协会成立》，中国日报中文网，2017 年 1 月 7 日，http：//cnews. chinadai-ly. com. cn/2017 - 01/07/content_27890114. htm。

　　[2]　《甘肃省科技创新智库联盟成立》，甘肃省科学技术协会官网，2018 年 8 月 3 日，http：//www. gsast. org. cn/zzxc/zkjs/content_4043。

科院发起并联合省内重点智库、各地市社科院等成立了山东智库联盟；[①] 由浙江省宁波市象山县委政研室、宁波工程学院象山研究院、象山天一智库共同发起组建的象山智库联盟，是全国首家县级层面智库联盟；[②] 2018 年，深圳宝安区成立了宝安区智库联盟。除了省市县区之外，还有部分跨区域的智库联盟，如中国沿边省区新型智库战略联盟、全国"一带一路"沿线城市智库联盟、宁镇扬智库联盟以及长三角、珠三角、京津冀等地区智库机构组成的智库联盟。

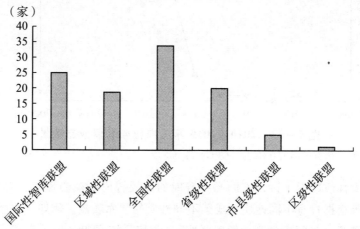

图 4 – 13　不同地域范围的智库联盟数量

　　资料来源：来自中国智库索引（CTTI）系统，以及各省（自治区、直辖市）相关部门公开发布的报道信息。

　　随着新型智库建设进程的推进，我国智库从个体发展逐渐向网络化转变，不同类型、主题、区域的智库逐渐形成政府主导型、系统型、平台型和联盟型智库网络，智库网络化格局越发明显，智库网络的功能与运行机制逐渐完善，推动新型智库建设从"单兵作战"转向"集团军作战"，发挥了智库网络在政策研制与倡导协同上应有的价值，真正服务党和国家事业大局。

小　结

　　构建中国特色新型智库的治理体系，需要多方治理主体在多个层面重点发

---

　　① 张胜：《山东智库联盟成立》，载于《光明日报》2015 年 7 月 22 日。
　　② 宁波市委改革办：《象山县：建立智库联盟提高决策科学化水平》，载于《宁波通讯》2015 年第 19 卷。

力：其一，在治理原则方面，始终把"坚持党管智库，坚持中国特色社会主义方向"作为新型智库建设必须遵循的基本原则；其二，在外部治理方面，建立宽严相济的条块管理体制，在党的全面领导、相关管理部门的统筹部署下，形成中央、行业与地方既协同又各负其责的建设体制；其三，在内部治理结构方面，依据自身性质及定位，搭建适合自身发展的科学合理的智库组织形式和管理架构；其四，在制度供给方面，在现有基础制度、运行管理制度、个性化制度三层制度框架的基础上，继续做好政策设计，自上而下要贯通，增强新型智库政策体系和其他相关政策的配套性、协同性、互补性；其五，在治理网络方面，借助体制优势，推动不同类型、不同区域、不同领域智库之间的交流合作，克服数据孤岛、信息孤岛、智库孤岛，打破传统条块分割管理体制壁垒，实现政策研究创新的分工协同，建立政策研究联合体，形成中国特色的智库集群。因此，当前我国新型智库建设需要从抓智库实体到抓智库行业治理，政府、智库、媒体、企业、社会公众等多元治理主体既需要分工负责又要互相配合、协同推进，共同为打造规范有序、特色明确、充满活力的新型智库行业生态而努力。

第五章

坚持重点先行的新型
智库发展格局

先开展政策试点，然后取得经验后复制推广是中国特色的政策过程。我国新型智库建设也遵循了"试点先行、分层分类推进"的思路，优先在国家和省一级层面完善顶层设计，选取一批基础条件好、专业特色突出的研究机构开展先行先试。随着国家高端智库建设试点和省级重点智库建设工作陆续展开，设区市因时而动、顺势而为，探索建设基层智库。我国形成了重点先行、梯次布局的新型智库发展格局。

第一节　国家高端智库是新型智库
建设试点的"排头兵"

中国特色新型智库建设是党和政府科学决策、民主决策、依法决策的重要支撑，对于坚持和发展中国特色社会主义道路，增强我国国际话语权，实现中华民族伟大复兴具有重要意义，因此受到了以习近平同志为核心的党中央的高度重视。党的十八大以来，以习近平同志为核心的党中央面对新形势新任务，为实现"两个一百年"奋斗目标和中华民族的伟大复兴，提出了一系列智库建设新理念新思想新战略，高端智库建设的画卷也在这些政策背景下徐徐展开。

一、国家高端智库建设的规划布局

（一）坚持试点先行，打造首批中国特色新型智库的"标杆"

根据《意见》要求，我国坚持高起点推进、高标准建设，加快实施"国家高端智库建设规划"，鼓励各级各类智库大胆探索、试点先行，发挥改革试点的侦察兵和先遣队作用，以点带面、找出规律、凝聚共识，为全面推进智库建设工作积累经验、创造条件。2015年11月9日，中央全面深化改革领导小组第十八次会议审议通过了《试点工作方案》，强调要紧紧围绕"四个全面"战略布局，以服务党和政府决策为宗旨，以政策研究咨询为主攻方向，以完善组织形式和管理方式为重点，以改革创新为动力，重点围绕国家重大战略需求，开展前瞻性、针对性、储备性政策研究。《试点工作方案》从试点单位的入选条件、认定程序，到试点单位运行管理的具体措施，对国家高端智库建设试点各项工作予以明确。2015年12月1日，国家高端智库建设试点工作启动会在京举行，25家机构入选首批国家高端智库建设试点单位。①

按照中央要求，国家高端智库实行理事会制度，在全国哲学社科规划领导小组设立国家高端智库理事会，将其作为国家高端智库建设的议事机构和评估机构，承担把握战略方向、审议重大决策、指导科研规划、实施监督评估等职责，具体负责审议国家高端智库建设的发展规划和规章制度，提出国家亟需解决的重点研究任务。《智库管理办法》和《经费管理办法》分别对国家高端智库的组织管理方式和经费管理给予制度化安排，国家高端智库建设的蓝图和目标愈加清晰、明确。

（二）国家高端智库建设试点单位的"新一轮扩容"

按照《意见》中提到的国家高端智库建设规划目标，明确要"重点建设50至100个国家亟需、特色鲜明、制度创新、引领发展的专业化高端智库"，提出"到2020年重点建设一批具有较大影响力和国际知名度的高端智库"。② 中央全面深化改革委员会第十二次会议于2020年2月14日审议通过了《意见（2020～

---

① 《中央全面深化改革领导小组第十八次会议通过〈国家高端智库建设试点工作方案〉》，载于《中国人才》2015年第23卷。
② 中共中央办公厅、国务院办公厅：《关于加强中国特色新型智库建设的意见》，中国政府网，2015年1月20日，http://www.gov.cn/xinwen/2015-01/20/content_2807126.htm。

2022 年)》，指出近年来试点工作的明显成效和存在的突出问题，并强调建设中国特色新型智库是党中央立足党和国家事业全局作出的重要部署，要精益求精、注重科学、讲求质量，切实提高服务决策的能力水平。该文件还指出，国家高端智库要切实提升服务决策能力水平、积极有效服务对外工作大局、深入推进体制机制改革创新，国家高端智库理事会和国家高端智库主管部门要为智库营造健康发展的良好环境、加强组织领导和规范管理，按照"成熟一个，发展一个"的原则，力争到 2022 年建成 50 家左右基本涵盖各主要研究领域的国家高端智库。此文件是继 2015 年 1 月 20 日中共中央办公厅、国务院办公厅印发《意见》，2015年 11 月 9 日中央全面深化改革领导小组第十八次会议通过《试点工作方案》之后，关于国家高端智库建设的又一重要指导性文件。

同时，中共中央宣传部于 2020 年 3 月 2 日正式公布新增 5 家国家高端智库建设试点单位，[①] 按照《意见》中对智库类型的划分标准，新增试点单位均属于依托大学和科研机构的专业性智库，试点工作迎来"新一轮扩容"。经过此次"扩容"，24 家首批国家高端智库建设试点单位（后由于党和国家机构改革，中共中央党校和国家行政学院整合组建为新的中共中央党校（国家行政学院），25家试点单位减至 24 家）增加至 29 家，分为四种类型：第一类是党中央、国务院、中央军委直属的综合性研究机构（9 家），其中不乏中国哲学社会科学研究的最高学术机构和综合研究中心（中国社会科学院），中国科学技术方面的最高咨询机构（中国科学院），中国工程科学技术界的最高荣誉性、咨询性学术机构（中国工程院），高中级领导干部和马克思主义理论干部的最高学府（中央党校），中国最高军事学府（国防大学）等相应领域最高级别的科研机构或学府；第二类是依托大学和科研机构的专业性智库（17 家），其中包括中国社会科学院直属的 2 家研究机构，专门从事综合性国际问题研究的 1 家研究机构，代表地方智库发展的 1 家社科院智库，分别隶属外交部、国家发改委、科技部、财政部和商务部等国家部委的 5 家直属科研机构，以及依托"双一流"高校建立的 8 家专业性智库；第三类是依托大型国有企业的智库（1 家），该智库作为中国石油集团直属科研机构，承担全国石油石化综合信息开发和发展战略研究的重要决策职能；第四类是基础较好的社会智库（2 家）。可见，经过 2020 年 3 月国家高端智库的"二次扩容"，目前已基本发展成为"9 家综合性智库＋17 家专业性智库＋1家企业智库＋2 家社会智库"的新型智库体系。从研究领域上看，29 家国家高端智库主要包括经济类、政治类、科技类、法律类、国防类、外交类、党建类、教育类等，研究领域涵盖国家发展战略、国家安全、公共政策、宏观经济、

---

① 奚闻：《新增国家高端智库建设试点单位名单公布》，载于《浙江大学报》2021 年 3 月 27 日。

科技创新、国际贸易、新闻传播、国防和军队建设、教育改革和发展、区域协调发展等 20 多个重点研究领域，[①] 整体呈现出研究特色显著、研究领域多元、综合性与专业性智库协同建设的总体发展格局。

从中发现，党中央在谋划国家高端智库战略布局的过程中，一方面注重高端引领，鼓励一批党中央、国务院、中央军委直属的综合性研究机构主动发挥示范带头作用；另一方面注重分类施策，党校行政学院智库、社科院智库、高校智库、科技创新智库和社会智库均被纳入试点单位名单，彼此之间有着明确的分工和密切的联系；此外，还注重分层治理，由一批国家高端智库建设试点单位先试先行，再筛选一批国家高端智库培育单位作为后备军，培育单位同样以国家高端智库的标准建设，是国家高端智库的重要补充，也是服务党中央和政府决策、推动国家治理现代化的重要力量。基于此，按照高端引领、分类施策、分层治理的原则，国家高端智库建设基本形成了高端示范、类型广泛、和而不同的工作布局和发展态势。

二、国家高端智库建设取得的显著成效及创新举措

近年来，国家高端智库建设试点工作经历了从谋划启动、顺利开局到全面推进、规范成熟的艰难过程，国家高端智库理事会统筹推动，各主管主办部门高度重视，各试点单位积极作为，无论从规模扩建、机制改革，还是成果生产、人才培养，抑或是合作平台搭建、国际交流与发声等各方面工作都取得了重要进展和丰硕成果，形成的经验做法值得总结提炼并全面推广。

（一）综合实力强劲，始终占据全国智库"第一方阵"

近年来，国家高端智库作为我国新型智库建设的关键力量，在学术影响力、决策影响力、舆论影响力、国际影响力等方面均展现出不错的成绩，显示出国家高端智库引领示范的责任担当。根据美国宾夕法尼亚大学智库研究项目组（TTCSP）编写的《全球智库报告 2020》显示，[②] 中国拥有 1 413 家智库，其中 8 家智库（含 4 家国家高端智库）连续三年入选全球百强智库榜单；有 24 家智库（不含港澳台）入选中印日韩区域智库排名，其中中国现代国际关系研究院（以下简称"现代院"）、国研中心等 5 家国家高端智库建设试点单位入选，其他入选单

---

① 资料来自中共中央宣传部印发的《国家高端智库建设试点工作方案》。
② 《〈全球智库报告 2020〉发布，中国多家智库入选全球顶级智库分类排名》，中国网，2021 年 2 月 1 日，http：//www. china. com. cn/opinion/think/2021 – 02/01/content_77175930. htm？f = pad&a = true。

位多为企业智库或社会智库。根据上海社会科学院智库研究中心发布的《2018年中国智库报告——影响力排名与政策建议》,[①] 发现综合影响力排名前 50 的智库中有 27 家国家高端智库榜上有名,占比超过一半之多,其中国家高端智库包揽榜单前 12 名;从分项影响力来看,决策影响力、学术影响力、社会影响力、国际影响力等专项排行榜单中都有 10 多家国家高端智库上榜,国研中心、中国社会科学院、中国科学院等均名列前茅。根据四川省社会科学院与中国科学院成都文献情报中心联合打造的《中华智库影响力报告(2020)》[②] 中指出,综合影响力排名前十的智库中有 7 家国家高端智库上榜,北大国发院、综研院、国经中心、上海社科院等国家高端智库均排名靠前,足以展现国家高端智库强大的整体实力。

可见,国家高端智库作为中国特色新型智库体系的一支重要力量,既贴近决策层,拥有掌握决策需求的区位优势,能够把握政治方向和决策时机,又能发挥沟通桥梁功能,开展政策解读、反映社情民意,在建设目标、职能定位、理论研究、决策咨询、国际外交、舆论引导等方面做出很多有益的尝试和探索,始终保持在全国智库"第一方阵",甚至出现在世界顶尖智库行列之中,值得认可和学习。

(二) 围绕重大战略需求,决策支撑作用充分彰显

习近平总书记指出,要建设一批国家亟需、特色鲜明、制度创新、引领发展的高端智库,重点围绕国家重大战略需求开展前瞻性、针对性、储备性政策研究,不断提高决策咨询服务质量和水平。[③] 试点工作五年多来,国家高端智库紧紧围绕服务中央决策的根本宗旨,牢牢把握为党和政府决策服务的根本方向,致力于为中央重大决策和经济社会发展需要贡献一大批有分量、有水准的智库成果,充分彰显强大的决策支撑作用。

1. 主动对接中央决策部门,实现供需良性互动

国家高端智库主动与党中央、国务院和各国家部委建立合作,围绕经济增长新动能、跨境旅游合作、实施国家创新战略、"十四五"规划等核心议题展开交流和探讨。例如:2019 年 9 月 17 日,国研中心和财政部等联合主办"培育中国经济增长新动能"国际研讨会,发布三方合作成果《创新中国:培育中国经济增

---

① 《2018 年中国智库报告——影响力排名与政策建议》,上海社会科学院智库研究中心官网,2019年 3 月 22 日,https://ctts.sass.org.cn/_s33/2020/0701/c1955a84693/page.psp。

② 赵徐州、曾江:《四川省社科院与中科院成都文献中心发布〈中华智库影响力报告(2020)〉》,2021 年 6 月 4 日,四川省社会科学院官网,http://www.sass.cn/101004/63644.aspx。

③ 习近平:《在哲学社会科学工作座谈会上的讲话》,载于《人民日报》2016 年 5 月 19 日。

长新动能》;① 同日，由中国社会科学院、国务院参事室等联合主办的第十二届中国 – 东盟智库战略对话论坛在广西南宁举行，共同探讨了"新时代中国 – 东盟命运共同体建设""推进中国 – 东盟次区域合作"等议题。② 2019 年 7 月 17 日，中国科学院科技战略咨询研究院公开发布《中国创新战略与政策研究 2019》，③该书也是中国科学院与国务院研究室共建的中国创新战略和政策研究中心形成的一项研究成果。人大国发院近几年承担包括中办、国办、中宣部、中财办、国家发改委、财政部等在内的上级领导部门交办任务 200 多项，还受邀参加部委咨询会议数百场，与有关部委联合举办重要会议和论坛近百场。④ 文津圆桌会议是由中国政府网牵头搭建的，由每一项制定政策相关方组成的，⑤ 是落实国务院政策出台"最先一公里"和"最后一公里"的交互平台。依托此平台，来自国家高端智库的诸多专家都曾就相关议题建言献策。

2. 拓展服务决策渠道，全方位融入政策过程

根据《试点工作方案》要求，国家高端智库可通过《国家高端智库报告》内刊将智库成果直报中央，也可借助自有渠道将成果上报。除了报送内参以外，允许并鼓励国家高端智库通过咨询授课、内部座谈研讨、参与文件起草、项目论证评估等多种形式为中央决策作贡献。近年来，国家高端智库按照要求，积极通过多种形式，打通与中央决策部门的联通渠道，全方位融入政府政策的研制环节中，力求向中央决策提出更多高水平、用得上的决策咨询建议。

第一，依托内参直报中央，实现咨政成果报送常态化。29 家国家高端智库建设试点单位均设有自己的智库内参，其中多数内参在国内行业领域影响颇深。例如：国研中心创办的《经济要参》是经济类中央一级内部刊物、经济类核心期刊，为报送咨政成果专门开设"领导论坛""决策咨询"等栏目，及时为各部、委、办、局领导披露相关领域的政策及行业趋势。中国工程院主办的《院士建议》内参，是由院内上千名院士专家将自己的对策建议上报中央和国务院有关部门的专门渠道。据了解，21 世纪初，中国工程院四年共上报《院士建议》66 份，获得批示 18 次；⑥ 而现在，两年多来共报送《院士建议》91 份，有关"航空发

---

① 国务院发展研究中心：《国研中心、财政部与世行联合发布报告〈创新中国：培育中国经济增长新动能〉》，搜狐网，2019 年 9 月 18 日，https://www.sohu.com/a/341655795_256721。

② 武勇：《中国东盟携手共绘合作发展愿景》，载于《中国社会科学报》2019 年 9 月 23 日。

③ 高雅丽：《〈中国创新战略与政策研究 2019〉发布》，载于《中国科学报》2019 年 7 月 18 日。

④ 《筚路蓝缕，以启山林：人大国发院三年巡礼》，光明网，2019 年 3 月 13 日，https://www.gmw.cn/xueshu/2019-03/13/content_32636461.htm。

⑤ "文津圆桌"，中国政府网，2021 年 6 月 29 日，http://www.gov.cn/zhuanti/201412 wjyzhy/。

⑥ 《中国工程院四年来工作成果回顾》，中国科学院官网，2006 年 6 月 6 日，http://www.cas.cn/xw/kjsm/gndt/200606/t20060606_1002599.shtml。

动机""粮食安全""京张智能高速铁路"等议题的高质量研究报告得到中央领导同志批示或被有关部门采纳,① 可见中国工程院近年来报送成果在不断增加,报送质量和水平也在不断提升。清华大学国情研究院编送发的决策咨询内参《国情报告》自 1998 年创刊以来已累计出版千余期,基本形成以正刊为主体,专刊、增刊和《海外中国研究》为补充的内容体系,主要供省部级以上领导干部参阅,② 具有较强的社会影响力、较高的学术研究价值和参考价值。另外,还有上海社会科学院的《上海新智库专报》《国际问题专报》《舆情信息》三种专报,综研院的《综研快参》,粤港澳研究院的《粤港澳研究专报》《港澳社情舆情动态》《全球湾区动态》等。

第二,采用咨询授课、座谈交流、文件起草等多种形式服务中央决策。近年来,国家高端智库专家多次参与了中央领导同志主持召开的座谈会,如人大国发院多名研究员受邀参加总书记主持的哲学社会科学座谈会、总理主持的经济形势座谈会以及其他领导人主持的会议,积极参与国家重大决策咨询,服务国家发展战略。③ 此外,浙大区域中心全程参与了《推动共建丝绸之路经济带和 21 世纪海上丝绸之路的愿景与行动》《中共中央国务院关于新时代推进西部大开发形成新格局的指导意见》等重大文件的起草;④ 科技部战略院参与起草了中央全面深化改革委员会审议的《关于加强农业科技社会化服务体系建设的若干意见》,以及支撑国务院办公厅、财政部、科技部《科技领域中央与地方财政事权和支出责任划分改革方案》《中央财政科技计划(专项、基金等)后补助管理办法》《关于新时期支持科技型中小企业加快创新发展的若干政策措施》等政策和文件的制定等。⑤

第三,积极参与政策评估与解读,为加强和改进工作提供有价值参考。国家高端智库近年来积极承担一系列政策调研与评估工作,为准确掌握政策落实情况,改进相关工作提供重要的决策支撑。例如:国研中心积极参与《关于规范金融机构资产管理业务的指导意见》修改工作和《国家"十三五"规划纲要》中期实施情况评估任务,对海南自由贸易港建设开展全过程评估,对防范化解重大金融风险攻坚战实施情况进行评估。商务部经研院近三年对党中央、国务院出台

---

① 李晓红:《在中国工程院第十五次院士大会上的报告》,中国工程院官网,2021 年 5 月 29 日,https://www.cae.cn/cae/html/main/col1/2021-05/29/20210529150821038732119_1.html。

② 胡鞍钢:《总序》,载于《国情报告(第十四卷 2011 年(上))》2012 年 9 月 1 日。

③ 《筚路蓝缕,以启山林:人大国发院三年巡礼》,光明网,2019 年 3 月 13 日,https://www.gmw.cn/xueshu/2019-03/13/content_32636461.htm。

④ 《浙江大学区域协调发展研究中心正式入选国家高端智库建设试点单位》,浙江大学求是新闻网,2020 年 3 月 17 日,http://www.news.zju.edu.cn/2020/0320/c23245a1986645/page.htm。

⑤ 资料来自中国科学技术发展战略研究院官网,http://www.casted.org.cn/。

的政策文件提供第三方评估报告40余份，涉及自贸区建设、服务业对外开放等。中国工程院将三方评估工作作为智库建设的重点内容之一，陆续承担了可再生能源法实施情况评估、三峡工程试验性蓄水阶段评估、《国家中长期科学和技术发展规划纲要（2006~2020年)》中的科技重大专项中期评估等任务。中国科学院在创新政策实施情况评估、国家重大科技专项实施情况评估、技术经济安全评估等重大问题研究中发挥了重要的决策支撑作用。财科院注重政策解读，先后对《工业和信息化部等部门关于健全支持中小企业发展制度的若干意见》《项目支出绩效评价管理办法》等政策文件进行详细解读，展现出高端智库的强大力量。①

3. 超前布局规划，切实做好战略性、前瞻性、储备性政策研究

近年来，国家高端智库不断强调问题意识和问题导向，围绕国家重大战略、重大任务和重大工作，牢牢把握智库主攻方向；围绕习近平治国理政思想，开展了一系列常态化重大理论课题研究；围绕重大决策部署、重大现实问题、重大专项课题等开展了诸多中长期储备性、战略性研究课题，在为我国重大战略问题和经济社会稳定发展热点难点问题提供智力支持的同时，力争成为国家前进航程的"瞭望者"。

第一，围绕国家重大战略、重大任务和重大工作，牢牢把握智库主攻方向。国家高端智库围绕党和国家中心工作，不断探索自身科研发力点，总体上形成四大类别，其一是以国研中心、中国科学院、人大国发院、长江产经研究院、宏观院为代表的宏观经济与产业发展、市场经济与财政政策等领域研究；其二是以军事科学院和国防大学为代表的国防与军事安全政策研究；其三是以国研院、现代院、武汉大学中国边界与海洋研究院等为代表的国际外交、国际问题与全球治理研究；其四是以中央党校（国家行政学院）、中央编译局和新华社为代表的党建、意识形态建设和思想宣传推介研究。其中，中国科学院主要聚焦世界科技前沿研判与中国重大科技突破前瞻研究等三大重点突破任务；宏观院开展地方经济发展、产业经济、能源经济等十大领域研究；人大国发院确立经济治理与经济发展、政治治理与法治建设、社会治理与社会创新、公共外交与国际关系四大研究领域；中央编译局围绕马克思主义理论与当代实践、当代世界社会主义前沿问题等5个重点研究领域开展研究；长江产经研究院围绕十九大报告和两大国家战略，确立了现代产业体系建设和长三角一体化与长江经济带高质量发展两大特色领域；武汉大学中国边界与海洋研究院围绕国家主权与领土完整、边界与海洋争端、周边外交与周边合作、海洋利益的维护与拓展等问题开展长期研究。

---

① 以上资料均由本书课题组调研获得。

第二，围绕习近平治国理政思想，常态化开展一系列重大理论课题研究。例如：国研中心通过多种形式示范带动广大干部职工不断提高思想认识，如专门设立习近平生态文明思想研究室，在中心网站开辟"习近平新时代中国特色社会主义思想学习交流"专栏，要求机关党委等职能部门举办公开党课和青年讲坛，把学习习近平总书记重要讲话列为首要议程召开多次党组理论学习中心组学习会，举办学习习近平新时代中国特色社会主义思想专题研讨班等等，时刻做好"为党咨政、为国建言、为民服务"的思想准备。① 中央党史和文献研究院充分发挥党史、文献和编译工作的综合优势，编辑出版《习近平论治国理政》（第一、二、三卷）、《习近平扶贫论述摘编》等著作，还将习近平著作进行多语种翻译和对外传播，为对外宣介中国共产党执政理念和治国理政思想提供了很多权威、系统、准确、丰富的基础读本。新华社将深入研究习近平新时代中国特色社会主义思想作为智库宏观研究的重要长期课题，创办双周"智库学习会"平台，邀请中联部、中央党校等百余名专家参与智库选题、报道选题和专题研讨。② 截至 2020 年 8 月，中信改革发展研究基金会作为国家高端智库建设培育单位，举办"中信大讲堂·中国道路系列讲座"69 期，出版"中国道路"丛书 44 本。③ 人大国发院编写"习近平新时代中国特色社会主义思想"研究丛书 30 卷本和"治国理政新理念新思想新战略"研究丛书，并出版中文版和英文版在国内外发行；以高度的政治责任感和使命感，要求做到"四个第一"，即第一时间组织学习研讨，第一时间展开解读宣讲，第一时间部署科研攻关，第一时间成立习近平新时代中国特色社会主义思想研究中心；自党的十九大召开以来，共举办各类十九大精神学习和解读相关活动近 30 场，组织专家撰写内参 20 余篇，组织研究人员在媒体发声 200 余篇，建立并完善学习宣讲十九大精神的培训班和教育阵地，组织开展一系列十九大精神相关专题调研等等。④

第三，围绕重大决策部署中长期储备性研究课题。近年来，国家高端智库围绕"四个全面"等党和国家重大战略任务，坚持对战略性问题跟踪储备、急难重大问题做攻坚研究，集中力量开展持续性研究。例如：宏观院围绕创新驱动发展战略、"推动长江经济带高质量发展"战略等国家发展战略，开展针对性持续性研究，目前已形成《2017 年中国大众创业万众创新发展报告》（即"2017 年双

---

① 马建堂：《以党建高质量发展引领国家高端智库建设》，载于《旗帜》2021 年第 2 期。

② 新华社：《宏观研究与一线调查两手并重》，载于《光明日报》2019 年 7 月 1 日。

③ 孔丹：《咨政建言，民间智库可以发挥独特作用》，观察者网，2020 年 9 月 8 日，https：//www. guancha. cn/KongDan/2020_09_08_564451_2. shtml。

④ 《筚路蓝缕，以启山林：人大国发院三年巡礼》，光明网，2019 年 3 月 13 日，https：//www. gmw. cn/xueshu/2019 – 03/13/content_32636461. htm。

创白皮书")等系列研究成果。① 中央党校（国家行政学院）围绕"后小康"社会奋斗目标、"第三个百年"奋斗目标、深化核电行业体制改革等问题开展政策储备研究。清华大学国情研究院从 2010 年 11 月开始就启动了关于"2030 中国"的专题研究，② 从 2013 年初就开展国家"十二五"规划中期评估及国家"十三五"规划前期研究。国研中心早在几年前便将"中长期国际经济格局变化和中国的战略选择"确定为中心的重大研究课题，组织全部力量开展深入研究，并形成《百年大变局——国际经济格局新变化》这部重要的研究报告，③ 为及时准确判断国际形势演变的新趋势做好了充足的研究储备。

第四，聚焦重大现实问题设计研究选题。首先，在选题机制上，中国社会科学院坚持实行月度课题申报、审批、下达、执行、编辑、反馈、评价机制，定期与中办、国办等相关部门加强沟通，做好月度选题、专题策划工作；综研院每季度召开一次全员参与的"选题务虚会"，并设立由首席专家领衔，学术咨询委员会委员、院务工作班子成员、资深研究员组成的"首席专家学术审议小组"，由他们筛选选题、审定立项。④ 其次，在战略性研究选题上，中国社会科学院于 2021 年 4 月召开年度经济形势座谈会，强调要深入研究后疫情时期世界经济长期停滞与新一轮工业革命的前景、中国经济长期发展的影响因素、房地产调控等现实问题，不断深化对城镇化率、国企改革、中小企业融资成本、新增市场主体数量等具体问题的研究，提出更多符合现阶段发展情况的对策建议；⑤ 中央党校（国家行政学院）在国家安全委员会成立之初，围绕周边安全挑战、国家安全软实力建设等重大战略问题进行研究，为中央决策提供支持。

第五，围绕重大专项课题多角度建言献策。其一，围绕改革开放 40 周年、新中国成立 70 周年、中国共产党建党百年等重要时间节点开展专项研究。中国社会科学院部署实施《庆祝中华人民共和国成立 70 周年书系》项目，⑥ 加强对中国实践、中国经验的理论阐释和理论概括；还成功举办了"与改革开放同行"系列智库论坛，获得学术界的广泛好评。其二，"十四五"规划以及相关发展规划编制专项研究。2020 年 3～10 月，在"十四五"规划编制任务中，国家高端智库等 60 多家科研机构和相关部门积极作为、主动担当，承担并高质量完成中

① 安建军：《〈2017 年大众创业万众创新发展报告〉发布会在京举行》，载于《中国经贸导刊》2018
年第 28 期。

② 吴铭：《胡鞍钢：2030 中国迈向共同富裕》，载于《社会观察》2012 年第 4 期。

③ 李伟：《百年大变局：中国高质量发展的挑战与机遇》，载于《第一财经日报》2019 年 3 月 18 日。

④ 综合开发研究院（中国·深圳）：《改革完善内部治理 致力建设新型智库》，载于《光明日报》
2019 年 7 月 1 日。

⑤ 高莹：《推动中国经济学重大理论与现实问题研究》，载于《中国社会科学报》2021 年 4 月 23 日。

⑥ 《庆祝中华人民共和国成立 70 周年书系》，载于《财经智库》2020 年第 1 期。

央财办和国家发改委委托的 37 项重大课题，形成 130 多份研究报告，为推动规划进程发挥了重要的参谋咨询作用。① 国研中心联合山东省政府发展研究中心等部门启动"高端智库看山东'十四五'规划调研行"活动，对"十四五"期间山东各地经济与社会发展的目标思路、载体抓手、重点举措等提出建议，助力地市更好地融入国家发展战略、服务全省工作大局。② 其三，全球疫情防控及应对举措专项研究。作为国家治理体系和治理能力现代化的重要组成部分，国家高端智库在疫情发生后积极行动，中国科学院、中国工程院两院院士主动奔赴抗疫前线，指导治疗、研判疫情、研发疫苗，与国际专家分享经验，钟南山、李兰娟、陈薇等院士对抗击疫情的贡献有目共睹。国研中心、中国社会科学院等智库密切关注疫情态势及其对宏观经济、国民经济、对外贸易、金融稳定、社会民生和相关产业的影响，及时提出可操作性的对策建议。上海社会科学院开设"战疫中的智库声音"专栏，鼓励专家学者主动报送成果。北师大教育研究院在疫情防控期间主动向中办、教育部分别报送大量相关政策建议，多篇报告被采纳或刊发；发挥教育学科优势，与教育学部、心理学部等校内多部门院系密切合作，持续推出京师家庭教育在线直播课程、高校疫情心理援助热线相关工作等多个在线培训项目。③ 清华大学国情研究院专门成立内参编辑组、国际编译组与信息报送组，力求高效及时地加工和报送疫情相关决策参考信息。④ 2020 年 4 月，财科院与中国财富管理 50 人论坛联合举办"当前经济形势下财政政策的分析"研讨会，智库专家围绕提高赤字率、发行抗疫特别国债、增加地方政府专项债券等问题进行了深入研讨。⑤ 其四，"打赢脱贫攻坚战"专项研究。例如：新华社于 2021 年 2 月 28 日面向全球发布中英文智库报告《中国减贫学——政治经济学视野下的中国减贫理论与实践》，解读中国特色反贫困理论；⑥ 还制作了中英文双语纪录片《中国减贫密码》，阐释中国减贫学的丰富内涵以及对外宣讲脱贫攻坚的中国方案。⑦ 国研中心动员和组织力量针对精准防贫、儿童早期发展、义务教育保障、

---

① 《揭秘！"十四五"规划〈建议〉如何起草？》，搜狐网，2020 年 11 月 2 日，https://www.sohu.com/a/429153126_120209831。

② 王东海：《"高端智库看山东"调研行启动献策"十四五"高质量发展》，中国网－中国发展门户网，2020 年 9 月 22 日，http://cn.chinagate.cn/news/2020－09/22/content_76729043.htm。

③ 《赋能教师，筑就教育战"疫"专业支持共同体》，澎湃新闻网，2020 年 5 月 16 日，https://www.thepaper.cn/newsDetail_forward_7422813。

④ 焦德武、张胜、王斯敏：《国家高端智库战疫情：积极关注现实 提供智力支持》，载于《光明日报》2020 年 6 月 1 日。

⑤ 《中国财富管理 50 人论坛与中国财政科学研究院联合举办"当前经济形势下财政政策的分析"视频研讨会》，搜狐网，2020 年 4 月 29 日，https://www.sohu.com/a/392057959_100002691。

⑥ 侯雪静：《向全球发布〈中国减贫学〉智库报告》，载于《新华每日电讯》2021 年 3 月 1 日。

⑦ 张凡：《〈中国减贫密码〉：一部跨越山海的减贫史诗》，载于《中国艺术报》2021 年 3 月 15 日。

生态扶贫、文化扶贫、金融扶贫等撰写了一系列调研报告，并组织开展贫困地区产业转型升级、乡村振兴等课题研究，为中央完善脱贫攻坚政策体系积极建言献策。

（三）创新合作交流机制，积极服务外交工作

作为世界第二大经济体，中国经济对世界的影响已经毋庸置疑，但是对国际政治、议程设置等方面的影响还处于起步阶段。[1] 智库对外工作虽然不是所谓正式的官方外交，但其独特性、重要性和发挥的作用却是显而易见的。国家高端智库作为官方"内脑"，始终竭尽全力服务对外工作大局，通过搭建多边合作平台、创建国际会议品牌、积极主动对外发声、拓展对外交流合作，为党中央谋划国际战略、推进中国特色大国外交提供高水平决策参考。

1. 利用多边平台，服务主场外交

国家高端智库近年来围绕重大外交活动，组织配套智库活动，搭建多边合作平台，主动服务国家战略，积极回应国际社会关切，有力配合和呼应主场外交。例如：在2016年6月19日习近平总书记对波兰进行国事访问前，宏观院配合国家发改委相关司局起草了《关于共同编制中波合作规划纲要的谅解备忘录》《关于加强"网上丝绸之路"促进信息互联互通的谅解备忘录》等材料，并配合国家发改委与波兰对口部门代表进行磋商。[2] 2016～2019年，人大国发院专家积极配合领导人参加APEC（亚太经济合作组织）首脑会议、G20会议、俄罗斯东方经济论坛等重大外事活动，举办中美公共外交论坛、中俄高级经济论坛、欧亚大讲堂、中亚沙龙和"一带一路"系列圆桌会议等国际会议两百余场。[3] 现代院坚持举办年度新时代治国理政国际论坛、中美网络安全对话等一系列高级别的"二轨"对话；还与古巴共和国驻华大使馆共同举办"中古关系60年回顾与展望"国际研讨会，回顾中古建交历程和60年的关系发展，为新时代中古合作创造更广阔的机遇。[4] 商务部经研院与全俄外贸研究院在金砖国家经贸部长会议期间签署合作备忘录，此次合作是在中俄战略协作伙伴关系框架下践行智库"第二轨道外交"的一次成功案例。国经中心结合国际交流与服务决策特色，全面开展中美、中欧、中日、中韩四个"二轨"对话，持续开展一系列跟踪性重大课题，成

---

① 冯钺：《智库外交是加强对外影响的重要途径》，中国网 - 智库中国，2019年12月18日，http：//www.china.com.cn/opinion/think/2019 - 12/18/content_75525516.htm。
② 李忠发：《中波关系提升为全面战略伙伴关系》，网易新闻网，2016年6月21日，https：//www.163.com/news/article/BQ2IA4FO00014AED.html。
③ 严金明：《努力建设成为中国特色新型智库引领者》，中国人民大学国家发展与战略研究院官网，2019年4月8日，http：//nads.ruc.edu.cn/yjdt/930cbfa246db4ab3bedd7c3a29fb8c2f.htm。
④ 资料整理自中国现代国际关系研究院官网，http：//www.cicir.ac.cn/NEW/index.html。

为我国新时期公共外交的重要补充。国研院作为"16 + 1 全球伙伴中心"两主席之一，共同开展系列交流、调研和培训工作，为推动"16 + 1 合作"深入发展提供政策、法律咨询及智力支持；还举办中东安全论坛，为探寻实现中东持久和平与普遍安全的路径搭建交流平台。

2. 联手海外智库，创办国际会议

国家高端智库关注国际品牌建设，精心打造对外交流品牌，扩大国际影响。例如：中央编译局已建立起"中国－北欧高端智库论坛""中法学者高端论坛""中国－中东欧高端智库学者交流论坛""海外当代中国研究国际高端论坛"等双边和多边形式的智库国际交流平台。国研院作为外交部直属科研机构，已与众多国家合力打造"中日韩安全合作国际研讨会""中俄双边学术研讨会""中日国际问题研讨会""中日韩三边合作论坛""中俄印三国学者对话会"等常态化国际合作交流品牌，旨在推动二轨安全对话、打造合作平台、凝聚合作共识。科技部战略院与美英韩等国家搭建出"一个中心、七大平台"的国际合作框架，包括"中德创新政策平台""中美科技创新民间对话""中日韩科技政策研讨会"等。中石油经研院与 IHS Markit（埃信华迈）共同举办"国际能源发展高峰论坛"，[①] 该论坛创办以来，充分发挥在各自领域的研究优势和影响力，聚焦能源市场，洞察发展趋势，努力成为增进国际友谊、促进国际合作、互利双赢的交流平台，也为能源行业的繁荣发展作出了积极贡献。

3. 主动对外发声，讲好中国故事

近年来，国家高端智库不断加强对外传播能力和建构对外话语体系，坚持积极发声、主动发声、有效发声，为讲好中国故事、宣传中国主张、宣介中国方案贡献智库力量。例如：近年来，国研中心充分利用中国发展高层论坛、可持续发展论坛等重要平台，积极宣介习近平新时代中国特色社会主义思想，宣介中国为世界和平与发展作出的重大贡献，持续讲好中国故事、传播中国声音。新华社利用海外布点优势，围绕国际热点问题，陆续在美国《纽约时报》、《华尔街日报》和英国《每日电讯报》、法国《世界报》等30多个国家的70多家主流媒体发表多语种文章，向世界展示真实、立体、全面的中国；还在中国共产党建党100周年这一重要时间节点，于 2021 年 6 月 28 日面向全球发布中英文智库报告《人民标尺——从百年奋斗看中国共产党政治立场》，阐释中国共产党自身的理论与实践，向世界讲好中国故事。[②] 复旦大学中国研究院受中宣部委托深度参与"讲好中国故事"队伍建设，承办国际评论员研修班、专家学者研修班，培训学员超过

---

① 张舒雅：《打造国际油气合作利益共同体》，载于《中国石油报》2019 年 12 月 6 日。
② 孙少龙：《人民标尺——从百年奋斗看中国共产党政治立场》，载于《新华每日电讯》2021 年 6 月 29 日。

300 人。① 上海社会科学院完成了设立文化部首个国家对外文化交流研究基地的任务，与文化部外联局连续联合举办"青年汉学家研修计划"，承办国家汉办交办的"孔子新汉学计划"海外博士生中华文化游学课程班，积极传播中国文化、体验中国理念、讲好中国故事。2015 年，武汉大学国际法研究所与外交部合作设立了"中国 – 亚非法协国际法交流与研究项目"国际法培训班，② 该培训班两年共培养 35 个亚非法协成员国等的 100 多名外交人员，成为中非开展全方位、宽领域友好合作框架的重要组成部分。2020 年 5 月，中石油经研院与国际著名研究机构 IHS Markit 联合举办百余名专家参加的网上专题交流会，来自 4 国共 10 个地区的专家就新冠肺炎疫情叠加油价暴跌对全球油气行业影响进行隔空对话，发表各自观点；同年 7 月，金砖国家工商理事会通过视频方式召开专题会议，共同研判后疫情时代世界经济发展形势并发表联合抗疫宣言，我国智库专家在参与审议《金砖国家工商理事会联合抗疫宣言》和宣介中国抗疫经验过程中向国际智库展现出了中国思想、中国力量和中国价值。③

4. 创新交流形式，构建合作机制

智库活动常被称为"第二外交"。2014 年 3 月，习近平总书记在德国访问时，提出要加大政府、政党、议会、智库交往，首次将智库提高到了对外合作交流的战略高度。④ 近年来，国家高端智库不断拓展对外交流合作广度，牵头组织合作平台，拓展国际"朋友圈"，逐渐成为国际议程设置和政策制定环节不可或缺的一员。

第一，聚焦国家重大战略，成为合作联盟/协会的主要牵头人和组织者。例如：为共商共建共享"一带一路"提供更好的智力支撑，国研中心联合相关国际智库共同倡议成立"丝路国际智库网络"，截至目前已有来自亚欧拉美地区的 55 家成员和伙伴、34 个国家的 40 家智库、10 家国际组织和 5 家跨国企业，全球合作伙伴网络不断扩大。⑤ 2018 年 5 月，商务部经研院发起成立上海合作组织经济智库联盟。2019 年 1 月，宏观院牵头发起成立中国宏观经济智库联盟，为全球的区域经济合作提供智力支撑。2019 年 4 月，新华社联合 15 家中外智库共同发起成立"一带一路"国际智库合作委员会，还承办"一带一路"国际合作高峰论坛"智库交流"分论坛等。中国科学院倡议并联合 40 多个国家、地区的科教机构和相关国际组织发起成立了"一带一路"国际科学组织联盟（ANSO），目前

① 王斯敏：《让中国智库"领头雁阵"振翅高飞》，载于《光明日报》2016 年 12 月 2 日。
② 资料整理自武汉大学国际法治研究院官网，http：//gjf. whu. cn/jggk. htm。
③ 以上资料均由本书课题组调研获得。
④ 朱书缘：《习近平为何特别强调"新型智库建设"？》，人民网 – 中国共产党新闻网，2014 年 10 月 29 日，http：//theory. people. com. cn/n/2014/1029/c148980 – 25928251. html。
⑤ 国务院发展研究中心：《强化智库软实力 拓展国际朋友圈》，载于《光明日报》2019 年 7 月 1 日。

每年依托联盟开展科技交流规模超过 2 万人次，举办国际学术会议近 400 场，同 60 多个国家和地区的主要科教机构签署 200 多份院级国际合作协议和 1 000 多份所一级合作协议，陆续启动 9 个海外科教联合中心建设。[1] 2016 年 8 月，中国工程院成立战略研究联盟理事会，该联盟目前已有联盟成员 13 家，联合地方政府建立的地方战略研究院 16 家。[2] 中石油经研院作为"亚洲天然气市场论坛"国际联合研究项目的牵头单位，自 2013 年以来一直与亚洲主要天然气消费国智库机构保持密切合作，已与中国石化经济技术研究院等 4 家国内机构和日韩印等 3 家国外机构联合开展了六期联合研究项目，研究成果在亚洲天然气市场论坛上获得积极反响。[3]

第二，邀请外国专家担任特约研究员、国际顾问等职务，与国际组织联合开展研究。例如：商务部经研院广泛借助"外脑"和"外口"，组织多名外聘专家出席博鳌亚洲论坛并发言，用国际视野解析中国战略，用国际语言传达中国开放理念与诚意。此外，国家高端智库还积极参与国际合作项目，牵头组织国家科研交流活动，如财科院连续两年与韩国企划财政部联合开展课题研究，双方共同对创新与结构性改革、促进公平增长等政府课题进行合作研究；还与世界银行联合举办政府财政管理能力系统（PEFA）培训班，来自财政部、各省市财政系统以及财科院部分研究人员等 200 余人参加培训。[4]

近年来，国家高端智库积极有效服务对外工作大局，主动服务"一带一路"国际合作高峰论坛、金砖国家领导人厦门会晤、首届国际进博会等重大主场外交活动、重要国际会议，围绕大国关系、周边安全、全球治理等国家战略和国际社会关切问题提出中国方案，还精心打造出一系列常态化、机制化的对外交流合作品牌，借助合作平台积极发声、主动发声，努力宣介习近平外交思想的同时，广纳贤士、智者，扩大中国在国际事务中的话语权和影响力。

（四）体制机制改革创新成效显著

按照《智库管理办法》要求，国家高端智库必须遵循智库发展规律和决策咨询工作规律，创新组织形式和管理方式，针对智库内部治理、供需联络沟通、科研组织、信息共享、经费投入、人员管理等建立灵活高效的运行机制，以体制机制改革支撑国家高端智库建设。

---

[1] 赵磊、蒋正翔：《智库助力"一带一路"建设五年回眸》，载于《光明日报》2019 年 2 月 18 日。

[2] 资料由本书课题组调研获得。

[3] 资料整理自中国石油集团经济技术研究院官网，http://edri.sinopec.com/edri/。

[4] 资料整理自中国财政科学研究院官网，https://www.chineseafs.org/ckynewsmgr/cnpages/cn_index.jsp。

1. 现代治理体系基本成型，制度建设日趋完善

自 2015 年试点工作启动以来，国家高端智库基本都建立起由智库理事会决策、学术委员会把关、首席专家领衔负责的内部治理机制。例如：国经中心搭建了理事长会领导下的中心学术委员会、咨询委员会、基金董事会和执行局的"三会一局"管理架构；人大国发院形成了理事会、学术委员会、院务会"三位一体"的治理体系；中国科学院统合科学思想库建设委员会与科技战略咨询研究院理事会的职能，成立中国科学院科技智库理事会，组建战略咨询院学术委员会和咨询顾问委员会，成立战略咨询院研究员委员会，举全院之力保障战略咨询院开展国家高端智库建设试点工作。其中，在学术委员会设置方面，宏观院根据"一个院部、十个研究所"的结构特征，在设立院级学术委员会的基础上，由担任学术带头人的所长组建所级学术委员会，形成的"院 + 所"模式能够层层把关提高决策效率，保证决策的权威性与科学性，实现重大决策"不以一人说了算"。

可见，国家高端智库内部治理框架基本已经成型，理事会、学术委员会等治理结构运行有序高效。为进一步提高决策效率和服务水平，国家高端智库开始注重组织形式和管理方式的创新，修订完善经费管理、人事管理、绩效考评、成果激励等一系列管理制度，通过释放制度红利，深化决策咨询体制改革。例如：国研中心以能力培养和成果质量提升为导向，制定《关于进一步加强咨询研究能力建设的指导意见》，优化调整研究成果载体布局，探索建立外部专家评审制度；积极推进"智库创新工程"，实施《研究人员决策咨询成果统计与发布办法》，每半年统计发布一次，统计结果作为科研人员业绩评价的重要参考依据，有效激发干部职工履职尽责的积极性；2020 年，中心以巡视整改为契机，下大力气推进形成"长久立"的机制，制定出台 34 项制度，修订完善 11 项制度，大力提升中心各方面工作的规范化、程序化、制度化。[①] 中国科学院完善了《战略咨询院科研人员年度考核评价办法》，从科研能力、成果产出、成果影响、工作状态四个方面进行职工考核，力求实现强化决策支撑意识与学术基础的有机结合；制定新的专业技术岗位评聘标准，通过增加外部专家聘请数量、在正高职称评聘中加强函评等方式规范评审流程。[②] 人大国发院形成了一整套涵盖基本工作制度、学术管理制度、人事管理制度、财务管理制度和行政服务制度等 30 多项实施细则的制度体系；制定并完善中心、团队和成果管理办法，以内参体系为核心，完善智库成果购买和奖励办法，还专门成立"内参编辑部"，构建了完整的内参选题、

---

① 马建堂：《以党建高质量发展引领国家高端智库建设》，载于《旗帜》2021 年第 2 期。
② 《建设专业队伍　发现培养人才　战略咨询院年终专题之六：人才篇》，中国科学院科技战略咨询研究院官网，2018 年 2 月 10 日，http://www.casisd.cn/ttxw1/zlyjytt/201802/t20180210_4946903.html。

投稿（组稿）、约稿、编辑、审稿、政治把关和报送体系，主动对接部门需求与导向、研究人员和团队的智力供给、内参报送通道、基层调研和案例的支撑体系等四类资源体系，打造内参产出全链条；成立"课题管理部"，针对不同级别的任务制定不同的管理办法和执行流程，对课题全流程和国家高端智库重大课题进行动态管理和跟踪督促。[①] 中石油经研院尝试全面推行以成果为主线的项目制管理，以成果质量及实际贡献为核心的激励机制，以及经费投入、研究人员"优胜劣汰"、内部监督约束等运行机制，突破不利于智库建设的制度藩篱，形成符合智库研究特点的科学、规范、务实、高效的运行管理体系。[②]

2. 创新智库研究范式，注重传统调研与新技术手段相结合

近年来，国家高端智库借助扎实的学术基础、高水平的科研人才和完善的科研管理制度，通过改变研究理念，创新研究范式，将调查研究与大数据等新技术相结合，实现科学、有序、高效的科研管理，大大提升智库科研与咨询的工作效率。例如：宏观院开创了"结对子"的决策咨询研究模式（如宏观院与国家发改委政研室紧密联系，院产业所与国家产业司、高技术司合作，院外经所与外经司合作等），与"结对子"部门人员借调，借调时间三个月到半年不等，借调人员主要参与长江经济带发展规划纲要、"十四五"规划纲要等中央文件起草及其他相关工作。[③]2015～2019年，财科院连续开展了4次"降成本"全国大型调研，足迹遍布全国23个省（自治区、直辖市）的80余个市（县、区），此活动采用线上问卷调查和线下实地调研相结合的方式，所形成的研究成果均获得有关决策部门的重视和肯定。[④] 新华社承担"百城百县百企"调研中100家企业的10家企业调研任务，是承担任务最多的高端智库，40余名记者分赴内蒙古、海南等10余省区市，深入一线采访调研500余人次，收集一手素材200多万字，经精心打磨，最终形成近20万字的市场调研报告；[⑤] 根据中宣部中央媒体重点融发项目规划，自主研发"智库云"大数据平台，将专家库、课题库、成果库融为一体，聚拢专家资源，丰富研究数据，为智库相关研究提供支持。2019年8月，国研中心与21个省（区、市）代表性城市共建经济运行监测合作机制，通过共建经济运行监测固定调研点、建立经济形势调查企业库、有针对性地开展专题合作研究、探索数据与研究成果共享等方式，进一步创新经济形势分析工作思路与方法，[⑥] 还借助中心宏观经济研究部的"宏观决策大数据实验室"，对调研数据进行宏观经济形势

---

①③　资料由本书课题组调研获得。
②　王巧然：《中国石油试行科技完全项目制管理》，载于《中国石油报》2015年12月18日。
④　李忠峰：《刘尚希："降成本"核心在于降低制度成本》，载于《中国财经报》2018年7月26日。
⑤　新华社：《宏观研究与一线调查两手并重》，载于《光明日报》2019年7月1日。
⑥　《国务院发展研究中心与代表性城市共建经济运行监测合作机制》，国务院发展研究中心官网，2019年8月30日，https://www.drc.gov.cn/DocView.aspx? chnid=1&docid=2899262&leafid=223。

分析，及时形成调研报告。粤港澳研究院与相关决策部门合作共建"粤港澳合作数据库"，还计划将建设的"粤港澳研究资源总库"向有关决策部门开放。中国社科院国家金融与发展实验室利用"中国宏观杠杆率数据"，每年对全国宏观经济态势进行分析，并形成《年度中国杠杆率报告》。中石油经研院建立了首个集团公司级软科学重点实验室"油气市场模拟与价格预测"，形成了以大数据、人工智能等技术为支撑，覆盖宏观经济、能源行业等宏观、中观、微观多层面的研究体系，实现了油气市场动态实时监测、情景模拟、预测预警等重要功能，及时向国家部委和集团公司报送油气市场最新动态，有效支撑了国家及集团公司决策服务。①

3. 把育才列为基础工程，创新人才引鉴育用留模式

人才是智库的立足之根、发展之源、取胜之要。近年来，国家高端智库坚持把育人才作为智库建设的基础工程来抓，通过完善人才布局、优化人才流动机制、强化人才激励手段、健全人才评价体系等措施，培育智库高端人才队伍。

第一，专注打造多元化、开放式人才梯队，不拘一格降人才。当前，几乎诸多国家高端智库已建成"小核心、大网络、开放式"的人才队伍格局，如中国科学院、中国工程院、中央编译局、浙大区域中心、北大国发院等。国家高端智库还重视通过"旋转门"机制和市场化手段引进高水平人才。例如：人大国发院于2019年9月特聘4位高级研究员和80位专职研究员，其中，4位高级研究员均是从中央部委或政府部门引进的学者型官员；② 综研院利用社会智库的体制优势，实现100%市场化聘任，其中海归占比超过40%，并建立了海外名校实习生机制，培养更多国际化人才；③ 中国科学院积极探索外聘战略咨询项目首席专家、核心专家、客座研究员，试行"旋转门"机制；商务部经研院选聘海外知名跨国公司总裁为特聘专家，充实专家力量，提升国际影响力；国研院也选聘了来自柬埔寨、韩国、老挝等国的6位外籍特约研究员。此外，国家高端智库为高层次人才畅通渠道，探索尝试多种人才引进模式。例如：国研中心探索建立访问学者制度，具有博士学位、副研究员或副教授以上职称，且研究领域与中心科研部门政策咨询任务相契合的科研人员均可成为访问学者，至今已接受访问学者30余名。④

第二，创新人才激励机制，为智库人才开辟更多成长空间。上海社会科学

---

① 《"智"引：走进重点实验室（22）》，中国石油新闻中心官网，2020年12月9日，http://news.cnpc.com.cn/system/2020/12/09/030018542.shtml。

② 《中国人民大学国家发展与战略研究院召开研究员聘任仪式 百位专家学者共同见证》，中国人民大学国家发展与战略研究院官网，2019年9月11日，https://news.ruc.edu.cn/archives/254879。

③ 郭万达：《以体制机制创新激发智库活力》，载于《光明日报》2019年8月5日。

④ 以上资料均由本书课题组调研获得。

院、浙大区域中心、人大国发院等开设智库研究员序列，构建智库与院系的人才流动通道。其中，人大国发院创新首席专家制、团队滚动制、高级研究员、市场聘任制等制度，设立"智库科研岗"，制定《智库科研岗岗位设置与聘用管理实施细则》，给予不同层次人才配套相应的待遇，最大限度激发各层次人才活力；还创新智库成果购买制和直接奖励制，设立中国人民大学"国家高端智库"优秀成果奖等，在全校层面奖励优秀智库成果和做出突出贡献的智库人才。① 军事科学院制定了《高端智库决策咨询类科研成果奖励细则》，明确了智库决策咨询类成果奖励的原则、范围、标准等，逐渐向取得重大成果、做出突出贡献的智库专家及智库成果倾斜。②

第三，以成果质量为导向，改革人才考评办法。例如：中国社会科学院将所有成果按集体成果计分，不分排名，并在评聘职称和年度评价中进行有效兑现。科技部战略院为增强智库人才服务中央决策和发展智库理论的研究能力，按照科研任务和成果产出设置绩效指标，将评价结果重点运用到绩效奖励和岗位考核上，取得良好成效。宏观院每年年底召开优秀研究成果评选活动，按照理论水平、创新程度、研究难度、成熟与完备度、经济价值、社会价值、可操作性和推广范围等八项标准进行评估。人大国发院在校级科学研究基金项目的评估和结项中，将智库成果纳入评估标准和结项要求，评价标准更加突出成果的政策性和针对性。国经中心坚持质量导向，实行严格的淘汰机制，按照课题二次评审是否达到要求为标准，执行不同的经费管理规定，体现差异化管理。③

第四，以提升综合能力为抓手，多形式并举培养人才。例如：综研院鼓励有能力、有条件的年轻人申报课题并担任课题组长，鼓励他们在综研国策、澎湃问政等平台上撰写评论，还起用有经验肯担当的资深研究员对年轻人"传帮带"，帮助年轻人快速成长。人大国发院更注重打造"传帮带"机制，如常务副院长聂辉华教授带领团队首次发布"中国城市政商关系排行榜"，社会反响热烈，而这支团队的平均年龄不超过40岁。中国社科院国家金融与发展实验室会根据需要招聘助理研究员，甚至可以提请理事会审议成立专门的研究中心，鼓励青年人才积极开展更多储备性、对策性研究。武汉大学国际法研究所自2018年开始启动智库型博士的培养工作，主要招收党政机关的学术型干部、大型国际和跨国公司法务人员以及我国法律实务部门和法律服务部门的精英，着力培养一批适应国际法研究和涉外法律决策咨询的高层次领军人才。④

---

① 资料由本书课题组调研获得。
② 军事科学院：《强化过程管理　确保成果质量》，载于《光明日报》2019年7月1日。
③④　以上资料均由本书课题组调研获得。

4. 拓展经费来源渠道，多形式推进经费管理创新

在国家财政给予稳定经费保障的基础上，国家高端智库通过智库基金制、政府购买服务、社会公益捐赠、经费管理制度改革等途径扩大资金来源，在确保资金规范使用和安全运行基础上提升资金使用的效率和效益。

第一，推行"智库基金制"。国研中心实施"一体多翼两重"的智库外交工作机制，中国发展研究基金会作为"两重"之一，主要用于支持政策研究和学术交流活动。[1] 人大国发院根据智库研究内在规律和成长逻辑，于 2016 年 10 月成立了一亿元的"国家高端智库研究基金"，通过"一个基础、一筹一增"，运作好"智库基金制"。[2] 上海社会科学院于 2015 年 10 月成立了"上海社会科学院智库建设基金会"，探索建立长期跟踪研究、持续滚动资助、后端奖励的新型科研资助模式，为高端智库建设提供更加充足的经济保障。[3] 综研院设立了综研软科学发展基金会和马洪经济研究发展基金会，前者资助本院自主研究课题并出版著作，后者发挥资源优势为地方经济发展提供智力支持，协力巩固"一体两翼"格局。[4]

第二，大力推进"政府购买服务"。《意见》强调，智库应建立按需购买、以事定费、公开择优、合同管理的政府购买机制，采用公开招标、邀请招标、竞争性谈判、单一来源等多种形式购买智库决策咨询服务。例如：深圳市前海管理局于 2020 年 8 月发布"国家高端智库看前海"活动项目招标公告，组织邀请国内 19 家国家高端智库的 20 多位专家聚焦"在习近平新时代中国特色社会主义思想指导下的前海实践"主题，为前海应对百年未有之大变局凝聚智慧，为深圳建设大湾区核心引擎和先行示范区现代化强国城市标杆凝心聚力、集思广益。[5]

第三，借助"公益捐赠资金"开展智库人才培育、项目研究等工作。例如：北师大教育研究院作为国内首家由民主党派和高校共建的新型教育智库，将江泰保险经纪股份有限公司和浙江卓锐科技股份有限公司向北京师范大学捐赠的"社会管理创新基金"用于中国社会管理研究院/社会学院智库建设、咨政、科研、育人、合作等工作，[6] 为全国教育改革发展和社会治理创新提供动力。2019 年 7

---

[1] 李伟：《发挥高端智库优势，服务国家发展大局》，载于《中国经济时报》2019 年 3 月 12 日。

[2] 林露、贺迎春：《中国人民大学国发院募集 1 亿国家高端智库研究基金》，人民网，2016 年 10 月 17 日，http://edu.people.com.cn/n1/2016/1017/c1053-28785300.html。

[3] 资料整理自上海社会科学院智库建设基金会官网，http://www.sasttf.org.cn/Home/Index。

[4] 综合开发研究院（中国·深圳）：《综合开发研究院：高端智库怎么建？》，中国网，2016 年 7 月 7 日，http://www.china.com.cn/opinion/think/2016-07/07/content_38827570.htm。

[5] 《前海举行"国家高端智库看前海"活动》，深圳政府在线，2020 年 8 月 24 日，http://www.sz.gov.cn/cn/xxgk/zfxxgj/bmdt/content/post_8031006.html。

[6] 于翠杰：《"第九届中国社会治理论坛"在京举行》，中国社会科学网，2019 年 7 月 6 日，http://www.cssn.cn/shx/shx_tpxw/201907/t20190706_4930264.shtml。

月，中国人保财险杭州分公司向浙大区域中心定向捐赠，用于支持学生社团"浙江大学学生心系西部协会"，协会中的志愿者暑期会前往西部地区中小学开展支教活动，为智库发挥面向西部、面向基层的社会服务作用助力。① 北大国发院利用社会捐赠资金设立系列荣誉称号，如"发树学者""发树讲席教授""木兰青年学者""木兰讲席教授""金光讲席教授"等荣誉称号，专门奖励有突出成果和杰出贡献的科研或教学人员。

第四，创新以绩效为导向的经费投入机制。中国社科院国家全球战略智库基本形成了以成果的务实管用为导向、以快速反应和战略应对相结合、以国际视野和国内热点相互动、以专题对策和基础理论相促进的工作格局，实行以课题为导向、"养智不养人"的经费管理模式。② 北大国发院建立健全高端智库专项奖励经费管理办法，专门调整定制财务管理系统；建立规范高效、公开透明、监管有力的经费管理机制和绩效考核机制，实行经费管理容错机制，采取分级资助方式对智库课题的经费使用进度进行监督，规定不收回中期评估前已向科研人员发放的经费，但暂停后续经费发放，直至课题组尽早完成课题并结题再发放。③ 现代院多次强调主要经费要用于奖励真正为国家提供真知灼见的战略成果上，用于激励甘坐冷板凳的战略研究者身上。④

5. 以资源整合开放办智库，形成资源共享、智慧共创良好局面

近年来，国家高端智库秉承"信息共享、优势互补、开放办库"的建设理念，依托已有人才优势、数据优势、平台优势，主动推进资源对接、创新协同、信息共享、互动交流，协力推进国家高端智库建设试点工作。

第一，依托母体单位的体制优势，举全院（校）之力建设高端智库。例如：人大国发院与学校有关部处、院系密切配合，定期召开全校"国家高端智库"建设工作会议，并召集多个学院、学科的研究资源汇聚在智库平台，以研究中心形式组建"跨学科、重交叉"的研究团队，形成团队作战、协同作战的研究模式；学校层面将智库成果纳入科研考核、设立"智库科研岗"，智库层面形成了覆盖咨政研究全流程的运行机制，真正做到"集全校之力，助力智库发展"。⑤

---

① 《助力公益支教　服务脱贫攻坚　中国人民保险浙大西部支教公益助学活动捐赠仪式举行》，浙江大学中国西部发展研究院，2019 年 7 月 4 日，http：//www.cawd.zju.edu.cn/index.php？m＝content&c＝index&a＝show&catid＝17&id＝4782。

② 中国社会科学院国家全球战略智库：《经费花在关键处　科学管理促发展》，载于《光明日报》2019 年 7 月 1 日。

③ 资料由本书课题组调研获得。

④ 中国现代国际关系研究院：《拓展国际视野　强化战略研究》，载于《光明日报》2019 年 7 月 1 日。

⑤ 王毅博：《中国人民大学召开 2019 年"国家高端智库"建设工作会议》，人大新闻网，2019 年 4 月 4 日，https://news.ruc.edu.cn/archives/240103。

第二，国家高端"强强联合"，共建协同平台，共商核心议题。例如：上海社会科学院与国经中心共同成立"中国国际经济交流中心上海分中心"，合作共建咨询研究平台，还共同启动了"一带一路"数据库、长江经济网等重要数据库建设。① 2020年7月2日，中石油经研院和人大国发院共同举办"全球油气发展国际研讨会——新时代油气产业发展面临的机遇与挑战"线上研讨会。② 2020年11月15日，中央党校（国家行政学院）与北师大教育研究院联合主办第十届"中国社会治理论坛"。③ 2021年3月13日，武汉大学中国边界与海洋研究院和国研院举办了"以习近平外交思想指导国际问题研究"报告会。④ 2021年6月8日，中央党校（国家行政学院）与中央党史和文献研究院联合举办第二届"发展中国家国家治理高端智库论坛"。⑤ 2021年6月11日，中石油经研院与中央党校（国家行政学院）联合承办"石油精神论坛"。⑥ 西南政法大学与中国政法大学作为一同入选培育单位的人权研究类智库，定期就人权高端智库共建问题进行沟通，在管理上借鉴先进经验，在项目上相互合作，在人才培养上优势互补，发挥两校力量，共同向中央及有关部门咨政建言。⑦

第三，探索地方合作，扩大高端智库建设辐射范围。例如：人大国发院在四川宜宾和山东青岛分别设立分院，与北京、福建、贵州、重庆等近30个地方政府进行智库合作，设立地方观测点，以分院和观测点为依托，建立健全信息采集和报送机制，力求搭建中央与地方双向沟通的第二桥梁；探索大学与企业合作建立新型智库的新模式，与中诚信国际信用评级有限公司等单位共同打造中国宏观经济论坛品牌活动、与华润集团共同建设新型智库机构和高端案例中心、与京东集团共建电子商务研究中心等。⑧ 财科院与北京市财政局联合设立北京分院，将其定位为非独立法人的新型智库研究平台，为服务北京市委市政府及北京财政提

---

① 新华社：《国际经济交流中心设上海分中心 引地方智力优势》，中国政府网，2013年9月6日，http：//www. gov. cn/jrzg/2013 – 09/06/content_2482332. htm。

② 人大国发院：《"全球油气发展研讨会——新时代油气产业发展面临的机遇与挑战"成功举办》，光明网，2020年7月5日，https：//theory. gmw. cn/2020 – 07/05/content_33966983. htm。

③ 《第十届中国社会治理论坛在北京师范大学举行》，北京师范大学新闻网，2020年11月17日，https：//news. bnu. edu. cn/zx/ttgz/119433. htm。

④ 《我院举办"以习近平外交思想指导国际问题研究"报告会》，武汉大学中国边界与海洋研究院官网，2021年3月25日，http：//www. cibos. whu. edu. cn/index. php? id = 1577。

⑤ 唐晓轩：《第二届发展中国家国家治理高端智库论坛在京举办》，中国社会科学网，2021年6月29日，http：//ex. cssn. cn/dzyx/dzyx_yxyw/202106/t20210629_5343299. shtml。

⑥ 朱丽德孜：《第四届石油精神论坛在京举行》，中国新闻网，2021年6月11日，https：//www. chinanews. com. cn/gn/2021/06 – 11/9498194. shtml。

⑦ 彭子胭：《国家高端人权智库建设培育单位工作会议在我校举行》，西南政法大学新闻网，2019年1月10日，https：//news. swupl. edu. cn/zhxw/259634. htm。

⑧ 资料整理自中国人民大学国家发展与战略研究院官网，http：//nads. ruc. edu. cn。

供决策支撑；与民非企业中国国新控股有限责任公司联合设立新型科研平台和高端智库——PPP研究所，还全额出资注册成立了北京亚太财科咨询有限责任公司，负责具体项目咨询和科研样本提供，与PPP研究所实行一体化经营，推动科研成果转化、创新示范试点和人才教育培训；与昆山、成都等地财政局合作设立科研基地，实现智库科研、人才、资金优势与地方产业、区位、实践优势相结合，为全国财政改革发展探索实践经验。① 2019年6月，山东省政府、青岛市政府与中国科学院签约共建中科院海洋大科学研究中心、山东能源研究院，通过开展战略咨询、协同攻关、院士行、院士论坛、院士恳谈会等活动深化合作，通过咨询项目研究为山东省经济社会发展做好服务。② 中国工程院坚持"院地共建、地方为主"的原则，与湖北、天津、福建、重庆等20余个省市共建地方研究院（17个已建、5个待建），共同探索符合地方高端智库建设规律的体制机制。③

6. 着力打造具备独有特色的智库产品体系和品牌形象

智库品牌是智库的服务对象或受众对其产出成果乃至能力、水平的认知程度和信任程度，旗舰产品的塑造是实现智库成果差异化价值的重要环节。近年来，国家高端智库围绕举办高水平会议、发布重磅报告、搭建数据库与信息系统、建立新媒体平台等方式打造智库产品体系，塑造智库品牌形象。

第一，连续举办高水平学术活动。例如：国研中心自2000年以来，连续举办国家级学术论坛"中国发展高层论坛"；国经中心从2009年开始，连续举办六届"全球智库峰会"；中国科学院科技战略咨询研究院打造了高端智库建设品牌活动——"国家高端科技智库大讲堂"，截至2020年12月已连续举办八场；中国社科院国家金融与发展实验室倾力打造年度性债券峰会——"中国债券论坛"，已成功举办六届；国研院连续31年举办"国际形势与中国外交研讨会"；中国工程院自2013年以来，每年定期召开"战略性新兴产业培育与发展论坛"，并发布年度《中国战略性新兴产业发展报告》，至今已连续发布七年；北大国发院自2018年开始举办"国家发展青年论坛"等等。④

第二，连续发布重磅报告或皮书。例如：中国科学院着力打造"科技突破前瞻""源头技术预见""生态文明建设""科技体制变革""决策支持系统"五大

---

① 资料整理自中国财政科学研究院官网，https：//www.chineseafs.org/ckynewsmgr/cnpages/cn_index.jsp。

② 王娉：《山东省、中科院、青岛市三方签署合作协议 共建海洋大科学中心和山东能源研究院》，载于《青岛日报》2019年6月18日。

③ 《中国工程科技发展战略地方研究院2019年度工作会议召开》，中国工程院官网，2019年9月27日，https：//www.cae.cn/cae/html/main/col110/2019-09/27/20190927161921681883750_1.html。

④ 以上资料均由本书课题组调研获得。

高端科技智库品牌，形成以《中国智能电网的技术与发展》《中国科学家思想录》等为代表的决策咨询系列，以中国学科发展战略丛书、《中国科学》等为代表的学术引领系列，以院士传记、院士随想录等为代表的科学文化系列等三大品牌系列。现代院自2001年开始，推出年度分析报告《国际战略与安全形势评估》，至今已连续出版20本。国研院自2006年开始每年出版一本《国际形势和中国外交蓝皮书》，旨在深度分析年度大国国情与地区形势、国际重点与热点问题等。财科院计划从2018年开始，每年推出一本《财政蓝皮书：中国财政政策报告》，至今已出版发行两本，行业反响较好。科技部战略院以出版系列监测/评价报告为目标要求，以行业创新为主轴，围绕区域创新能力、区域科技创新评价、企业创新能力评价、研究机构创新能力、区域科技进步评价、高校创新能力监测等主题发布了一系列研究分析报告。浙大区域中心连续多年编撰出版年度《中国西部大开发发展报告》《国家西部开发报告》，还打造出《西部大开发研究丛书》《丝路文明》等品牌书系。① 从2010年开始，国研中心正式出版发行"国务院发展研究中心研究丛书"，截至2018年，这套丛书已经连续出版9年，累计出书129种、133册。② 2016～2018年这三年来，人大国发院先后发布《中国宏观经济论坛系列报告》等系列重大研究报告及各类研究成果2 000多项，网络媒体报道及转载量超过100万条次。③ 军事科学院自20世纪90年代以来，参与编写10部中国的国防白皮书和4部战略评估报告，④ 这些报告在向国际社会阐释中国的国防政策的同时，也展现出中国军队更加开放和透明的一面。中石油经研院连续五年发布拳头产品、中长期展望报告《世界与中国能源展望》，还发布行业报告、科技报告、油气价格指数、年度世界能源数据统计、石油工业统计、石油公司数据手册等成果，这些都已成为业内知名研究品牌。⑤

第三，搭建数据库或智能化服务系统。例如，中石油经研院以"智慧经研院"建设为目标，建成"战略与政策研究""海外投资环境研究"等4个院级软科学实验室，以及"油气市场模拟与价格预测"1个集团公司级软科学重点实验室，建成国内最大的石油石化信息资源开发平台和基于大数据的全球能源信息系统，自主建设了宏观经济、能源统计等20多个数据库群，国际油价预测等16个经济分析预测模型，在大数据、模型工具、软科学实验室建设方面取得重

---

① 以上资料均由本书课题组调研获得。

② 范思立：《国研中心建设国际一流高端智库取得明显成效》，载于《中国经济时报》2019年2月18日。

③ 《筚路蓝缕，以启山林：人大国发院三年巡礼》，光明网，2019年3月13日，https://www.gmw.cn/xueshu/2019 – 03/13/content_32636461.htm。

④ 林飞：《思想羽翼掠过时代高地》，载于《解放军报》2021年3月19日。

⑤ 资料由本书课题组调研获得。

大成就。① 中国工程院重视提升在工程科技领域的大数据知识服务能力，建成中国工程科技知识中心，内含专家学者库、机构库、科技成果库、项目信息库、政府工作报告库、产业政策库和统计数据库等 7 大资源精品库，形成了"1 + 34"的知识服务网络体系，逐步建立起以智能搜索、综合利用和辅助创新为主要内容的知识服务平台。②

第四，设立新媒体宣传平台。据调研，③ 国家高端智库多数都已拥有自己的官方网站和微信公众号，并通过与其他媒体合作的方式进行成果宣传。例如：人大国发院目前官方网站年均访问量超过 20 万人次，微信公众号订阅数突破 10 万，已与 20 多家主流媒体建立战略合作关系，在上百家海内外知名媒体开设评论栏目。复旦大学中国研究院建有官网和微信公众号，并拥有"思想者论坛""观视频""社会生活资料中心"等宣传平台。上海社会科学院充分利用院网、院报、院微信公众号等平台，及时发布院重大课题研究成果，并成立科研成果传播办公室，强化全院传播工作与意识形态工作。中国科学院及时推出战略咨询院中文网站和微信公众号，与《中国科学报》合作开设"智库"等栏目，还建设信息网络与传播中心，策划组织智库品牌活动，全方位传播智库成果。清华大学国情研究院与光明网、共青团中央、观察者网等多家公众号平台建立"白名单"机制，同时也面向社会招聘兼职的新媒体传播助理。④ 此外，在对外宣传部门设置和营运团队配置上，财科院采取"几条腿走路"的宣传营运模式，宣传推广由科研组织处（智库建设管理办公室）负责，自主招聘专人负责微信公众号、微博的策划、组稿、编辑等工作，还积极调动硕博研究生群体来支持营运工作；商务部经研院专门设置了智库对外联络办公室、智库内参编辑办公室、智库对外编辑办公室和媒体策划中心；中国石油集团依托经济技术研究院成立智库研究中心，下设办公室，办公室内设有外宣组，专门负责对外交流和媒体宣传。⑤

可见，国家高端智库按照《意见》和《智库管理办法》要求，积极探索中国特色的新型智库组织形式和管理方式，坚持把体制机制创新作为重大任务来抓，逐渐形成了中国独有的一套灵活高效的运行机制，其中包括内部治理机制、制度管理体系、科研组织机制、人才管理机制、经费使用机制、资源整合机制、智库产品体系等，既能为国家高端智库服务中央决策创造良好条件，也为地方和行业智库健康发展积累了诸多可行经验。

---

① 资料由本书课题组调研获得。
② 资料整理自中国工程科技知识中心官网，http://www.ckcest.cn/home/。
③ 资料由本书课题组以线上问卷的方式调研获得。
④⑤ 以上资料均由本书课题组调研获得。

第二节　重点智库成为省级决策咨询体系的主力

为深入贯彻落实中办、国办印发的《意见》，在国家高端智库的带动引领下，各省（自治区、直辖市）不断探索适应地方智库发展规律的改革良策，尝试培育和发展一批省级重点新型智库和行业性智库，逐渐形成结构合理、功能齐全的省级重点智库方阵。

一、省市重点新型智库实体化建设成绩斐然

实体化建设是新型智库健康发展的重要内容。地方省级重点智库紧跟国家高端智库步伐，通过成立负责重点智库建设的议事评估工作的智库理事会，健全完善智库成果报送渠道和工作机制，形成了结构合理、运行高效、规范有序的重点智库发展思路和培育模式，为服务地方决策咨询、实现地方治理体系与治理能力现代化提供智力支持。

（一）重点智库理事会着力抓好规划协调工作

地方性的智库理事会作为省级重点智库的统筹管理部门，一般由各省智库管理部门牵头组建，负责政策协调、工作推进、战略规划、考核评估等协调指导与管理服务工作。据不完全统计，[①] 全国约有 14 个省一级政府设立新型智库建设的统筹管理部门，其中有 6 家成立省级新型智库理事会，如江苏、北京、河北等。接下来，包括智库理事会在内的省级智库主管部门更应强化供需联络与渠道对接，建立健全面向决策部门的课题认领制度，以出优质成果为目的，指导监督智库研究团队的选拔、管理和考核工作，协助智库以高质量成果咨政辅政。

（二）重点智库报送渠道更加稳定畅通

省级重点智库除了编撰著作、发布研究报告、内部座谈讨论、媒体采访等方式建言献策以外，还会将成果以特定渠道定期或不定期编发给省委研究室、省政

---

① 统计资料由本书课题组调研获得。

府研究室、省委宣传部等政策研究机构和智库管理部门。报送渠道一般包括：一是智库管理部门指定的内参，如首都高端智库理事会秘书处（社科联）主办的内刊《首都高端智库报告》、江苏省委宣传部智库办专门面向省重点高端和培育智库编印的《智库专报》、辽宁省委省政府咨询委员会和辽宁省委政策研究室主办的《咨询文摘》、四川新型智库领导小组办公室《智库成果专报》等；二是省级重点智库专有内部刊物，以江苏省为例，省社科联依托39家决策咨询研究基地和全省社科界知名专家编辑的《决策参阅》、省社科院编发报送的《决策咨询专报》、省委党校（省行政学院）编发的《研究报告》以及长江产经研究院编发的《长江产经决策咨询报告》等。① 此外，省级重点智库除采用传统内参报送的方式嵌入政策过程以外，更应拓展新的服务决策渠道，积极承接决策部门委托、交办的科研任务，积极开展文件起草、讲学培训、舆情调研、国际交流等工作，使智库研究全方位融入决策、服务决策。

（三）重点智库培育模式各具特色

政策试点是中国特色的政策实施举措，是落实国家战略和政策思想的有效途径。② 习近平总书记在全面深化改革领导小组第三十五次会议上强调"坚持试点先行，分类分层推进"。③ 这表明抓好试点是改革破局、创新开路的关键一招，对改革全局意义重大。据统计（截至2020年12月），④ 全国共有21个省（自治区、直辖市）先后开展重点新型智库建设试点培育工作，由省哲学社会科学规划办公室、省委宣传部、省决策咨询委员会、省社科联等单位统筹指导，建设周期3~5年，资助金额在10万元/家至100万元/家不等，见表5-1。

表5-1　　　　　　　　省级重点智库实体建设情况　　　　　单位：个

省份	重点智库名称	数量
北京	首批首都高端智库建设试点单位	14
黑龙江	黑龙江省重点培育智库（共两批）	20+6
吉林	吉林省级新型智库建设试点单位	8
辽宁	辽宁省首批省级重点新型智库	27

---

① 刘德海：《江苏新型智库发展报告（2015~2018）》，江苏人民出版社2020年版，第71、99页。
② 陈振明、黄元灿：《推进地方新型智库建设的思考》，载于《中国行政管理》2017年第11期。
③ 新华社：《习近平主持召开中央全面深化改革领导小组第三十五次会议》，中国政府网，2017年5月23日，http://www.gov.cn/xinwen/2017-05/23/content_5196189.htm。
④ 资料由本书课题组调研获得。

省份	重点智库名称	数量
江苏	江苏省重点高端智库	12
	江苏省重点培育智库	17
山东	首批重点新型智库建设试点单位	15
安徽	安徽省重点智库	10
	安徽省重点培育智库	5
河北	河北省首批新型智库试点单位	9
	河北省新型智库重点培育单位	5
湖北	湖北省十大新型智库	10
	湖北省十大改革智库	10
湖南	湖南省首批省级重点智库建设单位	7
	湖南省专业特色智库	26
江西	首批省级重点智库建设单位	17
广西	广西特色新型智库联盟重点智库	22
重庆	重庆市综合高端智库建设试点单位	6
四川	四川首批新型智库	22
浙江	浙江省高端智库建设试点单位	5
	浙江省新型重点专业智库	13
	浙江省重点培育智库	8
云南	云南省首批重点培育新型智库	30
青海	青海省级重点智库	5
宁夏	第一批自治区级重点培育智库	3
广东	广东省重点智库	15
贵州	贵州省首批新型特色智库	4
内蒙古	内蒙古自治区首批高端智库试点单位	6

注：由于各省（自治区、直辖市）重点智库建设名单对外公布程度不同，表中"数量"属于不完全统计，且不考虑智库名单中存在重复的情况，准确数据以官方公布名单为准。

资料来源：来自各省（自治区、直辖市）智库主管部门公开发布的重点智库建设名单，部分数据来自相关论文内容的表述。

　　地方治理现代化的多层治理结构要求不同类型、不同层级智库的参与，从纵向上看，省级重点智库体系可分为两种模式：一是单一的"重点"／"培育"模式。这种模式是全国大多数地区的智库培育模式，典型代表有辽宁、黑龙江、广东、宁夏等。二是"重点－培育"模式。江苏、安徽等地按照"先培育、后遴选"的思路，选择一批中央和地方决策急需、基础较好的专业智库作为培育单位加以扶持，从而形成结构合理、优势集聚的省级重点智库建设梯队。

二、地方省市重点智库的雁阵式发展

近年来，各省市逐渐加快重点智库建设进程，初步形成了以国家高端智库为引领，以省市级重点智库为支撑，以其他专业性智库为补充，布局合理、分工明确的地方重点智库发展体系，高校智库、科技创新智库、社会智库等类型智库彼此之间有着明确的分工和密切联系，省域智库联盟数量增多，省级重点智库发展的雁阵效应初步形成。

（一）省级重点智库建设总体概况

各省市为适应纷繁复杂的国际国内形势和决策需求，对重点新型智库进行分层分类建设，逐渐形成符合地方智库运行规律的发展体系。地方社会经济转型期复杂的内外部环境导致了党和政府决策议题的多样性与综合性，这就要求省级重点智库体系中既要有综合型智库，又要有专业型智库；重点智库既要从事全局性、综合性研究，也不能忽略各领域潜在的重难点问题。图 5－1 展示了各省重点智库中综合型与专业型智库的分布情况。可以看出，除浙江、辽宁、山东、云南、内蒙古、广西 6 个省份分别筛选了 5 家、14 家、3 家、4 家、1 家、4 家综合型省级重点智库外，其他省份的重点智库均为涉及不同领域的专业型智库。由此可以看出，专业化智库尤其是专业化高端智库，是当前省级新型智库建设的一个重要发展方向。

从总体格局来看，部分省市已初步构建出以国家高端智库为引领，以省级重点智库为支撑，以高校智库、科技创新智库、社会智库等行业性智库为补充的省级智库发展新格局。例如：江苏省已搭建起"12 家重点高端智库 +17 家重点培育智库 +50 家决策咨询类研究基地"的战略布局。湖南省提出，到 2020 年，初步形成一个以省级重点智库为主导，以高校智库、科技创新智库、企业智库、社会智库为补充的新型智库体系。[1] 广西壮族自治区构建出以决策咨询委员会为统筹、智库联盟为协调、六类智库建设为主体、四种服务平台为支撑的"1 + 1 + 6 + 4"特色新型智库体系。[2]

---

[1] 《关于加强湖南新型智库建设的实施意见》，湖南省人民政府门户网站，2015 年 7 月 30 日，http://www.hunan.gov.cn/hnyw/zwdt/201507/t20150730_4755791.html。

[2] 冼妍杏：《广西将构建"1 + 1 + 6 + 4"特色新型智库体系》，广西新闻网，2016 年 1 月 11 日，https://v.gxnews.com.cn/a/14251248。

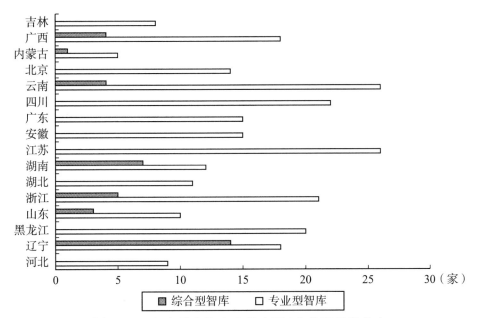

图 5-1　各省重点智库中综合型/专业型智库分布

资料来源：马雪雯、李刚：《迈向成熟的现代智库——省级重点智库建设的政策、体系和网络分析》，载于《智库理论与实践》2020 年第 4 期。

利用网络调研与中国智库索引（CTTI）数据库，得出了 16 个可获取名录省份的重点智库类型分布情况（见图 5-2）。从图中可以看出，高校智库数量最

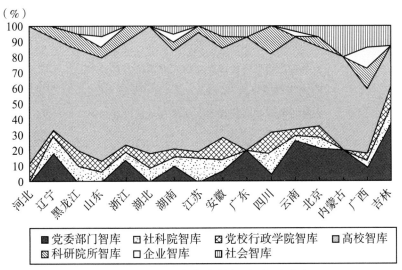

图 5-2　省级重点高端智库类型分布

资料来源：马雪雯、李刚：《迈向成熟的现代智库——省级重点智库建设的政策、体系和网络分析》，载于《智库理论与实践》2020 年第 4 期。

多，占比都在50%以上，说明省级重点智库的类型布局与各地普遍形成的高校智库为基础、政府智库为主导的新型智库发展格局基本吻合。[①] 其次是党政部门智库、社科院智库、党校行政学院智库等组成的官方智库，在各省新型智库体系中距离决策层较近，占据了天然优势。企业智库与社会智库在其中占据的比例相对较小，基础也相对薄弱。事实上，有相当一部分省级重点智库体系中的社会智库也具有官方或半官方背景，是由官方出资或支持建立起来的，其中的智库专家也多为体制内成员。

（二）省级重点高校智库建设概况

据不完全统计（截至2020年12月），[②] 全国共有13个省明确发布省级高校新型智库建设名单，着力打造深度融合的高校专业性智库工作格局（见表5-2）。省教育厅或省教委作为省级重点高校智库的归口管理部门，负责省级重点高校智库的评选、认定和指导工作。例如：上海市依托地方高校智库同城协同机制，构建出"内环-中环-外环"的上海高校智库网络，内环是由市教卫工作党委、上海市教委专项资助的30家上海高校智库，中环是上海高校智库内涵建设计划入选机构（培育型智库），外环是其他活跃智库机构。[③] 浙江省自2016年启动了高校新型智库建设工程，至今已确定两批共28家高校智库，逐步形成特色鲜明、布局合理、彰显浙江特色的省内高校系统新型智库体系。

表5-2　　　　　　　　省级重点高校智库实体建设情况　　　　　　　单位：个

省份	省级重点高校智库名称	数量
浙江	浙江省新型高校智库（共两批）	15 + 13
吉林	吉林特色新型高校智库立项建设单位（2015年、2016年两批）	22（2015年） 18（2016年）
	吉林特色新型高校智库立项培育单位（2015年、2016年两批）	9（2015年） 7（2016年）
江苏	江苏高校人文社会科学校外研究基地	20
	江苏高校人文社会科学校外研究基地培育点	15
云南	云南高校新型立项建设智库	14
	云南高校新型立项培育智库	3

---

① 陈振明、黄元灿：《推进地方新型智库建设的思考》，载于《中国行政管理》2017年第11期。
② 资料由本书课题组调研获得。
③ 沈国麟：《同城协同：上海高校智库建设实践探索》，载于《社会科学文摘》2018年第10期。

续表

省份	省级重点高校智库名称	数量
陕西	陕西高校新型智库	22
安徽	安徽省教育厅高校智库	16
辽宁	辽宁省高等学校新型智库	20
宁夏	宁夏自治新型高校智库	8
甘肃	甘肃省高校精准扶贫智库	5
甘肃	甘肃省高校新型智库（人文社会科学）	20
上海	上海高校智库	30
天津	天津市高校智库（共两批）	12＋8
江西	江西省高校重点基地	53
福建	福建省高校特色新型智库（共三批）	9＋15＋20

注：表中"数量"属于不完全统计，且不考虑智库名单中存在重复的情况（如吉林），准确数据以官方公布名单为准。

资料来源：来自各省（自治区、直辖市）教育部门或高校智库主管部门公开发布的重点智库建设名单。

（三）省级重点科技创新智库建设概况

为落实中央和省委决策部署，结合中国科协相关要求，省科技厅或省科协联合省级学会、系统科协、高校科协、企业科协等建设一批高水平科技创新智库或研究基地（见表5－3），共有7个省市公布省级科技创新智库或研究基地的重点建设名单。例如：2017年9月，陕西省科技厅印发《陕西科技智库体系建设方案》，提出"平台＋基地＋中心"的智库体系建设方案，建立以陕西省科学技术情报研究院为依托单位，以11家陕西省软科学研究基地为支撑的陕西科技智库体系。[1] 吉林省科协自2018年扎实推进省科协科技智库智汇工程建设，已基本构建出由20家基地组成的省科协决策咨询服务体系。

表5－3　　　　省级重点科技创新智库实体建设情况　　　单位：个

省份	省级重点科技创新智库名称	数量
江苏	江苏省科协科技创新智库基地（共三批）	13＋18＋10
云南	首批云南科技创新智库	24

---

[1] 侯燕妮：《我省将建设科技智库体系》，载于《陕西日报》2017年9月14日。

省份	省级重点科技创新智库名称	数量
吉林	吉林省科技创新智库基地（共两批）	12 + 8
陕西	陕西省软科学研究基地	11
黑龙江	省科协科技创新智库研究基地	16
广西	广西壮族自治区科技智库	5
重庆	市新型科技智库建设试点单位	19

注：由于各省区市重点智库建设名单对外公布程度不同，表中"数量"属于不完全统计，且不考虑智库名单中存在重复的情况，准确数据以官方公布名单为准。

资料来源：来自各省（自治区、直辖市）科技部门及科技创新智库主管部门公开发布的重点智库建设名单。

（四）省级重点社会智库建设概况

总体上，当前全国各省（自治区、直辖市）的社会智库建设还处于探索和起步阶段，社会智库数量少、规模小，但部分省市已将社会智库健康发展纳入新型智库发展体系之中。例如：2018 年 3 月，江苏省民政厅等 9 部门联合下发《关于江苏社会智库健康发展的实施意见》，进一步细化全省社会智库发展的任务要求和工作举措。同时，还对社会智库实行与社科类社会组织相同的"双重管理体制"，即由民政部门和业务主管单位双重负责、双重管理。[①] 山东省民政厅起草制定了《关于促进社会智库健康发展的实施意见（征求意见稿）》，于2019 年开展省级重点社会智库建设试点工作，计划到 2020 年培育发展 10 个左右的省级重点社会智库。[②] 因此，地方政府应加大社会智库政策倾斜力度，大力扶持一些基础较好的社会智库，为民间智库力量深度嵌入社会治理体系提供更好的外部条件。

小　结

当前，世界正处于百年未有之大变局，我国也正处于"两个一百年"奋斗目

[①] 刘德海：《江苏新型智库发展报告（2015～2018）》，江苏人民出版社 2020 年版，第 151 页。

[②] 林彦银：《山东对智库建设征求意见　拟于今年公布首批省级社会智库名录》，央广网，2018 年 6 月 7 日，http://www.cnr.cn/sd/gd/20180607/t20180607_524261980.shtml。

标的历史交汇期，国家高端智库肩负着服务党和中央科学决策、民主决策、依法决策的艰巨使命，充分发挥了示范、引领、带动作用，社会各界开始对高端智库建设高度关注，大量科研机构纷纷统筹整合优势资源、创新体制机制，重视智库发展的社会氛围逐渐形成。地方重点智库建设是一项长期、系统性工程，相对于中央层面的国家高端智库建设而言，大部分地区的重点智库建设进程相对滞后，依然有着巨大的发展空间和潜力，地方重点智库建设方兴未艾，也为国家和地区提供战略性、综合性、前瞻性研究成果，为推动地方高质量发展咨政献策。

新时代的"探路"就是要在高质量发展的道路上走在前列，这也是党和国家对重点智库这些"最强大脑"成色与水准的重要考验。未来，以国家高端智库和省市重点智库为代表的中国特色新型智库要在新时代肩负新使命、展现新担当，以增强政策供给为动力，以体制机制创新为关键，以精细化、精准化、精致化为手段，牢牢把握智库建设质量和智库产品质量双提升这条主线，继续为促进国家治理现代化水平提升和完善现代化国家治理体系贡献更多智慧和力量。

第六章

中国特色新型智库实体建设的主要进展

20 15 年以来，新型智库建设成为国家治理体系和治理能力现代化的重要抓手，也成为我国决策咨询体系和哲学社会科学界持续关注和讨论的议题，智库实体建设取得了令人瞩目的突出成就。总体来看，从中央到省市地方建立起一批专业智库机构，类型涉及社科院智库、党校（行政学院）智库、高校智库、科技创新智库、企业智库和社会智库等，呈现出了"行稳致远、多元互补"的中国特色新型智库发展新格局。本章总结新型智库的建设成就与经验，为中国特色新型智库高质量、内涵式发展提供参考。

第一节　新型智库建设的总体特征

随着 2015 年《意见》的印发实施，智库逐渐从一个小众的陌生词汇变成了我国政治文化生活的热词，各类型智库相继派生，和而不同地快速发展，各领域智库专家主动作为，贡献专业智力资源，激发了智库建设与研究的活力和创造力，智库体制机制改革劲头正猛，一大批高质量智库成果竞相涌现。下文以中国智库索引（CTTI）收录数据为分析样本，概括新型智库实体建设的主要特征。来源智库是指被 CTTI 收录的智库，截至 2020 年 11 月底，CTTI 来源智库已经达到 940 家。具体表现在以下几点。

一、智库机构保持持续增长态势

（一）来源智库区域集聚现象明显

按照中国行政区划标准，CTTI 来源智库地区分布情况如图 6-1 所示，华北地区、华东地区在数量方面优势较为明显，两地区来源智库数量之和占据入选来源智库总量的一半以上。

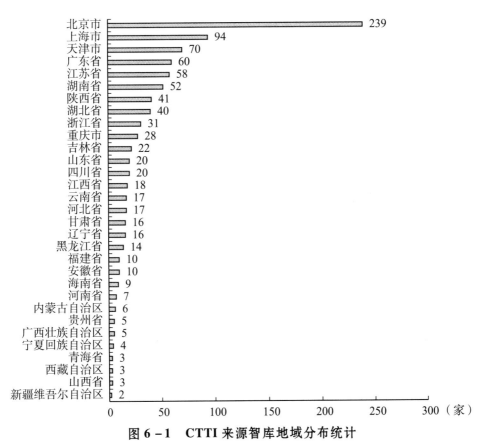

图 6-1　CTTI 来源智库地域分布统计

资料来源：来自中国智库索引（CTTI）系统。

华北地区包括北京、天津、河北、山西、内蒙古，共有 335 家智库被 CTTI 系统收录，占入选来源智库总数的 35.9%。其中，京津冀是我国北方经济规模最大、最具活力的地区，为大力推进智库建设提供了良好的环境基础。北京作为全国政治文化中心，除了各主要部委智库、高校智库和社科院智库，还拥有众多科研院所智库、企业智库、社会智库以及主流媒体的传媒智库，在此基础上 CTTI 来源智库共收录了 215 家北京地区的智库机构。

华东地区作为中国经济文化发达地区，其经济发展水平有效地推动了区域智库发展，CTTI 共收录了该地区 242 家智库机构，占总数的 25.7%。与华北地区相比，华东地区高校智库占比更高，达到 74.4%（见图 6 - 2）。华中地区以 99 家位列第三，占比为 10.5%；其余几个地区的来源智库数量相对均衡。

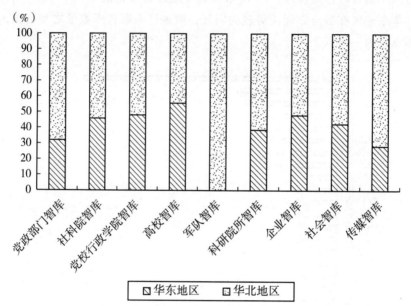

图 6 - 2　华北、华东地区各类型智库占比对比

资料来源：来自中国智库索引（CTTI）系统。

（二）高校智库数量仍然占据高位

根据图 6 - 3 可知，高校智库依旧是来源智库最主要的类型，共 663 家，占总量的 70.5%。其次分别是党政部门智库 71 家，占 7.6%；社科院智库 51 家，占 5.4%；党校行政学院智库 46 家，占 4.9%；社会智库 39 家，占 4.1%；科研院所智库 36 家，占 3.8%。总体而言，CTTI 来源智库类型的组成较为稳定，高校智库长期作为中流砥柱；除高校智库，其他各类智库均占一定比例，齐头并进。

同时，对比 2018～2020 年 CTTI 收录的各类型来源智库占比变化显示（见图 6 - 4），高校智库增幅较大（占比上涨 50.1%）。考虑到高校智库的基数和增幅，以及教育部关于《计划》等战略部署，足以证明高校智库是我国新型智库的重要组成部分，加强地方高校主体作用，也是为区域发展提供智力支持和人才保障的重要渠道。

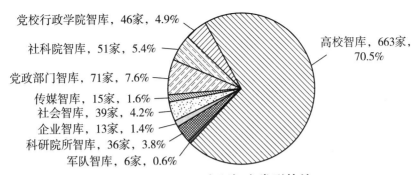

图 6 - 3　CTTI 来源智库类型统计

资料来源：来自中国智库索引（CTTI）系统。

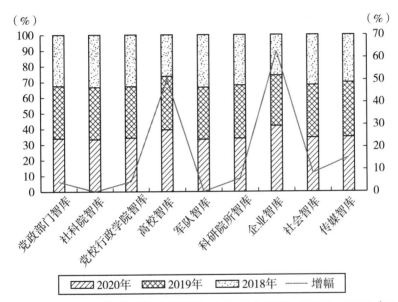

图 6 - 4　CTTI 各类型智库近三年占比变化统计（2018～2020 年）

资料来源：来自中国智库索引（CTTI）系统。

此外，各类型智库除了数量上的变化，在智库建设意识、职责定位、内部改革和合作交流等方面均有较为明显的成果。例如：（1）社科院智库更加明确学术研究、理论阐释和决策咨询"三支笔"职能，智库意识和成果转化意识更强。（2）党校行政学院智库是宣传党的理论政策和培养党的领导干部的主阵地，以地方干部为主的学员优势明显；从中央到省市县级党校，构成自上而下的庞大党校系统，基层智库支撑力度更大。（3）高校智库最大的收获是持续推进"破五唯"教育评价改革，有力地扭转了"唯论文"的错误倾向，真正将论文写在祖国的大地上。（4）科技创新智库决策咨询工作的参与主体数量不断增加，参与形式更加多样化，参与程度更加深入，在国际上的地位更加凸显。

（5）企业智库拥有更多自主研发技术支撑，积累了大量行业数据和技术工具，正处于高速发展阶段。与体制内智库相比，社会智库具有更强烈的市场意识、更灵活的体制机制、更多样的治理模式，创新改革空间更大，成为激活我国智力行业的重要驱动力。

（三）专业智库始终聚焦主业主流

公共政策研究通常包含多个研究领域，来源智库一般根据自己的专长聚焦于其中某些领域，这些政策研究领域是随着智库成立就确定下来的长期研究方向，尽管研究的问题或政策议题会随着现实决策世界不断发生变化，但研究领域基本作为智库机构相对固定的主责主业。CTTI 将我国智库政策研究划分为 53 个类别，基本涵盖各学科和专业。通过分析（见表 6-1），来源智库的研究领域非常广泛，在 53 个研究领域中均有涉及。这里需要说明的是，这些来源智库既存在只研究特定领域的，即一家智库专攻某个特定研究领域；也存在部分智库有多个研究领域，即一家智库涉猎多个研究领域。

表 6-1　　　　　CTTI 各类来源智库研究领域分布统计　　　单位：家

智库类型	党政部门智库	平台型智库	社科院智库	党校行政学院智库	高校智库	军队智库	科研院所智库	企业智库	社会智库	传媒智库	汇总
安全政策	2	0	3	1	68	2	0	1	5	0	82
财政政策	17	0	13	7	70	0	4	3	12	3	129
产业政策	17	0	24	7	137	0	10	7	15	4	221
城乡建设政策	6	0	11	3	42	0	2	0	8	1	73
出版政策	2	0	1	0	8	0	0	0	1	1	13
党建政策	4	0	8	36	22	0	0	0	0	0	70
对外贸易政策	8	0	7	2	64	0	1	2	8	1	93
服务业政策	5	0	5	0	24	0	3	2	8	2	52
港澳台政策	0	0	0	1	8	0	0	0	3	0	12
高等教育政策	4	0	2	0	64	0	1	1	2	1	75
高端制造业政策	6	0	5	0	14	0	4	0	6	0	36
工业政策	5	0	9	0	22	0	2	0	5	1	45

续表

智库类型	党政部门智库	平台型智库	社科院智库	党校行政学院智库	高校智库	军队智库	科研院所智库	企业智库	社会智库	传媒智库	汇总
公安政策	1	0	0	0	4	0	0	0	0	0	5
广播电视政策	1	0	2	0	8	0	1	0	0	1	13
国防政策	0	0	2	1	15	4	0	0	4	0	26
海洋政策	4	0	1	0	19	0	3	0	5	0	32
互联网管理政策	1	0	3	3	35	0	2	4	5	4	57
环境政策	8	0	6	4	58	0	4	1	4	1	86
基础教育政策	5	0	2	0	28	0	1	1	4	1	42
监察政策	1	0	0	1	12	0	0	0	0	0	14
健康政策	1	0	3	0	12	0	1	1	0	1	19
交通政策	2	0	2	1	20	0	0	0	3	0	29
金融政策	14	0	20	8	106	0	3	3	14	4	172
就业政策	7	0	12	5	25	0	0	1	3	3	56
军事政策	0	0	0	0	9	5	0	0	2	0	16
科技政策	7	0	5	3	52	1	18	3	9	3	101
劳动政策	3	0	7	2	23	0	0	0	4	1	40
林业政策	1	0	4	0	12	0	2	1	1	1	22
民政政策	4	0	6	3	17	0	1	0	1	0	32
民族政策	0	1	7	4	40	0	0	0	4	0	56
能源政策	6	0	4	0	33	0	2	3	3	1	52
农业政策	5	0	17	4	51	0	4	1	4	1	87
人口政策	6	0	13	3	35	0	2	0	3	0	62
人事政策	2	0	3	2	8	0	0	0	0	0	15
社会保障政策	11	0	20	6	53	0	1	0	7	1	99
社会建设与社会政策	5	0	4	9	82	0	1	2	4	2	109
审计政策	1	0	3	1	4	0	0	0	0	0	9

续表

智库类型	党政部门智库	平台型智库	社科院智库	党校行政学院智库	高校智库	军队智库	科研院所智库	企业智库	社会智库	传媒智库	汇总
食品政策	2	0	2	0	10	0	0	0	0	0	14
市场政策	8	0	15	6	62	0	3	6	9	4	113
水利政策	1	0	2	0	4	0	2	0	2	0	11
司法政策	4	0	10	2	70	0	1	1	3	2	93
统战政策	2	0	1	2	5	0	0	0	1	0	11
外交政策	3	0	8	2	104	1	1	1	11	2	133
网络安全政策	1	0	2	3	26	0	3	1	3	2	41
文化政策	6	1	22	9	110	0	1	1	10	6	166
消费政策	4	0	8	1	28	0	0	2	3	2	48
新闻政策	1	0	2	0	13	0	0	0	0	8	24
药品政策	0	0	1	0	4	0	2	0	0	0	7
医疗卫生政策	6	0	5	2	20	0	1	1	2	1	38
意识形态政策	2	1	12	21	30	0	0	1	1	1	69
住房政策	1	0	7	2	15	0	1	1	6	0	33
资源政策	8	0	7	4	50	0	6	1	5	2	83
宗教政策	1	1	8	2	30	0	0	0	3	1	46

资料来源：来自中国智库索引（CTTI）系统。

其中，产业政策、金融政策、文化政策、财政政策、市场政策、外交政策是较为热门的研究领域，均有超过 100 家智库聚焦这些领域，且每一领域都体现出不同类型智库的研究力量。由此说明大部分来源智库将研究重心放在经济、文化、外交等重大问题上，显然，这和我国的发展国情是息息相关的，新型智库建设工作主要起步于 2015 年，而十八大之前"科学发展观"的第一要义就已是"推动经济社会发展"；十八大之后结合"十三五"规划提出"两个翻一番"，即经济总量指标、人民生活指标，涵盖了加快完善社会主义市场经济体制和加快转变经济发展方式，以及扎实推进社会主义文化强国两个方面。在强调经济文化发展的主基调下，以经济建设为中心是立国之本，是国家兴旺发达、长治久安的根本要求；文明特别是思想文化是一个国家、一个民族的灵魂，要坚定文化自信；

随着我国国际地位的提升，更要对外讲好中国故事。

其次，社会保障政策、科技政策、社会建设与社会政策、司法政策、资源政策、对外贸易政策、农业政策、环境政策、安全政策也得到了较多智库的关注。但是针对水利政策、监察政策、统战政策、审计政策、药品政策、公安政策展开研究的智库比较少。行业智库发展不充分，行业的政策研究水平就上不去，比如疫情防控相关问题研究的缺失，在一定程度上反映了智库圈对突发公共安全卫生领域缺乏关注度和影响力。因此，对一些重要领域的行业智库建设仍需加强。

此外，对智库类型与政策研究领域进行交叉分析，从中发现：（1）高校智库凭借所依托的学科和专业优势，拥有大量智力资源，与社科院智库、科研院所智库等不同类型智库进行比较，其涉及的政策研究领域明显更多、更广。（2）军队智库主要聚焦于军事政策、国防政策、安全政策、外交政策、科技政策等，智库研究逐渐呈现精细化的特点。（3）企业智库、社会智库、传媒智库等智库除较少涉及党建政策、监察政策、公安政策等领域，其他多数研究领域均有涉及，体现了智库研究的广泛性和多样性。

二、高水平智库团队规模持续扩大

（一）智库专家背景多元、能力突出

充足的智力资源是智库保持动力的根源，也是智库的核心竞争力，巩固人才队伍建设是关键。随着智库专业化程度不断加深，建设以首席专家为首，中青年学术带头人、青年骨干专家构成的决策咨询研究梯队是新型智库建设的长期发展方向。[1] 据统计，[2] CTTI现收录专家共15 730人。从专家所在学科来看（见图6-5），经济学、法学和管理学是来源智库专家最多聚集的学科领域，占比分别为25%、22.9%和17.8%；其次是文学、工学和教育学，三者基本都在6%~7%之间，而其他几个学科人数则略显单薄。因此以社会科学为主的学科仍然是智库专家的主要阵营，相比之下理工类学科在来源智库专家队伍中似乎处于边缘，并且这种局面通过对比近几年的数据更加明显。

---

[1] 咸鸣霞、曾维和：《新型智库社科人才作用发挥的结构困境与对策探讨》，载于《情报科学》2020年第1期。

[2] 统计数据来自中国智库索引（CTTI）系统，由本书课题组成员统计得出。

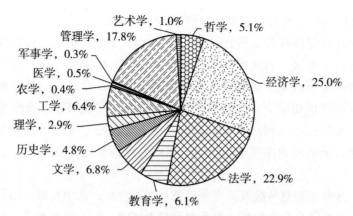

图 6-5　CTTI 来源智库专家所在学科统计分布

资料来源：来自中国智库索引（CTTI）系统。

　　除了专业知识背景外，专家的工作性质、年龄及学历也会影响智库专业能力的竞争力。首先，从工作性质上看，在 15 730 名来源智库专家中，有 3 122 人是全职专家，仅占全部专家比例的 19.8%（见图 6-6），这意味着来源智库有超八成的人才都是来自兼职的专家群体。根据美国著名智库专家雷蒙德·J. 斯特鲁伊克博士从实践中总结的规律，在第一阶段的智库中，兼职研究员与全职研究员的人员比例通常是 4∶1。[①] 这说明，从来源智库全职和兼职的整体比例情况看，我国新型智库专家的总人数不少，但人员结构模式基本是以核心的员工为主，附带庞大的兼职人员队伍，尚未才形成稳定的研究团队，智库仍然处于第一阶段的发展进程。但从智库运营实践看，核心研究团队的质量和稳定性更依赖于全职专家，智库拥有完善且合理的全兼职人员结构也有助于提高研究的专业性和机构发展的稳定性。

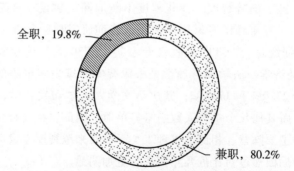

图 6-6　CTTI 来源智库全职和兼职专家比例分布

资料来源：来自中国智库索引（CTTI）系统。

[①]　［美］雷蒙德·J. 斯特鲁伊克著，李刚等译：《完善智库管理：智库、"研究与倡导型"非政府组织及其资助者的实践指南》，南京大学出版社 2017 年版，第 63 页。

其次，从年龄分布和学历分布上看（见图 6 - 7），根据世界卫生组织①对年龄阶段的划分，CTTI 来源智库专家主要在青年和中年这两个年龄段，其中兼职专家中最庞大的群体是中年专家（约 5 515 人），而全职专家则以青年群体人数为首（约 1 546 人）。因此，中青年专家实际上是我国新型智库人才队伍建设的中流砥柱，无论从经验阅历和投入的精力上，智库高强度的工作确实更依赖于这个年龄段的群体。从智库从业者的年龄段分布也可以看出，我国新型智库作为一个新兴行业，仍然处在上升发展期，拥有足够的吸引力，能够为自己不断注入新鲜的年轻血液，这也为智库拥抱变化创造了更多机会，更有利于向创新型发展转变。但同时，人才激励也显得尤为重要，因为这个年龄群体往往也面临更多生活压力，需要一定的资金和平台为他们提供必要的支持，如何留住人才对智库而言则是个巨大的考验。

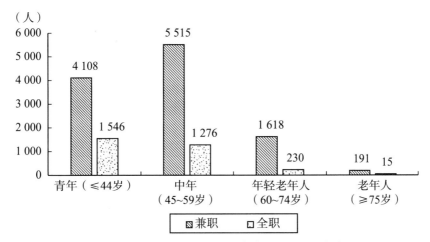

图 6 - 7　CTTI 来源智库专家年龄阶段分布

资料来源：来自中国智库索引（CTTI）系统。

从获得的学位分布情况上看，无论全职还是兼职专家，大多数都拥有博士学位，硕士和学士仅占其中小部分，这说明来源智库专家普遍在自己的专业领域上都有深厚的专业知识积累和学术研究功底，能够为智库产出提供重要的研究基础。智库原本就是一项专业化程度很高的工作，对高学历的需求是全世界智库的普遍发展规律。因此，来源智库实际上并不缺乏高层次的人才来源，如何组织和利用这些现有人才才是关键（见图 6 - 8）。

---

① 《世卫组织确定新年龄分段：44 岁以下为青年人》，环球网，2013 年 5 月 13 日，https：//world. huanqiu. com/article/9CaKrnJAukl。

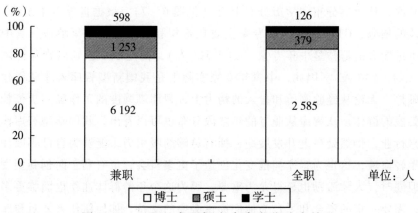

图 6－8　CTTI 来源智库专家学位分布统计

资料来源：来自中国智库索引（CTTI）系统。

（二）智库更加注重高精尖人才培养

人才培养是现代智库运营的一大基本特征，国际一流智库一般都会建立自己的人才培养机制，为智库建立人才储备池。我国新型智库目前还未形成完善的人才培养体系，但由于高校智库拥有庞大的学术科研网络和丰富的教育资源，在培养硕博研究生方面具有先天的优势。因此，很多高校智库所在院系或依托院系都有研究生招生名额，并且可以招募进智库实习，从而加强了智库的人才培养功能。据统计，目前 940 家智库中有 324 家智库都有招生资格，近乎占据高校智库总量的一半。此外，有 316 家在"现有硕士生"字段都填写了有效的数据，277家在"现有博士生"字段填写了有效的数据，本书得出的相关结论是基于对这些有效数据的分析结果（见图 6－9）。

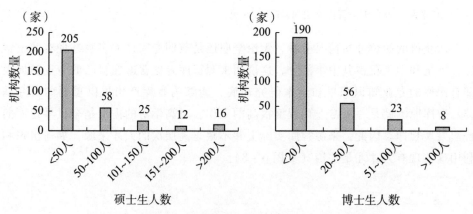

图 6－9　CTTI 来源智库现有研究生人数分布统计

资料来源：来自中国智库索引（CTTI）系统。

根据图 6 - 9 显示，近三分之二的智库招收的硕士生人数是在 50 人以内，有 58 家智库招收硕士人数在 50 ~ 100 人区间，200 人以上的有 16 家智库。而在博士生群体中，近四分之三的智库主要招收的博士生人数在 20 人以内，20% 的智库（约 56 家）招收博士人数在 20 ~ 50 人之间。由此可见，中小规模的研究生人才培养是来源智库更为普遍的做法，毕竟资源是有限的，要投入在真正有潜力的少数群体上才能真正发挥功效。

另外，有 197 家智库还设立了博士后流动站，绝大多数智库拥有 1 ~ 5 名博士后成员，这类智库占据设立博士后流动站的智库总量的一半以上；仅有很小一部分智库拥有 10 人以上的博士后，其中最多拥有博士后数量达 37 人。对大多数来源智库而言，博士后一般是作为高层次人才引进的，博士后人员总体数量上会显得少而精，因为在引进时基本都设置了特定的研究方向，由此形成定点投放模式，有助于智库实现用最少的投资取得最大效益。从长期发展看，这些博士后成员拥有较大的机会在出站后成为智库正式成员，因此建立对博士后人员的激励和职业晋升渠道，能够让他们在出站后继续留在智库工作，这将有助于大大提升智库人才培养的效益，如表 6 - 2 所示。

表 6 - 2　　　　CTTI 来源智库在站博士后人数分布统计

博士后人数（人）	1	2	3	4	5	6 ~ 10	11 ~ 20	> 20
机构数量（家）	23	35	23	9	21	19	13	4

资料来源：来自中国智库索引（CTTI）系统。

综上，从来源智库现有的人才结构看，尽管新型智库建设已经经历了几年的繁荣发展期，高层次的人才资源储备充足，也逐渐要从所谓的"上半场"转入"下半场"，[1] 但智库建设的整体水平仍处于第一阶段的发展进程，人才队伍尚未摆脱以兼职为主的松散结构，人员的稳定性不足。同时，随着智库对青年人才培养的重视，越来越多的以研究生和博士后为主的青年研究者的加入，能够为智库不断补充新鲜血液。然而，无论着眼于现在还是未来，来源智库的人才队伍建设情况都离不开一个重要的问题——激励，这将关乎智库内部生产力和员工的稳定性。并且结合中国新型智库建设的实际情况，人员激励似乎也是智库发展以来长期关注的焦点，应对这一重要难题还需要智库同仁一起努力。

---

[1] 李刚：《创新机制、重心下移、嵌入决策过程：中国特色新型智库建设的"下半场"》，载于《图书馆论坛》2019 年第 3 期。

三、大批量成果产出凸显智库价值

成果是智库工作的终端输出产品，也是智库专业知识的外显。CTTI自建成以来收录的来源智库成果类型丰富，成果数据也是系统最庞大的数据组成，形成了新型智库建设的知识库。如图6-10所示，截至2020年11月底，CTTI收录的成果条目共178 505项，其中论文有90 268项，占成果总量的一半，仍是来源智库最主要的且最广泛的成果类型，其次分别是项目、报纸文章、报告和内参成果，这四项成果总数基本也占据了半壁江山。从这一方面看，来源智库多样化的决策咨询成果实际上为破除"五唯"提供了重要路径。在社会科学成果认定中，把智库的决策咨询成果纳入了成果认定范围，一定程度上改变了唯有专著和论文才是研究成果的错误认知。具体表现在以下几个方面：

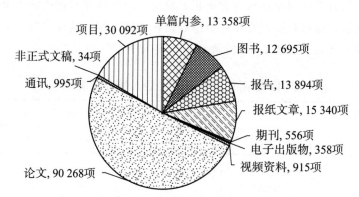

图6-10　CTTI来源智库成果类型分布统计

资料来源：来自中国智库索引（CTTI）系统。

（一）学术论文增长逐年累积，厚植政策研究的学理基础

从绝对数量上看，论文一直都是来源智库最重要的成果，其中97.21%属于期刊论文，而会议论文、学位论文占比分别仅有2.49%和0.30%（见图6-11）。可以说，来源智库发表的大量论文仍集中于同行评审的学术研究期刊，传播受众为同行学者，并且数量上呈逐年累积增长趋势。在推进破"五唯"的进程中，论文本身并没有错，争议关键在于"唯"论上，毕竟"学以致用"才是科学研究的最终目的。高产的论文数量说明来源智库普遍具有良好的学术研究功底，对学术研究积累给予了大量关注，并且这些积累实际上也在巩固智库研究的学术理论基础。但智库研究的关键还在于如何实现这些学术研究成果的快速转化。

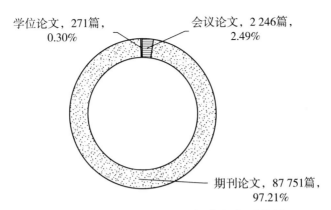

图 6 – 11　CTTI 来源智库论文类型统计

资料来源：来自中国智库索引（CTTI）系统。

　　同时，通过对论文层级相关数据进行分析后，我们发现 CTTI 近三年累计收录的论文情况呈现出相似趋势（见图 6 – 12）。其中，CSSCI 来源论文数量一直居于高位，并且增幅明显高于其他期刊，而 SCI、SSCI 及"三报一刊"论文数量都相对较少，且增幅也不明显。CSSCI 作为我国中文核心期刊中的高水平代表，曾

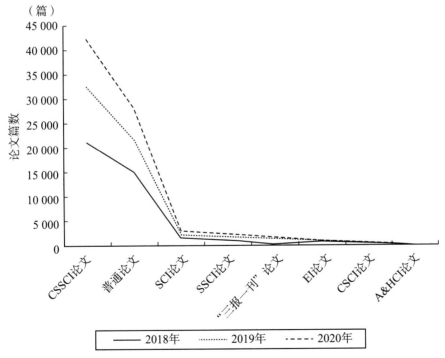

图 6 – 12　CTTI 来源智库各类论文数量年度变化统计（2018 ~ 2020 年）

资料来源：来自中国智库索引（CTTI）系统。

长期作为高校人文社科研究机构的重要考核指标，由于高校智库贡献了大量的来源智库成果，且其中以人文社科专业背景居多，他们在撰写论文上有天然的优势，即使对其考核的机制已经不断完善，但重视发表中文核心期刊论文的传统仍在延续。对比传统学术研究机构对 SCI 和 SSCI 等英文来源期刊的重视，显示出智库学术研究的不同导向，充分体现了其为我国党和政府提供决策服务的使命与担当，为国家、为人民服务的意识强烈。

（二）注重决策咨询成果的质量提升，智库研究有力服务国家治理

内参是新型智库建设最具中国特色的决策咨询成果，也是智库发挥决策影响力最为直接的途径，每年 CTTI 来源智库收录的内参总数都在不断增长。内参一般是通过特定的决策咨询渠道上报至各级决策部门领导，得到领导的批示意味着相关决策者对内参签署了书面意见，因此内参的批示情况往往成为对新型智库政策影响力评估的重要指标。根据 2020 年度收录的内参数据显示，其中未批示内参数量约达 83.51%，这也意味着仅有不到五分之一的内参成果最终取得了相关领导的批示，如图 6-13 所示。尽管较前两年数据相比批示率有所下降，但是这并不影响内参成果的生产，因为从内参总量可以看出，内参仍然是智库每年增长幅度最大的决策咨询研究成果。对智库而言，批示的比率高低并不会影响智库研究者撰写内参的热情，无论获批与否，智库都应该重视每一份内参的撰写，发挥中国特色新型智库决策咨询的优势。内参撰写作为智库的常项工作是智库长期需要坚持的，不以批示为目的、以职责为价值追求已经成为新型智库建设坚守的使命。而且，在来源智库提交的所有内参中，仅有 22% 是合作完成的，其余 78% 大多是由智库专家独立撰写完成的，因此对内参成果质量的把控显得更加重要。对此，来源智库已经逐渐意识到其重要性，有 22% 的来源智库已经设立了专门的产品质量控制体系，更加追求决策咨询的质量，而非数量，旨在打造更多精品成果。

同时，进一步对被批示的内参展开分析，其中受省部级领导批示的内参最多，有近 12.46% 的来源智库内参被省部级领导阅览并予以相应的批示，而正国级和副国级的批示则相对较少，厅（司/局级）以及厅级以下批示更是少之又少。这种情况不仅与智库内参报送渠道有关，其实也反映出来源智库提供内参研究咨询服务的主要对象，省部级领导大多是来自各省市及相关部门领导，这说明来源智库提供的政策建议更多面向地方公共政策需求，服务于智库所在省市的决策部门，为地方治理提供了必要的决策支撑服务。而地方治理作为国家治理体系中承上启下的重要一环，对推进国家整体治理具有重要意义，这说明我国新型智库服务国家治理的能力也有显著提升。

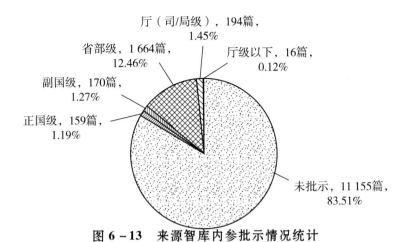

厅（司/局级），194篇，1.45%

省部级，1 664篇，12.46%

厅级以下，16篇，0.12%

副国级，170篇，1.27%

正国级，159篇，1.19%

未批示，11 155篇，83.51%

图 6 – 13　来源智库内参批示情况统计

资料来源：来自中国智库索引（CTTI）系统。

　　根据图 6 – 14 被批示内参的地域统计显示，以江苏、上海、浙江为主的华东地区来源智库获得批示的内参数量最多，以江西、湖北、湖南为主的华中地区来源智库在此方面表现也不逊色，而以北京、天津、河北为主的华北地区以及广东省也取得了较多的批示。由上文可知，华东地区在智库建设上一直占据领先优势，因决策部门对地区规划和发展的重视，经济开放度也相对较高，决策部门善于将智库服务与地区建设相互融合，能够充分激活智库的决策咨询功能。因此可以看出，内参成果作为智库与当地决策者之间关系互动的体现，内参的批示情况也与当地智库建设的实际情况及所处的决策生态系统息息相关。

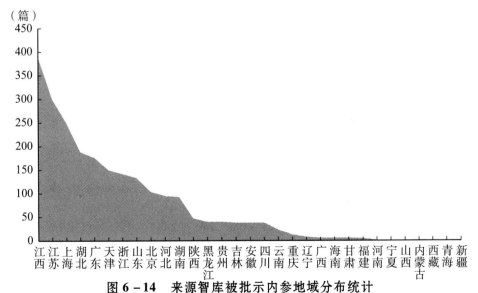

图 6 – 14　来源智库被批示内参地域分布统计

资料来源：来自中国智库索引（CTTI）系统。

（三）项目数量稳中趋简，智库社会服务功能有所增强

智库作为一类特殊的研究型机构，通常也会非常重视对各类项目的申报或承接，智库中许多研究成果的产出是依托于相应的项目。据统计（见图 6 - 15），CTTI 共收录项目总数 30 092 项。其中，项目经费在 1 万～5 万元区间的数量最多，其次是 5 万～10 万元区间和 10 万～20 万元区间，但总体上看项目经费基本都在 30 万元以下，平均经费量并不高。这说明大部分智库承接的项目有可能都是中小型项目甚至是小型项目，主要是软科学性质的对策研究，这也与智库自身规模和所处发展阶段有关。正如前文所说，来源智库的人员规模较小，发展阶段也主要停留在第一阶段，承接较大规模项目的能力不够充分。

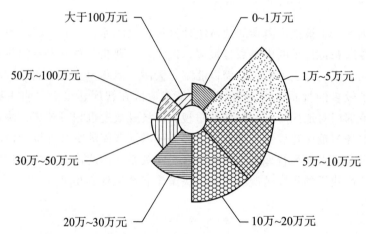

图 6 - 15 CTTI 来源智库项目经费区间分布统计

资料来源：来自中国智库索引（CTTI）系统。

从立项时间上看，有 64% 的项目是在 2015～2020 年立项的。同时按照横向项目和纵向项目的类别进行统计（见图 6 - 16），发现这两类项目数量均在 2014～2017 年期间增长最快，并在 2017 年达到数量峰值，但之后便逐年下降，不过和 2015 年以前相比还维持在一个高位。这种趋势变化与新兴事物发展规律有着相似之处，由于新型智库建设在 2015 年左右兴起，许多智库在此前后都铆足劲头申项目、出成果。而自 2018 年起，随着新型智库建设渐趋分化，加之中办、国办在 2018 年 7 月发布了《关于深化项目评审、人才评价、机构评估改革的意见》，以项目为中心的科研行为开始得到规范，科研评价制度随之逐渐改变，"项目热"可能由此也会降低。对此，表面上新型智库承接项目的能力看似渐趋疲软，但实际上是由量向质的转变，精简的项目数量反而有利于提高项目研究的质量。

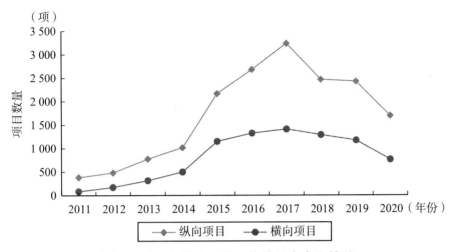

图 6－16　来源智库项目数量年度变化统计

资料来源：来自中国智库索引（CTTI）系统。

除了纵向时间上的变化，从横向对比上看纵向项目数量长期超越横向项目。从现有项目承接情况看，来源智库存在重"纵向"轻"横向"的趋势，主要原因在于受传统科研考核评价体制的影响，根据传统的科研考核评价体系，横向项目的评分权重往往低于纵向项目，这就容易造成纵向项目的"标签化"倾向，并对纵向项目形成激烈的竞争。随着科技评价改革的深化发展，虽然和以往相比新型智库建设在社会服务能力上已经取得一定提升，但未来仍需继续调整思维和项目布局，进一步明确职能定位，争取更大的飞跃。

四、智库活动策划能力显著提升

和其他类型的社会组织相比，智库在社会网络中占据一定的位置优势，作为横跨多个"场域"的社会网络节点，具有强大的资源枢纽功能。各项活动是发挥这一功能的主要途径，有利于智库实现对相关资源的交流和配置。截至2020年11月底，CTTI来源智库共收录活动总数达28 642项，活动类型包含会议、培训、考察调研和接待来访四类，其中会议仍是占比最大的活动类型（见图6－17）。

这些会议既有智库主办的也有智库参与的，同时主要分为国际和国内两个类型，国内会议总体数量远多于国际会议，有近九成的会议是国内会议。智库通常会把会议作为最典型且普遍的一种交流形式，因此智库也常被冠以"会议中心"

215

的称号；但从目前国内会议数量来看，来源智库的交流主要是对内的，国际参与程度不够，对外传播的话语能力不足，不利于国际影响力的形成，更不用说参与国际议程设置和发挥公共外交功能，这点需要引起我们的反思。

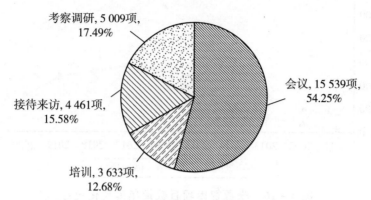

图 6 - 17　CTTI 来源智库各类活动数量统计

资料来源：来自中国智库索引（CTTI）系统。

从具体的会议类型分析（见图 6 - 18），无论是国内还是国际会议，其中正式会议居多，国内会议以讲座、研讨会、论坛等形式为主，部分智库是以座谈会、专题讨论会、专业会议等形式举办；国际会议则以研讨会、论坛为主。而与正式会议相比，餐会、沙龙等非正式会议较少，但这些往往具有智库特色，更有利于促进智库的非正式交流，应该多被鼓励在智库建设中的应用和推广，发展常态化的非正式交流模式。

与会议数据相比，培训、接待来访和考察调研这三项活动数量基数并不多、数量差距也不大。图 6 - 19 具体显示了 2020 年度各项活动累计数据与2019 年度统计数据之间的变化情况。从绝对数量看，会议累计数量远超其他三类，并且增长的绝对数量也是最多的；但从同比增长率看，其他三项活动的相对增长情况并不逊于会议，尤其是考察调研的增幅是四类活动中最高的，约达 24.7%。调研考察不仅是智库研究者治学研究的范式，更是具有中国特色的智库研究方法。中国情境下"调查研究"工作不仅是政策研究的基础，是新型智库把准研究问题、获得一线数据、拿出真实方案的关键方法，也是智库影响力的一种体现。随着新型智库建设的不断深化，来源智库越来越重视调研考察工作的开展，通过"走出去"深入实地了解调研对象，打通对内对外、国内国际双向交流通道。

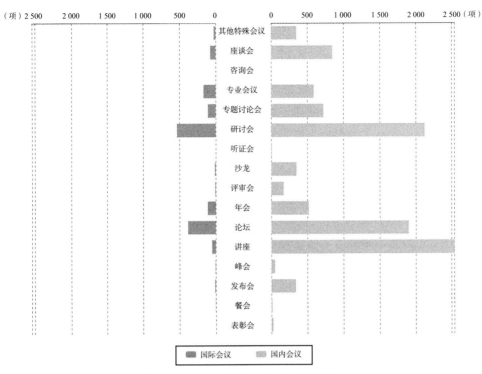

图 6 – 18   来源智库会议类型统计

资料来源：来自中国智库索引（CTTI）系统。

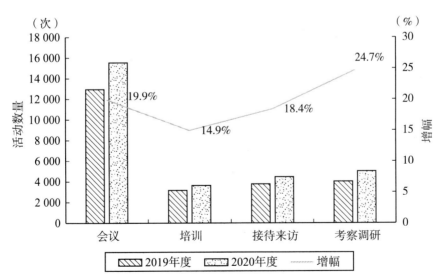

图 6 – 19   CTTI 来源智库各类活动数量年度对比统计（2019 ~ 2020 年）

资料来源：来自中国智库索引（CTTI）系统。

五、主动传播展现智库社会担当

　　"影响力"一直是智库领域关注的焦点，被视为智库的生命线，中国特色新型智库发展也无法绕开这个问题。媒体对智库的报道对于扩大智库影响力至关重要。尤其在当今这个全媒体传播时代，智库与媒体的融合发展已成为当前全球舆论宣传的新趋势，[①] 而且与媒体的互动不仅对于政治沟通议程具有重要意义，[②] 也逐渐成为中国特色新型智库建设的基础。截至 2020 年 11 月底，媒体报道数据量累计 23 787 项，说明来源智库对媒体传播的重视程度逐渐加深。

　　据统计，CTTI 来源智库的媒体报道自 2013 年起呈逐年增长趋势，尤其是网络媒体报道数量增幅最大，其次是报纸媒体报道，而电视媒体报道数量则长期处于少数，对智库影响力的价值也因网络媒体和报纸媒体的崛起而衰落。通过对图 6-20 仔细观察会发现，2015 年报纸媒体报道数是三类报道中最多的，其中以中央级报纸媒体为主，这很可能与中办、国办在 2015 年年初印发的《意见》有关，智库建设当时吸引了许多官媒报纸的报道。

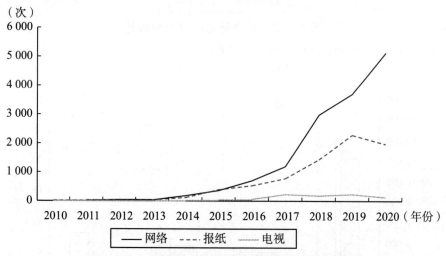

图 6-20　来源智库媒体报道数量年度分布统计

资料来源：来自中国智库索引（CTTI）系统。

　　从各报纸对来源智库报道总数统计情况可知，共 987 种报纸媒体曾对来源

---

　　① 杨亚琴：《中国特色新型智库现代化建设的若干思考——以智库影响力评价为视角的分析》，载于《中国科学院院刊》2021 年第 1 期。
　　② 卜雪梅：《智库与媒体的融合与发展》，载于《新闻战线》2018 年第 18 期。

智库做过相关报道，有 14 种报纸对来源智库报道的累计数量超过 100 次（见图 6 - 21），其中以光明日报等国内官媒为主，同时辅之以地方报纸及新媒体（如澎湃新闻等）报刊平台。这说明近年来新型智库的媒体影响力日渐扩大，以官媒领域为核心，向其他多种层级、多种类型的媒体扩散，更加深入公共领域。但同时，来源智库在国际报纸媒体上的曝光率却相对较低，未能引起国际媒体的广泛关注，这暴露了来源智库在国际影响力方面的短板。

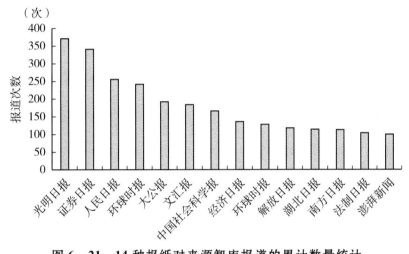

图 6 - 21　14 种报纸对来源智库报道的累计数量统计

资料来源：来自中国智库索引（CTTI）系统。

此外，值得注意的是，2015 年后尽管报纸报道数量也在不断增加，却被网络媒体迅速赶超，网络报道占主导的势头日益明显。由于新型智库建设的兴起处于互联网信息技术快速发展时期，相较于传统的电视和报纸媒体，网络传播速度快、覆盖范围广，已然成为与智库联系最为紧密的媒介传播途径，从各大新闻门户网站到各类新媒体网络平台，形成了多层次、多渠道的网络传播系统。网络媒体作为当下民众表达意见的集中场所，也是公共生活领域重要组成部分，网络媒体报道数量的迅猛增长也意味着新型智库建设在我国公共生活领域的重要性和受关注度大大提升，智库的"公共"功能日益显著。

第二节　社科院在转型发展新型智库上迈出坚定步伐

新中国成立以来，我国社会科学院类机构经历了创建、调整、停办、恢复，到繁荣发展的曲折历程，也在全面改革与曲折发展过程中承担了更多责任和使命。党的十八大以来，社科院作为我国哲学社会科学研究领域的主力军以及地方党委和政府科学民主依法决策的重要支撑，加快向新型智库转型成为新时代社科院发展的必然趋势。尤其是 2015 年 1 月 20 日，新华社播发了由中办、国办印发的《意见》，明确提出"促进社科院和党校行政学院智库创新发展。"① 自此，社科院智库建设，无论是外部政策环境和体制环境，还是职能定位、运行机制、资源配置、交流合作、成果转化等方面都出现积极向好态势，各项建设举措为全国社科院系统提供专业决策服务、建成高端智库提供更多有益探索，已然迈入了向智库化转型的高质量发展新时代。

一、积极向智库转型，智库意识逐渐觉醒

20 世纪 90 年代末，中国经济社会发展问题逐渐显现出来，决策咨询需求越来越强烈。面对严峻的转型压力和生存发展考验，一些体制内科研机构率先实现思考机构转型问题，以上海社科院为代表的地方社科院逐渐实现智库意识觉醒。智库意识是地方社科院建设新型智库的起点，也是社科院智库确定政治站位、职能定位、科研方位的前提和基础。智库意识涉及社科院对自身机构属性的描述和定位，也涉及内部架构优化调整、人员岗位的分配和资源配置、智库产品的生产与质量评价标准的改变，以及外部社会关系的变革等。② 地方社科院普遍将"建设新型智库""为地方党委和政府决策服务"等作为主要建设方向和目标，智库意识从职能定位中得到充分体现，更是为后续体制改革、结构优化、标准修改、人员调整等制度性改革做好思想号召和方向引领。随后，地方社科院智库办公室、决策咨询委员会等陆续成立，以决策咨询报告、领导批示、部门采纳等应用决策类成果为主的智库成果评价体系逐渐建立，与一般学术研究类成果评价并行并重，"小核心 + 大外围"的团队组配模式也逐渐形成，媒体传播平台的运用和搭建也逐步获得社科院智库的重视和关注，各地社科院从学术影响力、政策影响力、社会影响力和国际影响力等方面各施其招、各展其能，从统一思想为起点，加快营造出转型智库的良好工作氛围和学术生态。

二、坚持用好"三支笔"，职能定位更加明确

自 1977 年中国社科院正式成立，党中央便赋予其三大职能定位，即马克思

---

① 中共中央办公厅、国务院办公厅：《关于加强中国特色新型智库建设的意见》，中国政府网，2015 年 1 月 20 日，http：//www.gov.cn/xinwen/2015 - 01/20/content_2807126.htm。

② 黄晋鸿：《意识觉醒促进社科机构强化智库建设》，载于《中国改革报》2019 年 5 月 29 日。

主义的坚强阵地、中国哲学社会科学研究的最高殿堂、党中央国务院重要的"思想库"和"智囊团"。学术研究、理论阐释和决策咨询这"三支笔"① 既是对中国社科院的殷切期望，同时也是对地方社科院高质量发展的总体要求。据不完全统计，截至目前，全国已经有17家省级社科院明确将这三大职能纳入发展规划或设定为建设目标。此外，山东、辽宁、甘肃、湖北等地方社科院将建成社科数据中心纳入职能定位，逐渐从用好"三支笔"向"四位一体"联动转变（见表6-3）。

表6-3 20家社科院智库职能定位情况统计

社科院名称	职能定位
中国社科院	马克思主义的坚强阵地、中国哲学社会科学研究的最高殿堂、党中央国务院重要的思想库和智囊团
北京社科院	建设好市委市政府的思想库、智囊团；建设好马克思主义中国化理论阵地；建设好繁荣发展首都哲学社会科学主阵地；建设好新型智库
天津社科院	建设成为坚强的马克思主义理论阵地、哲学社会科学研究基地、综合性高端智库
河北社科院	打造成马克思主义坚强阵地、省委省政府重要思想库智囊团、哲学社会科学研究创新高地
山西社科院	提升整体研究能力、打造高水准"晋字招牌"，推动高质量发展、打造特色新型智库
吉林社科院	成为哲学社会科学创新的重要基地、国内外学术交流的主要平台和具有国内外重要影响力的高端智库
辽宁社科院	成为辽宁省的社会科学学术研究中心、科研活动中心、文献信息中心、咨询服务中心和邓小平理论研究基地
上海社科院	成为哲学社会科学创新的重要基地、马克思主义中国化的坚强阵地、国内外学术交流的主要平台、具有国内外重要影响力的国家高端智库
江西社科院	马克思主义中国化研究的重要阵地，繁荣发展哲学社会科学的重要基地，服务省委省政府科学决策的新智库
浙江社科院	建设马克思主义坚强阵地、新型高端智库、"浙学"研究高地
安徽社科院	致力政府决策咨询，思考政府决策难点，提供政府决策依据，前瞻政府决策走势

---

① 夏锦文：《为改革开放再出发用好社科理论研究"三支笔"》，载于《新华日报》2019年1月8日。

续表

社科院名称	职能定位
山东社科院	打造山东省马克思主义研究宣传的"思想理论高地"和意识形态工作的重要阵地、省委省政府的重要"思想库""智囊团"、山东省哲学社会科学高端学术殿堂、山东省省情综合数据库和研究评价中心、服务经济文化强省建设的创新型团队
湖南社科院	马克思主义坚强阵地、省委省政府核心智库、哲学社会科学重要力量
广东社科院	构建具有学术影响力、决策影响力与社会影响力的新型高端智库
陕西社科院	打造理论陕军，创建全国一流地方社科院
甘肃社科院	建设甘肃省唯一一家综合性哲学社会科学研究机构，马克思主义和党的最新理论研究、宣传的重要阵地，省委省政府的综合性智库，甘肃特色文化资源的研究中心和数据中心
黑龙江社科院	建设成为东北领先、国内先进、国际知名的坚强理论阵地、一流学术殿堂和综合性高端智库
宁夏社科院	努力把我院建设成为在全国有地位、在西部争一流、在宁夏有大作为的马克思主义的坚强阵地，区域优势和地方特色鲜明的高端新型智库，宁夏哲学社会科学的最高殿堂
湖北社科院	专门智库、理论阵地、学术殿堂、人才基地"四位一体"
四川社科院	打造"坚强理论阵地、高端新型智库、一流学术殿堂、重要传播平台"

资料来源：整理自中国社会科学院和19家地方社科院官方网站和相关报道。

（一）学术研究是开展哲学社会科学研究的先导和前提

开展社会科学方面的理论研究是社科院智库最基本的任务，其中学科建设是基石。无论是学科方向的明确、学科规划的制定，还是学科团队的搭建和学科品牌的塑造，都能够为政府提供专业决策咨询、夯实学理基础。如天津社科院坚持以学科建设为龙头，逐渐形成马克思主义、伦理学、城市社会学等10余个骨干学科，华北区域城市史、经济社会预测等6个重点学科以及犯罪学这1个重点扶持学科，努力提高成果质量和科研水平；吉林社科院还与吉林师范大学等地方高校共建学科基地；上海、广东等社科院利用招生教学和科研并举的方式，促进优长学科发展。①

---

① 资料由本书课题组调研获得。

（二） 理论阐释是哲学社会科学工作者一以贯之的职责和使命

党的十八大提出，要"推进马克思主义中国化时代化大众化，坚持不懈用中国特色社会主义理论体系武装全党、教育人民。"① 社科院智库作为重要的马克思主义理论宣传阵地，必须深入持久性地开展理论学习和理论宣传工作，在学思践悟中切实履行好理论宣传和理论阐释的使命和职责。目前社科院智库已普遍将党建活动和党性教育纳入日常学习和培训过程中，通过将党建工作与科研业务工作相融合，加强科研党员干部的思想监督，真正将党的政治优势转化为发展优势。

（三） 决策咨询是实现传统科研成果转化落地的重要途径和方法

咨政建言是履行参政议政、民主监督职能的内在要求，智库通过主动嵌入政策进程，对政府决策产生直接有效的影响，为政府提供科学决策支撑。近年来，社科院智库开始将研究重点向更具针对性和实效性的应用研究倾斜，将充足的学科储备和理论支持应用到对党和政府的科学决策的酝酿、制定、实施和反馈等各个环节中。首先，开始注重学科交叉和地方产学研合作，建立跨学科研究中心/基地。据不完全统计，全国有 9 家省级社科院设立跨学科研究中心（如上海、湖南、重庆、黑龙江等地），9 家成立地方研究/实践基地（如山东、江苏、黑龙江、甘肃等地）。其次，加强与党政实务部门合作。例如山东社科院承接省委办公厅、省委组织部等 20 多个省领导部门交办/委托课题，积极参加领导内部座谈会；② 江苏社科院在 2015～2018 年间共编发《江苏发展研究报告》218 期、《决策咨询专报》206 期，获省部级以上领导批示 131 项之多，与地方政府建立起常态化合作交流机制；③ 最后，搭建智库平台。江苏社科院目前已形成"四院一中心"的专业智库平台体系，还与省有关单位合作建立"乡村振兴研究中心""城乡发展研究中心"等，智库平台不断得以完善。④ 可见，面对新形势、新要求和新任务，社科院智库经过不断的改革与创新，从侧重"以学科为中心的基础研究"正在向学术研究、理论阐述、决策咨询"三管齐下"的治学范式转变，真正用好社科研究"三支笔"，发挥应有的智库价值。

---

① 韩昀：《大力推进马克思主义大众化》，载于《人民日报》2017 年 2 月 7 日。
② 资料由本书课题组调研获得。
③ 刘德海：《江苏新型智库发展报告（2015～2018）》，江苏人民出版社 2020 年版，第 125 页。
④ 李雪：《新时代地方社科院改革发展的使命与思路——江苏省社会科学院党委书记、院长夏锦文访谈录》，载于《经济师》2019 年第 5 期。

三、"双轮驱动"成效显著，业务能力提升较快

近年来，社科院智库坚持学科发展和智库建设"双轮驱动"战略定位，优化学科布局，创办名刊名栏，强化课题项目管理能力，着力提升政策研究类成果质量，面向科研、推进学者理论与现实问题相衔接，化"知"为"智"，以智库建设带动学科发展，成效显著。

（一）优化学科布局，着力夯实新型智库建设根基

社科院是以学科为根基逐渐发展和成长起来的。因此，学科建设是社科院科研工作的基石，学科建设水平是体现社科院科研实力的基础，更是社科院建设高端智库的重要前提。社科院智库从明确学科方向、制定学科规划，到形成学科研究理论与方法，到学科团队建设、学科人才培养，再到跨学科研究、社科宣传等，普遍选择走重点学科建设路径，从培养一批重点学科、重点扶持学科、交叉学科、冷门学科出发，实实在在地将学科建设的各项要求落实到科研工作的每个环节，引导社科院科研人员立足学科，围绕学科，明确学科分支方向和课题申报的选题方向，依托学科发展带动社科院智库建设。据统计，[①] 已有24家地方社科院明确制定了具有自身特色的重点学科发展规划，在此仅列出12家（见表6-4）。天津、河北、山西等社科院专门制定重点学科管理办法和实施规划；吉林社科院与地方高校共建学科基地；上海、广东等社科院依托硕博士学科点促进优长学科发展；湖南社科院倡导以品牌创建提升学科建设，专门制定院学科品牌创建工作方案，力促"品牌立院"战略目标的实现。由此可见，社科院智库立足地方特色，顺应时代发展需求，不断优化学科布局，规范学科管理，推进学科交叉，逐渐形成了结构合理、特色鲜明、重点突出的学科体系，夯实了社科院建设新型智库的基础。

表6-4 　　　　　12家地方社科院重点学科体系建设情况统计

社科院名称	重点学科体系
天津社科院	重点学科：华北区域城市史、城市经济、经济社会预测、城市社会学、当代日本、舆情研究 重点扶持学科：犯罪学

---

① 资料由本书课题组调研获得。

社科院名称	重点学科体系
河北社科院	重点学科：农村经济学、区域经济学、中国特色社会主义理论体系研究、当代文化（文学）与河北文化发展研究、李大钊与区域史研究 重点扶持学科：服务经济、人口社会学、马克思主义哲学与现代化、地方法治建设 重点培育学科：人才资源开发、新闻传播学、宏观经济政策学、旅游经济
江苏社科院	重点学科：中华民国史、编辑出版学、社会学、农村经济学 培育学科：产业经济学、世界经济学、伦理学、政治学、组织社会学 自组学科：江苏文化家族与文化学派、政治与社会关系互动研究、城市社区研究等10个
江西社科院	重点学科：应用社会学、宋代文学、区域经济学与应用对策研究、马克思主义中国化与执政党建设、中国苏区史与区域社会史、生态经济学、文学地理学等 准重点学科：法治与地方治理、中国叙事学、中国茶文化与中国农业文明史、文学地理学
浙江社科院	重点学科：部门法学、专门史、中国哲学史、文化史、马克思主义政党研究、区域经济学 特色学科：中国哲学史、浙江文学与文化研究、社会史、区域经济学
安徽社科院	重点学科：安徽社会经济史、后发地区经济发展、中国特色社会主义研究 骨干学科：安徽产业经济研究、中国哲学（皖籍思想家）和文化研究、法治安徽研究、安徽文学研究、社会建设与社会治理现代化研究、文化传播学研究、新型城镇化发展研究、学术期刊的时代化问题研究
河南社科院	重点学科：中国特色社会主义、河南经济（区域经济）、中原文化研究
宁夏社科院	重点学科：应用社会学、西夏学、回族学、宁夏地方历史文化等 重点扶持学科：社会学、文化学、法学等
湖北社科院	重点学科：应用经济、宏观经济、产业经济、区域经济、马克思主义中国化、哲学、楚文化
四川社科院	首批重点学科：马克思主义中国化、民商法学、区域经济学、巴蜀文化及其现代化、文艺理论与文化创新研究、产业经济、康藏研究等
贵州社科院	重点学科：民族法学、大数据治理学、产业经济学、民族学、区域经济与发展经济学、应用社会学、中国历史·专门史·黔学、人口学、哲学·中国哲学·儒学
新疆社科院	重点学科：民族研究、宗教研究、新疆历史研究、中亚研究、经济研究

资料来源：从各地方社科院官方网站和实地调研中获得。

（二） 以智库研究带动学科发展的反哺功能逐渐显现

学科发展和智库建设的有效运作可以理解为是学理与现实的博弈。建设新型智库要求社科院必须加快解决两者之间有效联动的问题，在形成可转化、可落地的智库成果，服务政府科学决策的同时，搭建跨学科合作平台，反哺学科发展，形成学科特色和学科优势。经过几年的发展，社科院学科体系为智库决策咨询科学性提供的支撑力量早已显现，智库建设带动学科发展的反哺功能逐渐发挥出来，具体表现在以下几个方面。

第一，形成了以问题为导向的特色研究领域。社科院围绕地方特色文化和地方重大战略，通过整合优势学科资源，衍生出大量符合现实需求、揭示社会现象、解决现实问题的特色研究方向或研究领域，服务地方经济社会发展和战略决策。如山东社科院为展现儒学思想的现代价值，推进儒学思想的国际传播，特成立了国际儒学研究与交流中心。四川社科院为解决人类抗震救灾的现实问题，成立了四川震灾研究中心，推出《灾难社会学》《灾难医学管理》《灾难传播学》等专著，力图形成具有多学科交叉集合的新兴学科"灾难学"。[①] 天津社科院为响应国家关于实施京津冀协同发展的重大国家战略，借助产业发展研究所、城市经济研究所、资源环境与生态研究所等学科优势，设立了京津冀协同发展研究中心，解决京津冀协同发展及城市群建设的重大理论和现实问题。[②] 湖北社科院设立了中部发展研究所和财贸研究所两个建制单位，以便更好地服务湖北"中部崛起战略支点"建设。[③]

第二，搭建出跨学科的智库型平台。跨学科、跨院所的研究中心是社科院智库建设的主要平台和重要抓手。我国社科院普遍以智库型研究中心为依托，以科研项目为契机，构建开放式的合作网络，充分整合科研资源，推动社科院向新型智库的战略转型。如天津社科院依托历史研究所、文学研究所和相关学科、专业，建设历史文化研究中心；依托社会学研究所、法学研究所和相关学科、专业，建设社会治理研究中心。甘肃社科院立足于甘肃丰富的生态资源和独特的自然环境，以应用对策研究为核心，开展经济、社会、环境、规划等多学科交叉综合研究，成立资源环境与城乡规划研究所。湖北社科院成立了人才研究中心、文化产业研究中心、反腐倡廉建设形势评价中心等编制外研究平台，推出了一批较有影响的研究成果。[④] 云南社科院建立了以项目为纽带，以加强学科建设为目标

---

① "汶川地震灾后重建与灾难学研究中心简介"，四川省社会科学院官网，2011 年 3 月 14 日，http：//www.sass.cn/934170/10257.aspx。

② 资料由本书课题组调研获得。

③ 资料整理自湖北省社会科学院官网，http：//www.hbsky.cn/Index/Organization.aspx？MenuID=3。

④ 王健、沈桂龙、陈骅：《智库转型——理论创新与实践探索》，生活·读书·新知三联书店 2012年版，第 16 页。

的跨院跨所的科研工作室，整合研究力量，促进新兴学科发展，如社会性别与参与式工作室（GPRC）。内蒙古社科院努力打造促进拓展草原文化学科建设的平台，成立了"中国草原文化研究中心""内蒙古草原文化学会"和"内蒙古草原文化研究基地"，还持续举办"中国·内蒙古草原文化主题论坛"，已形成以《草原文化研究丛书》为标志的科研成果，草原文化学也已经纳入大学研究生教学课程，以草原文化学为核心的基础理论体系和学科体系逐渐建立起来。①

第三，衍生出大量新兴交叉学科。学科交叉是哲学社会科学创新发展的重要动力。社科院智库通过跨学科合作，集中不同学科和领域的力量，对重要理论与实践问题进行开拓性探究，进而发展成为自己的特色学科。如江西社科院的重点学科"生态经济学"和"文学地理学"，中国社科院文学研究所的"数字人文"等等。此外，中国社科院考古研究所早在 1996 年就成立了考古科技实验研究中心，致力于把自然科学技术应用于考古学研究领域，在创建当代科技考古这一新的交叉学科方面，取得了长足进步。②

基于此，当前社科院通过跨学科、跨平台合作，形成了一批以解决现实问题为导向的特色研究领域，搭建出以融合开放合作为目的的智库型研究中心（所），衍生出大量新兴的交叉学科，以创新学科发展思路拓展决策咨询方式，智库研究成果源于学科又反哺支撑学科，实现学科与智库良性互动，助力建成学科建设和智库建设"双轮驱动"的社科院新型智库。但是，据调研，目前部分地方社科院对于如何处理学科发展和智库建设关系问题上的认识仍然较为模糊，有些社科院智库反映智库建设的政策衔接出现问题，有些智库反映内部人员对体制机制改革存在不适应，有些社科院学者认为学科和智库难以兼顾，③ 对应用研究的过度重视使得基础研究存在弱化趋势等。④ 以上问题都是社科院建设新型智库过程中必然要解决的问题。

（三）名刊名栏成为社科院智库对外发声的重要阵地

社科院智库作为有价值知识产品供给的传播平台，自办学术期刊成为承载这类知识成果的必需载体。习近平同志指出，"在解读中国实践、构建中国理论上，我们应该最有发言权，但实际上我国哲学社会科学在国际上的声音还比较小，还

---

① 王健、沈桂龙、陈骅：《智库转型——理论创新与实践探索》，生活·读书·新知三联书店 2012 年版，第 17 页。

② 黄英：《积极推进交叉学科在考古学研究领域的发展——访中国社会科学院考古所考古科技实验研究中心主任袁靖》，载于《社会科学管理与评论》2004 年第 2 期。

③ 叶祝弟：《警惕学术研究中的"苏联学难题"——对当前大学智库热的反思》，载于《社会观察》2015 年第 11 期。

④ 李兰：《智库发展需加强基础研究》，载于《经济参考报》2016 年 3 月 10 日。

处于有理说不出、说了传不开的境地"。① 社科院智库自办期刊作为繁荣哲学社会科学的必然要求，也是推动行业发展的客观需要。据统计，② 根据中文社会科学引文索引 CSSCI（2019～2020）收录来源期刊目录，中国社科院创办的 CSSCI 来源期刊高达 54 种，能够比较集中地反映中国社会科学研究的最新成果和学术信息；由省级社科院创办的 CSSCI 来源期刊 47 种，分布在除西藏、海南、广西社科院以外的 28 个省（自治区、直辖市），其中上海社科院拥有 CSSCI 来源期刊数量最多，达到 7 种，其次是江苏社科院 5 种，其余地方社科院拥有 1～2 种（见表 6－5）。可见，社科院智库拥有大量优秀的期刊资源，始终将其作为连接社会科学研究的重要平台和意识形态建设的关键窗口，兼备传播交流研究成果、聚集研究队伍和推动科研成果转化等功能，与学术期刊相辅相成，互促共进。③同时，地方社科院还围绕地方文化和地方发展战略创办特色栏目，搭建独特的学术交流平台，如湖湘地区的楚文化、山东地区的齐鲁文化、京津冀地区的燕赵文化、川渝地区的巴蜀文化等等，以及京津冀协同发展、长三角一体化、粤港澳大湾区等国家级发展战略，为社科院智库带来诸多文化品牌和政策红利的同时，打造出更独特的学术品牌形象。

表 6－5　　　　　　社科院自办 CSSCI 来源期刊统计　　　　单位：种

社科院名称	CSSCI 期刊名称	CSSCI 来源期刊数量
中国社科院	《当代亚太》《国外社会科学》《日本学刊》《世界经济与政治》《中国工业经济》等 54 种刊物	54
上海社科院	《社会科学》《毛泽东邓小平理论研究》《史林》《上海经济研究》《世界经济研究》《政治与法律》《新闻记者》	7
江苏社科院	《江海学刊》《学海》《现代经济探讨》《世界经济与政治论坛》《明清小说研究》	5
福建社科院	《福建论坛（人文社会科学版）》《亚太经济》	2
安徽社科院	《江淮论坛》《安徽史学》	2
北京社科院	《城市问题》《北京社会科学》	2
山西社科院	《经济问题》《语文研究》	2

① 习近平：《在哲学社会科学工作座谈会上的讲话》，载于《人民日报》2016 年 5 月 19 日。
② 资料由本书课题组调研获得。
③ 李君安、王政武：《社科院与其学术期刊互促共进研究》，载于《青年记者》2019 年第 2 期。

续表

社科院名称	CSSCI 期刊名称	CSSCI 来源期刊数量
新疆社科院	《新疆社会科学》《西域研究》	2
广东社科院	《南方经济》《广东社会科学》	2
吉林社科院	《社会科学战线》《经济纵横》	2
四川社科院	《社会科学研究》《经济体制改革》	2
天津社科院	《天津社会科学》《道德与文明》	2
山东社科院	《东岳论丛》	1
青海社科院	《青海社会科学》	1
湖南社科院	《求索》	1
宁夏社科院	《宁夏社会科学》	1
云南社科院	《云南社会科学》	1
浙江社科院	《浙江学刊》	1
湖北社科院	《江汉论坛》	1
贵州社科院	《贵州社会科学》	1
陕西社科院	《人文杂志》	1
江西社科院	《江西社会科学》	1
甘肃社科院	《甘肃社会科学》	1
辽宁社科院	《社会科学季刊》	1
河南社科院	《中州学刊》	1
河北社科院	《河北学刊》	1
黑龙江社科院	《学习与探索》	1
内蒙古社科院	《内蒙古社会科学》	1
重庆社科院	《改革》	1
广西社科院	—	0
西藏社科院	—	0
海南社科院	—	0

资料来源：来自中文社会科学引文索引 CSSCI（2019~2020）来源期刊目录和各社科院官方网站。

229

（四）课题项目管理能力迅速提升，研究选题倾向社会热点、关键问题

课题研究的水平代表着新型智库建设的水平，课题成果的质量关乎新型智库建设的成败。[1] 社科院智库作为我国哲学社会科学研究的主力军，始终将课题研究作为科研工作的中心环节，也是社科基金类项目的主要承接单位。据统计，社科院智库承接的国家级课题主要以国家社科基金项目、全国统计科学研究项目、国家发展和改革委员会研究课题、全国教育科学规划课题等为主，国家社科基金项目占据比重较大，地方社科院承接数量较为均衡，涉及领域广泛多元。借助泛研全球科研项目数据库检索 2015～2020 年中国社科院和 31 个省级地方社科院承接国家级科研项目的数量、资助来源和涉及学科，[2] 从中发现：（1）课题来源以国家社科基金为主。社科院智库共承接 1 393 项国家级科研项目，其中国家社科基金项目达到 96.6%，国家自科基金项目仅 18 项（上海社科院 13 项）。（2）承接单位主要是中国社科院，地方社科院承接数量相对均衡。中国社科院承接项目约占全部项目的 36.5%，其次是上海社科院（约占比 9.8%）和四川社科院（约占比 6.9%）（见图 6 - 22）。（3）承接课题的学科分布广泛，除文史哲以外的社会学、国际问题、民族宗教问题等成为新的关注点。中国历史、中国文学和哲学共约占全部项目的 22.5%，其次是社会学（9.2%）、应用经济学（9.0%）、国际问题研究（6.4%）等，涉及领域愈来愈广泛（见图 6 - 23）。

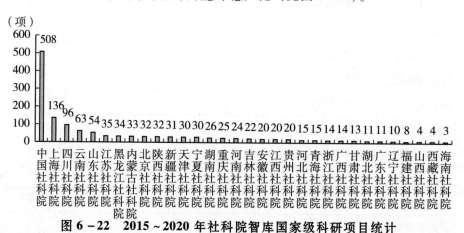

图 6 - 22　2015～2020 年社科院智库国家级科研项目统计

资料来源：来自泛研全球科研项目数据库。

---

① 张华：《我国新型智库建设与地方社科院科研转型研究》，载于《东岳论丛》2010 年第 10 期。
② "泛研全球科研项目数据库"是科研项目管理、科研项目申报立项、科技查新的有效的辅助工具，是收录范围最广、数据规模最大的科研项目数据库，访问网站为 http：//www.funresearch.cn/。

推动智库建设健康发展研究

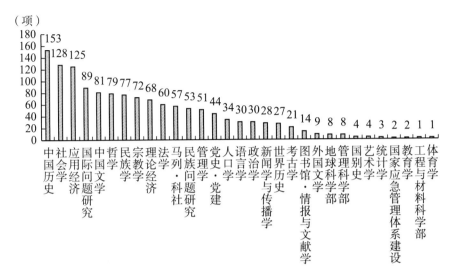

图 6-23 2015～2020 年社科院智库国家级科研项目学科分布统计

资料来源：来自泛研全球科研项目数据库。

社科院智库为保证课题研究质量，更加注重课题全流程跟踪管理，尤其是选题和结项评审环节，严格把关，控制质效。例如：上海社科院将选题与定位相结合，重视自选题目，经各所积极组织动员、踊跃申报，各位资深专家认真审阅并投票，形成课题立项建议名单；广东社科院严格按照《科研全过程动态管理条例实施细则》对项目进行检查、监控，按照经济性、效率性、效果性及公平性进行项目绩效评估。此外，社科院智库建有全流程化的跟踪机制，如上海社科院在课题选题、发包、调研、成果提交等环节全程跟踪，建立课题结项提醒制度，加强中期检查和成果审核工作，确保课题结项率和成果质量；江苏社科院按照"开题－立项－调研－中期汇报－结项申报－结项审查－专家评审鉴定－完成结项"等环节实时跟踪课题进度，保证课题成果质量；黑龙江社科院重点对青年课题和交办课题的管理办法进行较大调整，青年课题以扶持、引导和规范为目的，加强课题立项时的论证、结项时的观点阐释以及专家对成果的审读评判，领导交办课题交由资深专家和青年梯队组成课题组集体攻关，经专家组集体评审，通过后才可结项。[①] 四川社科院针对横向课题实行前置审查制度，涉外课题负责人需提供国（境）外合作机构学术背景和政治背景信息，所有横向课题立项都必须通过科研管理服务平台进行登记等，无论从课题研究过程，还是各环节的质量审核，以上举措都体现出社科院智库对提升成果质量的重视程度和推进力度，为推进实现高质量发展夯实基础。

---

① 王健、沈桂龙、陈骅：《智库转型——理论创新与实践探索》，生活·读书·新知三联书店 2012年版，第 18 页。

（五）研究成果丰硕多元，决策咨询类成果转化逐渐受到关注

成果产出是展现社科院智库科研实力和水平的外在形式之一。社科院过去以论文、著作为主的学术成果为主要成果输出，但随着智库化转型力度的加大，以委托课题、内参批示、咨政报告采纳、参与政策文件起草等途径为主的决策咨询类成果更加受到重视和关注。根据山东社科院科研成果统计管理办法，成果类型包括论文、著作、研究报告、志书、工具书、译著、译文、古籍整理、综述以及通过各类渠道上报的咨政成果。首先，本节对社科院智库学术类成果进行初步统计。根据中国知网文献数据库统计，发现：（1）2015～2020年期间，地方社科院共发表学术论文20 964篇，发文量每年呈下降趋势（见图6-24），这显然与"破五唯"的科学教育评价导向相关，社科院智库开始更关注撰写内参报告、报纸文章等类型成果；（2）高水平论文层出不穷，六年来共发表CSSCI期刊论文7 153篇（约占比34.1%），北大核心期刊论文9 487篇（约占比45.3%）；（3）各地社科院高水平论文产出略有差别，其中上海社科院发文量最多，其次是四川、北京、天津等地，山东社科院双核心期刊论文占比排名第一，其次是上海、江苏、浙江等地（见图6-25）；（4）国际期刊论文数量差别较大，上海、广东、北京等地社科院海外期刊发文量排名前三，SCI/SSCI收录顶尖期刊发文量也始终排在前三（见图6-26）；（5）六年来，地方社科院共发表报纸文章7 705篇，其中中央级媒体文章2 692篇（约占比34.9%），河北、山东、天津等地社科院中央级媒体的文章发表量最高，占比均超过70%，远高于全国平均值（见图6-27）。

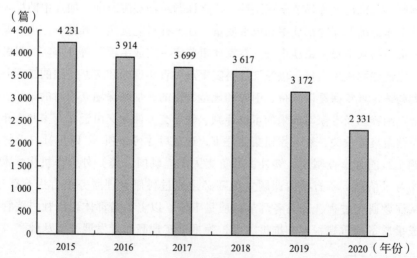

图6-24 2015～2020年地方社科院智库学术论文发表量统计（按年份）
资料来源：来自中国知网（CNKI）数据库。

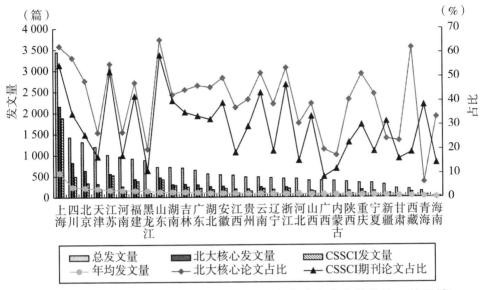

图 6-25　2015~2020 年地方社科院智库学术论文发表量统计（按地域）
资料来源：来自中国知网（CNKI）数据库。

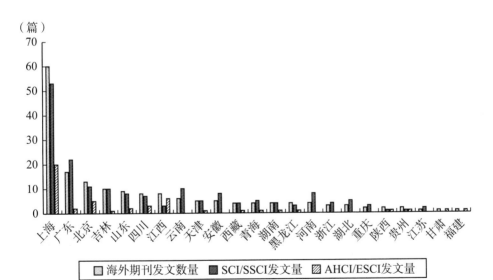

图 6-26　2015~2020 年地方社科院智库国际期刊论文发表量统计
资料来源：来自 SCI、SSCI、A&HCI、中国知网（CNKI）等数据库。

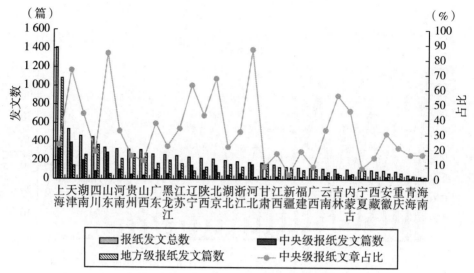

图 6 - 27　2015～2020 年地方社科院智库报纸文章发表量统计

资料来源：来自中国知网（CNKI）、全国报刊索引等数据库。

　　此外，科研成果的转化一直是新型智库建设中面临的难点，社科院智库也不例外，主要表现在成果转化率低和转化速度慢两方面。咨政建言作为传统科研成果转化落地的重要途径和方法，能够更好地服务社会、满足需求。近年来，社科院咨政成果产出数量丰硕，报送渠道愈加多元，服务方式形式多样。四川社科院2018～2019 年共编发上报《川社科研》155 期、《天府智库》61 期、撰写各类交办文稿和对策建议 160 多篇，共获得省部级及以上领导肯定性批示 242 件次；甘肃社科院近年来共完成调研和咨询报告 213 项，创编《要论与对策》，直接向决策层提供社科专家的意见与咨询①。我国智库允许并鼓励地方科研单位通过自办内刊和自有渠道报送重要成果，各省地方社科院几乎均有 1～4 种不等的报送渠道，如上海社科院的《上海新智库》专报，山东社科院的《科研要报》《呈阅件》《智库要报》，江苏社科院的《决策咨询专报》《咨询要报》，吉林社科院的《特色智库专报》《科研成果要报》，河北社科院的《决策建议》《决策参考》，湖南社科院的《决策参考·湖南智库成果专报》《湖南省情要报》等内刊。② 过去，各省（自治区、直辖区）社科院的学术成果面向领域内的学科同行，转化成效以学科带头人对成果的认同或"成果转载率"为归宿，而智库成果，尤其是咨政建言类成果面向对象广泛，从决策制定者、契约合作者到社会公众，均有机会获得并受其影响，其转化成效以决策采纳与实施、方案落实与运行、民众认可与

---

① 辛刚国、陈新专：《地方新型智库建设理论与实践》，人民出版社 2019 年版，第 21 页。
② 资料由本书课题组调研获得。

传递等为最终环节，社科院智库也正在不断探索科研成果在决策层、公众层的转化评价机制。

四、实施"创新工程"成为推动社科院转型智库的关键路径

创新是繁荣发展哲学社会科学的重要动力，更是科学研究的灵魂所在。实施创新工程，是落实党的十七大及十七届五中全会、国家"十二五"规划纲要关于建设哲学社会科学创新体系战略任务的具体依托，也是贯彻落实习近平同志关于"实施哲学社会科学创新工程，搭建哲学社会科学创新平台，全面推进哲学社会科学各领域创新"指示精神的重要举措，是哲学社会科学事业迈上更新层次、更高台阶的重大战略举措，[①] 引领了社科院智库建设的发展方向，激活了社科院智库研究的应用功能，更调动了社科院学者的科研热情和活力。

2011 年 9 月，以中国社科院启动哲学社会科学创新工程为起点，全国各级社科院纷纷响应号召，陆续开始实施创新工程，并以此为契机，制定出台一系列改革创新举措，努力建成服务决策、引领发展、特色鲜明的一流社科院智库。据不完全调研，截至 2020 年底，除中国社科院以外，明确提出实施创新工程的地方社科院大约有 16 家，其中上海、山东、贵州、云南、黑龙江、河北等地社科院陆续开始有计划、有步骤地实施创新工程（见表 6-6），营造出了风清气正、互学互鉴、积极向上、公正和谐的创新改革氛围。

表 6-6　　　　　　社科院哲学社会科学创新工程实施情况

社科院名称	启动时间	实施思路与战略目标
中国社科院	2011 年 9 月 5 日	完成六项主要任务：第一，建设马克思主义坚强阵地。第二，建设党和国家重要的思想库、智囊团。第三，建设中国哲学社会科学研究的最高殿堂。第四，建设中国特色社会主义理论学术传播平台。第五，建设"走出去"战略的学术窗口。第六，建设中国哲学社会科学研究人才高地
上海社科院	2014 年 6 月 3 日	切实抓好创新工程的常态管理，严格各阶段考核机制，充分发挥创新工程的带动作用，使上海社科院相关各项工作紧密配合、互相促进、相得益彰，推动智库、学科、人才建设全面发展

---

① 王伟光：《实施哲学社会科学创新工程 建设具有中国特色、中国风格、中国气派的哲学社会科学》，载于《中国高校社会科学》2013 年第 5 期。

续表

社科院名称	启动时间	实施思路与战略目标
山东社科院	2015年2月6日	目标定位和思路举措——"一二三四五六",即实现建设国内一流新型智库这一总体目标;采取基础理论研究和应用对策研究双轮驱动的发展战略;推进科研管理、人事管理、经费管理三项改革;强化体制机制、人才队伍、数字信息化、精品成果四大支撑;发挥好资政建言、理论创新、舆论引导、社会服务、公共外交五大功能;探索建立准入制度、退出制度、报偿制度、配置制度、评价制度和资助制度六大创新机制
贵州社科院	2016年3月25日	以高质量研究成果、科研体制机制的创新、学科体系的完善和强大的人才队伍建设为目标导向,全面深入推进科研体制机制创新,探索建立符合经济社会发展需要和科研规律的现代科研体制,加快推进人事制度、科研管理、经费管理、资源配置和绩效考评、薪酬分配等机制创新,激发调动广大科研人员的积极性和创造力,不断提升服务省委省政府决策、服务全省经济社会发展的能力
云南社科院	2017年2月27日	设立"院创新工程办公室",制定《"哲学社会科学创新工程"创新团队管理办法》,加强创新工程中人员聘用、人事管理、科研考核、薪酬管理、经费管理等方面的优化建设
黑龙江社科院	2017年11月22日	深入贯彻党的十九大精神,着力深化科研管理制度、人事管理制度、智力报偿制度等三方面改革,力争到2020年,努力建设成为东北地区领先、国内先进、国际知名的坚强理论阵地、一流学术殿堂和高端新型智库,为推动黑龙江全面振兴发展作出新的更大贡献
河北社科院	2018年10月	制定发布《关于实施哲学社会科学创新工程的意见》等13项配套制度,进一步创新科研组织方式,改革科研绩效评价,优化经费配置和使用管理,加强创新成果转化与传播,形成全院上下共同推进新型智库建设的合力

注:在此仅列举可查询到具体启动时间和实施方案的7家社科院,启动时间由官方报道时间确定,具体以实际为准。

资料来源:来自各社科院官方网站或相关报道。

(一) 加强组织领导,增设了专门的办公室或领导小组

哲学社会科学创新工程的实施,首先要解决领导体制和工作机制问题,必要时成立专门的工作机构,加强对创新工程实施工作的指导、协调和服务。如山东社科院设立了"政策研究室(创新工程办公室)",主要负责创新工程文件和相

关规章制度的起草工作，负责创新团队和创新岗位管理，负责组织对创新团队、创新岗位、首席专家的考核等工作以及其他日常管理工作。① 西藏社科院为加强组织领导，特组建"西藏自治区社会科学院哲学社会科学体系创新工作课题领导小组"，由自治区政协副主席、社科院院长担任组长。山西社科院设立了"创新工程办公室"，负责创新工程的政策制定和日常管理工作，负责重大创新项目的组织、协调、管理工作，负责创新成果发布、推介，负责推动创新工作与相关部门的对接、交流和合作等。② 此外，云南社科院也创建了"院创新工程办公室"，主要负责创新团队的申请、组织、协调和管理工作，负责创新工程项目的协调管理工作，以及其他领导交办的日常事务工作。③

（二）加强目标导向，明确了总体目标和建设思路

社科院智库紧密结合地方实际，根据自身职能定位，对推进创新工程的总体要求、基本目标、根本任务、建设思路等进行了明确，牢固树立目标导向，细化责任目标，确保创新工程各项任务落到实处。如中国社科院把创新工程作为建设哲学社会科学创新体系的重要实践载体，明确了实施创新工程的总体目标，其中之一是"努力把我院建设成为哲学社会科学领域的'国家强院'和居于高端水平的'世界名院'"，并计划完成建设马克思主义坚强阵地，建设党和国家重要的"思想库"和"智囊团"，建设中国哲学社会科学研究的最高殿堂，建设中国特色社会主义理论学术传播平台，建设"走出去"战略的学术窗口，建设中国哲学社会科学研究人才高地等六项主要任务。④ 上海社科院设立了以实施创新工程为载体推动高端智库建设的目标，从团队组建、经费制度、考评制度等多方面探索协同创新、整体创新、打造新型智库的新路径。⑤ 山东社科院实施创新工程是以建设国内一流新型智库为总目标，以实施社会科学创新工程为总抓手，以提升决策咨询服务能力为宗旨，坚持"突出重点、点面结合、统筹安排、稳步推进"的原则，按照发动培育、分类实施、全面推进三个步骤进行，具体思路举措采用"一二三四五六"六个大方面概括，即实现一个总体目标、实施双轮驱动战略、深化三项重点改革、强化四大支撑、发挥好五大功能、推进六方面的制度创新，

---

① 山东社会科学院：《政策研究室（创新工程办公室）》，山东社会科学院官网，2015年7月30日，http：//www.sdass.net.cn/articles/ch00251/202011/7394234d–d990–4c21–87d5–21c5d5c272f7.shtml。
② 资料整理自山西省社会科学院（山西省人民政府发展研究中心）官网，http：//www.sass.sx.cn/gk/nsjg/cxgcbgs/。
③ 资料整理自云南省社会科学院官网，http：//www.sky.yn.gov.cn/jgsz/hzbm/。
④ 中国社会科学院党组：《建设哲学社会科学创新体系》，载于《求是》2013年第8期。
⑤ 王丽琳：《以"创新工程"实现"双轮驱动" 社科院智库科研步入改革期》，载于《解放日报》2015年2月25日。

充分调动各方面的积极性、创造性，营造共同推进创新工程的良好局面。① 贵州社科院作为贵州省哲学社会科学创新工程牵头单位，以高质量研究成果、科研体制机制的创新、学科体系的完善和强大的人才队伍建设为目标导向，加快推进人事制度、科研管理、经费管理、资源配置、绩效考评、薪酬分配等机制创新，不断提升服务省委省政府决策、服务全省经济社会发展的能力。②

（三）加强体制机制创新，组建了一批特色专业的创新团队

实施创新工程的关键是体制机制创新，有针对性地对现行用人机制、科研体制、组织方式、资源配置模式、管理方法等进行改革创新，最大限度地解放和发展科研生产力，激发人员活力，激励多出大家、出名家，多出成果、出精品，这也是我国建设新型智库所追求的目标和方向。

中国社科院采用新的用人机制、科研评价机制和经费管理办法，制定了《创新工程人事管理办法》《创新工程薪酬管理办法》《创新工程项目评价管理办法》《创新工程研究经费管理办法》等系列管理制度；设计了一套与完成创新任务紧密挂钩的薪酬激励机制，摒弃以有无编制、职称职务高低为尺的用人标准，实行真正的公正、公开、竞争、淘汰、活跃、高效的用人制度；年度评价实行项目成果评估结果末位警告和淘汰制度，每年发布《创新工程项目评价报告》，接受社会评价和监督；改革现有科研经费配置方式，明确经费支出范围、支出细目和支出比例，将研究经费整体配置给创新单位，创新单位可根据创新任务自主考虑研究经费的具体使用，激发科研创造力；建立和完善基础研究资助、人才资助和后期成果资助机制，出台"长城学者资助计划"和"出版资助办法"，向基础研究人才和成果倾斜；提取一定比例的科研经费作为绩效收入（智力补偿），根据在创新工程完成的创新任务和贡献大小来分配，与创新任务完成情况直接挂钩，形成"多干多得、少干少得、不干不得"的激励导向。③

山东社科院自 2015 年启动创新工程以来，经过一系列科学严密的制度设计和流程梳理，已经形成了一套可复制推广的建设经验。山东社科院创新工程是全国首家明确以建设中国特色新型智库为主要目的的创新工程，其最核心的改革在于实行了以创新团队为载体的新型科研组织模式。山东社科院创新人员管理模

① 李雪：《推进实施社会科学创新工程　加快建设中国特色新型智库——山东社会科学院院长张述存访谈录》，载于《经济师》2017 年第 7 期。
② 张玥：《贵州省哲学社会科学创新工程启动》，多彩贵州网，2016 年 3 月 26 日，http://www.gog.cn/zonghe/system/2016/03/26/014834292.shtml。
③ 郑瑞萍：《构建哲学社会科学创新体系，为繁荣社会主义先进文化服务——中国社会科学院启动哲学社会科学创新工程》，载于《社会科学管理与评论》2011 年第 3 期。

式，按照公正公开、绩效导向、优胜劣汰的原则，组建了一批表现突出、成果优异的"科研创新团队"和"服务创新团队"，还计划筹建"党建创新团队"和"文明创建优秀创新团队"，实行年检和竞争淘汰制，以工作量赋分方式开展各类创新团队的遴选、组建、考评、淘汰工作，团队内各岗位给予差异化绩效待遇，着力打造协同联动、快速反应、能上能下、灵活高效的创新型科研组织。其中，科研创新团队是根据现有人事管理办法和成果考核标准，按照一定比例划定进入创新团队成员名单，最终采用团队申报、首席陈述、院创新工程领导小组和成员代表集中评审、院党委会（院长办公会）审核确定保留和淘汰名单，形成动态调整、积极向上、公平竞争的科研氛围。此外，山东社科院依托创新工程，加快人事制度创新，研究成立了人才工作办公室，在主管部门的支持下提高专业技术高级岗位设置比例，拓展人才发展空间，制定《博士后创新实践基地建设管理办法》，加强博士后研究人员的专项培养，实现高层次人才培养零的突破。①

河北社科院自 2018 年 10 月开始实施创新工程，实行"创新团队—创新岗位—动态调整"的科研管理方式。第一，创建了新的科研组织模式。按照绩效导向、优胜劣汰的原则，建立了 10 余支在各专业领域具有突出优势和引领力的科研创新团队，设立首席岗、执行岗、一级岗、二级岗四类岗位，对各创新团队实行目标计划责任管理，优化资源配置，严格年度考核，逐渐形成了协同联动、能上能下、灵活高效的工作氛围。第二，完善了以生产高质量智库成果为目标的科研绩效评价机制。根据科研成果的学术价值和社会价值，以客观量化的分值衡量创新团队及其成员去年的工作任务和完成情况，将绩效评估成果作为下一年资源配置、智力报偿和创新岗位调整的主要依据。第三，建立了重奖优秀为导向的科研激励约束机制。按科研业绩评估排名给予智力报偿，包括过程报偿、达标报偿和精品报偿，特别是提高了对中央和省委领导决策起到重要作用的应用对策研究成果，以及在顶级、一类核心期刊发表的基础研究成果的资助力度，基本实现按业绩论英雄，让有实绩、想干事的人脱颖而出。②

（四）加强成果宣传，广泛推介了重大成果和活动

社科院智库通过实施创新工程，科学研究实力日渐稳固，决策服务能力大幅提升，科研成果质量也在稳步提升。如何让研究成果以更畅通的渠道和最有效的

---

① 杨梅：《2019 年山东社科院创新工程精品成果分析报告》，载于《中国社会科学报》2020 年 6 月 10 日。

② 资料来自 2019 年中国智库治理暨思想理论传播高峰论坛之典型工作案例征集活动。

形式反映出来？如何让更多人了解和应用社会科学及其研究成果？社科院智库对外传播宣传机制不可或缺，这也是近年来社科院智库实施创新工程以后重点开展的工作之一。

中国社科院致力于打造专业特色的名报、名刊、名社、名网、名馆、名库和名坛，每年定期在中国社会科学网、《中国社会科学报》等平台发布创新工程重大成果；山东社科院、山西社科院（省政府发展研究中心）等专门在官方网站开设"创新工程"板块，将重大成果、重点项目和会议论坛实时发布到官网上，促进社科院成果影响力的提升。①

山东社科院专门撰写了《2019年山东社科院创新工程精品成果分析报告》，②对精品成果、应用对策类成果、基础研究类成果、理论创新成果、出版成果、智库交流成果、制度创新成果的数量和质量进行细致分析，以此来对社科院实施创新工程5周年进行一次系统全面的总结和思考，对持续深入实施创新工程具有重要的指导和借鉴意义。

贵州社科院每年会组织精英团队开展创新工程重大创新项目的研究，实时跟踪项目进展，及时将项目启动、研讨、调研、评审、结项等环节的项目动态发布到官网上，使项目得以及时有效推进，保证项目的结项率和完成质量，也在一定程度上加强了项目及其成果的对外宣传和推广。③

（五）加强交流沟通与正向激励，制定了一系列服务保障措施

自中国社科院率先于2011年启动实施哲学社会科学创新工程开始，地方社科院积极响应号召，加强社科院关于实施创新工程和智库建设的交流合作，中国社科院、上海社科院和山东社科院等主动分享实施经验，其他地方社科院主动向有经验的社科院讨教学习，逐渐形成了和谐共赢、主动积极的创新工程建设氛围。

第一，组织全国性或区域性社科院联席会议和创新工程论坛。如全国社会科学院院长联席会议，每年由中国社科院和地方社科院轮流举办，至今已连续举办23届；中南地区社科院院长联席会议，每年来自中国社科院、中南地区10余个省、市社科院院长就加强地方社科院合作进行交流；西部十二省（区、市）社会科学院院长联席会议，聚焦西部地区社科院的辉煌成就、经验启示与展望、民族文化发展等主题进行深入的交流研讨，至今已举办15届；此外还有东北"三省

---

① 以上资料均由本书课题组调研获得。
② 杨梅：《2019年山东社科院创新工程精品成果分析报告》，载于《中国社会科学报》2020年6月10日。
③ 资料整理自贵州省社会科学院官网，http：//www.sky.guizhou.cn/。

一区"社会科学院院长联席会议、沿边九省区社会科学院院长联席会议、华北地区社科院科研管理联席会和全国城市社科院院长联席会议等。① 此外，全国地方社科院创新工程论坛于 2018 年 10 月在济南顺利举行，这次会议对地方社科院实施创新工程的成功经验进行研讨总结。②

第二，举办创新工程专题培训班或组建创新工程智库联盟。如宁夏社科院作为 3 家首批宁夏回族自治区重点培育智库之一，积极探索推进哲学社会科学创新工程，深化体制机制改革，着力加强智库政策服务力、思想创新力、研究支撑力、社会传播力、国际合作力等五项能力建设。为提升社科院创新工程建设质量，于 2017 年 6 月在上海社科院举办了"智库与创新工程专题培训班"，积极学习上海社科院智库建设和创新工程的优秀经验。③ 贵州省社会科学院于 2016 年 3 月 25 日主办了"贵州省哲学社会科学创新工程智库联盟暨战略合作推进会"，旨在加强贵州智库联盟各成员单位的交流与合作，推介中国社科院、山东社科院及贵州社科院有关哲学社会科学创新工程与智库建设的做法与经验。④

第三，通过实地调研相互交流创新工程做法和经验。如贵州社科院在 2016 年 3 月正式实施创新工程以后，特地前往山东社科院了解学习创新工程发起培育、操作方法、创新难点等内容，借鉴很多先进经验和成功做法；⑤ 云南社科院在 2017 年启动创新工程前，于 2016 年 9 月专门带队到山东社科院调研学习创新工程实施情况和宝贵经验；⑥ 河北社科院也在 2018 年 10 月正式实施创新工程前，于 2017 年 8 月前往山东社科院就哲学社会科学创新工程进行调研，学习了很多创新改革的成功经验；⑦ 2019 年 4 月，黑龙江社科院（省政府发展研究中心）前往山西社科院（省政府发展研究中心）就机构改革后面临的体制融合、机制创新、人员编制、创新工程全覆盖等问题进行了深入探讨，还详细学习了创新工程

---

① 以上资料均由本书课题组调研获得。

② 齐静：《全国地方社科院创新工程论坛在济南举行 刘家义会前作出批示》，中国共产党新闻网，2018 年 10 月 25 日，http：//cpc.people.com.cn/n1/2018/1025/c117005 - 30362445.html。

③ 《宁夏社会科学院被列为自治区重点培育智库》，宁夏社会科学网，2017 年 10 月 26 日，https：//www.nxass.com/xwzx/byyw/201710/t20171026_2857434.html。

④ 张小乙：《贺培育副院长出席贵州省社会科学创新工程智库联盟暨战略合作推进会》，湖南省社会科学院官网，2016 年 3 月 28 日，http：//www.hnass.cn/item - 6782.html。

⑤ 杨兴玉：《金安江书记率队赴山东社科院调研创新工程》，贵州省社会科学院官网，2016 年 9 月 26 日，http：//sky.guizhou.gov.cn/xwzx/zhxw/201612/t20161216_23525075.html。

⑥ 宁发金：《边明社副院长带队到山东省社会科学院调研创新工程》，云南省社会科学院官网，2016 年 9 月 29 日，http：//www.sky.yn.gov.cn/dtxx/ynxx/7822453447716237859.html。

⑦ 《康振海院长带队赴山东社科院就哲学社会科学创新工程进行调研》，河北省社会科学院官网，2017 年 9 月 4 日，https：//www.hebsky.org.cn/c/2017 - 09 - 04/533109.html。

的实施过程与制度设计要点等经验。①

　　第四，实施创新工程学术出版项目。自 2013 年开始，中国社科院启动创新工程学术出版项目。该项目每年会按照《中国社会科学院皮书管理办法》，由皮书责任单位提出申请，出版社推荐，按照皮书的政治方向、理论水平、研究方法、学术规范、出版质量等标准交由皮书学术评审会审议，并报中国社科院院务会议批准，即可授权院外皮书使用"中国社会科学院创新工程学术出版项目"的标识。目前，这是全国智库成果平台的最高褒奖激励形式，能够极大地扩大社科院皮书产品的品牌影响力和知名度。②

五、注重优质资源重组，资源配置注重效益导向

　　近年来，社科院智库除注重研究与咨询能力的提升，还注重激活存量资源、用好增量资源，合理有效配置人力、物力、财力、信息等资源支撑智库建设，优化制度设计，改革管理机制，推进全院智库工作迈向新台阶。

（一）高层次人才梯队逐渐建成，多途径培养人才成为关键

　　人力资源是智库建设的核心资源，高水平科研队伍的建设是新型智库建设的关键。通过对中国社科院和 31 家省级社科院进行调研，③ 发现：第一，社科院总体体量较大，除中国社科院以外，地方社科院人数总体在 100～300 人之间，高于党政智库，但低于高校智库，青海、新疆等偏远地区低于 100 人，上海、四川、河南、河北等地社科院超过 300 人，研究团队较为充足。第二，普遍形成了"专职＋兼职""首席专家＋学术带头人＋青年骨干""公开招聘＋柔性引进"相结合的团队建设模式，如海南社科院拥有特聘研究员、项目研究员、高级研究员、兼职研究员等。④ 第三，多方式多途径加强人才培养。（1）选派/选调人员进入实务部门。山东社科院通过派出"万名干部下基层"省派服务队人员、选派科技副职服务锻炼、推荐干部赴驻外使领馆借调工作等推进智政联动的"人才旋

---

　　①　山西省社会科学院（山西省人民政府发展研究中心）：《黑龙江省社科院院长董伟俊一行访问我院（中心）》，山西省社会科学院（山西省人民政府发展研究中心）官网，2019 年 4 月 26 日，http://www.sass. sx. cn/xwzx/xwzx_1245/201906/t20190628_132049. html。

　　②　刘婷：《我院研创三本中国文化蓝皮书全部进入中国社会科学院创新工程》，云南省社会科学院官网，2018 年 8 月 20 日，http://www.sky. yn. gov. cn/jgsz/jtyjjg/ynwhfzyjzx/xshd/079710291558476874。

　　③　资料由本书课题组调研获得。

　　④　资料整理自海南社会科学网官网，http://www.hnskl. net/web/default/menu. jsp? menuId = 94。

转门"；① 安徽社科院制定实施《安徽省社科院干部交流轮岗办法》，推进干部交流轮岗，不断提高干部的综合素质和工作水平。② （2）实施重点人才评选激励制度。江苏社科院制定了《江苏省社会科学院青年学术骨干培养工程实施办法（试行）》，对有突出贡献的中青年专家进行选拔，授予荣誉称号并给予奖励，为专家创造良好的工作、学习环境，还实施"四个一批"工程，即招聘一批博士生、培养一批博士后、送走一批访问学者、引进一批学术带头人；③ 上海社科院给予青年科研人员不带级别的学术头衔，激励科研人员工作热情，让他们迅速得到社会的认可；④ 湖北社科院开展"李达青年学术成果奖"评选活动，还设立"湖北社会科学院文库"，将博士论文纳入"文库"资助计划，一次资助 3 万元；⑤ 重庆社科院尝试实行编外科级机构和所长助理任命制度，为青年人才的快速成长提供便利；山东社科院开展"泰山学者"岗位评选工作；陕西社科院开展"三秦学者"岗位评选工作。⑥ （3）鼓励中青年学者继续教育，允许进著名院校深造、出国培养。黑龙江社科院实施了人才成长硕博工程，制定了科研人员三年内实现硕士化时间表，鼓励科研人员攻读博士学位，以培养青年后备人才；⑦ 上海社科院形成了《国际化程度分析和推进方案》，推出《研究所国际化程度评估表》《建设国际化智库的现状分析和措施建议》，着力提升社科院整体的国际化水平；⑧ 西藏社科院选派青年科研人员到国内外著名高校或科研机构进修、做访问学者或攻读硕士、博士学位；贵州社科院制定实施《贵州省社会科学院资助在职人员提升学历实施办法（试行）》，规定为升学人员安排集中学习提供时间保证，并给予获得硕士学历人员 1 万元和博士学历人员 8 万元的奖励激励，为引进和培养高层次青年人才提供更多平台和机会。⑨

（二）坚持放权与管束并重，强化质量导向的激励考评机制

加强新型智库建设，推动科研体制改革，需要建立和完善科学、有效、合理的科研激励机制和绩效考核评价体系。社科院智库以高质量发展为目标牵引，普

---

① 资料整理自山东社会科学院官网，http：//www.sdass.net.cn/。

② 《安徽省社会科学院干部交流轮岗办法》，安徽省社会科学院官网，2016 年 12 月 17 日，http：//www.aass.ac.cn/html/2016 - 12 - 17/509_6279.html。

③ 资料整理自江苏省社会科学院官网，http：//www.jsass.org.cn/index.html。

④⑨ 资料由本书课题组调研获得。

⑤ 资料整理自湖北省社会科学院官网，http：//www.hbsky.cn/Index/ArticleView.aspx？ID=51。

⑥ 以上资料均由本书课题组调研获得。

⑦ 王健、沈桂龙、陈骅：《智库转型——理论创新与实践探索》，生活·读书·新知三联书店 2012年版，第 33 页。

⑧ 王健、沈桂龙、陈骅：《智库转型——理论创新与实践探索》，生活·读书·新知三联书店 2012年版，第 34 页。

遍制定并实施了质量导向的绩效考核与奖励激励制度，强化科研考核引领导向作用，从而实现质量变革、效率变革、动力变革中的精准发力。例如：山东社科院和河北社科院依托创新工程，建立系统化的科研激励约束机制，首先按照绩效导向、优胜劣汰的原则，实行"创新团队—创新岗位—动态调整"新型科研组织创新模式；其次按科研业绩评估排名给予智力报偿，真正实现"多劳多得、优劳优得"。湖北社科院出台了《科研人员考核管理办法》，按科研任务、科研成果、宣传工作、教学工作和其他事项五类进行考核，年终考核合格即发放第 13 个月工资奖金，并享受下一年度的各项奖励工资，考核优秀者被授予先进工作者称号，并享受相应的奖金。[①] 安徽社科院落实《安徽省社会科学院科研人员年度科研工作量考核暂行办法》，规定对科研人员进行能、绩两方面的科研工作量考核，"能"即承担并完成研究课题的能力，"绩"即公开发表的论文、研究报告、正式出版的著作以及成果的社会反响情况等；同时实施《安徽省社会科学院科研先进个人奖和科研先进集体奖实施办法（试行）》，获得科研先进个人奖者拥有优先职称晋升和出国培训的机会，对获得先进集体奖的单位进行通报表彰、颁发获奖证书并给予资金奖励。天津社科院实行"按需设岗，竞争上岗，按岗聘用"的人员竞聘上岗制度，按需实行两种模式，其一是允许符合竞聘条件的科研岗和管理岗人员竞争全部干部岗位；其二是部分岗位干部允许通过竞聘原岗继续留任，剩余岗位留给其他人员竞争，这种"全岗全员竞争模式"一定程度上保证了有能力、有潜力、有思想、有干劲的优秀专业人才脱颖而出，基本形成了"能上能下"的人员竞争退出机制和院内人员流动机制。黑龙江社科院出台了《专业技术职务业绩与成果量化评分标准》和《专业技术职务岗位定期聘任管理办法》，大幅度提高聘任标准，调整了聘任周期，打破了职称终身制，促使科研人员将主要精力用在出精品成果上；出台了《优质成果奖励规定》和《学术著作出版资助办法》，按照出版社级别或专家评审确定著作质量，对学术水准比较高的精品力作给予出版资助。[②] 现存的考核分配工作能够树立正向激励的鲜明导向，营造干大事干实事的良好环境，充分激发科研人员、管理人员和其他职员的活力，为社科院智库高质量发展注入强大动力。

（三）经费来源相对稳定且单一，资金管理严中有宽

我国社科院智库多数为公益一类全额拨款事业单位，财政收入较为稳定，年均财政拨款均高于 3 500 万元，大致呈逐年上升趋势。在此对 19 家地方社科院财

---

① 王健、沈桂龙、陈骅：《智库转型——理论创新与实践探索》，生活·读书·新知三联书店 2012 年版，第 37 页。

② 王健、沈桂龙、陈骅：《智库转型——理论创新与实践探索》，生活·读书·新知三联书店 2012 年版，第 41 页。

政拨款情况进行统计，但由于全国各地经济发展状况、社会发展水平各有不同，
各省社科院的规模大小也不尽相同，此处仅对公开的预决算情况进行初步分析。
据不完全统计，在 2016~2020 年这 5 年期间，福建、山东、广东和天津等地方
社科院人均财政拨款数量相对较多，其中河南社科院虽然总体财政拨款遥遥领
先，但由于人员体量过大，人均财政拨款并不占优势。可见，地方社科院财政拨
款受到地方政策和经济发展的影响差别较大（见图 6－28）。此外，地方社科院
除国家财政拨款以外，事业收入和其他收入均很少，其中四川社科院"事业收
入"部分来自教育收费，河南社科院"其他收入"主要来自社会科学研究，部
分社科院智库存在资金结余情况（见图 6－29）。由此可见，社科院智库财务规章

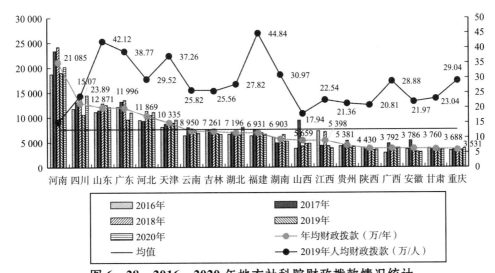

图 6－28　2016~2020 年地方社科院财政拨款情况统计

资料来源：来自地方社科院官网公布的预决算报告。

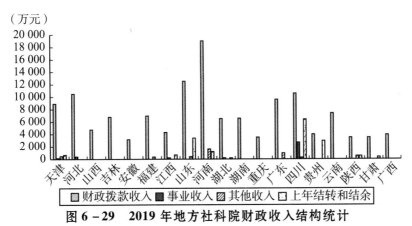

图 6－29　2019 年地方社科院财政收入结构统计

资料来源：来自地方社科院官网公布的预决算报告。

制度管理相对严格，甚至存在项目经费开支范围受到严格界定和控制等问题。

此外，社科院经费管理虽然较为严格，但地方政府为激活智库活力和创新体制机制，为社科院争取了更多优惠政策。例如：受到山东省财政厅政策支持，山东社科院修改创新工程管理办法，提高绩效支出所占比例，以满足科研成果不断增长的资金需求。河北省财政厅将河北社科院智库建设纳入财政专项资金，在智库成立之初便拨付 1 000 万专项款用于建设河北新型智库；同时，河北省委省政府高度重视社科院智库建设，逐步加大对科研经费增量投入力度，优化科研经费配置结构，确保财政经费的绩效考核作用得到有效发挥。上海市出台《关于深化人才工作体制机制改革，促进人才创新创业的实施意见》，给予高校、科研院所更多的经费使用自主权，采用年薪工资、协议工资、项目工资等方式聘任高层次科研人才，所需人员经费不纳入绩效工资总额调控范围，提高科研项目人员经费比例，尝试破解长期以来科研经费使用方面的体制机制壁垒。[1]

（四） 自有平台支撑力度加大，科研管理平台化成为趋势

当前正处于数据驱动社会发展的时代，大量数据、资料、文件以数字化形式呈现，科研数据库、专家库、方法库、工具库等平台的建立成为现代智库数字化、平台化、智慧化运营的关键，以自建的数据库平台进行科学研究和行政服务，社科院智库工作效率会更高、管理运营会更加高效。

首先，多数地方社科院均建有 OA 行政办公系统，如山东、上海、吉林、江西、广西等地。山东社科院专门搭建财务系统和资产信息化管理系统，对预算管理、采购管理、资产管理、合同管理等环节实现线上处理；[2] 贵州社科院建有"科研全过程动态系统""公文传输系统"；[3] 上海社科院针对考核时间节点和内容变化，对科研管理信息系统和项目管理系统进行优化升级，注重管理工作的数据存储、分析和再利用。[4]

其次，部分地方社科院建立科研管理系统，甚至开通机构知识库、专家库、项目库和资料库。如山东社科院启动了课题数据库管理信息系统建设，完善三级课题申请、立项、结项管理数据库；内蒙古社科院建有中国第一个少数民族大规模语料库，即"蒙古语语料库"，具备检索、试听、编辑、添加、复制等功能，

---

① 凌琪：《黄晋鸿：以机制改革释放"人才红利"》，载于《中国社会科学报》2016 年 8 月 4 日。
② 资料由本书课题组调研获得。
③ 资料整理自贵州省社会科学院官网，http：//sky. guizhou. gov. cn/wsfw/ggfw/gzsshkxygkcns/index. html。
④ 资料整理自上海社会科学院科研处（院创新工程办公室）官网，https：//www. sass. org. cn/kyc/2691/list. htm。

这对于自治区保护、保存、研究、利用蒙古语语料资源具有重要意义；① 此外还有湖南社科院的"湖南社科研究大数据平台"、重庆社科院建的"重庆社科院数字资源平台"、广西社科院的"广西社科院数字资源统一检索平台"和"广西社会科学院机构知识库"、甘肃社科院的"甘肃省社会科学院专家及成果数据库"等。

最后，地方社科院依托自身优势资源，设计开发了特色数据库。如"贵州省社会科学云服务平台（一期）"作为全国地方社科院系统的首家社会科学大数据平台已经正式上线；甘肃社科院开发出"华夏文化资源云平台"和"甘肃社会科学在线"两个大数据平台，前者是国内第一个综合性的集各省区市的文化资源存储、文化资源展示服务、文化资源产业开发等多种功能为一体的大数据平台，后者是全国第一个综合性的集社科数字资源信息存储、检索服务、推动研究等多种功能为一体的大数据平台，此外还建有"甘肃省改革论坛数据库""甘肃省丝绸之路数据库"，为甘肃服务丝绸之路建设和地方经济社会高质量发展提供有力的数据支撑；福建社科院自建了"台湾问题学术文献数据库"，该数据库已经成为我国台湾人文社科方面规模较大、资料较全的文献信息中心；内蒙古社科院建立了国内第一个少数民族民间文化遗产综合性大型数据库——内蒙古民族民间文化遗产数据库，数据库包括民俗、民间文学、民间艺术和民间文化等内容，对于自治区保护、开发民族文化遗产具有重要价值。②

六、确立品牌化、矩阵化、联合化发展战略

社科院形象的打造是一个综合性的概念，既与社科院的价值观念、战略目标和定位相关，也与社科院自身形象的设计有关，更与智库资源配置与管理、内部管理营运机制的运行实施效果密切相关，往往需要具有智库独特标识的产品品牌、展现地方文化的平台品牌和常态化多元化的合作交流机制。我国社科院智库普遍通过生产连续性的成果、联合地方共建调研基地、打造多维合作方阵等方式来树立社科院自己的智库形象，致力于向社会、向国家、向世界展现新型智库形象和特有文化贡献地方力量。

（一）连续性成果成为品牌创建主要路径

智库品牌是展现社科院精神面貌和科研风气的主要窗口，也是体现社科院智

---

① 王健、沈桂龙、陈骁：《智库转型——理论创新与实践探索》，生活·读书·新知三联书店 2012年版，第 56 页。
② 王健、沈桂龙、陈骁：《智库转型——理论创新与实践探索》，生活·读书·新知三联书店 2012年版，第 59 页。

库组织文化建设和社会形象的关键通道。近年来，社科院智库在理论研究、人才储备和国际交流等方面开展多种形式的活动、编撰多主题报告、组织专题调研等都很好地展现了智库的生机活力。

第一，打造连续性会议品牌成为趋势。例如：上海社科院连续举办五届"世界中国学论坛"，逐渐打造出发展中国对外文化软实力的平台，此外还举办"高层论坛""大家学术论坛""新智库论坛"和"中青年学术沙龙"等，这些论坛已经成为院内外专家同行交流的重要学术平台。① 黑龙江社科院连续举办东北亚区域合作发展国际论坛，该论坛已成为推动中俄经贸往来、深化黑龙江省与东北亚各国区域合作的重要学术和理论研究平台。② 甘肃社科院带头倡导同中国社科院兰州分院、省科学院、省农科院联合举办"甘肃省科学家论坛"，每年围绕一个主题展开讨论，论坛影响力不断提高。③ 云南社科院连续举办多届"中国－南亚智库论坛"、云南智库论坛（云南智库学习交流活动）200 余期，均取得了不错的社会反响。④ 重庆社科院自 2020 年 4 月举办"智汇两江"学术圆桌会，为全院打造出浓厚的学术氛围和良好的学术生态。⑤ 北京社科院创办一系列连续性活动，如"社会治理（明德）学术沙龙""满学工作坊""健翔国际学术论坛""国际问题青年学者沙龙活动""经济学学术沙龙"等。⑥ 海南社科院自 2010 年陆续创办"当代海南论坛""琼州流动大学堂"和"海南自由贸易港大讲坛"（原"海南自贸大讲坛"），已经成为一个社会化、经常性的研究、建言和传播平台，社会反响较好。⑦

第二，皮书报告成为关键学术品牌。近年来，社科院智库逐渐加强以蓝皮书为重点的应用对策研究，增强了服务社会、服务决策的成效。据调研，⑧多数社科院均拥有自己的皮书品牌，如甘肃社科院的《甘肃省经济社会发展分析与预测》《甘肃省舆情分析与预测》，青海社科院的《青海经济社会蓝皮书》《青海经济社会形势分析与预测蓝皮书》，宁夏社科院的《宁夏经济蓝皮书》《宁夏社会蓝皮书》《宁夏文化蓝皮书》《宁夏反腐倡廉蓝皮书》《中阿蓝皮书》，浙江社科院的《浙江蓝皮书》，重庆社科院的《重庆蓝皮书》，湖北社科院的《湖北智库

---

①⑧　资料由本书课题组调研获得。

②　印蕾：《第六届东北亚区域合作发展国际论坛开幕　创新机制促共赢》，东北网，2013 年 6 月 14 日，https：//heilongjiang. dbw. cn/system/2013/06/14/054833540. shtml。

③　李雪：《智库建设与实践对接　提升服务经济社会发展功能——甘肃省社会科学院院长王福生访谈录》，载于《经济师》2015 年第 9 期。

④　资料整理自云南省社会科学院官网，http：//www. sky. yn. gov. cn/。

⑤　《重庆社会科学院首场"智汇两江"学术圆桌会召开》，重庆社科院（市政府发展研究中心）官网，2020 年 4 月 28 日，http：//www. cqass. net. cn/zkcg/news/2020－4/353_3685. shtml。

⑥　资料整理自北京市社会科学院官网，http：//www. bass. org. cn/。

⑦　资料整理自海南省社会科学院官网，http：//www. hnsskl. net/web/default/index. jsp。

年度报告》《湖北经济社会发展年度报告》《中部发展蓝皮书》，陕西社科院的《陕西精准脱贫年度研究报告》《丝绸之路经济带发展报告》《陕西经济发展报告》《陕西文化发展报告》《陕西社会发展报告》等逐渐成为社科院智库的高端学术平台和优势资政品牌，也为繁荣哲学社会科学事业打造出一系列精品力作。

第三，以调研促交流的活动模式更加普遍。社科院智库通过搭建调研基地、开展大型调研活动等方式推进智库交流与互动，例如：2018 年山东社科院积极参加省政协组织的"地方新型智库建设"调研、"新型智慧城市建设"调研以及山东省"新旧动能转换""实施乡村振兴战略"等重大课题调研，与临邑县签署省情调研基地项目合作协议；① 上海社科院开展地方国情调研和支撑平台建设，连续多年开展国情大调研，形成了一批专报和研究报告；② 安徽社科院为高质量完成《城市发展报告》，对城市高质量发展、城市居民幸福指数发展、城市建设实践等方面进行持续跟踪调研，进一步了解和掌握安徽省城市发展的理论和实践。③ 以上活动和成果均体现出社科院智库较强的品牌塑造意识和能力，社科院智库也逐渐将创建建制化平台和品牌成果视为提升影响力的有力渠道。

（二）联合地方结对协作共建调研基地

习近平同志强调"调查研究是谋事之基、成事之道"，④ "调查研究是一个联系群众、为民办事的过程"，"是一个推动工作的过程"。⑤ 加强调查研究是我们党应对国内外挑战和风险，进行科学决策的前提和基础，是由我们党的思想路线和工作路线决定的。⑥ 社科院智库拥有天然的调研优势，这为理论在实践中得以运用提供了很大的平台和机会。社科院智库与党政部门政研室有所不同，没有被繁杂的事务性工作所困扰，拥有充足的时间和精力去基层调研学习，更能将科研课题与社会现实问题紧密结合起来。据调查，社科院智库普遍通过打造院地合作平台，建立省情调研基地，加快融入社会群众生活、融入党和政府决策、融入地

---

① 资料整理自山东社会科学院官网，http：//www. sdass. net. cn/。
② 上海社会科学院：《奋力推进体制机制改革创新》，载于《光明日报》2019 年 7 月 1 日。
③ 安徽省城市研究中心：《〈城市发展报告 - 安徽 2019〉出版发行》，安徽省社会科学院官网，2020 年 4 月 7 日，http：//www. aass. ac. cn/html/2020 - 04 - 07/533_7591. html。
④ 光明日报评论员：《调查研究是谋事之基成事之道》，载于《光明日报》2018 年 2 月 24 日。
⑤ 《习近平：调研的 5 个过程和 5 个要求》，中华网，2018 年 6 月 1 日，https：//news. china. com/zw/news/13000776/20180601/32476443. html。
⑥ 刘昀献：《谋事之基 成事之道》，载于《北京日报》2018 年 7 月 9 日。

方经济社会发展实际。例如：黑龙江、甘肃和内蒙古等社科院与中国社科院分别共同建立中国社科院国情调研基地；① 上海社科院与遵义社科院共建"国情调研（党性教育）基地"；青海社科院建有乐都县李家乡调研基地、玉树市省情调研基地等 2 个调研基地；黑龙江社科院设有 5 个调研基地，包括农垦基地、森工基地、虎林基地、佳木斯市前进区基地等；山东社科院与省内 12 个地方政府研究室、党校、社科院合建调研基地。② 地方社科院通过与省内外地方政府部门、知名高校、兄弟社科院等搭建合作交流平台和信息互通渠道，既方便科研人员到一线获取研究素材，也能够为地方经济社会发展提供可行的方案建议，构建出立足实际、服务实践、面向未来的产学研互动的学术生态，将理论和实践的结合推动到一个全新的高度，实现双赢。

（三）重点打造多维合作方阵，逐步加大"开门办院"力度

新型智库建设不同于以往"经院式"的研究模式，坚持"开门办院"始终是社科院智库坚守的办院方针，也是扩大机构影响力的核心理念。据调研，多数社科院智库已然将对外开放作为其高质量发展的核心理念和建设思路，如宁夏社科院早已将"开放办院"作为建院五大战略之一；重庆社科院在 2020 年工作总体思路和主要目标要求中明确将"坚持开放办院，持续提升学术研究影响力和话语权"列入"六大坚持"之中；③ 湖北社科院办院方针主张"五院齐抓"，开放办院包含其中；④ 河南、四川、内蒙古等地社科院均已将开放办院纳入社科院发展规划或建设思路中。⑤ 可见，各省社科院智库纷纷尝试以扩大开放促进深化改革，以深化改革促进扩大开放，以实际行动不断推进各省改革开放哲学社会科学事业迈向新阶段。

此外，社科院智库不断创新"院省、院院、院地、院校、院企"的国内外合作机制，可以从智库联盟、人才交换培养、国际访问讲学等形式充分体现。中国社科院于 2015 年 4 月联合国研中心、中国社科院等单位成立了"一带一路"智库合作联盟，该联盟拥有国内理事单位 137 家，国际理事单位 112 家，"一带一

---

① 王健：《地方智库参与政府决策的路径和实践——以地方社会科学院为例》，载于《中国党政干部论坛》2015 年第 6 期。

② 以上资料均整理自地方社科院官网。

③ 《我院召开 2020 年工作部署会议》，重庆社科院（市政府发展研究中心）官网，2020 年 4 月 29 日，http：//www. cqass. net. cn/byyw/news/2020 - 4/199_3687. shtml。

④ "湖北省社会科学院简介"，湖北省社会科学院官网，2018 年 12 月 21 日，http：//www. hbsky. cn/Index/ArticleView. aspx？ ID = 51。

⑤ 资料整理自各地方社科院官网。

路"沿线重要国家主流智库基本都参与其中。① 山东社科院牵头组建"山东智库联盟",以此平台为依托,设立了大量省重大理论与现实问题协同创新的专项课题,为山东省各类智库搭建合作交流平台;② 重庆社科院积极与地方高校达成合作意向,在团队建设、学历继续教育、非学历培训项目、设立教授流动站、协作课题研究等方面开展深度合作和人才资源共培共享;③ 海南社科院还牵头组织 10 余个建有自贸试验区的省市社科机构、管理部门共建区域性合作平台"中国自由贸易试验区智库联盟";④ 河南社科院推进院市合作、院厅合作、院县合作,加强社科院分院建设,探索合作研究、有偿服务的科研模式,推进为基层和社会服务的咨询对策研究,不断提高社科院服务社会的广度和深度。⑤ 由此可见,多形式多维度合作关系的建立是社科院智库始终坚守和贯彻的行动指南。社科院智库也始终认识到国家级合作平台的搭建对于构建智库共同体和良好学术生态的重要作用,以及国际交流合作对于中国在国际舞台的话语权争夺的重大意义,全国社科院都在为此贡献更多智慧力量。

总而言之,社科院智库自 2015 年以来的实践取得了较为可喜的成绩,在决策咨询领域的地位正在逐渐回升。社科院智库的"四梁八柱"已基本建成,实体建设成效明显,核心能力建设和内部机制革新成为社科院智库"二次发展"的主要着眼点和突破口。只有立足职能定位,把握正确方向,坚持智库建设导向,才能真正当好党委和政府合格的"思想库"和"智囊团"。

第三节　党校行政学院新型智库
建设特色鲜明成效显著

党校是培养党的领导干部和马克思主义理论干部的学府。2012 年 7 月,习近平总书记在全国党校校长会议上发表的讲话中指出,努力突出党校的三个特色,即服务大局特色、理论教育和党性教育特色、思想库特色,指明了党校为

① 赵磊、蒋正翔:《智库助力"一带一路"建设五年回眸》,载于《光明日报》2019 年 2 月 18 日。
② 资料整理自山东智库联盟官网,http://www.sdtta.org.cn/。
③ 《我院与重庆第二师范学院签订战略合作框架协议》,重庆社科院(市政府发展研究中心)官网,2020 年 10 月 29 日,http://www.cqass.net.cn/byyw/news/2020-10/199_4119.shtml。
④ 李永杰、何凌:《中国自由贸易试验区智库联盟在琼成立》,中国社会科学网,2019 年 4 月 11 日,http://cssn.cn/gd/gd_rwhn/gd_zxjl/201904/t20190411_4863111.shtml。
⑤ 李凤虎、冯芸:《河南省社科院实施院市院校合作　整合资源共享平台》,载于《河南日报》2016 年 2 月 14 日。

党的理论创新服务、为党委和政府科学决策服务的重要职责和使命。① 2015 年 11 月,《试点工作方案》审议通过,中央党校入选首批国家高端智库试点单位,这既是对历年来中央党校及地方党校系统决策咨询工作的充分肯定,也是对新时代党校系统高质量建设智库、积极发挥咨政建言职能的迫切要求和实践需要。党的十八大以来,中国特色社会主义进入新时代,党校事业与新时代相携并进,迎来了新型智库建设时期。中央党校(国家行政学院)国家高端智库建设步入快车道,地方党校(行政学院)智库建设的工作热情空前高涨,在领导体制、平台建设、建章立制、成果转化、人才队伍、工作交流,以及加强党校系统智库建设工作方面,均取得了不少成绩。

一、党校智库建设顶层设计逐渐完善

新时代党和国家对党校(行政学院)的最新要求就是建设智库。可以说,党校(行政学院)事业发展的"增量"在科研咨询,"新的增长点"在科研咨询。② 据不完全统计,截至目前,41 家地方党校(行政学院)智库中超过 92% 的党校(行政学院)智库明确将决策咨询服务或智库建设纳入职能。③ 此外,多数党校(行政学院)开始将智库建设纳入发展规划,从顶层设计上强化决策咨询职能。譬如:中央党校在《中共中央党校 2011 ~ 2015 年科研发展规划》中明确把"切实推进思想库建设"作为两大重点任务之一。江苏省委党校(江苏行政学院)的"十二五"科研规划中,也提出实行"双核战略",其中"一核"就是"核心决策圈"。福建省委党校(福建行政学院)也在中长期发展规划中把智库建设作为一个重点,先后制定《决策咨询研究工作实施方案(试行)》《2015 ~ 2020 年决策咨询研究规划》《关于学员参与决策咨询工作实施方案(试行)》等制度,优先从制度上完善党校(行政学院)决策咨询机制。④ 单纯从当前党校(行政学院)设定的发展规划、目标定位和制度优化上可以看出,党校(行政学院)对智库建设的重视程度不断提高,对决策咨询职能的强化逐步从"喊口号"向"作谋划""改制度"的方向转变,决策咨询服务的意识得到大幅度提升。

---

① 罗宗毅:《坚持科学定位 突出三个特色》,共产党员网,2012 年 10 月 1 日,https://news.12371. cn/2012/10/01/ARTI1349059910013224.shtml。

② 安静赜、李永胜、田瑞华、马桂英、张学刚、李玉贵、孙杰、黄伟、李红、陶克陶夫、王晓娟、靳文旭、乌力吉、庄虔友:《聚焦"五个定位"、发挥"四个作用"、推进办学治校能力提升》,载于《理论研究》2020 年第 6 期。

③ 资料来源:各地区党校(行政学院)官网。

④ 刘大可:《党校行政学院智库建设的对策建议》,载于《领导文萃》2015 年第 18 期。

二、强化主业主课，以教学科研带动咨政显成效

中共中央印发《中国共产党党校（行政学院）工作条例》明确指出党校要发挥干部培训、思想引领、理论建设、决策咨询"四个作用"。[①] 近年来，各级党校（行政学院）按照文件要求，以教学为中心，以学科为依托，强化主业主课，不断提高办学质量；努力搭建科研咨政平台，生产高质量成果，以适应党和国家对党校（行政学院）的时代要求，推动党校（行政学院）事业繁荣发展。

（一）学科建设是推动教研咨协同发展的基础工程

学科建设涵盖内容广泛，是党校（行政学院）教学、科研和咨政一体化的结合点。高水平的教科咨一体化建设主要体现在高质量、高评价、高级别的授课效果，高发表、高获奖、高立项的科研成果，以及高价值、高采纳、高转化的决策成果。[②]

从学科设置来看，据不完全统计，18 家党校（行政学院）有 11 家将马克思主义哲学专业设置为招生学科，15 家设置了中共党史专业，9 家设立了科学社会主义与国际共产主义运动专业（见表 6 - 7、图 6 - 30），[③] 充分体现出党校（行政学院）始终把马克思主义中国化理论创新成果，特别是习近平总书记新时代中国特色社会主义思想作为理论教育的重中之重，扛起了思想引领的大旗，推动入脑入心、见行见效。同时，各级党校（行政学院）以学科研究为基础，竭力寻找教学专题与学科体系的结合点，科学界定学科建设的框架，着力形成布局科学、重点突出、特色鲜明和优势明显的学科体系，这为党校（行政学院）智库解读相关政策、进行决策咨询提供了便利。由此可见，党校（行政学院）智库通过系统扎实的学科建设，不断整合学科资源，拓宽研究渠道，丰富教学课程和科研咨政成果，促进了学科建设与知识创新、理论创新、教育创新紧密结合，进一步发挥党校（行政学院）学科体系对智库建设的支撑作用。

---

① 新华社：《中国共产党党校（行政学院）工作条例》，中共中央党校（国家行政学院）官网，2019 年 11 月 3 日，https：//www.ccps.gov.cn/xtt/201911/t20191103_135421.shtml。
② 王造兰：《新形势下加强党校学科建设的研究》，载于《中共南宁市委党校学报》2017 年第 3 期。
③ 资料来源：中国研究生招生信息网，https：//yz.chsi.com.cn/。

表 6 – 7   18 家省级党校（行政学院）学科设置情况

党校（行政学院）名称	学科设置
中共中央党校（国家行政学院）	马克思主义哲学、科学社会主义与国际共产主义运动、中共党史、哲学、马克思主义理论、理论经济学、政治学、法学、公共管理
中共北京市委党校（北京行政学院）	马克思主义哲学、中国哲学、外国哲学、国民经济学、政治学理论、中外政治制度、中共党史、法治理论与实践、社会学、人口学、社会政策、马克思主义基本原理、马克思主义中国化研究、思想政治教育、行政管理
中共山西省委党校（山西行政学院）	思想政治教育、行政管理、公共事业管理和劳动与社会保障
中共辽宁省委党校（辽宁行政学院、辽宁省社会主义学院）	政治学理论、科学社会主义与国际共产主义运动、中共党史、马克思主义基本原理、马克思主义中国化研究
中共吉林省委党校（吉林省行政学院）	马克思主义哲学、政治经济学、政治学理论、中共党史、政府经济学、法治政府研究、社会工作、公共管理
中共黑龙江省委党（黑龙江省行政学院）	中共党史、政治经济学、科学社会主义、行政管理
中共上海市委党校（上海行政学院）	马克思主义哲学、国民经济学、政治学理论、科学社会主义与国际共产主义运动、中共党史、马克思主义理论、公共管理
中共江苏省委党校（江苏行政学院）	马克思主义哲学、政治经济学、科学社会主义与国际共产主义运动、区域经济学、企业管理、世界经济、国民经济学、宪法与行政法学、中共党史（含党的学说与党的建设）、社会学、行政管理、劳动经济学、政治学理论、国际政治
中共浙江省委党校（浙江行政学院）	哲学、理论经济学、政治学、马克思主义理论、公共管理、社会工作
中共福建省委党校（福建行政学院）	法学理论、经济学、中共党史与党的建设、马克思主义基本原理

推动智库建设健康发展研究

党校（行政学院）名称	学科设置
中共山东省委党校（山东行政学院）	马克思主义哲学、政治经济学、世界经济、人口、资源与环境经济学、政治学理论、科学社会主义与国际共产主义运动、中共党史、马克思主义基本原理、马克思主义中国化研究、思想政治教育、中国近现代史基本问题研究、公共管理
中共湖北省委党校（湖北省行政学院）	政治经济学、人口、资源与环境经济学、政治学理论、中外政治制度、科学社会主义与国际共产主义运动、中共党史、马克思主义基本原理
中共湖南省委党校（湖南行政学院）	马克思主义哲学、科学技术哲学、政治经济学、中共党史、科学社会主义与国际共产主义运动、思想政治教育、马克思主义中国化研究、行政管理、社会保障、土地资源管理
中共广东省委党校（广东行政学院）	政治经济学、西方经济学、人口资源与环境经济学、马克思主义哲学、伦理学、科学社会主义与国际共产主义运动、中共党史、马克思主义中国化研究
中共海南省委党校（海南省行政学院、海南省社会主义学院）	马克思主义哲学、区域经济学、中共党史（含党的学说与党的建设）、行政管理学、语言学及应用语言学、理论经济学、应用经济学、法学、政治学、社会学、工商管理学、公共管理学、中国语言文学、统战理论等
中共四川省委党校（四川行政学院）	马克思主义哲学、政治经济学、区域经济学、金融学、产业经济学、政治学理论、中外政治制度、科学社会主义与国际共产主义运动、中共党史、马克思主义基本原理、马克思主义发展史、马克思主义中国化研究、思想政治教育、公共管理
中共贵州省委党校（贵州行政学院、中共贵州省委讲师团）	经济学、经济管理、法学、行政学、政治学、公共管理、党政管理、行政管理、行政文秘、电子政务等
中共陕西省委党校（陕西行政学院）	马克思主义哲学、中国哲学、伦理学、国民经济学、区域经济学、产业经济学、劳动经济学、政治学理论、科学社会主义、中共党史、中外政治制度、马克思主义基本原理、马克思主义发展史、马克思主义中国化研究、思想政治教育

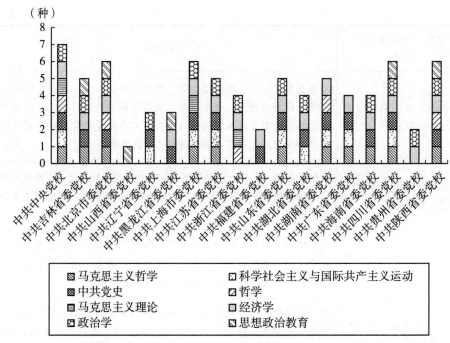

（种）

图 6 – 30　党校（行政学院）招生学科分布统计

资料来源：中国研究生招生信息网。

（二）校刊院刊为思想理论成果传播开辟新阵地

党校（行政学院）智库担负党的理论创新与传播工作，校刊院刊作为党校（行政学院）传播先进理论、交流工作经验、探索发展思路的平台载体，是提高我国文化"软实力"的有效途径，呈现出明显的思想性、理论性和知识性特征。目前，党校（行政学院）的校刊院刊已经自成体系，过去主要刊登的是理论创新和教学经验总结方面的文章。近年来，党校（行政学院）开始拓展自办刊物的功能，尝试依托校刊院刊这一学术平台加强成果交流宣传，聚集研究队伍，加快科研成果的转化。据了解，我国哲学社会科学综合性学术期刊主要隶属于三大系统，即高等院校、社科院（联）和党政干部院校。其中党校（行政学院）自办期刊作为党的重要思想理论阵地和传播思想、传播知识和积累文化的重要载体，承担着两大重要任务，即宣传和研究中国特色社会主义理论，引领社会舆论和社会风气；为党委和政府的公共政策服务，从科学研究的角度为党委和政府提供决策参考依据。因此，办好校刊院刊能够为党校（行政学院）在规范化办学上起到服务指导作用，反映学员教育成果，扩大其社会影响力。

据不完全统计，截至 2020 年底，经调研的 47 家省级/副省级党校（行政学院）智库自办期刊共计 135 种，其中甘肃省委党校最多，达到 9 种；其次是中央党校和湖南省委党校，拥有 7 种自办期刊；福建省委党校拥有 6 种；山西、吉林、广东等多个省委党校有 4 种，其余地方党校有 1～3 种不等（见表 6－8）。其中，中央党校创办的《学习时报》专门开辟了科研与智库专版，积极刊发智库研究成果和智库建设工作情况；《理论动态》主要刊发智库类研究成果，为智库成果传播提供了很好的平台。可见，党校（行政学院）拥有相当数量的期刊资源，依托这些期刊可以深切关注新时代中国特色社会主义发展和当代社会深刻变革中的重大理论与现实问题，并对党的创新理论以及社会关注的重大问题加以阐释和深度解读，为中央及地方党委政府决策提供科学的咨政参考。

表 6－8　　　47 家党校（行政学院）智库自办期刊情况统计

党校（行政学院）名称	期刊名称	期刊数量（种）
中共甘肃省委党校（甘肃行政学院）	《甘肃行政学院学报》《甘肃党校》《甘肃省情》《甘肃理论学刊》《教学参考》《报告选》《研究报告》《决策参考》《改革发展动态》	9
中央党校（国家行政学院）	《理论动态》《学习时报》《中国党政干部论坛》《中共中央党校（国家行政学院）学报》《行政管理改革》《党政干部参考》《中国领导科学》	7
中共湖南省委党校（湖南行政学院）	《湖湘论坛》《湖南行政学院》《湖南党校报》《湖南党校工作通讯》《理论集萃》《决策咨询要报》《创新发展报告》	7
中共福建省委党校（福建行政学院）	《中共福建省委党校（福建行政学院）学报》《闽台关系研究》《党史研究与教学》《领导文萃》《公务员文萃》《决策参考》	6
中共辽宁省委党校（辽宁行政学院、辽宁省社会主义学院）	《辽宁行政学院学报》《辽宁省社会主义学院学报》《党政干部学刊》《辽宁党校报》《省情研究》	5
中共广东省委党校（广东行政学院）	《岭南学刊》《广东行政学院学报》《中国党政系列专业期刊》《法治政府》	4
中共山西省委党校（山西行政学院）	《理论探索》《中共山西省委党校学报》《山西党校报》《三晋基层治理》	4

续表

党校（行政学院）名称	期刊名称	期刊数量（种）
中共吉林省委党校（吉林省行政学院）	《工作半月报》《长白学刊》《行政与法》《吉林党校报》	4
中共安徽省委党校（安徽行政学院）	《理论建设》《领导参阅》《教研参考》《学习党刊》	4
中共四川省委党校（四川行政学院）	《理论与改革》《中共四川省委党校学报》《四川行政学院学报》《四川党校报》	4
中共贵州省委党校（贵州行政学院、中共贵州省委讲师团）	《贵州省党校学报》《研究报告》《贵州党建》《理论与当代》	4
中共陕西省委党校（陕西行政学院）	《理论导刊》《陕西党校报》《陕西行政学院学报》《党校咨政专报》	4
中共湖北省委党校（湖北省行政学院）	《湖北行政学院学报》《党政干部论坛》《干部教育报》《学习月刊》	4
中共上海市委党校（上海行政学院）	《党政论坛》《上海行政学院学报》《干部文摘》《上海党校通讯》	4
中共青海省委党校（青海省行政学院、青海省社会主义学院）	《攀登》（汉文版）、《攀登》（藏文版）、《青海学习报》	3
中共新疆维吾尔自治区委员会党校（新疆维吾尔自治区行政学院）	《实事求是》《新疆党校报》《校（院）工作简报》《教研参考》	4
中共天津市委党校（天津行政学院、中共天津市委党史研究室）	《中共天津市委党校学报》《天津行政学院学报》《求知》	3
中共山东省委党校（山东行政学院）	《山东党校报》《理论学刊》《山东行政学院学报》	3
中共江苏省委党校（江苏行政学院）	《唯实》《江苏行政学院学报》《江苏党校报》	3
中共浙江省委党校（浙江行政学院）	《治理研究》《党政视野》《干部教育研究》	3
中共云南省委党校（云南行政学院）	《中共云南省委党校学报》《云南行政学院学报》《创造》	3

续表

党校（行政学院）名称	期刊名称	期刊数量（种）
中共北京市委党校（北京行政学院）	《北京行政学院学报》《新视野》《校院信息》	3
中共沈阳市委党校（沈阳行政学院、沈阳市社会主义学院、中国共产主义青年团沈阳市团校）	《沈阳干部学刊》《决策咨询》《沈阳青少年研究》	3
中共内蒙古自治区委员会党校（内蒙古自治区行政学院）	《理论研究》《决策参阅》	2
中共河北省委党校（河北行政学院）	《河北党校报》《治理现代化研究》	2
中共黑龙江省委党校（黑龙江省行政学院）	《理论探讨》《行政论坛》	2
中共广州市委党校（广州行政学院）	《探求》《市委党校送阅件》	2
中共南京市委党校（南京市行政学院）	《中共南京市委党校学报》《南京社会科学》	2
中共济南市委党校（济南行政学院、济南市社会主义学院）	《中共济南市委党校学报》《领导参阅》	2
中共大连市委党校（大连行政学院、大连市社会主义学院）	《大连干部学刊》《市情研究》	2
中共宁夏区委党校（宁夏行政学院）	《宁夏党校学报》《宁夏党校通讯》	2
中共成都市委党校（成都行政学院、成都市社会主义学院、成都市团校）	《中共成都市委党校学报》《成都行政学院学报》	2
中共江西省委党校（江西行政学院）	《求实》《地方治理研究》	2
中共重庆市委党校（重庆行政学院）	《探索》《重庆行政》	2
中共西藏自治区委员会党校（西藏自治区行政学院）	《西藏发展论坛》《送阅件》	2
中共河南省委党校（河南行政学院）	《学习论坛》	1
中共海南省委党校（海南省行政学院、海南省社会主义学院）	《新东方》	1
中共哈尔滨市委党校（哈尔滨市行政学院）	《哈尔滨市委党校学报》	1

党校（行政学院）名称	期刊名称	期刊数量（种）
中共西安市委党校（西安市行政学院、西安社会主义学院）	《西安社会科学》	1
中共长春市委党校（长春市行政学院）	《长春市委党校学报》	1
中共杭州市委党校（杭州行政学院、杭州市社会主义学院、中共杭州市委讲师团、杭州中华文化学院）	《中共杭州市委党校学报》	1
中共青岛市委党校（青岛行政学院）	《中共青岛市委党校　青岛行政学院学报》	1
中共深圳市委党校（深圳行政学院、深圳社会主义学院、深圳经济管理学院、深圳中华文化学院）	《特区实践与理论》	1
中共厦门市委党校（厦门市行政学院、厦门市社会主义学院）	《厦门特区党校学报》	1
中共宁波市委党校（宁波行政学院、宁波市社会主义学院、宁波中华文化学院）	《中共宁波市委党校学报》	1
中共武汉市委党校（武汉市行政学院）	《长江论坛》	1
中共广西区委党校（广西行政学院）	《桂海论丛》	1

资料来源：各党校（行政学院）官网。

（三）科研选题围绕中心任务服务大局

新时代，党校（行政学院）的科研选题不仅仅要立足于党校（行政学院）的理论研究和学科体系，更要聚焦党和国家中心工作、党委和政府重大决策部署、社会热点难点问题等。近年来，各级党校（行政学院）坚持"高端立项、高端发表、高端批示、高端获奖"，大力推进"教研咨"一体化，促进科研课题进课堂、进头脑、进决策。

通过国家社科基金项目数据库、国家自科基金项目数据库、知网基金数据库检索 2015 ～ 2020 年中央党校（国家行政学院）及 24 家地方党校（行政学院）承接国家级科研项目的数量、资助来源和涉及学科，从中发现：（1）课题来源以国家社科基金为主。2015 ～ 2020 年来共承接 1 419 项科研项目，其中国家社科基金项目达到95%；（2）承接单位集中在浙江省委党校、上海市委党校、中央党校、北京市委党校、福建省委党校等，其他地方党校（行政学院）智库承接项目数量相对均衡，地域多分布在北部、江浙沪地区（见图6-31）；（3）承接课题的学科分布较为集中，马列、党史、政治学等成为课题研究的重要依托学科（见表6-9）。

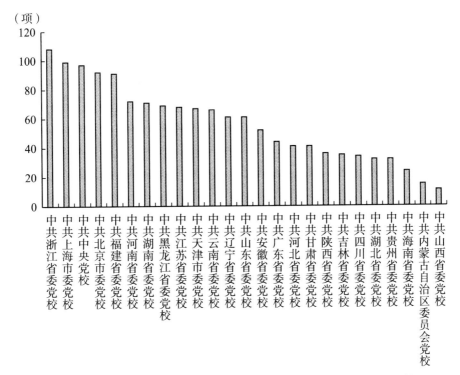

图6-31　2015～2020年党校（行政学院）智库科研项目数量统计

表6-9　　　2015～2020年党校（行政学院）智库课题统计

党校（行政学院）名称	数量（个）	课题来源	涉及学科
中共浙江省委党校（浙江行政学院）	108	国家社科基金、浙江省哲学社会科学规划课题、浙江省软科学研究计划	政治学、党史、马列
中共上海市委党校（上海行政学院）	99	国家社科基金、上海市人民政府决策咨询研究课题	马列、政治学、党史

续表

党校（行政学院）名称	数量（个）	课题来源	涉及学科
中共中央党校（国家行政学院）	97	国家社科基金	马列、党史、哲学、国际问题研究、政治学
中共北京市委党校（北京行政学院）	92	北京市社会科学基金、国家社科基金	党史、政治学、哲学、社会学、马列
中共福建省委党校（福建行政学院）	91	福建省社会科学规划项目、国家社科基金	党史、马列、社会学、应用经济
中共河南省委党校（河南行政学院）	72	河南省哲学社会科学规划项目、国家社科基金	党史、马列、政治学
中共湖南省委党校（湖南行政学院）	71	湖南省哲学社会科学基金、国家社科基金	马列、党史、社会学
中共黑龙江省委党校（黑龙江省行政学院）	69	黑龙江省哲学社会科学研究规划项目、国家社科基金	党史、马列、应用经济
中共江苏省委党校（江苏行政学院）	68	国家社科基金、江苏省社科应用研究精品工程课题、江苏省社会科学基金项目	党史、马列、政治学
中共天津市委党校（天津行政学院、中共天津市委党史研究室）	67	国家社科基金、天津市哲学社会科学规划	党史、社会学、马列、应用经济、政治学
中共云南省委党校（云南行政学院）	66	国家社科基金、云南省哲学社会科学规划项目	党史、应用经济、政治学
中共辽宁省委党校（辽宁行政学院、辽宁省社会主义学院）	61	辽宁省哲学社会科学规划基金、辽宁省社会科学规划项目、国家社科基金	理论经济、党史、应用经济、政治学、马列、
中共山东省委党校（山东行政学院）	61	山东省社会科学规划项目、国家社科基金	党史、法学、马列
中共安徽省委党校（安徽行政学院）	52	安徽省哲学社会科学规划、安徽省社会科学创新发展研究课题、国家社科基金	管理学、党史、应用经济

推动智库建设健康发展研究

续表

党校（行政学院）名称	数量（个）	课题来源	涉及学科
中共广东省委党校（广东行政学院）	44	广东省哲学社会科学规划、国家社科基金	政治学、马列、党史
中共河北省委党校（河北行政学院）	41	河北省科技计划、国家社科基金	马列、党史、政治学
中共甘肃省委党校（甘肃行政学院）	41	甘肃省哲学社会科学规划项目、国家社科基金	政治学、党史、马列
中共陕西省委党校（陕西行政学院）	36	陕西省社会科学基金、国家社科基金	党史、政治学、马克思主义
中共吉林省委党校（吉林省行政学院）	35	吉林省社会科学基金、吉林省科技发展计划、国家社科基金	理论经济、管理学、马列
中共四川省委党校（四川行政学院）	34	国家社科基金、四川省社会科学规划	党史、民族学、马列
中共湖北省委党校（湖北省行政学院）	32	国家社科基金、湖北省社会科学基金	党史、马列、应用经济
中共贵州省委党校（贵州行政学院、中共贵州省委讲师团）	32	贵州省哲学社会科学规划课题、国家社科基金	民族学、社会学、马列
中共海南省委党校（海南省行政学院、海南省社会主义学院）	24	海南省哲学社会科学规划、国家社科基金	国际问题研究、中国文学、党史
中共内蒙古自治区委员会党校（内蒙古自治区行政学院）	15	内蒙古社科规划项目、内蒙古自治区社科规划项目	内蒙古发展研究专项课题、基础理论与学科建设专项研究
中共山西省委党校（山西行政学院）	11	国家社科基金、山西省社科联重点课题	党史、政治学、哲学

资料来源：国家社科基金项目数据库、国家自科基金项目数据库、知网基金数据库。

同时，各省委党校紧密围绕党委政府重大决策部署、社会热点难点问题开展科研工作，积极与相关职能部门合作，共同开展咨政研究，增强科研成果的前瞻性和针对性，充分发挥党校"智库"作用。一是紧密围绕党委政府关注的问题，聚焦影响改革发展稳定的突出问题。吉林省委党校密切保持与市委、市政府的接触，专门针对焦点问题成立相关课题组，围绕当地市情进行挖掘与调研，形成《改革开放以来辽源工业发展四十年》调研报告，① 呈报市委市政府，获得上级领导的高度评价。二是加强对中长期发展战略问题的前瞻性研究。中央党校（国家行政学院）针对"十四五"时期经济战略转变问题，专门成立了"十四五"重大经济战略问题研究课题组，调配相关学科和研究领域的骨干力量集中深入研究，着力解决一些过去长期累积且难以解决的制约中国经济长期发展的难题，为未来实现更高战略目标奠定坚实基础。三是加强对党情政情社情信息的收集和研究。青岛市委党校于 2017 年成立了青岛市情研究中心。该中心自成立以来，报送内参《青岛发展参考》300 余篇，先后获得 200 多项省市领导审批。②

三、改进管理方式，强化决策咨询功能

决策咨询是党校（行政学院）智库建设的重要组成部分，必须将其与教学、科研工作等同对待。加强决策咨询工作必须从顶层设计出发，统筹规划决策咨询工作的整体目标、组织架构和保障机制等内容。目前，各级党校（行政学院）多数通过科学配置学校的各类要素、各种资源，逐步建立出自上而下、分工明确、相互配合、各部门齐抓共管的决策咨询工作体系。

（一）优化管理制度和组织架构，形成咨政合力

在习近平总书记新时代中国特色社会主义思想的指引下，各级党校（行政学院）尝试建立起一套行之有效的内部管理制度体系，设计符合智库发展规律的组织结构，划清各职能部门的职责权力，设置专人专岗负责智库建设工作，强化机构内部的决策咨询职能，真正使咨政底气"硬起来"。

各级党校（行政学院）响应国家号召，出台了关于党校智库建设的相关规章制度，形成全校各部门齐抓共管的格局。北京市委党校出台了《关于加强决策咨询工作的意见》《主体班学员参与决策咨询工作直通车计划》《决策咨询项目管理办法》《关于推进教学科研咨询一体化发展的意见》《决策咨询工作量计分方法》等规章制度，成立决策咨询项目评审管理委员会，促进了决策咨询工作制度

① 《学习贯彻党的十九届五中全会精神 推动党校事业高质量发展》，中共吉林省委党校（吉林省行政学院）官网，2021 年 2 月 24 日，http://www.jlswdx.gov.cn/sxdx/202102/t20210224_8043903.html。

② 刘玫：《深入一线调研 做好咨政文章——青岛市委党校打造地方新型智库综述》，载于《学习时报》2022 年 5 月 20 日。

化、系统化。① 江苏省委党校先后制定了《省级、校级重点学科建设与管理办法》《教研人员工作量标准及考核暂行办法》《关于进一步改进和完善科研考核和激励机制的办法》《优秀学术著作出版资助暂行办法》，修订了《科研精品工程奖评审条例》《全省党校系统科研评奖办法》《关于省部级以上软科学课题配套经费管理办法》等一批科研管理规章制度，积极探索实行校院领导项目制，健全学员参与决策咨询的工作机制，加大了对决策咨询研究的资助和成果奖励力度，鼓励教研人员在服务省委省政府决策中有更多作为。②

此外，各级党校（行政学院）还注重治理机制和组织架构的调整优化，以更好地开展决策咨询服务工作。如中央党校（国家行政学院）设立了中央党校国家高端智库理事会和学术委员会，负责校（院）重大事宜决策和指导智库建设工作。③ 天津市委党校（天津行政学院）提出建设红色智库，创新性地搭建出了新型红色智库"协调推动机构＋专家委员会＋中心（学会、协会）＋智库专家"的运行模式。④ 与此同时，地方各级党校（行政学院）也先后成立了专门的决策咨询部或省（市）情研究中心，专人专岗负责智库建设工作，并通过向党委政府报送思想理论动态、决策咨询建议和向社会发布蓝皮书等多种形式，发挥智库的重要作用。如四川省委党校（四川行政学院）成立决策咨询部，在项目管理、资源整合、团队培育、成果转化、制度保障等方面出实招、下实功、求实效，推出了一批有价值的决策咨询成果，产生了较好的政策效应和社会效应。河南省委党校（河南行政学院）从全校教研部门选调 6 名优秀博士研究生充实决策咨询工作队伍，并在 2015 年被批准为"河南省省情研究软科学研究基地"，2018 年创立了"求是智库论坛"，初步形成了"一刊一部一基地一论坛"的新型智库平台体系。⑤

（二）注重考核激励，科研咨政并重的绩效评价导向明显

党校（行政学院）在完善智库建设相关制度和优化组织架构的基础上，创新智库成果考核激励机制，制定出台了一系列成果评价与转化政策，激发党校内部

---

① 孟卫：《北京党校设立机构加强决策咨询工作》，载于《学习时报》2013 年 7 月 15 日。

② 刘炎东：《如何打造高质量科研——访江苏省委党校副校长杨明》，载于《学习时报》2013 年 7 月 15 日。

③ 王斯敏、焦德武、张胜、李晓：《不负使命、奋发有为 以高端成果服务国家决策——国家高端智库建设经验交流会发言摘登》，载于《光明日报》2019 年 7 月 1 日。

④ 范志强：《挖掘党校资源、创新工作机制全力打造新型红色智库的几点思考》，载于《智库理论与实践》2017 年第 2 期。

⑤ 豫文：《建设服务党委政府决策的新型智库——河南省委党校（行政学院）智库建设纪实》，载于《学习时报》2020 年 3 月 27 日。

的工作创新性和主动性，促进党校（行政学院）智库持续健康发展。

第一，将决策咨询成果作为硬指标全方位嵌入教研人员职称评定、岗位聘任、年度考核等环节中。例如：吉林省委党校（吉林行政学院）坚持制度建设引领科研工作，修订完善《科研工作考核管理办法》，将论文、课题、咨政报告等进行量化赋分，按照科研成果的级别层次和科研总分评选年度科研先进个人。辽宁省委党校（辽宁行政学院）出台了《中共辽宁省委党校科研评奖办法》，将领导批示纳入科研成果考核标准。山西省委党校（山西行政学院）根据《校院科研工作为山西转型跨越发展服务的激励办法》要求，进行奖励和计分，将优秀成果在特定报刊公开发表或以《决策建议报告》报送，录用或采纳后将给予更多工作奖励。上海市委党校（上海行政学院）制定了《决策咨询研究奖励办法》，明确了决策咨询研究奖励的范围以及7种决策咨询成果奖励类型。

第二，对优秀咨政成果给予充分肯定。例如：浙江省委党校（浙江行政学院）专门出台《精品和优秀咨询成果奖励》《高端智库专家课题资助奖励暂行办法》等激励奖励制度，把决策咨询成果作为职称评定的必备条件之一，激励教研人员科研转型。河北省委党校（河北行政学院）在资助决策咨询成果的基础上，每年进行一次优秀成果评选奖励，一等奖每项奖励2万元，二等奖每项奖励1万元。[1] 青岛市委党校（青岛行政学院）重视对学员资源的挖掘和引导，学员的咨政报告一经通过，可免写毕业论文、免答辩，直评优秀学员；如果得到市领导签批即可在学员考核中加3分，充分调动了学员们参与决策咨询的积极性。[2]

第三，激励与约束双管齐下。例如：成都市委党校（成都行政学院）出台《进一步加强决策咨询工作的意见》《决策咨询考核办法》等多项管理制度，不但建立激励机制，调动教研人员的参与积极性；还建立约束机制，将决策咨询工作与事业人员岗位设置结合起来，每个岗位等级均有咨政工作任务，未达到要求的将无法评到相应等级岗位。[3]

第四，单独设立决策咨询奖项。例如：中央党校（国家行政学院）自2016年第十一届全国党校科研评奖开始，增设了"决策咨询奖"，还在征集评选全国地方党校科研精选文库丛书书稿中，首次设立了"决策咨询类"，与原有的"基础理论类"并列。可见，决策咨询成果已经不同程度地融入党校（行政学院）科研管理与科研评价过程中，学术研究与咨政研究并重的评价导向愈加明显。

---

① 《中共河北省委党校（河北行政学院）优秀科研成果奖、优秀决策咨询奖评选办法（试行）》，中共河北省委党校（河北行政学院）官网，http://www.hebdx.com/2022-04/12/content_8769498.htm。
② 孙文静：《推动地方党校特色新型智库建设走在前列》，载于《青岛日报》2020年12月29日。
③ 薛成有、赵汝周：《新时代推进新型智库建设新探索——以成都市委党校（成都行政学院）为例》，百度文库，https://wenku.baidu.com/view/ad9c80e95bf5f61fb7360b4c2e3f5727a5e924f5.html。

（三）人才培养重视决策咨询能力提升

人才是智库的核心竞争力，立足之根、发展之源、取胜之要。① 建设新型智库，人才队伍是关键。各级党校（行政学院）建立健全人才能力提升机制，着力打造高水平决策咨询名师和团队，逐渐提升教师团队和学员队伍的决策咨询能力。

第一，创新教学模式。例如：广东省委党校（广东行政学院）实行"2 + 0.5"教学方式，开设学员论坛，学员讲实践、专家作点评、媒体作推广；聚焦广东发展的重点热点难点问题，组织学员开展调查研究，撰写决策咨询报告。黑龙江省委党校（黑龙江行政学院）举办了决策咨询报告写作能力提升培训班，从选题的把握、具体问题的挖掘，研究能力的提升到对策建议的撰写方法，② 对提高教研人员决策咨询报告撰写能力，发挥校（院）决策咨询作用，推动教研咨相互促进、协同发展等具有很强的针对性和指导性。

第二，实施"一人一策"，强化学科建设。例如：青岛市委党校（青岛行政学院）不断加强优势学科建设，通过"一人一策"为每位教研人员确定咨政主攻方向和中长期研究计划，为咨政人才的成长发育创造条件；还通过培养培育自有人才、深度融合学员资源、广泛整合社会力量三种方式，构建起一支开放型、综合型咨政人才团队。③

第三，注重对中青年学术骨干的培养和使用。例如：江苏省委党校（江苏行政学院）在主动给青年教师压担子、交任务的同时，加大对青年骨干老师的培养力度，每年举办全省党校系统科研和决策咨询骨干培训班，针对共性问题强化能力提升；启动青年教师挂职锻炼计划，选派优秀青年博士赴基层挂职锻炼，为他们的成长提供更好的发展平台。④

第四，高度重视智库人才资源整合。例如：浙江省委党校（浙江行政学院）通过聘任资深学者型领导干部和相关知名专家担任高端智库专家，组成机构外部的高端研究团队，在各重点学科方向打造若干个创新研究团队，充分整合人才资源，加强内外部人才智力资源的系统协作和交流，搭建出一支专业、高效、高端

① 龚晨：《以机制创新推进党校新型智库建设》，载于《中共山西省委党校学报》2020年第4期。
② 涂小莉：《研究式教学在党外代表人士教育培训中的探索与实践——以中山市社会主义学院为例》，载于《广东省社会主义学院学报》2016年第5期。
③ 孙文静：《推动地方党校特色新型智库建设走在前列》，载于《青岛日报》2020年12月29日。
④ 刘伟：《江苏省委党校（江苏行政学院）举行"一起研习"理论工作坊揭牌仪式暨第1期研讨会》，中央党校（国家行政学院）官网，2020年6月29日，https：//www.ccps.gov.cn/dfjj/202205/t20220526_153963.shtml。

的智库人才联盟。①

四、整合省域资源，加强协调合作

（一）"上挂下沉，顶天立地"

"上挂"指的是主动承接来自国家和省级部委办局决策部门的专项咨询任务或决策咨询活动，并为研究成果的转化落地开展进一步的合作交流。例如：河南省委党校（河南行政学院）为加快调研报告《常态化疫情防控下我省促销费扩内需的对策建议》这一成果的转化落地，积极与省发改委就业消费处深入交流，合作建立"河南省收入分配与消费研究中心"，吸纳优秀教师进入省发改委相关专家咨询委员会，加强研究与培训合作，逐渐形成政学研合作的长效机制。② 福建省委党校（福建行政学院）与省应急管理厅签订战略合作框架协议，共建"福建省应急管理培训基地"和"应急管理模拟实训室"，并在建立应急管理干部培训宣传合作机制、健全应急管理科研决策咨询机制、加强重点课题研究等方面开展深入合作。③ 山东省委党校（山东行政学院）教师连续三次应邀参加由全国人大内司委组织的关于老年法修订的起草和论证工作，其中关于老年节、社会保障、参与社会发展等多项修改意见均被立法采纳，为《老年人权益保障法》的修订工作提供了重要的决策咨询服务，也为发挥党校思想库作用探索了一条新的途径。④ 潍坊市委党校（潍坊行政学院）加强与中央党校、浦东干部学院、山东省委党校、山东社会科学院等机构的联系与合作，成为山东省社科院和山东省委党校（山东行政学院）的调研基地，⑤ 促进了与省级科研机构的交流合作，大大提升了基层党校咨政水平。

"下沉"主要是通过挂职锻炼、帮助工作、调研指导、建立定向联系点等方式，深入基层党校调研学习，加强党校间决策咨询研究的交流合作。例如：江苏省委党校（江苏行政学院）时刻与地方市县院校保持工作交流，多次前往无锡

---

① 《校院举行创新团队总结验收会》，中共浙江省委党校（浙江行政学院）官网，2020 年 9 月 26 日，http：//www.zjdx.gov.cn/info/7190.jspx。

② 《省发展改革委就业消费处有关负责同志一行来我校与课题组成员座谈交流》，中共河南省委党校官网，2020 年 9 月 17 日，http：//www.dangxiao.ha.cn/info/1111/4824.htm。

③ 《省委党校行政学院与省应急管理厅签订战略合作框架协议》，中共福建省委党校官网，2021 年 6 月 29 日，http：//yjt.fujian.gov.cn/ztzl_gb/xcjyaqscy/xcjy_40280/202012/t20201214_5490088.htm。

④ 整理自中共山东省委党校（山东行政学院）官网，2020 年 6 月 30 日，http：//www.sddx.gov.cn/index/tzgg.htm。

⑤ 周庆翔：《创新地方党校智库建设思路》，载于《学习时报》2020 年 6 月 30 日。

市、泰州市、镇江市委党校实地调研考察，深入了解基层干部教育培训现场教学
基地建设情况。福建省委党校（福建行政学院）不仅与省委深改办、省政协办公
厅、省科技厅、省档案馆等省直部门建立常态化合作关系，还与宁德、泉州、漳
州等地市签订战略合作框架协议，构建由校院科研人员、学员、省内外决策咨询
拔尖人才组成的智库团队，合力开展福建省高质量发展落实赶超工作的战略性、
前瞻性研究。① 浙江省委党校（浙江行政学院）研究生部与杭州市委党校余杭分
校结成党建联盟关系，这一联盟关系是进一步贯彻落实党的十九大精神、创新高
校与地方政府党建工作的有益尝试，也是加强交流、优势互补、深化党建共建合
作的有效形式。②

（二）横向联合，优势互补

"横向联合"主要是与高校、科研院所、企业等其他机构开展横向合作。一
是加强与地方科研院校合作，提升研究水平。党校（行政学院）主动和高校共享
各类优质资源，不仅破解了以往党校培训资源过剩与高校受训不均衡的矛盾，而
且科研资源的互通也有力促进决策咨询的精准化和专业化。例如：上海市委党校
（上海行政学院）与华东师范大学举行教学科研合作交流座谈会，就马克思主义
理论研究、学理探讨与国情研究相结合开展进一步的合作。山东省委党校（山东
行政学院）与山东大学推进全面战略合作，双方在人才培养、课题研究、实践转
化上加强交流合作，共同打造领导干部培养平台、研究成果转化平台、理论成果
应用平台、理论人才成长平台。③ 安徽省委党校（安徽行政学院）为实现优质教
育资源共享，培养"红专并进"的科技领军人才，与中国科学技术大学合作共建
马克思主义学院，这既是加强党校思政教育的重要举措，也是创新办学思路、实
现合作共赢的务实之举。二是积极与知名企业公司开展合作，整合优质资源和先
进技术优势，加强合作攻关。例如：安徽省委党校（安徽行政学院）与中国移动
安徽公司签署战略合作协议，深化双方 4G 通信服务、党建系统、教育云平台、
智慧校园建设等领域全面战略合作，以大连接大数据助力党员教育模式、干部培
训形式的创新发展，不断提升全省党校系统信息化水平。④ 山东省委党校（山东

---

① 周建强：《中央党校：福建省委党校（行政学院）抓好"五大工程"深入贯彻中央、省委经济工作
会议精神》，福建省委党校（行政学院）官网，2020 年 7 月 2 日，http：//www.fjdx.gov.cn/news/9759.htm。
② 《浙江省委党校研究生部与市委党校余杭区分校结成党建联盟关系》，搜狐网，2020 年 7 月 2 日，
https：//www.sohu.com/a/329611591_120207458。
③ 谢婷婷：《山东大学与中共山东省委党校开展战略合作》，山大视点网，2016 年 11 月 30 日，
http://www.view.sdu.edu.cn/info/1003/65172.htm。
④ 《中国移动安徽公司与省委党校就"智慧党校"进行合作签约》，中安在线，2021 年 7 月 21 日，
http：//ah.anhuinews.com/system/2016/10/19/007485751.shtml。

行政学院）与中国建设银行山东省分行开展全面战略合作，双方将深化产教融合，以开放的平台、创新的产品，为智慧、智能、智享校园建设提供支持，构建互联互通、共建共享的学习生态圈。[①] 三是加强与（省）市情研究中心合作，促进资源共享。例如：镇江市委党校联合镇江市情研究中心，根据新时代理论教育、党员教育和市情研究的形势任务，共同征集、确定研究课题，并组建项目研究小组，开展协同研究，共同为市委市政府科学决策提供咨政建议，从而发挥出应有的智库价值。[②]

党校（行政学院）智库建设是一项长期综合工程。面对新形势新任务新要求，既要抓紧机遇、抢占先机，更要久久为功，持续发力；要在智库热中坚持冷思考，避免有"库"无"智"、贪大求全等错误建设倾向；要科学规划、追求实效，为全面深化改革提供精准服务，为实现"两个一百年"奋斗目标和中国梦贡献独特的党校（行政学院）智慧与力量。

第四节　高校智库走出"象牙塔"
把论文写在祖国大地上

2018 年 5 月 2 日，习近平总书记在北京大学师生座谈会上发表重要讲话，强调"世界一流大学都是在服务自己国家发展中成长起来的"。[③] 这意味着中国大学理念中一直孕育着社会服务这一功能，它既是近代以来中国社会救亡图存的时代诉求，也是"以天下为己任"的中国传统精神的现代延续。中国特色新型智库建设为中国大学发挥社会服务功能提供了绝佳契机，高校智库也由此产生。经过多年建设，高校智库总量迅速攀升，在完善治理结构、提升成果质量、创新科研评价、打造一流团队、搭建宣传矩阵、组建高端平台等方面取得了一定进展，立足国家需求、服务社会发展的功能愈加凸显。

一、高校智库制度体系建设稳步推进

高校智库创新体制机制、建立健全治理体系、灵活引进高层次人才、加强

---

① 王镇富：《省委党校（山东行政学院）与中国建设银行山东省分行全面战略合作协议签署仪式举行》，闪电新闻，2021 年 4 月 1 日，http://www.sddx.gov.cn/info/1086/32143.htm。
② 学习时报调研组：《"党校＋高校"推动党校教育全覆盖——江苏省镇江市委党校与高校联手推进党员教育培训工作》，载于《学习时报》2020 年 7 月 5 日。
③ 习近平：《在北京大学师生座谈会上的讲话》，载于《人民日报》2018 年 5 月 3 日。

人才培养力度、完善经费使用规定、拓宽决策信息获取渠道等工作的开展，离不开外部政策从上到下的支持和引导。伴随国家级、省级和校级关于高校智库建设相关政策的出台，高校科研机构顺应时势，主动尝试向现代智库转型，引导高校学者更加关注国家发展的现实需求，进一步发挥高校的决策咨询和社会服务职能。

（一）高校智库建设的顶层政策设计逐渐完善

2013 年 11 月 12 日，党的十八届三中全会公报中明确强调，要"加强中国特色新型智库建设，建立健全决策咨询制度"，[①] 这一目标明确了智库建设是推进国家治理体系和治理能力现代化的重要内容，也为建设中国特色新型智库指明了方向。

为落实这一要求，2014 年 2 月 10 日，教育部制定出台了《计划》。[②]《计划》强调，"推进中国特色新型高校智库建设，为党和政府科学决策提供高水平智力支持"，指明了高校智库建设应做好七个方面的工作，包括：一是服务国家发展，明确建设目标；二是聚焦国家急需，确定主攻方向；三是整合优质资源，建设新型智库机构；四是发挥人才关键作用，着力培养和打造高校智库队伍；五是拓展成果应用渠道，打造高端发布平台；六是改革管理方式，创新组织形式；七是加强组织领导，提供有力保障。此外，教育部社科司负责人就《计划》答记者问中提到，智库建设是深化综合改革、推进制度建设的总揽性抓手，机构建设、人才队伍建设、平台建设以及高校哲学社会科学"走出去"计划都可以通过智库建设来推动。通过创新体制机制、整合优质资源、打造高校智库品牌，必将有力地推动高校社科领域的综合改革，提升创新能力，促进高校社科事业的创新发展和科学发展。[③]

2015 年 1 月 20 日，新华社全文播发了由中办、国办印发的《意见》，[④] 从指导思想、发展目标、建设路径、管理体制、保障体系等多个方面对中国特色新型智库建设进行了系统的顶层设计，其中高校智库建设作为中国特色新型智库发展

---

① 新华社：《中共中央关于全面深化改革若干重大问题的决定》，载于《人民日报》2013 年 11 月 16 日。

② 教育部：《中国特色新型高校智库建设推进计划》，教育部官网，2014 年 2 月 10 日，http：//www. gov. cn/gongbao/content/2014/content_2697085. htm。

③ 《发挥高校优势 打造新型智库——教育部社会科学司负责人就〈中国特色新型高校智库建设推进计划〉答记者问》，教育部官网，2014 年 3 月 7 日，http：//www. moe. gov. cn/jyb_xwfb/s271/201403/t20140307_165002. html。

④ 中共中央办公厅、国务院办公厅：《关于加强中国特色新型智库建设的意见》，中国政府网，2015 年 1 月 20 日，http：//www. gov. cn/xinwen/2015-01/20/content_2807126. htm。

新格局的重要组成部分，与社科院智库、行政学院智库、科技创新智库、企业智库等并列其中，并要求高校智库要发挥学科齐全、人才密集和对外交流广泛的优势，深入实施《中国特色新型智库建设推进计划》，推动高校治理服务能力整体提升；深化高校智库管理体制改革，创新组织形式，整合优质资源，着力打造一批党和政府信得过、用得上的新型智库，建设一批社会科学专题数据库和实验室、软科学研究基地。①《意见》② 的出台进一步明确了高校智库的建设方向，给高校向现代智库转型吃下了一颗"定心丸"。

2015 年 11 月 24 日，国家高端智库建设试点工作启动。在《试点工作方案》中公布的 25 家试点单位中，依托大学和科研机构的专业性智库有 12 家，其中高校智库有 6 家，分别是北大国发院、清华大学国情研究院、人大国发院、复旦中国研究院、武汉大学国际法研究所、粤港澳研究院。2016 年，国家高端智库理事会又遴选了 13 家国家高端智库培育单位，其中有多家高校智库入选，③ 如长江产经研究院、武汉大学中国边界与海洋研究院等。经过近 6 年的建设，中共中央宣传部对表现优秀的智库进行"升级"，于 2020 年 3 月 2 日正式公布新增的 5 家国家高端智库建设试点单位名单。④ 经过此次扩容，国家高端智库已经发展成为"9 家综合性智库 + 17 家专业性智库 + 1 家企业智库 + 2 家社会智库"的 29 家国家高端智库新格局，国家高端智库培育单位也从 13 家缩减为 8 家，其中 2 家高校智库培育单位升格为试点单位，分别是北师大教育研究院和浙大区域中心。⑤

由此可见，国家政策的顶层设计绘就了高校智库改革发展新蓝图，勾勒了高校智库改革发展新路径，也提出了许多创新思想和创新举措，是新起点上全面推进高校科研机构创新发展的指南针，对全面深化地方高校科研机构改革具有极强的统领作用和指导意义。

（二）地方政府完善高校智库发展的政策环境

中国特色新型智库是党和政府科学民主依法决策的重要支撑，是国家治理体系和治理能力现代化的重要内容，是国家软实力的重要组成部分。全国多个省份结合自身发展情况和现实需求，出台了加强本省新型智库建设的实施意见，谋划

---

①② 中共中央办公厅、国务院办公厅：《关于加强中国特色新型智库建设的意见》，中国政府网，2015 年 1 月 20 日，http://www.gov.cn/xinwen/2015 - 01/20/content_2807126.htm。

③ 贾宇、张胜、王斯敏、杨谧、姬泰然：《立足高端 服务决策 引领发展》，光明网，2016 年 12 月 1 日，https://epaper.gmw.cn/gmrb/html/2016 - 12/01/nw.D110000gmrb_20161201_2 - 16.htm。

④ 《新增国家高端智库建设试点单位名单公布 浙江大学区域协调发展研究中心入选》，浙江大学官网，2020 年 03 月 27 日，https://www.zju.edu.cn/2020/0327/c47920a2000800/page.psp。

⑤ 资料由本书课题组成员统计得出。

了本省高校智库的职能定位和发展路径，以便更好地开展中国特色新型智库建设，为本地区经济社会发展服务。

把握住高校智库建设的重要机遇。早在 2013 年 11 月 13 日，中共上海市教育卫生工作委员会和上海市教育委员会就已出台《关于加强上海新型高校智库建设的指导意见》，① 提出高校新型智库建设是上海高校服务国家和区域发展的重要机遇，是提升上海高等教育质量的重要机遇，也是推动上海哲学社会科学整体进步和发展的重要机遇。该文件也为上海市新型高校智库提出了目标性强、操作性强的建设目标、建设任务、建设举措和建设保障。

推动高校智库服务地方发展。各地教育部门结合地区发展战略，出台了服务于地方经济和社会发展的新型高校智库建设文件。广东省教育厅于 2015 年 6 月 3 日出台了《广东省特色新型高校智库建设实施方案（征求意见稿）》，② 拟围绕国家重大战略问题和广东"三个定位、两个率先"的战略要求，聚焦中国特色社会主义实践创新、理论创新和制度创新等重点领域，立足广东高校优势学科领域，建设一批面向国家、省和地方等不同范围、不同行业领域的高校智库。不同于以往的学术机构，地方高校智库被赋予助力地方经济和社会发展的重要责任。

设立目标指明高校智库建设方向。安徽省教育厅于 2015 年 8 月 19 日印发《安徽高校智库建设计划》。安徽省高校智库的建设思路是以国家和安徽省区域发展战略需求为导向，依托省内高校人才、学科、平台和科研等方面的优势，结合打造"三个强省"，建设美好安徽的具体实践，重点培育建设 10 个左右定位准确、特色鲜明、制度创新、规模适度、引领发展的安徽高校智库，③ 为深化改革、促进发展建言献策，为党委政策决策提供智力支撑。该计划还提出，将安徽省智库打造成为理论创新和政策建言的高地、培养高端人才聚集和高水平人才的重要基地、舆论引导和对外交流的重要阵地。可见，地方高校智库建设计划为高校智库设置了明确的发展目标，引导高校智库沿着正确的方向，有重点、有原则地不断前进。

健全机制优化高校智库治理环境。陕西省教育厅于 2018 年 10 月 9 日出台的《陕西新型高校智库管理办法》规定，陕西新型高校智库由省教育厅和高校共建，实行省教育厅、高校、智库三级管理。省教育厅作为陕西新型高校智库的归口管

① 中共上海市教育卫生工作委员会等：《关于印发〈加强上海高校新型智库建设的指导意见〉的通知》，上海市人民政府网，2013 年 11 月 18 日，https：//www. shanghai. gov. cn/nw12344/20200814/0001 − 12344_37389. html。

② 资料来自 CTTI 来源智库增补申请材料。

③ 安徽省教育厅：《关于印发〈安徽省高校智库建设计划〉的通知》，安徽师范大学科研处网站，2015 年 8 月 19 日，https：//kyc. ahnu. edu. cn/info/1029/1753. htm。

理部门，承担"制定智库建设计划和规章制度，组织智库的认定、调整和撤销，对智库的运行和管理进行检查和指导"的责任。同时，该办法明确提出"智库实行智库负责人和首席专家分工负责的工作制度。智库应建立学术委员会，由智库首席专家任学术委员会主席。学术委员会每届任期三年，每年至少举行一次全体会议。"① 由此可见，地方教育部门在谋划高校智库建设的过程中，优先着力打造地方高校新型智库发展的管理推动机构，搭建有助于高校智库管理建设、交流互动、发展评价、成果转化等多个方面的重要平台，为高校智库健康有序发展提供必要的外部支撑。

全面评估提升高校智库发展水平。辽宁省教育厅于 2018 年 9 月 27 日公开发布《辽宁省高等学校新型智库建设实施方案》，详细列出智库组织管理及条件保障等多个方面——鼓励协同建设、改进科研评价、改革支持方式、加强基础建设，以及开展年度评估。辽宁省新型高校智库会根据《辽宁省高等学校新型智库建设评估指标体系》进行年度评估，按照"有进有退、优胜劣汰"的原则进行动态管理。该指标体系由三级指标构成，分为 5 个一级指标、14 个二级指标、19 个三级指标，基本覆盖了高校智库职能定位、功能发挥、未来发展的方方面面。②

可见，各地教育系统为深入贯彻《意见》，③ 纷纷出台了符合地区发展实际、匹配当地发展战略规划的高校智库管理与建设方案，为高校智库建设提出了明确的总体要求、建设目标和定位、建设任务等，提供了较为全面的保障措施，也实行了较为严格的考核评估与验收机制，促进高校智库在良性竞争环境下不断自加压力，更好地发挥地方高校的决策咨询和社会服务职能。

（三）依托高校积极加强新型智库建设配套政策文件

各地高校深入贯彻习近平总书记关于建设中国特色新型智库的重要讲话精神，为高校内部研究院（所、中心）制定了适宜的改革政策和推行举措，有效整合优质资源，加强校内校外的互动交流，稳步推进高校智库建设工作。

---

① 陕西省教育厅：《关于印发〈陕西高校新型智库管理办法〉的通知》，陕西省人民政府网，2019 年 5 月 20 日，http://www.shaanxi.gov.cn/zfxxgk/zfgb/2019_3941/d9q_3950/201905/t20190520_1637094.html。

② 辽宁省教育厅：《关于实施辽宁省高等学校新型智库建设方案的通知》，大连海洋大学科技处网站，2018 年 9 月 30 日，https://kjc.dlou.edu.cn/2018/0930/c6100a87527/page.htm。

③ 中共中央办公厅、国务院办公厅：《关于加强中国特色新型智库建设的意见》，中国政府网，2015 年 1 月 20 日，http://www.gov.cn/xinwen/2015-01/20/content_2807126.htm。

建立符合高校智库发展规律的管理机制。江南大学为高校智库建设与发展建立多重机制，提升研究成果的完成质量，加强智库及其成果的传播力度，如智库建设与决策咨询成果推广机制、研究成果新闻发布会制度、决策咨询参与和预研机制、人员激励机制、成果评价机制、智库人员引进和聘用柔性流动运行机制等。[①] 可见，高校从多方面为智库建设提供了具体的政策支持，通过统筹协调高校内部资源，促进校内研究机构开展综合性改革，稳步推进智库建设工作。

创新激励机制以调动高校智库建设积极性。浙江大学积极从个人与组织两个层面落实激励措施，逐步建立起一套鼓励支持教师和研究人员从事应用对策研究和决策咨询服务的有效机制。在教师评价体系中，突出"应用与采纳"类成果的重要性，引导教师主动将基础理论研究成果运用到服务党委政府科学决策中去；出台《浙江大学校设研究机构管理办法》，[②] 对智库机构的成立条件、专职研究人员聘用、研究生名额分配、公用房使用等提出了更明确的要求，鼓励学院和专家学者主动对接省部级以上政府部门，联合共建研究中心（院），积极投身于党委政府决策中去。可见，高校鼓励教师和研究人员从事决策咨询服务，强化了他们的决策咨询意识以及学习阐释中央和地方政策的主动性，支持他们撰写服务于中央和地方经济社会发展的咨询报告，从而加快科研成果转化落地，充分发挥高校智库的突出优势和重要价值。

强调高校智库建设要校内外协同。福州大学于2014年12月出台《福州大学智库建设实施方案》，[③] 提出高校智库建设不仅要汇集全校力量，还要借助校外资源，聘请国内外知名高校或政府部门的专家学者作为智库的客座研究员，推动跨学科、跨领域、跨单位合作，着力打好"组合拳"，形成校内校外协同攻关，以高水平的智库成果，扩大高校社会影响力。该方案还强调，高校智库建设不只是人文社科学院的任务，更要体现出多学科协作的优势，在文理学科的融合中找准切入点和结合点以凸显特色。高校还通过建设专题网站、咨政数据库和资料库，搭建高校智库与各方的对接平台，加强智库信息发布者、研究者与需求方之间的沟通合作，共建共享各类数据资料，充分发挥智库成果的社会效益和经济效益。

除此之外，华东政法大学、西南政法大学、安徽财经大学等出台了明确的智

① 《江南大学关于加强新型高校智库建设的意见》，江南大学网站，2019年3月21日，http://kjc.jiangnan.edu.cn/info/1064/6880.htm。

② 《浙江大学大力推进一流智库建设》，教育部网站，2013年12月23日，http://www.moe.gov.cn/jyb_xwfb/s6192/s133/s192/201312/t20131223_161108.html。

③ 《关于印发福州大学专业智库建设管理办法的通知》，福州大学信息公开网（党务校务公开网），2015年3月20日，https://skc.fzu.edu.cn/info/1025/1885.htm。

库成果认定与奖励办法，鼓励支持教研人员从事决策咨询工作，服务地方经济发展①②③；北京大学、南京农业大学、安徽工业大学等出台了关于进一步规范和加强新型智库建设专项经费使用和管理的具体办法，就经费管理部门职责、预算管理、支出管理、决算管理、监督与绩效方面作出规定，充分提高经费使用效率。④⑤⑥ 高校作为智库的依托单位，有责任为智库建设设计科学、有效的管理机制，为智库建设提供丰富、多样化的资源，保障智库各方面工作的正常运转，促进高校智库建设工作稳步开展。

由此可见，在国家和地方政策的引导下，高校学术研究转向智库研究成为一种趋势，向现代智库转型也已经成为高校内部研究院（所、中心）的一项重点工作。学术研究的驱动力是学术探究的兴趣、创新精神与好奇心，而智库研究与智库建设更多地以服务党和政府部门科学决策为第一驱动力，体现出强烈的"家国情怀"。因此，高校智库要充分发挥学科齐全、人才密集和对外交流广泛的优势，推动高校科研人员科研实力和决策咨询服务能力整体提升，从而打造成为党和政府"想得起、信得过、用得上"的新型智库。

二、高校智库治理结构逐步成型稳定

高校智库的成长不仅依赖于资源投入，还依赖于完善的治理结构和资源配置与管理能力⑦。高校智库普遍通过优化治理结构，激发智库内源活力，释放智库知识能力。目前，国内高校智库一方面实行党委领导下的校长负责制，切实发挥党委核心领导作用；另一方面积极设立理事会、学术委员会等治理结构，构建出

---

① 《华政智库建设迈出新步伐！》，华东政法大学微信公众号，2020 年 6 月 12 日，https：//mp. weixin. qq. com/s? __ biz = MzAxMTM3NjA2Ng = = &mid = 2652241290&idx = 1&sn = 10059e01e84d981aae5f87849fe33cd8&chksm = 80a35927b7d4d031e727abcd4ad7ce08bb6fbee81ae72b0a6484736a1db00a58948833521e65#rd。

② 《创新科研工作机制 服务人才工作高质量发展》，西南政法大学网站，2021 年 12 月 22 日，https：//rsc. swupl. edu. cn/pub/xnzf/xzgzdt/313723. htm。

③ 《安徽财经大学教学成果认定及教学工作量计算办法》，安徽财经大学网站，2021 年 7 月 12 日，https：//jwc. aufe. edu. cn/2021/1206/c9058a176961/page. htm。

④ 《关于印发〈北京大学首都高端智库建设经费管理细则（试行）〉的通知》，北京大学网站，2018 年 12 月 31 日，http：//skb. pku. edu. cn/docs/20190115130724049806. pdf。

⑤ 《关于印发〈南京农业大学新型智库建设专项经费使用管理实施细则〉的通知》，南京农业大学人文社科处网站，2020 年 11 月 25 日，https：//rwskc. njau. edu. cn/info/1010/3149. htm。

⑥ 《安徽工业大学智库建设与运行管理办法（试行）》，安徽工业大学商学院网站，2016 年 12 月 28 日，https：//sxy. ahut. edu. cn/info/1695/2980. htm。

⑦ 李韵婷、张日新：《治理结构在资源投入和智库产出中的调节作用研究——基于 125 家高校智库数据的实证分析》，载于《高校教育管理》2020 年第 1 期。

以党委会、行政办公会、理事会、学术委员会、教职工代表大会等多种形式并行的决策机制。这种治理结构能够较快地对现实问题进行预判、研讨和决策，并及时组织资源开展针对性研究，促进高校开展智库研究，典型代表有清华大学、北京大学、南京大学等双一流高校科研院所。

清华大学国情研究院作为首批国家高端智库试点单位，采取理事会领导下的院长负责制，其中理事会负责机构重大事宜的决策和协调，由清华大学主管文科工作的副校长担任理事会主任，公共管理学院、社会科学学院、教育研究院、教育基金会选派人员任理事会委员。此外，院长负责机构的日常运行管理，学术委员会负责学术目标、任务、方向及社会服务等智库发展工作。[①]

北大国发院实施扁平化的组织架构，最上层是理事会与学术委员会，下一层是院长一级，再下面是行政、人事、后勤等行政部门以及根据具体研究方向设立的研究机构。这些研究机构是北大国发院的核心部分，包括中国经济研究中心、人力资本与国家政策研究中心、健康老龄与发展研究中心、中国卫生经济研究中心、公共财政研究中心、市场与网络经济研究中心、数字金融研究中心、国家发展研究院中国健康发展研究中心等。[②]

长江产经研究院作为国家高端智库建设培育单位、江苏省首批重点高端智库，治理结构体现"省校协调、独立治理、自主运营"的特点，设置领导小组、理事会和院长办公会三层架构。领导小组由江苏省委宣传部和南京大学的主要领导担任组长，承担对外联络、对内服务等协调职能；理事会为研究院最高决策机构，根据章程行使权力，决定研究院发展的重大问题；院长办公会是执行机构，负责日常工作，下设研究部和运营部。同时，成立由国内外著名同行专家构成的学术委员会，指导智库学术工作。[③]

南师大法治研究院为进一步推进智库建设，建立健全了以理事会、专家咨询委员会、学术委员会为主体的组织架构，其中理事会作为研究院的最高决策机构，负责审定研究院的建设规划、年度计划、年度财务预算和决算等重要事项；专家咨询委员会主要就研究院的建设规划、年度计划、重点法治决策咨询项目等提出咨询意见；学术委员会主要负责审议咨询研究规划和年度咨询研究项目计划、审查重要咨询研究成果等事项。此外，研究院实行院长负责制，院长负责领导研究院全面工作，设若干名副院长，协助院长开展工作。[④]

与传统高校科研机构不同，高校智库以提高决策咨询效率、提升智库对政策研究的敏感性和适应性为主要任务，不断摸索尝试更加灵活的组织架构，建构含

---

① "组织架构"，清华大学国情研究院官网，http://www.iccs.tsinghua.edu.cn/AboutSt/zzkj.html。
②③④ 资料来自 CTTI 来源智库增补申请材料。

管理委员会、咨询委员会、学术委员会等在内的扁平化治理结构，并根据自身发展需求创新性地增设智库型研究中心或科研平台，积极突破院系局限和学科依赖，灵活开展智库研究工作，从而发挥智库价值。

三、聚焦研究领域凸显专业特色

高校智库的专业化发展必须首先要明确发展定位，紧紧围绕高校的优势学科资源，瞄准国家重大战略和需要，凝练出符合自身发展规律和优势特色的研究领域，从而推进高校智库服务党委政府的决策咨询工作。以 25 家首批国家高端智库建设单位中的高校智库为例，人大国发院依托中国人民大学的一流学科优势，聚焦经济治理与经济发展、政治治理与法治建设、社会治理与社会创新、公共外交与国际关系四大核心研究领域，带动全校层面咨政研究的资源集聚；北大国发院秉承历史发展，聚焦新结构经济学、宏观经济研究、对外经贸关系等重要议题，成为经济领域的高水平综合研究智库；清华大学国情研究院立足中国国情，依托清华大学公共管理类学科优势，主攻国情与国策研究，具有较高的行业影响；复旦大学中国研究院聚焦国际视野下的中国问题研究，在中国道路、中国模式、中国话语研究方面产生了较为广泛的国际影响；武汉大学国际法研究所在国际法领域有着近四十年的积淀，始终围绕国际法治与中国主权安全、国际经济新秩序、全球治理等方面深耕细作；粤港澳研究院将学科优势和区位优势相结合，在港澳治理和粤港澳合作发展等领域打造出特色鲜明的专业优势。[1]

国家高端智库的发展经验对我国高校智库建设具有重要的参考价值。国家高端智库积极发挥模范带头作用，从国家重大发展战略和自身优势出发，探索出了一条利于自身发展、彰显自身优势的研究路径，也引导全国各级各类高校智库依托校内丰厚的学术资源，加大智库内部研究方向的凝练力度，将政策研究寓于学术研究中，将学科建设寓于专业发展中，努力做到"学以致用、用以促学、学用相长"。

四、决策咨询成果实现"质"与"量"的提升

决策咨询能力是智库的核心竞争力之一。智库必须立足新发展阶段，找到自己的强项和优势，选择具有独特竞争优势的领域，坚持不懈地精耕细作，力求在

---

[1] 中国教育报：《高校智库如何发挥优势办出特色》，人民网，2020 年 1 月 23 日，http://jx.people.com.cn/n2/2020/0123/c186330-33741231.html。

重点领域形成核心竞争力和影响力①。近年来，高校智库着眼于国家重大战略需求，在决策咨询服务方面作出了诸多贡献，成果斐然。根据 CTTI 高校智库数据统计，截至 2020 年 11 月底，高校智库单篇内参共计 11 474 篇（占单篇内参总数的 86%），其中有 1 998 篇内参获得领导批示或部门采纳。由表 6 - 10 可知，自 2004 年开始，高校智库向党委政府报送内参的积极性不断提升，报送的单篇内参也逐渐获得了党委政府相关部门的高度重视，获得批示的单篇内参数量呈现逐年波动上升趋势。这些数据说明了高校智库主动服务党委政府决策的意识越来越强，决策咨询能力逐渐提升，也反映出决策部门越来越重视高校智库发出的声音，开始借助高校研究力量增强决策的科学性。

表 6 - 10　　　　　CTTI 来源高校智库单篇内参获批情况　　　　单位：篇

报送时间	批示级别				
	正国级	副国级	省部级	厅（司/局）级	总计
2004 年			1		1
2007 年			2		2
2008 年			4		4
2009 年			14		14
2010 年		2	9		11
2011 年		1	18	2	21
2012 年	2	1	22	1	26
2013 年	1	6	29	4	40
2014 年	4	12	68	10	94
2015 年	13	19	198	23	253
2016 年	15	24	197	31	267
2017 年	27	15	220	28	290
2018 年	37	31	253	41	362
2019 年	36	25	186	34	281
2020 年	16	18	284	14	332
总计	151	154	1 505	188	1 998

资料来源：来自中国智库索引（CTTI）系统。

高校智库决策咨询成果"质"与"量"的提升有赖于机构多方面的努力，

① 王辉耀：《提高新型智库的决策咨询能力》，载于《新西部》2017 年第 8 期。

主要体现在两方面：第一，主动"出击"，拓宽咨询渠道。西安交通大学"一带一路"自由贸易试验区研究院通过制度创新与任务牵引，与陕西自贸试验区各片区、功能区以及协同创新区单位建立了良性互动的沟通机制。2021年5月，国务院服务贸易发展部际联席会议办公室印发了《关于全面深化服务贸易创新发展试点"最佳实践案例"的函》，西安市5个案例被评为全面深化服务贸易创新发展试点"最佳实践案例"，这5个入选案例都是西安交通大学"一带一路"自由贸易试验区研究院参与研究的；2019年底至2020年底，亚太经研院先后向广东省社科联、广州市委政研室、市政府研究室、欧美同学会、中国侨联等单位报送近30篇决策咨询报告，多篇得到党委政府和人大、政协的重视并获得肯定性批示，内容包括疫情防控、产业发展、香港治理、自贸港建设等。① 第二，注重循证研究，强化成果有效性。粤港澳研究院建有境内收藏港澳文献最全面、系统的特藏馆之一——粤港澳档案文献中心，该馆藏有粤港澳研究成果、粤港澳出版物以及其他粤港澳研究文献22 180多册；还建立了粤港澳研究数据平台，该平台拥有港澳经济、社会发展等多个专题追踪数据库，为研究人员开展循证研究提供了充足的数据支撑。② 西南财经大学中国家庭金融调查与研究中心自2011年开始，每隔一年在全国范围内围绕中国家庭金融状况开展社会调查研究，旨在收集有关家庭金融微观层次的相关信息，如住房资产与金融财富、社会保障与保险、人口特征与就业等相关信息，从而对我国家庭经济、金融行为进行了全面细致的刻画，调研成果也在一定程度上填补了中国家庭金融学术研究和现状的空白。③

决策咨询成果质量与数量的显著提升是智库核心能力增强的重要体现。近年来，高校智库尝试走出"象牙塔"，走在祖国大地的田野间，紧紧围绕决策部门的需求，生产出大量精准服务党委政府决策的智库产品，研究范式逐渐从学术型向智库型转变，研究成果也获得了党委政府的批示、采纳和积极反馈，决策咨询职能得到有效发挥。

五、以创新成果评价办法激发科研人员潜力

高校以院系为单元的科研管理模式在一定程度上限制了科研人员的创新思维和工作积极性，主要表现在以下几个方面：一是科研项目经费管理的固定化，难

---

① 《打造中国特色新型智库　服务新时代新命题》，广东亚太创新经济研究院官网，2021年7月2日，http://www.guangdongaper.com/article-62672-197869.html。

② 资料来自中山大学粤港澳发展研究院官网，https://ygafz.sysu.edu.cn/。

③ "调查中心介绍"，西南财经大学中国家庭金融调查与研究中心官网，2021年7月2日，https://chfs.swufe.edu.cn/researchcenter/intro.html。

以根据科研需求进行合理调整，导致科研经费支出自由度受到一定限制；二是科研信息资源分配不均衡，科研人员会因所处研究团队、自身科研水平和能力的不同，而使他们获取的科研资源也存在较大差异，进而影响智库开展研究工作；[①]三是过去的科研人员评价机制主要看科研成果发表的期刊等级，忽视了政府部门和社会公众对科研成果的评价。这也导致科研人员将大部分的时间和精力都花在了发论文、出专著、做项目等，忽视了研究成果的转化这一重要工作。

近六年来，智库数量迅猛增长的同时，研究成果的质量和评价机制也引起了业界的广泛关注。高校智库顺应需求，开始尝试改革传统的科研人员绩效考核制度和成果评价机制，将决策咨询成果、领导批示、成果获奖等不同类型成果均纳入评价或考核体系之中，这既是对中央提倡"反五唯"的积极响应，也是高校努力向现代智库转型的重要体现。例如，中南财经政法大学城乡社区社会管理湖北省协同创新中心为有效开展城乡社区社会管理的相关工作，最大限度地发挥中心骨干研究人员的作用，专门制定了人事聘任、评价、考核管理办法；为确保研究成果的质量，中心建立以同行专家评价为主的评价机制，重点对优秀成果与代表作进行评价，形成"质量第一"的评价导向；实行个人业绩考核与团队业绩考核并存，考核以聘期为届，设置届中考核和届末考核，将考核结果作为岗位聘任、绩效薪酬的分配依据，并在此基础上实行人员激励和退出机制；此外，中心改变了单纯以论文、获奖为主的考核评价方式，注重原始创新和解决实际问题的实效，形成以成果质量和贡献为导向的综合评价激励机制。[②]西北工业大学马克思主义学院将智库类科研成果纳入科研成果奖项的评选范围，还根据智库成果的应用价值、获批示级别、获采纳建议、被刊载情况、实际运用情况、产生的经济和社会效益情况等进行成果等级认定。[③]西南政法大学为校内智库制定了智库成果认定与奖励办法，将内参文章、专报、咨询建议、调研报告、调查报告和立法建议等纳入成果评价体系，强调从社会影响和资政影响出发评价智库成果，最终通过计分方式体现不同级别成果的价值。[④]

由此可见，智库成果评价和认定工作已经受到高校的重视。高校主要通过计分和评级的方式，从决策咨询成效和社会影响两方面对成果价值进行评价和认定。这种评价认定方式有助于改变过去"以论文论身价"的成果评价体系，激发智库内在活力和研究人员的创新潜力，打破僵化的"唯论文"不良导向。

---

① 刘杰：《当前高校科研人员的发展状态及发展路径》，载于《智库时代》2019年第37期。
② 资料来自 CTTI 来源智库增补申请材料。
③ 《马克思主义学院科研成果级别认定办法》，西北工业大学马克思主义学院网站，2019年12月17日，http://marx.nwpu.edu.cn/info/1021/3045.htm。
④ 重庆市委统战部：《西南政法大学探索参政议政成果纳入业绩评价机制》，人民政协网，2018年5月21日，http://www.rmzxb.com.cn/c/2018-05-21/2060752.shtml。

六、"教育＋研究"相结合打造高校智库一流研究团队

高校是培养人才的重要阵地，是孕育青年研究骨干的摇篮。与其他类型智库不同，高校智库肩负着锻造高端人才、培养青年学者的重要使命；与高校传统科研机构也不同，高校智库着力培养复合型智库人才。这种复合型人才不仅具有专业的研究能力和创新能力，还具有政策分析能力和对外宣介能力，为高校智库开展高质量研究提供强大人才支撑。

智库在于"智"，"智"来源于一流的专家学者和青年骨干。据统计，CTTI数据库共收录了 15 730 名专家学者，其中 13 232 名就职于高校智库。从学历结构来看，8 986 名专家拥有博士学位，2 097 名专家拥有硕士学位，1 392 名专家拥有学士学位，硕博士学历人才已经是高校智库人才队伍的主要组成部分（见图 6 – 32）。从职称结构来看，在 13 232 名专家学者中，教授共 5 418 人，副教授3 163 人，讲师 1 049 人；研究员 1 088 人，副研究员 987 人，助理研究员 794人，其他拥有中高级职称的专家约 440 余人（见图 6 – 33）。由此可见，无论是学历分布，还是职称结构，两者均呈现"倒金字塔"型，这一方面说明高校智库专家大多都接受了长期的、系统的学术训练，能够为高校智库持续发挥功能提供稳定的智力支持；另一方面说明了高校智库对研究人员的学历要求较高，这与海外智库那种"一名高级研究员配备多名研究助理"的团队模式有所不同，我国"学历过剩"现象仍然存在。

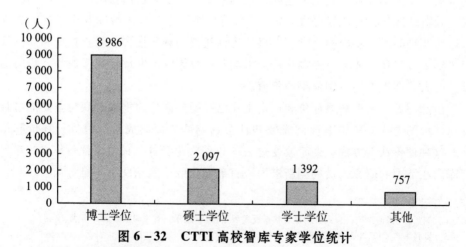

图 6 – 32　CTTI 高校智库专家学位统计

资料来源：来自中国智库索引（CTTI）系统。

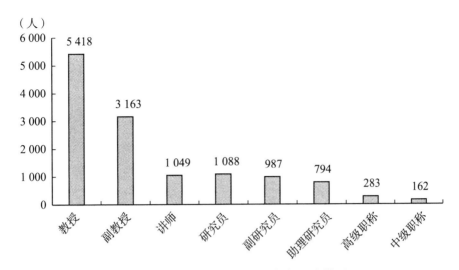

图 6 – 33　CTTI 高校智库专家职称统计

资料来源：来自中国智库索引（CTTI）系统。

　　此外，智库专家团队的组培模式也是影响高校智库开展高质量研究的关键。一支高水平的智库研究团队离不开优秀的领军人物、首席专家、学术带头人和青年科研骨干等核心人物。如：南京大学华智全球治理研究院的专家团队由学术委员会、高级顾问、高级研究员、研究员构成，其中学术委员会成员均曾在政府部门、科研院所、国内外高校任职，都是国际关系相关领域的权威专家。[①] 华东师范大学中国现代城市研究中心按照不同议题，组建专题式的研究团队，每个研究团队都由领军人物、校内骨干、校外骨干、海外骨干组成，其中校外骨干都是由中央和地区政府部门领导、科研院所负责人、高校专家组成，海外骨干主要是国外知名高校的权威专家。[②] 可见，高校智库已经普遍建立了一支学历层次高、背景多元、运行高效的智库人才队伍，并围绕相关议题开展一系列专题研究，提升智库研究的水平和效果。

　　人才培养是高校智库打造一流研究团队的重要工作内容之一，以北大国发院为例。在学术教育方面，北大国发院的经济学硕士和博士项目在全国处于领先地位，而且经过二十多年的锤炼，经济学双学位项目也已经成为北京大学的一张重要名片；从 2017 年秋季起，北大国发院开始招收国家发展方向的本科生，着力培养以经济学为基础，通晓哲学和政治学基本原理的综合性人才。在商学教育方面，北大国发院于 1998 年启动 BiMBA 项目，广受社会的好评。在政府行政和经

---

①　资料来自南京大学华智全球治理研究院官网，https：//huazhi.nju.edu.cn/main.htm。

②　资料来自华东师范大学中国现代城市研究中心，http：//ccmc.ecnu.edu.cn/。

济管理教育方面，北大国发院承办商务部援外项目，创立北京大学南南合作与发展学院，专门培养发展中国家的中高级官员。① 可见，北大国发院作为国家高端智库中高校智库的典型代表，以培养高层次、专业化、复合型人才为目的，基本形成了政、商、学三大教学体系。

此外，高校智库还通过搭建合作平台的方式培养人才，增加学生的社会实践经验。例如，中国政法大学于 2014 年 4 月与光明日报社合作建立了光明新闻传播学院，随后又依托学术优势、人才优势和业界优势，于 2014 年 10 月合作搭建了"明政智库"这一高端智库平台，在高校智库建设、人才培养创新方面探索出了"校部共建"的有效思路，取得了丰硕成果。按照资源共享、合作办学、合作育人、合作发展的工作要求，光明日报社选派 20 余位优秀编辑记者、部门主任和记者站站长多次为中国政法大学新闻学专业的学生开设现代媒介概论、新闻文本写作、新闻编辑学、新闻伦理、媒体融合等 10 多门课程中的 20 多个专题讲座；中国政法大学则组织本科生与研究生赴光明日报社进行实地参观和座谈，② 能够让他们在时政、文化、社会等各个专业领域积累宝贵的一线实践经验，开阔视野，增强业务能力。

由此可见，高校智库除了注重高层次、专业化、多元化的校内专家团队建设，还聘请校外政府人员、科研院所专家、高校学者作为咨询顾问，搭建"校企""校媒""校政"合作平台，通过"传、帮、带"的方式，培养青年研究人员的科研能力、咨询能力和宣介能力，努力将高校研究人员培养成为复合型智库人才。

七、多方面延伸传播触角形成宣传矩阵

传统高校科研机构往往只重视在专业学术期刊或杂志上发表创新性研究成果，却忽视了其他渠道的宣传效果。在融媒体时代，现代智库十分重视与媒体的合作，借助媒体传播智库观点、放大智者声音、提高活动影响力；重视将传统媒体与新媒体相结合，开辟多重宣传渠道，传播高质量研究成果；注重提升"明星型专家"影响力，拉近与社会大众之间的距离，增强舆论引导的良好效果。根据CTTI 来源高校智库数据显示，高校智库专家接受报纸、电视、网络新闻媒体的报道数量呈现逐年上升趋势（见表 6 - 11、表 6 - 12、表 6 - 13）。相比较而言，报纸新闻媒体是高校智库长期依赖的发声媒介，网络新闻媒体是近年来逐渐开始

---

① 资料来自北京大学国家发展研究院官网，https://nsd.pku.edu.cn/。
② 侯月娟：《部校共建中的高端智库建设与人才培养创新——中国政法大学光明新闻传播学院部校共建模式探析》，载于《西部学刊（新闻与传播）》2016 年第 3 期。

重视的宣传渠道。受到地域限制、专家知名度、机构权威性等因素的影响，高校智库借助电视新闻媒体宣传智库成果和活动的热度有所下降，但其重要性不容忽视。当然，除利用"报纸＋电视＋网络"这些传统媒体之外，高校智库也非常重视在微信公众号、官方微博、短视频平台等新兴媒体上宣传成果和活动。

表 6 – 11　　　　　CTTI 高校智库报纸新闻报道数量统计　　　　单位：篇

发表日期	中央级媒体	省部级媒体	其他	总计
2004 年		1		1
2008 年	1		1	2
2009 年	4		12	16
2010 年			9	9
2011 年		7	23	30
2012 年	4	6	14	24
2013 年	10	1	15	26
2014 年	33	9	38	80
2015 年	46	20	103	169
2016 年	59	47	119	225
2017 年	72	102	256	430
2018 年	166	146	536	848
2019 年	271	143	838	1 252
2020 年	184	121	982	1 293
总计	850	603	2 946	4 405

资料来源：来自中国智库索引（CTTI）系统。

表 6 – 12　　　　　CTTI 高校智库电视新闻报道数量统计　　　　单位：篇

播放日期	中央级媒体	省部级媒体	其他	总计
2009 年			1	1
2011 年			5	5
2012 年			3	3
2013 年			1	1
2014 年		1	16	17
2015 年	1		42	43
2016 年	6	2	61	69

续表

播放日期	中央级媒体	省部级媒体	其他	总计
2017 年	10	7	250	267
2018 年	10	15	230	255
2019 年	9	18	329	356
2020 年	7	17	242	268
总计	43	60	1 180	1 285

资料来源：来自中国智库索引（CTTI）系统。

表6－13　　　　CTTI 高校智库网络新闻报道数量统计　　　　单位：篇

发表日期	中央级媒体	省部级媒体	境外媒体	其他	总计
2005 年	1				1
2007 年				1	1
2008 年	2				2
2009 年	1	1	2	2	6
2010 年			2	4	6
2011 年	1		11	2	14
2012 年	5		27	10	42
2013 年	2		24	7	33
2014 年	21	7	93	62	183
2015 年	32	3	237	91	363
2016 年	37	9	531	125	702
2017 年	47	6	929	209	1 191
2018 年	178	28	1 839	937	2 982
2019 年	514	65	1 673	1 452	3 704
2020 年	1 609	96		3 422	5 127
总计	2 450	215	5 368	6 324	14 368

资料来源：来自中国智库索引（CTTI）系统。

　　由复旦大学中国研究院与观视频工作室、观察者网联合支持，东方卫视出品的思想政论节目——《这就是中国》在国内引起了社会大众的共鸣。该节目创新性地采用"演讲＋真人秀"的模式，院长张维为教授作为主讲人，用自己深刻的政治观和独到的视角给观众答疑解惑，详细阐述中国制度、中国理论、中国道路、中国文化的优势和先进性，传达出"民族自信"的相关核心精神。该院设置了营运良好、规范的"复旦大学中国研究院"公众号，用来宣传院内期刊成果、更新智库界资讯、推广多类型智库产品；此外，多位专家还开设了微博账户，与网民进行良好互动和思想碰撞。①

人大重阳研究院采用多种传播形式推广新成果、新观点、新活动。研究院专门在门户网站开辟了视频专栏"重头说起"，院内专家就大国关系、宏观经济、全球治理、资本市场等主题定期、连续发布观点，相关视频数量已经超过300个。研究院还在官方网站和微信公众号上日常更新专家观点文章，紧密贴近现实生活和突发问题，文章可读性强、吸引度高。除此之外，研究院与人民网、新浪网、腾讯网、凤凰网、搜狐网、新华网、国际在线、中国经济网、环球网等国内十余家主流媒体建立了合作关系，进一步扩大了研究成果及活动的社会知名度和影响力。②

由此可见，宣传营运是提高智库知名度的重要手段，其中搭建传播矩阵是强化智库营运宣传工作的一项重要内容。通过调研，高校智库通过建设官方网站、搭建"两微一端"、举办新闻发布会等形式，不断完善传播矩阵，以此来提高成果影响力，扩大活动传播力，增强"明星型"专家的行业权威性和社会影响力，展现高校智库的独特形象。

八、高校智库合力打造高端交流平台

中国高校智库体量庞大，研究领域既具有交叉性，也具有特色性，专门打造一个相互交流、沟通的平台十分有必要。复旦大学定期举办"中国大学智库论坛"，每年围绕国家亟须和中央重大决策部署确定年度主题，基本形成了"2天论坛、365天运转"的长效工作机制。直至2019年底，"中国大学智库论坛"已成功举办六届年会，持续推动中国高校智库服务国家战略，增进协同开放，发出中国声音。③武汉大学自2017年开始连续三年举办"珞珈智库论坛"，来自国内学界、政界、文艺界、传媒界、智库机构的专家齐聚珞珈山，围绕文化发展和智库建设深入研讨、广泛交流，聚焦当前热点形势，共同探讨全球治理体系变革的

---

① 资料来自复旦大学中国研究院官网，http：//www.cifu.fudan.edu.cn/。
② 资料来自中国人民大学重阳金融研究院官网，http：//rdcy.ruc.edu.cn/zw/zw_sy/index.htm。
③ 《中国大学智库论坛2019年年会在复旦大学举行》，复旦大学新闻网，2019年12月23日，https：//news.fudan.edu.cn/2019/1223/c1268a103640/page.htm。

中国智慧、中国方案。① 除 "中国大学智库论坛""珞珈智库论坛" 外，高校智库还举办了诸多有影响的高端论坛。例如，2016 年 6 月 6 日，北京大学与斯坦福大学联合举办 "中美大学智库论坛"，来自中美两国近 50 家知名大学智库学者出席论坛，共同探讨中美两国以及全球面临的紧迫问题，构建中美合作的理论与实践基础。② 2017 年 9 月 26 日，由中国人民大学和美国哥伦比亚大学主办、人大重阳研究院和美国亚洲协会政策研究院承办，中国国家留学基金管理委员会支持的 "中美大学校长和智库论坛" 在哥伦比亚大学举行，中美两国约 40 多所大学校长、智库与企业界代表共计超过 200 人出席会议，共同围绕 "中美关系未来50 年" 这一主题展开讨论和交流。③ 2019 年 9 月 25 日，合肥举行以 "长三角一体化、新科技新金融" 为主题的长三角研究型大学智库峰会，来自全国 10 多家高校学者围绕一体化发展和科技前沿战略性问题进行了深入探讨，还在会上联合发布《长三角一体化、新科技新金融合肥共识 2019》，共同推动长三角成为国家科技创新的策源地、转型发展的风向标，强化我国科技创新能力和高质量科技成果转化。④ 2020 年 11 月 27 日，复旦大学举办长三角高校智库峰会，国内外专家学者围绕示范区建设发展，交流思想洞见，分享研究成果，来自长三角一体化示范区、长三角高校智库联盟、上海高校智库、长三角示范区开发者联盟的专家、学者以及媒体代表等 100 余名嘉宾出席会议。⑤

此外，高校智库联盟的建立也是高校智库共同体加快形成的重要表现之一。2017 年 9 月 20 日，高校高端智库联盟成立仪式暨首届圆桌会议在京召开，会上指出 "高校高端智库联盟的成立，是高等教育战线深入学习贯彻习近平总书记哲学社会科学工作座谈会重要讲话精神和中央决策部署的实际行动，体现了鲜明的时代特色和高校特色，具有十分重要的现实意义和深远的战略意义"。⑥ 在教育部社科司指导下，31 家高校高端智库共同发起成立高校高端智库联盟，并发布

① 《第三届珞珈智库论坛：专家学者纵论 "全球治理体系变革与中国主张"》，武汉大学新闻网，2019 年 10 月 13 日，https：//news. whu. edu. cn/info/1002/55233. htm。
② 参见凤凰国际智库："论坛介绍"，凤凰网，2021 年 7 月 3 日，https：//pit. ifeng. com/fenghuangce/zmdxzklt2016/1. shtml。
③ 《"中美大学校长及智库论坛" 在纽约举办》，环球网，2017 年 9 月 27 日，https：//baijiahao. baidu. com/s？id＝1579660373070090191&wfr＝spider&for＝pc。
④ 上海高级金融学院：《长三角研究型大学智库峰会 2019 圆满举办 |SAIF 动态》，新浪网，2019 年 9 月 27 日，https：//baijiahao. baidu. com/s？id＝1645829494866971158&wfr＝spider&for＝pc。
⑤ 殷梦昊、汪蒙琪、张晋川、金雨丰、融媒体中心：《紧扣一体化和高质量　2020 长三角高校智库峰会举行》，复旦大学新闻网，2020 年 11 月 28 日，https：//news. fudan. edu. cn/2020/1127/c4a107214/page. htm。
⑥ 教育部：《高校高端智库联盟成立仪式暨首届圆桌会议在京召开》，中国学位与研究生教育信息网，2017 年 9 月 21 日，http：//www. cdgdc. edu. cn/xwyyjsjyxx/sy/syzhxw/283233. shtml。

《高校高端智库联盟公约》，① 形成高校高端智库协同发展的示范集群。此外，在政治多极化、经济全球化、文化多样化、社会信息化大变革时代背景下，世界大学智库联盟成立。该联盟由中国人民大学倡议并推动，与世界大学联盟携手合作共建，旨在依托世界一流高校智力资源支持所在各国政府决策，通力合作为人类命运共同体构建作出贡献。② 世界大学智库联盟也是我国高校智库迈向世界舞台的重要一步。放眼国内，区域性高校智库联盟也在慢慢组建。2019 年 9 月 22 日，长三角高校智库联盟在复旦大学成立，由复旦大学、上海交通大学、南京大学、浙江大学、中国科学技术大学五所联盟高校共同发起，旨在发挥长三角高校的人才、智力和国际合作优势，通过联合研究、互鉴特色、人才培养等机制，逐渐形成一体化的引领性智库集群。③ 高校智库论坛和联盟是助力高校智库共同体建设的重要平台和渠道。通过人才聚集、知识聚集、资源聚集等方式，为高校智库提供了一个业内交流的良好平台，产生集聚效应，合力壮大高校智库力量和规模。

总而言之，在激荡的时代洪流中，在世界处于百年未有之大变局之时，走出"象牙塔"的高校智库更显责任担当。建设中国特色新型智库是高校智库发展的战略压力、战略动力与战略机遇。高校智库要准确认识和把握发展规律，准确识变、科学应变、主动求变，以建立能够反映一个民族的思维能力、精神品格和文明素质的中国哲学社会科学体系为目标，推动中国哲学社会科学的转型与发展，让服务国家和人民成为新时代高校智库建设的最强音。

第五节　科技创新智库与企业智库改革激发新活力

科技创新智库和企业智库作为国家科技决策咨询制度建设的重要组成部分，在《意见》中均被明确提及。科技创新智库作为我国实现技术创新的核心驱动力，在推进科技治理现代化和提升科技治理能力方面的作用日益显著。近年来，从中央到地方对科技创新智库的建设都给予了高度重视和大力支持，科技创新智库迎来了快速发展。企业智库作为中国特色新型智库的重要组成部分，其作用也不容小觑。当前，我国经济发展已进入新的历史时期，企业面临的外部环境日益

① 《高校高端智库联盟公约》，搜狐网，2017 年 9 月 21 日，https：//www.sohu.com/a/193446648_243614。

② 杨默、李欢：《世界大学智库联盟在中国人民大学成立》，中国人民大学新闻网，2018 年 3 月 26 日，https：//news.ruc.edu.cn/archives/199197。

③ 朱叶坚：《校领导参加长三角高校智库联盟启动签约仪式》，上海交通大学新闻学术网，2021 年 7 月 3 日，https：//news.sjtu.edu.cn/jdyw/20190923/110967.html。

复杂，发展过程中的不确定性与风险显著增加，逐渐意识到了改变发展策略以应对未来挑战的紧迫性和重要性，企业智库建设逐渐受到企业和政府的重视。企业智库的发展，推动了知识价值的重塑、技术价值的释放和发展空间的拓展，也让政府逐渐意识到企业智库在决策咨询环节中的突出作用。

一、科技创新智库管理体制改革卓有成效

科技创新对一个国家、一个民族发展进程的影响越来越大。党的十八大提出了"科技创新是提高社会生产力和综合国力的战略支撑，必须摆在国家发展全局的核心位置"[①] 的要求。习近平总书记还在全国科技创新大会、两院院士大会、中国科协第九次全国代表大会上提到"科技兴则民族兴，科技强则国家强""要把科技创新摆在更加重要的位置""建设世界科技强国" 等重要论断。[②] 在建设科技强国的路上，离不开科技创新智库的智力支撑。科技创新智库一般是立足于科技影响力、科学发展规律的研判，结合经济社会和国家战略需求，为政府提供决策咨询参考的专业性智库。近年来，科技创新智库积极参与科技政策咨询与决策，从科技的角度出发，对国家和地方经济社会发展提供建议，在国家科技创新、规划、布局和政策研制等方面发挥了重要的作用。

（一）普遍建立以理事会为自治主体的治理结构

我国科技创新智库通常以官方或半官方智库为主，一般直接或间接隶属于党委或政府部门，具有相应的行政级别，是一种体制内的科研机构，如科技部战略院是科技部直属的综合性软科学研究机构；高校科技创新智库的管理机制主要呈现出三种组织形态，即智库与高校内的研究院所/中心"合二为一"、智库挂靠在二级学院内部作为学院的内部组成部分、智库直属于学校的独立机构。除了体制内的科研机构，还有一些来自民间的科技创新智库，一般为企业，如北京市长城企业战略研究所等。尽管他们在建设背景和隶属关系上存在一定差异，但很多科技创新智库都建立了适合智库发展的治理结构。科技部战略院按照国家高端智库建设试点工作要求，成立了国家高端智库理事会，来自北京大学、清华大学、中国人民大学、中国科学院、中国工程院的知名学者担任理事会成员。江苏省苏科创新战略研究院

---

① 王志刚：《科技创新是提高社会生产力和综合国力的战略支撑》，载于《人民日报》2012 年 12 月 18 日。

② 习近平：《为建设世界科技强国而奋斗——在全国科技创新大会、两院院士大会、中国科协第九次全国代表大会上的讲话》，载于《科协论坛》2016 年第 6 期。

作为江苏省重点高端智库之一，成立了由多位院士组成的理事会、学术委员会和专家咨询委员会，每年定期召开决策咨询会，听取专家的意见和建议。

（二）聚焦前沿领域，决策服务能力提升

"十三五"期间，科技创新智库深入贯彻落实创新驱动发展战略，充分发挥科技资源优势，统筹智力资源，开展前瞻性、针对性和现实性重大问题研究，高质量参与或协助完成多项咨询任务，为党和政府科学决策提供了有力支撑。

聚焦前沿理论，咨政成果丰富。第一，聚焦科技大势，支撑高端决策。例如：科技部战略院按照国家高端智库理事会要求，精心组织课题研究，牵头承担面向 2035 年的国家中长期科技发展总体思路、目标指标、科技体制改革与国家创新体系建设、科技法律法规与政策等专题研究，参与科技资金投入和管理战略、区域科技创新战略、集中力量办大事体制等重大专题研究，形成了第二阶段研究报告和若干专题研究报告。开展国际科技关系战略预演、预设和预判研究，形成专题研究报告，为党中央、国务院和部党组提供有力的决策咨询。紧密结合科技重大决策需求，在总结世界科技强国历史演进与建设经验，以及分析我国建设世界科技强国面临的形势与任务的基础上，研究我国建设世界科技强国的特征、愿景与目标，提出我国建设世界科技强国的战略路径和重大政策建议。围绕国家重大需求，就人工智能、区块链、科技人才、国家创新调查研究、军民融合等问题开展一系列专题研究，成果丰硕。以 2018 和 2019 两年为例，呈送的报告获得中央政治局常委批示 2 篇，副总理批示 8 篇，多篇报告入选中宣部社科规划办内参《成果要报》，2 篇调研报告被中宣部精编系列录用。① 第二，恪守高端智库定位，积极承担和主动部署科研任务。例如：近年来，中国科学院科技战略咨询研究院（以下简称"战略咨询院"）围绕国家重大科技战略，形成了一系列重要成果（见图 6 - 34）。从成果数量上来看，战略咨询院在 2016 ~ 2019 年之间，产出成果数量相对均衡，基本保持在 200 ~ 400 篇之间；到了 2020 年，产出成果达到近几年的峰值，总数是 2019 年成果的两倍之多。从研究主题上来看，战略咨询院围绕"高端智库""应急管理""气候变化""制造业""科技创新"等主题开展了一系列重点课题研究（见图 6 - 35）。此外，战略咨询院每年承担并高质量完成国家高端智库理事会部署、党中央国务院有关部门交办、中国科学院党组交办部署的重大决策咨询任务，如一些决策咨询报告重要观点被写入国家"十四五"规划思路；组织完成中国科学院学部重大咨询项目，其研究报告对我国科技布局和战略应对产生了重大影响；对科技体制改革进展开展专项评估，形成专项

---

① 资料整理自中国科学技术发展战略研究院官网，http：//www.casted.org.cn。

评估报告报送中央；研究发布《国家科学技术奖励制度实施情况分析评估报告》等。① 另外，战略咨询院还前瞻部署了一批面向科技前沿、引领未来发展的战略研究任务，争取了一批服务地方决策需求的咨询项目。

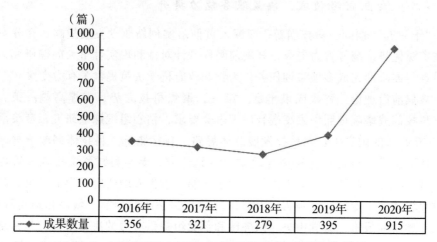

（篇）	2016年	2017年	2018年	2019年	2020年
◆ 成果数量	356	321	279	395	915

图 6 – 34　2016 ~ 2020 年战略咨询院成果数量统计

资料来源：来自战略咨询院统计数据。

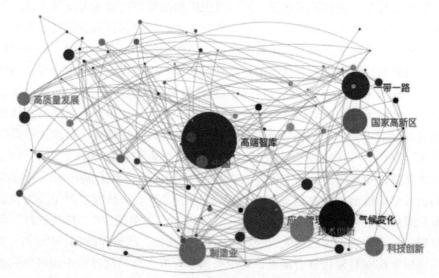

图 6 – 35　2016 ~ 2020 年战略咨询院成果关键词共现图谱

注：图中圆圈越大，代表此关键词的共现频次越高；关键词之间的连线代表不同关键词之间的共现关系。

资料来源：来自中国知网（CNKI）数据库。

---

① 资料整理自中国科学技术发展战略研究院官网，http：// www. casted. org. cn。

深耕重点品牌，社会影响力大。近年来，在推进中国特色新型智库建设的过程上，科技创新智库正在从粗放式的数量扩张向内涵式的质量提升方向发展，越来越多的科技创新智库重视打造智库的"拳头"产品，将智库品牌建设作为智库影响力提升的工作重点，以中国科协的全国科技工作状况调查工作为例。近年来，中国科协为高效做好科技工作者状况调查工作，准确把握新时代科协调查研究和调查体系建设的重要意义，在实践中大胆改革创新，探索建好、用好调查站点的新机制新经验，持续深耕品牌建设，不仅服务了全国科技工作者，也为国家重大决策贡献了力量，社会影响力持续扩大。"十三五"规划实施以来，科协系统建立了中国科协与地方各级科协齐抓共建、多级联动的工作机制；将科技工作者调查站点与科协组织建设有机结合；利用科协庞大的基层组织（见表6-14），以重点高校、大型央企、知名民营高科技企业为重点，逐步扩大全国科技工作者状况调查站点数量；优化站点布局，不断筑牢调查研究的科学方法基础，加强调查专业人才队伍建设，定期开展站点轮换，统筹安排站点工作任务；加强对站点的业务培训和工作指导，定期对调查站点工作进行绩效考核，选优汰劣、奖勤罚懒；充分发挥科协系统组织联系广泛、智力密集的巧实力，突出科协特色，持续做强科技工作者调查品牌。

表6-14　　　　　　　中国科协基层组织建设情况

基层类别	2012年	2013年	2014年	2015年	2016年	2017年	2018年	2019年
企业科协（个）	20 968	21 281	21 931	23 929	26 096	18 523	20 312	17 510
村/社区科协（个）	8 235	9 067	11 179	13 636	15 046	11 292	12 184	26 637
乡镇/街道科协（个）	31 227	30 904	30 236	29 911	29 052	21 590	22 012	26 936
农技协（个）	113 068	114 775	110 442	110 476	103 606	89 856	78 492	27 575
高校科协（个）	574	584	703	831	1 066	1 181	1 374	1 437

资料来源：来自中国科协官方发布数据。

中国科协还设立全国科技工作者信息服务平台，通过拓展调查站点和更新信息平台终端用户群，及时向科技工作者宣传推送党的路线方针政策和科技政策信息，准确收集科技界的思想观念、利益表达、工作诉求等动态信息，把调查站点建成党的政策宣传站和科技人员的工作服务站。2020年，中国科协基于各大站点信息的年度分析，聚焦所反映的热点、焦点、难点问题，形成"科技工作者普遍关注的十大问题"等咨询报告，完成《国家中长期科技发展规划纲要》实施情况等问卷调查，收回大量有效问卷（见表 6 – 15）。① 科协将调查结果通过内参《科技界情况》《科技工作者建议》或党组文件、政协提案等方式及时向上级报送，通过新闻发布会、公开出版、中央媒体曝光等形式向社会公开调查数据。现如今，围绕科技工作者状况调查所形成的科协调查站点建设，已经成为科协系统加强基层组织建设的有效手段，是科协利用群团组织优势形成的独特资源，也成为支撑科技创新智库建设的重要抓手，在为党和政府科学决策、为科技工作者提供优质高效服务方面发挥着不可替代的作用。

表 6 – 15　　　　　调查站点 2020 年承担的部分调查任务收回问卷情况

调查的项目名称	收回的有效问卷份数
《国家中长期人才发展规范纲要 2010～2020》实施情况	18 555
"中华人民共和国传染病防治法的修改完善"第三方评估调查	21 510
科技工作者时间利用状况	14 980
科技工作者对作风与学风建设的态度与评价	8 879
科技工作者科研伦理意识状况	11 469
科研工作人员创新激励政策实施成效与科研人员获得感	9 229

资料来源：资料由本书课题组调研获得。

（三）完善选题机制，严格把关成果

研究质量决定了智库的可信性和公信力。为了更好地发挥智库的决策咨询功能，越来越多的科技创新智库在强调智库产品的实践性和创新性的同时，高度重视成果的质量，通过完善选题机制，严格把关成果质量。在完善选题机制方面，上海市科学学研究所坚持需求导向、问题导向、应用导向，精准对接决策需求。战略咨询院作为中国科学院建设高端科技智库的重要载体和综合集成平台，探索建立与中国科学院相关部门的选题和立项会商机制；还根据中国科学院学部、院部需求和任务要求，提出围绕国家重大战略的"一揽子"任务，整体对接学部和院部职能部门，避免各类项目出现任务分散和重复部署问题。在成果质量严格把关方面，中国科协在开题、中期和验收的过程中，用严格规范的管理保证高水平的成果产出。战略咨询院专门成立重大任务管理集成部和信息网络与传播中心，建立研究成果质量把关和统一发布制度，从内容、程序等方面管控产品质量，规范智库成果管理与传播；还建立全链条管理模式，强

---

① 资料由本书课题组调研获得。

化节点产出，确保研究质量。①

（四）构建高水平科技创新智库人才体系

人才是科技创新智库赖以生存和发展的根本。科技创新智库的业务范围涵盖内容多、范围广、复杂度高、专业度深，需要来自各个领域、各个学科的人才参与其中。在人才使用管理方面，科技创新智库普遍采用矩阵型和上下级关联组合结构，将研究人员按照学科专业或者专长分类，或根据研究课题从各部门抽调人才成立研究小组。同时，随着决策咨询和研究的项目不断增多，加上人员数量有限，科技创新智库普遍采用"小核心、大网络"的组织模式。武汉大学发展研究院和华中科技大学国家治理研究院依托高校平台优势，吸收校内外专家开展决策咨询和研究。山东省科协以创新战略研究院为依托，筹建山东省创新战略研究会，建立融国家级机构智库、省外智库、市县和企业智库于一体的智库联盟，搭建出了不同层次、不同专业、不同研究领域的专家人才合作协同的创新战略研究平台，打造了一批具有山东特色的决策咨询品牌和智库人才工作品牌，为省委省政府相关决策部门提供权威、全面、及时、精准的决策咨询参考。山东省科协还强化智库高端人才队伍建设，夯实"小中心"硬核；扩大人才工作辐射，统筹科协系统优秀人才资源；拓展引才用才视野，对省内外有建树、有专长、有影响的高层次人才"不求所有，但求所用"，将工作在科研、生产、创新一线的广大科技工作者引领到决策咨询事业上来，形成中心明确、层层环绕的决策咨询人才架构。

（五）不同类型智库经费来源各异

我国科技创新智库根据背景和属性的不同，资金构成的比重差异明显。目前，绝大多数科技创新智库的资金筹集渠道单一，自创收入低，严重依赖政府的资助。有些科技创新智库的经费来源于政府财政拨款，如科技部战略院是国家全额财政补助的事业单位。另一些创新智库在财政拨款的基础上，采用承接横向课题、提供技术咨询服务、转让知识产权等渠道获得更多资金，经费来源渠道相对多元，比如中国科协创新战略研究院实行以国家财政拨款为基础、产学研结合集成外部资源的收入预算制度，收入来源包括：国家财政拨款；承担国家、地方、企业以及其他法人实体机构各类科研项目获得的经费；提供知识产权和技术咨询、技术服务、技术转让等获得的收益；国际合作项目经费；社会捐助和国际组织资助等。高校科技创新智库还可以通过校友、企业或社团捐赠等方式获得社会

---

① 整理自中科院战略咨询院官网，http://www.casisd.cn/。

资金。民间科技创新智库的经费主要来源于市场收入，通过承担政府科技管理部门、企业咨询研究项目获得相应的经费。

（六）转变信息工作思路，实现平台"智慧"转型

随着我国经济发展进入高质量阶段，创新成为科技创新智库增强核心竞争力的不二法门，也是科技创新智库搭上发展"高速列车"的必由之路，智慧化转型战悄然打响。科技情报所系统作为我国科技创新智库的重要组成部分，尝试打破发展瓶颈，与时俱进，敢于创新，加强市场性、服务性定位，拓宽服务范围，不断为国家和地方经济发展、科技进步提供信息支持、决策依据和咨询建议。

在大力发展科技创新智库的背景下，多省科技情报所积极转变信息资源的建设方式和服务模式，将大众化、普适性的服务向专业化、个性化服务转型，将基于静态资源为主的"被动式"服务向基于多源知识融合的动态资源整合与发现、具有自适应的"智能化"服务转变。近年来，江苏省科技情报所除了采购传统文献资源外，还建设了经济类、金融类、企业类、统计类、政策类、舆情类信息资源，以及互联网信息资源，注重各类分析工具的建设，如专利分析工具、引文分析工具等，形成多元化的资源服务体系，为解决用户在创新活动中存在的各种问题提供资源保障和工具支撑。此外，江苏省科技情报所还从企业实际需求出发，按照"一企业一门户"的原则构建江苏省企业知识服务平台。该平台结合地方科技管理，通过接口方式开发分中心服务平台和园区知识服务平台，实现科技资源的充分共享。陕西省科技文献共享平台是陕西省科学技术情报研究院建设的公益性平台。该平台依托现有各类科技信息资源（文献、数据、查新、科技报告、分析工具），整合各个业务环节，以数据获取—资源组织—信息分析—知识服务—情报产品—用户交互为主线，以提供面向用户的科技情报智库服务为最终目标，构建数字化、智能化的服务平台，从而对接创新创业各环节。当前正在建设的新一期平台将完成基于事实性数据库的关联分析功能，实现平台现有资源之间的可视化展示。[1] 浙江省科技信息研究院于 2012 年底牵头建设了信息化软科学专业互助性服务平台——浙江省软科学研究公共服务平台。该平台以"整合、共享、合作、提高"为宗旨，整合共享浙江省内外软科学研究领域的成果、资料、统计数据和研究动态等资源，建立健全协同共享机制，优化特色数据库，打造平台核心资源，以此来充分发挥软科学研究平台在推进科技决策科学化、民主化中的作

---

[1] 杨阳、任佳妮、钱虹等：《地方科技文献共享平台建设的发展思考》，载于《中国科技资源导刊》2020 年第 1 期。

用，加强研究服务的精准性和科学性。①

（七）充分利用传播途径，多渠道推广效果好

产品推广与传播是科技创新智库提高社会影响力与声誉的主要方式之一，其中以门户网站、知识文本、交流活动等多种形式和渠道进行宣传推广较为普遍。近年来，网络上关于科技创新的热点话题不断，公众对科技知识的关注度也在不断提高，正如图6-36和图6-37所示，科研院所作为我国建设科技创新智库的主要力量，② 在微博、微信等新兴媒体的传播效果明显高于其他类型智库。

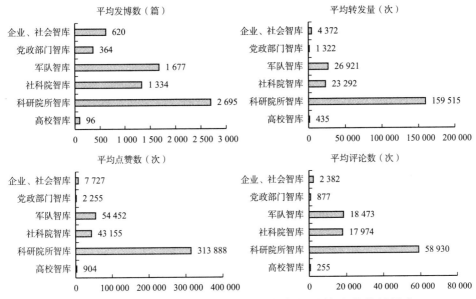

图6-36　2018年各类型智库微博专家发博量及其传播效力

注：科研院所智库在微博的专家数量占总专家数量的10.3%，仅多于军队智库。

资料来源：清华大学公共管理学院智库研究中心：《清华大学智库大数据报告》，清华大学公共管理学院官网，2021年8月2日，http：//www.199it.com/archives/890149.html。

---

① 资料整理自浙江省科技学习研究院官网，https：//www.istiz.org.cn/Default.aspx。

② 袁永、胡海鹏：《科研院所建设高水平科技决策智库路径研究》，载于《科学管理研究》2019年第4期。

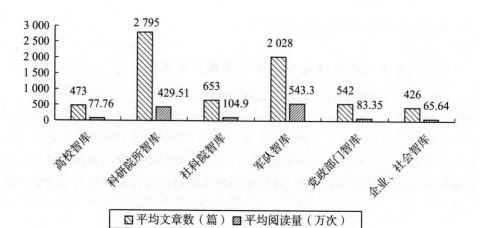

图 6 - 37　各类型智库微信发布内容被引用情况

资料来源：清华大学公共管理学院智库研究中心：《清华大学智库大数据报告》，清华大学公共管理学院官网，2021 年 8 月 2 日，http://www.199it.com/archives/890149.html。

以中国科协为例，为落实《中华人民共和国国民经济和社会发展第十三个五年规划纲要》和《全民科学素质行动计划纲要实施方案（2016～2020 年)》，中国科协制定了《中国科协科普发展规划（2016～2020 年)》，以"科普中国"品牌为引领，大力推动"互联网+科普"行动计划和科普信息化建设工程，强化互联网思维，打造科普中国品牌网络方阵，大力营造"众创、严谨、共享"科普生态圈，加快科普信息化建设。经过五年的建设，科普传播效果显著，大力提升了国家科技传播能力，让科技知识在网上和生活中流行，实现我国公民科学素质的跨越提升（见表 6 - 16）。

表 6 - 16　　　中国科协 2017～2019 年网络科普传播情况

主办项目类别	2017 年度情况	2018 年度情况	2019 年度情况
科普网站全年浏览量（亿人次）	55.0	74.2	116.6
科普 App 下载安装次数（万次）	1 287.9	383.9	949.7
科普微信公众号关注数（万个）	2 090.4	3 341.1	3 853.5
科普微博粉丝数（万个）	2 429.7	3 322.7	5 241.3

（八）实施网络化、国际化和品牌化战略

实施网络化战略，搭建多元化、全方位的合作网络。中国科学院以科技战略咨询院为平台，构建国内战略和政策研究网络；持续加强与高端智库、研究机构、大学、地方政府和知名企业的合作，拓展与军队科研机构的合作；已建立粤

港澳大湾区战略研究院、生物安全战略研究中心、能源与环境政策研究中心、北京科技政策研究中心、北京城市运行与发展研究中心等 8 个交叉研究机构，先后与广东省科学院、重庆两江新区管委会等签署战略合作协议，与内蒙古、青海、西安、贵阳等地方政府和部门在科技战略、创新政策等方面开展研究合作，进一步加强对经济社会发展的研究支撑力度；管理的学会和主办期刊进一步发挥学术引领和网络平台作用，中国科学学与科技政策研究会、中国优选法统筹法与经济数学研究会、中国发展战略学研究会主办多场重要学术会议，《中国管理科学》《科研管理》《科学学研究》等学术期刊影响力稳步提升。[①]

实施国际化战略，拓展双多边合作网络，服务公共外交。科技部战略院积极参与"中法全球治理论坛""2019 夏季达沃斯论坛"等活动，配合国家科技外交和领导人互访；发挥现有国际合作平台作用，与兰德公司、布鲁金斯学会等欧美重点科技类智库就科技创新、智慧城市、人工智能等国际广泛关注的领域开展长效合作；积极参与科技创新战略领域的国际交流，搭建"一带一路"科技创新智库合作网络，在国际舞台上广泛传播中国科技创新战略与政策导向，让世界了解中国建设创新型国家的进程以及建设世界科技强国的责任与信心。[②]

实施品牌化战略，把建设高端化、精准化科技创新智库品牌作为重要任务。战略咨询院围绕国家重大科技战略，已经形成了文津圆桌、科学研究、科技论坛、智库传播和智库成果五大品牌。第一，受国家有关部门委托，承办"文津圆桌"研讨会，每月一期，已举办三期，形成的报告得到中央领导的重要批示；第二，聚焦科技促进发展的重大问题，形成"科技突破前瞻""源头技术预见""生态文明建设""科技体制变革""决策支持系统"等研究品牌；第三，面向公众开展各类科技前瞻、科学普及讲座、论坛近 20 次，面向智库举办"高端科技智库大讲堂" 3 期；第四，创办《中国科学院院刊》《科学与社会》等期刊，与《光明日报》《中国科学报》等媒体合作开设智库栏目，依托"战略与政策论坛"微信公众号开展多层次的战略研究与智库理论成果传播；第五，经过多年积累，研究成果已形成系列，主要包括月度报告、年度报告、中长期报告和专题报告等。[③]

总而言之，2015 年《意见》印发以来，科技创新智库在党和政府的领导下，紧紧围绕党的十九大提出的"加强中国特色新型智库"[④] 的要求，不断探索新型

---

① 资料整理自中科院战略咨询院官网，http：//www.casisd.cn/。
② 资料整理自中国科学技术发展战略研究院官网，http：//casted.org.cn/。
③ 资料整理自中科院战略咨询院官网，http：//www.casisd.cn/。
④ 中共中央办公厅、国务院办公厅：《关于加强中国特色新型智库建设的意见》，中国政府网，2015 年 1 月 20 日，http：//www.gov.cn/xinwen/2015-01/20/content_2807126.htm。

的体制机制，深化组织管理体制、科研体制、经费管理制度、成果评价和应用转化机制改革，成果丰硕，成绩突出，各项工作取得了长足的发展。当今世界正经历百年未有之大变局，党的十九届五中全会和中央经济工作会议对强化国家战略科技力量、实现科技自立自强作出新部署、提出新要求，科技创新智库使命光荣、责任重大、任务艰巨，要立足新征程，贯彻新理念，坚守"创新科技、服务国家、造福人民"的初心和使命，肩负起建设创新型国家和世界科技强国的历史担当和时代担当，努力在科技自立自强中贡献智库力量。

二、企业智库建设的主要成绩

企业智库是企业的智囊机构，立足于为企业提供决策支撑与运营管理支持，在企业的战略发展、专业研究、运营管理等方面发挥重要作用。近年来，在国家政策的推动下，我国企业智库发展明显加速。越来越多的企业在创新驱动下响应高质量发展要求，开始重视智库的建设。各行各业的企业智库立足市场前沿，紧密结合地区或行业发展的实际需要，对行业产业和经济发展建言献策，提出切实管用的咨询建议，发挥了独特的价值。

（一）紧密对接政府需求，充分发挥政府"外脑"作用

近年来，电力规划设计总院年均承担国家能源局委托课题约 20 余项，承担国家发改委委托课题约 5 项，并积极为国务院国有资产监督管理委员会（以下简称"国资委"）、商务部、住建部、军事相关单位提供服务支撑。在能源战略规划方面，"十二五"以来，多次牵头开展国家能源、电力、技术创新五年规划研究，承担能源体制改革"十四五"规划研究，参与编写国民经济"十四五"规划纲要（能源部分），并提供规划中期、终期评估工作，还承担了多项省级规划工作。同时，在清洁能源消纳、煤电节能减排升级与改造、北方地区冬季清洁取暖等规划研究与评估咨询方面，受国资委规划局委托开展《"十四五"中央电力企业高质量发展规划研究》，为国家能源主管部门提供重要支撑。中石油经研院围绕中国特色新型智库建设目标，立足"能源"和"企业"特色，根据国民经济、社会发展和改革创新的需要，围绕能源战略与能源安全、"一带一路"能源合作、国有企业改革发展、国有企业党的建设等研究领域，提供具有前瞻性、战略性和针对性的研究咨询服务。2020 年 11 月，中石油经研院收到国家能源局科技司、商务部外贸发展事务局、中国石油集团国际部三家单位发来的感谢信，对该院参与的能源技术创新"十四五"规划编制、第九届中国国际石油贸易大会、

中国石油国际合作论坛等工作表示充分肯定和感谢。①

（二）面向行业产业重大热点问题开展研究，为高质量发展建言献策

腾讯研究院、阿里研究院每年都会对国家宏观政策进行系统化研究，并定期将成果公布在网上。2020 年，阿里研究院就后疫情时代发展趋势、数字新基建推动消费、数据治理、农村数字建设等话题展开研究；腾讯研究院主要聚焦于法律政策、产业经济、数字社会三大主题，定期发布《互联网前沿》《腾讯网络法专报》《数字学习指数报告》《全球互联网法律政策趋势洞察》等报刊或专题报告。此外，阿里研究院的网购价格指数、电子商务发展指数，京东研究院的JD100 指数以及复旦—京东信息消费指数，这些指数已被市场广泛接受，部分指数还成为市场变化的判断依据。电力规划设计总院服务国家区域及重点地区发展战略，开展了一带一路能源合作研究、长三角区域能源发展研究、粤港澳大湾区区域能源发展研究、雄安新区能源发展规划等工作；还积极推进可再生能源消纳与并网，提出了"风光水火储一体化""源网荷储一体化"等方案，参与起草相关文件；此外，考虑内外风险快速反应，开展澳门电网安全防御体系、疫情影响分析等研究工作。②

（三）推进成果转化与传播，努力提升品牌影响力

电力规划设计总院每年向国家发改委、国家能源局报送内刊《全国电力供需季度分析报告》《清洁能源消纳简报》共 16 期，部分研究成果被相关政策采用；连续四年推出中国能源发展报告、中国能源发展报告、电力技经品牌智库精品报告等，受到了业界广泛关注；近三年在各类媒体上年均发表观点文章 5 篇左右，累计接受访谈 4 次，其中 2020 年在《中国能源报》发布"十四五"规划研究成果 8 篇，形成《能源决策参考》专刊，引起了强烈的行业和社会反响。③ 凤凰网国际智库针对"一带一路"建设开展系列研究，主办了《凤凰一带一路企业高峰论坛》和《与世界对话——凤凰网国际论坛》两大公司级论坛。此外，凤凰网国际智库还拥有上千位国际问题及国际经济研究的学者智囊、100 多位海外观察员，遍布世界大部分国家与地区，并与上百个国内外高端智库建有良好的合作关系。④ 中国船舶信息中心通过一系列科普活动展示了中心形象，取得了良好的社会效益。一方面，公开发行双效期刊科普杂志《现代舰船》，该杂志以追踪海

---

①② 以上资料均由本书课题组调研获得。

③ 资料由本书课题组调研获得。

④ 资料整理自凤凰网国际智库官网，https://pit.ifeng.com/。

军发展、弘扬海洋意识为己任，在国内外均享有较大知名度和影响力；另一方面，与其他公司合作开展巡展和定展活动，扩大机构影响力，如积极开展"改革开放 40 周年——创新决胜未来科普展"全国巡展，与中关村玉渊潭互联网文化创意发展有限公司合作组织实施"科技与文化相融合"创新展。① 该中心通过这些活动在全国范围内展现了国防科技成果与国防科技文化，推广和普及了海洋教育，传播海洋文化，产生了很高的社会影响力。

（四）积极运用大量新技术，提高企业智库研究质量

企业智库积累了大量的行业数据，拥有技术优势，重视用数据说话、用事实说话，大型互联网企业表现尤为突出。一方面，相对于其他行业领域而言，它们引领技术前沿；另一方面，依托海量数据为智库开展研究提供支撑。互联网企业特别重视对数据的收集、整理、存储、开发、分析和利用，这是传统智库无法比拟的。此外，一些大型国企也不甘示弱，努力将人工智能、大数据等前沿技术广泛应用到智库产品的生产过程之中。先进信息通信技术在电力行业的推广应用，催生了电力公司对企业内部海量数据的分析处理需求，智能电网大数据的前沿研究与技术储备阶段也随之到来。早在 2009 年，国家电网公司开展了智能电网发展规划与关键技术研发；2012 年，发布了国家电网公司公共信息模型，为各信息系统之间的数据集成与融合提供了依据。2013 年开始，江苏省电力有限公司经济技术研究院在输变电运行管理、智能配电网、用电与能效、决策支持等专业领域开展大数据应用关键技术研究。目前，大数据平台已经成为该研究院支撑日常业务开展的基础设施。无论是智能电网产生的数据，还是相应的收集、存储、处理，大数据技术日臻成熟，为电力企业智库提供技术支撑。② 此外，中国航天科技集团公司第十二研究院建立了钱学森数据推进实验室、综合集成仿真与演示实验室、中国工程院工程科技知识中心，搭建了"从定性到定量的综合集成研讨厅体系"，打造了"人机结合、人网结合、以人为主"的数据推进一体化平台，构建了机器体系、知识体系、信息体系、专家体系、模型体系相互融合的智能化决策支持系统，形成了从数据到决策的知识发现、仿真推演、效能评估能力。③目前，这套指导中国航天取得辉煌成就的信息系统，正在为经济社会复杂问题的决策提供科学、有效的支持。④

---

① 资料整理自中国船舶信息中心官网，www.csic.org.cn。
② 资料由本书课题组调研获得。
③ 薛惠锋：《从互联网时代走向大数据时代》，载于《法制日报》2017 年 6 月 1 日。
④ 薛惠锋：《航天绝不仅仅是一个行业》，搜狐网，2021 年 8 月 15 日，https：//www.sohu.com/a/124667374_466840。

总而言之，企业智库作为行业产业一线的观察者，具有对行业产业较为现实的理解和政策诉求，在改革创新的时代背景下已成为我国新型智库体系中不可或缺的重要力量。在未来，国企智库要继续发挥主力军作用，各类民间、基层企业智库要凝聚力量，认清优势，把握机遇，明确政治责任和智库定位，竭力做好科学研究、决策咨询和社会服务工作，为党和政府贡献更多有广度、有深度、有实效的智库产品。

第六节　社会智库努力建成政府的"社会传感器"

社会智库是中国特色新型智库的重要组成部分。相比体制内智库，社会智库具有更强烈的市场意识、更灵活的体制机制、更多样的治理模式，在咨政启民、协商民主、国际关系的"二轨外交"、全球治理等方面具有独特优势，对我国实现国家治理体系与治理能力现代化的迫切需要发挥着举足轻重的作用。近年来，在新型智库政策环境不断优化的背景下，全国社会智库相关管理部门积极采取规范管理与建设措施，各社会智库主动奋发作为，内部管理日益规范，呈现出健康发展的良好态势。我国的政治、经济、生态等领域的各类社会智库在新时代异军突起，在决策咨询、学术研究、社会影响、国际合作与交流等方面发挥了重要作用。根据《社会智库发展意见》中提及的社会智库采取"社会团体、社会服务机构、基金会等组织形式"，[①] 本节将社会智库分为社会团体型智库、社会服务型智库和基金会智库三类，并从这三类智库中选取了部分具有代表性的社会智库，对其近年的发展现状与活跃动态进行盘点，以展现我国优秀社会智库的建设风貌，规范和引导其他社会智库健康发展。

一、社会团体智库健康发展实践探索

社会团体智库是指由自然人、法人或其他组织自愿组成，在民政部门注册，且接受其规划和引导，采用会员制结构形式，为实现会员优化公共政策、推动国家发展的共同意愿，以提升政府公共政策的制定和执行质量为核心，以汇聚专业化的研究人才、研究知识和研究技术为基础，开展一系列公共政策研究和实践，

---

① 新华社：《关于社会智库健康发展的若干意见》，中国政府网，2017 年 5 月 4 日，http：//www.gov.cn/xinwen/2017－05/04/content_5190935.htm。

发挥咨政建言、理论创新、社会服务、舆论引导和公共外交等功能，能够在相关领域产生一定的决策影响力、社会影响力，且获得其他社会主体普遍支持的非营利法人组织。①

（一）加强科学研究，推出系列学术成果

社会团体智库聚焦研究主题，在推动学科建设、促进学科繁荣、服务行业创新发展、促进国际交流等方面扮演着重要角色。中国城市科学研究会根据会员在公共政策研究方面的诉求，开展研究并发布了《生态城市指标体系构建与生态城市示范评价》《中加合作将木结构纳入绿色建筑评价的战略研究》等报告，主办了《城市发展研究》《城建档案》《低碳生态城市》等刊物；② 北京健康城市建设促进会研究发布的《健康城市蓝皮书》包括《中国健康城市建设研究报告》和《北京健康城市建设研究报告》两个系列，从 2015 年起至 2018 年已出版了 7部，收录决策应用研究文章和国内国际案例共 130 篇；③ 中国国际战略学会出版中、英文《国际战略研究》学术性期刊，主要从事有关国际战略形势、全球安全、世界政治经济和地区性问题的研究。④ 中国城市规划学会推出《城市规划》及其英文版 China City Planning Review 两本会刊，并出版《人类居住》《城市交通》《小城镇建设》和《凤凰品城市》等刊物。此外，中国城市规划学会还特别建立了专属的会议论文数据库，收录自 2007 年以来历届城市规划年会论文以及各类论坛、研讨会等学术会议论文，同时还收录了学会出版的《城市规划》等学术期刊论文，所收录的文献资料包含城市规划理论、规划实施与管理、城市设计、土地开发与利用、新技术应用、环境保护、交通、城市经济学等多个相关学科的知识内容。⑤

（二）集合区域团体力量，成为行业建设领头人

社会团体智库在各行各业发挥了团体力量和平台作用，凝聚行业人才，提供社会服务，引导政策优化，推动社会发展。中国城市科学研究会在组织并推动对城市发展规律、城市社会、经济、文化、环境和城市规划建设管理中的重大理论和实际问题进行综合性研究的基础上，形成了一系列品牌会议和论坛，

---

① 徐家良等：《社会组织蓝皮书：中国社会智库发展报告》，社会科学文献出版社 2018 年版，第 109 ～110 页。
② 资料整理自中国城市科学研究会官网，http：//www.chinasus.org/index.php。
③ 资料整理自北京健康城市建设促进会官网，http：//www.bjjkcs.org.cn。
④ 资料整理自中国国际战略学会官网，http：//www.ciiss.org.cn/yjktycg。
⑤ 资料整理自中国城市规划学会官网，http：//www.planning.org.cn。

推动智库建设健康发展研究

如城市发展与规划大会、绿色建筑与节能大会、海峡两岸城市发展研讨会，在社会上形成了一定的影响力，现已成为发展我国城市科学研究科技事业的重要社会力量；中国西部研究与发展促进会（以下简称"西促会"）创办了"中国西部发展论坛"，该论坛先后在浙江、云南、北京等地成功举办了 13 届，目前已成为国内有一定影响力的品牌论坛。此外，西促会紧紧围绕西部开发调查研究和促进发展工作，创办了《西部时报》报刊，为研究、宣传和促进我国西部的改革与发展提供了重要的媒体平台。[1] 中国城市规划学会举办了"中国城市规划年会"，与此同时，中国城市规划学会创新性地开展了"2020 中国城市规划学术季"活动；设立了中国城市规划学会科学技术奖，填补了规划领域的奖励空白；编制和推广了一系列高水平团体标准，得到行业广泛应用；开展继续教育，从事各类公益性活动，进行成果鉴定和团体标准研制，并参与组织国际合作事务，维护规划工作者合法权益。[2]

（三）扩大国际交流，履职民间外交

社会智库利用角色和功能优势充当"民间外交大使"，从另一角度推动国际关系新发展。2016 年，中国国际战略学会和中国军事科学学会共同主办了第 7 届香山论坛，系亚太地区安全与防务领域的二轨高端对话平台。该论坛聚焦亚太地区安全新形势、新机遇、新挑战，致力于集中各方智慧，扩大共识，增进互信，推动合作，为促进地区和平稳定、增强地区国家的安全对话与防务联系发挥积极作用。中国国际战略学会积极与世界各国有关研究机构和个人进行交流，迄今已与世界 50 多个国家（地区）100 多个著名的战略和国际问题研究机构保持往来关系，学会定期开展学术研究活动，召开专题研讨会和报告会。[3]

二、基金会智库健康发展实践探索

基金会智库是指在民政部门注册的，并受其规划和引导，利用自然人、法人或者其他组织捐赠的财产，以提升政府公共政策的制定和执行质量为核心，以汇聚专业化的研究人才、研究知识、研究技术为基础，内部设立理事会和监事会，分别负责决策和监督，采取资助有关公共政策研究的组织（或个人）、活动、成果等，或自主开展一系列公共政策研究、实践的两类方法，发挥政策咨询、理

---

① 资料整理自中国西部研究与发展促进会官网，http：//www.chinawestern.org。
② 资料整理自中国城市规划学会官网，http：//www.planning.org.cn。
③ 资料整理自中国国际战略学会官网，http：//www.ciiss.org.cn/jljw。

论创新、社会服务、舆论引导、对外公关等功能的非营利法人组织。[①]

（一）践行智库初心，强化决策咨询职能

基金会智库发挥智囊团和资金募集功能，直接或间接支持政策研究，促进科学决策。海南改革发展研究院自成立以来，以"直谏中国改革"为己任，努力建设中国改革智库，截至 2017 年 8 月 20 日，已出版改革研究专编著 350 余部，向中央相关部门和海南省委省政府提交改革建议报告 200 余份，完成重大改革政策咨询课题 100 余项，获得包括国家"五个一工程"奖等多种国家级奖项。[②] 此外，海南改革发展研究院所提交的政策建议，有些直接为中央决策所采纳，有些为制定政策和法规提供了重要参考。同时，由自身基金会资助的研究课题已突破百个，为海南特区对外开放和改革发展及全国改革发展战略与政策的研究作出了突出贡献。北京东宇全球化人才发展基金会则主要是为 CCG 提供运营资金，以辅助其建言献策，间接发挥智库功能。

（二）深化智库研究，凝聚发展共识

目前中国基金会智库的研究领域多与中国公共政策的改革领域贴近，切实发挥带动效应，有效引导群众思想。中国经济改革研究基金会自成立以来，已资助与中国经济改革有关的各类课题 350 多个，出版学术专著 50 余部，长期资助的多项研究成果，如《中国改革与发展报告》《中国宏观经济分析》《宏观经济变量跟踪分析》《中国市场化指数》等，已经成为中央和各级党委政府以及国内外企业家进行决策的重要参考；[③] 北京国际和平文化基金会（以下简称"国际和平文化基金会"）所著的《中国 NGO》被一百多位各国政要和国际组织领导人收藏，成为许多国内外知名学府的教科书。[④] 中信改革发展研究基金会积极配合党和国家重大决策和部署，围绕社会科学各领域重大问题特别是中国特色社会主义道路和发展模式等深入开展专题研究。[⑤]

（三）社会活动形式丰富，影响广泛

基金会智库除了进行政策研究外，还积极组织开展社会服务，搭建交流平

[①] 徐家良等：《社会组织蓝皮书：中国社会智库发展报告》，社会科学文献出版社 2018 年版，第 87 页。
[②] 资料整理自中国（海南）改革发展研究院官网，http://www.cird.org.cn/ggztpx.shtml。
[③] 资料整理自中国经济改革研究基金会会官网，http://www.crfoundation.org/about/1.aspx。
[④] 辛闻：《北京国际和平文化基金会》，"一带一路"网，2019 年 2 月 22 日，http://ydyl.china.com.cn/2019 - 02/22/content_74494024.htm。
[⑤] 资料整理自中信改革发展研究基金会官网，www.citicfoundation.org。

台，为创新发展事业、社会帮扶事业、文化教育事业作出贡献。2009 年，中国发展研究基金会和青海乐都区合作开展了山村幼儿园试点，"一村一园：山村幼儿园计划"已在 11 个省（市）、30 个县相继推广，累计受益儿童约 20 万。① 中国人权发展基金会（简称"人权发展基金会"）设立了"书香中国基金""涉诉未成年人救助基金""中华英雄儿女文化发展基金"等一系列具有鲜明特色的专项基金和品牌公益项目，长期致力于联系研究机构及专家学者，开展有关人权问题的学术研究与教育培训活动。人权发展基金会还参与中国《国家人权行动计划》等重要文件的讨论研究，召开人权理论研讨会，编辑出版《人权保障的理论与实践》等图书，摄制人权专题片、纪录片，面向特定群体及公众开展人权知识教育培训，为传播人权理念、增强全社会的人权意识作出了积极努力；② 2019 年，在国内，国际和平文化基金会与北京、天津、河北等地展开合作，与外商协会、各省市商会进行交流，开展国内交流合作活动达 65 场次，既助力了京津冀协同发展的大目标，也支持了各省市在"一带一路"倡议中的发展需求，更帮助行业企业对标国际，互通合作，对引导社会效能服务社会公益起到了良好的循环效应。在国际上，国际和平文化基金会开发的"和苑社区"被誉为"小联合国"，成为联合国教科文组织每年举办"和苑和平节"、五大洲专家学者发布"和苑宣言"的发源地以及联合国"一带一路文化互动地图"的日常运营机构，受到百国欢迎、共同倡导。③ 由深圳市综研软科学发展基金会发起的中国软科学奖是一个具有权威性、公正性和标杆性的褒奖软科学优秀成果的奖项，截至 2018 年已连续开展了六届评选活动，激发了软科学领域研究者的积极性，在社会上具有一定知名度和影响力。④

（四）积极推动国际合作与交流，扩大影响力公信力

由基金会智库发起或参与的国际级别论坛、会议、活动等，为智库参与公共外交与全球治理、对外讲好中国故事、传播好中国声音提供更广阔的舞台，有利于提升国家软实力，增强我国国际话语权。人权发展基金会通过举办国际论坛、研讨会和出国访问等形式，与各国的人权组织、基金会、智库等开展交流合作。截至 2019 年，已先后主办了 3 届"世界基金会高峰论坛"、3 届"人权文博国际研讨会"、9 届"中美司法与人权研讨会"、12 届"中德人权研讨会"等重大国

---

① 资料整理自中国发展研究基金会官网，https：//www.cdrf.org.cn。
② 资料整理自中国人权发展基金会官网，http：//www.renquanjjh.com/j#j/index.html。
③ 资料整理自北京国际和平文化基金会官网，http：//www.bj-ipcf.org。
④ 资料整理自综合开发研究院（中国・深圳）官网，http：//www.cdi.com.cn/Article/ListAcademic? ColumnId=131。

际会议。同时，人权发展基金会还组团出访美国、德国、英国、法国等数 10 多个国家，与所在国议会、著名基金会、媒体、政府机构及人权领域各界人士进行深入交流，增进理解与合作。① 国际和平文化基金会在 2019 年共举办各类主题活动项目 261 项，多达 33.7 万人次、160 多个国家和地区的政要、驻华使节、专家学者、企业界和青年代表参与。② 中国发展高层论坛由中国发展研究基金会承办，自 2000 年以来每年举办一次，已经连续举办 21 届。中国发展高层论坛坚持"与世界对话，谋共同发展"的宗旨，形成了专业化、高层次的鲜明特色，是中国政府高层领导、全球商界领袖、国际组织和中外学者之间重要的对话平台。③

三、社会服务型智库健康发展实践探索

社会服务型智库是民政部门注册，且接受其规划和引导，由民间自发成立，主要利用非国有资产举办，以服务于政治、经济、文化、社会、生态等领域发展为前提，以提升政府公共政策制定和执行质量为核心，以汇聚专业化的研究人才、研究知识、研究技术为基础，以提交政策建议、发布研究报告、出版研究刊物、举办研讨会议等为成果，以发挥政策咨询、理论创新、社会服务、舆论引导、对外公关等功能为出发点，能够在相关领域产生一定的决策影响力、社会影响力，且获得其他社会主体普遍支持的非营利法人组织。④ 另外，一部分虽然注册为企业，但是主要服务对象是党委政府，主要工作是政策研究咨询的咨询企业，本书也列入社会服务型智库。

（一）依托自身定位，积极开展系列战略性问题研究

社会服务型智库基于对自身优劣、定位、建设目标的认知以及政策动向、发展机遇的把握，面向国内外的重大战略性问题开展研究，推动国际化向纵深发展。国观智库通过独立报告等形式服务高层决策，并参与中央有关决策机构以及外交部、发改委、自然资源部等众多政府部门的重大战略课题研究，还将决策研究服务延伸至北京、重庆、广东、广西等地方政府，开展省市战略定位和发展规划研究，助力地方的政策制定和产业发展。⑤ CCG 发展规模不断壮大，发展态势

---

① 资料整理自中国人权发展基金会官网，http：//www. renquanjjh. com/j#j/index. html。
② 资料整理自北京国际和平文化基金会官网，http：//www. bj - ipcf. org。
③ 资料整理自中国发展高层论坛官网，https：//cdf. cdrf. org. cn/cdf2021/guide. jhtml？source = m&locale = zh_CN。
④ 徐家良等：《社会组织蓝皮书：中国社会智库发展报告》，社会科学文献出版社 2018 年版。
⑤ 资料整理自国观智库官网，https：//www. grandviewcn. com/gongsijianjie. html。

不断向好。据统计，2017 年 CCG 建言篇数比 2015 年成果数量高出近三倍，并在此后两年保持在年产 200 篇左右（见图 6 - 38）。① 此外，CCG 一直致力于为国家高层建言献策，成绩突出，如 2016 年 1 月，CCG 提交的《关于提升中关村国际人才竞争力的建议》，获得国务院副总理刘延东、国务委员杨晶等领导人的批示和圈阅；2017 年，关于成立国家移民局的建议被中央领导批示，该建议体现在《国务院机构改革方案》之中，并在十三届全国人大一次会议获表决通过；同年，CCG 赴美调研期间，从中美基建、经贸、人才留学等方面提出中美共赢合作的十二条建议，为中美首脑会晤提供了智库的建言献策。② 综研院依托自身专业领域与政治站位，将研究重点与咨询领域放在国家宏观战略与宏观经济政策、区域经济与粤港澳大湾区等课题，2015 ~ 2019 年完成的研究项目与委托课题稳定在 200 个左右（见图 6 - 39）。③ 此外，综研院连续多年设立"一带一路"重大课题，受国家发改委委托完成"孟中印缅""中老""中缅"经济走廊等重大交办任务；高质量完成《共建"一带一路"：进展、贡献和展望》的基础起草工作，该文件也成为第二届"一带一路"国际合作高峰论坛大会官方权威文件。作为广东省重点智库和决策咨询研究基地，亚太创新经济研究院（以下简称"亚研院"）重视加强咨政能力建设和智库体制机制创新，围绕事关全国和广东改革发展稳定的重大理论问题、现实问题和实践问题开展创新性研究，形成了一批高质量的研究成

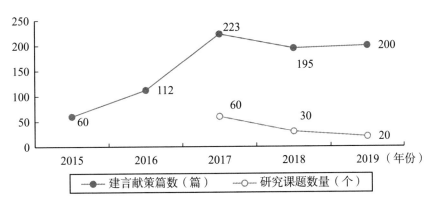

图 6 - 38　2015 ~ 2019 年 CCG 决策咨询成果数量概况

资料来源：数据来自 CCG 官网年报，部分数据为近似数值。2015 年、2016 年数据不详，因此为空。

① 资料整理自全球化智库官网，http：//www.ccg.org.cn。
② 内容整理自全球化智库年报。
③ 资料整理自综合开发研究院（中国·深圳）官网，http：//www.cdi.org.cn/Home/Index。

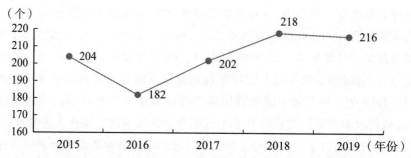

图 6 – 39　2015 ～ 2019 年综研院研究与咨询项目数量统计

资料来源：图中数据为综研院官网年报资料中的不完全统计。

果，主要包括《国家高技术产业基地评价体系研究》《智慧城市若干问题研究》《物联网产业体系构建和服务模式创新研究》等广州市重点课题，多数研究成果已经陆续转化为相关的实施意见和政策。①

（二）学术品牌成果丰硕，推进科研成果转化落地

社会服务型智库多年来积累了诸多连续性、专业性的品牌学术成果，在重视学术研究的同时，也着力推动成果的转化和传播，以期达到政府高质量决策的最终目标，体现价值所在。亚研院立足粤港澳大湾区、聚焦经济社会发展前沿，开展研究并产出了多样化的研究成果，如以"广州培育提升科技教育文化中心功能的策略研究"等为代表的重点研究课题，以《离岸贸易的理论与实践》《城市公共决策咨询概论》为代表的学术著作等。② 2015 ～ 2019 年，CCG 作为中国国际人才研究、全球治理和全球化战略研究的专业智库，不断为社会贡献高质量研究成果。据 CCG 官网的年报数据显示，2015 ～ 2019 年出版的中英文著作数量稳定在十余本，形成的研究报告在 2016 ～ 2017 年有较大的振荡，并在此后具有小幅度回落趋势（见表 6 – 17）。③ 2015 年，CCG 发布了 3 部权威蓝皮书，出版了 6 部中文著作，4 部英文著作。2016 年，CCG 对智库研究更加深入，其中《大国背后的第四力量》一书提出智库建设的"五力模型"，为中国智库建设提供具有参考借鉴意义的建设路线图。CCG 还出版自有品牌英文学术刊物 *China Affairs* 样刊，用国际语言、国际视野向国际公共政策与学术界介绍 CCG 研究成果。2018 年，CCG 出版发行了《中国企业全球化（2018）》等蓝皮书，《全球化向何处去》等新著，在 2019 年研究发布了《中美贸易磋商：回归理性重返阿根廷共识》《中

---

① 资料整理自亚太创新经济研究院官网，https：//www.guangdongaper.com。
② 资料由本书课题组整理调研内容获得。
③ 资料整理自全球化智库官网，http：//www.ccg.org.cn。

国企业全球化报告 2020》等报告，为增进中美相互理解，建立共识，推动中国深度参与全球治理等议题提出了智库建议。综研院创办《国家高端智库观察：中国经济月报》和英文研究动态 *CDI Newsletter* 两份专刊；还每月出版一期月度分析报告《中国宏观经济月度观察》，全面分析中国宏观经济形势的最新变化。[1]中智科学技术评价研究中心（以下简称"中智研究中心"）积极搭建科技成果转化平台，推进高新技术转化落地，如与中科院创新孵化投资有限责任公司等单位发起成立科技成果转化联盟，该联盟将携手促进科技成果转化、服务科技与经济的结合。[2]

表 6 – 17　　　　　　　2015～2019 年 CCG 学术成果统计概况　　　　　单位：本

学术成果	2015 年	2016 年	2017 年	2018 年	2019 年
出版的中英文专著数量	10	17	14	14	10 +
形成的研究报告数量	不详	32	18	11	10 +

资料来源：以上数据来自 CCG 官网年报资料。

（三）搭建学术交流平台，丰富宣传矩阵

社会服务型智库通过举办论坛、讲座、会议促进思想的碰撞交流，同时打造传统纸媒和新兴媒体的多维宣传矩阵，发表智库观点，宣传智库成果和动态，打响知名度。CCG 开创并持续打造了一系列极具国际视野、思想高度和建设性的品牌论坛，2016～2019 年举办的大型论坛、研讨会、座谈会等高端智库活动基本稳定在年均 100 场左右（见表 6 – 18），在业内具有广泛知名度和影响力。CCG 打造的"中国与全球化圆桌论坛"是国内少有的由智库举办的全面汇聚官、产、学各界高层精英于一体并取得广泛社会影响力的国际化智库品牌论坛。"中国全球智库创新年会"是 CCG 发起的旨在关注全球经济政治新动向，为政府提供理性、前瞻性的政策建议，更好承担当代智库历史使命的全球智库论坛。此外还有"中国企业全球化论坛"等品牌论坛。亚研院将专家学者的决策建言刊登于《南方日报》《南方都市报》《红旗文摘》等具有较强影响力的纸质媒体，同时也在新媒体平台上积极发声，如院里专家学者经常接受中央电视台、人民网、凤凰卫视、广东电视台等媒体采访，就经济社会热点问题做出专业解读，在舆论引导与成果传播方面形成了较大的社会影响力。[3]综研院利用新媒体开设综研国策、综研观察、澎湃问政三大评论专栏，扩大公共传播力度，提升社会知名度，还获得了

---

①③　资料整理自亚太创新经济研究院官网，https：//www.guangdongaper.com。
②　资料整理自中智科学技术评价研究中心官网，http：//www.ciste.cn。

2018 年政务传播大会"最佳政务传播 – 大学和智库奖"。此外，综研院院长还在
"博鳌亚洲论坛""伦敦阿斯班世界经济年会"等会议及主流媒体上发表智库观
点，解读中央政策。[1]

表 6 – 18 　　　2015 ~ 2019 年 CCG 举办高端智库活动数量统计 　　单位：次

项目	2015 年	2016 年	2017 年	2018 年	2019 年
举办大型智库活动数量	50 +	126	156	100 +	100 +

资料来源：以上数据来自 CCG 官网年报资料。

（四）引领国际话语权，塑造国际影响力

社会智库正加快国际化步伐，CCG、盘古智库、亚研院、国观智库等社会服
务型智库以涉外事务为重要研究对象，成为国际化智库的先锋主力。盘古智库是
中联部"金砖国家智库中方理事会"成员、财政部"美国研究智库联盟"理事
单位、中联部"一带一路"智库合作联盟理事单位，多个部委和地方政府的合作
咨询单位。盘古智库举办了包括"'一带一路'倡议高层会议""盘古智库—韩
国东亚基金会中韩战略对话""老龄 30 人论坛"等高水平国际论坛逾 400 场，在
国内外具有一定知名度和影响力。[2] 自 2009 年创立以来，察哈尔学会快速发展，
目前已成为中国公共外交研究领域的核心机构之一，有力地推动了中国公共外交
理论与实践的发展及国际关系社会智库的完善。察哈尔学会在朝鲜半岛事务、宗
教外交等领域拥有重要高层决策影响力，是中国智库公共外交行业的开创者和领
导者。国观智库凭借丰富的国际资源和国际合作经验，在北京等多个地方策划和
举办了"国观智库—东盟智库对话会""中欧关系系列对话会"等一系列国际会
议和国际对话线路，有力推动国家公共外交和地方国际合作。此外，国观智库与
十几家世界一流智库签署了战略合作协议，开展联合研究、联合活动，并聘请了
近 20 位国外前政要、专家和学者担任外籍研究员。[3] 2015 年，CCG 日渐成为世
界各国政要、学者访问中国、发表演讲的目的地。2017 年，CCG 继 2011 年后在
美国国会山再度举办"中美双边投资研讨会"，成为国内唯一一家连续在美国权
力和美国政策制定的中心举办中美经贸投资研讨会的中国智库，受到美国主流社
会的关注。2018 年，CCG 密切追踪国际局势变幻和全球治理需要，接待了美国
前副国务卿，联合国驻华代表，芬兰、新西兰等国驻华大使和"一带一路"智库

---

① 资料整理自综合开发研究院（中国·深圳）官网，http：//www. cdi. org. cn/Home/Index。
② 资料整理自盘古智库官网，http：//www. pangoal. cn/about. php？id = 25。
③ 资料整理自国观智库官网，https：//www. grandviewcn. com/gongsijianjie. html。

学者访问团等代表团，成为学术交流、政要访问、民间交往和"二轨外交"的重镇。此外，CCG 也继续积极"走出去"，受邀参加了二十余场重要国际会议，在海外举办了近十场高规格论坛、研讨会等活动，并在关键时点积极推动"二轨外交"，充分发挥了中国智库的国际影响力。例如，2019 年，CCG 成功举办了"'一带一路'：中国、欧盟及'16＋1 合作'"主题官方午餐会，成为历史上首家在慕尼黑安全会议上举办官方边会的中国智库。[①] 亚研院在国内，与欧美同学会、国经中心等开展合作研究，共同谋划区域发展新机遇；在国际，坚持国家站位，与世界大都市协会、世界城地组织等建立了良好的交流互动机制，发出中国智库声音，推动民间外交发展。[②] 综研院帮助中国产业和企业在"一带一路"沿线国家规划建设经济特区，先后参与了埃塞俄比亚、刚果、肯尼亚等国家和地区的多个经济特区、工业园区的规划建设，提供了一系列行之有效的解决方案，积极同世界分享中国经济特区经验，为"一带一路"的实施丰富了路径、打开了思路。同时，综研院与法国克莱蒙奥弗涅大学经济发展研究中心、德国发展研究院等研究机构联合撰写研究报告。[③] 2015 年，零点有数智库董事长在日本东京出席了由零点有数、日本言论 NPO、美国芝加哥全球事务委员会和韩国东亚研究院共同主办的首次中美日韩四国智库对话。[④]

近年来，我国社会智库的春天到来，领军高端社会智库在决策咨询、学术研究、舆论引导、社会服务、公共外交等领域稳扎稳打，体现了其在战略思维、理论阐释、学术素养、田野调研等多方面的强劲竞争力。我国已形成一批具有良好基础的领军社会智库，体现了社会智库作为特殊"外脑"对于中国建立民主科学的公共政策、作为灵活"身份"对于公共外交互动和社会思潮引领的意义重大，同时也为新兴社会智库树立了典范，对广大社会智库的发展起到一定推动作用。

小　结

中国特色新型智库是国家软实力的重要组成部分，新型智库建设是构建现代治理体系、增强现代治理能力、推动政策共同体更加开放化的重要抓手和重要路径。2015 年以来，从中央到地方，各类型智库实体建设取得显著成效，社科院智库着力打造"三位一体"发展新格局，党校行政学院智库坚持走干部教育与决

[①②]　资料整理自全球化智库官网，http：//www.ccg.org.cn。
[③]　资料整理自综合开发研究院（中国·深圳）官网，http：//www.cdi.org.cn/Home/Index。
[④]　资料整理自零点有数官网，http：//www.idataway.com。

策咨询"双轮驱动"道路,高校智库走出"象牙塔",努力把论文写在祖国大地上,科技创新智库为建设创新型国家和实施创新驱动发展战略提供更多科技支撑,企业和社会智库以其强烈的政治责任和社会责任,更好地服务党和国家工作大局,智库内生动力不断增强。我国智库在实践发展中不断聚焦中国问题,提炼中国经验,发出中国声音,传递中国思想,展示中国风采,在服务国家战略、社会公共政策的作用日益凸显,新型智库实体建设任务基本完成,形成了规模适度、布局比较合理的中国特色新型智库体系。

第七章

智库研究与评价取得长足进步

在新型智库建设实践取得丰硕成果的同时，我国智库研究与评价取得了长足的进步。本章梳理了改革开放以来我国智库研究的发展历程，总结了近年来我国智库研究和智库评价成果，介绍了智库评价机构概况，阐述了智库研究与评价的行业治理价值。

第一节　我国智库研究的发展历程

一、以研究西方智库为主的研究发轫期

改革开放以来决策环境的复杂性不断增加，中央和地方各级决策机构制定决策方案时对政策研究和咨询机构的需求大幅增加，改革开放也为中国学者带来了国外智库建设的先进理念与建设思路，1981 年吴天佑、傅曦发表改革开放以来第一篇有关智库的期刊论文——《为里根出谋划策的思想库》，介绍了一批支持里根的右翼和保守智库，简述其机构历史、经费来源、研究成果等信息，自此至"4·15 批示"之前，我国智库研究由介绍国外优秀智库开始，逐步关注到智库的管理、营运、工作流程、作用机制等各个方面，并深入探究智库的概念、起源、发展、分类、作用等基本问题。该阶段即为我国以研究西方智库为主的智库

315

研究发轫期。

（一）智库的概念、分类、功能和发展史研究

智库的概念问题是智库研究应当解决的首要问题。但因为种种原因，学者们对智库的标准和定义莫衷一是，至今尚未形成定论。袁鹏总述了智库应当具备的几个条件，并据此认为是"以政策研究为核心、以直接或间接服务政府为目的的非营利的独立研究机构"；[1] 薛澜、朱旭峰围绕智库的独立性、中立性和非营利性三大特点，结合我国实际情况，认为智库是"一种相对稳定的且独立运作的政策研究和咨询机构"；[2] 徐晓虎认为智库的本质在于提供高质量的思想产品，智库应当是一种专门为公共政策和公共决策服务，开展公共政策和公共决策研究和咨询的社会组织。[3]

智库的功能问题也是我国早期智库研究的重要内容。早期学术界对智库功能的研究与分析主要基于其为社会与公众服务的属性上，李光认为现代智库主要有综合认识、信息集散、教育培训、输送人才、决策研究和咨询等功能；[4] 任晓则认为智库在政策形成过程中通常履行 4 种职能——生产政策思想、提供政策方针、储备和提供人才、教育公职人员和公众；[5] 李安方则指出现代智库主要承担提供新思想、参与政府决策和提供政策设计方案、引导舆论与教育公众、为政府储备和输送人才、开展"二轨外交"等 5 个方面的社会功能。[6]

西方智库发展历史也是我国智库研究的关注点。袁鹏探究了美国思想库的起源，概述了当时美国由自由资本主义到垄断资本主义的转变和综合国力跃居世界第一两大时代背景，认为基金会的大量捐赠资金保障了服务于政策研究的思想库的稳定性，学者们广泛参与社会政治活动构成了思想库的基础，政府的需求则为思想库的存在提供了理由。因此，美国历史上第一批真正现代意义上的思想库就在 20 世纪 20 年间应运而生。[7] 王春法认为美国思想库的发展阶段可划分为 4 个时期，即诞生期（第二次世界大战以前）、初发期（第二次世界大战结束到 20 世纪 50 年代）、迅速发展期（20 世纪 60 ~ 80 年代）、全盛时期（20 世纪 90

---

① 袁鹏：《美国思想库：概念及起源》，载于《国际资料信息》2002 年第 10 期。
② 薛澜、朱旭峰：《"中国思想库"：涵义、分类与研究展望》，载于《科学学研究》2006 年第 3 期。
③ 徐晓虎、陈圻：《智库发展历程及前景展望》，载于《中国科技论坛》2012 年第 7 期。
④ 李光：《现代思想库与科学决策》，科学出版社 1991 年版，第 157 ~ 192 页。
⑤ 任晓：《第五种权力——美国思想库的成长、功能与运作机制》，载于《美国问题研究》2001 年第 1 期。
⑥ 李安方：《中国智库竞争力建设方略》，上海社会科学院出版社 2010 年版，第 14 ~ 16 页。
⑦ 袁鹏：《美国思想库：概念及起源》，载于《国际资料信息》2002 年第 10 期。

年代后）。① 许共城将日本智库发展历程划分为 3 个阶段——1970 年之前的开创、借鉴和探索期，1970 至 1980 年的由激烈竞争向稳定发展的转型期，1980 年之后的综合专业化发展的高潮期。② 李安方总结了世界各国的智库发展历程，将其划分为 4 个阶段——早期的理想主义智库发展阶段（20 世纪头 20 年，尤其是一战前后）、二战前后军事战略型智库发展阶段（20 世纪 40～60 年代）、游说型智库发展阶段（20 世纪 70～80 年代）、全球化智库综合型智库发展时代（20 世纪 90 年代至今），并讲述了各个发展阶段的背景、动力和特征。③

（二）国外优秀智库与中外智库比较研究

一方面，自 1981 年智库研究产生以来，学者们对国外优秀智库的研究就始终是重要内容。在 20 世纪八九十年代，国内学者主要以扫描式介绍美国智库、日本智库等国外优秀智库为主，介绍其基本概况、智库数量与构成、智库作用与职能、智库的组织形式、智库建设成功经验等。吴天佑、傅曦介绍了布鲁金斯学会、兰德公司、传统基金会等 60 家美国智库的历史背景、机构设置、资金来源、主要活动等信息；④ 朱峰、王丹若则详细介绍了美国、西欧、日本合计 21 家智库的概况、组织人员和研究成果，并在附录中列举了其他 205 家国际智库；⑤ 邹逸安等总结国外思想库及其成功的经验，认为美国兰德公司、斯坦福国际咨询研究所、日本野村综合研究所、英国伦敦国际战略研究所、国际应用系统分析研究所等各具特色的思想库，能够与政府决策部门保持密切的联系，并能够集政界、金融企业界、学术界的力量于一身，融科学技术、经济、管理于一体，是名副其实的"连接知识与权力的桥梁"。⑥ 除总体上介绍美国、欧洲、亚洲智库发展情况以外，李建军、崔树义还在著作中罗列了世界主要智库机构及其网站地址，起到了工具书的作用。⑦

另一方面，学者们从运行机制、成长环境、决策影响力、思想市场等角度对中外智库做对比研究，借鉴外国智库的先进经验，为我国智库建设建言献策。许共城对比分析了欧美智库的发展状况，提出了大力发展民间智库、加强智库专业化建设、构建智库市场化运作体制、保证产品质量维护智库形象等 4 点建议；安淑新在对国外智库管理运行机制的研究基础上，从人才、资金筹措、课题管理、

① 王春法：《美国思想库的运行机制研究》，载于《社会科学管理与评论》2004 年第 2 期。
② 许共城：《日本智库的发展概况》，载于《学习时报》2013 年 7 月 15 日。
③ 李安方：《中国智库竞争力建设方略》，上海社会科学院出版社 2010 年版，第 14～16 页。
④ 吴天佑、傅曦：《美国重要思想库》，时事出版社 1982 年版，第 43 页。
⑤ 朱峰、王丹若：《领导者的外脑：当代西方思想库》，浙江人民出版社 1990 年版，第 22 页。
⑥ 邹逸安、何立坚：《国外思想库及其成功的经验》，载于《中国科技论坛》1991 年第 4 期。
⑦ 李建军、崔树义：《世界各国智库研究》，人民出版社 2010 年版，第 41 页。

考核激励、成果推销、辅助决策系统建设等方面提出 8 项建议；① 于今认为多元化多渠道的资金来源、高素质的智库人员、开放的运作模式、非官方智库建设、智库与政府的人员交流等对我国智库建设意义重大。②

(三) 智库影响力研究

影响力是政治学的一个概念，是指采用言语或其他某些非强迫性方式，借助各种传播手段达到影响别人决策目的的一种能力。智库研究发轫期对智库影响力的研究，以王莉丽、朱旭峰、孙志茹等学者的研究最为典型。

王莉丽认为，"美国智库影响力的实质是舆论影响力，是智库凭借其舆论聚散核心的地位、独立性、创新性和全方位的舆论传播机制，对政策制定者、精英群体和公众舆论所产生的，不具有强制性的支配或改变其思想或者行为的舆论力量，是实现其影响公共政策最终目标的工具"。③ 美国智库的影响力可分为公开影响力和隐性影响力两种，公开影响力可以通过运营资金、媒介引用数量、国会听证数量、网站点击量、智库内前任官员数量等容易量化的指标进行评估；隐性影响力则推荐使用民意测验的方式来把握舆论的走向、亮度和强度。朱旭峰则将智库影响力定义为智库通过可观测到的行为，直接或间接的途径，使政策过程或政策决策者的观点发生改变，从而实现智库希望影响政策决策的目标。他将智库影响力分为决策（核心）影响力、精英（中心）影响力和大众（边缘）影响力3 个层次，认为影响网络和知识运用是影响力发挥的 2 个渠道，并据此构建了解释中国智库影响力的理论模型，设计了智库影响力的指标体系。④ 孙志茹、张志强将政策决策过程中的关键内容归结到学术群、决策者群、思想库、外部环境及政策 5 个部分，把各组成部分之间的交互过程看成是各种信息在各部分之间流动的过程，从而用信息流抽象的方式构建起思想库影响政策决策过程的逻辑模型。他们将智库影响力分为直接性影响力和渗透性影响力，并阐述了 2 种影响力的具体内容。⑤

二、新型智库建设研究的高潮期

自"4·15 批示"以来，我国掀起了以新型智库建设为核心的智库研究热

---

① 许共城：《欧美智库比较及对中国智库发展的启示》，载于《经济社会体制比较》2010 年第 2 期。
② 于今：《中国智库发展报告》，国家行政学院出版社 2011 年版，第 105～108 页。
③ 王莉丽：《旋转门：美国思想库研究》，国家行政学院出版社 2010 年版，第 65 页。
④ 朱旭峰：《中国思想库：政策过程中的影响力研究》，清华大学出版社 2009 年版，第 71 页。
⑤ 孙志茹、张志强：《基于信息流的思想库政策影响力分析框架研究》，载于《图书情报工作》2011 年第 20 期。

潮，从内容上看，主要围绕新型智库的基本理论问题、宏观与微观治理问题、智库评价等热点问题、中国特色新型智库五年建设经验、堵点与发展趋势等内容展开研究。

（一）中国特色新型智库概念、内涵、分类等基本理论问题研究

《意见》[①] 对中国特色新型智库作出明确定义，阐述了中国特色新型智库建设的重大意义、指导思想、基本原则和总体目标，作出了总体上的明确部署。基于此，我国学者对中国特色新型智库的内涵展开深入研究。李国强论述了中国特色新型智库"新在何处"和"特在哪里"，并认为智库应当保持学术、思想、研究的独立性。[②] 左雪松指出"智库"的战略定位是实现科学民主决策的重要支撑、是推进国家治理现代化的重要内容、是提升国家软实力的重要路径、是国家公共外交的重要部分；"新型"的方略定位是独立性、应用性、前瞻性与开放性；"特色"的谋略定位是政治性、公益性、文化性、协商性；"中国"的攻略定位是中国问题、中国立场、中国格局、中国话语。[③] 曾培炎指出"中国特色"就是要坚持中国道路、立足中国国情、讲好中国故事、服务中国发展；"新型"就是要有新定位、新机制和新模式。[④]

（二）中国特色新型智库宏观与微观治理研究

宏观治理研究是针对我国智库建设成败得失和新型智库建设健康发展所需要的理论建构、行业治理体系和制度供给、智库管理体制等宏观问题展开的研究。

李国强总结了中国特色新型智库的基本特征和建设过程中存在的宏观制度环境不完善、公共性不足等问题，并针对性地提出了建议。[⑤] 薛澜梳理了智库的兴起背景、社会职能以及智库发展的制度安排与生态环境等基本问题，并从完善政策分析市场、加强事业单位和高校政策研究机构改革改造的角度提供了若干思路。[⑥] 王莉丽认为，作为知识密集型组织，智库的核心竞争力是智力资本。应当

---

① 中共中央办公厅、国务院办公厅：《关于加强中国特色新型智库建设的意见》，中国政府网，2015年1月20日，http：//www.gov.cn/xinwen/2015 - 01/20/content_2807126.htm。

② 李国强：《对当前中国智库建设若干问题的认识》，载于《智库理论与实践》2016年第4期。

③ 左雪松：《中国特色新型智库建设的定位思考》，载于《情报杂志》2018年第6期。

④ 清华大学公共管理学院：《加强中国特色新型智库建设，讲好中国故事》，清华大学公共管理学院官网，2020年6月15日，http：//www.sppm.tsinghua.edu.cn/xwzx/gzdt/26efe48971bf4a570172b7f585340051.html。

⑤ 李国强：《对"加强中国特色新型智库建设"的认识和探索》，载于《中国行政管理》2014年第5期。

⑥ 薛澜：《智库热的冷思考：破解中国特色智库发展之道》，载于《中国行政管理》2014年第5期。

在政府的主导下建立一套制度安排，从政策、法律、税收、资金、信息、市场、人才、运营等各个层面，切实提高智库的制度保障、人才资源和传播能力。① 李刚则针对新型智库建设热潮中出现的重数量轻质量、重内容轻形式等问题，提出智库建设应当形成专业特色，加强数据和知识积累，建立自身循证分析系统，走"提升研究质量，加强内容创新"的内涵式发展道路。② 梁健将中国特色新型智库建设工作置于科学决策视域下，认为决策科学化实际上是在政府、智库与民众三方互动的过程中实现的，智库与政府的互动表现为知识和权力的互补，智库与民众的互动表现为合理性与合法性的融合，需要建设共景式责任型政府、培养理性参与型公众以配合中国特色新型智库高效发挥职能。③

对于智库的内部人、财、信息的优化配置和外部网络的经营则属于中国特色新型智库的微观治理层面，也是学者们研究的重点之一。

周湘智指出我国智库建设自中国特色新型智库概念提出后即进入分领域、精细化研究的 2.0 时代，就智库人才、研究能力、绩效考核等 3 个智库微观治理问题展开了讨论，认为智库的管理文化是智库管理命题下最核心的本质问题，并在智库的管理文化建设方面标定出了 4 个维度。④ 张志强提出中国特色新型智库必须建设特色核心能力，即基础（基石）方面、关键（核心）方面的"5+5"个维度的核心能力，其中基础（基石）方面包括智库价值观、治理理念、战略规划、组织管理、知识管理；关键（核心）方面包括思想型人才、高水平研究、资金筹集、传播营销和合作网络。⑤ 王方在概述新型智库建设实践的基础上总结出中国特色新型智库微观治理的 6 个着力点，包括打通咨询服务"学""术"藩篱、推动智库长期跟踪性研究、提升数据支撑能力、探索中国特色人才"旋转门"、完善智库的独立运行机制、加强基础研究与理论创新。⑥

（三）智库评价、智库传播等热点问题研究

在中国特色新型智库建设的大背景下，专业化和广泛化趋势相互激荡，从而产生了以智库评价、智库传播为代表的诸多研究热点。

评价是衡量公共机构及其产出的一种重要方法。对智库进行科学、客观、公

① 王莉丽：《智力资本：中国智库核心竞争力》，中国人民大学出版社 2015 年版，第 21 页。
② 李刚：《外延扩张与内涵发展：新型智库的路径选择》，载于《智库理论与实践》2016 年第 4 期。
③ 梁健：《科学决策视阈下中国特色新型智库建设——基于政府—智库—公众三方互动的思考》，载于《决策咨询》2020 年第 2 期。
④ 周湘智：《迎接智库研究的 2.0 时代》，载于《光明日报》2015 年 8 月 5 日。
⑤ 张志强：《中国特色新型智库需要建设特色核心能力》，载于《邓小平研究》2019 年第 1 期。
⑥ 王方：《中国特色新型智库的内涵、建设实践及着力点研究》，载于《智库理论与实践》2021 年第 1 期。

正地评价，一方面可以明确智库的作用和贡献，提升智库影响力；另一方面也可以为智库建设树立标杆，促进智库不断发展。我国学者从西方智库评价研究入手，逐步深入研究中国特色新型智库不同要素的评价指标体系的搭建与应用，以期打造科学、客观、全面、健康的智库评价环境。在研究西方智库评价与对比中西方智库评价差异方面，孔放等人介绍了美国的市场主导、德国的第三方主导、日韩的政府主导等 3 种智库评价模式，为我国智库评价工作提供早期借鉴。[①] 赵蓉英根据定性与定量研究分类，对国内外智库评价案例所采用的方法、评价体系、评价主客体及各自的特色和创新点进行评述，提出促进智库评价理论研究与实践发展策略，指出国内外均缺少专门针对智库评价的评价科学理论、方法与应用体系的研究，缺乏整体上的系统研究。[②] 在对智库建设中的不同要素评价研究方面，学者针对智库网站、智库专家、智库行为等均有研究，例如陈媛媛从情报学视角采用链接分析的方法和因子分析方法建立智库网站的综合评价指标体系，利用因子分析得分获取评价的权重，为智库网站综合评价提供参考。[③] 庆海涛基于胜任力的智库专家理论模型，采用问卷调查法获取数据，进行项目分析、探索性因素分析，构建了由专业能力、学习能力、合作沟通、成就动机等 4 个因素 25 个项目组成的智库专家评价指标体系。[④] 李刚认为应当在外部评价体系之外构建人才、产出、项目管理、财务、研究咨询、传播沟通等六要素联动的智库内部评价体系，并将内外部评价结合起来形成智库全要素全层次评价体系。[⑤] 黄晋鸿等基于 2016 至 2019 年全国 31 家省级社会科学院的调查数据，构建了中国特色新型智库行为评价指标体系，包括智库组织治理行为、智库咨政研究行为、智库公众引导行为、智库公共外交行为 4 个一级指标、18 个二级指标。[⑥] 邹婧雅等以国际智库为来源研究开源情报评价框架，指出情报人员和专业领域人员需要建立合作，共同作为评价主体，评价对象需兼顾情报源评价和情报内容评价，对情报源评价重点关注智库的专业性、独立性和公信力，对情报内容评价的重点包含 8 个要素：真实性、完整性、时效性、预测性、实践性、反情报性、可理解性和可回溯性。[⑦]

---

① 孔放、李刚：《国外智库的主要评价模式》，载于《新华日报》2015 年 7 月 10 日。

② 赵蓉英、刘卓著、张畅：《国内外智库评价研究进展》，载于《情报科学》2021 年第 6 期。

③ 陈媛媛、李刚：《智库网站影响力评价指标体系研究》，载于《图书馆论坛》2016 年第 5 期。

④ 庆海涛、李刚：《智库专家评价指标体系研究》，载于《图书馆论坛》2017 年第 10 期。

⑤ 李刚：《建立智库全层次全要素评价体系》，载于《光明日报》2017 年 2 月 9 日。

⑥ 黄晋鸿、曲海燕：《新时代中国特色新型智库的行为评价研究——基于 2016~2019 年全国 31 家省级社会科学院的调查数据》，载于《情报理论与实践》2021 年第 7 期。

⑦ 邹婧雅、于亮、李刚：《以国际智库为来源的开源情报评价框架研究》，载于《图书情报工作》2021 年第 1 期。

　　传播能力是影响智库作用发挥的重要因素，也是衡量智库影响力的重要标准，研究智库传播能力是响应习近平总书记"发挥我国哲学社会科学作用，要注意加强话语体系建设""讲好中国故事，传播好中国声音"① 的必然要求。汪川依据传播对象的不同将智库的传播内容归纳为：面向决策层的知识和情报产品、面向业界的情报研究成果和行业经验、面向社会的基本事实和逻辑思维的科普、面向未来的思想和研究方法论 4 类。② 尹朝晖认为话语能力建设是智库提高国际传播力的基础，直接影响智库应对全球性问题和处置国际事务的能力，他特别强调智库研究视角应该不断向国际议题扩展，通过组建全球或地区性智库网络，不断扩大自身的全球化影响。③ 黄蕙从讲好"学理性"中国故事、从"策源地"影响和塑造国际舆论以及快速提升智库国际影响力三个方面论证了构建新型智库国际传播力的必要性和迫切性，并提出构建新型智库国际传播力的四个维度，即战略传播运营力、品牌传播塑造力、话语传播创新力和传播生态治理力。④ 庄雪娇通过对我国智库在国际主流传播平台上的账号开设及运营情况进行统计和分析，指出我国智库需要改善国际新媒体传播矩阵，将国际传播领域的成果列入智库考核体系、加强现有智库人才国际传播培训工作、创造中国智库对外传播的网络环境。⑤

（四）中国特色新型智库五年建设经验、堵点与发展趋势研究

　　根据《意见》⑥ 提出的时间表到 2020 年实现总体目标，中国特色新型智库五年建设中成果丰硕，不仅在建设实践中逐步探索出丰富的运营与管理经验，为国家、政府、社会提供高水平决策咨询成果，同时学界对新型智库建设的学理知识与深远意义有了更深层次的认知。随着中国特色社会主义进入新时代，面对世界百年未有之大变局，学者们对我国特色新型智库如何在更为复杂的国际环境中更具可持续性的健康发展展开研究与探讨，通过总结五年建设经验与堵点，分析我国特色新型智库在新时代中的新定位、新使命。

---

① 习近平：《在哲学社会科学工作座谈会上的讲话》，新华网，2016 年 5 月 18 日，http://www. xin-huanet. com/politics/2016 – 05/18/c_1118891128_4. htm。

② 汪川：《关于中国独立型防务智库传播对象和内容的研究》，载于《智库理论与实践》2016 年第 3 期。

③ 尹朝晖：《我国智库国际传播力建设的路径论析》，载于《领导科学》2016 年第 11 期。

④ 黄蕙：《中国特色新型智库国际传播力研究——基于创办〈当代中国与世界〉智库学刊的实例分析》，载于《智库理论与实践》2021 年第 4 期。

⑤ 庄雪娇：《论中国智库的国际传播新媒体矩阵：现状与未来》，载于《智库理论与实践》2021 年第 2 期。

⑥ 中共中央办公厅、国务院办公厅：《关于加强中国特色新型智库建设的意见》，中国政府网，2015 年 1 月 20 日，http://www. gov. cn/xinwen/2015 – 01/20/content_2807126. htm。

李刚将中国特色新型智库建设分为 2013～2018 年的"上半场"和 2018 年以后的"下半场",指出"下半场"面临智库产业集中度和产业集群性很低,"散""弱""小"局面并未发生根本改变;新型智库建设面临"三明治陷阱",即上层是国家/省市部委智库管理部门,中间是母体单位(比如高校和社科院),下层才是智库。之所以称为智库治理的"三明治陷阱",是因为国家/省市部委智库管理部门无法直接管理到这些母体单位下属的非独立智库,而是要通过母体单位(也可以叫作平台单位)才能作用到智库,母体单位(平台单位)就像三明治的中间层隔绝了国家/省市部委智库管理部门和非独立智库之间的直接治理联系,国家/省市部委智库管理部门任何政策落地都需要母体单位(平台单位)制定实施细则,或者经过母体单位(平台单位)认可同意配套政策落地的流程才能作用到非独立智库;① 智库和政府内部研究机构是"两张皮",供给与需求之间的信息不对称难以消除;智库成果认定与激励的指挥棒设计不合理等五大挑战,需要创新机制、重心下移,推行"嵌入式决策咨询服务模式"。② 袁鹏认为经过五年的发展已初步形成了有中国特色的智库体系。但当"两个大局""两个格局"的历史转型亟需更为强大而有力的智力支撑时,中国智库界在思想产出、咨政能力、理论创新、舆论引导等方面仍存在较大提升空间。需要明确中国特色新型智库的政治属性,坚持党的领导,把握正确导向;坚定中国特色新型智库服务于党和政府决策的初心和使命,坚持围绕大局,服务中心工作;着力发挥中国特色新型智库公共性、稳定性和继承性的优势,加强体制机制创新,拓展研究议题覆盖面。③周湘智指出中国特色新型智库在知识生产模式转变、时代语境更新及"以人民为中心"和"人类命运共同体"为价值表达的特定背景中出场;其现实运作以知识为本质和核心动力,在知识和权力的动态互补、知识与资本的耦合驱动中完成。中国特色新型智库从时空双重语境、共性与个性双向维度及与治理现代化的互动关系角度丰富并拓展着当代智库的内涵,形成了新时代中国智库的初步轮廓和基本范式。④

---

① 李刚:《破解我国智库体制的"三明治陷阱"》,载于《科学与管理》2018 年第 6 期。

② 李刚:《创新机制、重心下移、嵌入决策过程:中国特色新型智库建设的"下半场"》,载于《图书馆论坛》2019 年第 3 期。

③ 黄蕙:《中国特色新型智库的历史新方位和新使命——专访中国现代国际关系研究院院长袁鹏》,载于《当代中国与世界》2021 年第 1 期。

④ 周湘智:《中国特色新型智库:出场逻辑、运作机理与基本范式》,载于《图书情报工作》2021年第 15 期。

三、智库研究的文献计量学分析

国家需求是我国哲学社会科学发展的主要动力，是驱动学术前沿发生变化的重要力量。知识界积极响应国家各项政策，集中力量投入多样化科研资源，服务于国家重大项目，推动研究领域由"冷"变"热"，从学术边缘走向学术前沿，从小众研究走进大众视野。中国特色新型智库建设是推进国家治理体系和治理能力现代化的重要途径。党中央有关中国特色新型智库建设的战略部署激发了学界智库研究的热情，近年来我国智库研究进展卓越，取得了丰富多样的研究成果，促进了我国智库学科体系与学术体系的制度化进程。

（一）智库研究文献与课题分布

期刊论文能真实反映某一学科或学术研究方向的前沿和热点。智库研究是指智库共同体及其历史、政策、管理、营运等内容的研究。基于这一概念，本书以"智库""思想库""智囊团""智囊机构""脑库"等作为中国知网期刊数据库的检索入口，共得到 9 013 篇论文。在剔除重复文献、新闻报道，以及与智库研究内容不相关的文献之后最终得到 8 669 篇论文。2015 年之前我国科研工作者对智库研究的成果数量十分有限，2015 ~ 2020 年智库研究成果数量激增，这一时期的文献约是 2009 ~ 2014 年发表文献量的五倍之多（见图 7 - 1）。虽然哲学社会科学研究范围广、覆盖面大、交叉点多，但智库研究的出现无疑进一步加深和强调了中国特色哲学社会科学的应急性、对策性。

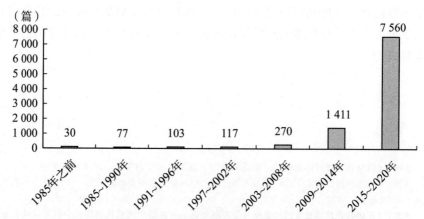

图 7 - 1　1980 ~ 2020 年我国智库研究文献量分布情况

资料来源：来自中国知网（CNKI）数据库。

学术队伍是推动智库研究从边缘走向前沿的基础力量。智库研究文献的作者数量和作者单位数量在 2015 年前后两个阶段有较大的变化（见图 7 - 2）。后一阶段的作者数量是前一阶段的三倍之多，后一阶段的作者单位数量约是前一阶段的 2.6 倍。这说明智库研究共同体拥有了新鲜血液，在不断地成长壮大。智库研究群体的扩大化增强了我国哲学社会科学研究群体的活跃度。

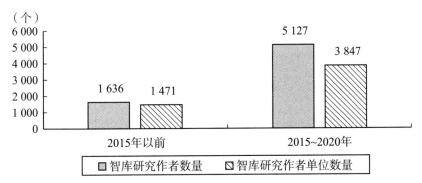

图 7 - 2 2015 年前后智库研究作者与作者单位数量对比情况

资料来源：来自中国知网（CNKI）数据库。

智库研究文献论文主题的变化反映着科研人员对智库本质、智库建设的认识逐渐深入。由表 7 - 1 可知，2015 年以前智库研究文献主题主要集中在国别智库（例如，中国智库、美国智库）、国内外知名智库（例如，兰德公司、布鲁金斯学会、国研中心、国经中心），以及科学决策等方面。值得注意的是，这一时期国内对"智库"还没有统一的称呼，称其为"智囊团""智囊机构""思想库"等的文献还很多。2015 ~ 2020 年，智库研究文献主题出现了新的变化，一是关注点从国外转移至国内，从智库研究文献主题出现频次排序看，这一时期排列靠前的主题更为关注国内新型智库的健康发展而非国外智库；二是各类型智库研究更为细化，研究对象有高校智库、科技智库、教育智库、社会智库、媒体智库、民间智库等；三是智库研究更为聚焦，重点关注"智库联盟""智库转接""智库产品"等智库自身建设问题，以及"一带一路""大数据""高质量发展"等社会热点问题；四是由于国家政策的正式出台，智库名称逐渐统一。智库研究方向的细化、研究内容的丰富为我国哲学社会科学研究带来了新的研究交叉点、学科交叉点，成为哲学社会科学创新发展的重要动力。

表 7 – 1　　　　　　　　　2015 年前后智库研究文献主题频次统计　　　　　　单位：次

2015 年以前智库研究文献主题出现频次				2015～2020 年智库研究文献主题出现频次			
思想库	353	新型智库	31	智库建设	1 536	教育智库	136
智囊团	339	基金会	31	新型智库	736	智库产品	136
智库建设	148	美国思想库	28	高校智库	500	独立性	122
智库发展	111	咨询机构	26	智库发展	473	社会智库	113
中国智库	91	中国国际经济交流中心	22	中国特色新型智库	432	媒体智库	110
影响力	86	公共政策	22	影响力	272	布鲁金斯学会	87
美国智库	82	研讨会	20	"一带一路"	263	大数据	85
民间智库	75	高层论坛	20	高校智库建设	248	决策咨询	84
兰德公司	73	决策咨询	19	智库服务	212	中国特色	83
布鲁金斯学会	66	地方社科院	18	高校图书馆	207	民间智库	80
中国特色新型智库	61	华盛顿	17	中国智库	205	智囊团	79
独立性	47	中国特色	16	研究院	182	国务院发展研究中心	77
高校智库	41	中国电信行业	16	美国智库	155	运行机制	66
国务院发展研究中心	39	信息通信产业	16	智库联盟	155	高质量发展	66
智囊机构	36	图书馆	15	智库专家	147	社会科学院	66
研究院	33	民间思想库	15	图书馆	145	智库评价	65
科技思想库	33	科学思想库	15	科技智库	141	智库体系	63

资料来源：来自中国知网（CNKI）数据库。

基金资助课题在一定程度上代表了学科研究的热点、难点和方向，由基金资助项目产出的论文是课题科研成果的反映和总结，一般来说具有先进性、创新性、实用性，具有较高的学术水平。[①] 从 2015 年以前智库研究文献的基金来源看（见表 7 – 2），基金项目总量较少，国家级基金项目数量稍多于地方级基金项目数量，地方级基金项目分布区域较少，主要集中在江苏省、上海市、山西省、湖南省、山东省。2015～2020 年智库研究文献的基金来源与数量发生了显著变化：

———————
① 刘艳莉：《新闻传播学核心期刊基金项目论文计量分析》，载于《内蒙古科技与经济》2017 年第 19 期。

第一，国家级和地方级相关基金项目数量大幅增加，仅国家社会科学基金项目的数量就比前一阶段增长了近 14 倍，江苏省教育厅人文社会科学研究基金项目比前一阶段增长了约 11 倍；第二，地方级相关基金项目分布区域广泛，涉及 13 个省份（直辖市）。这些明显变化都说明国家和地方智库建设意识的转变，给予智库研究更多的资金支持和资源投入。

表 7 - 2　　　2015 年前后智库研究文献的基金来源与数量统计　　单位：篇

2015 年以前智库研究文献的基金来源与数量分布		2015～2020 年智库研究文献的基金来源与数量分布			
国家社会科学基金	23	国家社会科学基金	319	海南省自然科学基金	6
全国教育科学规划课题	5	国家自然科学基金	53	吉林省哲学社会科学规划项目	6
国家自然科学基金	5	教育部人文社会科学研究项目	41	陕西省教育厅科研计划项目	5
国家软科学研究计划	3	全国教育科学规划课题	41	河北省哲学社会科学规划研究项目	4
江苏省教育厅人文社会科学研究基金	2	江苏省教育厅人文社会科学研究基金	26	陕西省哲学社会科学规划课题	4
上海市重点学科建设项目	2	中国博士后科学基金	23	江苏省青蓝工程	4
扬州大学科研项目	2	江苏省社会科学基金项目	19	重庆市教育委员会人文社会科学研究项目	4
山西省软科学研究计划	2	山西省软科学研究计划	18	辽宁省教育厅科学技术研究项目	4
江苏省社会发展科技计划	1	黑龙江省哲学社会科学研究规划项目	16	甘肃省哲学社会科学规划项目	4
湖南省哲学社会科学基金	1	吉林省教育科学规划课题	16	安徽省哲学社会科学规划项目	4
山东省软科学研究计划	1	江苏省教育厅高等学校哲学社会科学研究项目	14	广州市哲学社会科学规划课题	4
中国博士后科学基金	1	中央高校基本科研业务费专项资金项目	13	四川省哲学社会科学规划项目	4

2015 年以前智库研究文献的基金来源与数量分布		2015～2020 年智库研究文献的基金来源与数量分布			
中国科学院知识创新工程项目	1	辽宁省哲学社会科学规划基金项目	13	湖北省软科学研究计划	3
宁夏大学科学研究基金	1	湖南省哲学社会科学基金	13	吉林省教育厅科学技术研究项目	3
国家留学基金	1	广东省哲学社会科学规划项目	11	国家留学基金	3
教育部新世纪优秀人才支持计划	1	贵州省软科学研究计划	8	湖南省教委科研基金	3
美国洛克菲勒基金会基金	1	广东省软科学研究计划项目	8	国家重点研发计划	3
		国家软科学研究计划	8	河南省政府决策研究课题	3
		江苏省社会发展科技计划	7	江西省教育科学规划课题	3
		黑龙江省艺术科学规划课题	7		

资料来源：来自中国知网（CNKI）数据库。

（二）智库研究的跨学科特征

智库研究属于跨学科研究领域，涉及学科知识广泛，包括政治学、管理学、传播学、国际关系、图书情报与档案、历史学和教育学等一级学科。智库研究学科体系的建立以多学科基本理论和研究方法为基础，逐渐形成自己的核心知识体系和训练体系。建立智库学科体系是智库知识体系发展的重要路径，有助于稳定智库研究的前沿地位，有助于源源不断培养智库专业高层次人才，有助于促进智库研究嵌入主流社会科学。

根据中国知网硕博士论文数据库统计，剔除与智库研究关联度低的硕博士论文可知，自 2004 年至 2021 年 9 月共有 285 篇硕博士论文与智库研究紧密相关。2013 年至 2021 年 9 月，共计 252 名硕士生和博士生研究智库相关选题（见图 7-3），党的十八届三中全会通过的《决定》指出，要"加强中国特色新型智库建设，建立健全决策咨询制度"。① 这极大促进了学术界对智库的关注度。此外，从学科背景来看（见表7-3），完成智库研究相关选题的硕博士学科背景呈现显著的多元化、细分化的特征，其中行政管理（占比24.03%）、公共管理（占比14.84%）等政治学学科的硕博士论文占比最多；其次是教育学（包括教育经济与管理、高等教育学、比较教育学等）、图书情报与档案学、国际关系三类学占比较重。由此可见，涉及智库研究的头部学科比较集中，但是长尾部分相对分散，很多学科都涉足智库研究，这是前科学阶段的一个典型特征。

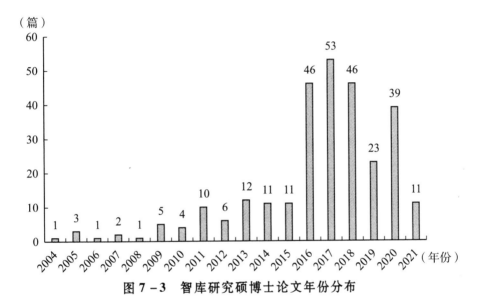

图7-3 智库研究硕博士论文年份分布

资料来源：来自中国知网（CNKI）数据库。

表7-3　　　　　　　　智库研究硕博士论文学科分布统计　　　　　　　　单位：篇

学科	文献量	学科	文献量	学科	文献量	学科	文献量
行政管理	68	政治学理论	5	公安学	2	社会学	2
公共管理	42	世界史	3	法政策学	2	思想政治教育	1
高等教育学	28	英语语言文学	3	军事	1	体育人文社会学	1
教育经济与管理	19	法学	2	比较政治学	1	哲学	1
国际关系	19	工商管理	2	科学技术哲学	1	政治学	1

---

① 新华社：《中共中央关于全面深化改革若干重大问题的决定》，载于《人民日报》2013年11月16日。

学科	文献量	学科	文献量	学科	文献量	学科	文献量
情报学	16	马克思主义中国化研究	2	科学社会主义与国际共产主义运动	1	中外政治制度	1
新闻传播学	12	外交学	2	马克思主义法学	1	体育	1
国际政治	12	教育学	2	马克思主义理论	1	法律	1
图书馆学	8	管理科学与工程	2	农业信息管理	1	德语语言文学	1
比较教育学	6	教育史	2	软件工程	1	出版	1
档案学	6	比较制度学	2	科技管理	1		

资料来源：来自中国知网（CNKI）数据库。

此外，智库研究逐步成为高层次专业人才培养方向，部分高校及科研院所不仅设立智库研究与智库学方向的硕博士培养点，还配套规划了智库研究方向的教材与课程。例如，南京大学设立智库研究的博士生培养方向，并在图书情报专业硕士培养中设立了智库知识管理方向，并设了智库信息系统和知识管理的课程，同时规划了"现代智库概论"教材的编写工作。自 2016 年以来，南京大学中国智库研究与评价中心（China Think Tank Research and Evaluation Center，CTTREC）已经毕业了 6 名智库研究方向的博士生和 10 余位硕士生。中国科学院文献情报中心也设立了智库研究的博士生培养方向。中国人民大学信息资源管理学院在2020 年也计划招收博士生开展智库信息资源共享与保障的研究。[①] 这些专业人才培养方案均为智库研究努力嵌入学科体系的有益尝试。

（三）智库研究的学术体系初显雏形

构建学术体系是智库研究制度化的重要内容，学术体系是指学术组织、学术期刊和学术活动等要素构成的一个框架或者平台。建立智库相关学术组织，创办智库研究学术期刊，定期组织开展智库研究学术活动，构建并不断完善智库学术体系，为我国智库健康、可持续发展提供根本保障。

在学术组织建设方面，对于任何一个得到学术界公认的研究领域来说，都会有相应的学术组织，如国家的一级学会或者二级学会，或者一级学会下面的专业

---

① 李刚、王斯敏、冯雅、甘琳：《CTTI 智库报告（2019）》，南京大学出版社 2020 版。

委员会。① 然而，目前我国尚未形成如"全国智库研究会"之类的一级学会组织，也没有在政治学会、管理学会或者中国图书馆学会下级设立智库研究专业委员会，这导致没有机构能够合法进行全国性智库研究和评价的规划、组织和协调工作。除个别省外，大部分省市都没有建立本省的智库研究学会，② 这一定程度上限制了我国智库研究的标准化、有序化与制度化进程。

在智库研究成果的发表平台方面，近五年来智库研究逐步成为主流报纸、期刊的稳定选题之一，智库类期刊数量显著增加，智库研究期刊开始出现。首先，从智库研究报纸版面设置与文章发表来看，自 2015 年《意见》印发以来，③ 中央与地方党报已成为智库宣传学术研究成果的重要阵地，我国党报党刊愈加重视刊载智库理论成果。作为鲜明表达中国共产党理论、主张、政策等展示重要学术成果的高光舞台，我国党报党刊一方面通过开设专门的"智库栏目"，刊发智库研究类文章，例如《光明日报》开设"理论·智库"版块、《经济日报》开设"中经智库"版块、中国社会科学报开设"智库专版"等，充分体现智库研究已逐步成为主流报刊的稳定选题，也在一定程度上体现出我国重要媒体机构对智库研究成果质量的高度肯定。此外，发表在"三报"（即《光明日报》《人民日报》《经济日报》）上的文章数量占总发表比重的 10.5%（如表 7 - 4 所示），大多数智库的理论文章均刊发在中央或地方具有一定影响力和知名度的报纸上，也能够体现我国各类智库的学术研究成果质量较高，具有一定的代表性与权威性。

表 7 - 4　　　　　　2017 ~ 2021 年来报纸文章发表情况

序号	报纸名称	发表数量（篇）	占比（%）
1	《光明日报》	787	5.52
2	《人民日报》	508	3.56
3	《中国社会科学报》	384	2.69
4	《经济日报》	212	1.49
5	《环球时报》	203	1.42
6	《检察日报》	140	0.98

① 谢伏瞻：《加快构建中国特色哲学社会科学学科体系、学术体系、话语体系》，载于《中国社会科学》2019 年第 5 期。
② 李刚、甘琳、徐路：《智库知识体系制度化建构的进程与路径》，载于《图书与情报》2019 年第 3 期。
③ 中共中央办公厅、国务院办公厅：《关于加强中国特色新型智库建设的意见》，中国政府网，2015 年 1 月 20 日，http://www.gov.cn/xinwen/2015 - 01/20/content_2807126.htm。

续表

序号	报纸名称	发表数量（篇）	占比（%）
7	《南京日报》	114	0.80
8	《文汇报》	112	0.79
9	《新华日报》	107	0.75
10	《中国教育报》	81	0.57

资料来源：来自中国智库索引（CTTI）系统。

　　在各类智库的学术期刊创办方面，我国特色新型智库注重研究与传播"双轮驱动"。智库的学术期刊除了具备传统学术期刊传播文化与科学知识、文化思想和意识形态的基本功能外，还发挥议题设置平台的重要作用。智库通过期刊平台设置议题，引发讨论、影响政策，比起大众媒体与网络信息平台，智库通过创办学术期刊为议题讨论与政策决策提供兼具影响力与严肃性的官方平台，并以学术期刊为智库本身的核心形象资产，通过主办在业界有影响力的智库期刊体现智库实力与影响力大小，吸引更多高影响力专家学者通过期刊平台发声，从而进一步巩固智库的地位与发声能力。本部分以国家高端智库和党政智库为例，统计其官网公布的期刊信息如图 7-4 所示。从图 7-4 可以看出，目前有 35 家智库创办

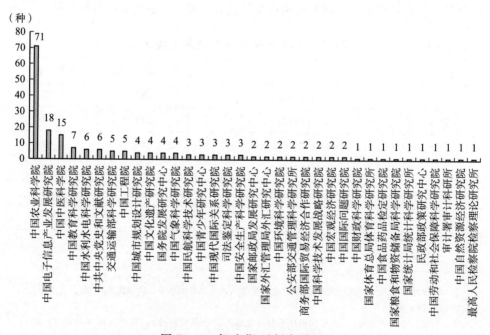

图 7-4　智库期刊创办情况

资料来源：来自中国智库索引（CTTI）系统。

了明确公开发行的学术期刊或杂志，其中中国农业科学院（含下设研究所）共创办 71 种公开刊物，中国电子信息产业发展研究院和中国中医科学院也有 10 余种公开学术期刊；中国中医科学院的《中医杂志》、中国现代国际关系研究院的《现代国际关系》、国研院的《国际问题研究》等期刊都有中英文双语版本，大力促进了党政智库优秀成果和先进中国观点的国际化传播；其余党政智库自办期刊或杂志在 1~7 种不等，多数能够突出理论研究与政策研究有机结合，基础性与时效性兼顾的特色，既是引领智库创新改革、健康发展的方向标，也成为智库科研成果的重要展示窗口。

在智库研究的专业期刊创办方面，2016 年 2 月《智库理论与实践》正式创刊，由中国科学院主管、中国科学院文献情报中心和南京大学联合主办，是国内第一份专业性智库研究期刊，服务于国家创新驱动发展战略，支撑国家科技宏观战略决策，依托中科院丰富的智库资源，联合国内外各类智库的高端资源，致力于探索智库理论、支撑智库建设、指导智库实践、传播智库成果，集学术性、指导性、成果性于一体。根据中国知网对期刊年度总文献量的统计可知，截至 2021 年 9 月，《智库理论与实践》已刊登智库研究论文近六百篇，为智库研究提供了专业的发表平台，推动智库研究嵌入学术体系；其中年度基金资助文献量占比逐年增加，2021 年前 9 个月的基金资助文献占比已接近 50%，[①] 由于基金项目通常对成果质量把关更为严格，因此基金资助文献占比的逐年增加，一定程度上也体现了《智库理论与实践》刊登论文的品质不断提升，进而体现出我国智库研究水平不断提升；从该期刊刊登论文的所属栏目可知，目前智库研究仍然以智库领域的理论研究以及智库建设的相关信息动态为主，统计期刊刊登文献的关键词分布（如图 7-5 所示）可知，2017~2021 年期间，学界开展智库研究的主要关注点包括智库建设、智库影响力、高校智库、新型智库及运行机制。

学术刊物"一枝独秀"往往难以长期吸引稳定的作者群体，难以形成制度化的高层次发表平台。虽然《智库理论与实践》是目前国内仅有的专业性智库研究期刊，但自 2015 年《意见》[②] 颁发以来，一些期刊及时响应建设中国特色新型智库的战略需求，积极转变期刊角色定位，收录不少智库研究成果。如武汉决策信息研究开发中心、武汉大学主办的《决策与信息》[③]。根据中国知网对其年度基金资助文献量的统计可知，以 2016 年为界，前期几乎未刊登过年度资金资助的文献，自 2016 年后每年资金资助文献量占比均接近 30%，可见《意见》颁发以来，随着智库研究规模不断扩大，《决策与信息》也成为刊登高质量、高水平智库研究论文的重要阵地。

---

① 数据来自中国知网（CNKI）数据库。

② 中共中央办公厅、国务院办公厅：《关于加强中国特色新型智库建设的意见》，中国政府网，2015 年 1 月 20 日，http：//www.gov.cn/xinwen/2015-01/20/content_2807126.htm。

③ 资料整理自《决策与信息》官网，http：//www.jcyxx.com/qkjj.jhtml。

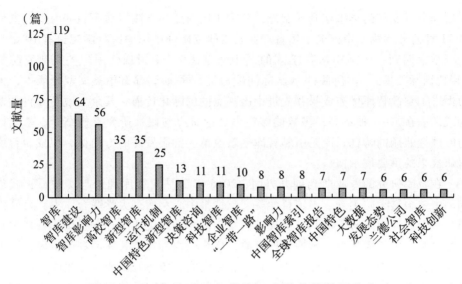

图 7 – 5 《智库理论与实践》文献的关键词分布
资料来源：来自中国知网（CNKI）数据库。

从学术活动来看，以智库研究和智库专业建设为目的的全国连续性会议有光明日报社和南京大学创办的"新型智库治理论坛"，自 2016 年起已成功举办五届，每届都有 700 余人参会，后因新冠肺炎疫情原因缩减规模至 400 人左右，是智库业界的年度会议，参会人员主要来自智库管理部门，国家高端智库和党政军智库，党校、行政学院、社科院系统，高校智库管理部门，社会、媒体、科技和企业智库，高校智库等，各类参会人员人数每年都有所增长。可见"新型智库治理论坛"影响力越来越大、辐射面越来越广。以智库研究为主题的全国性专业会议有浦东干部学院与光明日报主办的"中国特色新型智库"高层论坛，每年的参加对象是浦东干部学院副局级以上新型智库建设干部培训班学员，该论坛层次很高但并不向外界开放。[①] 此外，智库学界还会通过举办不同类型、不同层次的培训活动提升智库建设工作者的工作能力，如中国科学院文献情报中心《智库理论与实践》编辑部连续组织的五届新型智库核心能力培训班，包括由南京大学中国智库与研究评价中心等多家单位协办的"2016 年新型智库核心能力建设高级研修班"，[②] 全球化智库（CCG）、宾夕法尼亚大学智库研究项目（TTCSP）、宾大

---

① 李刚、甘琳、徐路：《智库知识体系制度化建构的进程与路径》，载于《图书与情报》2019 年第 3 期。

② 李芳、初景利：《新型智库战略与核心能力——"2016 新型智库核心能力建设"高级研修班内容要点解析》，载于《智库理论与实践》2016 年第 4 期。

沃顿中国中心协办的"2017年中国高端智库建设与创新研修班",[1] 中共淄博市委宣传部、淄博齐文化研究院、山东理工大学淄博发展研究院等单位协办的"2018年第三届新型智库核心能力建设高级研修班",[2] 南开大学商学院协办的"2019第四届智库能力与新型智库建设高级研修班"[3] 以及内蒙古北辰智库研究中心协办的"第五届智库能力与新型智库建设高级研修班"。[4] 可见自2015年以来,智库学术活动在数量上基本保持连续,在地域上基本做到全国性与地方性兼备,在主办与承办单位上以知名智库单位及政府部门为主,一定程度上避免了鱼龙混杂现象。总之,智库研究、智库营运、智库建设等方面的工作已经成为某些智库论坛参会者的工作职责和职业发展路径。

第二节　智库评价研究的进展

智库评价是创建与整合智库各种信息的相关过程,有助于决策者深入理解智库的内在属性,并洞悉其在政策制定过程中的功能作用,成为推进新型智库建设的重要抓手和有力工具。针对智库进行客观、精确的评价既可以明确智库的贡献及作用,亦可为智库建设树立标杆,以促进智库的健康发展。近年来,国内多家机构对智库予以评价,促使智库评价成果日益丰富,受国外智库评价研究的影响,国内智库评价总体上以研究报告为主要形式,以智库影响力为重要考评指标,以定量评价为主要方法。本节梳理概述了近年来国内主要的智库评价机构的评价工作开展情况,了解自中国特色新型智库概念提出以来我国在智库评价方面作出的努力与贡献。

一、上海社会科学院开智库评价先河

2013年,上海社会科学院开创了中国智库评价和排名的先河,自2013年起连续发布7年《中国智库报告》,该报告由上海社会科学院智库研究中心发布,

---

① 中国科学院文献情报中心《智库理论与实践》编辑部:《智库能力与新型智库建设——2017第二届新型智库核心能力建设高级研修班通知(第一轮)》,载于《智库理论与实践》2017年第4期。

② 中国科学院文献情报中心《智库理论与实践》编辑部:《智库能力与新型智库建设——2018第三届新型智库核心能力建设高级研修班通知(第一轮)》,载于《智库理论与实践》2018年第3期。

③ 中国科学院文献情报中心《智库理论与实践》编辑部:《2019第四届智库能力与新型智库建设高级研修班通知》,载于《图书情报工作》2019年第11期。

④ 中国科学院文献情报中心《智库理论与实践》编辑部:《第五届智库能力与新型智库建设高级研修班成功举办》,载于《智库理论与实践》2021年第4期。

该中心成立于 2009 年，是全国第一家专门开展智库研究的学术机构，其上级机构上海社会科学院是国家高端智库。[①] 其中 2013 年至 2018 年的报告主题以影响力排名与政策建议为主，2019 年围绕国家治理现代化与智库建设现代化展开论述，2020～2021 年则以迈向高质量发展新阶段为研究主题。该系列报告前两年的评价体系依据美国宾夕法尼亚大学"智库与公民社会研究"（TTCSP）项目进行模仿构建，后来的评价体系依据社会结构范式进行构建，该评价体系在模仿的基础上实现创新，是中国智库排名研究的先驱，是中国智库评价的排头兵。

2013 年至 2018 年上海社会科学院的《中国智库报告——影响力排名与政策建议》分别围绕各年度的重要事件与我国治理体系与决策咨询体系的建设发展进程展开研究，从影响力来评价我国智库，2017 年之后形成稳定的指标体系，包括 5 个一级指标、12 个二级指标、32 个三级指标，从决策影响力、学术影响力、社会影响力、国际影响力、智库成长能力 5 个方面，对部委直属事业单位智库、地方党校（行政学院）、地方政研、地方社科院、高校智库、社会（企业）智库进行评价与排名（见表 7 - 5）。

表 7 - 5　　　　　上海社科院中国智库影响力评价指标体系

一级指标	二级指标	三级指标
1. 决策影响力	1.1 领导批示	国家级领导批示（件/年）、人均批示量
		省部级领导批示（件/年）、人均批示量
	1.2 建言采纳	全国政协、人大及国家部委议案采纳（件/年）、人均采纳量
		地方政协、人大及委办局议案采纳（件/年）、人均采纳量
	1.3 规划起草	组织或参与国家级发展规划研究、起草与评估（件/年）
		组织或参与省部级发展规划研究、起草与评估（件/年）
	1.4 咨询活动	国家级政策咨询会、听证会（人次/年）
		省部级政策咨询会、听证会（人次/年）
2. 学术影响力	2.1 论文著作	人均智库与学术论文发表数（篇/年）
		人均智库与学术论文转载数（篇/年）
		公开出版的论文集或智库报告（册/年）
	2.2 研究项目	国家社科/国家自科重大（重点）项目数（项/年）
		中央和国家交办的研究项目（项/年）
		地方政府交办的研究项目（项/年）

---

① 《中国智库报告｜新时代对中国智库提出了哪些新要求》，澎湃新闻网，2020 年 7 月 5 日，https：//baijiahao. baidu. com/s？id=1595106031089325901&wfr=spider&for=pc。

一级指标	二级指标	三级指标
3. 社会影响力	3.1 媒体报道	在国家主流媒体发表评论文章（篇/年）
		在地方主流媒体发表评论文章（篇/年）
		参与主流媒体的访谈类节目（次/年）
		具有重大影响的媒体报道（次/年）
	3.2 网络传播	智库主页点击率（累计，次）
		移动公众平台（微信）关注度（累计，人次）
4. 国际影响力	4.1 国际合作	理事会/学术委员会中聘请外籍专家的人数占比（%）
		在世界主要国家设立分支机构（是/否）
	4.2 国际传播	在国际主流媒体发表评论文章（篇/年）
		被国际著名智库链接（是/否）
		智库英文名在主要搜索引擎上的搜索量
5. 智库成长能力（参考指标）	5.1 智库属性	智库成立时间（年）
		行政级别（部/厅局/县处/县处级以下）
		研究专业领域
	5.2 资源禀赋	研究人员规模（领军人物、团队结构合理性等）
		研究经费规模（万元/年）
		研究经费来源中财政资助占比（%）

资料来源：引自上海社会科学院《中国智库报告——影响力排名与政策建议》。

该报告的评价程序包括两轮调查问卷、客观数据评价、用户评价、专家评议和实地调研。根据中国智库发展演化与研究领域特点设置五类排名和两类提名，分别为综合影响力排名、分项影响力排名、系统影响力排名、专业影响力排名、重大议题影响力排名，以及智库最佳项目（活动）提名和新智库提名。《中国智库报告》的智库备选池主要来源于《中国智库名录》、"中国智库网"和"智库中国网"中的活跃智库，2013~2018年分别选取276家、312家、258家、375家、464家、509家智库参与排名，其中包括部委直属事业单位、地方党校（行政学院）、地方政研、地方社科院、高校、社会与企业智库6类。[①]

2013~2018年的报告全文可在互联网上检索得到，公布综合影响力、分项影响力、系统影响力、专业影响力、议题影响力的排名，并未公布原始数据以及各类排名的分项得分、综合得分，说明了部分权重赋值，并对当年度的智库发展特

---

① 资料整理自《中国智库报告》。

点进行盘点总结。

2019 年报告以"国家治理现代化与智库建设现代化"为主题，结合国家治理体系与治理能力现代化对智库建设的要求，立足中国智库发展现状，对中国智库发展图景进行"大写意"和"工笔画"两种方式的描绘。其中，"大写意"就是全景式展示 2019 年度中国智库发展的总体概况，包括发展背景、类型结构、地域分布、联盟趋势、重要智库产品（公众号、期刊、内参）等。"工笔画"则是中国智库发展新特点的深度挖掘和动态盘点，包括研究选题热点、重要观点、大事记等。2020～2021 年的报告基于该课题组按照中国特色新型智库的八项标准对中国智库数据库进行的升级，从智库类型、地域、成立时间、研究领域等多维度展示中国智库的分布，对 2020 年度热点议题进行案例展示，对 2020 年中国智库发展动态进行盘点分析，展望 2021 年度中国智库的研究热点，并提出当前中国智库高质量发展过程中存在的短板及相应的对策建议。[①]

二、中国社会科学院的智库综合评价

中国社会科学评价研究院（以下简称"评价研究院"）于 2017 年 7 月 21 日经中央编办批准正式挂牌成立，其前身为 2013 年 12 月 26 日成立的中国社会科学院中国社会科学评价中心，是中国社会科学院的直属研究机构。

评价研究院在还是中国社会科学院中国社会科学评价中心时，已开始围绕智库评价展开研究，并于 2015 年发布《全球智库评价报告》，是我国发布的颇具影响力的全球智库研究报告。该报告制定了"全球智库综合评价指标体系"，从吸引力、管理力和影响力三个层次对全球智库进行评价，[②] 具体模型如图 7－6 所示。综合评价指标体系由五级指标构成，总分为 355 分，并在此基础上特制"全球智库综合评价指标体系（2015 试用版）"，解决指标获取性与时间紧迫性等问题。中心经过界定来源智库、修订来源智库范围、发放专家评分问卷及智库调查表、数据统计等一系列流程，结合一手、二手资料同步收集，得出得分靠前的全球百强智库名录。该报告涵盖丰富的智库类型，搭建了重要的评价指标，并对国外知名智库进行系统性介绍，为我国了解全球智库发展情况、探索我国智库建设发展目标提供了科学的支撑与重要的参考。

---

① 资料整理自《2019 年中国智库报告》。
② 王斯敏：《〈全球智库评价报告〉在京发布》，载于《光明日报》2015 年 2 月 12 日。

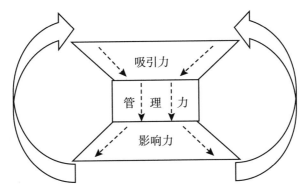

图 7-6　全球智库评价模型

资料来源：引自 2016 年 7 月 1 日中国社会科学出版社出版的《全球智库评价报告 2015》。

　　评价研究院重要理论贡献是提出"智库综合评价 AMI 指标体系"。2016 年，评价研究院启动了"中国智库综合评价 AMI 指标体系研究"项目，提出了"中国智库综合评价 AMI 指标体系"，AMI 智库综合评价体系包括吸引力、管理力、影响力 3 个一级指标、14 个二级指标、40 个三级指标以及 86 个四级指标。通过该评价体系对 531 家智库进行评价，包括地方党校（行政学院）、地方社科院、地方政府智库、部委智库、高校智库、企业智库、社会智库等 7 类智库 21 个子类智库，并公布入选核心智库的智库名单。基于此指标体系，评价研究院发布多份相关报告，并形成重要智库评价成果。①

　　首先，评价研究院先后发布了《中国智库综合评价 AMI 研究报告（2017）》《2018 年中国智库成果与人才评价报告》，开展了首届"中国智库咨政建言奖""中国智库学术成果奖""中国智库创新人才奖"的评选工作，产生了较大影响。这两份报告评审采用定性与定量相结合的方法。在定性评价方面，工作组根据各奖项的不同特点和评选工作的具体要求，工作组分别组建了"咨政建言""学术成果""创新人才"三个专家委员会，成员主要来自党政机关、智库机构、知名高校和科研院所等单位中取得丰硕学术成果、又具有丰富智库建设经验的专家学者，各专家委员会独立开展评审工作。在定量评价方面，工作组通过对各申报单位、个人的信息整理汇总，形成集中的数据库，同时根据填报的信息，经由专家讨论制定了分项的评价指标，由不同专家对同一份的申报材料进行了客观评分，然后由工作组进行数量分析。最后，综合主观和客观评阅结果给出相应的最终评审意见。

---

① 整理自中国社会科学出版社出版、中国社会科学院中国社会科学评价研究院发布的《中国智库综合评价 AMI 研究报告（2017）》。

此外，该院起草了《人文社会科学智库评价指标体系》，该文件结合国内外智库评价指标体系研究和应用的最新进展基础上，构建定性和定量的评价指标体系，运用第三方主观评价与客观评价相结合的方法，创建了一套具有科学性、权威性、针对性、指导性、工具性及可操作性，兼顾整体的通用性与差异性的智库评价指标体系（模型见图 7 – 7）。2021 年 5 月 21 日，该文件已经作为国家推荐标准发布；2021 年 12 月 1 日，该文件将正式作为中国国家标准实施。①

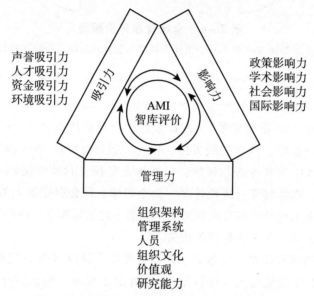

图 7 – 7　人文社会科学智库评价 AMI 模型

资料来源：引自中国社会科学评价研究院公众号。

评价研究院在智库评价领域开展时间早、成果多元丰富，对于我国智库评价来说具有重要的开创意义。

三、四川社会科学院力推中华智库影响力评价

《中华智库影响力报告》是由四川省社会科学院与中国科学院成都文献情报中心联合研创的中文智库评价报告。从 2015 年开始每年发布一版，目前最新版为 2020 版，以发布会形式发布。《中华智库影响力报告》采用主客观数据相结合

---

① 资料来自全国标准信息公共服务平台，http：//std. samr. gov. cn/gb/search/gbDetailed？id = C3386 C490 C298 B79 E05397 BE0 A0 AC288。

的评价模式，遵循评价目标的明确性、指标选取的全面性、指标选取的准确性和指标数据的可获得性四个原则，从决策、专业、舆论、社会和国际影响力五个维度，对中国智库的影响力进行评价。[①]

评价指标体系以系统理论为基础，分为 5 个一级指标：决策影响力、舆论影响力、社会影响力、专业影响力、国际影响力。下设 12 个二级指标与若干个三级指标，指标赋权采用层次分析法（见表 7 - 6）。[②]

表 7 - 6　　　　　　《中华智库影响力报告》评价指标体系

一级指标	二、三级指标及特征
决策影响力	政策导向、政策制定和政策评估的能力
舆论影响力	传播平台：智库机构承办网站；智库专家接受媒体采访报道的频度 传播内容：对突发公共事件的舆论导向；对重要议题的舆论导向 传播效果：智库官方微博；智库机构官网访问情况
社会影响力	公众影响力：智库机构或专家举办公益性讲座；智库公众知晓及认同状况 助推发展力：助力社会发展政策导向；智库出版的皮书 创新支撑：智库专家获得的专利授权；智库获得的省部级以上奖励
专业影响力	思想启迪能力：顶级专家及精英学者 知识编码能力：国家级课题立项；智库专家在国内发表的高质量论文；智库专家在国内报纸发表的文章；公开出版的学术专著 创意扩散能力：智库举办的全国性专业学术会议次数；智库自办刊物
国际影响力	成果影响：科学引文索引和社会科学引文索引收录论文；论文国际总被引 国际声誉：智库举办的国际会议；国际合作、学术交流和外脑使用

资料来源：引自《中华智库影响力报告》。

数据来源由"中华智库研究大数据平台"作为支撑。数据采集坚持"三重过滤、两重审核"机制，采取机器采取与人工录入结合的方式。人工采集数据主要来源于智库机构、国家科学技术奖励工作办公室、国家自然科学基金委和全国哲学社会科学基金规划办公室等。机器采集数据来源于中国知网、百度新闻、百度学术等。此外，还有来自国家和地方报纸、期刊官方网站、智库微博的数据。

报告评价对象为中国的智库，重点在大陆地区，将大陆地区智库分为四类：国家级智库、地方性智库、高校智库和社会智库。2015 版《中华智库影响力报

---

①②　整理自《中华智库影响力报告》。

告》纳入 276 家智库，2016 版纳入报告的智库机构为 232 家，2017 年纳入 473 家智库，2018 年纳入 480 家，2019 年纳入 490 家，2020 年纳入近 500 家。[①]

报告内容上，从三个角度对智库进行排名：综合影响力，对大陆地区的国家级智库、地方性智库、高校智库和社会智库进行统一排名；分项影响力排名，包括决策影响力、舆论影响力、社会影响力、专业影响力和国际影响力排名；分类影响力排名，包括国家级智库、地方性智库、高校智库、社会智库和港澳台智库排名。

"中华智库研究网"由四川省社会科学院与中国科学院成都文献情报中心合作开发完成，2014 年建立了"中华智库研究大数据平台"，旨在全面采集和梳理我国与智库研究相关的机构、专家、论文、报道等各种信息的基础数据和基本素材，整合多种数据分析指标和可视化工具，对智库进行动态监测和热点分析，着力打造中国特色新型智库大数据平台，平台成为《中华智库影响力报告》收集数据的重要途径。

四、浙江大学全球智库影响力评价探索

《全球智库影响力评价报告》由浙江大学信息资源分析与应用研究中心编写。报告以智库影响力评价为抓手，比较当前全球主流智库评价体系的优劣，基于数据公开、面向世界、评价透明、计算可重复原则，对全球著名智库活动进行数据驱动范式的综合性评价与评级。《全球智库影响力评价报告》采取每年发布一版的形式，从 2017 版开始发布，目前发布到 2020 版。

报告的指标体系以四个一级指标为基础，推出 RIPO 指标体系，即：智库资源 R、智库影响力 I、智库公共形象 P、智库产出 O。一级指标下有二级指标 10 项，二级指标下设 22 项三级指标，二级指标包括人员与组织，与政府及决策者关系，同行评议，开放性，纸媒曝光次数，社交媒体，网站，政策产出，学术产出这些指标（见表 7 - 7）。指标数据来源于智库官网以及纸媒和社交媒体。将各个机构收集到的指标数据采用线性加权算法计算出最后的得分，最终得到 TOP10、TOP20 和 TOP100 三个榜单。

---

① 整理自《中华智库影响力报告》（2015～2020）。

表7-7　　　　　　《全球智库影响力评价报告》评价指标体系

一级指标	二、三级指标及特征
资源指标	人员与组织：研究人员数量；人员总数；成立时间（年）
影响力指标	与政府及决策者关系：领导人旋转门（%） 同行评议：社科院排名；宾大版排名 开放性：网站语言版本数；是否接纳访问学者；成果合作情况；数据公开情况
公共形象指标	纸媒曝光次数：《人民日报》《华盛顿邮报》 社交媒体：Facebook；Twitter；微信公众号 网站：访问量排名；网站规模；网络影响因子；链接数
产出指标	政策产出：研究项目；年平均研究报告 学术产出：连续出版物

资料来源：引自《全球智库影响力评价报告》。

2017版中外智库占比情况为国内智库38家，占比15%；国外智库216家，占比85%。2018版中外智库占比情况为：国内智库64家，占比19%；国外智库274家，占比81%。2019版中外智库占比情况为：国内智库128家，占比27.13%，国外智库275家，占比72.87%。2020版最终确定388家智库评价名单，国内智库占比约28%，国外智库占比约72%。

五、清华大学智库大数据评价创新

《清华大学智库大数据报告》是清华大学公共管理学院智库研究中心在全球范围内，首次通过大数据评价方法和社交大数据资源对智库活动进行的综合性评价与评级。该报告通过对智库及专家言论在社交媒体中的大数据分析，推出了中国大数据智库指数和全球智库大数据指数，并公布了对中国智库和全球智库的评价结果。该报告首次发布于2016年，采取每年发布的形式，目前已出版四版。报告以"智库大数据报告"发布会形式发布。从评价对象上看，该报告在评价中国智库的基础上，开始关注全球智库，智库国际话语权意识逐步增强；从评价标准上看，积极借鉴国际智库评价领域的前沿理念和技术方法，以网络和社交媒体指标为核心，使社会科学和现代信息技术相结合，为全面动态分析智库行为探索新路径；从评价周期来看，报告具有连续性，能够及时反映智库当前发展与最新研究进展。

2016～2018年报告内容包括智库大数据评价的背景和意义、中国智库大数据评价方法、中国智库大数据排名与趋势分析、中国智库大数据评价与评级（top100）、研究展望、首席专家介绍。2017 年、2018 年，该报告新增全球智库大数据报告模块，包括全球智库大数据评价方法、全球智库大数据排名与趋势分析、全球智库大数据评价与评级（top50）。该报告 2016 年、2017 年的评估对象共计 510 所，其中高校智库 218 所，企业、社会智库 102 所，党校行政学院智库 36 所，社科院类智库 46 所，党政部门智库 101 所，军队智库 2 所，科研院所智库 5 所（见图 7－8）。2018 年，依据国内知名智库评价机构最新的智库评价报告扩充了评价的中国智库名录，评估对象共计 1 065 家。其中，高校智库 611 所，企业、社会智库 148 所，党校行政学院智库 54 所，社科院类智库 69 所，党政部门智库 157 所，军队智库 2 所，科研院所智库 24 所（见图 7－9）。①

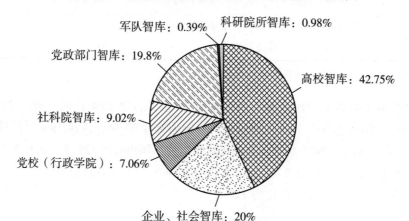

图 7－8　2016 年、2017 年报告评估机构结构

资料来源：引自《清华大学智库大数据报告》。

图 7－9　2018 年、2019 年报告评估机构结构

资料来源：引自《清华大学智库大数据报告》。

---

① 整理自《清华大学智库大数据报告（2018）》。

2016 年、2017 年、2018 年中心得到清博大数据公司的技术支持，以智库的全称与智库各种类型的简称作为搜索关键词，在微信、新浪微博中进行初步数据抓取和批量采集，构建基础数据库，再进行数据清洗与精准匹配。最后获取智库的微信公众号、智库微博专家以及智库在全部活跃微信公众号上的活动痕迹数据。"中国大数据指数"由中国智库微信引用影响力、中国智库微博专家影响力和中国智库微信公众号三个一级指标构成，每一个指标下面由若干个二级指标构成。中心依据专家建议设计了权重体系，对数据进行标准化和加权汇总，计算得到每个智库的大数据综合数据，详见表 7 – 8。

表 7 – 8　　　　　　《清华大学智库大数据报告》评价指标体系

一级指标	二级指标
中国智库微博专家影响力	专家历史粉丝数加总 专家当年发博数加总 专家当年所有博文的转发数加总 专家当年所有博文的评论比例 专家当年所有博文的点赞比例 专家当年所有博文的转发比例
中国智库微信公众号影响力	公众号当年发布文章数量加总 公众号当年所有文章的阅读数加总 公众号当年所有文章的点赞数加总 公众号发布文章的频次（总发布次数/监测天数；普通公众号每天限发 1 次，特殊公众号不受此规定限制） 公众号发布文章的容量（文章数/总发布次数；普通公众号每天限发 8 篇，特殊公众号不受此规定限制） 公众号发布文章的头条点赞比 公众号发布文章的单篇阅读比 公众号发布文章的单篇点赞比
中国智库微信引用影响力	活跃微信空间中引用智库的文章数加总 活跃微信空间中引用智库的文章阅读数加总 活跃微信空间中引用智库的文章点赞数加总 活跃微信空间中引用智库的文章位置重要性（8 篇中位置）

资料来源：引自《清华大学智库大数据报告》。

2019 年，中心与北京字节跳动公共政策研究院开展战略合作，联合发布了专题报告《清华大学智库大数据报告（2019 年）——今日头条版》。该报告通过对中国智库机构在今日头条平台中的大数据分析，构建了"清华大学智库头条指数"，包括"智库头条号指数"和"智库头条引用指数"。[①] 报告内容包括智库大数据分析的背景和意义、智库头条指数的数据采集及构建方法、清华大学智库头条指数评价、智库头条指数代表性机构、研究展望。此次报告的数据来源为今日头条平台数据中检索并构建分析的基础数据库。

2019 年版报告中"智库头条号指数"的指标包括智库官方头条号当年发布文章数加总、头条号当年发布文章的阅读数加总、头条号当年发布文章的分享数加总、头条号当年发布文章的点赞数加总、头条号当年发布文章的篇均阅读比（阅读数加总/发文数加总）、篇均分享比（分享数加总/发文数加总）和篇均点赞比（点赞数加总/发文数加总），以及头条号当年发布文章的平均阅读收藏比（收藏数加总/阅读数加总）等 8 个指标。"智库头条引用指数"的指标包括头条内容空间中引用智库活动信息（机构活动、专家观点、研究报告等）的文章数加总、头条内容空间中引用智库的文章阅读数加总、头条内容空间中引用智库的文章收藏数加总、头条内容空间中引用智库的文章分享数加总、头条内容空间中引用智库的文章评论数加总、头条内容空间中引用智库的文章点赞数加总等 6 个指标。

2016～2018 年，该报告公布了智库具体的评级、影响力指数以及前 100 家智库排名。2019 年虽未公布具体指数，但新增智库头条指数评价模块，包括智库头条号指数的指标评价、智库头条引用指数的指标评价、智库头条引用的分类趋势、智库头条引用的月度趋势。

六、其他智库评价报告概述

（一）浙江工业大学中国大学智库评价概述

《中国大学智库发展报告》是研究我国高校智库的报告，对 2017 年的高校智库进行评价与排名。该报告由浙江工业大学全球智库研究中心发布，该机构是中国大学成立的首个研究智库的机构。[②] 目前，该报告仅有 2017 年数据，以发布会的形式公开，以实体书的形式售卖，网络上仅公布目录，无英文版。

---

① 资料整理自《清华大学智库大数据报告（2019 年）——今日头条版》。
② 黄清子、马亮：《如何评价中国智库评价——基于五组评价报告的比较研究》，载于《中国社会科学评价》2020 年第 4 期。

　　该报告从中国大学智库评价的理论构建和学理逻辑出发，提出了新型指标体系，从契合度（X）、活跃度（Y）、贡献度（Z）评价我国高校智库（见图7-10）。其中，契合度是对高校智库与中国特色新型智库标准与任务要求的相关性评价，包括3个二级指标、7个三级指标、21个四级指标；活跃度是从量的角度，通过各类公共数据信息平台对大学智库机构和首席专家的表征搜索的评价，包括3个二级指标、8个三级指标、20个四级指标；贡献度是从质的角度通过资政建言采纳、理论研究成果、智库人才培养呈现状态的评价，包括3个二级指标、8个三级指标、21个四级指标。该报告对研究机构概况（架构与经费）、研究课题、研究人员、研究成果（论文、专著等）、获得批示（批示、内参）、对外交流合作情况、媒体引用、咨询和中介活动8项内容进行评价。该报告对200多家大学研究机构筛查后确定152家机构纳入评价样本，经专题调研、数据收集、实力比较和契合度甄别、活跃度搜索、贡献度分析，以及分项权重的设置、指标数据的集成，最后形成了中国大学智库的首度百强排名。报告中论证了指标赋权、数据加总方法，并未公布原始数据、分项得分、综合得分（详见表7-9）。

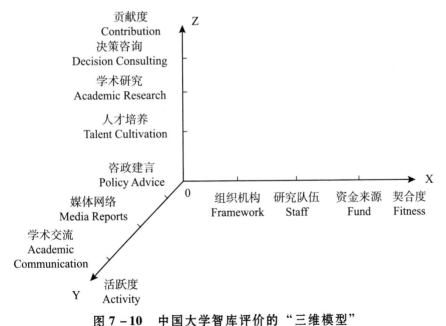

图 7-10　中国大学智库评价的"三维模型"

资料来源：陈国营、鲍建强、钟伟军、陈明：《中国大学智库评价研究：维度与指标》，载于《高教发展与评估》2016年第5期。

表 7 - 9 　　　　　　《中国大学智库发展报告》评价指标体系

一级指标	二、三级指标
组织机构	机构级别：国家级；省市级；大学自主设立 依托平台：平台级别 组织建设：机构成立年限组织章程（理事会）；治理结构；专职行政人员 网络使用：专门网站；机构公众微信号、微博
中国智库微博 专家影响力	专家队伍：队伍规模；人才工程；政府顾问；结构背景 人才培养：自主培养；合作培养
理论成果	项目课题：国家级项目数；省部级项目数；国家政府部门委托项目数；省市及以下政府部门委托项目数；其他横向项目数 论文专著：论文发表数；论著出版数 成果获奖：获国家级成果奖数目；获省部级成果奖数目；获地厅级成果奖数目
资政成果	资政建言：获国家级领导人批示的数目；获省部级领导人批示的数目；获其他级政府领导人批示的数目 资政参与：参与政府规划编制的级别和数量；为政府作报告，讲座的级别和数量；为政府部门举办的人才培训的规模 资政刊物：定期面向政府部门的研究咨询报告种类；每年向政府部门递交简报的数量；向政府部门提交简报的频率
学术交流	期刊任职：期刊级别和任职级别 会议论坛：举办学术会议的级别和次数 会议参与：任会议主持人、报告人、点评人的人数；所参与的会议的级别和规模
社会声誉	学界声誉：专家学者声誉评价；论文转载、引用次数 政府声誉：政府部门评价；与政府职能部门联系的数量、次数 媒体声誉：媒体评价、百度搜索指数等；网站访问量、论文报告下载量；机构、首席专家微信微博粉丝量；机构、专家接受媒体采访、报道数；报纸、网络文章发表数 国际声誉：国际排名与评价；出国考察人次；接受外国人员访问人次；举办国际论坛次数；参加国际会议人次；国外分支机构
支撑体系	经费支持：科研经费数；日常运营经费数 硬件基础：实验室仪器设备总价值（万元人民币）；资料室藏书量和电子期刊数量；办公用房所占面积 数据支撑：拥有数据库数量；数据库的规模

资料来源：引自《中国大学智库发展报告》。

（二）零点国际发展研究院智库评价概述

《2014 中国智库影响力报告》由零点国际发展研究院与中国网共同发布，采用影响力评价模型对中国智库进行评价，将智库分为"大机构"和"院所机构"。[1] 评价体系采用定性与定量结合方法，下设四类影响力指标：专业影响力、政府影响力、社会影响力和国际影响力，每类影响力设置 3~5 个客观指标（见表 7 - 10）。该报告将上海社科院的排名作为一级指标，将排名处理为得分后，与通过客观指标加总得到的得分进行综合，得到智库的得分，采用公式：智库得分 = 客观指标得分 ×70% + 主观指数得分 ×30%。[2]

该报告目前发布一年，以中文形式发布，报告中未公布相关智库的最后得分，也未完全展示量化的过程。网络可获得全文，以发布会的形式公布。

表 7 - 10　　　　《2014 中国智库影响力报告》评价指标体系

一级指标	二级指标
专业影响力	智库研究人才的数量和国际化程度 智库主要研究人员在期刊上发表文章的数量 智库主要研究人员出版专著的数量 智库公开发行刊物的数量
政府影响力	智库为政府人员培训的数量和级别 智库承担政府委托项目的数量和级别 智库获得政府领导批示的数量和级别 智库参加政府部门座谈会的数量和级别
社会影响力	智库在互联网搜索引擎上的搜索量 国内主流媒体对智库的报道量 智库及其主要负责人在新媒体上的粉丝量
国际影响力	智库与国际机构合作的频次和方式 与智库合作的国外智库的数量 智库主要研究人员在国际论坛上发言的数量 国外媒体对智库的报道量 智库在国外设立分支机构的数量

资料来源：引自《2014 中国智库影响力报告》。

---

[1][2]　张林：《〈2014 中国智库影响力报告〉智库评价体系》，中国网，2015 年 1 月 15 日，http：// www. china. com. cn/opinion/think/2015 - 01/15/content_34570669. htm。

第三节　南京大学与光明日报社合作的智库评价 *

　　南京大学中国智库研究与评价中心（以下简称"CTTREC"）是江苏省委宣传部与南京大学共同建设的专门从事智库研究、人才培养、评估、评价和管理咨询的机构，成立于 2015 年 5 月。CTTREC 主要工作可概括为"一体两翼"："一体"即"中国智库索引"（CTTI）的开发、维护和推广，"两翼"分别是指研究与人才培养工作和"新型智库治理论坛"的运维。CTTREC 和光明日报智库研究与发布中心签订了全面战略合作协议，建立了共同开展智库研究与评价的合作机制，围绕智库研究、评价、CTTI 系统开发、"新型智库治理论坛"进行合作，并从 2016 年开始连续五年发布《CTTI 智库报告》。本节梳理了 CTTREC 自成立以来围绕智库研究与评价开展的主要工作及成果。

一、联合开发"中国智库索引（CTTI）"系统

　　为贯彻落实加强中国特色新型智库建设的指示，为实现全面描述、全面收集智库数据，提供数据整理、数据检索、数据分析、数据应用的功能，为推动智库大数据管理的科学化、规范化和信息化，探索构建中国本土的智库评价体系，CTTREC 与光明日报智库研究与发布中心开展了 CTTI 系统的研究开发工作。2015 年 6 月 14 日，江苏省高等学校社会科学基金重大项目"中国智库综合信息资源平台研究"被批准立项，CTTI 原型系统研发正式启动。经过 4 个月的开发，在光明日报理论部与南京大学联合主办的"新型智库机构评估与治理创新专题研讨会"上，CTTI 原型系统正式发布。2016 年 3 月 30 日，江苏省委宣传部哲学社会科学规划办公室资助 50 万元用于 CTTI 系统一期开发，同年 9 月 28 日，CTTI 系统正式上线。在一年多的运营过程中，CTTI 收集到了大量来自各类智库和管理部门的实际需求，发现智库信息管理工具的缺乏已严重制约智库机构的日常管理。因此，2017 年 5 月，CTTREC 与光明日报智库研究与发布中心联合课题组决定进一步完善 CTTI 系统的数据字段，优化系统功能，CTTI 二期系统即 CTTI Plus 版本应运而生。

　　作为南京大学"C 刊、C 书、C 库"3C 中文学术综合评价体系的一环，CTTI

---

　　* 本节资料和数据为本书课题组根据相关资料整理。

一定程度上实现了我国智库数据管理和在线评价功能。经过近 6 年的努力，截至 2021 年 8 月，CTTI 共收录来源智库 941 家、专家 15 730 位、活动 28 642 场、成果 178 505 项，现已成为集智库垂直搜索、智库数据管理、在线智能评价功能于一体的集成信息管理系统①。目前，CTTI 已被 60 余家高校图书馆免费试用，在线访问量达 400 余万次，逐渐成为"找智库、找专家、找智库成果"的平台。同时，为打造中国新型智库线上联盟，共享智库建设成果，CTTI 引入智库共同体机制，现已有天津社科联和山东社会科学院两家单位成为 CTTI 智库共同体成员，并完成本地系统部署。

　　基于 CTTI 系统，中心将来源智库的基本信息重新审核汇编，形成一部权威的全国性智库总目——《中国智库索引》，将其作为工具书供政府、学术界、产业界和媒体部门参考使用。

二、基于智库 MRPAI 测评体系完成多项智库评价项目

　　CTTREC 联合光明日报智库研究与发布中心，基于 CTTI 系统的智库数据，研制出中国特色的新型智库评价体系。该评价体系在 MRPAI 算法的基础上，将灵活可配的定制化定量评价和专家主观评价相结合，实现了智库排行、专家排行以及影响力指数等专业排行功能。截至 2021 年 8 月，CTTREC 借助 MRPAI 测评系统，已为山东省委宣传部、江苏省委宣传部、江西省委宣传部、清华大学、吉林大学、山东社科院、天津社科院等 10 余家智库管理部门、高校、科研院所等提供专业的第三方智库评价与咨询服务（如表 7 – 11 所示）。

表 7 – 11　　2016 年至今中心主要承担的智库评价与研究项目

委托方	项目内容	是否结项
人力资源和社会保障部中国劳动和社会保障科学研究院	《国家级智库发展战略规划比较研究》	结项
天津社科联	CTTI 天津版定制开发	结项
中共山东省委宣传部	《山东新型重点智库建设评估》	结项
中共江苏省委宣传部	《2020 年度江苏省重点高端智库和重点培育智库考核评估》	结项
中共江西省委宣传部	《江西省重点新型智库三年考核评估》	结项

---

　　①　数据来自中国智库索引（CTTI），该系统由本书撰写组所在中心自行开发。

续表

委托方	项目内容	是否结项
中共南京市委宣传部	《南京市新型智库建设 2020 年度考核评估》	结项
清华大学	《清华大学校级智库机构绩效评价》	结项
吉林大学	《吉林大学智库数据采集项目》 《吉林大学新型智库建设评估》	结项
山东社科院	CTTI – ASS 定制开发	结项
天津社科院	《天津社科院高端智库建设方案编制与实施管理》	结项

（一）智库 MRPAI 测评指标

MRPAI 智库评价体系已确定 5 个一级指标和 24 个二级指标，其中 5 个一级指标分别是治理结构（M）、智库资源（R）、智库成果（P）、智库活动（A）和智库媒体影响力（I）。MRPAI 属于结果导向的智库效能测评体系，主要从资源占用量和资源运用效果两大维度进行测评，既能测量智库的体量、产量，也能测评智库的效能和属性强弱，为智库管理部门和智库机构提供改善宏观治理和提升智库管理的数据支持，以达到"以评促建、评建结合"的目的。

（二）智库 MRPAI 测评系统

MRPAI 测评系统深刻理解 MRPAI 评价指标、赋值和排序规则，运用先进的排序算法和基本的机器学习功能，对来源智库进行在线智能测评。该测评系统不仅实现了综合排序和分类排序，还拥有条件查询和数据统计分析功能，允许来源智库依据评价目标和侧重点自行选择数据维度并配置权重，能够清楚地分析来源智库各分值之间的比例，揭示来源智库在管理、资源、成果、活动等方面的强弱。同时，该测评系统采用内外网隔离和多级叠加的星型结构进行用户权限设置和角色分配，数据安全性已达到准金融数据安全级别，有效保障智库信息的可用性、可控性和保密性。

（三）主观评价功能

CTTI 在智库 MRPAI 定量评价的基础上，引入了专家主观评价。CTTI 现已收录超过 1.5 万名专家，均纳入智库主观评价专家资源池中。同时，CTTI 系统后台专门开发了问卷调查功能，以邮件通知方式将待评价智库列表及评价的维度以问卷链接的形式发送至收录专家，并按照一定权重将主观评价结果与客观的定量评价结果做综合计算处理，保证智库测评的专业性和准确性，为智库提升管理质量提供专业支持。

三、联合出版《CTTI 智库报告》系列，举办"新型智库治理论坛"

CTTREC 和光明日报智库研究与发布中心自 2016 年起发布《CTTI 智库报告》，对 CTTI 来源智库进行全景和局部深度分析，并于 2017 年开始出版中英双语报告，向国际社会介绍推广我国新型智库建设成就。同时，2016 年起，CTTREC 联合光明日报社，坚持公益原则，发起并创办"新型智库治理论坛"，积极推动新型智库共同体建设。至今论坛连续举办 4 届，共 3 000 余名智库代表参加会议。每年论坛除了得到《光明日报》及光明新媒体矩阵的全面报道之外，还得到了《人民日报》、中央电视台新闻频道、新华社、《中国社会科学报》《国家治理》等媒体报道和广泛关注。

2016 年，CTTREC 公开发布《CTTI 来源智库 MRPA 测评报告》，主要包括"中国智库索引（CTTI）平台概述""CTTI 来源智库""MRPA 测评指标体系""MRPA 测评排序规则""MRPA 测评结果数据分析""CTTI 来源智库名单（2017～2018）"等内容；2017 年，《CTTI 智库报告（2017）》通过 2017 中国智库治理暨思想理论传播高峰论坛发布，该年度报告包含《2017 年 CTTI 来源智库发展报告》《2017 年中国智库网络影响力评价报告》和该年最新版的"CTTl 来源智库目录"，论坛上还举办了"CTTI 来源智库精品成果专场发布会"等特色活动。同时，从 2017 年开始至今，《CTTI 智库报告》公开出版中英文两种版本图书，旨在向国际社会展示中国特色新型智库建设的最新进展，促进中外智库界的沟通与交流。《CTTI 智库报告（2018）》包含《2018CTTI 来源智库发展报告》《2018CTTI 高校智库暨百强榜报告》《2017"CTTI 智库最佳实践奖"评选活动报告》，以及当年最新版的"CTTI 来源智库目录"。在"2018CTTI 来源智库发展报告"中，CTTREC 确定了智库 MRPAI 测评指标。在排序规则上，除了延续往年的体系和规则外，该年度报告还引入 PAI 值排序，即以产出和影响力为导向，按照成果、活动和媒体影响力这 3 个指标赋值进行排序。《CTTI 智库报告（2019）》包含《2015 年～2019 年中国特色新型智库建设专题研究》《中国智库索引来源智库报告》和《CTTI 来源智库目录（2019）》，总结了国家高端与省市重点新型智库建设阶段性成就，利用详尽数据呈现了我国新型智库发展各方面的特征，并对新型智库下一步建设提出了中肯建议。《CTTI 智库报告（2020）》是《CTTI 智库报告》年度系列的第五本。该报告以综览回顾五年来中国特色新型智库建设为主题，紧密结合"形成定位明晰、特色鲜明、规模适度、布局合理的中国特色新型智库体系"①的目标要求，立足中国智库发展现状，对 2015 年以来中国智库发展历程和图景进行详细描绘。该报告分为序言和上下两篇，序言以回顾与展望我国新型智库建设在促进国家治理现代化进程中的重要作用和显著成效为主；上篇内容按照高校智库、社科院智库、党校（行政学院）智库、科技创新智库、企业智库和社会智库六大类分章节进行撰写，重点描述各类型智库建设的历史脉络、政策背景、发展现状、突出问题和建设建议等。下篇内容涉及 CTTI 系统概述、CTTI 来源智库增补、CTTI 来源智库数据特征分析、CTTI 来源智库政策领域测评结果分析和 CTTI 来源智库目录（2020）等，力求反映 CTTI 系统建设进展和来源智库收录情况，用详尽数据展示我国新型智库建设成果和突出成就。

四、学术研究与学术出版

（一）编辑出版"南大智库文丛"

CTTREC 与南京大学出版社合作编辑出版"南大智库文丛"，由中心首席专家李刚教授担任文丛主编。2016 年以来，"南大智库文丛"已经策划、编辑和出版了美国、欧洲各国的智库研究类图书和《中国智库索引》等 16 种图书。其中《思想产业：悲观主义者、党派分子及财阀如何改变思想市场》一书入选《新京报》2019 年年度阅读推荐榜。②

（二）完成智库评估、智库建设咨询项目、发表多篇学术论文

CTTREC 一直聚焦于中国特色新型智库的研究与评价工作，2015 年以来承担了国家和省部级研究项目以及党政部门、著名高校、研究机构委托智库评估、智库建设咨询项目 20 余项，完成多篇高水平研究报告。

与此同时，CTTREC 尝试从智库建设、智库管理、智库评价、智库服务等多个角度探索新形势下中国特色新型智库发展的规律，目前已发表 60 余篇阐

---

① 中共中央办公厅、国务院办公厅：《关于加强中国特色新型智库建设的意见》，中国政府网，2015 年 1 月 20 日，http：//www.gov.cn/xinwen/2015 - 01/20/content_2807126.htm。
② 《2019 新京报年度阅读推荐榜 120 本入围书单丨人文社科》，搜狐网，2019 年 12 月 17 日，https：//www.sohu.com/a/360895857_119350。

述中国特色新型智库建设理论研究的期刊论文，其中多篇发表在《图书馆论坛》《图书情报知识》《档案学通讯》等各类主流期刊上；发表 20 余篇报刊论文，其中多篇发表在《光明日报》《中国社会科学报》《新华日报》等主流报刊上。

（三） 合作主办学术期刊

2016 年 2 月，中国科学院文献情报中心和南京大学联合主办了我国第一份智库专业期刊《智库理论与实践》，为学术化的智库研究提供了专业的发表平台。该期刊为双月刊，至今已出版 24 期，发表文章 600 余篇。①

小　结

智库评价促进了我国政策研究机构的自我身份认同，很多智库从业者此前对"智库"没有明确概念，一旦意识到自己的这一身份，就会主动按照国内外智库规范去运作，去发展，完成从传统"研究机构"到现代新型智库的角色转换，咨政建言的自觉性得到强化与提升。② 同时，智库评价是社会监督的一种形式，有利于提高新型智库的透明度。开展好智库评价是确立智库行业标准、规范智库从业行为的重要举措，也是树立正确导向、促进行业监督、推动竞争发展的重要方式。③ 对智库进行合理的评价，能够掌握智库整体发展状况，遴选出优秀的智库，更好地推动智库为政府、社会服务。④ 此外，开展公平、公正、客观、合理的智库评价，明晰智库的角色定位，优化其社会职能，对智库的整体发展具有不容忽视的推动作用。毫无疑问，智库评价过多过滥对智库健康发展并不有利，不科学的智库评价更是妨碍智库健康发展。传统的评价指标过于单一僵化，不利于特色新型智库的建立与发展。要改变简单罗列指标再简单加权组合的现状，寻求更精确的指标选择方法和更符合智库运行规律的指标整合方式，积极借鉴文献计量学等相近学科的方法，引进技术手段，尽可能提高评价结果精确性。而从更长远的角度看，要从根本上改善评价方法的科学性与可靠性，还有待于对智库特征、社会环境与智库绩效之间复杂关系的进一步

① 数据来自中国知网（CNKI）数据库。
② 王斯敏：《智库评价：要不要做，如何做好?》，载于《光明日报》2016 年 2 月 3 日。
③ 周湘智：《中国智库建设行动逻辑》，社会科学文献出版社 2019 年版，第 53~54 页。
④ 朱敏、房俊民：《智库评价研究进展及我国智库评价建设》，载于《情报杂志》2017 年第 8 期。

发掘。[①] 智库研究的规范性、理论性、系统性有待加强，智库评价依然存在诸多问题和挑战，有着很大的提升空间。因此，未来仍需要不断加强智库研究理论体系建设，重视实证研究，提高整体学术质量，同时，期望未来能够通过科学合理的智库评价进一步加强智库认同感、激励智库自觉性和提高智库认可度，进一步规范、引导我国智库行业健康发展，实现智库建设与智库评价的良性互动，推动我国智库健康发展。[②]

①　卢小宾、黎炜祎：《智库评价体系构建研究》，载于《情报资料工作》2019 年第 3 期。
②　王文、李振：《中国智库评价体系的现状与展望》，载于《智库理论与实践》2016 年第 4 期。

第八章

中国特色新型智库建设的"溢出效应"

"溢出效应"是指一个组织在进行某项活动时，不仅会产生活动所预期的效果，而且会对组织之外的人或社会产生影响。① 中国特色新型智库建设带来的"溢出效应"则是指新型智库在与其他行为主体交往过程中知识自然输出与外露而产生的影响。中国特色新型智库是党和政府科学决策、民主决策、依法决策的重要支撑，是国家治理体系和治理能力现代化的重要内容，是国家软实力的重要组成部分。除此之外，在推动新型智库建设过程中，中国特色哲学社会科学的研究范式逐渐转变，更加强调其"经世致用"功能的发挥。由于智库研究具有学科交叉性，因此，这一研究热点带动了高校学科建设的特色发展，学科体系更加完善，人才培养机制更加健全。同时，新型智库在协商民主建设中发挥了重要作用，成为协助党和政府科学决策的"外脑"，以多种方式围绕党政科学决策"真献策""献真策"。

第一节 智库建设推动中国特色哲学
社会科学研究范式的转变

马克思有一句名言："以往的哲学家只是用不同的方式解释世界，而问题在

---

① 牛冲槐、王聪、郭丽芳、樊燕萍、芮雪琴：《科技型人才聚集下的知识溢出效应研究》，载于《管理学报》2010 年第 1 期。

于改造世界。"① 这句话点明了马克思主义哲学的要义，哲学社会科学要从解释世界的话语体系变成改造世界的话语体系，这中间有一个理论和方法的转换问题。并非所有的哲学家都能在这两种体系中自由地转化，对于大多数哲学家而言，哲学只是解释世界的话语体系，而无法变成改造世界的话语体系。20 世纪以来，出现了智库这种专业机构，它们的主要使命就是把哲学社会科学的这种话语体系转换成改造世界的话语体系。旨在解释世界的哲学社会科学可以称为"哲学范式"（也可以叫"学术范式"），旨在改造世界的哲学社会科学可以命名为哲学社会科学的智库范式。

哲学社会科学的智库范式具备如下几个特征。

第一，哲学社会科学从哲学范式到智库范式转换体现在智库具备"知行合一"特征。智库是基于事实的独立的公共政策和战略研究机构，智库分析必须基于事实数据，强调公共政策分析的规范性和实证性，强调政策分析建议的可操作性。可以说，智库范式首先体现在对"真知"的追求上。智库不仅重视"知"，强调"真知"和"实知"，而且要在理论和实践之间，要在学术界和实务界（政界、产经界、媒体等）之间承担沟通、创造性转换、双向反馈，使哲学逻辑指导实践逻辑，使实践逻辑刺激哲学逻辑的演化。如果说哲学范式关注的是事物或者现象的理论逻辑，那么智库范式关注的更多是实践逻辑。智库范式的知行合一特征就体现在智库学者能够根据理论界或者自身发现的事物发展的客观规律，根据社会经济基础和上层建筑的实际环境，提出切实可行的政策组合和政策实施路径，从而达到改变世界的目的。

第二，智库范式还体现在研究的"需求导向性"。哲学范式下研究的选题往往来自学者和思想家的兴趣和好奇心。康德有一句名言："位我上者，灿烂星空；道德律令，在我心中。"对于康德而言，哲学研究从来没有考虑实用，超越和永恒才是他的追求。马克思所谓的解释世界的哲学家指的正是康德——灿若星辰的古典哲学家们。虽然智库捐助者不干涉智库的研究选题是惯例，但是这并不意味着智库可以随意分配资源，可以把宝贵的经费用于开展智库学者的自由探索，一般而言，这种自由探索都是在研究型大学里进行的。其实，即使是在大学，研究也日趋产业化，大科学往往意味着大投入，巨大的投入难以承受失败，因此大科学往往是规划的结果，不是科学家的自由选择和自由探索的结果。同样，智库范式的逻辑起点是"用户需求"，对于大多数经费拮据的智库来说，90% 的经费支撑的项目都是有市场需求的，或者说项目启动时就知道自己的"目标受众"。

---

① 《马克思恩格斯选集》（第 3 卷），人民出版社 2009 年版，第 502 页。

第三，智库范式体现在咨询与研究并重。哲学范式几乎不关注咨询，传统的学者除了少数人，比如马基雅维利愿意向皇帝兜售自己的统治术外，大部分学者都坚持学术至上，奉行学术与政治分野的原则，潜心学问。现代咨询业兴盛于工商管理领域，主要咨询形式包括公司的战略咨询、风险管理咨询、技术咨询、财务咨询等。改革开放以来，我国的管理咨询产业也取得了长足的进步，但是面向党和政府的决策咨询工作既无亮眼的理论建树，也无大量的案例积累，究其原因就是因为我国智库建设滞后，传统的决策咨询机构，比如政府内部的政策研究室忙于繁重的日常事务根本无暇也没有专业人员从事决策咨询的案例积累和理论研究。对于大多数智库来说，决策咨询和政策研究同等重要，有时甚至难以区别哪些工作是咨询，哪些工作是研究。一般而言，政策分析和政策研究处于政策过程的前端，政策议程的设置的理论基础、数据基础、可必要性分析、政策规划等是政策研究的主要内容。而决策咨询侧重政策实施的可行性分析、实施路径分析、实施方案制定、政策解读等政策路演实务。

第四，智库范式还体现在智库具有强烈的经营意识。哲学范式并不赞成对学术研究过程加以"经营"，学术研究的成果形式相对简单，论文和著作是主要的两种形式。学术成果的传播交给学术期刊，学术共同体自身并不可以去"吆喝"自己的研究成果。智库不同于学术机构，它的组织文化更类似现代咨询公司的组织文化，而非大学的组织文化。本质上，大部分智库都是一种特殊类型的咨询公司，智库和咨询公司的形式区别有两条：智库是非营利的，而咨询公司是营利的；智库从事的公共政策研究咨询，主要服务对象是政府，而咨询公司从事的主要是营利部门的政策研究咨询，主要服务对象是公司。实际上，智库的工作，咨询公司大部分都是可以做的，甚至会做得更好。因此，许多一流的智库都学习咨询公司的营运模式，比如智库强调自己的机构治理，强调研究产品的设计，强调研究产品的传播，强调研究员的绩效考核，等等。

哲学社会科学贵在求真，贵在求用。求真体现在哲学社会科学的"哲学范式"（学术范式），求用体现在它的"智库范式"。如果我国的哲学社会科学不能发展出自己的"智库范式"，那么，哲学社会科学的"知行合一"问题就没有彻底解决。习近平总书记强调的中国特色新型智库建设找到了哲学社会科学从哲学范式到智库范式的创造性转换之伟大路径，哲学范式和智库范式都是加快构建中国特色哲学社会科学所不可或缺的。①

---

① 李刚：《哲学社会科学的"智库范式"》，载于《理论与现代化》2017 年第 3 期。

第二节　智库研究反哺高校学科
建设加快学科特色发展

高校智库建设是现代大学体系的重要组成部分，世界一流大学大多拥有品牌智库。高校学科建设与新型智库建设互为依托、协同发展。建设高校智库是激发高校学科创新的催化剂，也是推动高校科研体制改革的突破点。因此，智库研究与高校学科建设可实现共享发展。

一、高校学科建设与新型智库建设的逻辑关系

学科是指人们在认识客体的过程中形成的一套系统有序的知识体系，通常表现为一种学术制度、学术组织和教学科目。[①] 智库则是以影响公共政策和舆论为目的的学术组织，高校智库因其在学术资源、人才、独立性等方面的特殊性优势，在我国智库建设中居于重要地位。当二者均作为特定类型的学术组织共存于一所高校时，其组织特性决定了它们既有一定的差异性，也具有高度互补性，在求同存异的基础上互动发展是二者关系的理想状态。

二者具有一定的差异性。学科与智库在功能定位、价值取向、组织形态、评价标准上具有显著差异。在功能定位方面，学科的核心功能是教学组织与人才培养，智库的核心功能则是决策咨询，其他功能一般包括理论创新、公共外交、人才培养、舆论引导等。在价值取向方面，学科更强调学术性价值与知识的生产，注重学术研究的学理性与创新性，而智库则更强调实践性价值与知识的运用，注重问题导向与发展难题的破解。[②] 在组织形态方面，学科通常是按照既定的一级或二级学科划分标准来设立的，组织一旦设立便具有相对的单一性、封闭性，而智库则通常是按照拟解决的问题来设立的，往往需要多个学科的支撑与实务部门的协同，具有多元性、开放性。在评价标准上，一流学科主要依据学术性标准与实践性标准，学术性标准主要是指相关学科是否具有一流的科研、教学、学术成果与师资队伍，实践性标准则是指是否能够为国家与地方经济社会发展提供一流智力支撑。而评价一流智库，则主要测度其研究成果

[①] 周光礼、武建鑫：《什么是世界一流学科》，载于《中国高教研究》2016 年第 1 期。
[②] 王厚全：《智库演化论》，中共中央党校博士学位论文，2016 年。

的高质量、研究立场的独立性及其对公共政策和社会舆论的影响力。① 从我国高等教育发展的态势来看，高校具有学科优势、人才优势、学术资源优势，有机会、有能力在国家全面深化改革工作中发挥更大的价值，尤其是在以学理为支撑的对策研究方面。

二者具有较强的互补性。一般而言，高校开展学科建设历时悠久、根基深厚、投入资源多，不断推动学科建设发展与时俱进。这为高校智库建设提供了生长的沃土。高校智库可以充分依托学科优势、人才优势、学术网络资源等，开展研究与运营工作。反之，高校智库建设可以为学科建设带来新的发展思路。在人才培养方面，高校智库更加注重培养复合型人才，要求人才具备学术研究、决策咨询、运营管理等多方面能力，弥补纯学术型人才可能存在的"跛脚"之处。在科学研究方面，当前我国高校内部"划界而治"的学科壁垒很难打破，而学科的狭窄并不能与处理政策问题所需要的广泛的知识领域相匹配，因而某个或某几个学科所提出的咨询报告难以获得其他领域专家的认可。② 而智库则是以问题为导向，以项目为纽带，作为研究平台汇集不同学科研究人员进行协同作战，有效整合学术资源、提升高校科研创新能力。在社会服务方面，学术研究往往与社会需求保持着一定的距离，难以被学术圈之外的受众所理解。高校智库研究则十分关注社会服务功能的发挥，注重政府部门和社会对决策咨询成果的反馈，希望不断提高研究成果的公信力和影响力。在文化传承方面，学科更侧重某一学科领域的价值导向、文化弘扬与国际学术交流，而智库则因广泛的影响力，能够在舆论引导、公共外交等更广阔的范围内发挥不可替代的作用，③ 二者具有很强的互补性。

二、智库建设反哺高校学科建设

新型智库建设无疑从多条路径提高了人才培养的质量、提升了科学研究的水平。从二者互动模式来看，智库建设支持学科创新与建设的路径主要分为以下三方面：

一是智库研究强化了学科建设的实践性，创造了新的学科交叉点。从 CTTI 来源智库获得国家社会科学基金项目、国家自然科学基金项目、教育部基金项目数量来看（见图 8-1），2015～2016 年是来源智库获得国家级纵向项目的高峰期，2015 年之前来源智库获得国家级纵向项目虽然呈稳步上升趋势但增长幅度

---

① ③ 汪锋：《高校一流学科与新型智库建设的互动机制研究》，载于《中国高教研究》2016 年第 9 期。
② 王莉、吴文清：《地方高校智库建设的系统论分析》，载于《系统科学学报》2016 年第 2 期。

较小，2016 年之后来源智库获得国家级纵向项目的数量逐渐回落、趋于稳定。智库机构申请国家级纵向项目并立项是对其研究能力的重要肯定，也对其开展相关问题研究抱有殷切期望。在项目研究过程中，智库机构依托母体单位的优势学科使其在相关领域的研究有了"活水之源"，而母体单位可以依托智库机构的强势研究领域将学科优势继续凸显外扩。

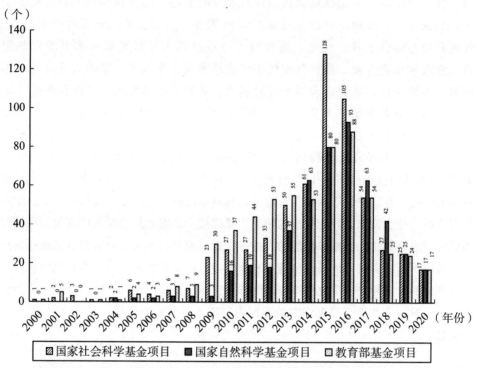

图 8 - 1　2000～2020 年 CTTI 来源智库获得国家级项目数量分布
资料来源：来自中国智库索引（CTTI）系统。

　　我国正处于社会变革期，智库面对和要解决的问题往往具有复杂性，需要跨学科寻求创新性发展路径，由此形成智库差异化的研究领域和学科特色。根据 CTTI 来源智库涉及政策研究领域统计，940 家来源智库中有 230 家只聚焦某一政策研究领域，476 家智库的研究面涉及 2 至 4 个不同的政策研究领域，234 家智库关注并在 5 个及以上的政策研究领域有所涉猎（见图 8-2）。这说明绝大部分新型智库开展的政策研究覆盖面广、不同领域之间牵连紧密，所运用的学科资源也具有差异性和丰富性，这一条件是学科交叉、融合和创新的重要基础。

　　二是智库活动增强了研究生人才培养的复合性和实践性。学科与智库的发展都服从服务于人才培养这一核心任务，通过二者的良性互动为复合型人才培养奠定坚实的基础。智库研究的复杂性、多元性要求培养复合型高层次人才，这对于硕博士研究生的培养提出更高的要求。经过对 CTTI 来源智库硕博士研究生人数统计发现，[①] 有 161 家智库在研/毕业硕博士生 1~10 人，112 家智库在研/毕业硕博士生 11~20 人，在研/毕业硕博士生人数达 100 人以上的智库有 53 家（见图 8-3）。这说明新型智库发挥着越来越重要的人才培养功能。相比于硕博士研

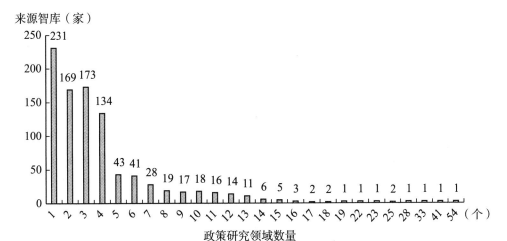

图 8-2　CTTI 来源智库政策研究领域数量分布统计

资料来源：来自中国智库索引（CTTI）系统。

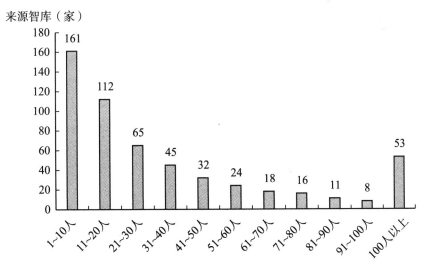

图 8-3　CTTI 来源智库硕博士研究生数量分布

资料来源：来自中国智库索引（CTTI）系统。

---

① 注：940 家 CTTI 来源智库中仅有 545 家填写了硕博士研究生具体数量。

究生的传统培养方式，智库培养研究生具有多重优势：一是智库拥有多学科交叉领域的丰富专家资源，有利于拓宽硕博士生的知识面和研究面；二是智库研究紧密地将理论与实践相结合，智库研究工作兼具理论性和实操性，对硕博士生的理论研究能力、团队协作能力、实地调研能力等方面提出了更高的要求。

此外，在新型智库建设背景下，许多智库或科研机构已经开始探索智库复合型人才培养模式。以南京大学中国智库研究与评价中心（CTTREC）为例，CTTREC 依托的南京大学信息管理学院是南京大学历史最悠久的院系之一。CTTREC 所在的南京大学是国内最早把智库研究和智库信息系统方向列入博士生招生目录的高校。截至 2020 年 12 月，CTTREC 已毕业 6 名博士，22 位硕士，在读博士生和硕士生 25 名。中心硕博士研究生具备政策研究能力、决策咨询能力、团队协作能力、项目营运能力等，既会写学术型论文，也会写决策咨询报告。[①]

三是智库建设与学科建设在学术战略、研究方向上保持着高度协同性。在长期的建设与发展中，高校一些具有智库功能的高端学术平台在学科与智库互动机制的构建方面积累了一定的经验，如教育部人文社科重点研究基地，入选国家"2011 计划"的高校协同创新中心等。从实践来看，如果学科与智库能够紧密结合、相互支撑，通常都会呈现出学科快速可持续发展、智库影响力显著提升的双赢格局。同时，有些重点研究基地、协同创新中心，本身就是与该校的高端智库一体化进行建设的。如作为 6 家国家高端高校智库之一的武汉大学国际法研究所与该校的国际法国家级重点学科，厦门大学的教育部人文社科重点研究基地"台湾研究中心"与国家级协同创新中心"两岸关系和平发展协同创新中心"就都是一体化进行建设的。[②] 除国家高端智库外，1985 年全国最早成立的同济大学德国研究中心作为一个虚实结合的智库平台，既有一支稳定的专职团队，保证中心正常运作；又能有效地融入各学科、各学院的研究力量，催化出新的课题、新的成果、新的奖项，反哺各学科、各学院；同济大学依托德国和欧洲研究领域的优势，把德国及欧洲跨学科研究作为文科的一流学科（群）进行建设，力图产出标志性的成果。可见，同济大学德国研究中心这一智库平台始终保持"一流学科"建设与智库建设联动发展，避免"两张皮"现象。[③] 上海交通大学"极地与深海发展战略研究中心"利用文理协同的学科优势，服务国家海洋外交策略；同时，持续实施文理交叉项目等支持计划，创新并拓展决策咨询研究方法，研究成果源于学科又反哺支撑学科，实现智库与学科良性互动，助力推进世界一流大学和一

---

① 资料由本书课题组成员统计得出。

② 汪锋：《高校一流学科与新型智库建设的互动机制研究》，载于《中国高教研究》2016 年第 9 期。

③ 郑春荣：《促进学科建设与智库建设联动发展——以同济大学为例》，皮书网，2021 年 8 月 21 日，https：//www.pishu.cn/psyc/psyj/524336.shtml。

流学科建设。① 可见，智库依托学科优势，有机会有潜力亦有能力将学科优势转化为智库的专业优势，反推高校学科建设，打造出具有中国特色、中国风格、中国气派的学科体系。

第三节　智库建设为协商民主增添新的协商渠道

智库是以公共政策为研究对象、以推进党政决策科学化民主化的高层次研究机构，在政策监督和民意表达方面发挥着聚合作用。智库汇聚了一批有志于也有能力参政议政的政府官员、专家学者、企业家等，通过开展课题研究，撰写研究报告，召开研讨会、论坛、峰会，以及参加座谈会和培训会等方式，向国家相关部门反映民情并提供政策建议，推动协商民主广泛制度化发展。

一、协商民主是公共决策的重要程序

1980 年，美国政治学者约瑟夫·毕塞特在《协商民主：共和政府的多数原则》一文中首次使用"协商民主"（deliberative democracy）一词，文章强调公民参与，反对精英主义。② 关于协商民主的概念，目前有以下几种观点：（1）决策论。戴威·米勒（David Miller）认为，当一种民主体制的决策是通过公开讨论——每一个参与者能够自由表达，同样愿意倾听并考虑相反的观点，那么这种民主体制就是协商的。这种决策不仅反映了参与者先前的利益，而且还反映了他们在思考各方观点之后作出的判断，以及应该用来解决分歧的原则和程序。③（2）组织论。乔舒亚·科恩（Joshua Cohen）认为：所谓协商民主，就是一种事务受到其成员公共协商所支配的团体。这种团体将民主本身看作是基本的政治理想，而不只是将其看成能够根据公正和平等价值来解释的协商理想。④（3）治理论。乔治·M. 瓦尔德斯（Jorge M. Valadez）认为：协商民主是一种具

① 《上海交通大学积极推进中国特色新型智库建设》，教育部官方网站，2021 年 8 月 21 日，http：//www. moe. gov. cn/jyb_xwfb/s6192/s133/s166/201904/t20190416_378178. html。

② JOSEPH M. B. ，"*Deliberative Democarcy：The Majority Principle in Republic Government* "in *How Democracy Is the Constitution？*. Washington：American Enterprise Institute，1980，pp. 102 – 116.

③ DAVID M. ，*Is Deliberative Democracy Unfair to Disadvantaged Groups？ Democracy as Public Deliberation：New Perspectives*，*Edited by Maurizio Passerin D'entreves*. USA：Manchester University Press，2002，P. 201.

④ JOSHUA C. ，*Deliberation and Democratic Legitimacy*，*Deliberative Democracy：Essays on Reason and Politics*，*Edited by James Bob-man and William Rehg*. USA：The MIT Press，1997，P. 67.

有巨大潜能的民主治理形式，它能够有效回应不同文化间对话和多元文化社会认知的某些核心问题。它尤其强调对于公共利益的责任，促进政治话语的相互理解，辨别所有政治意愿，以及支持那些重视所有人需求与利益的具有集体约束力的政策。①

在推进国家治理现代化的进程中，充分发挥社会主义协商民主的优势和作用，让人民群众真正参与到地方政府的公共决策过程中来，既是保障人民民主权利、推动中央大政方针和决策部署落地见效的现实需要，也是推进国家治理体系和治理能力现代化的题中应有之义。② 将协商民主作为公共决策的重要程序具有积极影响：第一，有利于体现以人民为中心的发展思想。习近平总书记指出，坚持以人民为中心，是新时代坚持和发展中国特色社会主义的根本立场。人民拥护不拥护、赞成不赞成、高兴不高兴、答应不答应，是衡量一切工作得失的根本标准，要"拜人民为师，向人民学习"。③ 第二，有利于提高决策的透明度、公信力。习近平同志强调，保证和支持人民当家作主不是一句口号、不是一句空话。通过选举以外的制度和方式让人民参与国家生活和社会生活的管理十分重要。④ 地方政府在进行决策尤其是与群众生产生活直接相关的公共决策时，必须让人民群众和利益攸关方广泛、有效地参与进来，保障人民当家作主的权利，防止决策中因少数人说了算而造成的偏差失误。第三，有利于更好地保障人民的参与权、知情权。习近平同志指出，通过多种形式的协商，可以广泛形成人民群众参与各层次管理和治理的机制，有效克服人民群众在国家政治生活和社会治理中无法表达、难以参与的弊端。⑤ 第四，有利于防止决策者因个人偏好而导致的失误。习近平同志指出，通过多种形式的协商，可以广泛形成发现和改正失误和错误的机制，有效克服决策中情况不明、自以为是的弊端。另外，通过协商，对失误行为及时发现和纠偏，从而最大限度地找到共同点、画出同心圆，使公共决策更加科学合理、更加符合群众意愿。⑥

实践证明，让人民群众通过协商民主参与到地方公共决策中来，一方面，可以集思广益，把大多数人的意见特别是正确的意见纳入决策之中，及时矫正决策

---

① Jorge M., *Valadez, Deliberative Democracy, Politics Legitimacy, and Self Democracy in Multiculture Societies.* USA：Westview Press，2001，P. 30.

② 凌锐燕：《国家治理现代化进程中的协商民主问题研究》，中共中央党校博士学位论文，2015 年。

③ 梁红军、邱淑珍：《习近平"以人民为中心"思想的内在价值与逻辑》，载于《石河子大学学报（哲学社会科学版）》2018 年第 3 期。

④ 王定毅：《习近平全面从严治党思想研究》，中共中央党校博士学位论文，2017 年。

⑤ 徐湘明：《协商民主视角下人民政协制度研究》，南京师范大学博士学位论文，2017 年。

⑥ 《把协商民主作为公共决策的重要程序》，中国政协网，2021 年 8 月 21 日，http：//www. cppcc. gov. cn/zxww/2019/07/17/ARTI1563325789716338. shtml。

的偏差和失误，提高决策的科学性；另一方面，能够凝心聚力，把少数人的正确意见变成大多数人的共识，为决策合情、合理、顺畅的实施奠定广泛的民意基础，增强决策的可行性。[1]

二、新型智库拓展了协商民主落实的广度和深度

中国智库的发展可以追溯到 1949 年新中国成立。改革开放之前，我国智库发展以政策研究室为主要形式，独立性相对较弱，主要从事对重大政策的解释性研究。[2] 之后几十年，伴随着更多半官方智库和社会智库的出现，我国形成了官方智库主导、半官方智库补充、社会智库参与的发展格局。智库拓宽了社会多元力量参政议政的渠道，新型智库建设强化了知识界参政议政的意识、给予更多学界、业界、媒体等"智库人"更多参与决策讨论的机会，其带来的交流效应大大拓展了民众话语权、增强了协商民主的广度。

党和政府一直高度重视智库在协商民主中的重要作用，为协商和决策服务是党和政府对智库的一贯要求。2012 年 11 月，党的十八大报告提出："坚持科学决策、民主决策、依法决策、健全决策机制和程序，发挥思想库作用"。[3] 2013 年 11 月，党的十八届三中全会提出建设中国特色新型智库，建立健全决策咨询制度。[4] 2014 年 7 月，习近平同志主持召开经济形势专家座谈会，在讲话中他说经济形势专家座谈会是落实党的十八大和十八届三中全会要求加强中国特色新型智库建设，建立健全决策咨询制度这个决策部署的重要体现，希望广大专家学者不断拿出有真知灼见的成果，为中央科学决策献言献策。[5] 2014 年 9 月，习近平同志在纪念中国人民政治协商会议 65 周年会议上指出，"要拓宽中国共产党、人民代表大会、人民政府、人民政协、民主党派、人民团体、基层组织、企事业单位、社会组织、各类智库等的协商渠道"。[6] 这充分强调了新型智库在服务党和政府科学决策、更好地发挥协商民主的重要作用。

---

① 欧阳坚：《把协商民主作为公共决策的重要程序》，载于《人民政协报》2019 年 7 月 17 日。
② 王辉耀、苗绿：《中国智库建设现状、问题及建议》，载于《情报工程》2018 年第 4 期。
③ 胡锦涛：《胡锦涛在中国共产党第十八次全国代表大会上的报告》，人民网，2012 年 11 月 18 日，http://cpc.people.com.cn/n/2012/1118/c64094 – 19612151.html。
④ 习近平：《中共中央关于全面深化改革若干重大问题的决定》，中国新闻网，2013 年 11 月 15 日，http://www.chinanews.com.cn/gn/2013/11 – 15/5509681.shtml。
⑤ 陈俊源：《国家治理现代化视域下中国高校特色新型智库建设研究——以福建省高校特色新型智库为例》，载于《教育评论》2020 年第 11 期。
⑥ 习近平：《在庆祝中国人民政治协商会议成立 65 周年大会上的讲话》，新华网，2021 年 9 月 21 日，http://www.xinhuanet.com/politics/2014 – 09/21/c_1112564804.htm? wm = 3049_0002。

　　新型智库通过内参方式服务政府决策咨询，参与政策过程、影响政府决策。目前，我国智库决策咨询服务多集中在政策过程的前端，智库产品集中于内参、成果要报、成果发布等形式。统计分析智库各类成果产出的变化，有助于了解新型智库参与政策议程的显示度与重要性，较好地说明新型智库建设对于加强协商民主发挥着良好作用。根据 CTTI 收录的 940 家来源智库填报数据，本书对其单篇内参、会议、接待来访、考察调研、培训进行了较为详尽的统计和分析。从CTTI 来源智库单篇内参总量看，2015 年是关键阶段，智库年度单篇内参报送总量实现飞跃式增长（见图 8 - 4）。从内参获得批示情况统计看（见图 8 - 5），

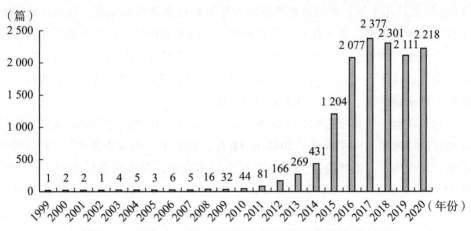

图 8 - 4　1999 ~ 2020 年 CTTI 来源智库单篇内参统计

资料来源：来自中国智库索引（CTTI）系统。

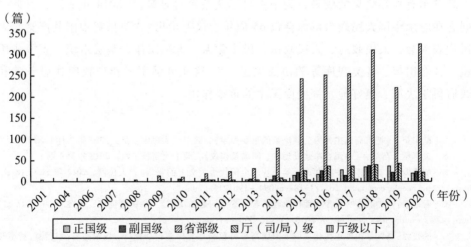

图 8 - 5　2001 ~ 2020 年 CTTI 来源智库单篇内参获批示情况

资料来源：来自中国智库索引（CTTI）系统。

向省部级报送的内参获批示数量远多于其他级别报送的内参获批示数量，2020
年智库向正国级报送的内参获批示总量是 2012 年内参获批示总量的 10 倍，2020
年智库向副国级报送的内参获批示总量是 2010 年内参获批示总量的 4 倍，2020
年智库向厅（司/局）级报送的内参获批示总量是 2009 年内参获批示总量的 11
倍。这说明在国家政策的指引下，新型智库参与政策讨论、积极为党和政府提供
决策咨询的意识越来越强，也说明从中央到地方各级政府更加重视与智库发挥的决
策咨询功能，注重将智库建议纳入决策讨论过程，看重智库促进中国民主的积极
作用。

新型智库专家通过参与、搭建"政智"沟通平台，拉近与决策部门之间的距
离，输出智库思想观点。CTTI 来源智库填报了 15 541 条会议记录，时间跨度从
1997 年至 2020 年，会议形式包括讲座、研讨会、论坛、座谈会、专题讨论会、
专业会议、发布会、评审会等十余种。会议是政界、学界、业界等重要的沟通平
台，思想观点的碰撞与交锋能找到解决问题的新思路新方法，决策部门才能更好
地与各方利益群体讨论，充分考虑他们的建议，同时，各方利益群体才能更好地
理解政策出台的重要意义和远景目标。1997 ~ 2020 年，CTTI 来源智库主办或承
办的会议级别分布如图 8 - 6 所示。2015 年开始，各级别会议举办次数显著增加，
2017 年来源智库举办国家级会议次数最多达到 334 次，2018 年来源智库举办省
部级会议次数最多达到 386 次，2016 年来源智库举办厅（司/局）级会议次数高
达 515 次，举办厅（司/局）级以下及其他级别会议次数在近几年更是大量增加。
会议规格越高说明会议组织者、重要参会者、会议发言代表、会议邀请嘉宾等的
行政级别越高。智库主办或承办会议，邀请决策部门莅临会议，智库研究人员参
与公共政策讨论是扩大公民有序政治参与、推进协商民主的重要体现。

新型智库通过"多跑、多听、多看"的方式，主动加强与实际工作部门的联
系，建立"政智"合作模式，巩固双方信赖关系，进一步减少双方之间的信息不
对称，增强咨询建议的科学性、客观性和可落地性。根据 CTTI 来源智库填报活
动数据，新型智库与政府对接的主动性可以充分展现，活动数据包括"考察调
研""接待来访""培训"三种主要形式。"考察调研"是指 CTTI 来源智库前往
政府相关部门开展的调研活动。"接待来访"是指 CTTI 来源智库接待政府相关部
门来本机构沟通相关事宜、开展调研或咨询等活动。"培训"是指来源智库专家
学者为政府相关部门提供培训服务的活动。据统计，CTTI 来源智库 2004 ~ 2020
年前往正国级领导部门考察调研共 19 次、副国级 5 次、省部级 179 次、厅（司/
局）级 208 次、厅级以下 755 次（见图 8 - 7）。总体来看，各级政府领导考察调
研 CTTI 来源智库的次数呈波动上升趋势。1996 ~ 2020 年，CTTI 来源智库接待正

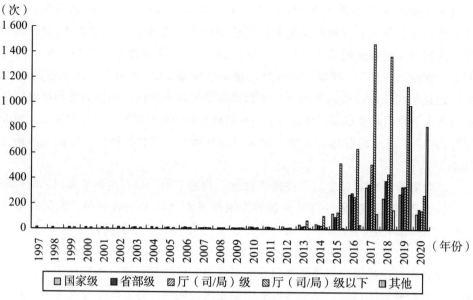

图 8 - 6　1997～2020 年 CTTI 来源智库参加会议数量分布

资料来源：来自中国智库索引（CTTI）系统。

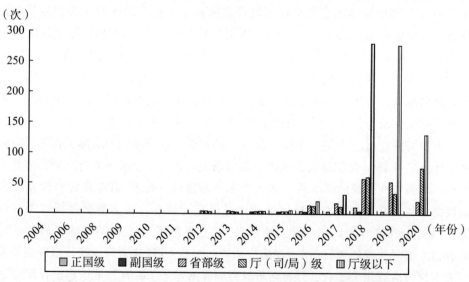

图 8 - 7　2004～2020 年 CTTI 来源智库开展考察调研数量分布

资料来源：来自中国智库索引（CTTI）系统。

国级领导部门调研共 63 次、副国级 35 次、省部级 638 次、厅（司/局）级 933 次、厅级以下 2 585 次。从图 8 - 8 中可知，近几年 CTTI 来源智库接待了越来越多地方政府部门开展调研和咨询和活动，在服务地方经济社会发展方面发挥着重要作用。来源智库为政府部门开展培训活动的频率也呈现出增长之势（见图 8-9），智库为厅（司/局）级以下政府部门工作人员开展培训活动较多，于 2018 年达到峰值 380 次；相较而言，智库为国家级、省部级、厅（司/局）级开展培训活动较少，但培训次数也呈现明显增长。

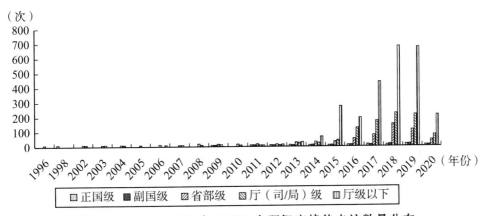

图 8-8　1996~2020 年 CTTI 来源智库接待来访数量分布

资料来源：来自中国智库索引（CTTI）系统。

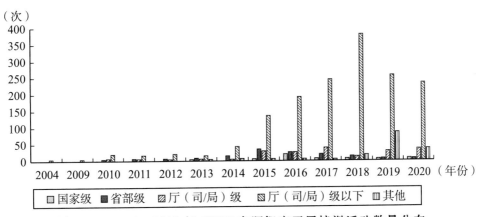

图 8-9　2004~2020 年 CTTI 来源智库开展培训活动数量分布

资料来源：来自中国智库索引（CTTI）系统。

通过以上数据可以看出，新型智库在努力发声，希望积极参与公共决策，在党和政府的各种公共决策中表达他们的意见、建议和呼声，架起民众与决策者之间沟通的桥梁。决策部门在建设中国特色新型智库的指引下，在推进党和政府决策科学化、民主化的任务要求下，更加重视智库这支科学民主决策的重要力量，以及其提供的研究报告和决策建议。"政"与"智"之间的沟通与交流恰恰是新型智库建设"溢出效应"的重要体现，成为扩大公民有序政治参与、推进协商民主的有效途径。

小　结

新型智库是思想理论的容器，是政策理论话语的策源地和发散场，是国家治理体系和治理能力现代化建设的重要内容。从顶层设计、体制机制改革到国际传播，中国特色新型智库建设渐入佳境，智库建设带来的"溢出效应"愈发明显。智库建设强化了哲学社会科学研究的实践导向和问题导向，使其研究更贴近生活、反映社会需求。智库研究从学术边缘走向学术前沿，不仅丰富了相关学科的研究内容，推动学科创新发展，更加完善了智库复合型人才的培养路径。新型智库建设是习近平新时代中国特色社会主义思想的核心内容之一，必须践行以人民为中心的发展思想，始终把人民利益放在首要位置和最高位置。智库作为协商渠道之一，对于我国不断提高协商民主的科学性和实效性具有重要意义。

推动智库建设健康发展研究

第九章

新型智库发展过程中的主要问题

新型智库建设在出思想、出成果、出人才方面取得了一定的成绩,党政军智库、社科院、高校智库和社会智库等为推动经济社会发展做出了重要贡献。但是,我国智库建设仍存在一些亟待解决的问题,堵点和痛点还不少,数字化保障能力和国际影响力都需要加强。

第一节 新型智库治理体系仍需完善

构建中国特色新型智库治理体系,是新型智库建设的关键环节,也是推进智库建设、发挥决策咨询作用的前提。目前,我国拥有的智库数量已经稳居世界第二,[①] 但总体上,我国智库建设还处于起步阶段,管理相对粗放,在智库治理方面还存在许多值得研究的问题。

一、"条块分割"的治理体制

从治理主体看,国家层面由中共中央宣传部归口智库治理工作,具体来说是国家哲学社会科学工作办公室统一行使智库建设的协调、管理服务工作。国家高

---

① 汪桥红、周丽、刘嘉伟:《中国特色新型智库治理体系构建研究》,载于《学海》2018 年第 6 期。

端智库理事会负责国家高端智库试点单位（含培育智库）的治理工作。在省市自治区一级也是宣传系统负责智库治理工作，但是具体单位有所不同，江苏、河北等地是省哲学社会科学规划办公室负责，天津、江西、浙江等地则是省社科联有关部门负责，比如，天津社科联特别成立了智库处负责全市的智库治理工作。[①]一些设立了省级重点智库的省份，比如江苏还成立了新型智库理事会，作为指导全省新型智库建设的议事机构和评估机构。从"块"看，各省新型智库建设都是由各省负责，个别设区市也搞了一些重点智库，比如江苏的南京和苏州都设立了地市一级的重点智库。"条"与"块"各自封闭运行，"块"与"块"之间的交流较少，各自为战，"小而全"现象较为普遍。"条块分割"的治理体系缺少统一的协调能力，多头组织，重复立项、重复资助、重复研究的情况时有发生，运行机制呈现无序化碎片化状态，降低了研究资源的配置效率。

除造成资源浪费之外，"条块分割"还会造成智库管理主体的权责不清，继而可能出现争权或者推诿的情况，不利于智库的高效管理与建设。以高校智库为例，"条块分割"会造成高校智库管理的"软约束"问题突出。通常，地方新型智库建设的协调指导与管理服务工作由全国各省哲学社会科学规划办公室（以下简称"社科规划办"）及其下设部门负责。例如，《关于加强江苏新型智库建设的实施意见》明确指出，"成立江苏省新型智库建设工作委员会，下设新型智库建设办公室，与江苏省哲学社会科学规划办公室合署办公，具体承担全省新型智库建设的协调指导与管理服务工作。"[②] 高校智库的管理和评价工作由社科规划办下设的相关智库管理部门负责，这导致高校智库发展的外部驱动力有限，管束和激励效果欠佳，主要原因还需要从我国高等教育的宏观管理说起。我国高校学科与智库建设是按两个平行序列进行组织、认定、建设和评估的，各自拥有相对独立的规则和制度体系。比如，在学科建设方面，不仅有国家级重点学科、特色重点学科、"双一流"建设，还有省重点学科、省高峰学科，还有校级重点学科等，自上而下形成国家级、省部级和校级重点学科的建设体系；在智库建设方面，从国家协同创新中心、国家高端智库、教育部人文社会科学重点研究基地，到省级基地、平台和重点智库，高校智库建设已拥有一套框架体系和实践策略[③]。同时，高校智库归根到底还是隶属于高校，高校归教育部门管理，智库却归宣传口管理，高校智库多数拥有的资源是来自高校，对高校的依赖性和依从性更强，

① 汪桥红、周丽、刘嘉伟：《中国特色新型智库治理体系构建研究》，载于《学海》2018年第6期。

② 江苏省委办公厅、江苏省政府办公厅：《关于加强江苏新型智库建设的实施意见》，新华日报，2021年8月21日，http://www.cssn.cn/zk/zk_gg/201511/t20151106_2561684.shtml。

③ 乔元正：《高校智库建设内外部协同的原理、问题及其对策》，载于《现代教育管理》2017年第7期。

这就造成各省社科规划办下设的智库管理部门对高校智库只具备"软约束"，"硬约束"还有赖于学校。类似的管理问题也出现在党政军智库管理过程中。[①]智库多头治理会带来政出多门、职责交叉的情况出现。同时，"条块分割"还会造成智库对于其身份、定位、功能的自我怀疑，"对谁负责？向谁汇报？由谁考评？"等问题可能会时常困扰智库，影响其健康发展。

二、智库治理的配套政策有待完善

中央和地方党委和政府的智库治理属于国家治理，是顶层制度安排。就目前中央和地方出台的新型智库建设文件的数量和类型来看，总体上数量和类型都不足。

第一，指导智库体制机制创新的文件仍然不足。智库在人事管理、经费使用、成果鉴定等管理制度都要遵从于上级主管部门的统一规定，缺少制度改革的调整优化空间和充分的自由度。比如，智库的经费管理办法与党政机关经费管理规定相似，有固定的预算科目、明确的经费来源和严格的使用要求，有些款项要求必须在固定年限中使用，不使用随即收回，显然这对长期跟踪深入研究的课题并不友好。多数智库使用传统的一套人事、薪酬、财务、预算和外事制度，难以适应新型智库的建设与发展。例如，沿用传统管理制度的智库在人员招聘录用、人员降级退出都有着相对严格的制度管制，容易造成智库所需人才与新进人才的实际能力出现脱节，吸引和留住高端人才的难度很大。

第二，指导高校智库破解"三明治治理瓶颈"[②] 的文件不足。高校智库治理机制存在严重的"三明治瓶颈"问题。根据 CTTI 高校智库数据显示，绝大多数高校智库不具备法人资格，甚至相当一部分是虚体的"三无"机构，即无全职研究人员和运营人员、无固定经费投入、无固定办公场所。顾名思义，这些"三无"机构其实只是一个挂了智库牌子的课题组。由于这一部分机构是非法人单位，因此无论是实体机构还是非实体机构，往往都会缺乏独立的财务权和人事权。还有一类高校智库是与高校二级学院平级的、拥有独立建制的学校直属部门，他们在组织层面上拥有一定的独立性，但其管理运营也受到学校更为严格和

---

① 张垚：《中国智库：面临最好发展机遇》，载于《人民日报》2014 年 2 月 16 日。
② 根据中国智库索引的数据，我国智库体系中 95% 的智库都是母体机构下属的非法人的实体智库和非法人挂靠性质智库。这些智库外部治理结构类似三明治，三明治的上层是国家/省市部委智库管理部门，中间是母体单位（比如高校、社科院），下层才是智库。之所以称之为智库治理的"三明治瓶颈"，是因为国家/省市部委智库管理部门根本无法直接管理到这些母体单位下属的非独立智库，而是要通过母体单位（也可以叫平台单位）才能作用到智库。

精细的控制，导致好的机制没有发挥出应有效果。这就形成了"国家—高校—智库"的"三明治"治理结构。[①]"三明治"治理结构会导致国家（包括省市）出台的有利于智库发展的政策无法直接辐射到智库，政策红利无法释放。在这种背景下，高校智库出现了更多现实问题：首先，在科研人员既无编制，薪资水平又不高的情况下，高校智库难以吸引并留住高水平人才，机构规模难以做大，与同领域同类型智库相比，竞争力和影响力很有限；其次，有编制的科研人员大多承担着较为繁重的教学任务，通常完成现有的科研和教学工作任务就已经很困难了，更加无法调拨出更多的时间和精力从事决策咨询工作，导致个别高校智库名不副实，成为所谓的"僵尸"机构。

第三，缺少为企业智库提供"合法身份"的规范性文件。相较其他类型智库，企业智库缺乏有效管用的咨政渠道，尤其是民营企业智库，有效的报送机制尚未建立。这与企业智库研究成果的质量和智库决策咨询的意识强弱有关，也和目前相对封闭的公共决策体制相关。对于大型国企智库，多数隶属于国资委，拥有专门的成果报送渠道和规范的报送机制，成果报送相对容易。但这类国企智库对于基层的关注较少，缺乏服务一线的咨政成果与工具型成果，很容易进入只追求"高大上"，不注重"接地气"的误区。对于非国企智库而言，由于政府部门决策需求的非公开性，以及政府对非官方企业智库决策咨询服务的采购机制不完善，导致大量小型非官方企业智库无法以"合法身份"进入政府部门的视野之中，研究成果得不到政府决策者的关注和重视，进而无法发挥应有的智库价值，只能做企业"内脑"。

第四，缺少为社会智库证明其"公益性"身份的规范性文件。首先，社会智库的公益性身份问题一直困扰其发展。目前，社会智库公益法人的地位尚不明确，致使近几年兴起的社会智库等公益性团体难以定位，简单套用原来的社会团体法人、事业单位法人制度，有很多局限性，例如社会智库无法享受到相应的政策支持，甚至面临一些制度歧视。[②]目前社会智库主要遵循"双重管理"体制，也就是要获得业务主管部门和民政部门的双重审批才能获得"合法身份"，但是现实情况下很多社会智库寻找挂靠单位不是一件易事，最终不得不以企业的方式登记注册，造成"非公益性"身份的困境。其次，面向社会和企业的捐赠政策比较缺乏。相比于官方智库和半官方智库，目前大部分刚兴起的草根社会智库与政府、企业的跨界合作程度不够深入，联系不是特别紧密，在项目分配和信息获取上存在短板，来自企业和社会的捐赠较少，社会智库获得资金捐赠以及相应的税

---

① 李刚：《关于进一步加强高校新型智库建设若干问题的思考》，载于《江苏高教》2019 年第 10 期。
② 苗树彬：《努力建设高端社会智库》，载于《中国党政干部论坛》2015 年第 1 期。

收优惠政策还未完善，资金筹措尚未形成常态化机制。

由此可见，推动各类智库发展的配套政策尚不健全，满足各类智库健康发展的需求各不相同。这一状况若长久持续下去，将会导致不同类型智库发展程度不一，独特功能无法完全发挥的问题。

三、《政府采购法》无法满足新型智库建设需求

虽然《关于加强中国特色新型智库建设的意见》中明确提出，凡属智库提供的咨询报告、政策方案、规划设计、调研数据等，均可纳入政府采购范围和政府购买服务指导性目录，并采用公开招标、邀请招标、竞争性谈判等多种方式购买，给社会智库更大的发展空间。[①] 但由于我国现行《政府采购法》是 2003 年制定发布的，对政府购买决策咨询服务考虑不充分，尤其是对政府通过采购决策咨询服务引导和促进智库等决策咨询的发展更没有通盘考虑。

第一，政府购买决策咨询服务的政策规定缺失。2003 年正式实施的《政府采购法》中，决策咨询服务并没有被列入《政府采购法》的采购范围。在《国务院办公厅关于中央预算单位 2015～2016 年政府集中采购目录及标准的通知》中，政府集中采购的服务类只包括车辆维修保养及加油服务、机动车保险服务、车辆租赁服务等九大类，并没有将决策咨询服务纳入政府集中采购目录。[②] 因此，购买决策咨询服务的范围难以进行界定，各级政府也没有将决策咨询服务纳入政府采购目录，政府购买智库决策咨询服务还缺乏明确的制度保障，存在大量程序性缺失与技术性障碍等问题，不利于建立常态化、制度化的决策咨询服务政府购买制度，需要国家以法律的形式对政府购买公共决策咨询服务进行专门规定，以便于实际操作。[③]

政府购买智库服务制度规范的缺失造成的负面影响主要体现在以下方面：

一是决策部门暂时无法面向智库建立完全开放的信息共享和信息公开机制，只能根据课题承接方提供的材料需求清单或采用实地调研、专家访谈等方式获得，信息的全面性和系统性无法保证。

二是缺乏可操作的专项政府购买决策咨询制度，尤其是智库服务购买标准和

---

① 中共中央办公厅、国务院办公厅：《关于加强中国特色新型智库建设的意见》，中国政府网，2015年 1 月 20 日，http：//www. gov. cn/xinwen/2015 – 01/20/content_2807126. htm。

② 《国务院办公厅关于印发中央预算单位 2015～2016 年政府集中采购目录及标准的通知》，中国政府网，http：//www. gov. cn/zhengce/content/2014 – 11/06/content – 9187. htm。

③ 文少保：《我国政府向智库购买决策咨询服务的价值、困境与路径选择》，载于《社会科学文摘》2016 年第 5 期。

采购流程缺乏行之有效的依据。同时，在项目采购和实施过程中，缺乏明确的过程监管规定和成果鉴定标准，甚至出现智库逆向选择的情况，削减需求方的购买积极性，影响供需交流与沟通。

三是缺少对政府购买智库决策咨询服务的监督与评估机制，难以保证智库决策咨询服务质量。无论是政府购买决策咨询服务前，还是政府应用智库决策咨询服务后，政府都需要建立合理、科学的决策咨询服务评价指标体系，作为智库评价体系的重要方面。

四是决策部门"找不到"合适的课题承接对象。当前，智库行业鱼龙混杂，参差不齐，决策部门没有可靠权威的推荐渠道，无法精准及时地找到适合此项课题的"最佳人选"，只能依靠介绍或"续约"以往的合作伙伴，最终的研究成果质量自然无法得到更好的保障。

第二，决策咨询服务供给方过于集中在体制内头部智库。有研究表明，"当前我国智库的发展格局实际上总体呈现圈层结构的特征，即不同形态的智库距离政治权力的核心层的距离渐趋固定，而决策者对越靠近它的知识创造者表现出越高的政治信任度，其知识的合法性程度也越高，从而更能获得潜在的政治影响力。"[1] 新型智库"圈层结构"特征的出现一是智库发育程度、成果质量本身就参差不齐带来的影响；二是新型智库体制内智库"行政化"色彩浓厚，政府在寻求决策咨询服务时难以克服"亲疏远近"的意识。

这种"圈层结构"直接影响智库嵌入决策过程的难易程度，圈层内部的智库嵌入决策过程比较容易，而外围智库进入决策过程就比较困难。政府购买决策咨询服务时，自然会选择比较熟悉的、有长期合作关系的体制内智库。大部分高校智库和社会智库想拿到政府决策咨询采购合同困难重重。

这种现象造成高校智库和社会智库发展缓慢。因为它们难得机会做政府的决策咨询项目，也就无法积累政策议程设置、政策评估、规划编制等经验，承接党和政府决策咨询服务的应急响应能力就更弱。恶性循环，无法获得需求方更多的任务交办和委托，服务决策的机会和渠道也会越来越少。

四、体制内智库深受行政科层约束

我国智库主要分为两大类：一类是隶属于各类行政机关、国有企业、社会团体的体制内智库；另一类是随着市场经济的发展而兴起的社会智库。体制内智库

---

[1] 任恒：《政府购买社会智库服务：实现机制、运行困境及其推进策略》，载于《湖北社会科学》2017 年第 8 期。

往往是行政部门的下属事业单位，其研究的内容和方向在很大程度上取决于主管部门的需要，为主管部门服务是体制内智库存在和发展的基础。

在组织制度层面，体制内智库嵌入于科层体制，是体制内知识生产单位，对于行政科层体系而言具有"黏滞"性，导致这类智库在收益和成本上呈现较为显著的不均衡性，[①] 进而造成体制内智库难以摆脱行政化运作模式。例如，单以高校、科研院所为主体的知识生产单位而言，其一般事务管理适宜执行"去行政化"管理机制，对此学界已呼吁多年，但实际上改革推进较为缓慢，实施效果不尽如人意。从一定程度上讲，在高校科研院所等号称非营利、非政府公益性科研组织内部，依旧在"以与政府及其相似的逻辑"运作。[②] 导致"去行政化"改革难以推进的原因在于垂直整合的科层治理模式不断强化，而"行政体系对于政策过程的垄断"及其所生成的各类问题也并未能与时俱进地得到实质性缓解。[③] 此外，因"行政资源"与"行政权力"之间存在错综复杂的呈现方式，"资源跟着行政级别走"，依然是中国智库实现组织创新所不得不面对的现实。如果将智库比作"巧妇"，谚语"巧妇难为无米之炊"则可被转述为"巧妇难为无权之策"。

在行政科层约束下，体制内智库的角色定位、研究独立性、思想活力和竞争力都将受到影响。第一，体制内智库服务政府决策的角色定位、提供对策建议的科学性容易受质疑。[④] 例如，官方智库因其政府背景和身份、行政化机构设置、人员编制管理和科层化运作模式，以及政府拨款的经费来源等，使其很大程度上成为各级政府的附属机构；高校智库虽具有相对独立性，但高校管理体制以权力集中和"自上而下"的领导特征明显，导致高校"库多智少""大而不强"，智库人员规模受到高校智库编制严格限制，运作封闭无法捕捉政府具体政策需要等问题。

第二，体制内智库研究独立性受限。体制内智库作为我国智库的主体，其研究方向、内容、成果运用、价值评价等，主要面向各级政府展开工作。体制内智库的主要"投资方"、管理方、评价方基本以政府为主体，导致智库及其研究人员很少有选择研究方向、领域和内容的自主权。智库和研究人员将大量资源和精力投入到政府计划课题研究和行政事务性工作中，成为政府计划的被动接受者、信息资料收集整理者、领导讲话材料的撰写者、行政性会议的具体承办者等，没

---

①③ 李敢、宋卫清：《中国智库"政策分析市场"及其"政治嵌入知识体系"再考察》，载于《浙江树人大学学报（人文社会科学）》2020年第5期。

② 田凯：《组织外形化：非协调约束下的组织运作——一个研究中国慈善组织与政府关系的理论框架》，载于《社会学研究》2004年第4期。

④ 马军卫：《加强地方新型智库建设面临的制约与缓解探析》，载于《中共济南市委党校学报》2018年第6期。

有足够的时间和精力再去开展高质量的智库研究工作。

第三，体制内智库因受官本位思想影响，思想创新受阻。作为机关单位、行政事业性单位的附属研究机构，体制内智库受官本位思想的影响，在提出对策建议时习惯揣摩上级意图，[①] 下意识地按照领导和权威的思路走，智库的水准被封顶，思想创新的动力和活力也在一定程度上受到抑制。

第四，体制内智库竞争动力不足。体制内智库的研究经费主要靠财政拨款，课题来源主要由政府下达，成果评价主要在体制内进行，活力驱动主要靠自我激励，内部运行逐渐僵化，竞争的压力感、生存的危机感、发展的紧迫感不足，[②] 影响了自身的创新积极性和主动性。

五、智库产业集中化集群化融合化不足

智库产业是创新型知识经济的集中体现，它是通过政府政策开放带动、参政议政的高端人才聚集推动、高端产业集聚拉动、金融市场融合互动、科研咨询创新驱动而形成的全智能产业链条。[③] 反观中国智库，尚未形成智库产业组织、产业机制以及相应的产业扶持政策。智库产业未形成生态化、集群化、融合化的发展，阻碍了智库专家资源圈层效应的发挥，不利于帮助解决经济社会中出现的难点、痛点问题。

（一）智库产业集中度低，难以发挥集聚效应

实体数量的增长并不意味着新型智库就形成了"党政部门、社科院、党校行政学院、高校、军队、科研院和企业、社会智库协调发展"的局面，以及"定位明晰、特色鲜明、规模适度、布局合理的中国特色新型智库体系"。总体上说，我国智库机构"散""弱""小"的局面并未发生根本改变，其实由于数量增加了，智库类机构"散""弱""小"的总体情况可能反而更严重，这导致我国智库产业集中度和产业集群性很低。

相较而言，美国智库产业的集中度和集群性很高。华盛顿智库街上的近 400 家美国智库，1/3 以上的全职研究员和职员都在百人左右。美国西海岸的兰德公司有员工 1 850 人，芝加哥大学国家民意研究中心（NORC）有全职研究员和职

---

① 刘风光、柴韬、李海红、梁娜、刘晋伟：《国家治理视域下中国特色新型智库建设现实审视与发展策略》，载于《治理现代化研究》2019 年第 1 期。

② 陈东恒：《着力防止和克服智库研究行政化》，载于《智库理论与实践》2019 年第 4 期。

③ 郭岚：《国外智库产业发展模式及其演化机制》，载于《重庆社会科学》2013 年第 3 期。

员 600 余人。可见，美国智库不仅多，而且单个规模大，研究咨询力量强、影响力大。反观我国智库，虽然中国社科院全院总人数 4 200 多人，有科研业务人员 3 200 多人，但这些研究人员分属 31 个研究所、45 个研究中心和 120 个学科，每个研究所（中心）拥有的研究人员平均起来不过 42 人。更关键的是，这些研究所和研究中心都是独立行政单元，跨所（中心）的协同合作非常困难。这种现象不仅中国社科院存在，不少省级社科院也是如此。至于高校智库，"散""弱""小"的现象则更严重。"C9 联盟"① 中的哲学社会科学研究机构动辄数百个，但是其中绝大多数都属非实体非法人的教授课题组，往往会因为教授"转会"或者退休而"人亡政息"，形成大量"僵尸机构"，可以说，我国智库体系中杂牌军多、正规军少、业余选手多、专业选手少、新智库多、老牌智库少。因此，中央抓国家高端智库建设、省市抓重点智库建设是非常必要的。如果不能把有限的经费和专家资源集中到一起，还是分散发展，那就不可能迅速改变新型智库体系"散""弱""小"的特点。②

我国的主要专家资源集中在高校系统，但是高校过于重视学科建设，把主要资源都投入到了学科建设。决定学科建设能否进入一流的主要指标主要包括纵向项目、学科点、重点实验室、"戴帽子"的各类人才数量、高水平论文和各类奖项等，遗憾的是新型智库的质量和数量并不在其中，这就导致大部分高校对新型智库建设都不够重视，不愿意投入真金白银。国家在一流高校里认定了 14 家高端智库（含培育智库），有些智库的确发挥了智库的功能，比如北大国发院、人大国发院和复旦中国研究院，但也有一些智库还是以教学研究为主，转型脚步慢了半拍；还有一些高校虽然拿到了国家高端智库建设入场券，但是并未引起足够的重视。智库产业集中度低，不同体制、不同类型、不同区域的智库发展各自为政，将带来许多负面影响：第一是造成智库研究资源的浪费，不同类型智库拥有不同先天禀赋，比如，党和政府部门智库拥有体制资源优势、高校智库拥有学术资源优势、社会智库具有体制灵活的特点等，其相互之间缺少沟通平台便无法进一步展开合作、取长补短；第二是导致智库产业链内信息流转出现典型的"牛鞭效应"，靠近决策中心的智库若对政策信息把握不准确，可能会放大信息曲解的影响，造成远离决策中心的智库出现信息失真的情况出现；第三是造成智库产业无法形成合力，降低了我国智库产业在国际上的竞争力。

---

① C9 联盟（China 9）即九校联盟，是中国首个顶尖大学间的高校联盟，于 2009 年 10 月正式启动。联盟成员包括北京大学、清华大学、哈尔滨工业大学、复旦大学、上海交通大学、南京大学、浙江大学、中国科学技术大学、西安交通大学共 9 所高校。

② 李刚：《创新机制、重心下移、嵌入决策过程：中国特色新型智库建设的"下半场"》，载于《图书馆论坛》2019 年第 3 期。

（二）智库产业融合化趋势尚不明显，多重壁垒有待突破

智库产业的融合化趋势主要体现在两个方面：一是智库产业与各相关产业之间的融合。智库产业作为新兴产业，它与咨询产业、文化创意产业、IT 产业、教育产业之间存在着紧密的合作与联系。二是智库产业本身产业链的融合，智库机构与政府机构、科研机构、学校、出版企业之间将会形成更加紧密的联系，以保持智库产业健康、可持续的发展。[1]

目前，国内不同行业的智库机构通过合作为产业链接奠定了一定的基础，例如，亚研院与新华网广东有限公司合作，通过"智库＋媒体"深入融合，助推湾区产业发展。亚研院作为产业智库，新华网作为媒体智库，双方有较多的合作空间，能达到"上接天气，下接地气，外接洋气"的效果，未来可在产业项目研究落地、成果发布、主题论坛上形成合作，相互赋能。[2] 此外，2019 年 6 月 13 日，中科智库、亿欧智库、上袭智库、蓝源资本、信产网智库创始发起了独立非营利性质、公益赋能型的第三方智库——"智能＋产业融合"高端智库，共同发起立足于产业集聚地政府和龙头企业家深度参与、合作、合伙的共享平台，变行业竞争为抱团发展，以科技创新赋能产业发展，实现"智能＋产业融合"。[3] 尽管有智库产业融合化的创新尝试，但是智库产业融合化的趋势尚不明显。这一问题主要由以下原因造成：

第一，各类型各行业智库之间面对的限制条件不同，造成融合壁垒。相比于社会智库，体制内智库在选人用人、经费管理、国际交流等方面面临诸多限制；反之，社会智库远离决策部门，政府对其有着天然的不信任感，导致社会智库承接政府项目、获取政府信息资源等工作开展困难。

第二，智库间竞争趋势大于合作趋势，阻碍智库间合作与产业融合。一般情况下，大型智库、高端智库所拥有的数据资源不会与同类型或同行业的智库共享，或提供技术支持。例如，国网能源研究院建立了强大数据平台，兼具知识管理、现行文件管理、研究工具管理等功能，但这一平台只允许系统内研究人员使用，平台所具有的社会价值未能最大化发挥。阿里研究院亦是如此，其管理人员明确表示，暂不考虑将数据脱敏处理和对外开放。[4] 由此可见，智库间达成合作，

---

① 郭岚：《国外智库产业发展模式及其演化机制》，载于《重庆社会科学》2013 年第 3 期。

② 《"智库＋媒体"深度融合，助推湾区产业发展》，亚太创新经济研究院官网，2021 年 7 月 18 日，http://www.guangdongaper.com/article - 62672 - 163203.html。

③ 中科华数信研究：《"智能＋产业融合"高端智库暨中科智库正式成立》，搜狐网，2021 年 7 月 14 日，https://www.sohu.com/a/320518335_100299268。

④ 资料由本书课题组调研获得。

做到真正的信息共享、资源共享十分困难。

第三，平台型智库数量少，尚未形成主要发展趋势。平台型智库通过发挥平台枢纽作用，满足来自双边或多边不同参与主体的需求，促进多方融合，呈现出生产和服务的多元化、互动化趋势，进而形成独特的政策研究生态。以人大国发院为例，该院围绕经济治理与经济发展、政治治理与法治建设、社会治理与社会创新、公共外交与国际关系 4 大研究领域，汇聚全校 14 个一流学科优质资源，最早集全校之力重点打造中国特色新型高校智库。① 自成立以来，人大国发院着力打造"新平台、大网络，跨学科、重交叉，促创新、高产出"的高端智库平台。但是，人大国发院这一现行做法尚未在全国高校、社科院或大型科研机构中推广，说明智库产业融合、智库间合作、内部重组融合等尚未引起业界重视。

六、智库知识体系的制度化程度不高

智库知识体系是有关智库的话语体系、学科体系、学术体系和职业发展体系的有机集合。总体来看，中国特色智库研究知识体系的制度化构建取得了一些重要进展，但是从话语体系、学科体系、学术体系和职业发展体系四个维度来看，制度化发育水平是不平衡的。

（一）智库界尚未能构建一个符合国家发展要求，又得到社会各界认可的话语体系

智库话语体系是智库理论建设的关键所在。只有确立中国特色新型智库的话语体系，中国智库才有自主自觉的意识。智库话语体系必须能回答什么是智库，智库的基本属性、基本性质和基本特征是什么，智库的产生与演变的历史怎么描述，对世界各国智库的认知和性质判断等问题。对以上所以问题都必须有基本判断和基本观点，这些判断和观点不仅要能说明中国的智库历史和实践，也必须能说明世界其他国家智库的历史和实践。而且这些判断和观点还要能影响到国际智库界，这才算是真正地建立了中国的智库话语体系。实际上，以美国为主的西方智库话语体系深深影响到中国智库研究，比如，智库的独立性、智库的"旋转门"机制、智库的第五种权力说②等核心概念已经无意识中成为中国智库研究的基本概念。另外，布鲁金斯学会、兰德公司、传统基金会和国际战略研究中心（CSIS）等美国著名智库也几乎成为全球智库的基本范型，获得了中国智库界下

① 资源来自中国人民大学国家发展与战略研究院官网，http：//nads.ruc.edu.cn/。
② 任晓：《第五种权力》，北京大学出版社 2015 年版，第 32 页。

意识的"景仰"。反之，中国智库尚未能构建如是的话语体系，习近平总书记强调的中国特色、中国风格、中国气派等概念尚未能落地，中国特色新型智库的话语体系建设还有很长的路要走。

（二）智库学科体系建设尚处于起步阶段，学科体系尚不成熟

从学科的视角看，智库研究属于跨学科或者交叉学科，政治学、管理学、传播学、国际关系、图书情报与档案、历史学是智库研究依托的主要一级学科，需要从这些一级学科中吸取理论和方法论营养来构建智库自己的核心知识体系和训练体系。但是，就目前的知识体系发育程度来看，智库研究尚不可能成为上述任何一个一级学科的下位二级学科甚至三级学科。不过，智库研究成为上述一级学科的一个研究方向是完全可能和够格的。比如，智库基本理论、智库管理、智库传播、智库与国际政治、智库与国内政治、智库信息系统、智库知识管理、智库史、国际智库比较、智库评估评价等都是值得开拓的领域。这些研究积累到一定程度，智库研究将形成自己的学科内部体系。

通过中国知网（CNKI）硕博士论文数据库，以题名为"智库""思想库""智囊团"和"政策研究机构"进行检索，得出389篇论文。389篇硕博士毕业论文的学科专业分布如表9-1所示，行政管理、公共管理和国际关系等政治学

表9-1　　　　　　　　国内智库研究硕博士论文学科分布

学科	文献量	学科	文献量
行政管理	79	世界史	5
图书馆、情报与档案管理	64	外国语言学及应用语言学	4
国际关系	32	计算机软件与理论	3
公共管理	27	法学	3
教育经济与管理	14	体育人文社会学	2
高等教育学	13	科学技术哲学	2
新闻与传播学	13	外交学	2
政治学	12	教育史	2
管理科学与工程	8	社会保障	2
马克思主义理论与思想政治教育	7	农业经济管理	1
英国语言文学	7	宪法学与行政法学	1
比较教育学	6	企业管理	1

资料来源：来自中国知网（CNKI）数据库。

学科的硕博士论文占比最多；其次是图书情报与档案学、教育学（包括教育经济与管理、高等教育学、比较教育学）和新闻传播学三类学科占比较重。由此可见，涉及智库研究的头部学科比较集中，但是长尾部分相对分散，很多学科都涉足智库研究。这是前科学阶段的一个典型特征。

智库知识体系制度化学科嵌入路径的重点是要把智库研究变成国际关系学、政治学、应用经济学、管理学等主流社会科学的重要研究方向，假如有更多主流学科知名专家开展智库研究，会加深智库研究嵌入主流学科的程度。像清华大学的薛澜、朱旭峰，中国人民大学王莉丽，复旦大学任晓、沈国麟等坚持智库研究，他们对推动智库研究的制度建设起到了积极作用。另外，一流高校和著名研究机构开展智库研究也能够加强智库研究在主流学界的嵌入程度，比如清华、人大、复旦、南大等一流高校，中国社会科学院、上海社会科学院、山东社会科学院、四川社会科学院、湖南社会科学院等著名研究机构都积极开展智库研究。这些努力促进了智库研究嵌入主流学术圈，但是嵌入主流社会科学还有待进一步努力。

（三）智库学术体系不完整，职业发展体系缺失

构建学术体系是智库研究制度化的一个重要内容，学术体系是指学术组织、学术期刊和学术活动等要素构成的一个框架或者平台。对于任何一个得到学术界公认的研究领域来说，都会有相应的学术组织，比如国家的一级学会或者二级学会，或者一级学会下面的专业委员会。[①] 目前没有类似"全国智库研究会"这样的一级学会组织，也没有在政治学会、管理学会或者中国图书馆学会下面设立智库研究专业委员会，这导致没有人能够合法地进行全国性智库研究和评价的规划、组织和协调工作。除个别省外，大部分省级行政区都没有建立本地的智库研究学会。也就是说从学术研究组织的建设来看，智库知识体系的制度化程度较低。

智库研究成果的发表平台是学术体系的另外一个重要组成部分。智库研究长期稳定地成为主流学术期刊的选题之一是制度化的重要标志。以光明日报智库版为代表的主流报纸这几年也发表了不少智库研究的文章，但是这些报纸的智库版越来越倾向于发布智库的研究成果，而不是研究智库的文章。从智库研究成果的出路来说，能否形成稳定的发表平台是制度化的一个重要方面，没有制度化的高层次发表平台，智库研究很难吸引长期稳定的作者群，很多学者会因为发表困难

---

① 谢伏瞻：《加快构建中国特色哲学社会科学学科体系、学术体系、话语体系》，载于《中国社会科学》2019 年第 5 期。

而离开智库研究共同体。

我国一些社会科学期刊发表了一定数量的智库研究论文，但令人担忧的是，一些刊物发表智库研究论文明显是一种跟风行为，有很大的随意性和不确定性。智库研究要能成为著名社会科学学术刊物的长期稳定的选题。根据 CSSCI 来源期刊发文数据显示（截至 2021 年 9 月 5 日），智库研究发文量最多的 5 本刊物分别是《情报杂志》（96 篇）、《情报理论与实践》（37 篇）、《情报科学》（36 篇）、《国外社会科学》（34 篇）、《情报资料工作》（31 篇），其中有 4 本图书情报类刊物，《情报杂志》发表智库研究论文数量第一，[①] 这种现象的产生有必然性和偶然性，必然性是因为情报工作和智库工作有一定的交叉，两者常容易被混淆；偶然性是因为我国图书情报档案学科较早介入智库信息系统开发和智库评价工作。但是，这种现象并非正常现象，从学理上说，政治学、国际关系和公共管理等刊物才应该是和智库研究关联性最强的专业刊物。

从学术活动来看，以智库研究和智库专业建设为目的的全国连续性会议有光明日报社和南京大学创办的"新型智库治理论坛"，该论坛已成功举办 5 届，每届都有 700 余人参加，是智库界重要的年度会议。一些智库研究者也积极参加该论坛，但是该论坛仍然算不上是智库研究方面的专业会议。以智库研究为主题的全国性专业会议是浦东干部学院的中国特色新型智库论坛，该智库论坛由浦东干部学院和光明日报社主办，每年的参加对象是浦东干部学院副局级以上新型智库建设干部培训班学员，该论坛层次很高但并不向外界开放。至于有影响力的培训活动，目前国内有中国科学院文献情报中心《智库理论与实践》编辑部组织的新型智库核心能力培训班；全球化智库（CCG）、宾夕法尼亚大学智库研究项目（TTCSP）、宾大沃顿中国中心和中国科学院文献情报中心《智库理论与实践》编辑部举办的"2017 年中国高端智库建设与创新研修班"；中国科学院文献情报中心《智库理论与实践》编辑部举办的"2018 年第三届新型智库核心能力建设暨齐文化与当代价值高级研修班"；[②] 还有诸如由全球化智库（CCG）、宾夕法尼亚大学智库研究项目（TTCSP）、宾大沃顿中国中心主办，南京大学中国智库研究和评价中心协办的"2018 国际顶尖智库高级研修班"等。[③] 2015 以来，智库学术活动虽然很频繁，但无论是主办者还是参与者都呈现一种专业人士和非专业人士边界不清的状况，这是智库研究制度化不高的体现。

[①] 数据来自中文社会科学引文索引（Chinese Social Sciences Citation Index，CSSCI）官网，http://cssci.nju.edu.cn/。

[②] "智库理论与实践 - 信息公告"，智库理论与实践官网，2021 年 9 月 20 日，http://zksl.cbpt.cnki.net/WKD/WebPublication/wkList.aspx? columnID = 5e39458d - 27b4 - 4fe0 - 92fa - 83ab3d0d6976。

[③] 《国际顶尖智库高级研修班成功举办》，全球化智库官网，2021 年 9 月 12 日，http://www.ccg.org.cn/Event/View.aspx? Id = 9193。

七、智库成果评价与激励的指挥棒设计不合理

智库成果评价工作是知识生产的核心工作之一，评价质量直接影响到我国各个类型智库的发展。[①] 目前，智库成果评价工作普遍存在的问题为：评价标准不够科学、评价内容不够全面、对成果评价的应用不足。

（一）智库成果评价标准不科学，出现"唯批示论"的激励倾向

由于我国许多智库对其自身定位、功能发挥没有清晰认识，导致智库成果评价也缺少明确定位。智库成果评价体系不仅要以其学术含金量为评价对象，还要考虑成果对社会经济发展产生的实际价值和重要影响。但目前，我国大多数智库评价以学术论文、科研基金及著作等学术性成果为主要指标，缺少政策咨询类应用成果的评价考核指标。此外，根据智库定位与功能发挥的差异，智库可分为党建型智库、学术型智库、契约型智库和倡导型智库，[②] 各类型智库的评价重点应有所侧重，以评价推进智库主要业务工作。但是，国内智库成果评价体系鲜有体现分级分类的评价意识，以及相应的评价标准。尽管国内一些智库在成果评价工作方面已经向前迈出一步，试行学术成果与决策咨询成果评价"双轨制"，在具体操作层面却强化了"唯批示论"的负面影响。

智库盲目追求内参和批示数量，不仅给行政决策部门带来沉重负担，降低行政决策效率，增加政府决策成本，也会导致不同资源禀赋和能力禀赋的智库将工作重心放在政策过程前段，忽视政策过程中段和后段，竞争出现同质化，还会影响智库技术支援能力的形成与加强。[③]

（二）智库成果评价内容不够全面，成果价值有待挖掘

智库是高端人才聚集地，各类科研成果产生数以万计，其中不乏一些精品成果具有创新性、前瞻性和战略性等。如何合理、科学评价这类成果的重要价值，一些智库开始尝试新方法，例如，根据 2017 年《广西大学的科研奖励评价办法（试行）》，广西大学采取长期和短期评价结合的方式，同一成果（报告、建议）相同年度可列入不同类别奖励的，按最高金额奖励，过后如获更高类别奖励的，

---

① 宋悦华、朱帅：《高校智库成果评价探析》，载于《扬州大学学报（高教研究版）》2019 第 1 期。
② 卢小宾、黎炜祎：《国外智库的类型与评价模式研究》，载于《情报理论与实践》2018 年第 8 期。
③ 王传奇、李刚、丁炫凯：《智库政策影响力评价中的"唯批示论"迷思——基于政策过程理论视角的研究》，载于《图书与情报》2019 年第 3 期。

追加奖励与前次奖励的差额部分。[①] 通过这种评价方式可以有效解决由于时间跨度、地域差异等因素带来的智库成果评价问题，充分适应智库成果研究周期长的特点，避免由于过去科研评价对成果的时间限定而无法体现智库成果的真实、客观价值。但实际上，根据调研智库访谈和其他智库公开政策显示，大多数智库管理部门、主管单位以及智库内部并没有给出很好的答案。

东部某省委宣传部智库办在开展新型智库三年评估时，评价指标体系中仅有一项一级指标涉及创新——"工作创新与获奖（10分）"，下一级指标中有一项内容关注到智库成果的创新性与突破性，"智库建设与决策咨询研究工作有创新和突破，形成重要影响，对全省新型智库建设发展有指导意义和推动作用，经省新型智库建设指导委员会办公室认定的成果加5分"。这体现出智库管理部门认同智库成果的创新性应为评价内容之一，但这种评价方式主观性较强，且相比于其他一级指标"人才队伍建设（15分）""智库研究成果与传播（54分）"，分值较少、定义不明确，产生的激励作用属实有限。安徽省某高校在成果认定与奖励办法中，以成果层次为划分依据对不同类型成果予以科研积分，[②] 成果认定评分标准中并未体现出对成果内容质量、发挥效益的重视，智库成果评价工作过于简单化、评价体系较为单一。湖南省某高校在智库研究成果认定办法中列出了12条规定，仅有其中一条顾及影响较为重大的智库成果，但内容却具有不确定性——"产生重大影响的其它智库研究成果，参照本办法执行"。[③] 可见，智库成果评价内容全面性有待加强。智库成果评价不应"唯批示论"，而应以质量评价为导向，评价成果的针对性、时效性、前瞻性、可操作性、全局性、科学性、实证性、学理性。[④] 否则，不仅会加重"唯批示论"的负面影响，而且会引导研究人员追求"短、平、快"的成果产出方式，重蹈学术界"唯学历、唯资历、唯'帽子'、唯论文、唯项目"的覆辙，不利于推动中国特色哲学社会科学的发展。此外，在智库成果认定和评价办法中，不应将成果内容的创新性、前瞻性、战略性评价等方面一带而过，也不应该仅凭主观判定成果价值，否则，无法引起科研人员对研究内容及其含有价值的重视，难以树立正确的智库成果评价导向。

---

① 蒋晓飞：《协同理论视角下的智库成果评价研究》，广西大学硕士学位论文，2017年。

② 《安徽财经大学智库成果认定与奖励办法》，安徽财经大学官网，2016年10月28日，http://szb.aufe.edu.cn/2016/1028/c2461a36066/page.htm。

③ 《湘潭大学智库研究成果认定办法（试行）》，湘潭大学社科处网，2020年12月14日，https://skc.xtu.edu.cn/info/1042/4304.htm。

④ 牟岱：《新型智库研究成果评价标准基本特征》，中国社会科学网，2021年6月16日，http://www.cssn.cn/zk/zk_rdgz/201701/t20170116_3384616_1.shtml。

第二节　新型智库内部管理存在制度短板

建设中国特色新型智库的当务之急，是努力创新符合中国国情和新型智库发展规律的管理机制。由于我国智库建设起步较晚，加之社会各界的认识存在差异，目前在智库的性质、地位、作用、影响力、人才培养、经费管理、成果管理、运营模式等方面，还存在不同程度的差距和缺失。究其原因，是我国部分单位对中国特色新型智库的功能定位认识不清，对智库建设的整体规划、资源的科学配置、项目管理方式、经费、对外学术交流以及效益评价机制等仍沿用着传统的行政管理办法，阻滞和束缚了我国新型智库的发展。

一、智库选人用人机制有待创新

人才是关乎智库生存发展的关键要素。从国际经验来看，高水平智库必须拥有一支高水平的精英人才队伍，才能提供高质量的决策咨询服务。2015 年以来，中宣部等中央部委办局陆续为激活智库建设活力出台了一系列规章制度，如扩大科研项目资金管理权限；扩大人才开放，完善更加开放、更加灵活的人才培养、吸引和使用机制；通过提高科研人员收入水平、利用市场配置资源加快科技成果转化、扩大科研机构收入分配自主权等，在制度上释放了"人才红利"。但实际效果欠佳，主要是因为智库没有相对自主的选人用人自主权、多元化的引才聚才渠道，以及吸引人才的职业发展通道和考评体系。

（一）体制内智库没有充分的用人自主权，难以保障和激发人才活力

人才竞争从表面上看是人才能力的比拼，但在根本上是人才体制机制的竞争。美国一流高校智库在人才的选拔任用、考核激励、培养开发等方面的高度独立性和自主性，是其长久保持人才竞争力的关键。实践证明，选人用人自主权是用人单位激发和保持人才活力的重要保障。2016 年 3 月，中共中央印发《人才改革意见》，提出"保障和落实用人主体自主权"。[1] 2016 年 5 月，习近平总书记就贯彻落实《人才改革意见》作出重要指示，强调要着力破除体制机制障碍，向

---

[1]　新华社：《中共中央印发〈关于深化人才发展体制机制改革的意见〉》，中国政府网，2016 年 3 月 21 日，http://www.gov.cn/xinwen/2016 – 03/21/content_5056113.htm。

用人主体放权。① 随着我国事业单位改革的推进，党校、社科院、高校等事业单位的用人自主权得到了更多的保障，但作为这些事业单位下属的智库，其用人和财务等基本仍由主管单位相关部门统一管理，尤其是高校智库的权利，与校内其他院系所相似，得到的授权十分有限。② 这一现象出现的根本原因在于高校引人用人的目标与高校智库招聘人才的目标并不一致。大多数高校智库人才队伍建设问题存在的根本原因也在于高校智库没有专门的智库人员编制，对于高层次人才缺少了一定的吸引力。在这种情况下，高校智库的决策咨询工作只能由拥有编制的教职人员承担，这不仅造成教职人员负担过重，也无法保障智库成果的质量。同样的问题在党校、社科院等体制内智库中也存在。为破除这一难题，体制内智库及其主管单位应该构建高校灵活的引才机制，建立新型的高层次人才灵活编制储备机制。

（二）智库引才聚才的渠道与方式较为单一，构建多元化人才队伍困难

西方一些智库非常重视保持人才选用机制的灵活性，通过多渠道、多方式吸引、选拔、任用各界人才。除了吸纳高水平的研究人才之外，还囊括了高水平的政策公关精英、媒体传播人才、行政管理专才甚至还有会务高手。③ 例如，胡佛研究所与校内其他院系之间建立了人才共享机制，双方联合聘任研究人员。该所强调以项目驱动政策专家，根据政策要求确定项目，按照项目组建研究团队，通过访问学者、工作小组等方式聚集相关领域不同学科背景的专家开展合作研究，其中所外专家比例高达50%。④ 在这方面，国内知名智库也建立了类似的专家平台。比如，长江产经研究院拥有驻院研究员16名、特约研究员近500名，包括国内外知名学者、政府官员、优秀企业家代表等，其中学者占59%、企业家占22%，政府公务员占19%。除此之外，该院还引进德国哥廷根大学、澳洲国立大学等单位的杰出学者作为特约研究员，并每周开展学术讨论。同时，该院设立了专业化、职业化的运营管理部门，⑤ 具备内参管理、媒体宣传、外联合作、人力资源、行政服务等职能。虽有先进做法，但是我国大部分智库，尤其是体制内智

---

① 习近平：《要着力破除体制机制障碍 向用人主体放权》，新华社，2016年5月7日，https://www.sohu.com/a/73925069_161623。
② 金志峰：《新型高校智库多元化人才管理机制探析——美国的经验与启示》，载于《中国行政管理》2019年第3期。
③ 王文：《智库，战略大传播的发动机》，载于《对外传播》2014年第2期。
④ 王辉、彭倩：《美国智库人才创新机制及其启示》，载于《决策探索（上）》2018年第1期。
⑤ 资料由本书课题组调研获得。

库仍然面临人员配置不合理的现状。

智库引才聚才渠道与方式单一主要表现在以下几个方面：其一，体制内智库大多采用公开招聘的方式吸纳人才，招收的人员主要是名牌大学刚毕业的硕、博士研究生，这与跨学科、综合性强的智库研究不相符。其二，具有中国特色的"旋转门"机制尚未形成，政府与智库间的人才交流通道尚未建立健全。例如，北京大学信息管理系的申静教授团队经过调研，发现在国内盘古智库、中国经济五十人论坛、中国经济体制改革研究会等 8 家国内社会智库中，75% 的智库人才流动是单向的，即智库从政府、高校或企业中引入人才（分别有 100%、63% 的社会智库从高校和政府引进人才），但很少有社会智库人员能够进入政府或高校工作（只有 CCG 率先建立起双向流动的人才"旋转门"机制）。[①] 可见，智库精英依然主要集中在党政部门、高校、社科院等体制内智库，人才交流和人才合作培养还未形成常态化机制。其三，体制内智库未能合理配置与安排机构内研究人员、行政管理人员与科研辅助人员的比重，缺少专门负责智库运营管理的部门与团队，造成智库研究人员负担过重、琐事过多，出现研究水平参差不齐的状况，导致智库难以提升影响力。

（三）人才职业发展通道和考评体系未产生强大的激励效应

有效的激励是高校智库激发人才创新活力、稳定内部人才队伍、吸引外部优秀人才的重要手段。人员考核评价与职业发展通道若不能与组织协同发展形成良性机制，将导致智库人员个体专业发展和组织持续建设动力严重不足。当前，许多智库或智库主管单位还没有以人才发展性为评价导向，而是过多地关注人员年度考核等级与短期化的物质利益。[②]

智库职称序列尚未建立与完善，导致智库人才晋升没有明确目标与职业发展规划。从国际经验看，智库与学术的从业主体存在重大差异。学术学者一般被称为"纯学者"或"理论研究的学者"。我国学术学者大多集中在高校、各级社科院系统中。学术学者有着严格的等级制职称序列，分为教授、副教授、讲师（助理教授）等，或研究员、副研究员、助理研究员三级类同序列。[③] 相比之下，智库的从业人员范畴更广。由于智库类型多样，包括官方智库、社会智库、高校智库、企业智库、科技智库等，加之智库运营管理需要多样化的人才队伍，包括科研团队、技术团队、科研辅助团队等，这些人才的职业发展路径各不相同，不能

---

① 申静、张璐、刘莹：《社会智库人才机制初探》，载于《中国科技资源导刊》2019 年第 1 期。

② 金志峰、杨小敏：《高校智库人员考核评价——基于职业发展通道理论的基本思路与体系构建》，载于《国家教育行政学院学报》2019 年第 5 期。

③ 王文：《论智库与学术的异同》，载于《智库理论与实践》2017 年第 2 期。

沿用传统的学术型人才评聘职称序列。否则，智库非科研人员将大量流失，智库无法仅凭科研团队在国内外塑造影响力与传播力。

人才评价"重学术、轻智库"，影响智库人才的职业前景与智库研究队伍的发展壮大。当前，国家重视智库建设，政府、高校和研究机构都希望在建设智库方面发挥积极作用，但是目前国内智库，特别是体制内智库机构尚未建立起相应的智库人才评价机制。现有的评价机制仍然以学术成果为核心，将发表学术性文章以及承担科研项目的情况与职称、级别相挂钩。这导致大多数国内智库机构学者往往是"学术研究"与"智库对策研究"双肩挑，很多智库学者要保证完成如发表论文、专著的学术工作，才能实现职称晋升。[①] 不可否认，一些学科可以很好将学术研究工作与决策咨询工作相结合，实现两类研究成果的转化。但是学者的精力毕竟有限，"双线作战"不应该是长久之计。目前，大多数智库机构没有一套独立的智库人才评价体系，即使建立了本智库的人才评价体系，智库研究成果的分数占比也很少会超过科研成果的分数占比。例如，江苏新型智库虽普遍建立了决策咨询成果奖励制度，但其奖励的力度相比于科研成果要小得多，更重要的是相关配套评价制度没有得到很好的推进。[②]

缺少促进人才发展的体制机制，智库将面临人才引进难、培养难、发展难的瓶颈，无法充分发挥智库人才工作的积极性和创造性。

二、智库资金管理与使用不合理，影响智库高效运转

目前，智库机构资金管理存在着一些不合理的现象，这种不合理的现象影响了智库机构的健康发展，进一步阻碍了科研工作的高效开展、科研人员的创新积极性以及新型智库建设的提档升级。

（一）智库财政拨款经费使用灵活性不足

智库机构的工作和职能性质既不同于政府机关的学术研究机构，也不同于事业单位下设的学术研究机构，它们是具有很强科学独立性的决策咨询机构。智库机构的主要任务是产出学术研究产品和决策咨询产品，政府部门研究机构的任务是完成各级政府领导交办的任务、参与起草文件、针对重点工作和重大突发性事件等进行调查研究并提出政策建议等，为政府决策提供参考建议；智库机构是学

---

① 鞠维伟：《当前国内智库人才培养现状、问题及对策》，载于《智库理论与实践》2019 年第 1 期。

② 咸鸣霞、曾维和：《新型智库社科人才作用发挥的结构困境与对策探讨》，载于《情报科学》2020年第 1 期。

术创新与决策咨询的研究和生产机构，政府部门研究机构是政府内部的处于第二线的参谋、智囊、研究、咨询的班子（各级政府办公厅或办公室是政府的办事机构，属于执行系统，有传达、发布政令的任务，是站在第一线的"参谋长"①）；智库机构是用资金进行政策研究创新生产，政府部门研究机构是用财政资金保证职能部门正常运转。从各个方面来看，二者存在许多差异。但是财政拨付给智库的经费是采取"一刀切"的方式，统一采用政府机构的资金管理办法管理各类型智库经费使用的。这显然不够合理，因为智库的一些经费支出按照当前财政纪律是无法合规支付的。比如，国际关系智库需要经常开一些招待会，需要请外国使馆官员餐叙，这都是合理的开支，可是按照财政经费使用纪律，财政经费就不能用于宴请，合理却不合规。

（二）横向科研经费一旦入了账也被视同财政拨款

科研经费按照"一刀切"管理，造成经费管理体制僵化。政府机关有严格的财政资金管理规定，智库部门目前的经费管理也是依据这些政府职能部门的经费管理规定来管理，而智库机构除了财政资金外，还有横向社会类课题研究经费，这部分经费由于每年的资金来源和数量的不确定性，无法纳入财政预算，但是目前也是间接算作财政资金管理。② 这导致很多科研费用按照政府机构决算依据管理，形成了资金管理的"一刀切"现象，忽视科研院所资金预决算的独特规律和不同于政府部门的预决算形式和内容，从而导致很多科研费用无法进行决算报销。例如，政府部门严格控制公共经费比例，而目前实行的"全口径"财务管理，就把行政公共经费和课题经费中类似公共经费成分（例如，办公用品费用、图书费等）统筹管理，严格控制比例，导致很多科研费用只能以其他形式报销，浪费不少宝贵时间。中国社科院财经战略研究院财政审计室主任在接受《中国经济周刊》记者采访时也表示："社科类科研经费管理制度不科学且不符合实际的问题，已经严重阻碍了社科类科研创新。重视这些问题，并能实事求是地修订相关制度，是提升科研人员积极性、创建创新大国的必要措施。"③

过度严格的预算执行很大程度上约束了经费的有效使用。科研项目大体可以分为基础性研究和应用性研究，自然科学类和人文社会科学类。不同类别科研项目的成本构成、研究目标、社会效益有很大不同。尤其是基础研究项目，具有较

---

① 赵胜勤：《试论政府部门研究机构的设置》，载于《社联通讯》1987年第2期。

② 牟岱：《新型智库建设呼唤资金管理改善》，搜狐网，2016年4月22日，https：//www.sohu.com/a/70897585_162758。

③ 王红茹：《社科类科研经费使用有三难》，湖南社科网，2016年3月13日，https：//www.hnzk.gov.cn/redianzhengming/2634.html。

强的探索性，具体科研活动需要随时根据科研进展适时调整。但是，按照现行规定，项目申报者在项目申请和批准时就需要明确科研经费的详细用途，执行中十分关注经费使用是否符合规定，与科研活动的探索性相违背。国家行政学院研究员、中国行政体制改革研究会研究部主任胡仙芝也曾表示："目前科研经费预算往往实行列举式，只对有限的几个科目作出规定，比如资料、设备、会议、调研、劳务、国际交流合作、管理等，对预算科目之外的费用一概不予理睬。而列举式的方法无法穷尽现实科研活动中存在的可能性，目前科研经费预算科目无法全部覆盖现实科研活动中实际发生的所有费用，一些与课题相关而没有预算科目的开支被排除在预算科目和经费使用范围之外。"[①]

（三）智库资金运营情况不透明导致监管困难

2017年1月17日，清华大学公共管理学院教授朱旭峰领衔完成的《中国智库透明度报告》，其中提到"智库透明度"的概念，将"提升智库透明度"视为保障智库独立性和智库体系良性运行的关键因素。智库透明度指有关智库机构、智库活动、智库成果、智库资助经费及开支等智库研究活动信息的公开程度及可被公众获取程度。[②] 从智库经费的使用目的来看，政府接受各类决策咨询报告，但并不直接支付给咨询报告提交机构经费，研究基金提供给各类智库开展决策咨询研究所需经费，但一般不直接应用智库的政策思想；从智库经费来源的角度看，中国智库并不存在成熟的基金会运作环境，智库接受基金会资助、企业等利益集团捐赠的信息不易被获取；从智库管理政策看，我国尚未出台任何政策要求智库定时、主动公开智库运行的所有信息，比如经费来源、课题研究及其关联信息；从智库评价体系来看，少有智库管理部门将智库运行中的经费来源、经费数额及经费使用方向，作为评判智库运行绩效的重要指标。基于以上原因，导致我国智库资金运营情况难以被外界知晓，更难以被有效监管。

整体而言，中国智库的资金运营情况高度不透明。尽管中国智库数量众多，但智库建设水平参差不齐。29家国家高端智库建设试点单位作为国家新型智库建设的标杆，却仅有1/3的智库对社会公开其财务决算状况。[③] 除军队智库的保密级别高，不宜公开财务情况和建立官方网站外，作为独立的政策咨询机构，中

---

① 《科研人员吐槽科研经费管太严　自叹不如农民工》，经济网-中国经济周刊，2016年3月1日，https://china. huanqiu. com/article/9CaKrnJUctm。

② "中国智库透明度研究"课题组：《智库报告中国智库透明度报告》，搜狐网，2019年8月1日，https://www.sohu.com/a/330875465_352307。

③ 熊晓晓、施云燕、任福君：《中国智库的经费运营模式研究——以中国高端智库为例》，载于《今日科苑》2021年第4期。

国智库要想发挥其社会影响力和获得社会公信力，就需要进一步公开透明其财务运营状况。尤其是党政智库和科研机构智库，主要依靠国家的财政拨款作为经济来源，需要在财务信息上做到清晰透明、公开公正。

三、智库研究成果重复率高转化率低

智库的最终目标在于通过决策咨询帮助服务对象改进决策水平，提高决策质量。要实现这一目标，就必须做好研究成果的推销、转化和应用工作，这就要求对成果进行管理。我国智库尚未形成规范化的成果管理机制，包括产品内容规划、产品矩阵设计、成果跟踪机制、成果知识管理系统等。

（一）智库研究领域交叉重叠，成果低水平重复

我国大部分智库的研究方向都依托其研究特长开展，社科院和高校智库的研究方向往往更加全面，如上海交通大学下属的 29 家智库涵盖了自然科学（国家海洋战略与权益研究基地）、社会科学（上海市人民政府决策咨询研究基地、国家民间组织管理局社会组织与社会建设上海交通大学研究基地）、经济学（金融检察法治创新研究基地、中国金融发展研究院等）、法学（非洲发展与社会发展研究基地、上海交通大学竞争法律与政策研究中心）等多个领域。[①] 但是，从我国各大高校智库建设情况看，存在智库研究方向趋同、发展同质化的趋势。表 9 - 2 列出了 CTTI 系统中 "C9" 高校智库所在学科的分布情况，从表中可以看出各高校综合类智库数量较多，较为有效地利用了校内丰富的学科资源；主要从事经济学、政治学、法学研究的高校智库数量较多，还有一些学科未出现高校智库的身影，比如，图书情报与文献学、军事学、考古学、民族学等，说明强势学科的高校智库建设与发展速度远远超过其他学科，有可能进一步导致科研资源分布不均。此外，从智库名称上看，同质化发展的趋势十分明显。据统计，CTTI来源智库共计 940 家（截至 2021 年 9 月 10 日），其中有关 "一带一路" 研究的智库共 20 家、研究社会治理的智库共 9 家、研究知识产权的智库共 9 家，还有大量智库研究方向多有重叠和交叉。尽管国内智库产出了较多的研究成果，对政府的决策提供了支持，然而却造成了人力、物力的重复劳动和资源浪费，降低了智库研究开展的效率，增加了成果管理的负担。

---

① 郭晶、宗一君：《我国新型高校智库成果管理策略现状分析与对策——以上海交通大学智库为例》，载于《实证社会科学》2017 年第 1 期。

表 9 - 2　　　CTTI 系统中 "C9" 高校智库所在学科分布

智库所在学科	清华大学	北京大学	复旦大学	浙江大学	哈尔滨工业大学	上海交通大学	南京大学	西安交通大学
法学	1	2				2		4
哲学	1		1			1		
新闻与传播学		1				1	1	1
教育学	1			1		4		
经济学	2	2	2	4		7	2	5
政治学		2	3	2		8	2	
体育学	2							
社会学	3		1	2		4	1	3
管理学				1		1		2
综合类	8	2	4	1	2	12	1	2
自然科学						2		

注：中国科学技术大学智库暂未收录于 CTTI 系统中，暂不统计。
资料来源：来自中国智库索引（CTTI）系统。

（二）科学的智库成果评价标准尚未确立，导向性不强

科研成果评价机制老套，不符合新型智库建设的发展要求。传统科研成果评价制度侧重于论文发表数量和级别、出版专著和申请专利、获得不同级别的立项和横向课题等指标，这一评价体系不能根据智库的产出成果特点对研究人员进行切实评价，影响研究人员的积极性，同时也大大制约了智库的创新能力。智库评价体系的指标不应仅是发表论文或著作，更要强调科研成果在解决公共问题中的贡献程度以及对政府制定政策提供的参考价值。例如，从高校智库项目的选题方向、服务对象的选择等方面可以看出，当今高校智库建设尚未打破纯粹学术研究的传统，没有确立起较为明确的公共服务意识。大部分高校智库的科研成果是遵循学理逻辑推演，并没有把主要精力集中到为公共决策出谋划策、为经济社会发展发挥社会效益，因而很难高效地出台高质量的决策建议。[1] 智库成果评价机制对于科研人员起着激励作用，科研人员会以评价指标为导向进行科研活动。当评价指标不关注科研成果对公共政策制定的贡献时，科研人员的研究便会与智库建设的初衷相背离。

----

[1]　李亚慧、范英杰：《建设我国新型高校智库的必要性及关键点研究》，载于《内蒙古财经大学学报》2018 年第 3 期。

智库成果评价体系存在重"量"轻"质"的倾向。由于我国智库数量庞大，研究项目覆盖面非常广泛，其成果产出的数量和质量也参差不齐。当前我国无论是高校智库、社会智库还是官方智库，都没有出台明确的智库成果评价标准，各评价机构对智库本身的评价标准也各有侧重。目前，智库排名的评价体系多集中在根据产出数量进行评价，对成果质量的评价主要依据是成果获得批示层次、成果发表平台层次等。因此，很多智库为了保持评价排名靠前，在研究过程中多关注产出数量，以及成果获得批示数量，而忽视了研究成果真正的含金量。如有些评价机构根据智库研究成果的数量对其排名，统计智库发表论文的数量、研究报告的数量、人均论文发表数量、人均承担项目数量等数据，却忽视研究项目的战略性、思想性、学术性，研究成果的应急性、咨询性，导致排名结果非常片面，智库之间形成非良性竞争。正是由于质量管控标准的匮乏，导致智库报送成果质量良莠不齐，浪费了大量研究资源。

（三）智库成果转化率低，忽视成果转化过程

推动智库成果转化是新型智库建设的重要工作之一。目前，智库成果转化工作尚且存在渠道不畅、形式单一的问题。一般来讲，直接参与政策制定是研究人员智库成果转化最直接、最有效的方式，但是，能直接参与政策制定的智库研究人员毕竟是少数。报送内参才是目前各类智库惯用的制度化做法，但真正能发挥实际作用的内参报告数量较少。造成智库成果转化率低的原因主要有以下两点：

一是成果转化动力不足。一方面，作为成果供给方的智库对决策需求不能准确把握，所做研究与实际脱节，实用性不强，导致智库成果拉动力不足；另一方面，作为成果需求方的党委政府对智库成果需求乏力，导致推动力缺乏，供需脱节会进一步阻碍智库研究人员主动进行成果转化，对智库建设造成不利影响。目前，大多数智库还没有建立起完备的决策咨询项目生成机制、成果评价机制、研究财政保障机制、研究人员绩效评估机制和智库人才培养机制等规章制度，对研究人员的激励约束不够，导致其进行资政研究的动机不强。

二是跟踪应用不力。智库成果转化的应用方面还没有建立健全跟踪促进机制。一些智库研究人员往往关注于研究成果的顺利结项、获得领导批示、被期刊发表、被其他研究人员转载等，对于后续成果如何影响决策、对政府决策发挥多大的作用、是否能够顺利转化为生产力等问题关注的意识不强。这就导致很多资政成果只是得到表面采用，并没有在实践中形成良性的循环，也就失去了资政的初衷。一些智库管理部门虽然也建立了成果报送的相关机制，但成果报送的渠道并不是十分畅通，与政府相关部门尚未建立起有效的合作机制，对决策需求把握

不准确，对决策成果应用不力。①

第三节 智库数字化保障能力较为欠缺

在当前国家治理体系和治理能力现代化需求下，智库借助数据要素力量，通过高质量研究研判形势、科学建言、辅佐决策显得尤为重要。但是，当前智库数字化保障体系建设依旧比较落后，主要体现在智库研究模式依然过于传统，管理手段和运作模式灵活性差，科研能力和效率有待提高，工具模型和方法体系仍较薄弱，大量成果缺乏有效曝光路径等方面。

一、智库业务与成果管理信息系统尚处在探索试验阶段

智库的业务管理和成果管理系统对规范智库管理、减轻研究人员和行政人员工作负担非常重要，因此已经有不少单位在规划、开发和应用信息管理系统。比如，湖北大学与中国社会科学院社会科学文献出版社于 2017 年 5 月签署协议，合作建设 "中华文化发展智库平台"。② 该智库平台集资源整合、成果发布与合作交流于一体，全面汇聚优质学术资源，利用大数据技术提升学术研究的效率，打造中华优秀传统文化的推广平台、全球中华文化研究者的交流平台；广东智库信息化平台是由中共广东省委宣传部主管、广东省社会科学院为主体承建的理论粤军创新工程。研究起步于 2010 年，二期工程完成于 2018 年。平台以打造理论创新发布高地和理论宣传主流阵地为建设目标，是代表广东智库理论创新成果转化的学术门户网站，也是展示广东智库整体形象、智库专家风采、智库前沿成果的重要窗口，同时也是提供理论工作者协同创新、具备基于大数据的信息采集分析系统、多样性情报支撑的平台；甘肃省社会科学院开发的 "甘肃社会科学在线" 包含社科成果、学术活动、社科人物等管理功能。③

2021 年 7 月，我课题组对国家高端智库试点和培育单位发放了 "国家高端智库数字化保障体系建设调查问卷"（以下简称 "国家高端智库问卷"），截至

---

① 王晓琴：《完善地市级党校智库成果转化机制的思考》，载于《学理论》2018 年第 6 期。
② 夏静：《国内首家中华文化发展智库平台启动建设》，光明网，2017 年 5 月 21 日，https://epaper. gmw. cn/gmrb/html/2017 – 05/21/nw. D110000gmrb_20170521_6 – 04. htm？div = – 1。
③ 李雪：《打造大数据时代的数字智库——甘肃省社会科学院院长王福生访谈录》，载于《经济师》2021 年第 1 期。

2021 年 9 月 15 日，已有 15 家智库机构填报了此问卷。据问卷数据显示，仍有 46.7% 的智库机构信息管理系统尚处于规划部署阶段，也就是说即使是国家高端智库，也勉强只有一半的智库应用了业务和成果的信息管理系统。已经部署了信息系统的使用效果也不是很好，33% 的智库反映有研究或业务需要时才使用信息管理系统，60% 的智库认为现有系统服务功能不完善，53% 的智库认为信息系统现有数据可用性不足，47% 的智库认为现有系统块欠缺，40% 的智库认为现有系统响应和运行速度较慢。以上数据说明，现阶段国家高端智库在信息管理系统建设上取得了一定进展，但总体来看适用性不足，距离科研和管理的实际需求还有较大差距。

二、信息共享障碍难以克服，特色数据资源建设不足

我国智库现阶段使用的数据资源一是来自开源信息源，主要通过政府门户网站、中央政府各部门官网、政府主导建设的对公众开放的数据库及国家数据网获取开放资源；[1] 二是来自商用的通用数据库，比如"知网"等各类可以在市场租借的数据库等。这两类数据对于一般的学术研究是够用的，但是对于智库研究人员来说是不够的，他们需要更多的特色数据、个性化数据和内部数据库。智库与政府部门、企业、其他各类社会组织之间依然存在信息壁垒，大数据情报资源的获取并非易事，大数据资源常常掌握在大型企业或政府手中，如互联网公司、软硬件服务商、搜索引擎公司等；[2] 在内部数据获取上，数据资源建设机制持续推进，但开放共享态度依然谨慎。例如国家电网江苏省电力有限公司的生产单位和科研单位之间的数据对接通道尚未完全打通，一般采用"提需求才共享"的方式进行数据资源开放和获取。实际上国家电网公司领导层较早便认识到数据资源的关键意义，于 2017 年便出台了相关的数据管理办法，一定程度上强化了数据开放与共享机制，但因国家电网公司数据保密要求严格，各单位在具体执行上仍然持谨慎保守态度。因此，即使是国家电网内部的智库也无法通畅地拿到想要的数据。[3] 对于智库而言，自己拥有的特色数据库是核心竞争力所在，但是，建设自己的特色数据库不仅经费投入大，还要长期的数据积累和人力维护，因此，智库特色数据库建设缓慢。优化信息管理系统功能需要智库内部高精尖人才的

---

[1]　郑海峰、方彤、宋玉坤、李亭亭：《智库机构科研工具发展及应用管理研究》，载于《管理观察》2019 年第 5 期。

[2]　李纲、李阳：《面向决策的智库协同创新情报服务：功能定位与体系构建》，载于《图书与情报》2016 年第 1 期。

[3]　资料由本书课题组调研整理获得。

技术保障或外部专业信息技术公司的技术支援，但无论是聘请人才或实行外包，资金不足都是一个主要问题。在国家高端智库问卷调查中发现，国家级智库机构在数字化建设中存在的主要困难为政策支持不足（占比73.33%）与建设资金投入不够（46.67%），而"对数字化项目给予资金支持"即是各机构最希望政府能够提供的支持。地方级智库在特色数据库建设方面的资金更为紧缺，很多机构现有投入只能保证日常运转和科研活动的开展，难以支撑人才队伍建设、数据库运维等。

三、智库大数据应用缺乏必要的工具和技术手段

　　智库的积累优势就在于对某专业领域涵盖的尽可能全面的数据和信息进行长期收集、整理、分析、利用、跟踪，形成独特竞争力，若缺少信息化工具和技术的基础性支撑，也就谈不上专业、系统、全面的数据和信息分析，即使有一大堆数据资源，没有独特的模型和工具，所谓的大数据智能分析也只是说说而已。国家高端智库问卷结果显示，15家智库机构中，目前有超过半数的智库仍以传统采集方式为主（查阅文献资料、实地调研与访谈等手段）进行信息采集，而以数字化分析方式（数据挖掘、自动标引、语义识别等手段）为主进行信息分析的智库占比仅为三分之一。针对智库政策研究的研究工具很少，研究人员难以对大量政策文本进行精确分析，抽取政策核心差异，形成政策演化分析脉络。

　　产生这些现象的主要原因之一为智库大数据技术人才缺乏。首先，智库人员很少接受大数据技术长期专门培训，对技术内涵不了解、对技术业务不精通。大多数智库人员的专业背景为人文社科类，他们在接受和使用先进的科学技术时有天然的劣势，[①] 由定性分析思维转化为定量分析思维有一定难度。其次，专业技术人才配置少也是短板所在。国家高端智库问卷结果显示，15家智库中有6家机构未设立专门的技术部门（网络信息中心、数据中心等），6家机构未设有CIO（首席信息官）或类似职位，9家机构未配备专门的技术团队。由此看出，国家级智库云计算、大数据处理等相关信息技术类人才仍比较匮乏，面临着高精尖技术团队欠缺的瓶颈问题，地方层面的智库则面临着更严峻的情况。大部分地方智库未设立独立的信息处理部门，信息采集、分析等工作有时由行政办公部门或研究人员兼任，熟练掌握高端技术的人员极少，大部分信息技术人员只能处理计算机或网络方面的基本问题，无法满足研发、应用复杂工具与技术的需求。当

---

① 黄磊：《智库大数据决策支持信息保障技术服务体系建设研究》，陕西师范大学硕士学位论文，2019年。

前单个智库自身力量不够强大,迫切需要智库之间以及其他类信息服务机构、(图书)情报机构等共同组成政策研究阵营,共同开发出数据分析方法、工具与模型,系统性了解行业数据特性及服务,共建共享大数据成果。

总体来看,目前智库数字化保障能力建设水平不一,大部分地方智库信息化建设仍处于碎片化、单一化阶段,智库之间普遍缺乏必要的信息集成和共享。[①] 智库作为辅助科学决策的专业机构,加快大数据武装,实现智库发展的数据驱动尤其重要和迫切。[②] 当前,我国新型智库数字化保障体系依然有待完善,我国智库信息能力的建设依然任重道远。现阶段智库对于大数据应用只迈出了第一步,应用大数据抓取和推荐引擎的完善、知识定制的专业人才培育、大数据仿真系统的建立等,亟待通过跨领域合作,进一步完善或创新迭代发展。[③] 应将智库信息化、数字化、智慧化建设提升到前所未有的战略高度,党政部门要切实统筹好政务数据资源和社会数据资源,尽快完善顶层设计,打破信息壁垒,智库机构应树立利用数字化保障能力提升咨政水平的行业自觉,尽快建立起信息技术人才团队,掌握各类数字化工具与技术,提升智库研究质量,强化核心竞争优势。

第四节　智库讲好中国故事能力
不强,国际影响力不足

公共外交是新型智库的基本功能之一,做好对外交流,讲好中国故事,扩大国家影响力是新型智库建设的主要目标之一。面对世界百年未有之大变局,我国智库国际影响力尚不足以匹配国家赋予的使命任务。

一、新型智库国际视野不够开阔

智库研究的国际视野主要反映在其研究成果的内容、研究人员的配置以及研究平台的资源等因素中。其中,研究成果是核心,是直接发挥影响的主体;研究人员是关键,优秀的成果需要智库学者的精心打造;研究平台是基础,好的平台

---

① 张述存:《地方高端智库建设研究》,人民出版社 2017 年版,第 188 页。
② 周湘智:《中国智库建设行动逻辑》,社会科学文献出版社 2019 年版,第 252 页。
③ 罗繁明、袁俊、赵恒煜:《基于大数据的特色新型智库平台建设研究——以广东智库信息化平台为例》,载于《情报资料工作》2020 年第 5 期。

可以聚集多方力量和资源，全力为研究人员提供高质量成果服务。这些要素相互作用，才能共同打造智库的国际影响力。目前，我国智库在智库研究成果的打造、研究人员的配置、研究平台的搭建方面都有待完善。

（一）国际性战略和政策议程设置能力不足

美国卡内基国际和平基金会的资深高级研究员、任美国《外交》杂志主编长达 14 年的莫伊西斯·纳伊姆博士曾说："近五年来几乎所有能引起全球性关注和辩论的主张和思想均产生于美国，而不是美国之外"。[①] 此话除了反映了美国一些学者的傲慢和自负外，也反映了部分事实。"文明的冲突""利益攸关方""中美 G2 模式""软实力"等引领全球话语的概念或战略名词均由美国率先提出，通过推出和广泛传播引领性概念，美国抓住了设置国际议程的优先权。而中国智库目前做的工作多是政策解读、政策阐述，即在他人设置的框架下跟随讨论，缺少国际话题讨论的引领性和主动权。这一局面由许多因素造成。

一是研究领域相对狭窄，缺乏国际影响力。王辉耀认为，我国智库大多专注自身发展问题，埋头做国内公共政策研究，且由于内外环境因素的影响，他们很少参与国际性、全球性事务，更少有机会在国际组织或会议中表达观点，长久以来在世界舞台上处于一种"集体失语"的状态。[②]

二是研究方法上无法国际一流智库同步。国际一流智库普遍重视研究方法的创新和发展。例如，布鲁金斯学会从创立伊始就依赖于从事经验主义的、学术和客观的社会科学领域公共政策分析的知名学者，形成了"布鲁金斯学会模式"并深刻影响着其后数十年的公共政策研究机构。[③] 美国兰德公司对政策研究方法创新贡献巨大，创立和拓展应用了诸如德尔菲法、博弈论、系统分析法等大量影响深远的著名研究方法。[④] 反观国内智库，研究方法的运用大多是借鉴、模仿，研究方法、技术手段的创新稍显落后，这也直接影响了研究内容创新的速度和质量。

三是我国智库不擅长讲中国故事，国际论辩能力不足。改革开放以来，我国经济社会发展取得的举世瞩目的成就是任何人无法否定的。中国作为负责任的大国，明确提出要避免"修昔底德陷阱"，积极承担国际事务。但是，有些西方发达国家不仅坚持冷战思维，而且因为幽暗的人性，不甘心看到中国的和平崛起，千方百计地阻挠中国的和平崛起。2016 年，习近平同志指出，要发挥我国哲学

---

① 贺文萍：《不必盲从美国智库的忽悠》，载于《环球时报》2011 年 7 月 15 日。
② 王辉耀：《中国智库国际化的实践与思考》，载于《中国行政管理》2014 年第 5 期。
③ 张志强、苏娜：《国际一流智库的研究方法创新》，载于《中国科学院院刊》2017 年第 12 期。
④ 亚历克斯·阿贝拉：《兰德公司与美国的崛起》，新华出版社 2011 年版，第 52 页。

社会科学界的作用，特别强调要注意加强话语体系的建设，尽快摆脱我国哲学社会科学界在国际上有理说不出，说了传不开的现状。[①] 造成这种现象的原因之一就是我们对改革开放以来的中国经验、中国特色、中国模式的经济社会发展总结不到位，如何解决这一问题也是智库全球传播的重大挑战之一。除此之外，我国哲学社会科学是一条腿走路，长期看重"学科范式"，忽视了"智库范式"。智库范式和学科范式相比，更加注重哲学社会科学的实践性、辩论性、说服性和传播性。我国智库界像人大重阳研究院、复旦中国研究院和浙江师范大学非洲研究院等在总结传播中国经济和社会发展经验方面已经取得了优异的成绩。但是"中国发展学"的知识体系、学术体系和传播体系尚未完全建立，提炼出的标识性概念还太少。

（二）研究人员缺少多元文化背景和国际知名度

智库研究人员构成的国际化是智库产生国际影响力的关键，国际知名智库非常重视智库研究人员的多元文化背景，注重吸纳世界各地的人才参与智库研究。比如，兰德公司的近两千名雇员来自全球 50 多个国家和地区，共掌握世界上的 70 多种语言。布鲁金斯学会常年提供研究经费邀请各国访问学者到华盛顿总部开展研究工作，并为学会提交研究报告。卡内基国际和平基金会通过"青年学者项目（Junior Fellows Program）"每年选取 10～12 名优秀毕业生担任助理研究员。查塔姆研究所成立伊丽莎白二世学院（The Queen Elizabeth Ⅱ Academy for Leadership in International Affairs），提供国际事务领导力培训，拓展人脉网络。墨西哥对外关系委员会"社会服务项目"为国际关系专业的学生提供参与国际会议的途径，近距离接触国际关系方面的学者。[②] 相较之下，国内一流智库往往专注于培养本土研究人员、培育硕博士研究生的国际视野，忽视了吸纳世界各地人才来到中国，接受中国知识体系的教育，并把国际化人才留在中国，为中国所用。

近年来，一些资深官员与知名专家在国际舞台上努力发声，维护中国国际形象，争取国际话语权。例如，2016 年 7 月 5 日，戴秉国在华盛顿举办的"中美智库南海问题对话会"上发出的论述，引起全球舆论集体报道，堪称当年在国际社会的振聋发聩之声。全国人大外事委员会主任委员傅莹近年来在俄罗斯瓦尔代国际辩论俱乐部、慕尼黑安全峰会等诸多重要国际场合为中国发声，极大提升了

---

① 习近平：《在哲学社会科学工作座谈会上的讲话》，新华网，2016 年 5 月 18 日，http://www.xin-huanet.com//politics/2016 - 05/18/c_1118891128_4.htm。

② 王辉耀、苗绿：《中国智库的国际影响力提升路径研究》，载于《西北工业大学学报（社会科学版）》2018 第 3 期。

中国的国际话语权。此外，如王缉思、阎学通、陈定定等多位学者频频在国际知名媒体上撰文，为讲好中国故事添砖加瓦。[①] 但是相比于中国庞大的智库数量，以及国际知名论坛（会议或峰会）的数量而言，这批能在国际重要场合发声，具有国际知名度的官员、专家和学者的数量还是太少。

（三）研究平台国际化程度有待提升

智库研究平台，即智库所拥有的资源配置情况，平台的高低不仅对智库学者的才能展现有影响，也塑造着国际社会对智库的认知。[②] 稳定的资金来源、有效决策对接以及数字化体系建设是决定智库研究平台能否走向国际化的重要因素。由于我国体制内智库数量占比相当大，大部分智库都拥有稳定的资金来源，即政府的财政拨款，所以，此处主要关注有效政策对接和数字化体系建设对研究平台国际化的影响。

有效政策对接要求智库拥有一定的资格、权限和官方认证地位，智库才能与咨询方展开对话。在国内，党和政府的智库凭借其官方背景，可以给决策部门直接"递折子"。但在国际上，如何获得他国政府、国际组织等机构的认可，形成稳定的对话平台是国内智库尚未解决的问题。国家高端智库在这方面积累了较为丰富的经验，例如，财科院与世界银行、中亚银行、俄罗斯财政科学研究所等机构建立了高端对话机制，与俄罗斯中央银行建立战略合作机制。战略咨询院也建有多个国际合作平台，如全世界唯一一个面向科技战略政策的联合国网络中心，每年培训第三世界国家的官员和研究人员；还有中国与经济合作与发展组织（OECD）的联络办公室、中欧合作、中德合作、中英合作、中日韩合作平台，每年依托这些平台举办双边和多边活动。[③] 这说明国内高端智库在国际化研究平台搭建方面已经拥有较为丰富的经验，但是头部机构不能代表我国智库研究平台国际化发展的总体水平。另外，通过合作研究平台产出的成果质量缺少评价机制，难以保障政策对接的有效性和科学性。此外，2017 年 5 月，民政部、中宣部、中组部、外交部、公安部、财政部、人社部、国家新闻出版广电总局、国家统计局联合印发的《社会智库发展意见》就已经指出"鼓励、支持有条件的社会智库申请联合国经社理事会咨商地位"。[④] 但只有全球化智库（CCG）在 2018 年 8 月 7 日被联合国经济与社会理事会（ECOSOC）正式批准授予联合国经社理

① 王文：《建设国际知名智库中国任重道远》，载于《中国社会科学报》2018 年 4 月 4 日。
② 周达谋、刘清、李宏：《智库的国际影响力认知框架》，载于《智库理论与实践》2021 年第 4 期。
③ 资料由本书课题组调研获得。
④ 新华社：《关于社会智库健康发展的若干意见》，中国政府网，2017 年 5 月 4 日，http://www.gov.cn/xinwen/2017-05/04/content_5190935.htm。

事会非政府组织"特别咨商地位"，CCG才成为获批资质且为数不多的中国机构之一，也是第一个正式取得该地位的中国智库。[①] 国内少有社会智库抓住了这一机遇和发展的增长点，难以与他国政府和国际组织开展有效的政策对接。

二、新型智库全球传播能力存在"短板"

智库传播过程是指智库将研究成果展示传递给其他主体的过程。智库话语的有效传播深刻影响着国内乃至国际公共舆论的发展，其在国际舆论场的力量彰显着影响力大小。在中国智库参与全球治理的过程中，智库能否做好全球传播，走向国际舞台，是检验中国特色新型智库建设成效的重要指标。中国现代国际关系研究院、上海国际问题研究院、国研院、复旦大学美国研究中心、北京大学国际战略研究院、人大重阳研究院等战略和政策研究机构的全球传播体系和能力建设已经取得了长足的进步。但是对于大多数智库而言，由于观念、平台、人才与营运等因素，在全球传播的体系建设和能力建设方面还存在不少问题。

（一）智库过于重视政策影响力不利于智库全球传播能力的提升

以政策影响力为中心的智库评价机制导致大部分智库重视决策咨询工作，智库最看重的是领导人的"批示"，认为批示是衡量智库工作的硬指标，而智库的全球影响力和公众影响力是无从考核的软指标。对于大部分面向基层治理的智库而言，重视决策咨询工作无疑是对的，但是对于智库的"国家队"和外交政策智库来说，全球传播体系和能力建设是基础工作和核心工作。[②] 对于这些智库来说，全球传播能力越强，国际影响力越大，越是可以更好地承担公共外交，参与全球治理的职能。因此，对于国际关系领域的智库评价要突出对它们的公共外交成绩的考核。国际影响力应成为外交政策智库考核的主要指标。

（二）国际一流旗舰杂志的缺乏严重影响了智库全球传播的体系建设

表9-3说明旗舰杂志是美国智库全球传播能力的核心之一，许多战略和外交政策的原创性和标识性概念都发表在美国智库的这些刊物上，这些刊物炮制的

---

① 《中国首家智库获得联合国"特别咨商地位"》，全球化智库官网，2018年8月7日，https://www.163.com/dy/article/DOKLTCUT0519PJJ6.html。

② 冯雅、李刚：《新型智库传播现状与优化策略研究——基于CTTI来源智库媒体影响力的实证分析》，载于《图书与情报》2019年第3期。

战略分析框架和分析方法往往能影响全球的政策研究界。

表 9 - 3　　　　　　　　部分美国智库名牌出版物一览

智库	刊物
布鲁金斯学会	《布鲁金斯评论》（Brookings Review）
卡内基国际和平基金会	《外交政策》（Foreign Policy）
战略和国际研究中心	《华盛顿季刊》（The Washington Quarterly，TWQ）
兰德公司	《兰德评论》（Rand Review）
外交关系委员会	《外交》（Foreign Affairs）
威尔逊国际中心	《威尔逊季刊》（Wilson Quarterly）
和平研究所	《和平观察》（Peace Quarterly）
企业研究所	《美国企业》（The American Enterprise，TAE）
外交政策研究所	《奥比斯》（Orbis）
国家利益研究中心	《国家利益》（National Interest）

资料来源：各智库官方网站。

（三）我国智库缺乏具有全球传播力的网络平台

制作精良的外语网站呈现了智库的发展现状、实时动态和最新成果等信息，是海外受众了解智库最直接的渠道。但是，我国大多数智库并未建设好门户网站，存在长时间不更新、只有标题没有内容等情况；还有些智库只关注中文网站的运营，没有外文版本；少数智库虽然设置了英文网站，但其内容为空，徒有框架并无内容。在网站建设方面，浙江师范大学非洲研究院堪称楷模，这家智库的网站同时支持 4 种语言，不仅包含英语、法语，还包含非洲大陆最重要的三大语言中的两种——斯瓦希里语和豪萨语。① 网站作为智库对外宣传的重要平台是传播智库动态和思想成果的最直接的渠道，运营良好的外语网站无疑是智库面向国际传播影响力的首要媒介。

除了网站，新媒体布局也非常重要，除了极少智库外，我国智库在 Facebook、Twitter 和 YouTube 布局得很少。众所周知，对于全球传播而言，这三个新媒体平台才是国际主流平台，因为种种原因，大部分智库要布局这三个平台还存在实际困难。但是，对于智库"国家队"和外交政策智库来说，要建立自己的全球传播体系是无法回避的问题。就美国智库娴熟运用的 APP 而言，由于开发和运维费

---

① 资料来自浙江师范大学非洲研究院官网，http://ias.zjnu.edu.cn/。

用巨大，国内智库利用 APP 进行传播就更少。

（四）我国大部分智库和国际著名智库之间尚未形成稳定成熟互信的 T2T 和 P2P 沟通渠道

T2T 是指智库之间的正式联系，目前，我国倡议成立的国际智库网络有"丝路国际智库网络"（SiLKS）。2017 年 5 月 14 日，在"一带一路"国际合作高峰论坛上，习近平主席强调，"'一带一路'建设要发挥智库作用，建好智库联盟和合作网络。"[1] 而 P2P 是指智库之间的专家之间非正式联系。人际传播是其他传播的基础。任何传播模式都代替不了人际传播。中外著名智库领袖、智库专家之间的互信、密切的非正式关系非常重要。我国一些著名的战略和国际关系专家，因为毕业于西方著名大学，或者因为曾经供职于西方研究机构和智库等原因，已经建立了稳定的学术关系网络，他们在国际智库界的人脉资源对获取第一手信息、消除信息不对称等用处极大。但是，对于大多数智库和智库专家而言，这种学术关系尚处于形成之中，还不够强大和稳定，这也是影响中国智库话语在全球有效传播的因素之一。

（五）智库传播缺乏复合型全球传播人才

传统学术机构不重视成果传播，而聚焦传播正是智库与其他类型研究机构的重要区别之一。对于我国智库而言，直接影响西方政府的决策几乎是难以达到的目标，但在一定程度上引导西方国家的公众舆论却有望实现。不过，全球传播影响西方民意是一项高度专业性工作，涉及传播内容、传播技术、社会心理、传播效果评估等诸多方面，需要传播专家专门从事这些工作。如何培养从事全球智库传播的复合型人才，是我国智库当下面临的一项重大挑战。

三、新型智库国际开放程度有待提高

智库国际开放程度是智库向世界展开大门的程度，包括"走出去"与"引进来"两方面，是从智库与国际接轨的角度考察智库的国际影响力。上文中已经提到我国智库在开阔全球研究视野、吸引和培养国际化人才、参与国际化组织等方面有所欠缺，接下来将主要阐述新型智库"走出去"所面临的观念障碍和政策

---

[1] 胡昊：《"一带一路"建设：如何发挥智库作用》，人民网，2016 年 6 月 13 日，http：//theory.people.com.cn/n1/2016/0613/c376186 - 28428773.html。

环境限制。

（一）智库对外传播受到"保密文化"的影响

我国大部分智库缺乏开放的国际视野，对全球传播的重要性认识严重不足。无论是战争年代，还是和平建设时期，保守党和国家的秘密都是必须的，但是过于担心被境外势力渗透，在对外交往中不能做到内外有别、缩手缩脚，全球传播的体系建设和能力就无从谈起。我国智库如果没有全球传播能力，那就不可能有国际知名度和国际影响力。所谓的积极主动设置全球政策议程也就是一句空话。这种保密文化会严重影响智库的用人政策，我国智库也就不会像美国智库那样在全球范围内选人用人。兰德公司是一个准军方智库，2016 年总收入 3.087 亿美元，其中来自美国空军 5 000 万美元，美国陆军 4 600 万美元，来自国防部和其他国家安全机构的经费 6 400 万元，兰德公司 57.6% 的年收入来自军方和联邦安全部门。但是，根据 2016 年度的兰德公司报告，该年度兰德公司雇员有 1 775 名，来自 49 个国家。[1] 兰德公司并没有因为承担了大量军方和安全部门项目就不敢在全世界范围内招募员工。相反，来自世界各地的雇员，利用自己的母语优势和自己祖国的丰富人脉关系，为兰德公司收集了大量有用的信息。多元文化的优势也有助于克服情报分析和政策分析中的思维定势。因此，如何使传统的保密制度和保密文化适应智库国际传播需要是一个紧迫的任务，这个问题不妥善解决会严重制约我国智库人力资源配置的国际化和智库的国际传播。

（二）中国智库国际交流的政策环境有待改善

新型智库对外发声离不开国内有利政策的支持与鼓励。目前，我国体制内智库对外发声受到的外部约束较多。

一是办理出国制度手续繁琐。我国新型智库体量较大，体制内智库占比较重。国家对体制内智库出国交流管制严格，整套审批流程手续繁琐，形式复杂，等待时间长。

二是相关财务管理制度严格。被委托出国宣讲的智库学者、专家受到各类严苛的财务制度限制，各级各类费用都有明确的上限标准，回国后需要面对繁琐的报销手续。

三是人才考核制度未体现对外传播的重要性。无论是传统的科研人员评价指标体系，还是智库人员评价标准，几乎很少看到机构对人才国际交流工作的考察和评估。这导致科研人员认为国际交流工作是一项自选动作，对于其考核评估没

① 李刚：《我国智库全球传播的七大"短板"》，载于《科学与管理》2018 年第 1 期。

有影响。因此，他们不会将对外传播作为其本职工作之一。但实际上，对外宣讲工作对于塑造中国形象、打造智库品牌等多方面都具有重要意义，其价值并不比一篇国际期刊论文的价值低。

小　结

自习近平总书记对中国特色新型智库建设作出重要批示以来，新型智库建设受到越来越多的专家学者关注和研究，涌现出了众多与智库有关的研究成果，推动了中国特色新型智库的繁荣与发展。面对新型智库建设中出现的问题，我们要在党强有力的领导下，全面深化智库治理体系改革，革除智库建设中传统行政体制带来的种种弊端，改进智库组织管理体制，创新智库运行机制，建立健全智库保障体系，实施有效政策，加强人才队伍建设，盘活智库资金资源与社会网络资源，强化智库数字化保障能力，塑造全球影响力，真正激活智库发展活力与创新力。

第十章

构建供需对称协调有序的
智库行业发展生态

智库健康发展离不开完善的法律法规和政策体系，离不开供需对称的决策咨询环境，离不开智库之间的联合协作和行业自律。本章通过阐述完善我国智库政策法规体系、构建供需信息对称的决策咨询行业生态、打造智库协同创新发展体系、健全具有中国特色的智库评价体系四方面对策，通过政府主导作用助推决策咨询行业的培育和发展，弥合不同圈层之间的信息差距，引导智库行业生态健康稳定发展。

第一节 进一步完善我国智库政策法规体系

中国特色新型智库建设的关键着力点是体制机制创新。智库的体制机制包含两个层面，一是整个行业层面的体制机制，二是智库内部的体制机制，前者属于外部治理或者行业治理问题，后者属于智库内部治理问题。法律法规政策构建是外部治理和行业治理的主要内容。内部治理的重点是管理制度和营运制度的搭建与落实。

一、增强新型智库政策的可操作性

由于我国政策设计路径大多是自上而下的，自 2015 年 1 月中共中央办公厅、国务院办公厅颁布《意见》以来，国家层面上有关中国特色新型智库建设政策的出台，直接推动了地方政府相关政策制定、发布和贯彻落实。从政策发布的类型来看，我国智库政策类型主要以"意见"和"办法"为主，五年来已初步形成了以意见、办法、通知、公告、实施方案、项目管理办法等体现施政主体意图的行政类政策体系①。从政策发布的主体来看，我国智库政策发布主体涉及高校、政府、企业、研究机构、社会组织等，中央党政机关除了中办和国办外，还涉及党中央国务院下属的部委办局，如外交部、公安部、财政部、教育部、交通运输部、民委、统计局、国家新闻出版广电总局等均有智库政策颁布；省、市、自治区级新型智库建设政策的制定和颁布主体主要有省委办公厅、省政府办公厅、省委宣传部、财政厅、教育厅等。从政策主题词来看，"智库建设""社会智库""决策咨询""研究成果""专家人才""智库管理体制""组织工作""公共政策""科技创新"等几个关键词较为突出，能够涵盖大部分政策信息的内容主题②。近年来，中央和地方各部门陆续出台关于智库建设的相关政策，对激发特色新型智库建设热潮、推动智库健康发展起到了较大的促进作用。但是，我国智库政策在完整性与层次性方面仍然有不足之处，需要对智库政策的内容和智库政策的制定流程两个方面进行补充与完善，以此提升智库政策的实际价值和可持续发展水平，持续优化我国智库政策环境。

当前智库政策仍然以引导性、原则性和鼓励性为特征，政策缺乏约束性，也较为宽泛，落地较难。现有的一些智库政策文献较多地采用"公告""通知""规划""意见"形式颁布智库政策，即较多地在宏观层面上为智库建设设立了目标，指引了方向，而在实际操作层面上的具体政策较少。智库政策应更多地突出政策目标、工作重点、实施步骤、政策措施和具体要求等操作性内容。在制定特色智库建设政策时应更多地采用"办法""条例""方案"等政策文本，从而更好地为特色智库建设提供具体指导。从政策颁布的主体来看，中央和地方在颁布关于智库建设的政策时应各有侧重，在把握全国智库总体发展方向与目标的基础上充分挖掘各地智库建设特色优势，为我国特色新型智库的"百花齐放"提供政策支撑。在智库政策制定的理论与实践探索时期，地方智库因各自地域的不同特征与发展重点而各具特色和亮点，因此地方相关部门在制定智库政策时应结合地方特色和实际情况，引导智库机构在发挥地方资源优势、促进地方经济发展等方面进行研究和分析，同时尽快建立健全地方智库的组织章程。

---

① ② 黄晓斌、邓宝赛：《我国智库政策文献的计量可视化分析》，载于《智库理论与实践》2020 年第 3 期。

二、适时出台约束力更强的新型智库相关法律

近几年中央部委办局和省市出台了不少新型智库建设的文件，但是这些文件的约束力不够强，都未能上升到法律层面。目前的形势，新型智库建设需要专门的新型智库法律文件。

（一）制定新型智库法律文件的重要性和必要性

纵观西方智库的发展历程，其先进智库之所以能发挥重要作用，与其拥有较为完善的法治环境有很大关系，完备的上位法为制定智库相关法律法规提供了坚实保障，使得智库能够在法治环境下健康发展。例如，美国多数智库为非营利组织，在智库组织注册与监管方面，虽然美国鼓励非营利组织发展，在依赖其弥补政府公共服务不足的社会治理理念下，非营利组织的注册十分简便，但其后期监管却十分清晰严格，早在 1996 年美国已通过法案，要求非营利组织公布财务报表和人员薪资、津贴情况，《综合统一及紧急补充提拨法案》也要求获得免税资格的非营利组织须向大众披露其基本数据与财务信息；在智库属性保障方面，美国为确保智库的公益属性，以《国内税收法典》为依据确保非营利组织享受免税待遇，规定如果一个组织的研究成果符合公众利益，它就具有科学目的，可以获得免税资格，免除销售税、财产税、增值税、关税和其他直接的税收形式；[①] 在智库发展保障方面，美国智库完善的融资机制得益于美国完善的税收制度，并在日常运转中形成完善的民间组织监督管理和政策法规体系，"民间主导"的管理模式使政府只负有一部分监督责任，大部分监督责任由每个州的慈善信托登记处、慈善信托法律和审计部与慈善组织的同行互律机制、慈善组织的自律机制、媒体和公众的监督机制以及"独立第三方评估"等监督力量承担，共同对慈善组织的内部运作进行监督。[②]

可见，智库需要在法律法规的强制性与规范性约束下才能够健康繁荣发展，不仅需要完备的上位法作为智库建设的法治保障，也需要制定智库专门法律调节新型智库建设的各种关系。以中国体制内智库为例，由于缺乏智库方面的法律保护，部委办局直属的官方智库虽然属于公益一类事业单位，具备独立的法人资格，但是实际上没有真正的财权、人事权和重大事项决定权。智库需要不断向主管单位和分管领导请示汇报，没有智库建设应有的自主权。高校智库是另外一类

---

①② 王辉耀：《完善法治环境　推动智库发展》，载于《中国党政干部论坛》2016 年第 4 期。

体制内智库，大部分高校智库连独立法人地位都没有，属于高校的二级单位，更没有智库建设的自主权。如果我国有专门的新型智库法律文件，对智库的认定、注册、职能、权利、义务、接受捐赠、信息公开等事项作出明确规定，那么凡是注册为智库的机构就必须遵照该法律来运作，就有可能保障智库建设和运营自主权。

新型智库的专门法律对体制外的社会智库意义更大。现行法律对社会智库实行民政部门和业务主管单位双重负责的管理体制，但往往会因难觅挂靠部门展开业务指导而导致社会智库无法在民政部门进行注册以取得独立法人资格。因此，国家要为社会智库提供发展的法律环境，在现有法律框架内改进社会智库登记注册的管理模式，参照美国对非营利组织的管理法则，采取"轻准入审批、重事后监管"的备案式或登记式的主体资格获取模式。①

在智库参与政策过程中，公共决策咨询方面的法律界定、法律法规及相应制度的缺失导致在决策过程中无法用法律的强制手段实行先咨询后决策的程序，降低了智库参与政策过程的重要性和影响力，限制了我国特色新型智库的健康发展。因此，有关部门应在 2017 年国务院法制办出台的《重大行政决策程序暂行条例》基础上，进一步对从事专门政策研究智库的功能定位、运作模式、参政渠道、保障机制、考核评价作出具体规定，畅通政府部门与智库之间的供需对接渠道，形成常态化沟通机制，并建立决策后政策实施评估和调整机制。

在政府与智库关系方面，现阶段政府购买决策咨询服务是一种全新的制度方式，但目前缺乏相关法律法规的支持，需要对现行的《政府采购法》进行补充完善，以立法的形式将智库提供的决策咨询服务纳入政府采购范围和政府购买服务指导性目录，明确政府购买决策咨询服务的主体、范围、程序和责任，避免决策咨询服务购买和供给的不确定性和随意性，保障决策咨询服务的质量。

此外，在完善智库自身的法治化建设之外，还要重视智库的相关配套制度的法治化进程，通过开展涉及税务、财政、信息公开、成果转化、监管等相关领域的立法衔接与修法工作，以健全的配套法律作为依托，为智库咨政活动提供明晰的规则和指引，提高智库参与公共决策的业务能力和承接能力。例如，智库在开展公共政策研究时需要大量的相关信息与数据，迫切需要以法律手段规范智库使用这些信息与数据的方式与权限，通过与《中华人民共和国保密法》《中华人民共和国档案法》《中华人民共和国数据安全法》等现有法律进行衔接，在安全性与适用性前提下从法律层面保障智库研究的数据支撑。

---

① 刘红春：《我国社会智库健康发展的几个思路》，载于《理论探索》2017 年第 3 期。

（二）新型智库相关法律文件的主要内容与制定途径

现行法律法规中对智库建设与发展的支持力度与约束力度都十分有限，不利于我国特色新型智库的健康可持续发展，需要尽快出台智库建设领域专门的条例与法律法规，一是通过法律手段明确智库的地位、功能、责任、权力等内容，明确智库的法律地位；二是加强对智库行为合法合规性监督，对违反相关法律法规的智库依法追究责任；三是以法治理念引领新型智库规范建设，以具体条款对公共决策过程进行规范化设计，使智库咨询成为重大决策程序的必备环节，以此搭建特色新型智库法律法规体系。

就制定流程而言，需要按照《中华人民共和国立法法》建立起"规章—地方性法规、自治条例和单行条例—行政法规—智库法"的完整智库法律法规体系。一方面，国务院可在全国人民代表大会及其常务委员会的授权决定下先行制定中国特色新型智库发展管理的行政法规，通过出台行政法规的形式验证智库建设管理规范的合理性与可行性，从而达到制定法律的条件要求，实现从国务院智库发展管理条例向中华人民共和国智库管理法的升级转变，为智库发展提供最高级别、最具权威的法治保障。另一方面，可以以国家高端智库试点单位所在的省份或直辖市为先行示范区，根据国务院的行政法规制定中国特色新型智库发展促进条例及相关地方性条例，结合地方特色与发展需求，以补充中央级法律法规为目的，制定更具灵活性、内容及覆盖面更加微观的规章及条例。

就制定内容而言，在制定智库专门的法律法规时，需要覆盖智库运行与管理的方方面面。首先，研究资金作为智库发展的物质基础和前提，资金多元化是智库独立性、公信力、高质量的基本保证，因此在出台智库相关法律法规时应强化智库资金来源的规范，从法律层面鼓励企业和民众向智库进行公益捐赠；其次，参照国际上对智库给予税收减免扶持的做法，在对智库的公益性质审核确认后，在税收优惠上予以倾斜，对智库从事宗旨内活动（列入非营利活动）取得的收入均给予各种税费减免；此外，重视智库成果转化行为的法律法规保障，通过出台《智库成果转化条例》等方案确保智库成果的质量和转化流程的监管控制；在确保智库独立性的基础上仍然需要强化政府对智库的监管，因此在制定法律法规条款时，必须强调智库主体必须遵守的行业规范，加快制定智库高质量发展的标准，引入智库发展监督机制，对智库行业进行常态化监督，查处学术剽窃、观点剽窃、数据作假等行为，并主动将公众纳入智库监管主体，加大对智库的监管力度，确保智库的健康发展。

总之，完善智库政策环境、推动智库法治化建设发展已经成为中国特色新型智库开展各项工作、优化智库行业生态的重要路径。促进中国特色新型智库健康发展，必须以政策与法律法规作为衡量智库活动有效性的标准，充分将法治理念渗入智库建设中，依法成立智库、依法管理智库、依法规划智库的发展，通过搭建中国特色新型智库政策法规体系完善中国特色新型智库体系，提升智库建设的法治化水平，确保各类智库为国家、为社会、为人民群众服务。

第二节　营造供需信息对称的决策咨询行业环境

当前，我国大部分决策咨询活动是在以新型智库为主体的供给方和以党政机关、事业单位为主体的需求方之间进行的，包括有关咨询报告、政策方案、规划设计和调研数据等政策成果的生产、传播与消费等行为。中国智库在发展过程中将逐渐形成特定的运行机制和竞争机制，逐步建立起供需信息对称的决策咨询行业生态。在培育过程中，决策咨询行业同时也需要政府的有效规制，结合一系列制度安排进行适度引导。

一、制定智库发展规划和顶层设计，重视决策咨询行业的培育与规制

实现中国特色新型智库建设目标，要进行合理的顶层规划设计，制定智库发展5~10年规划，尊重智库发展规律，明确各类智库的定位与分工，进行专业化布局，加快推动党政军智库、社科院智库、高校智库以及社会智库多元有序发展，持续提升各类智库的影响力和竞争力，最终形成定位明晰、特色鲜明、规模适度、布局合理的中国特色新型智库体系。首先，明晰社会智库政策，对基础好、有潜力的社会智库加大扶持力度。破解社会智库发展面临的体制机制、信息通达、参与决策途径、资金人才等诸多方面难题，通过对社会智库进行筛选和招标的方式，让优秀社会智库涌现出来，对其给予免税和其他优惠条件的支持，鼓励它们形成特色，成为中国智库发展的生力军。[1] 其次，关注高校内公共政策研究机构改革。高校研究机构可以借鉴清华大学国家治理与全球治理研究院、人大国发院、长江产经研究院等高校建立"平台型智库"的成功经验，梳理好高校与智库的关系，争取更大的自主性和更充足的资金支持，形成依托大学的一流智库。尤其是南京大学长江产经研究院的一个实体两种机制的经验值得总结推广。

---

① 张大卫、张瑾：《加快构建中国特色新型智库生态圈》，中国经济出版社2017年版，第135页。

南大产经不仅是校内正处级的研究机构，而且注册了民非性质的江苏省长江产经研究院，这样就拥有了自主的人事、财务和重大事项的决策与运营权利，有了比较完整的智库自主权。再次，在整体引导中进一步增强决策咨询体系的开放性和自主性。政府在宏观上把握整体发展布局，重点扶持一批具有创新潜力的高校智库建设，对于社会智库、企业智库等非官方智库给予一定的政策倾斜，推动决策咨询行业主体的多元化。同时，进一步建立、健全和优化政府与智库之间的协调联动、决策咨询、成果采购、应用反馈、优胜劣汰等机制，在政策、法律、税收上为思想竞争和知识创新营造一个相对公正、宽容的环境和自由、稳定的平台①，并实时对运行机制进行动态调整，保证决策咨询行业的逐步形成和健康运行。最后，准确把握宏观环境和约束条件，防范市场化运行机制弊端。政府要注意不能沉迷于自由市场作用，应防范这一市场的盲目性和滞后性，同时要注意将政策研究与资金资助方的利益相分离，以遏制为部门利益或强势精英所控制的情形。②此外，政府可以制定行业准入退出机制，对智库资质、数量及类型进行规划和总体把控，以增进效率，促进公平，在思想产品的生产和传播上分为内部和外部传播，以预防可能产生的舆论失控状况。

二、打破"供给垄断"，着眼智库产品的有效供给

"供给垄断"是指决策部门把主要决策咨询课题和任务委托给直属的研究机构的一种现象。这种现象会造成决策咨询的封闭性和同质性，影响决策咨询的客观性和科学性。因此，打破决策咨询被体制内智库垄断就是今后决策咨询供需对接的一个关键问题。首先，建立并完善决策层"兼听"机制，使不同智库之间形成有关政策建议的互补机制。官方智库与非官方智库相比，更具有直接的参政议政能力和优势。但非官方智库因其体制机制的灵活性及其逐渐形成的行业竞争力，比较善于捕捉信息、发现议题、反馈意见，具有独特的研究视角、情报优势和技术支撑。因此，为了充分达到决策科学化，决策层应进行多角度多层次决策咨询，从不同视角倾听各方意见，实现决策与利益的平衡。政府应广开咨询渠道，形成直接或间接的"兼听"机制。决策层面应尽可能地多举办各种听证会、约谈、圆桌会议、发布会等交流平台，邀请各级各类智库，特别是非官方智库参与沟通发表，扩大政府决策咨询的范围，听取各方意见。通过这种方式，政府可

---

① 王莉丽：《智力资本：中国智库核心竞争力》，中国人民大学出版社 2015 年版，第 159 页。
② 任恒：《政府向新型智库购买决策咨询服务：模式、困境及其对策》，载于《情报杂志》2018 年第 7 期。

以了解到非官方智库对决策的意见，社会智库也可以通过这条渠道反映民意，提供对策，影响决策，有效地实现了政府与智库之间的信息沟通。① 其次，决策部门应基于自身工作需求，主动"寻智""用智"。面对重大复杂的决策，决策部门应摒弃偏见和漠视，尽量缩小思想行业圈层结构中不同类型智库在信息可及性、生产独立性和知识信任度上的优劣势程度，主动按需寻求智库助力，列出咨政清单，选纳优质资源，从而使得思想产品呈现多元化特征。与此同时，决策者自身也应加强知识素养水平和鉴别咨询报告质量的能力，尽力做到理性客观地看待来自不同智库尤其是社会智库的政策建议。再次，不断推进地方智库专家/机构数据库和平台建设，有利于相关部门按需"借智"。逐步完善各行业、各领域专家库，促进各省份专家库的联通和共享，并基于大数据及智能分析实现专家/机构推荐，以期达到对需求或课题的最佳匹配，同时要注意避免一个单位多头建立专家/机构库导致交叉重叠、重复浪费的问题。最后，形成多元有效的价值信号，引导政策知识生产资源的有效配置。多元竞争是为了实现优胜劣汰，孰优孰劣则由政策思想产品的价值决定，当前，政府部门决策者的批示和采纳是进行政策知识生产、传播活动的目标，构成了政策思想产品的价值信号。未来应由目前较为单一的"批示—采纳"评价方法逐步形成更为多元和明确的价值信号体系，例如专家评审与反馈、媒体阅读量和转发量数据等社会评价信号，以此来打破政府部门在政策思想产品价值判定中的绝对主导地位。②

三、完善政府购买决策咨询服务制度，创设有序竞争的发展环境

政府向新型智库购买服务系指政府为了提高决策质量，将公共决策职能范围内的一部分咨询服务，以付费购买的方式移交至新型智库的供给模式。在购买过程中，政府借助公开招标、邀请招标、竞争性谈判、询价和单一来源等多种方式，与服务承接方的新型智库签订购买协议，意在利用咨询服务市场化运作获取优质的智力服务与思想产品。③ 政府向智库购买决策咨询服务，一方面有利于促进形成公平竞争的公共决策机制，选择获取高质量的政策建议，提升政府科学、民主与依法决策水平；另一方面能够激发各类智库的研究动力，为国家和地区的

---

① 沈进建：《美国决策制度下的智库市场初探——基于市场视野下的分析》，载于《智库理论与实践》2016 年第 5 期。
② 杨沐、邓淑宜：《"智库热"与政策思想市场》，载于《智库理论与实践》2016 年第 5 期。
③ 任恒：《政府向新型智库购买决策咨询服务：模式、困境及其对策》，载于《情报杂志》2018 年第 7 期。

战略发展提供政策研究储备。但当前我国政府购买智库决策咨询服务制度仍不够明确，流程规范性有所欠缺，产品供需机制难以形成有效对接。

首先，加强宏观层面的政策供给，在具体实践中充分发挥政府采购的政策导向功能。第一，尽快将决策咨询服务纳入各级政府采购范围和政府购买服务指导性目录，加快推进政府购买决策咨询服务进程。从现实情况看，中央和各级政府的政府采购起步于货物类、工程类的采购，侧重于物品和建筑类工程，对服务类的政府采购关注度则相对较小。① 政府应根据《意见》中的指导意见，将智库提供的咨询报告、政策方案、规划设计、调研数据等各项决策咨询服务在政府购买服务指导性目录中进行明确和细化，提高决策咨询服务政府采购的可操作性。例如，2016 年河北省财政厅出台了《河北省省级政府购买决策咨询服务管理办法（试行）》，该办法明确，除法律法规另有规定，或涉及国家安全、保密事项以及司法审判、行政行为等不适合向社会力量购买的决策咨询服务事项外，下列服务应纳入省级政府购买决策咨询服务指导性目录：省级政府提供的部分行业规划、行业调查、行业统计分析、预警预测等技术性公共服务事项；省级政府履职所需的课题研究、政策（立法）调研草拟论证、战略和政策研究、综合性规划编制、标准评价指标制定、社会调查、监督检查、政策评估、项目评审、平台认定与评价等辅助性事项等。② 第二，在资金保障上，将决策咨询服务经费纳入科学技术经费预算范围。立足现有公共财政预算管理制度，根据国家预算法的最新要求，由财政部牵头，研究把决策咨询服务经费纳入科学技术经费预算范围，明确规定经费预算比例，探索建立和完善符合新型智库运行特点的决策咨询服务经费管理制度，科学合理编制和评估决策咨询服务经费预算，强化决策咨询服务的经费保障。第三，制定落实决策咨询服务的政府采购限额标准体系。财政部要牵头组织制定决策咨询服务的政府采购限额标准体系，并建立与物价水平相适应的动态调整机制。各地要严格落实国家现有采购标准，沿海发达地区可以在国家标准基础上适当上浮。③

其次，规范制度设计，推进政府购买决策咨询服务的程序化水平。各级政府应加快建立并规范政府向新型智库购买决策咨询服务的操作流程（见图 10-1）并完善相应机制。在政府购买咨询服务阶段，建立决策需求发布机制。面向社会公开发布购买需求信息，使各类智库能够及时掌握了解决策部门的服务需求；完善招投标制度。对公开招标、邀请招标、竞争性谈判、单一来源等各种不同方式

---

① 张述存：《地方高端智库建设研究》，人民出版社 2017 年版，第 271 页。
② 《河北省出台省级政府购买决策咨询服务管理办法》，中国政府采购网，2016 年 12 月 12 日，http：//www.ccgp.gov.cn/gpsr/zhxx/df/201612/t20161212_7722540.htm。
③ 张大卫、张瑾：《加快构建中国特色新型智库生态圈》，中国经济出版社 2017 年版，第 137 页。

进行分类管理，找准各种购买方式不同的风险点，通过相应机制有针对性地加以防范；健全合同管理制度。强化合同管理意识，明确供需双方责任义务，严格按照合同规范执行。[①] 在智库开展研究过程阶段，强化监督检查制度。在宏观上，政府可以与行业协会合作，建立基本的准入门槛、职业标准、财务监管制度等，这样既保证智库的研究能力和职业操守，同时能监督智库的公开研究成果与经费来源的利益相关性；[②] 在微观上，尤其对预先购买的服务，应当切实加强监督检查，可采取监理人制度，对生产过程中重要研究方法使用、关键进度节点等派驻专业人士跟进介入，定期对绩效目标实现程度进行跟踪分析，开展绩效监控，确保绩效目标如期实现。在成果转化与评价阶段，建立政策思想同行评审和同行竞争机制。政策购买主体及政策制定者往往对政策建议的科学性很难进行判断。在智库提交产品后，购买主体应根据购买服务内容的特点，采取同行专家评价、舆论评价、社会评价等多种评价方式选择运用，以最科学有效地衡量购买收益。探索建立一个能够让多种政策主张公开辩论的平台，有利于形成政府和社会其他政策参与者有能力更加平等地鉴别不同观点优劣的有效机制。[③] 同时，应探索建立新型智库分级、分类管理评价制度，优化完善成果评价标准体系，进行动态化评估，对于产品质量不佳的智库机构进行问责驳回和"红黄牌"机制，强化智库专家责任感，确保咨询服务产品的高质量。

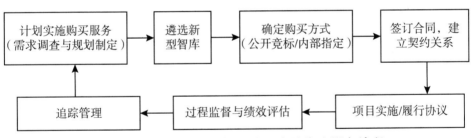

图 10 - 1　政府向新型智库购买决策咨询服务流程

资料来源：任恒：《政府向新型智库购买决策咨询服务：模式、困境及其对策》，载于《情报杂志》2018 年第 7 期。

最后，健全和完善相应制度，为社会智库平等参与竞争创造条件。詹姆斯·麦甘曾言："较之那些更为墨守成规或不能很好包装和推销自己项目的智库，一

①　周丽、余敏江：《政府购买社会智库服务的必要性与制度供给》，载于《南京社会科学》2016 年第 10 期。

②　SMITH J. A. , *Idea Brokers*：*Think Tanks and the Rise of the New Policy Elite*. New York：The Free Press，1991，pp. 60 - 80.

③　薛澜：《智库热的冷思考：破解中国特色智库发展之道》，载于《中国行政管理》2014 年第 5 期。

种竞争性的环境倾向于更偏爱那些具有企业家精神的学者和机构。"① 社会智库身份特殊，具有较强的独立性，其资金和人事安排基本不受政府制约，因此更能产出客观公正的研究成果。同时，与官方智库相比，由于当前社会智库受信任和认可度较低，促使其专注于不断改进自身服务，提高产品质量。由此看来，政府购买社会智库能够获得更为全面、客观、优质的服务，社会智库智力服务的参与是政府采购决策服务的关键内容。第一，加强社会智库的规范化管理。出台社会智库管理办法、实施细则和行业指导规范，结合社会组织管理，对现有社会力量举办的智库，在组建方式、服务形式、运行模式等方面进行规范。② 例如，在监管体系方面，放宽入口，加强日常监督，实现"宽进严管"的社会智库监管模式。督促社会智库完善组织架构与制度体系，如完善党建机构、管理模式、薪酬激励体系、信息公开机制等，尝试从制度上约束社会智库各类行为。第二，优化社会智库的决策环境。一方面，应进一步加大政府购买社会智库决策咨询服务的政策引导力度，摆脱传统思维的束缚。例如，对重大课题进行研究或对重大项目进行评估、规划时，主动将社会智库纳入其中，包含调研数据、政策方针、方案设计等程序的社会智库都要作为指导性的指标并入政府购买服务的范畴中来。另一方面，通过完善社会智库参与决策机制、加大信息公开力度、畅通供需沟通机制等为社会智库决策提供制度保障。

四、政企社会数据开放共享打破信息壁垒，实现精准供需对接

2020 年 4 月 9 日，中共中央、国务院印发《关于构建更加完善的要素市场化配置体制机制的意见》，将"推进政府数据开放共享"列为加快培育数据要素市场的三大要点之首。2021 年 6 月，第十三届全国人民代表大会常务委员会第二十九次会议通过《中华人民共和国数据安全法》，其中第五章为"政务数据安全与开放"，提到"国家制定政务数据开放目录，构建统一规范、互联互通、安全可控的政务数据开放平台，推动政务数据开放利用"，③ 着重完善了数据分类分级保护制度等相关数据安全制度，为数据开放共享的安全隐患解除后顾之忧，

---

① JAMES G. M., *Think Tanks and Policy Advice in the United States*: *Academics*, *Advisors and Advocates*, *Abingdon*, *England and New York*. New York: Routledge, 2007, pp. 46 – 48.

② 刘西忠：《从民间智库到社会智库：理念创新与路径重塑》，载于《苏州大学学报（哲学社会科学版）》2015 年第 6 期。

③ 最高人民法院：《中华人民共和国数据安全法（全文）》，2021 年 6 月 11 日，https://baijiahao.baidu.com/s? id = 1702265632126727684&wfr = spider&for = pc。

为数据安全和数据共享利用体系构建了顶层设计。在大数据时代，数据资源的价值已毋庸置疑，智库的研究范式已由第二范式——小数据/小样本外推复杂因果关系逐渐转变至第三范式——用有限数据模拟复杂宏观涌现的社会仿真研究，再到现今的第四范式——大数据驱动下个体化、全样本的发现和预测研究。一方面，政府、企业、社会组织数据开放有助于数据共享与重复利用，从而减少或避免人财物资源的重复投入，降低科研成本，提高科研效益；另一方面，数据开放与共享还有助于加快科研进程，促进科研发现与知识创新。①

加强开放、平等与互信意识。首先，应切实改变体制内外智库在信息获取方面的不对称、不全面、不及时状态，消除智库身份歧视。智库作为公共政策的主要参与方，其在政府决策过程中并未获得与其责任相符的信息权力，社会智库尤为突出。目前，社会智库的信任度和认同度较低，政府对社会智库态度谨慎，公众对社会智库了解甚少，因而对其信任程度不高，担心和疑虑一直存在。政府作为最大的信息所有者和控制者，如不主动公开信息，就会使智库在提供决策方案时缺乏可操作性。同时，公众也难以获得公共信息，无法形成真实的诉求，使得智库在调研时无法获得准确的第一手资料。这种信息的不对称，是导致政府决策失误的重要原因。政府要特别重视给予各类型智库研究和决策信息的扶持，进一步扩展政府信息共享的范围，更多地共享面向研究和决策的信息，建立谋策互动机制，努力形成覆盖面广、一视同仁、同等开放的信息网络，更好地引导智库对宏观政策与前沿问题的把握，将政府定制化与市场化相结合。② 其次，要重视欠发达地区的信息资源建设。尤其应重视欠发达地区的数据平台建设，依托大型数据库和调查中心，推动地方智库研究与地方改革发展实践对接，推动数据信息共享，有效防止研究中的信息不对称。③ 最后，政企社三方应积极探索信息共享合作研究新模式。资源和平台上较为弱势的智库可以积极与具有强大科研实力的政府部门、研究机构或企业进行合作，老牌、强大的机构、组织等也应给予信任、帮助和支持，双方充分发挥所长，进行优势互补，有效提高研究效率，形成研究合力。

建立健全统筹兼用的政企社数据开放共享标准体系。当前，全国仅有广东、山东、上海出台了关于数据开放的地方标准和指南共6项，国家标准仅有全国信标委大数据标准工作组研制的3项，并且尚待发布。正是由于我国政府数据开放

① 邢文明、郭安琪、秦顺、杨玲：《科学数据管理与共享的FAIR原则——背景、内容与实施》，载于《信息资源管理学报》2021年第2期。
② 彭洲红、陈霏、李刚：《新型智库信息能力要素与建设路径》，载于《智库理论与实践》2021年第3期。
③ 张大卫、张瑾：《加快构建中国特色新型智库生态圈》，中国经济出版社2017年版，第143页。

共享标准规范的缺失，造成当前 102 个地方政府数据开放平台系统各异[①]、"烟囱"林立，各平台共开放的 71 092 个数据集异构分散、难以整合，甚至给我国部分政府部门带来了开放共享后数据价值的流失、数据流通存在安全隐患等隐忧，这既不利于用户的利用，也很难使政府数据成为决策咨询行业中有效流动、交换共享的要素。首先，依据主体、行业性质等不同制定差异化法规细则。由于不同行业、不同地区数据分类的具体规则和考虑因素差异巨大，不同类型智库的数据保密程度也各不相同，因此在国家顶层设计的基础上，数据的具体开放共享制度及其安全措施细则应下放到行业主管部门和各地区国家机关，充分平衡法律规定的普适性和灵活性。其次，推动数据开放共享标准体系成为面向多个主体的规范应用。武汉大学信息管理学院黄如花教授提出了我国政府数据开放共享标准体系框架，围绕我国建立国家政府数据统一开放平台、识别重点和优先开放领域、分级分类开放共享等需求，分别制定了数据创建与汇交标准、数据选择与处理标准、数据描述与组织标准、数据关联与发布标准、数据发现与利用标准、数据管理与评估标准（见图 10 - 2），旨在贴合国家政府数据开放共享建设的实际要求。[②] 在政府数据开放的热潮下，研究机构、高校、企业也应积极关注数据开放共享标准体系的验证、实施和应用，广泛吸纳国内外比较成熟的实践成果，在实际应用过程中及时调整、完善和更新，如此方能加速政企社三方数据开放共享进程，为智库开展决策提供较为良好、畅通、透明的政策环境。

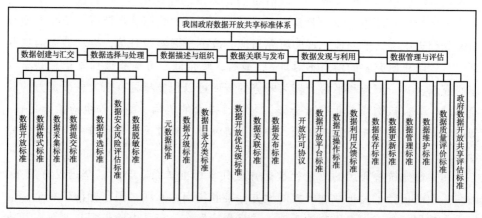

图 10 - 2　我国政府数据开放共享标准体系

---

① 复旦大学数字与移动治理实验室、复旦大学国家信息中心数字中国研究院：《中国地方政府数据开放报告（2019 下半年）》，中国开放数林指数网站，2020 年 4 月 24 日，http://ifopendata.fudan.edu.cn/report.

② 黄如花：《我国政府数据开放共享标准体系构建》，载于《图书与情报》2020 年第 3 期。

搭建政府主导的国家统一数据开放利用平台。现有的数据开放共享平台主要是省级平台和市级平台，建设国家统一数据开放利用平台已成为现实需要。一方面，在政府数据采集和共享中必须将业务、技术和数据进行整合，从而消除政府数据的技术壁垒和制度障碍。[①] 当前在数据的互联互通上还存在较多阻碍，需要更多技术手段来解决兼容、联网等问题。可以借鉴国际学术界提出的旨在提高数据开放性、透明性和可重用性的 FAIR 原则（FAIR Principle）——可发现（Findable）、可访问（Accessible）、可互操作（Interoperable）、可重用（Reusable），不仅在宏观上理顺组织管理体系，还需要在微观上确立使数据易于发现和获取，并进而实现无障碍关联、集成与整合的机制与方法，从而实现数据的大规模融合创新，充分发挥数据的价值。[②] 另一方面，加强与企业的紧密合作，获取用户数据，挖掘数据的潜在价值。全国性的统一开放利用平台应纳入企业数据开放平台，以此增进用户偏好和市场需求方面的了解，促使智库能够更有针对性地利用数据创造更多有价值的思想成果。

综上所述，决策咨询行业是伴随着智库建设的推进而逐渐培育起来的，多元的政策思想供给需要通过智库建设中配套的供需交流机制、渠道与程序完成最终的消费环节，因此，亟需优化完善顶层设计，继而明确购买环节的具体内容，同时尽量促进资源和制度空间的合理配置，形成运行有序的政策思想行业。

第三节　打造智库协同创新发展体系，切实提高资源配置效率

所谓"协同"，是指两个或者两个以上的不同资源或者个体，协同一致地完成某一目标的过程。"协同创新"是一种致力于取长补短的智慧行为，其特点在于围绕创新目标，多主体，多元素共同协作、相互补充、配合协作。当前，新型智库建设还存在研究合力不足、人员合力不足、机构合力不足、研究内容碎片化等问题。通过智库协同创新，在各智库主体和智库平台功能定位基础上，突破区域、单位、学科、身份本位的界限，促进智库人才、经费、课题、成果的优化配置，实现智库主体的合纵连横、智库平台的联动互通、智库要素的优化重组和智

---

① 倪千淼：《政府数据开放共享的法治难题与化解之策》，载于《西南民族大学学报（人文社会科学版）》2021 年第 1 期。

② 邢文明、郭安琪、秦顺、杨玲：《科学数据管理与共享的 FAIR 原则——背景、内容与实施》，载于《信息资源管理学报》2021 年第 2 期。

库管理的机制创新，培养一批相互关联的高端和专业智库，形成定位明晰、特征鲜明、规模适度、布局合理，能够彰显地方软实力、为经济社会发展提供强大智力支撑的有机整体。

一、形成智库联盟，强化协同合作

"新型智库不是机构和人员的简单叠加，而是各类平台和要素的优化组合，追求集成创新，实现石墨变金刚石的质变效应。"[①] 不同类型的智库联盟能够统筹推进国内智库与国外智库、国家智库与地方智库、地方智库与地方智库、同一行业智库等的协同发展，促进智库人才、课题、经费、成果的优化配置，实现智库主体的合纵连横，集中各方智慧，凝聚广泛力量，形成强大的智力支持。

一是形成区域性智库联盟。依据区域性发展战略和智库自身视野定位的不同，具体区域大到跨省份的京津冀、长三角、珠三角等，小到省内或若干相邻的市、县，都能够形成区域性智库联盟，以此集结所在区域的优势智库力量，聚焦区域发展亟需解决的问题，提供区域政策咨询服务。例如，2015 年 9 月，江苏省内首家区域性智库联盟"宁镇扬智库联盟"在南京成立。[②] 该联盟是由南京、镇江、扬州三市社科联共同发起成立的智库创新协作平台，旨在凝聚三地人才智力，针对全面深化改革进程中遇到的各种难点问题，传达民情民意，为党委、政府决策提供依据，促进宁镇扬区域经济、政治、文化、社会、生态文明建设等各项事业一体化、可持续协调发展。

二是形成国际性智库联盟。关注全球问题，建设国际化智库已成为很多智库的建设目标。提出前瞻性、创新性的看法和主张，能洞悉世界发展的潮流是成功智库的必备要素。当前，新型智库应不断加强全球化的理念，关注全球共同治理等重大议题，广泛建立国际合作网络，拓展和组建智库"朋友圈"，在各类国际性智库论坛中发出中国声音。要注重提升参与重大国际议题设置、国际规则制定、国际协商谈判的能力和水平，同时要强化对外传播能力建设，在国际舞台上讲好中国故事。[③] 例如，2017 年 10 月，自纽约、巴黎、新加坡、首尔、香港、北京、上海 7 个城市的智库研究机构作为发起人共同成立"全球城市智库联盟"，该联盟旨在成为全面推动城市治理学术和政策研究的平台、全球层面城市治理最

---

① 王燕文：《智库建设要有担当有格局有谋略》，载于《党建》2016 年第 3 期。

② 王璐：《凝三地之智服务区域一体化》，搜狐网，2015 年 9 月 16 日，https：//www.sohu.com/a/32049680-162758。

③ 张伟：《智库能力评价与创新》，中共中央党校出版社 2017 年版，第 109 页。

佳实践的交流平台和促进城市之间各主体沟通合作的平台。[1] 2018 年 3 月，由中国人民大学倡议并推动，与世界大学联盟携手合作组建的联盟组织"世界大学智库联盟"成立，该联盟将围绕中国"一带一路"绿色发展主题，对全球特别是"一带一路"倡议地区各国共同面临的热点问题进行深入交流与探讨，旨在加强智库建设、发挥智库影响力，合力将"知识交流"打造成"知识云端"，将"智库对话"提升为"智库联盟"，构筑一条"智力丝路"，协力献计全球治理与发展。[2] 2018 年 5 月，上海合作组织经济智库联盟成立，旨在建立稳定的交流与合作机制，为区域经济合作的持续健康发展搭建智库联盟平台。[3]

三是形成行业（领域）性智库联盟。该类型智库由相关行业（领域）的智库组成，聚焦本行业（领域）的发展动态与存在问题，构建起行业（领域）内智库交流合作的平台，有利于打破条块分割的困局。例如，2018 年 6 月，工信智库联盟成立大会暨工信智库论坛在北京召开，工信智库网站正式开通。工信智库联盟应致力建设成为工业和信息化领域工作交流、理论研讨、服务政府、对外联络的重要平台，切实发挥好桥梁纽带和服务支撑作用。2018 年 7 月，国内 20 家知名研究机构发起成立"美国研究智库联盟"，围绕美国政经形势、美国内外经济政策、中美关系等问题，开展基础性、政策性和前瞻性研究，积极开展国际交流合作。2018 年 11 月，福建省生态文明智库联盟成立，旨在聚合省内智库资源，为福建生态文明建设提供更多智力支持。[4]

二、打造行业性平台，促进资源要素协同

加快建立行业协会，成为党管智库的好助手。智库行业协会是指由相近行业、领域的智库机构组织、企业以及相关单位自愿组成的，以增进和维护智库行业内各成员共同利益，加强行业内的信息交流、沟通与行为协调一致，并代表本行业会员成员与政府和其他社会组织进行协调与沟通的非营利的社会团体组织。行业协会可以打破部门、地区与专业分割，强化智库、企事业单位以及其他社会组织之间的交流合作，实现智库之间横向与纵向的深入联合、协作、创新，进行跨领域的合作研究，推动智库专家型人才、知识资源、数字技术等协同要素集

---

① 黄辛：《全球城市治理智库联盟成立》，科学网，2017 年 10 月 31 日，https：//news. sciencenet. cn/htmlnews/2017/10/392548. shtm。

② 左盛丹：《世界大学智库联盟成立》，中国新闻网，2018 年 3 月 24 日，https：//www. chinanews. com. cn/sh/2018/03 – 24/8475280. shtml。

③ 张胜：《上海合作组织经济智库联盟成立》，光明日报百家号，2018 年 5 月 25 日，https：//baijia-hao. baidu. com/s? id = 1601435777974156569&wfr = spider&for = pc。

④ 李刚、王斯敏、邹婧雅等：《CTTI 智库报告（2018）》，南京大学出版社 2019 年版，第 7 ~ 8 页。

聚，更好解决综合性、战略性、复杂性问题研究，有利于消除智库建设中"孤岛"现象。智库管理部门应加快指导各类智库成立智库行业协会。首先，强化智库体系作为一个行业、产业体系的自治能力，通过同行共治、同行评价引导智库规范发展，通过行业协会这一平台举办各类学术及其他活动，加强合作实现信息共享，做好统计评价、发挥互相监督等作用。[1] 其次，在行业创新发展领域和重大系统性、前瞻性工程中加强智库与企业、高校、政府之间的沟通联系，形成调研基地，组织各方深化合作，共同推动行业发展。

优化完善协同创新机制，做好机制的"统合"，制定智库行业协会管理条例。首先，相关的立法机构必须要高瞻远瞩，立法部门和有关行政机关应加紧制定和颁布有关培育和发展行业协会的法律、法规和规章制度，如行业协会法、中介组织法等。在具体的立法内容上，应对协会设立程序、具体职能和地位、内部结构和制度等作出明确的立法界定，从法律上、制度上对行业协会的中介地位予以肯定；对其非营利性及独立行使行业自律管理的权限给予立法保障；对协助政府实施行业管理的职能及接受相关政府部门管理与监督的义务予以制度规范。[2] 其次，政府相关管理部门（工商行政管理部门为主）应加强对新创建协会的登记与监管工作，对智库行业协会的章程、规章制度、重大决议与决定以及协会会员数量、资料等加强宏观管理，建立规范的日常信息沟通制度与督导制度，倾听协会的呼声，防范协会侵害个别成员与非成员利益事件的发生，对涉嫌违反国家相关管理法规的协会制度及其有关决议等要进行及时有效的查处。协同主体间建立求同存异、平等协商的机制。在开展知识整合及合作研究之前，各协同主体间应通过网络、研讨会等形式实现信息的良好沟通，形成多方都认同的利益分配制度，并通过建立组织协调部门来积极引导各方的协同行动目标达成一致，确保高效、高质量完成课题研究任务。[3] 建立智库协同创新成果评价指标体系。参照国内外智库评价指标体系，通过共同商讨的方式，对各类智库协同主体进行成果评价指标体系的完善和优化，制定各思想产品的基本要求和等级规范，保障智库产品质量，将智库协同创新能力指标作为智库成果评价、绩效考核的重要内容并建立相关制度，以此激活智库人才等各类协同创新要素资源。建立人才流动管理制度。拓展"旋转门"的内容和形式，打开政界与学界、基础研究与应用研究、各类智库之间不同类型、不同规格的"旋转门"。通过常态化的人员交流学习机制，在思想

---

① 张大卫：《加快构建中国特色新型智库生态圈》，载于《光明日报》2016年12月14日。

② 周仁准：《多维竞争模式下的行业协会价值及制度保障》，载于《安徽工业大学学报（社会科学版）》2007年第1期。

③ 李瑞、李北伟、季忠洋：《地方智库协同创新的要素协同、知识服务创新与价值共创——基于服务主导逻辑的视角》，载于《情报杂志》2020年第1期。

碰撞下擦出创新的火苗，在交流合作中提升人员能力，进一步增强智库竞争力。

打造选题推荐、归集、审核和查重平台，做好内容的"整合"。当前不少部门都设立了对外发布的社科科研项目，由于相互封闭、自成体系，造成研究课题相互"撞车"、交叉重复，一个专家在不同部门立项课题内容相近的课题项目，一项成果"一鱼多吃"的现象难以禁绝。各智库单位研究的内容缺乏与党委、政府部门的衔接，有的立项课题过大，难以说清说透；有的立项课题过偏，缺乏现实针对性；有的选题过时，失去研究价值；有的选题过早，尚无研究能力，造成智力资源的浪费与空转。智库行业协会应与项目主管部门配合做好统筹协调，按照突出资源绩效、避免重复交叉、提高集成效益原则，牵头建立选题审核平台，做好筛选归类、打包整合、统一发布等工作，建立健全项目遴选、立项评议、绩效评价等全过程的管理流程和机制。[①]

此外，智库刊物平台也不可或缺。智库与期刊推动资源共享，各自取长补短，互通有无，改善资源机械堆叠、资源利用效率低下，甚至资源浪费的局面。智库刊物承载、传播各方观点和成果，是智库与学术部门、政府机构、企业、民间之间保持协同配合的持久动力与稳定平台。当前，国家期刊管理部门应增加智库研究相关的学术期刊数量与种类，并遴选精品，增加与其他专业领域平台的互动，建立长效合作机制。与此同时，尽快建立起学术期刊编辑、智库专家和学科带头人的常态化联络渠道，定期交流，鼓励期刊与智库共同主办或期刊协办全国性学术会议，方便智库期刊编辑和广大智库研究人员能够及时了解学科动态、研究热点，激发智库专家投稿热情，促进学术期刊与智库建设的协同创新。

构建协同创新平台支撑数据化决策服务，做好信息与知识的"融合"。政企社三方应借力"互联网＋"与大数据，共同构建智库协同创新平台。新型智库协同创新平台的搭建应包括智库信息资源数据库、网络交流共享平台、成果发布平台等。[②] 首先，建立地方性、区域性、行业性智库信息资源数据库。政企社三方应进一步加大信息开放力度，增强信息发布的权威性、时效性与透明度，加强信息共享平台建设，加快建立大型数据库和联机检索系统，切实改变智库在信息收集上不对称、不及时、不全面的状况。在地方、区域层面，根据地区省市县智库发展水平、人才资源条件和智库信息化建设现状，加快省级智库数据中心建设及加强市县智库数据库建设，夯实支撑地方数据化决策条件，为地方智库协同创新提供数据资源保障；[③] 行业层面的数据库、成果共享等协同平台可立足于地方经

---

① 周湘智：《中国智库建设行动逻辑》，社会科学文献出版社 2019 年版，第 77 页。

② 顾敏敏：《京津冀智库协同创新的推进机制研究》，载于《开封教育学院学报》2017 年第 9 期。

③ 李瑞、李北伟、李扬：《地方智库协同创新模式选择与实现路径》，载于《情报杂志》2019 年第 8 期。

济社会问题、行业发展动态等自主建设特色数据库，为智库研究提供强大的信息数据基础。其次，组建新媒体智库网络协同平台。借助微博、微信公众号、百家号、抖音快手等社交网络服务平台，为不同智库之间交流互动、联合研究及成果传播提供高效便捷的渠道。再次，定期组织智库会议，发挥智库网络作用。智库会议是协同创新平台的形式之一，也是智库交流的最重要也是最常见的形式之一。丰富多彩的智库会议成为团结本行业、本地区智库力量，促进智库资源流通的重要平台。省市地方层面应积极召开本区域的智库会议，搭建区域内智库联络交流的平台。例如，江苏智库峰会是由江苏省委宣传部、江苏省社科联主办的全省智库交流高端平台，也是江苏智库界每年一度的"思想盛宴"，自2016年至今已经连续举办5届，旨在加强智库间交流与协作，提高智库研究质量，促进江苏新型智库建设。[①] 从第三届智库峰会开始，会议主办方组织评选智库实践、智库研究的优秀案例，以推动智库多出高质量的实践成果。行业性的智库会议则应重点关注本行业、本领域内的发展动向，团结行业内的智库精英力量。例如，"互联网与国家治理智库论坛"从2014年至今已成功举办了6届，并从2015年开始发布《互联网与国家治理年度报告》，[②] 旨在推动互联网与国家治理领域的学术研究和决策服务，搭建跨学科交流、碰撞和合作的长效机制，充分发挥互联网与国家治理研究领域的社会服务和专家智库作用。此外，跨行业的智库会议也能够沟通不同领域智库资源，促进跨机构、跨行业智库合作交流，打破行业壁垒。例如，浙江舟山群岛新区研究中心（CZZC）于2019年3月10日正式策划启动了"周末智库沙龙"（SZS）这一产生智力的新平台。经过不断地探索与努力，"周末智库沙龙"基本形成了半个月举行一期，每期规模在25人左右的工作规律，邀请来自政府部门、高校、各行业有关专家领导参加，是具有CZZC特色的系列研讨活动。[③]

组建跨库矩阵式合作课题研究团队，做好人才的"激活"。首先，要提高智库专业人才的整体素质。智库提供专业化政策意见即需要专业化人才的汇聚融合和有效管理。智库与协作机构应当合作开展人力资源培训，提升工作能力、丰富知识储备，同时也能使各方人员的知识背景、知识结构相互融合，进而实现知识创新。[④]

① 颜云霞：《第五届江苏智库峰会在南京召开》，2020年12月11日，https：//baijiabao.baidu.com/s？id－1685734682469200822&wfr=spider&for=pc。
② 广州日报：《第八届互联网与国家治理智库论坛在粤举行，发布〈互联网与国家治理发展报告(2021)〉》，广州日报百家号，2021年11月16日，https：//baijiahao.baidu.com/s？id＝1716566718113070279&wfr=baike。
③《浙海大浙江新型高校智库"周末智库沙龙"获"CTTI智库最佳实践案例"殊荣》，浙江日报百家号，2019年12月28日，https：//baijiahao.baidu.com/s？id=1654139381769960744&wfr=spider&for=pc。
④ 郑荣、王洁、杨冉：《合作联盟视角下图情机构与智库的协同创新与保障机制建设》，载于《图书情报工作》2018年第19期。

其次，要促进智库人才流动协作。各智库应依托智库联盟、行业协会力量，结合自身拥有的合作关系，形成智库人才跨部门、跨区域的充分流动。大力推动政府官员与人大代表、政协委员、政府参事、文史馆员以及社科院专家、党校教授、高校学者、企业高管等建立多学科交叉的跨库矩阵式研究团队，推动联合组建研究中心、联合调研组、合作开展重大现实问题研究。

综上，近年来智库共同体协同创新势头十足并取得长足进步，智库联盟的搭建、智库行业协会的成立、智库协同创新要素的组织协同能够将跨地区、跨部门、跨体制、跨专业、跨行业的优质智力资源集聚起来，形成智库合力，打造"强强联合、优势互补、开放融合"的多元协同智库建设新机制，达到"1 + 1 > 2"的效果，创造智库建设与发展的新格局。[①] 下一步应持续深化智库共同体协同创新的积极作用，继续增强智库合作、加大人才交流、促进成果转化，同时不断优化智库行业协会管理规范、智库成果评价体系等运行机制，推进构建良好运作的智库生态圈，使得各类智库在错位发展中形成共存、共创、共赢的发展局面，实现我国智库体系功效的最大化。

第四节　正确发挥智库评价的行业引导与治理功能

评价是为了发现事物的优点和缺点，但大多数评价者认为他们的发现结果有利于改善评价对象，有些评价者甚至希望通过这样的方式，增强管理决策能力，缓解体制压力。这种方式不仅能够使评价对象变得更有效、全面、合乎道德，而且还会改善社区和整个社会的情况。而评价指标作为现阶段开展评价工作不可或缺的要素，已成为当代社会生活、国家治理与国际治理中一种引人注目的现象，它具有决策工作与治理技术两种属性。作为决策工具，指标能够对所有选项进行通约、比较和排序，进而做出符合计算式理性的决策，在此过程中，某些指标获得了承认式权威，由此变为治理技术，从而推动改革活动。[②] 在该理论的支撑下，将智库评价与评价指标体系纳入智库建设体系，成为推动智库发展、提高智库能力的必要路径之一。纵观全球，各国虽然在政治体制结构、经济发展水平与智库发展路径上存在一定差异，但都对智库评价管理展开了理论研究与实践探索，在中国特色新型智库迅猛发展的大背景下，建立健全

---

① 李刚、王斯敏、冯雅、甘琳等：《CTTI 智库报告（2019）》，南京大学出版社 2020 年版，第 111 ~ 112 页。

② 张乾友：《"被指标治理"模式的生成及其治理逻辑》，载于《探索与争鸣》2021 年第 2 期。

具有中国特色的智库评价体系成为保障中国特色新型智库健康发展、打造科学优质智库行业生态环境、强化智库在社会治理中的重要地位、提高社会智力资源利用效率的必然要求。然而,我国智库评价总体而言仍然处于起步与探索阶段,虽然智库评价机构纷涌而至,智库评价报告层出不穷,由于科学性不足,不少评价报告对行业治理不仅起不到引领作用,甚至会干扰智库健康发展,需要通过改进评价方法、扩大评价主体、夯实评价支撑等建立健全具有中国特色的智库评价体系。

一、重视回应性智库评价方法,推动智库多元化个性化发展

现阶段我国开展智库评价工作时,主要采用标准化、结构化评价方法,即依赖指标化思维的评价方法。基于标准的智库评价是一种高度理性的方法,能够将所有智库的活动与产出归纳为有限的得分项,再基于有限的客观数据对智库在每一个指标上进行打分,一方面通过形成排名帮助决策者了解各智库水平,以此制定扶持政策,另一方面形成智库建设的"通约",协助相关部门开展智库治理工作。然而对于智库本身而言,当我国所有智库均按照同一套标准化指标与体系进行评价时,就会导致智库在运用这些指标来辅助内部决策、制定发展规划和开展研究活动时被这些指标俘获,从而形成指标依赖甚至是路径依赖,最终失去独立于指标而制定决策与规划的能力,陷入"按指标治理"到"被指标治理"的困境,最终导致我国特色新型智库形成千篇一律的发展模式,极大限制智库行业生态的多元化、个性化发展。因此,要健全完善的智库评价体系,需要引入回应性评价方法,通过与标准化评价相结合,确保我国特色新型智库发展生态的多元化与个性化。

从回应性智库评价开展流程来看,感知评价对象是回应性评价的核心。回应性评价最重要的优点是它面向或专注于实践,其作用是帮助人们认识其正发生在生活中的具体经历和表现。[①] 因此,智库评估方需要通过实地调研,运用自然询问法、案例研究或定性方法等对智库的历史与社会背景,研究活动的开展惯例、流程及实际进展状况,智库工作的条件与环境,智库人员的心理与态度等进行深入调查,不同于标准化评价中对智库提供的信息与材料进行量化处理后评分,回应性智库评价工作需要评估方实地参与智库活动,通过个案研究和观察,并将智库研究人员和管理人员当作重要的信息来源之一获取智库信息,以描述性语言叙

---

① 〔美〕罗伯特·E. 斯塔克著,李刚、王传奇、甘琳等译:《智库与教育评价大师课:基于标准的评价与回应式评价》,南京大学出版社 2021 年版,第 80~81 页。

述智库的日常运转，达成评价的目的。这不仅要求开展回应性评价的机构和团队深入智库内部实践，基于智库特色与专业开展评价工作，更需要评估机构和团队成员具备一定的智库工作经验，从而通过产生与智库人员的共情连接，敏锐捕捉不同智库的特色优势与长处，保障智库的特色发展趋势。

从评价成果的呈现形式来看，智库开展回应性评价意味着智库需要通过叙述性描述、讲故事和案例呈现而非数据和回归分析的形式来呈现评价报告。智库回应性评价报告需要对每个智库的具体运转模式与建设路径进行描述，对智库在运转过程中产生的问题进行解释，并对具体智库在整个特色新型智库体系中的价值与影响力进行总结陈述，与基于数据和回归分析支撑的标准化评价报告相比，回应性评价报告并不回避评估者的主观价值判断，而是在描述性数据和主观价值判断的基础之上加入评估方的专业判断，通过空间可视化、人类同理心、叙事和小插图为智库管理部门和广大公众提供替代性体验，从而彰显不同类型智库的特色与专业，防止智库为满足指标体系形成千篇一律的建设模式。

二、构建多元评价主体，发挥政策研究用户与智库的主体作用

现阶段我国的智库评价仍处于起步阶段，由于我国特色新型智库体系以党政机关智库、高校智库等体制内智库为主，因此我国特色新型智库的评价模式主要是通过主管单位或部门委托第三方机构对下属智库进行定期考核评估，或由专门的智库评价机构自发对我国智库的发展水平进行总体评价与研究，可见在我国智库评价体系中，第三方研究机构为单一的智库评价主体。相比之下，欧美国家经由多年发展已形成了符合各自国家特点的评价体系，也产出了不同的智库评价模式，美国因其高度发达的市场经济和智库发展特征，形成了市场主导的评价模式，市场的价值评价与判断使研究成果质量高、国际影响力大且研究过程科学客观的智库获得更多的资金捐赠，吸引优秀的专家学者加入；英德等西欧国家则以政府委托第三方机构主导模式为主，政府通过指定专门协会对智库进行审查并开展定期评价，设置明确的准入准出机制；日韩等亚洲国家则以政府主导评价模式为主，由政府成立专门机构对国内智库的研究成果和经济绩效进行考核，如韩国国家经济人文和社会科学研究会（NRCS）等。[①] 因此，我国在健全智库评价体系过程中，可以借鉴国外智库评价主体模式，首先需要重视智库的主要服务对象——政府，将政府部门纳入智库评价体系，由政府部门牵

---

① 卢小宾、黎炜祎：《国外智库的类型与评价模式研究》，载于《情报理论与实践》2018 年第 8 期。

头我国智库评价；其次需要注重智库自身在评价中产生的重要影响，将智库自身引入智库评价体系中。

在政府参与智库评价层面，智库评价需要准确测量智库研究成果对政府决策的影响力，政府虽然不直接参与智库的研究工作，但政府的监管和扶持却能为智库的发展提供良好的环境和必要的保障，同时政府作为智库最主要的服务对象，其对智库的评价虽然不能准确衡量智库研究成果对政府决策的影响比例，却可以在最大程度上描述智库研究成果的实际效用，因此将政府引入智库评价体系是保证评价结果准确的重要环节。因此，中央和地方政府应设置专门负责考核评估智库研究成果和运行情况的评价机构，中央级别的评价机构以统筹协调、制定指标为主，地方级别的评价机构以结合地方特征、细化考核要求为主，自上而下保障评价权威性与公正性、自下而上报送地方智库建设情况。由政府参与智库评价，既能够帮助政府评估各智库价值，从而对高质量高水平智库形成政策倾斜，又能够充分发挥治理技术作用，规范智库运行与建设。

在智库自身参与智库评价方面，要鼓励智库以"自评"促"自治"。智库自身是对其研究成果与发展现状最为了解的机构，不同的智库在类型与思想倾向上都存在差异，因此统一的智库评价指标必然不能将所有类型智库的特色完全彰显。因此，将智库的自评结果引入智库评价体系，不仅可以保证智库自身研究成果的质量，还可以给其他评价组织在分析智库时提供基础的信息。现阶段我国特色新型智库内部缺乏明确的自我审核评价标准，对构建智库的自我评价体系关注度较低，[①] 因此可通过借鉴国外智库的内部评价机制完善我国智库"自评"工作，一方面可以通过在智库内部设立专门的自评部门，邀请智库外专家学者对智库研究成果进行评估，另一方面也应通过设立研究成果质量标准、完善智库研究质量控制制度等，以智库内部规范化文件的形式帮助智库在研究过程中时刻注意研究方向，从而产出高质量研究成果。智库在严格完整的内部自我评价体系下，需要通过不断约束自我、审视自我、规范自我来回应自评体系，从而实现"自治"的过程，即根据自我评价标准与指标重塑智库行为，同时也在自治中形成能够彰显本智库特色的评价体系，为外部治理与评价提供参考与借鉴，为完善我国特色新型智库的总体评价体系贡献力量。

三、规范智库信息披露制度，夯实智库评价的数据基础

智库评价应以其资源投入、决策影响、科研产出和社会舆论影响等多个方面

---

① 卢小宾、黎炜祎：《智库评价体系构建研究》，载于《情报资料工作》2019 年第 3 期。

的信息与数据为基础。然而现阶段我国智库在信息披露方面缺乏制度保障，导致我国大部分智库难以做到像兰德公司、查塔姆社等知名智库那样公布年度报告，向社会公布包括财政收支情况、人员培训转换情况等在内的详细年度建设数据。①虽然 2015 年 8 月国务院发布的《促进大数据发展行动纲要》50 号文件中明确提出政府内部相关部门之间对数据库共享与信息公开的政策要求，但是关于我国特色新型智库参与政府决策制定过程情况的信息获取渠道非常有限，例如智库产出的内部报告数量和报告被采纳的数量等指标数据很难被公众开放获取，造成智库评估工作仍以智库自己提供的资料为主要依据，导致评估的不再是智库本身的建设水平，而是"智库材料与台账"的制作水平，即基于现有评价依据往往会选出"台账"做得好的机构，而非研究工作做得好的机构，这无疑在一定程度上限制了智库评估工作的科学性与全面性。因此，要获取更加全面更加真实的智库数据与信息资源，首先需要从制度上规范智库信息披露行为，帮助智库主动开放共享相关数据，降低评价工作中获取智库信息的难度；其次需要从技术上利用智库与公开政策文件、政府决策活动的映射关系，通过分析政策文件和决策活动掌握智库行为信息，分析判断智库发挥作用的能力与水平，以此填补智库评价领域的科研数据缺口，为全方位了解智库建设水平提供数据支撑。

从规范智库的信息披露制度层面来看，要明确信息公开是保障智库机构公信力的内在要求，也是智库评价的重要参考指标。智库可依据国务院 2014 年底印发的《关于促进慈善事业健康发展的指导意见》选择性进行信息披露，以年度工作报告、网站与微信公众号发文等官方与非官方文字形式，或以年度论坛、线上线下总结会等面对面交流形式，向社会公开组织章程、组织机构代码、登记证书号码、负责人信息、经审计的财务会计报告和资金来源、资产保值增值等情况，以及智库每年开展的研究项目实施进展、研究成果等信息。基于智库的开源情报展开智库评价，有利于从一手材料中了解智库建设的实际情况，避免"凭台账打分"的问题。实际上，我国一些智库已经发布年度的智库发展报告，向社会公布年度发展数据，例如，全球化智库和上海外国语大学中东研究所各自都有年度报告。②③

从利用映射关系分析评估智库行为层面而言，有学者基于政策反馈理论指出，根据智库评价中的政策行为主体、政策措施工作、政策作用对象的管理机制，将非结构化的公开政策文本进行不同知识单元的量化处理，构建计算共识，能够协助评价智库机构影响政策反馈的效用、揭示智库机构参与政策演化的内在

①　任福兵、李玉环：《供应链视角下媒体智库知识服务能力评价体系研究》，载于《情报理论与实践》2020 年第 4 期。

②　资料整理自《全球化智库 2020 年报》2021 年第 24 期。

③　资料整理自《上海外国语大学中东研究所 2020 年度报告》2021 年第 41 期。

433

逻辑和作用机理，从而从政策知识演化角度解决智库评价过程中的数据缺口问题。① 也就是说，在对智库活动进行评估的过程中，可通过分析智库对政策文本的影响、智库参与政策决策的过程来判断智库的研究水平、成果质量甚至是社会影响力。目前，我国智库评价领域已开始利用人工智能和大数据技术对智库的海量数据进行评价，以弥补特定领域具体数据的缺失，如 2020 年 4 月清华大学公共管理学院智库研究中心协同字节跳动公共政策研究院联合发布的《清华大学智库大数据报告》，首次通过大数据评价方法和社交大数据资源对国内智库机构的行为活动进行综合性评价，成为智库评价领域的重要创新。② 因此，在开展智库评价的过程中，应积极利用智库与其服务主体的映射关系，引入大数据技术，通过对海量公开政策文本的批量分析补偿数据缺口问题，提高科研机构对智库评价的数据参与机会，提高评价结果的全面代表能力。

小　结

总而言之，智库作为国家软实力的重要组成部分，在现阶段国内外复杂的决策背景下对国家治理起到了愈加重要的作用。构建并完善具有中国特色的智库评价体系有助于智库规范有序、健康可持续地发展，更能够确保我国特色新型智库在现代化治理中持续发挥独一无二的重要作用。健全中国特色新型智库评价体系，需要充分结合标准化评价与回应性评价两种评价方法，确保智库的多元化与个性化发展；需要强化多主体评价模式，增加评价结果的科学性与全面性；需要结合时代背景，加强智库信息的披露与共享，并充分利用先进技术手段分析智库行为，填补智库评价的数据缺口。要实现中国特色新型智库建设目标，必须以全面深化智库体制机制改革为动力，加快推动形成党政军智库、社科院智库、高校智库以及社会智库多元有序发展的智库行业生态。期望通过法规体系的完善、思想市场的建构、协同创新与评价体系的建立能够持续提升智库的影响力和竞争力，在错位发展的情况下尽可能提供充分的空间和资源，促进各类智库合理有序有效发展。

---

① 梁丽、张学福、周密：《基于政策反馈理论的智库评价模型构建研究》，载于《情报杂志》2021 年第 8 期。

② 《清华大学智库大数据报告（2019）——今日头条版》，清华大学公共管理学院官网，https：//www.sppm.tsinghua.edu.cn/local/E/79/E2/62EB47F0D2E80F7A88C29 EB73C46CC80F711A8E80.pdf？e=.pdf。

第十一章

建设自我驱动高效专业的智库团队

人才是智库的核心竞争力，智库团队是决定智库核心研究能力提升和长远发展的关键，优秀的智库是学术领军人物和智库团队的组合。"现代管理学之父"彼得·德鲁克（Peter F. Drucker）曾强调，知识员工的组织和管理不能完全照搬产业工人的组织和管理方式。[①] 新型智库应按照"人才强库"的发展理念，坚持人文关怀导向、遵循人才成长规律、健全智库人才"选育管用"体系，科学配置智库团队，紧抓人才引进与培养，重视人才奖评激励，搭建出与智库发展相匹配、相适宜的一支自我驱动、专业高效、精干务实的高素质专业化人才队伍，为智库高质量发展提供强大的人才保障。

第一节 赋予智库更多的用人自主权

智库成败兴衰主要取决于人才"蓄水池"的规模、治理与结构，因此智库每时每刻都在开展激烈的人才竞争，表面上比拼的是薪水和声望，但归根结底是智库之间人才"选育管用"机制的竞争。

许多美国智库之所以能够采用"以才取人"的方式去竞争，原因就在于美国

---

① Drucker P. F. , *Managing in a Time of Great Change.* New York：Truman Talley Books/Dutton，1995，pp. 12 – 30.

智库在人才的选拔任用、考核激励、培养培育等方面具有高度的独立权和自主权，这也是其长期保持人才竞争力的关键。例如，美国高校智库通常实行董事会（理事会/监事会）领导下的主任（所长）负责制，学校一般不直接干涉智库的具体运行，以保障其独立性。美国智库遴选主任、战略规划批准等重大权力归属董事会。[①] 由于高校智库的设立与维持运营的费用来自社会捐赠或者联邦政府的长期稳定的合同资金，相对于高校内部的科研院系，高校智库拥有相对独立的人事权和营运权。斯坦福的胡佛研究所可以独立聘任各类人员，也可以与其他院系联合聘任，全所的管理与运行权力归属于主任和各种委员会，但是在招聘研究员、组建项目组、举办活动、出版书籍等重要事务上，基本都由主任最终定夺。[②] 贝尔弗科学与国际事务研究中心虽然是哈佛大学肯尼迪学院的下属机构，但也拥有相对独立的财务权、自主的人才培养模式和聘任权。[③] 因此，从国际智库经验中可以看出，用人自主权是用人单位激发并长期保持人才活力的重要保障。

我国近年来也逐渐意识到人才体制机制改革的必要性和紧迫性，出台了诸多专项人才管理改革政策，为智库建设与发展提供更大的政策空间。如中共中央于 2016 年 3 月 21 日印发的《人才改革意见》，提出"保障和落实用人主体自主权"。[④] 2016 年 5 月，习近平总书记就贯彻落实《关于深化人才发展体制机制改革的意见》作出重要指示，强调要着力破除体制机制障碍，向用人主体放权。[⑤] 中办、国办于 2016 年 11 月 7 日印发了《关于实行以增加知识价值为导向分配政策的若干意见》，赋予科研机构、高校更大的收入分配自主权，允许科研人员和教师依法依规适度兼职兼薪，充分发挥收入分配政策的激励导向作用，激发广大科研人员的积极性、主动性和创造性。[⑥]

增强智库人事自主权的一个有效路径是鼓励智库注册非营利的法人实体。非营利法人实体智库是指有法人地位的、在民政部门注册的智库，或者是经过各级编制管理机关批准设立的独立智库。法人实体智库一般拥有自主的人事、财务和营运的权利，可以自行制定考核激励办法，智库的运行机制变得更加灵活。这种

---

① Struyk R., *Improving Think Tank Management: Practical Guidance for Think Tanks, Research Advocacy NGOs, and Their Funders.* Washington, D. C.: Results for Development Institute, 2015, pp. 22 – 134.

② 赖先进：《国际智库发展模式》，中共中央学校出版社 2017 年版，第 183 ~ 184 页。

③ 张瑾：《全球顶尖高校附属智库的启示——以贝尔弗科学与国际事务中心为例》，载于《中国社会科学报》2018 年 4 月 12 日。

④ 新华社：《中共中央印发〈关于深化人才发展体制机制改革的意见〉》，中国政府网，2016 年 3 月 21 日，http://www.gov.cn/xinwen/2016 – 03/21/content_5056113.htm。

⑤ 《着力破除体制机制障碍　为人才松绑》，搜狐网，2016 年 5 月 7 日，https://www.sohu.com/a/74028955_119222。

⑥ 新华社：《中办国办印发〈关于实行以增加知识价值为导向分配政策的若干意见〉》，中国政府网，2016 年 11 月 7 日，http://www.gov.cn/xinwen/2016 – 11/07/content_5129796.htm。

现代法人治理结构能够充分释放智库在机构设置、专家选聘、员工社招、薪酬分配等方面的自主权,更有利于实现科研成果转化和社会效益最大化,激发智库活力和科研人员创造力,促进治理效能提升。

但是,一般说来,附属型智库很难取得独立的法律主体资格,因为独立主体资格意味着智库不再受到母体单位的约束。在这种情况下,智库依附的母体单位可以通过开设"智库特区"的方式,将智库作为一个特殊的机构处理,赋予其比其他科研机构更多的自主权,尽可能增强智库的相对独立性。例如南京师范大学为下属的省级重点智库"中国法治现代化研究院"赋予了"智库特区"政策,采用"力出一孔"战略,即"集全校之力以促人、财、物之发展",用学校正式文件的方法赋予智库在人事、财务、办公用房、博士生招生培养和营运管理上的特殊政策,[1] 这种方式能够成功化解智库治理的"三明治瓶颈"。

第二节 注重智库团队配置的科学性

一、打造规模适宜、稳定持续的专职智库团队

团队规模与团队绩效的关系往往是学术研究关注的热点话题,有学者认为小规模团队比大规模团队更有效率和活力,[2] 也有学者认为团队生产率和效益会随着规模的增加而增加。[3] 当然,也有学者提出两者之间呈现倒"U"形关系,原因在于过大的团队规模,势必带来更多的沟通成本,过小的团队规模无法发挥群体的协同效应。[4] 这一问题在智库团队建设中也同样重要。智库规模的大小往往与智库研究质量没有过多直接的关系,而在于智库团队的整体素质。因此,规模小不一定效率低,正如英国的政府智库"小而灵",规模虽然不大,但人员素质却非常高,注重实效;[5] 大多数日本智库也呈现出"小队伍、精干化"的特点,

---

① 李刚:《破解我国智库体制的"三明治陷阱"》,载于《科学与管理》2018年第6期。

② Espedalen L. E. , *The effect of team size on management team performance*: *The mediating role of relationship conflict and team cohesion.* Unpublished Master thesis: University of Oslo, 2011.

③ Wanous J. P. , Youtz M. A. , Solution Diversity and the Quality of Group Decisions. *Academy of Management Journal*, No. 1, 1986, pp. 149 – 159.

④ 周三多、陈传明、鲁明泓:《管理学——原理与方法》,复旦大学出版社2009年版,第45页。

⑤ 丁宏:《英国智库建设的启示》,载于《理论学习》2016年第5期。

智库规模多数在 20 人以下;[1] 法国智库一般规模也不大,如国际关系研究所约有 70 名员工,而国际和战略关系研究所仅有 40 多人。[2] 但是,规模大也相应能够承担更多繁重的任务,正如美国布鲁金斯学会现有全职研究人员 370 多名,研究能力与学术水平都非常高,享有"没有学生的大学"之美誉;被很多中国智库作为"对标"对象的兰德公司在其 2020 年年度报告指出,共拥有 1 880 名雇员,为美国空军、国防部等机构提供战略和政策研究咨询服务,年营运收入达到 3.49 亿美金,人均研究咨询收入 18.6 万/年,仅 2020 年便完成了 540 份研究报告,325 篇期刊论文;[3] 还有芝加哥大学国家民意研究中心(NORC),拥有全职雇员 637 名,兼职调查员 1 500 名。[4]

比较而言,我国党政部门、社科院、党校等体制内智库普遍规模都很大,如中国社会科学院全院总人数 4 200 多人,有科研业务人员 3 200 多人,其中高级专业人员 1 676 名,中级专业人员 1 200 多名。[5] 国家部委办局直属或下设研究机构普遍在 200 ~ 500 人之间。[6] 因此,从国外的兰德公司和 NORC,以及国内的中国社科院、中国科学院这种综合性智库的规模告诉我们,智库并非"小而美",为了开展大型的长期的调查和研究,智库必须拥有适当人员规模,人员规模太小的智库是无法承担这样的研究任务的。

但是,在智库建设中有一种观点,认为智库的人力资源布局可以采取"小核心、大外围""小机构、大网络"的模式,"但求所用,不求所有"。正如贝尔弗科学与国际事务研究中心拥有 150 余名核心研究人员组成的常驻研究团体,但如果算上教师、职员、国际理事会成员、董事会成员、编辑委员会成员、项目主任、附属机构人员、访问学者等,人数达到 503 人,如果将校友资源也算在内,截至 2020 年 3 月,已拥有 1 441 名校友。[7] 可见,这种"小核心、大外围"的人员结构确实对智库产出高质量成果和提供影响力带来巨大帮助。这种模式在我国智库界已经十分普遍。根据 CTTI 数据库统计,有一半智库的全职人员数量低于兼职人员数量。例如,华东师范大学国家教育宏观政策研究院专家团队有 26 人,但真正全职的仅有 6 人。近年来,从实践中发现,过于依赖外部专

---

① 张锋:《日本智库的发展历程及借鉴价值》,载于《人民论坛》2019 年第 17 期。

② 王眉:《法国智库:注重研究实际整合国际资源》,新民网,2015 年 11 月 16 日,http://news. xinmin. cn/world/2015/11/16/28952512. html。

③ RAND Corporation:2020 *RAND Annual Report*,RAND,2021 - 08 - 16,https://www. rand. org/pubs/corporate_pubs/CPA1065 - 1. html。

④ 李刚:《实体化是新型智库建设的方向》,载于《科学与管理》2017 年第 4 期。

⑤ 资料整理自中国社会科学院官网,http://cass. cssn. cn/gaikuang/。

⑥ 统计资料由本书课题组调研获得。

⑦ 徐婧、唐川:《世界一流高校智库专家构成特点研究——以贝尔弗科学与国际事务研究中心为例》,载于《中国高校科技》2020 年第 8 期。

家或兼职人员容易形成不稳定结构，无法凝聚一支完全属于智库的核心团队，不利于智库自身的长期稳定可持续发展。首先，大外围大网络中的知名专家因事务繁忙等原因缺乏为智库做研究、出成果的积极性。其次，由于智库财务制度的局限性，智库难以给足兼职研究员物质激励，"购买"兼职研究员的"研究成果"在实际运作中很难操作。因此，兼职人员往往缺乏产出智库成果的热情。另外，过于依赖兼职人员，不利于保护智库的知识产权。智库把主要业务委托给兼职人员，那么兼职员工就和需求方直接建立了联系，结果很可能出现兼职员工直接把业务带走的现象。除非有明确的法律约定，签订保密协议等，兼职人员的研究成果作为智库的知识产权是不完整的，很可能造成智库知识产权的流失。

因此，智库在研究和运行过程中，相对稳定的核心人员是确保智库稳定运行的基础，[①] 但规模适宜的智库研究团队也是智库产品高质量产出的必要保障。第一，智库专职团队的规模必须服务科研任务的需要，合理配置能够完成科研任务所需要的专业知识和技能的专业技术人员，并做到团队成员的有机组合。第二，智库团队不能过于追求豪华阵容。知名专家组成的研究团队有时不易开展横向协同，进而影响智库团队的工作效率。第三，大型智库团队可适当下设多个小规模、临时性的研究小组。形成"核心团队＋延伸团队"的组培模式，提高经验分享和交流沟通的效率，避免大型团队共同行动带来的研究松散现象。第四，智库要保证核心队伍在学科背景和知识结构上的多元性与互补性。智库团队的本质属性要求团队成员不但要知识互补，还要共享资源、充分合作并且互相信任。团队成员背景的多元化有利于科研人员创新思想火花的相互碰撞，避免产生大量同质化研究成果。第五，智库要优化专职人才结构，建立具体分工机制。目前我国智库专职人才主要以研究型人才为主，缺少研究辅助型人才。为保证智库人才具有更专业的分工，研究型人才可专注进行科学研究产出一流研究成果，不必耗费精力从事其所不擅长的事务性工作；注重聘用科研辅助型智库员工，实现术业专攻，打造更加规模适宜、科学合理的智库人才队伍。

二、打造复合型、背景多元的智库团队

在智库的研究议题日益复杂和学科门类逐步细化背景下，一流的智库型人才应该既是"专家"，也是"通才"。有学者认为我国智库要加强研究队伍的专业多样化，要特别注重人员搭配的合理性和科学性，选拔博中有专、专博相济的复

---

① 闫志开、王延飞：《智库运转机制比较分析》，载于《情报理论与实践》2015年第5期。

合型人才。① 可见，智库人才的文化素养、历史素养、信息素养、媒介素养要比一般学者专家要求高一些，要懂得政治、经济、社会、科技、军事、外交，天文地理，要熟悉各类信息、各种情报的来源渠道及获得方法，甚至还要善于利用各种媒体宣传自己的观点。② 因此，建设一流的现代化中国特色新型智库，需要海纳百川，吸纳各种学科和实践背景的研究者，乃至海外研究者，以体现人才多元化和团队包容性。

（一）注重人才队伍构成的多元性

我国从高中就开始文理分科，进入大学开始选专业，然后硕士、博士，不少人一辈子就研究一个专业，我国现有教育模式导致培养出了许多专才，而通才却严重不足。至于学通古今、贯通中西、通晓文理的大师和大家更是凤毛麟角。这种人才培养模式里出来的人才从事战略研究、政策研究等智库工作不是很合适。智库课题不同于一般的学术课题，更多是社会现实中面临的重大和迫切的社会现实问题，当下教育模式培育出的社科人才由于知识与能力结构的局限性，一定程度上束缚了思考和解决问题的深度和广度。因此，智库只有加强团队构成的多元性，从高校、政府、社会各界吸纳不同学科、不同背景的优秀人才加盟，才能有效解决这一现实问题。

国内外综合性的知名智库成员学科背景需要交叉互补，拥有不同的文化和教育背景，能够发挥出各自所长，有能力进行综合研判，才能保证生产出最高质量的研究成果。如兰德公司人才队伍之所以被广泛称为"兰德派"，就在于兰德公司始终坚持"以才取人"，强调智库人才在工作经验、学术训练、政治和思想观念、民族、性别和种族方面多元化。兰德公司在职员工共有 1 880 名员工，来自 50 个国家，掌握 76 种语言，55% 拥有博士学位，涉及政治科学、国际关系、经济学、行为科学等 350 多个学科背景，这也促使他们所研究的项目能够得到更加全面的研究与分析，③ 尤其是社会科学家和逻辑学家，更是对兰德公司的贡献突出，④ 展现出其注重人员互动和交叉研究的组织特色；⑤ 从工作经历来看，兰德公司 858 名政策专家中，曾在政府部门（40.2%）和大学（32.6%）任职的专家较多，其次是商业组织（16.9%）和非营利组织（16.8%），而在媒体（4.3%）

① 王文涛、刘燕华：《智库运行和智库产品的评价要点》，载于《智库理论与实践》2016 年第 2 期。

② 陈朝宗：《智库型人才的素质结构、资本投入与培养渠道》，载于《重庆社会科学》2013 年第 6 期。

③ RAND Corporation：*RAND at a glance*，RAND，2021 - 09 - 11，https：//www. rand. org/about/glance. html。

④ Rescher N.，*In studies in 20th century philosophy*. Frankfurt：ONTOS，2005，P. 91.

⑤ Rescher N.，Early RAND as a talent incubator：An extraordinary experiment. *Independent Review*，No. 3，2018，pp. 417 –427.

有过任职经历的专家数量较少。贝尔弗科学与国际事务研究中心的 254 名专家中有来自包括物理学、文学、政治学、信息学、生物学等各学科的专业人才，还有具备多学科背景的复合型人才，研究主题具有明显的国际性和普遍性，为中心从事跨领域、跨区域、多目标的政策决策工作奠定了坚实的基础；从专家任职经历来看，约 50% 的专家都在高校和政府任职过，约 36% 的专家任职其他智库组织等非营利性机构，约 13% 的专家在媒体行业任职过，约 9% 的专家在金融公司，甚至在军事机构有过任职。[①] 贝克研究所现有各领域专家 160 多名，其中很多来自政界、外交界、新闻界及一些企业组织，以及来自莱斯大学校内各院系的教师，大批专家拥有生物医学、儿童健康政策、国内卫生政策、毒品政策、全球健康等学科和研究背景。[②] 哥伦比亚大学东亚研究所依托高校平台，搭建了由 47 位该校不同院系（包括国际关系学院、政治科学学院、经济学院、历史学院等）的知名教授和 35 位专业研究员组成的常驻研究团队，他们大多有着海外研究或学习的经历，并在其他学校或社会机构中担任重要职位，坚持跨学科、跨部门相结合，提高研究目标的综合性和现实针对性；除常驻人员外，还有 7 位博士后进修人员、12 位来自世界各地的访问学者及近百位博硕研究生等多种类型的研究人员，聘请拥有国际背景的教师，充实教师队伍的"生态多样性"。[③] 伦敦政治经济学院公共政策中心大约 22.2% 的研究者曾在政府工作，44.4% 具有媒体工作经历，22.2% 具有 NGO（非政府组织）和国际组织（世界银行/经合组织）的工作经历。[④]

我国智库人才队伍的背景结构相较国外智库而言，无论是所学专业、研究方向或是工作经历基本上都相对单一，大多紧紧围绕其所在智库的研究领域。但以国家高端智库、地方省市重点智库为代表的高水平智库已经开始尝试拓展智库团队，尝试在学历、专业、职称、任职经历、年龄结构上构建多元化的智库专家团队，以保证智库政策研究的高水准和专业性。例如：在职称序列上，中央编译局拥有科研专家 66 人，编辑专家 33 人，翻译专家 23 人。[⑤] 在年龄结构上，中国民

---

① 徐婧、唐川：《世界一流高校智库专家构成特点研究——以贝尔弗科学与国际事务研究中心为例》，载于《中国高校科技》2020 年第 8 期。

② Baker Institute for Public Policy：*Rice University's Baker Institute Experts*，2021 – 08 – 27，https：//www.bakerinstitute. org/experts.

③ 田山俊、王婧茹：《一流大学智库的多元化治理——基于哥伦比亚大学东亚研究所的分析》，载于《高教探索》2018 年第 9 期。

④ 张新培、赵文华：《谁在为著名高校智库工作——基于人员任职经历的结构化网络分析》，载于《清华大学教育研究》2014 年第 6 期。

⑤ 统计数据整理自中共中央党史和文献研究院官网，https：//www.dswxyjy. org. cn/GB/427209/index. html。

航科学技术研究院老中青年职员比重约 1∶6∶6;[①] 中国气象科学研究院老中青年职员比重约 1∶6∶3;[②] 交通运输部科学研究院在编职工平均年龄为 40 岁,35 岁以下的职工 146 人,所占比例为 33.11%。[③] 在学科专业背景上,南京大屠杀史与国际和平研究院汇集了研究不同领域的专家,涉及史学、政治学、社会学、文学、新闻学、和平学、语言学、艺术创作等方面,丰富学术研究角度,推进研究方法、政策分析工具和技术手段创新,提高解决现实问题并提供原创性对策建议的能力。在任职经历上,长江产经研究院核心团队中拥有数名国内知名专家、长江学者等荣誉称号的带头人,也有在社科院、高校、政府咨询部门等工作过的有政策咨询经验的研究人员,还包括在新华社等媒体平台工作过的有丰富实践调研经验的专职人员;外围团队所属领域广泛,其中学者占 59%,企业家占 22%,政府官员占 19%,地域分布遍布世界各地,其中不乏德国哥廷根大学、澳洲国立大学等国外知名高校的杰出学者加盟。[④]

我国处在高速发展时期,各种问题的复杂性前所未有,任何简单化和单一视角的对策研究都缺乏科学性,智库研究团队必须"学院派"和"实践派"皆备,自科人才与社科人才兼存,进一步强化人才的实践导向和多学科融合导向。第一,要注重智库专家来源的多元化。实行自科、社科研究机构和智库的互聘制度,推动智库机构与自科、社科机构之间团结合作,推动智库人才由重学历向重阅历和重学历相结合转变,培养具备理论学术素养和丰富实践经验兼顾的智库专家。第二,智库应坚持开放、多元的原则,尽可能地拓宽专职研究人员的选拔渠道。更加注重学科背景的多样化和社会背景的多元化,引进一批多样化、综合性、创新型复合型智库人才,形成研究合力。第三,智库应广泛吸纳政界和商界人才,促进思想碰撞。根据智库发展需要有针对性地邀请政治界、企业界、智库和学术界等领域知名的海内外专业人士担任智库发展建设的兼职顾问、理事和学术指导,形成更为完善的智库人才网络,进而实现智库人才的汇聚效应。第四,智库应广泛引进国际人才,扩展智库合作网络。中国智库也必须要"走出去",拓展智库"朋友圈",借助国际合作项目、建制化合作平台、互访交流活动等机会引进来自不同国家、不同城市、不同学科的国际性领军人才。[⑤]

---

① 资料整理自中国民航科学技术研究院官网,http://www.castc.org.cn/。

② 资料整理自中国气象科学研究院官网,https://www.camscma.cn/ryjg.html。

③ 资料整理自交通运输部科学研究院官网,http://www.motcats.ac.cn/col/col59/index.html。

④ 资料整理自《2021 长江经济研究院宣传册》,https://idei.nju.edu.cn/_upload/article/files/96/1f/766589fd483da425ed25aa8774eb/e1d68895-84d4-4e68-84bf-a8515d03b42b.pdf。

⑤ 陈朝宗:《智库型人才的素质结构、资本投入与培养渠道》,载于《重庆社会科学》2013 年第 6 期。

（二）保持人才队伍的相对流动性

新型智库的"智"除了来自背景多元、履历丰富的专职团队，还来自人才流动的"旋转门"。《意见》和《计划》中均明确要求推动党政机关与智库之间的人才交流。2016 年 4 月，习近平同志在网络安全和信息化工作座谈会上强调要"让人才能够在政府、企业、智库间实现有序顺畅流动。"[①] 通常，智库会专门设置常驻智库人才、访学智库人才、兼职名誉研究员、理事会/咨询委员会成员等固定岗位以保证政界与学界的长效交流机制的畅通，实现政务界与知识界的交流，同时建立"能上能下、能进能出"的机制，鼓励注入"新鲜血液"，起到内外优化新型智库人才队伍建设作用。例如，智库可以通过挂职锻炼的方式进行人才横向和纵向的合作交流，通过建立博士后流动站吸引来自全国高校、科研机构的研究人员来进修学习和研究工作，通过聘任制的方式短期聘用来自其他研究机构的人员来做项目，增进交流合作关系。

人才"旋转门"制度在国外运作已久，尤其在美国，政府官员卸任到智库部门，智库人员提拔任政府官员这种双向流动机制在美国的政治活动中发挥着重要的作用。比如，美国每逢总统换届之时，政府高层也随之进行大换班，卸任和退休的官员有些会到智库任职，新政府的一些重要职位则由智库人员出来担任。据统计，大多数政府部门都有相当大比例的人在其职业生涯的某个阶段曾在智库工作过，国务院部长助理中有超过 60% 来自智库。[②] 布鲁金斯学会作为世界顶级智库，成熟的"旋转门"人才交流机制是其成功的重要原因之一，既能保证智库人才队伍的活力，也在一定程度上提高了学会知名度和影响力。据统计，布鲁金斯学会的 200 多名研究员中，有一半的人具有政府工作背景，担任过美国驻外大使的就有 6 位之多；[③] 奥巴马在任时，政府内的布鲁金斯学会学者有 36 人之多。[④] 胡佛研究所的高级研究员和研究员多数以学者、政治家、商人和媒体领袖等背景为主，几乎有 30% 属于学者兼政治家，其中里根总统曾担任胡佛研究所名誉研究员，并在担任总统的 8 年中，在聘请到政府任职或担任政府顾问的近 200 名智库成员中有 55 名来自胡佛研究所。[⑤]

---

① 新华社：《习近平总书记在网络安全和信息化工作座谈会上的讲话》，中共中央网络安全和信息化委员会办公室官网，2016 年 4 月 25 日，http：//www.cac.gov.cn/2016-04/25/c_1118731366.htm。

② Singer P. W.：*Factories to Call Our Own：How to understand Washington's ideas industry*. Washingtonian，2010-08-13，https：//www.washingtonian.com/2010/08/13/factories-to-callour-own/。

③ 闫志开、王延飞：《智库运转机制比较分析》，载于《情报理论与实践》2015 年第 5 期。

④ 王德生：《全球智库发展动向》，载于《竞争情报》2016 年第 1 期。

⑤ 王辉耀、苗绿：《大国智库》，人民出版社 2014 年版，第 145 页。

　　我国学术研究机构和政策研究机构都在探索人才"旋转门"机制。[①] 例如，中国科学院建立特聘研究员制度，积极探索外聘战略咨询项目首席专家、核心专家、客座研究员的"旋转门"机制。[②] 2019 年 9 月，人大国发院特聘 4 位高级研究员和 80 位专职研究员，其中这 4 位高级研究员均是从中央部委或政府部门引进的专家型官员，增进了智库与决策部门之间的联系和沟通，打造中国式"旋转门"。[③] 中国社科院人事教育局与四川省委组织部签署了干部人才交流合作协议，这既是中国社科院充分发挥智力人才汇聚优势，也为四川借智借力实现高质量发展提供了新的契机。[④]

　　但是我国智库实行"旋转门"机制仍存在一些法律和制度上的障碍。《公务员法》第 63 条规定，公务员与国有企业事业单位、人民团体和群众团体可以通过调任方式进行人员交流。这种交流是单向的，仅指外部人员进入公务员系统。因此，当前进入智库工作的政界人士多为退休官员，且数量很少。[⑤] 我国的"旋转门"机制目前只是一种规模有限的单向流动，旋转力度较小，仅仅处于尝试期。

　　因此，要建立起中国人才的"旋转门"机制，并使之常态化、体制化。在中国政治体制的具体语境中，这一机制的症结在于，解决双向流动的"旋转门"机制"何以可能"与"何以公正"的问题，即如何构建并推动政府现任或退休官员与新型智库之间形成良性、公平、有序的人才流动机制，以有效链接"政府决策"与"智库知识生产"的交流合作机制；[⑥] 如何能在实践中突破体制内外人才流动的渠道限制，并将其制度化、规范化，使智库成员能够顺畅进入政府机构任职，是当前"旋转门"机制在中国实施过程中亟待解决的难题。

　　基于以上的讨论，我们认为"旋转门"机制必须植根于中国的具体国情，加快推进相关人事制度改革，建立以任职交流为主、挂职和兼职为辅的中国式"旋转门"机制。一方面，放宽任职交流限制，拓展任职交流范围并加大交流力度。例如，建立健全公务员向企事业单位流动的制度规范或法律法规，将高校

　　① 杨尊伟、刘宝存：《美国智库的类型、运行机制和基本特征》，载于《中国高校科技》2014 年第 7 期。

　　② 《建设专业队伍　发现培养人才　战略咨询院年终专题之六：人才篇》，中国科学院科技战略咨询研究院官网，2018 年 2 月 10 日，http：//www.casisd.cn/ttxw1/zlyjytt/201802/t20180210_4946903.html。

　　③ 《人大国发院召开研究员聘任仪式　百位专家学者共同见证》，中国人民大学国家发展与战略研究院官网，2019 年 9 月 16 日，http：//nads.ruc.edu.cn/yjdt/27460b2303744441abafc8cbd2bba9de.htm。

　　④ 林凌：《中国社科院人事教育局与四川省委组织部签署干部人才交流合作协议》，载于《社科院专刊》2019 年 3 月 29 日，http：//cass.cssn.cn/qiangyuanzhanlue/201903/t20190329_4856403.html。

　　⑤ 王辉耀：《如何打造中国特色智库人才"旋转门"》，载于《光明日报》2016 年 10 月 19 日。

　　⑥ 任恒：《国内智库研究的知识图谱：现状、热点及趋势——基于 CSSCI 期刊（1998～2016）的文献计量分析》，载于《情报科学》2018 年第 9 期。

智库列为公务员任职交流重点对象，鼓励和安排具有政策实践经验和研究能力的领导干部到高校智库任职，使单向交流转变成双向流动；适当放宽在职政府官员进入智库工作交流的制度约束，定期安排在职官员前往智库特定岗位交流学习，打通政府和学界之间的壁垒，使智库政策研究和决策服务更精准、更有效、更快捷；选拔具有实践工作能力的智库人才，调任到与其研究领域相关的政府部门任职锻炼，培养更多国家急需的复合型智库后备人才。另一方面，拓展双向挂职和兼职渠道。例如，引导政府官员到与其工作相关领域的智库挂职，或担任兼职研究员、兼职校外导师、兼职理事会/咨询委员会成员等；安排智库研究人员到相关政府部门的政策研究机构兼职，熟悉政策制定实施过程，积累政策实践经验，建立与挂职部门的良好关系；① 智库要对不同类别的智库人才设定不同的聘任制度，促进智库人才有效流动，保证智库能够及时得到其最需要的官员型智库人才。

三、打造多层次、灵活主动的智库团队

拥有一支规模适宜、稳定扎实的智库团队是智库建设的基础，如何提高智库研究人员的效率才是关键。智库团队不同的组织模式会给研究人员产生不同的工作效率和积极性。智库团队是决定智库核心研究能力提升和长远发展的关键，优秀的智库是学术领军人物和智库团队的组合；② 裴蕾等认为智库要开展全职研究员队伍（研究员＋咨询顾问＋研究助理）和全职运营团队（行政＋传播＋技术）相结合的团队建设；③ 杨锴等利用凯利方格技术，提出组建以"智库领军人才＋科研人员＋行政人员＋其他智库人员（全职或兼任）＋社会人员（全职或兼任）＋政府人员（兼任）"等为主体的创新型高校智库团队，广泛吸引"外部智力人才"。④ 因此，无论从人员结构、人员配置、人才梯队，还是管理模式、组培模式上，智库一直在全力探索调动人员工作积极性的各种举措，努力打造成聚才、揽才、用才的高地。

---

① 金志峰：《新型高校智库多元化人才管理机制探析——美国的经验与启示》，载于《中国行政管理》2019 年第 3 期。
② 李刚：《高校新型智库治理与营运》，载于《决策与信息》2018 年第 11 期。
③ 裴蕾、周立群：《高校智库专职研究队伍建设的必要性和建议》，载于《未来与发展》2019 年第 2 期。
④ 杨锴、周岩：《引智创新型高校智库团队成员配置方法研究》，载于《情报杂志》2019 年第 11 期。

（一）合理利用“明星型＋团队型”的人员配置模式

“明星型”和“团队型”智库人员组织模式是由美国城市研究所雷蒙德·J.斯特鲁伊克博士所提出的，[①] 是通过对 10 个国家约 40 家智库的采访和现场调研后总结出的研究组织模式。他认为，“明星型”智库团队通常是由著名的有影响力的研究员在一个或两个研究助理协助下独立地开展工作，智库研究成果通常以这些“明星”——著名研究员的名义出版，而这些“明星”都会与政府、企业和学术界有着密切的联系。“团队型”智库队伍通常包含一个核心团队，可以从智库其他研究中心和咨询顾问那里获得特别的帮助，比如抽样调查、数据采集、建立仿真模型等工作。

例如，南京大学紫金传媒智库合力打造出了一种“明星教授课题组联盟”组织模式。紫金传媒智库属于非实体化的民非机构，除少量全职行政人员以外，基本无全职研究人员，只有一些全职博士后参与课题组的各项研究；该智库最大的特点就在于依托南京大学社会学院、新闻学院、政府管理学院、法学院和信息管理学院等多个院系，联合多名明星教授组建课题组，以课题组为基本作战单位，承接大量横向项目，灵活高效，既形成自我造血功能，又解决传统高校院系之间的隔绝，实现跨学科协同研究。但是，这种模式由于没有全职研究员，且所有课题组都是依托项目组建的，联盟状态偏弱，没有较为稳定的“小核心”团队，而且与学校联系不够紧密，得到学校的扶持力度较小，团队可持续性不高。[②]

南师大法治研究院是一个人员编制只有 20 个的小型智库，但却获得了母体单位——南京师范大学开设“智库特区”的特权。原因在于，该智库虽然体格小，但作用巨大，院长由在马克思主义法律思想研究、法哲学与法制现代化等领域具有较高影响的法学院“明星”教授公丕祥亲自担任。公丕祥教授除了在高校任教，还曾担任省人大常委会副主任、省高级人民法院院长，多次作为全国人大代表、省委委员、省政协委员代表群众发声，任职经历丰富。可见，“明星”教授具有极强的资源整合能力和博弈能力，为智库建设发挥了重要的引领导向。此外，该智库拥有在编的全职研究员，接受来自省委宣传部、母体学校、社会捐赠等多渠道的资金，还可以招收博士生和博士后，博士后招生计划单列。因此，稳定的研究团队、充足的资金保障和独立的引人用人机制，让智库的发展与建设更加有保障，研究水平也进一步提高。[③]

[①] 雷蒙德·J.斯特鲁伊克著，李刚等译：《完善智库管理：智库、“研究与倡导型”非政府组织及其资助者的实践指南》，南京大学出版社 2017 年版，第 121 页。

[②] 丁怡、李刚：《我国高校智库人力资源配置模式研究》，载于《智库理论与实践》2017 年第 2 期。

[③] 资料由本书课题组调研获得。

因此，"明星型" ＋ "团队型"智库人才配置模式是快速提升智库竞争力和影响力的一种特色模式。智库在起步阶段和智库品牌创立阶段，需要借助"明星"专家的社会影响和渠道资源来提升智库知名度。同时，一个优秀的智库也离不开这些"明星"专家的引领，需要真正的智库掌门人和操盘手，比如人大重阳研究院的王文老师、华南理工大学公共政策研究院（IPP）的杨沐老师，他们都为智库做了大量工作。但是智库发展到一定地步，需要开展大量技术支援性质的政策研究，比如规划编制、方案制定、项目实施等工作时，一个优秀的智库就不能只有"方丈"，没有"和尚"，稳定且有实力的智库团队也是决定智库核心研究能力提升和长远发展的关键。

（二）形成科学合理、运作高效的人员分工制度

具有创新意识、战略思维和先进技术的专家领军团队，理论和应用研究融会贯通的跨领域复合型专业技术研究团队，熟悉现代智库发展规律的运作管理团队，以及负责智库会务、设备维护等后勤管理的保障人员，都是保证智库高效产出的关键。[1] 智库研究人员、辅助人员、行政管理人员搭配要合理。[2]

国外智库普遍重视研究人员、科研辅助人员和管理支撑人员的合理配置，研究人员是智库科研工作的主体，科研辅助人员是智库不可或缺的重要力量，管理支撑人员是智库正常高效运转的保证，如兰德公司认为"两个研究员不如一个研究员加半个秘书的效率高"。[3] 布鲁金斯学会的智库人才主要可以分为两类，分别是政策研究人才和行政管理人员（秘书和研究助手等），比例约 1:2。其中，政策研究人才只负责做研究，涉及资金运营、媒体宣传等工作则由专业辅助人员实施，保证智库人才都能专心从事自己所擅长领域的工作，将工作发挥极致，实现术业有专攻。[4] 胡佛研究所的人才配置与布鲁金斯学会有着相似的情况，主要分为常驻研究员、流动访问学者和专业辅助人员，其中专职研究人员和辅助人员的比例高达 1:2.5。[5] 贝尔弗科学与国际事务研究中心有研究人员、教师、职员等工作人员，还有附属机构人员、访问学者和专门的编辑人员。胡佛研究所的主体人员基本分为三类：一是以知名学者为主体的常驻研究人员；二是多类型的访问研究人员；三是以项目管理、技术支持、媒体联系、图书档案管理专

---

[1] 杨亚琴：《中国特色新型智库现代化建设的若干思考——以智库影响力评价为视角的分析》，载于《中国科学院院刊》2021 年第 1 期。

[2] 朱洪波、贺羽：《咨政视阈下的科技思想库建设》，载于《科协论坛》2015 年第 3 期。

[3] 王继承：《兰德公司的成功奥秘（下）》，载于《中国经济时报》2012 年 10 月 19 日。

[4] 张辉菲、刘佐菁、陈敏、陈杰：《关于我国智库人才创新管理与培养的研究》，载于《科技管理研究》2018 年第 4 期。

[5] 穆占劳：《外国思想库：怎样用人？怎样管理？》，载于《学习时报》2004 年 6 月 7 日。

业人士为主体的辅助人员，比例基本上为 1∶1∶1，且三类人员的聘任与管理模式各不相同。① 可见，国外智库普遍重视智库辅助人员，并认为这类人员对于智库的正常运行、智库研究的正常开展、智库成果的宣传推介都发挥着举足轻重的作用。

在我国，由于智库多数依托本体机构建成，行政管理人员、科研辅助人员、营运人员等非科研岗队伍多数都是原单位自带的行政人员，以社科院智库为例。社科院属于整体智库化转型的科研机构，充足的科辅人员是其很大的优势。据统计，2016 年地方社科院专业技术人员的平均占比为 73.78%，科辅人员平均占比为 26.22%，2019 年专业技术人员平均占比为 69.38%，专业科辅人员平均占比为 30.61%。从中看出，地方社科院专业人员的比重显著高于专业科辅人员；在专业技术人员保持相对稳定的情况下，地方社科院科辅人员的占比日益增加，他们承担着管理、服务、推广、外事、宣传等工作，是智库落实其功能所必需的保障力量。但是，与国际顶尖智库专业技术人员与专业科辅人员 1∶1 的配比相比，由于经费来源的区别，地方社科院科辅人员占比 30% 左右具有一定的合理性。② 此外，盘古智库构建了"领军人物 + 核心团队 + 营运团队"复合型专业化智库队伍，在 50 多位全职人员中，既有研究人员，也有智库营运队伍，从活动策划组织、自媒体营运推广、研究助理到后勤保障，为智库提供全链条服务。③ 南京大学长江产经研究院专门成立运营管理团队，设立专业化、职业化的运营管理部门，具备内参管理、媒体宣传、外联合作、人力资源、行政服务等职能，为智库"赋能"。

但目前，除了依托本体建立的党政部门智库、社科院等智库以外，中国大多数智库不具备这样的充沛的科研辅助人力，尤其是高校智库，较少有专门配备专职的行政人员或营运人员，多数以年轻的、新进的研究人员负责，但这些工作并不是研究人员所擅长的，故而占用其大量时间及精力，甚至在一定程度上影响研究成果的质量。因此，中国智库行政和科研辅助人员普遍不足，智库管理工作推进的制度化、规范化、程序化难以保障。行政辅助人员主要为智库研究辅助和管理支撑人员，其执行力与保障力是智库正常、持续运转的坚强后盾，其主要职责为落实各项智库战略部署，为专职研究员提供良好的工作环境。以江苏省为例，根据 CTTI 数据库统计发现，江苏省近 40% 的智库未设置专门的营运管理团队，

---

① 陈英霞、刘昊：《美国一流高校智库人员配置与管理模式研究——以斯坦福大学胡佛研究所为例》，载于《比较教育研究》2014 年第 2 期。

② 黄晋鸿：《意识觉醒促进社科机构强化智库建设》，载于《中国改革报》2019 年 5 月 29 日。

③ 张丽萍、郑庆昌：《国内新兴智库崛起对地方高端智库建设的启示——基于习近平智库观视角》，载于《中共福建省委党校学报》2017 年第 10 期。

75% 的智库行政辅助人员为 5 人及以下日常联系以及其他行政工作由智库研究人员兼任。长此以往，势必使智库课题与项目管理、人员管理、智库考核评价等智库活动有序运转难以得到保障。

因此，智库运营、成果宣传、后勤保障等大量事务性工作，也是智库建设的一项重要工作，需要有相关专业的人员专门负责对应工作，以保证每个智库人才都从事其所擅长的工作，这样方能最大限度发挥其能力，保证获得最高质量的研究成果。我国新型智库必须建设专职的研究辅助团队，或研究助理团队。这种团队按照市场化要求进行打造，强调专业化能力，如数据处理、外文翻译、调查研究、文字撰写等，可根据研究需要灵活组合，为核心研究提供辅助。

（三）形成梯次合理、有活力、有潜力的智库人才梯队

人才梯队是指智库成长与发展的储备力量，这些储备力量由于阅历、工作时长、工作分工、能力水平等方面的不同，在序列上形成错落有致的梯队。人才梯队的建立是为了给智库的发展提供强有力的人力资源保障，确保智库在生产运营过程中，能够始终保持充沛的人力。

从国际智库经验中可以发现，除了一些小规模的智库，普遍具有高影响力和知名度的智库都具有自己独特的一套智库人才梯队，尤其是美国智库，它们普遍将研究员分为三类，即高级研究员（senior fellow）、研究员（research associate）和助理研究员（research assistant）。[1] 例如，兰德公司的全职政策专家分为 3 个级别，其中高级研究员（364 人，占 42.4%）、中级研究员（216 人，占 25.2%）和助理研究员（158 人，占 18.4%）。[2] 胡佛研究所人员结构包括管理层和研究层，其中研究层主要分为常驻研究员和访问学者，常驻研究员又包括杰出学者、高级学者、高级研究员、研究员等类别，访问学者分为杰出访问学者、访问学者、国家安全事务研究员及媒体研究员等类别，要求具备多领域的理论知识基础和研究能力，学历要求是硕士及以上。[3] 贝克研究所的研究队伍包括研究员和学者（Fellows and Scholars）、非常驻人员（Non-resident）、莱斯学者（Rice Faculty Scholar）、一般研究人员（Research Staff）等类型。[4]

我国智库从整体上也能够反映出人才梯次结构，以高校智库为例。据统计，

---

[1] 穆占劳：《外国思想库：怎样用人？怎样管理？》，载于《学习时报》2004 年 6 月 7 日。

[2] 韩佳燕、赵勇、赵筱媛：《美国高端智库的政策专家储备及其人才吸引机制研究——以兰德公司为例》，载于《情报杂志》2019 年第 4 期。

[3] 胡五生、龚文霞：《基于案例对比分析的高校智库建设研究》，载于《新世纪图书馆》2019 年第 5 期。

[4] Baker Institute for Public Policy：*Rice University's Baker Institute Experts*，2021 – 08 – 27，https：//www.bakerinstitute.org/experts。

CTTI 数据库共收录了 15 730 名专家学者，其中 13 232 名就职于高校智库，其中教授共 5 418 人，副教授 3 163 人，讲师 1 049 人；研究员 1 088 人，副研究员 987 人，助理研究员 794 人，其他拥有中高级职称的专家约 440 余人。由此可见，我国智库人才队伍按照职称结构来看，呈现"倒金字塔型"，这一方面说明我国高校智库专家大多都接受了长期的、系统的学术训练，能够为高校智库持续发挥功能提供稳定的智力支持；但从另一方面也说明了高校智库对研究人员的学历要求较高，我国智库"高级职称过剩""学历过剩"现象普遍存在。

具体来看，一支高水平的智库研究团队离不开优秀的领军人物、首席专家、学术带头人和青年科研骨干等核心人物。正如上海交通大学解志韬教授认为，高校智库建设的基本要素包括"庙""方丈"和"和尚"。其中"方丈"指的是以学科带头人、决策咨询专家和依靠"旋转门"进入高校的官员等组成，"和尚"则是一般的智库研究人员，主要负责决策咨询研究与储备、专报的撰写与加工、传播智库声音等工作。① 天津社科院较早便形成了首席专家、学术带头人、青年科研骨干的多层次人才梯队。② 华东师范大学中国现代城市研究中心按照不同议题，组建专题式的研究团队，每个研究团队都由领军人物、校内骨干、校外骨干、海外骨干组成，其中校外骨干都是由中央和地区政府部门领导、科研院所负责人、高校专家组成，海外骨干主要是国外知名高校的权威专家。③ 华南理工大学社会治理研究中心核心团队成员由"11 位教授 + 11 位副教授 + 8 位讲师"组成，既有学术权威，也有学术中坚，更有年富力强的年轻学者，形成互助互惠式团队协同。④ 江苏省产业技术研究院也着力构建了由天才科学家（顶尖人才 10 +）、项目经理（产业领军人才 200 +）、集萃研究员（研发骨干人才 500 +）和博士（后）、工程硕士（产业基础人才 10 000 +）共同组成的产业创新人才生态。人大国发院打造了结构合理的人才梯队，其一，通过全校选聘，形成智库研究板块首席专家牵头机制；其二，通过分解国家治理研究领域，引入开放滚动的研究团队；其三，通过智库研究员制度，构建智库与院系的人才流动通道。⑤

因此，智库在促进智库人才开发的同时，还应着眼智库长远发展，构建多层次的人才梯队。一方面，细化人才梯队序列，分类建立人才库。智库必须根据智

---

① 雷媛：《首届中欧智库学术研讨会为高校智库发展开药方》，澎湃新闻网，2019 年 7 月 23 日，https：//www. thepaper. cn/newsDetail_forward_3983607。

② 资料整理自天津社会科学院官网，http：//www. tass – tj. org. cn/Page/MInfoListPage. aspx？NCode = byjj。

③ 资料整理自华东师范大学中国现代城市研究中心官网，http：//ccmc. ecnu. edu. cn/1621/list. htm。

④ 资料整理自华南理工大学社会科学处（智库建设管理办公室）官网，http：//www2. scut. edu. cn/socialsci/2018/1109/c19879a294385/page. htm。

⑤ 以上资料均由本书课题组调研获得。

库发展需求和行业特点，围绕自身重点学科方向或研究领域，按照岗位特点分别建库，比如科研机构可启动"雁阵培育计划"，搭建专业人才队伍培育模型，着力培育领军人才（头雁）和创新团队（强雁＋雏雁）。另一方面，实施"入库储备计划"，开展分层分类培养。智库要着眼于自身事业发展的需要，分层分类搭建人才培育蓄水池，采取递进式历练，完善后备干部、专技人员、年轻骨干培养选拔链条，使各类专业人才的成长路径逐年逐步进入良性循环的轨道，把优秀的智库人才汇聚到自身智库建设中来。

（四）充分利用柔性引进、短期聘用制度，但求所用，不求所有

2020 年 1 月，人力资源社会保障部印发了《关于进一步支持和鼓励事业单位科研人员创新创业的指导意见》，明确支持和鼓励科研人员离岗创办企业，同时支持和鼓励科研人员兼职创新、在职创办企业。[①] 可见，当前国家鼓励、支持在职科研人员兼职参与到各项科研创新工作，并为兼职创新提供了相对宽松的政策平台。

国外智库在研究人员结构也注重自身固定人员和流动人员的合理配置，由智库的专职人员构成核心研究团队，兼职人员为智库注入新思想和新活力，促进智库内部的交流和碰撞。例如，美国科学研究理事会的咨询团队，既包括来自美国科学院、美国工程院和美国医学研究院三院院士，也包括从全国范围内吸收的、具有不同学科背景的大批研究志愿者。[②] 日本智库为了提高智库研究成果质量，大多数都会提供一些兼职研究岗位，聘请一些基础扎实、研究能力强的学者进行专门研究，它们对这些兼职学者具有很强的包容性，不限定国籍、学校，很注重学者的研究和实践能力。[③]

我国智库普遍搭建"小核心＋大外围"的人才队伍模式，"小核心"团队保持了适度的规模、清晰的层次以及合理的结构，并坚持"体制内与体制外相结合，专业化与市场化相结合，学术型与应用型相结合"的理念，聚焦特色领域进行长期深入研究。"大外围"团队的建设，主要是邀请广泛、多元的各领域相关人士加入高校智库研究平台，考虑到不同类别专家的特点，探索其参与智库研究的方式和模式，如设立"特约研究员""访问学者""研究顾问"等多种兼职岗

---

① 人力资源社会保障部：《关于进一步支持和鼓励事业单位科研人员创新创业的指导意见》，2019 年 12 月 27 日，http://www.mohrss.gov.cn/xxgk2020/fdzdgknr/zcfg/gfxwj/rcrs/202001/t20200120_356477.html。

② 国家工程科技思想库建设项目组：《国家工程科技思想库建设研究》，中国科学技术出版社 2013 年版，第 18～19 页。

③ 王志章：《日本智库发展经验及其对我国打造高端新型智库的启示》，载于《思想战线》2014 年第 2 期。

位和相应研究模式。例如：人大重阳研究院拥有全职员工超过 30 人（80% 以上是海归），聘请的 90 多名兼职高级研究员是来自 10 多个国家的前政要、银行家、知名学者（其中外籍高级研究员占 40%），最大化吸收社会资源，集聚前沿、新锐与务实的智慧，形成人大重阳研究院的大智库形象。① 劳科院实行特约研究员制度，聘请了一批国内外院校和科研机构的专家担任特约研究员，对劳动和社会保障领域重大理论和政策问题开展合作研究，如日本女子大学社会福利学系的沈洁教授。② 上海社科院柔性引入 19 位各领域领军人物，19 名国内外名誉研究员，9 名特聘研究员等。人大国发院通过实行专职与市场聘任制相结合，吸纳专职智库研究人员和智库运营管理人员，并集全校之力打造"小平台、大网络"，汇聚一流学科优质资源，吸纳兼职研究员参与研究。华南理工大学社会治理研究中心拥有一批来自广东省政府部门、地方政府和华南理工大学的领导担任学术委员会或者兼职研究员，他们拥有较高的理论素养，又具有丰富成熟的社会治理实践经验，对治理中心智库作用的发挥起到十分关键的作用。③ 东南大学中国特色社会主义发展研究院聘任兼职调研员，聘请英国埃克斯特大学全球史研究中心学术调研员詹姆斯·马克、爱丁堡大学历史学古典学及考古学学院前院长哈里·狄金森等海外学者，搭建了一支专兼职研究人员相结合的有力调研团队。④ 南师大法治研究院建立了一支专兼职相结合的研究队伍，通过聘任制和合同制等多种形式，广泛延揽党政机关、法治工作部门的退休或离职官员以及高等院校、科研院所退休的法科研究人员。⑤ 南京大屠杀史与国际和平研究院实行非学术职称的岗位聘任制，拥有专职 10 余人，兼职 100 余人，行政人员 2 人，还实施博士后工作站（与南京大学共建）和硕士生实习基地（与南京农业大学共建）的"两站工程"，⑥ 基础形成了"小核心 + 大外围"的专家团队结构。

因此，智库必须考虑到不同类别专家的特点，争取一定的兼职人员聘用权，采取校内外兼职人员聘用的方法维持一支综合实力较强的研究队伍，并通过合同、有吸引力的报酬等措施加强兼职研究人员队伍建设，使兼职研究队伍的稳定性接近专职研究队伍；对于智库研究和运作过程中涉及的不需要长期持续进行的

---

① 张丽萍、郑庆昌：《国内新兴智库崛起对地方高端智库建设的启示——基于习近平智库观视角》，载于《中共福建省委党校学报》2017 年第 10 期。

② 《劳科院邀请日本女子大学沈洁教授举办专题学术讲座》，中国劳动和社会保障科学研究院官网，2022 年 4 月 28 日，http://www.calss.net.cn/publish/laokeyuan/pages/keyandongtai/ebb94f52d1914cdaa6e3fbaef808e09f - pc_3.html。

③ 以上资料均由本书课题组调研获得。

④ 资料整理自东南大学中国特色社会主义发展研究院官网，https://idscc.seu.edu.cn/。

⑤ 丁怡、李刚：《我国高校智库人力资源配置模式研究》，载于《智库理论与实践》2017 年第 2 期。

⑥ 资料由本书课题组调研获得。

活动，可以更多地吸引在校研究生作为兼职人员参与，如南京大屠杀史与国际和平研究院的"两站工程"。因此，智库要实现专职和兼职相互结合，既要有效发挥专职人员的核心作用，又要充分利用兼职人员的优势和资源。

（五）形成矩阵式的人才组配模式

所谓矩阵式组织结构（matrix structure），是指兼具直线主管组织和横向协作组织长处的矩阵式研究机制，在纵向上将研究人员根据学科领域分组，在横向上则按照研究任务成立项目组，在根据学科划分的小组中组织人员开展跨学科的交叉研究和综合研究。[①]

大多数著名智库，尤其是西方智库都采用的是学科知识与研究课题相结合的矩阵研究机制。例如：兰德公司按照学科专业将研究人员划分到四大学部，即行为与政策科学部，国防和政治科学部，经济学、社会学和统计学部以及工程和应用科学部；此外，又在业务层面根据研究项目或应用领域划分不同的研究单元，从不同研究部门中抽选合适的研究人员组成课题组，共同对某一具体问题或领域进行合作研究，使用多种不同学科的理论、方法和概念进行综合研究分析，集思广益，取长补短，这种内部的分工协作能够提高工作效率和资源的有效利用。[②]布朗教育政策中心为研究学者提供自由的研究环境，学者由兴趣组建兴趣小组，小组成员分别来自不同的领域，具有不同的专业学科背景，大家针对某个特定的任务（项目和计划）以团队的形式开展研究。[③] 胡佛研究所主要采用工作小组和个人研究两种方式展开研究工作，工作小组多为常设的项目小组，其研究周期一般为 5 年，主要针对特定的研究和传播目标，召集所内学者的外部相关行业的人士共同组成，如经济政策工作小组的研究人员多为来自大学的知名学者，而国家安全与法律工作小组的研究人员则主要是来自军方人员、律师和驻外使馆能够进行政策研究的官员等。[④] 野村综合研究所的组织架构也是按两个维度划分：一个维度是由研究员组成的各专业研究部，进行本领域的学科建设和人才培养；另一个维度是根据社会决策需求或委托而设立的研究项目，每个项目都有项目主管团队，负责召集和管理研究员。[⑤] 苏塞克斯大学科技政策研究院围绕四大学科群（能源与可持续发展、创新经济与工业政策、技术与创新管理、科学与政治决策）

---

① 侯经川：《国外思想库的知识管理》，载于《科研管理》2004 年第 6 期。

② 安淑新：《国外智库管理运行机制及对我国的启示》，载于《当代经济管理》2011 年第 5 期。

③ 唐磊：《当代智库的知识生产》，中国社会科学出版社 2015 年版，第 93 页。

④ 陈英霞、刘昊：《美国一流高校智库人员配置与管理模式研究——以斯坦福大学胡佛研究所为例》，载于《比较教育研究》2014 年第 2 期。

⑤ 赵景洲：《日本野村综合研究所见闻》，载于《科学学与科学技术管理》1987 年第 1 期。

组建了一支由 50 位研究员和 70 位博士生组成的人才梯队，同时与哈佛大学共建"哈佛—苏塞克斯项目"，并根据项目需要专门建立一支含生命科学、化学、科技政策等领域的跨学科研究团队。[①]

由此可见，国外知名智库普遍搭建了学科领域与研究课题相辅相成的矩阵式组织架构，如野村综合研究所、布鲁金斯学会、兰德公司等。这种矩阵研究机制的好处是兼收了直线主管组织和横向协作组织的长处，既有利于整体智库的有效管理，同时又符合智库需要多学科专家共同协作的特点，因而它已经逐渐成为现代智库科研人才队伍组建的理想结构形式。因此，我国智库可以在现有管理体制约束的情况下，组建更为灵活的科研平台，采用矩阵型和上下级关联组合结构，将研究人员按照学科专业或者专长分类，或根据研究课题从各部门抽调人才成立研究小组，进行跨学科综合性研究。这种"矩阵式"的管理架构将行政事务和研究工作有效区分，将人力资源、财务管理和项目管理有效协调，也将基础研究和应用研究做了有效互补。[②]

第三节 加强智库人才引进与培养

《意见》强调，要把人才队伍作为智库建设重点，实施中国特色新型智库高端人才培养规划。因此，明确智库人才选拔标准、扩充人才引进渠道、制定人才培养长期方案、创新人才培养方式等成为智库高精尖人才队伍建设的重要举措。

一、明确智库人才选拔标准，做好人岗相宜

智库引进人才的前提是要系统规划智库人才队伍，明确智库急需人才类型，按照战略发展需求和岗位特点，明确人才选拔标准。智库人才选拔的渠道一般包括：名牌大学刚毕业的博士、硕士研究生；大学的知名学者和专家；企业界的精英；政府卸任的官员；其他著名的智库人才。[③] 智库人才选拔录用更看重学术造诣和实践经验，主要选拔博中有专、专博相济的"T型人才"。此外，智库选拔

---

① University of Sussex: *The Harvard Sussex program*, 2021 – 05 – 22, http://www.sussex.ac.uk/Units/spru/hsp/Harvard – Sussex – Program – people. htm。

② 王铮：《美国兰德公司的运营特点与发展态势》，载于《智库理论与实践》2016 年第 1 期。

③ 王继承、冯巍：《合格的政策分析家是怎样炼成的——兰德公司的人力资源管理》，载于《中国发展观察》2012 年第 9 期。

人才还注重多样性，即学科背景、学历、年龄结构、政治宗教信仰等，不同背景的智库人才通过合理配置可以提高工作效率，最大限度地发挥其创造性。为了保障研究的高质量，美国布朗教育政策中心实行公开招聘制，要求应聘高级研究员的学者应该达到三个标准：研究领域的学术带头人，前瞻性的视野和公共领域的巨大影响力，其招聘标准和学术水平与哈佛大学、耶鲁大学和美国其他顶尖大学和学院的招聘标准和学术水平非常接近。[①] 当然，除了吸纳高水平的研究人才之外，国外智库还囊括高水平的政策公关精英、媒体传播人才、行政管理能人，甚至还有会务专家。[②] 此外，为了避免智库人才失去流动性，也为吸引更多的"新鲜血液"，美国智库并不像大学那样设立终身聘用的岗位，所有人都始终有保住饭碗的压力，当然知名专家不愁去处，智库也面临如何留住人才的压力。[③]

相反，我国体制内智库有编制的员工都是终身雇佣的，只要进了编制，就有了铁饭碗，因此更要重视招聘质量。但是，我国体制内智库选拔标准通常是公务员考核或事业单位招聘要求，筛选条件也仅仅只有学历、专业学科、政治面貌、年龄、工作经历等表层特征，至于入职后能否胜任岗位工作，那往往得看运气。因此，我国体制内智库招聘制度应该改革。首先，要尝试向上级部门争取社会招聘人才的自由权，保证人岗相宜。其次，要延长考察期与试用期。针对新进人才，为保证引进人才满足需要，可以采用临时雇员的方式或采用项目制的方式，等到工作实践证明新进人员的学术功底、研究水平达到智库型人才的条件时再正式录用。此外，党政部门智库可以通过调岗锻炼发现人才，高校智库可以通过大学内部人才相互借用来发现人才，民间智库也可以通过项目制的方法去选拔人才。再次，学历并不是唯一看重的因素，更重要的是注重人员的专业知识、创新思维、实践能力等。智库尽量减少按照发表论文、主持的项目、申报专利的数量、级别等定量比较人才层次，对于具有决策咨询经验、擅长应用研究的人才应适当降低学历门槛等限制，储备更多政策研究类、实践类人才。最后，对现有人才的引进不应按照统一标准集体引进，而是要偏重对单个人才的引进。实行"一人一策"引进急需人才，才能保证人才引进与研究需求相匹配，以此提高研究团队的质量和水平。

二、建立人才培养长效机制，注重综合能力提升

人才培养交流的渠道有多种：第一，成立自己的学院或研究院。例如兰德公

---

① 张大卫：《美国全球知名智库发展现状与启示》，载于《光明日报》2016 年 8 月 10 日。
② 王文：《智库，战略大传播的发动机》，载于《对外传播》2014 年第 2 期。
③ 多丽丝·菲舍尔：《智库的独立性与资金支持——以德国为例》，载于《开放导报》2014 年第 4 期。

司帕迪兰德研究生院（Frederick S. Pardee RAND Graduate School），专门培养政策分析、研究方面的人才，采用"在职法"，即边干边学、理论与实践结合，让智库人才在进入智库后不需再经熟悉阶段便可胜任研究工作；此外，还有密歇根大学公共政策研究所、哈佛大学肯尼迪政府学院、加州大学伯克利分校公共政策学院、杜克大学政策科学研究所等，此类高校智库都用"做中学"的方式培养公共政策硕士和博士。① 第二，为年轻研究人员提供"实习项目"。为年轻人创造更多机会，使他们到政府部门、企业、大学或其他智库结交前辈、进行实践、历练才干，让研究人员与政策负责人和政策规划小组接触，以了解决策的具体过程。例如胡佛研究所通常都会设立实习生岗位，特别是在行政辅助岗位系列中特设实习生项目，为斯坦福大学各院系有兴趣的大学生参与智库工作提供机会；② 贝尔弗科学与国际事务中心专门设置博士后研究员和预备博士等训练性岗位，专门设置种类丰富的奖学金，并要求申请者在研究期间不少于80%的时间在中心从事研究工作。③ 兰德公司和伦敦战略研究所定期互派访问学者，野村综合研究所和斯坦福研究所等也经常进行人员交流。④ 第三，为研究人员开设特殊咨询和培养课程。如兰德公司不仅为研究人员提供最先进的计算机设备和软件，资源丰富的图书文献资料，以及各种存储大量研究数据的设施，还专门提供计算、统计分析、书面及口头介绍方面的特殊咨询和培训服务；⑤ 哈佛大学戴维斯俄罗斯和欧亚研究中心每年会在哈佛文理学院和哈佛法学院开设课程，供感兴趣的学生自由选修。⑥ 第四，为年轻学者提供外出学习交流的机会。例如日本国际事务研究所通常会派驻有潜力的研究人员到政府机关、高等院校、著名企业等机构，进行为期1~3年的学习锻炼，工作期满后再回到研究所担任更高级别的职务。⑦ 第五，设立以项目为导向的"政策实验室"。如匈牙利的中欧大学政策研究中心专门设置了实践基地——政策实验室（Policy Labs），由教师带领学生以小团队形式参与政策研究、政策建议、实施和发展的过程，使学生获得政策研究和应用的实时

---

① 陈振明、黄元灿：《推进地方新型智库建设的思考》，载于《中国行政管理》2017年第11期。

② 陈英霞、刘昊：《美国一流高校智库人员配置与管理模式研究——以斯坦福大学胡佛研究所为例》，载于《比较教育研究》2014年第2期。

③ 张瑾：《全球顶尖高校附属智库的启示——以贝尔弗科学与国际事务中心为例》，载于《中国社会科学报》2018年4月12日。

④ 安淑新：《国外智库管理运行机制及对我国的启示》，载于《当代经济管理》2011年第5期。

⑤ Pardee RAND Graduate School：*Method Scenters at PARDEE RAND*，2021 – 09 – 12，https://www.prgs.edu/research/methods – centers.html。

⑥ Davis Center for Russian and Eurasian Studies：*Student Opportunities*，2021 – 05 – 22，https://davis-center.fas.harvard.edu/study/student – opportunities。

⑦ 王志章：《日本智库发展经验及其对我国打造高端新型智库的启示》，载于《思想战线》2014年第2期。

经验。[1]

因此，智库要不拘一格地招聘、引进人才，但更需要内部培养人才。首先，要着眼长远发展研究制定人才培养计划，避免急功近利式的"人才争夺战"。例如兰德公司早在1970年就成立了帕迪兰德研究生院，成为美国"政策分析"专业博士的著名培养单位。研究生院的博士生在校学习期间，由多名项目负责人共同担任导师，除正规课程以外，还要求博士生必须完成规定天数的政策项目实习任务，接触各个研究领域、研究方法和各类客户，通过"做中学"积累实战经验。[2] 其次，应针对不同类型的人才实施差异化的培训与开发策略，构建内部培训与外部学习并举、在职人才与后备人才并重的人才培训与开发机制。建议党政类智库机构与高校联合建立博士后流动站，专门培养智库后备人才；增设高校研究员职称系列，鼓励高校教师做智库研究；实行智库机构人员和政府部门工作人员"旋转门"机制制度化，实现行政级别与研究员职称之间的相互套用等。最后，尽快开展政策研究类的专业学科培养，将智库人才培养纳入学科体系。我国目前已有公共政策专业的学术型硕士、博士教育以及公共管理硕士专业学位教育，然而尚无公共政策专业学位教育，不能满足智库专业化建设对政策分析人才的需求。因此，政府应支持有公共政策学科基础的高水平知名大学试点公共政策硕士教育，即MPP教育，为新型智库与咨询业以及相关决策部门源源不断地输送政策分析专门人才。此外，地方政府需要加快带头组建智库研究与交流中心，承担智库成果交流、人才培训等工作。例如，江苏省社科联成立江苏省智库研究与交流中心，举办多期江苏青年智库学者培训班、江苏青年智库学者沙龙和江苏高层次智库专家研修班，[3] 为加强地方智库人才的交流和学习提供很好的平台。

第四节　完善智库人才考核与激励制度

激励考核是智库推进体制机制改革创新的必然要求，也是智库规范化运营和制度建设的重要组成部门，也是发挥智库人才能动性和创新性的催化剂。正如《意见》中所提到的，"深化智库人才岗位聘用、职称评定等人事管理制度改革，完善以品德、能力和贡献为导向的人才评价机制和激励政策"。切实可行的绩效

---

① Central European University：*Policy Labs*，2021 - 07 - 09，http：//cps. ceu. edu/policy - labs。

② 杨亚琴：《中国特色新型智库现代化建设的若干思考——以智库影响力评价为视角的分析》，载于《中国科学院院刊》2021年第1期。

③ 资料整理自江苏省哲学社会科学界联合会官网，http：//www. js - skl. org. cn/list - 66/。

考核与激励办法，并能够将激励考核结果有效利用，的确能够更好地激发智库人才的工作积极性，释放智库更多工作潜力和活力，确保智库长远健康发展。

一、推出一套精细化、定性定量相结合的绩效考核办法

绩效考核工作是一项涉及人员、项目、指标、规则、方法、流程、结果评估、反馈、制度优化等诸多因素的复杂系统工程。基于我国独特的管理体制和政治文化环境，结合国内外智库先进经验，智库若想达到预期的考核效果，绩效考核工作必须满足以下几个条件：（1）考核目标清晰、明确、具体；（2）考核过程精细、流畅；（3）考核对象为全体职员；（4）支持人才分层分类管理；（5）定量与定性考核相结合；（6）基础研究与应用研究并重；（7）内部考核与同行评议相结合；（8）支持存量改革与增量改革并行。只有保证智库在绩效考核设计中达到以上标准，智库才能使人才考核激励工作达到极佳的效果。

基于此，智库需要根据智库人才所从事研究工作等特殊性设立适合智库人才的评价考核体系，而不是直接沿用原有的评价体系，充分调动智库人才研究或工作的积极性，完善智库建设的各样工作，推动智库发展。第一，坚持目标导向，采用目标管理法考核人才。智库必须将智库的整体目标逐级分解直至个人目标，最后根据被考核人完成工作目标的情况来进行绩效考核，以目标来统合各部门团队和个人的不同工作活动及其贡献，实现智库总体战略目标。第二，改进智库型人才职称评定办法，制定出一套适合智库型人才的职称评定标准。不能生搬硬套学术系统的评定标准，不能单纯以刊发学术论文，要允许获得政府领导批示、进入政府决策的调研报告等咨政类成果作为参评职称的基本条件。第三，按照人才实际需求和事业规划，推行分层分类评价。按照人员类别划分，当前我国智库因用人方式和岗位的不同，形成了人员身份的多样性，如事业编研究人员、人事代理人员、非事业编研究人员、非事业编行政人员等，他们在教育背景、从业经历、工作职责、职业发展诉求等方面均存在一定的差异。比如事业编研究人员多来源于教学科研机构，有较深的学术积累和较强的学术发展意愿，考核应注重学术研究考核和专业技能考核；人事代理人员和非事业编研究人员多具备一定的学术发展潜力和职业提升诉求，考核应注重成长能力和学术素养提升；行政人员则希望通过实际工作任务的完成以获得职业发展与薪酬增长，应注重考核其管理创新能力和业务水平。按照人才层次划分，智库内部通常由领军人才、拔尖人才、青年人才等构成，考核评价方式也会存在不同。如对智库领军人才重点评估战略眼光、策划与组织实施能力，对拔尖人才重点评估影响力和科研业绩，对青年人才注重发展潜力和创新贡献。第四，探索制定多套不同标准的考核方案，因人

因岗位专项考核。例如，兰德公司分别制定了两套标准，一个标准是兰德高质量研究标准，另一个标准是能够反映兰德特征的"兰德特殊研究标准"，对公司内部研究团队和研究成果进行客观评价和考核，每 4 年或 5 年进行一次。[1]此外，智库可以对高级研究人员实行长期聘任制，对作为助手的中初级人员实行短期聘用制，根据考核结果决定科研人员的晋升、续聘或解聘。第五，注重内部外考核相结合。如兰德公司就是采用内部考核和外部考核相结合的方式，内部考核是各研究部门的管理团队对自己部门的研究质量进行内部评级和总结，外部考核人员是以公司外部考核人员为核心，以公司其他部门人员为辅构成的，要求被考核部门的管理人员不得参加和干预本部门的外部考核。[2] 第六，在存量改革的基础上，摸索增量改革的新举措。例如：山东社科院创新人员管理模式，组建了一批表现突出、成果优异的"科研创新团队"和"服务创新团队"，实行年检和竞争淘汰制，以工作量赋分方式开展各类创新团队的遴选、组建、考评、淘汰工作，团队内各岗位给予差异化绩效待遇，将绩效评估成果作为下一年资源配置、智力报偿和创新岗位调整的主要依据，着力打造协同联动、快速反应、能上能下、灵活高效的创新型科研组织。[3] 这种人员考核激励模式，能够在保证存量人员变动不大的情况下，营造能上能下、灵活高效的工作氛围，激发现有人才工作活力。

二、建立一套导向鲜明、科学管用的人员激励制度

2016 年 3 月，中共中央印发了《人才改革意见》，强调"加大对创新人才激励力度……完善科研人员收入分配政策"。智库考核本身不是目的，要与激励机制相结合，激励智库工作人员的归属感和认同感，在实现个人全面提升的同时，最大程度发挥智库的智力资源，为国家发展做出贡献。智库制定的激励制度一般需要注意以下几点：一是智库激励导向要公正合理；二是智库激励要强调关键重点，重奖优秀；三是智库激励要注重多形式结合。根据马斯洛需求层次，结合智库人才需求，智库一般的激励方式包括物质激励、精神激励和社会激励。其中物质激励包括薪酬提升、发放奖金、项目经费支持、出国交流和带薪休假等物质性福利；精神激励包括年度评优、职称晋级、外出培训、给予参与项目资格等；社会激励包括优秀成果宣传、社会荣誉赋予等知名度与影响

---

① 王辉、彭倩：《美国智库人才创新机制及其启示》，载于《决策探索（上）》2018 年第 1 期。
② 安淑新：《国外智库管理运行机制及对我国的启示》，载于《当代经济管理》2011 年第 5 期。
③ 杨梅：《2019 年山东社科院创新工程精品成果分析报告》，载于《中国社会科学报》2020 年 6 月 10 日。

力的提升举措。

智库需要采用更多元、更有效、合理科学、导向明确的激励措施来保障智库的自我驱动力。第一，将政策研究类成果的奖励力度尽量与学术成果对等。智库除对论文、著作和科研项目等学术研究成果进行奖励外，还要对一些产生良好社会效益的政策研究成果进行奖励，不断提高智库研究人员从事政策研究的积极性。例如，在制定科研奖励办法时，对经各级领导予以肯定性批示的研究报告，或被有关部门采用并在实际工作中发挥指导作用的成果，以及被各级领导参阅的内刊采用的成果要报等给予较高的科研奖励。第二，加大对优秀智库成果人才的激励力度。坚持基于用户、质量和市场的评价导向，坚持政府、学界、社会评价相结合，适时设立优秀智库、优秀智库成果和优秀智库专家奖，建立鼓励智库发展的制度体系。例如：为减轻博士生的经济负担，让他们能够集中精力学习，兰德公司研究生院专门设立了包括奖学金、助学金和论文奖励在内的奖助体系，金额从 5 000 美元到 50 000 美元不等；① 此外，对于有杰出贡献的人员，兰德公司设立兰德总裁奖（President's Awards）、聚光灯奖（Spotlight Awards）和奖章（Medal Awards），对有突出贡献、特殊贡献、起到模范典范作用的研究者进行表彰。② 第三，重奖优秀，专门为特殊贡献人才提供必要的资助。如宏观院每年将获得一、二等奖的成果以单位名义推荐参加国家发展改革委优秀研究成果奖（部委级）评选，并资助出版成书。民政部社会福利与社会进步研究所会对课题评审通过者予以结题并给予一定资助，结题成果可以参加每年的全国民政论坛评奖；重庆社科院尝试实行编外科级机构和所长助理任命制度，为青年人才的快速成长提供便利。③ 第四，制定一套以激发创新力为核心的激励办法。如中国社科院设计了一套与完成创新任务紧密挂钩的薪酬激励机制，摒弃以有无编制、职称职务高低为尺的用人标准，提取一定比例的科研经费作为绩效收入（智力补偿），根据创新任务和贡献大小来分配，与创新任务完成情况直接挂钩，形成"多干多得、少干少得、不干不得"的激励导向。④ 第五，构建智库研究员系列职称体系，打通智库人才的职业发展通道。针对岗位和人员身份的多元化现状，智库应从评定标准、评定流程等方面根据智库研究特点设定规则，探索构建适合智库功能定位和发展实际的多职业发展通道，如鼓励智库人员参加所在机构的教学科研系列职称评审，并将政策研究成果纳入评审内容；或单独设置智库研究人员职称

---

① Rand Graduate School：*Tuition & Aid：Funding Your Pardee Rand Ph. D.*，2018 - 09 - 10，https：//www. prgs. edu/admissions/funding - your - phd. html。

② 兰德公司：《兰德研究生院 2015 年年度院长报告》，兰德公司 2015 年版，第 134 页。

③ 以上资料均由本书课题组调研获得。

④ 《构建哲学社会科学创新体系，为繁荣社会主义先进文化服务——中国社会科学院启动哲学社会科学创新工程》，载于《社会科学管理与评论》2011 年第 3 期。

系列，评审内容以政策研究为主，学术和教学成果为辅；或自主设置智库职级系列，不占用学校的编制和职称名额；基本工资标准应参照教学科研系列同级职称的工资标准，总薪酬水平与同水平的外部人员和同职称等级的研究人员相比需体现一定的竞争力，以充分激发智库人才的工作积极性和创新活力。

三、形成一系列严谨畅通的考核结果应用机制

智库考核结果作为客观真实、公平公正的依据，能够保证激励机制的有效实施。绩效考核的成功与否，很大程度上取决于如何合理运用绩效考核结果。一般来讲，绩效考核结果应该与薪酬、晋升、人才培训、改善工作条件等挂钩，才能充分调动智库人才的积极性。同时，绩效考核结果也能够反过来促进智库管理者对绩效考核的重视，认真对待绩效考核的各个流程。

智库必须重视绩效考核的合理运用，使其成为激励作用发挥的关键依据。第一，智库要建立绩效考核反馈机制，拓宽考核结果的应用范围，促进结果运用的多样化，如应用于发放绩效工资、调整岗位工资等级、职位升迁、员工转正与降级、带薪休假或弹性工作制，还可以应用于调整组织目标、制定人才培训计划、人才职业生涯设计、提出绩效改进措施等。第二，将考核结果与激励机制形成关联，将智库人才建设与国家和省市级人才体系相衔接。与人才选拔推荐、职称评聘、教育培训、薪酬分配予以挂钩，优先考虑，以考核结果统筹优秀智库人才"选育管用"，充分激发人员内在潜力，调动人员工作动力。第三，将考核结果与个人目标和组织目标结合比较，不断调整绩效举措。在应用绩效结果时，尤其要加强绩效沟通与辅导，强化绩效分析与改进。针对绩效较差的人员，管理者应该让其知道自己该做些什么，该从哪些方面去努力，如何来提升自己的绩效。当个人明确了自己的目标和方向，并且个人目标和组织目标一致时，才能激励员工取得最大的绩效结果。[①] 第四，智库要懂得把握考核结果利用时机，确保激励及时有效。智库应把握好激励的时机，不同时间的激励所带来的效果是不同的。对智库人才而言，激励越及时，所得到的满足感就会越强烈，就越能提升智库人才工作积极性。因此，对于智库绩效考核来说，绩效结果的奖励要及时兑现，这样才能充分调动智库人才的工作积极性，使激励效果达到最大化。

---

① 张佳敏：《基于激励理论对企业绩效考核结果应用的启示》，载于《现代经济信息》2019 年第 24 期。

小 结

　　新型智库人才是坚持正确政治方向、具有高度社会责任、富有战略思维和创新精神的公共政策研究和决策咨询专家，是我国高层次人才队伍建设的重要组成部分。习近平总书记曾强调，要"加快构建具有全球竞争力的人才制度体系"，[①]这为完善新型智库人才体系，推动智库人才队伍建设提供了根本遵循。因此，面对世界百年未有之大变局，新型智库要加快建设自我驱动、高效专业的智库团队，努力向上级有关部门争取更高的选人用人自主权，注重智库团队的科学配置，加强智库人才的引进与综合能力培养，健全完善一整套导向鲜明、科学合理且严谨管用的绩效考核与奖励激励制度，通过放权、破障、集聚等一系列改革措施，创新人才队伍建设，实现"人岗相适、用当其时、人尽其才"，使智库竞相迸发更多创新活力，从而为我国社会主义现代化事业服务，为实现中华民族伟大复兴的中国梦贡献更多才智。

---

① 　新华社：《加快构建具有全球竞争力的人才制度体系》，载于《人民日报》2016 年 5 月 16 日。

第十二章

完善智库内部治理与科研管理

我国传统公共政策研究机构除少数部委办局内部研究机构属于参公管理的事业单位外，大部分属于公益一类或者公益二类事业单位。此类事业单位有两大特点：首先是有编制员工实行终身聘用制，其次是经费主要由财政保障。这种体制的好处是员工流动率低，对机构的认同感和隶属感很强。机构不用过多考虑经费筹措问题，研究能够保证客观性。但是，弊端也很明显，机构的体制机制相对比较僵化，论资排辈，研究人员和行政人员积极性较难调动。新型智库建设试点工作重点任务之一就是创新体制机制，充分调动专家和行政干部的积极性和主动性。本章阐述了塑造中国特色新型智库文化、完善智库内部治理架构、构建规范化项目管理体系、打造凸显智库特色的研究产品、深化经费制度改革、完善成果评价体系与激励机制等机制创新路径。

第一节　坚持党的领导，塑造中国特色新型智库文化

智库文化是智库在建设过程中所应当遵循和体现的基本原则和价值观。智库服务决策，推动国家治理现代化，实现健康可持续发展，必须弘扬智库专业伦理和职业文化精神，加强智库的组织文化建设，形成支撑和引领智库长期健康发展的文化和精神内核。我国智库组织文化建设更加注重提炼、传播智库的使命、愿景、伦理、价值观、品牌等文化层次的要素，突出智库的文化影响力、软实力和

463

品牌形象。① 比如，国研中心提出的核心价值为："唯实求真，守正出新"。② 这揭示了该中心坚持为中央决策服务，研究尊重事实，理论联系实际，强调专业主义精神，勇于创新的组织文化。国经中心的宗旨理念为：以服务国家发展、增进人民福祉、促进交流合作为宗旨，坚持中国特色社会主义理论体系，秉承"创新、求实、睿智、兼容"的理念，积极开展国际国内重大理论问题、战略问题、热点问题和全局性问题的研究，努力建设高水平和有国际影响力的中国特色新型智库，汇集社会智力资源，为国家和地方、企业决策提供智力支持与咨询服务，为增强国家软实力做贡献。③ 盘古智库组织文化的表述则为秉持"天地人和、经世致用"的理念，以"客观、开放、包容"的态度，致力于推动中国社会的现代化发展进程。④ 纵观我国优秀智库，不难看出，它们都坚持为党和政府服务的宗旨，将中国特色社会主义文化内化到智库的组织中，形成了独具特色的智库文化。⑤

中国特色新型智库必须坚持党的领导，把政治属性放在第一位，以社会主义核心价值观为导向，弘扬正能量。中国特色新型智库文化应是具有家国情怀、自我驱动、守正创新、经世致用、求真求实、宽容包容的文化。

一、坚定家国情怀的精神信念

智库要坚定家国情怀的精神信念，勇于担当时代使命。家国情怀是习近平新时代中国特色社会主义思想的重要内容之一，习近平总书记指出，"我国知识分子历来有浓厚的家国情怀，有强烈的社会责任感，重道义、勇担当"。⑥ 人大重阳研究院王文认为："智库学者必须要有三条命，即性命、生命和使命。发自内心的使命感，是优秀智库学者的必备个性，也是推动智库学者孜孜以求，为国家与社会的发展贡献力量的根本动力"。⑦ 于国有利，方为智库。真正的智库，本质在于责任，对国家的责任，站在国家的高度看问题，站在国家的利益谈对策，

---

① 王琪、李刚：《创新文化建设是驱动智库发展的主要抓手》，载于《新华日报》2018 年 1 月 17 日。
② 参考国务院发展研究中心官网：中心研究理念，2020 年 6 月 28 日，https://www.drc.gov.cn/gy-zx/zxzn.aspx。
③ 《中国国际经济交流中心章程》，中国国际经济交流中心官网，2021 年 9 月 1 日，http://www.cciee.org.cn/list.aspx? clmId=20。
④ 资料整理自盘古智库官网，http://www.pangoal.cn。
⑤ 刘西忠：《新型智库质量提升与国家治理现代化》，江苏人民出版社 2021 年版，第 15~18 页。
⑥ 丛斌：《重道义勇担当是当代知识分子的精神特征》，搜狐网，2021 年 9 月 9 日，https://www.sohu.com/a/128307688_114731。
⑦ 刘西忠：《新型智库质量提升与国家治理现代化》，江苏人民出版社 2021 年版，第 16~24 页。

站在国家的需要做研究。国家发展不仅仅是经济的增长，更重要的是思想的先进性与影响力。归根结底，是国家的思想力能否引领国家振兴、助力未来发展。新型智库应"坚持国家至上、民族至上、人民至上，始终胸怀大局、心有大我"，① 充分利用人才和研究优势，立足中国实践，进行具有中国特色的理论创新，产生中国思想、提供中国方案，肩负起时代的责任与使命，服务于中国特色社会主义伟大实践。② 智库需明确为党和政府提供决策咨询，不是为了批示、获奖等目的，而是要为了智库研究和咨询有利于国家和社会的建设发展。

二、坚实党建引领守正创新的组织文化建立路径

面对世界百年未有之大变局和中华民族伟大复兴战略全局，智库应深刻理解守正创新的丰富内涵，身体力行，以政治建设为统领，推动智库工作创新。

（一）以政治建设为统领，推进智库党建工作

新型智库必须坚决执行党的政治路线，严守党的政治纪律和政治规律，牢固树立"四个意识"，在政治立场、政治方向、政治原则和政治道路上，始终同党中央保持高度一致。新型智库要抓好党建工作不松懈，着力推动党建进智库，在各类别、各层次智库机构中实现党的组织和党的工作有效覆盖，确保党建工作与智库业务工作同谋划、同部署、同落实，把坚持党管智库的原则作为贯穿智库发展的主旋律、总基调。③

首先，高质量抓好政治建设，把习近平总书记关于中国特色新型智库建设的重要论述作为智库文化建设的灵魂。智库应强化政治统领，坚持"第一议题"制度，加强政治忠诚教育，开展"讲政治、强担当、做贡献"等主题实践活动，锻造党员干部政治判断力、政治领悟力、政治执行力，培养研究人员的政策研究洞察力、政策研究思辨力、政策研究产实力，增强"四个意识"、坚定"四个自信"、做到"两个维护"。高举思想旗帜，强化理论武装，巩固深化"不忘初心、牢记使命"主题教育成果，学好用好《习近平谈治国理政》等权威读本，广泛开展多形式、分层次的宣讲辅导活动。智库要按照中央统一部署，开展党史学习

① 王小伟：《习总书记这样谈爱国》，搜狐网，2021 年 8 月 1 日，https：//www.sohu.com/a/422204293_100211285。
② 靳诺：《"心有大我"，以家国情怀建智库》，搜狐网，2017 年 3 月 16 日，https：//www.sohu.com/a/129098323_352307。
③ 梁勇：《牢牢把握党对新时代智库建设的领导权》，人民网，2017 年 12 月 26 日，http：//m.people.cn/n4/2017/1226/c1491-10313814.html。

教育，引导党员干部知史爱党、知史爱国，引导研究人员开展政策研究工作过程中贯彻党的精神。智库要深入学习贯彻习近平总书记关于中国特色新型智库建设的重要论述，指导智库的研究和管理工作。其次，切实做好智库党建工作。智库要抓好党的组织建设、作风建设、干部建设、文化建设。体制内智库应该教育研究人员树立自己是党的理论干部的身份认同，不能把自己看成是普通的专家学者，为名利斤斤计较，作为党的理论干部就要为党的利益奉献聪明才智。

（二）聚焦创新文化建设，推动智库工作创新

党的十九大报告指出："要坚持中国特色社会主义文化发展道路，激发全民族文化创新创造活力，建设社会主义文化强国。"[1] 习近平总书记指出："智库建设要把重点放在提高研究质量、推动内容创新上。要加强决策部门同智库的信息共享和互动交流，把党政部门政策研究同智库对策研究紧密结合起来，引导和推动智库建设健康发展、更好发挥作用"。[2] 智库要提高智库的研究质量、加强内容创新，一个重要途径就是加强智库创新文化建设。通过制定创新策略、制定鼓励创新的指标和激励措施来形成智库的创新文化。

首先，根据自身情况和资源禀赋定位创新文化建设的重心。智库在了解自身定位、特色、规模、布局等情况的基础上，充分结合自身的情况，确定智库未来的发展方向，建设具有本智库特色的创新文化。例如，社科院和党校行政学院智库在发展创新文化过程中，要重点围绕提高国家治理能力和经济社会发展中的重大现实问题；高校智库则要将重点放在建设一批社会科学专题数据库和实验室、软科学研究基地；企业智库则是追求产研学的紧密结合，把重点放在产业结构、产业政策和技术相关方面。

其次，以项目为抓手，对创新成果给予奖励。智库需要通过创新项目和激励制度推动创新文化建设。芝加哥大学国家民意研究中心开展了思想实验室奖励计划（Idea Lab Awards）、创新日计划（Innovation Day）以推进创新文化的建设。中国智库也应当建立起科学的创新激励制度，将奖励员工的创新成果与员工个人表现评估结合起来。通过创新氛围的营造、创新激励机制的建立，提升智库的创新能力，实现从观念的引导到行动的达成，也是创新文化建设和落地的过程。一方面，智库通过科学的创新激励制度，如各种优惠政策、丰厚的福利待遇、快捷的晋升途径等，吸引多元文化背景、专业背景的优秀人才来到智库，并充分发挥

---

① 祁述裕：《党的十九大关于文化建设的四个突出特点》，人民网，2017 年 12 月 1 日，http：//theory. people. com. cn/n1/2017/1201/c40531 - 29680137. html。

② 《习近平：在哲学社会科学工作座谈会上的讲话（全文）》，国务院新闻办公室网站，2016 年 5 月 19 日，http：//www. npopss - cn. gov. cn/n1/2016/0519/c219468 - 28361739 - 8. htm。

其优势，为智库的发展提供创造性的思想和有价值的观点，提出更多创新技术、创新思想。另一方面，科学的创新激励制度能够开发员工的潜在能力，激发员工的创造性、革新精神和主动提高自身素质的意愿，促进员工充分发挥其才能和智慧。此外，科学的激励制度能够有效留住优秀人才，促进智库未来的人力发展。最后，科学的创新激励制度能够在智库中形成一种良性的竞争环境和竞争机制，智库成员因而能将受到的环境的压力转变为其努力工作的动力，促进员工进一步为智库创新文化建设贡献力量。[1]

三、坚持经世致用的价值取向

智库的研究应当是党和人民需要的求真务实的研究，是"经世致用"的研究，是"不尚空谈"的研究，只有这样的研究，才是真正服务于治国理政的研究。[2] 第一，智库专家应当具备主体意识、专业意识，把公共利益放在第一位。智库专家应当增强服务意识，智库研究工作要"想群众之所想、急群众之所急、忧群众之所忧、思群众之所思"，[3] 提高智库决策咨询的针对性。第二，智库的治理应当将科学管理与专业伦理结合起来，多维度衡量智库产品质量，实现影响决策主体导向与影响决策内容导向的有机统一，通过决策者批示的形式性转化和经过实际工作部门实质性转化相统一，确立智库成果以用为本的智库文化。第三，智库应坚持问题导向，提供务实管用的对策。当前，党中央正在推进中华民族伟大复兴、推进中国特色社会主义伟大事业、进行具有许多新的历史特点的伟大斗争、推进党的建设新的伟大工程，迫切需要回答和解决一系列重大的理论和实践问题。智库应当想国家之所想、急国家之所急，围绕现实重大课题，提建议、出对策，服务党治国理政的伟大实践。[4]

四、弘扬求真求实的工作作风

中国特色新型智库建设一定要立足中国实际，在工作作风上坚持求真务实，

---

① 王琪、李刚：《智库创新文化研究——来自 NORC 的经验》，载于《农业图书情报学刊》2018 年第 1 期。

② 《毛泽东选集》第 3 卷，人民出版社 1991 年版，第 815 页。

③ 程煜、徐路：《专业智库：加强社会科学经世致用功能的新路径》，载于《图书馆杂志》2020 年第 12 期。

④ 靳诺：《"心有大我"，以家国情怀建智库》，搜狐网，2017 年 3 月 16 日，https://www.sohu.com/a/129098323_352307。

听实话、摸实情、出实招、见实效。第一，智库的工作一定要紧紧围绕"中国问题"展开，发展中国理论，提出中国思想，贡献中国方案，切不可"走神""跑偏"。智库专家要求真求实，专业敬业，为党分忧，为国谋方，为民请命。智库要做新时代党委政府决策的瞭望者、守卫公共利益的哨兵，能够为决策者在具有错误的倾向或不理智的判断时预警，能够为经济社会、时代发展过程中可能遇到的问题预警，具有"吹哨"的勇气和能力。第二，扎根实践，深入调查研判。智库应保障调研工作的成效。在调研活动准备上下功夫，组建好调研团队，构筑好调研框架，开展好专题讨论，做好与被调研单位的对接；在调研工作过程中确保调查深刻、研究透彻，深入研究解决问题的办法；在调研报告撰写上力求建言有理、献策有据，精写、精议、精改。[1]

五、打造宽容包容的工作环境

智库应具有包容性，能够容纳不同观点和短期看不到效益的项目。一方面，智库的文化建设要充分吸收企业文化、媒体文化等各类组织文化建设的经验，又要充分考虑智库的共有特征和自身的具体特点，建设富有鲜明特色和丰富内核的智库文化。另一方面，智库内部的管理要做到包容。智库应鼓励专家试错，形成鼓励创新、支持创新、允许试错、包容失败的文化氛围。例如兰德公司的课题经费中有10%用于选题的必要性和可行性论证，按照一定的比例提取科研发展基金，用于支持基础研究和某些有意义却无经费的研究项目，这些措施增强了兰德公司对不断变化的业务范围的适应能力。[2]

第二节　加强顶层设计，完善智库治理架构

治理结构的完整规范是智库发展的重要保障，智库治理结构反映智库的功能、结构和资源的分配情况。智库通过优化治理结构，激发智库内源活力，释放智库知识能量。这就要求智库全面落实各部门职责，更好地发挥智库作用。一方面，智库要坚持党委（党组）总揽全局、协调各方的领导核心作用；另一

---

① 王斯敏、焦德武、张胜、李晓：《不负使命、奋发有为　以高端成果服务国家决策——国家高端智库建设经验交流会发言稿摘登》，载于《光明日报》2019年7月1日。
② 王继承：《兰德公司的成功奥秘（下）》，载于《中国经济时报》2012年10月19日。

方面要积极设立理事会、学术委员会等，完善组织架构，提升智库治理结构的现代化，逐步形成统分结合、规范有序、科学高效、富有活力的组织体系和运行机制。

一、加强党的领导，建立党组领导的院长负责制

近年来，我国党政智库努力探索符合智库运行规律和特点的组织形式，在完善机构内部治理方面强调党的领导，建立党委（党组）领导下的院长（主任）负责制。国家高端智库试点单位财科院、战略院、商务部经研院、国宏院、国研院均设有党委办公室，负责全面推进党风廉政建设、基层党组织建设和党内学习监督等工作。以党委为统筹协调中心的治理结构能够保证智库在行使职能、实现目标的过程中始终坚持党的领导，坚决贯彻落实党的政策、方针和路线，确保集中全力办智库。中国社科院按照"党组统领、分工负责、制度保障、综合集成、专业划分、学部基础"的原则，健全智库组织管理基本框架。院党组对智库建设实行统一领导，同时建立协调会议制度，加强督办检查。①

社会智库作为专门从事政策咨询研究的社会组织，是党的基层组织建设的重要领域。《社会智库发展意见》中规定，社会智库要加强党的建设工作，发挥社会智库党组织的政治核心作用，确保社会智库始终沿着为党委政府提供高质量决策咨询服务的方向发展。目前，我国社会智库发展中"党管智库"尚处在探索阶段，社会智库党建还存在一些空白，未形成社会智库开展党建工作的特有模式，以下就社会智库开展党建工作提出几点建议。首先，要实现社会智库党组织建设全覆盖。党员超过三人的社会智库中应根据党章规定建立党组织，实现党的组织和工作全覆盖，负责智库的党建和政治领导工作，在意识形态上保证选题和其他活动符合要求。对于不满足组建条件的智库，可以通过选派党建工作指导员、联络员等开展党的工作，并加快建立党组织。其次，根据自身特色，建立党组织活动制度。社会智库独立于体制之外，有独特的管理制度，照搬党政事业单位开展党组织活动的方式会出现"水土不服"的情况，社会智库要从实际出发，建立党组织活动制度。社会智库党组织活动不能行政化、悬空化，应与社会智库发展紧密结合，融入日常管理、文化建设等具体工作中。要充分调动社会智库党员和工作者的积极性、创造性，通过"党员示范岗"、党员亮身份等方式，使党员在社会智库发展中发挥好先锋模范作用，激发社会智库从业者的工作热情，从中增强

---

① 《不负使命、奋发有为　以高端成果服务国家决策——国家高端智库建设经验交流会发言摘登》，载于《光明日报》2019 年 7 月 1 日第 10、11 版。

社会智库参与社会治理、承担社会责任的积极性和主动性。此外，社会智库党组织活动要与社会公益活动相结合。通过定期与周边社区开展形式多样的党建活动，能够使社会智库贴近群众，深入了解群众诉求，从而增强社会智库的社会责任感。① 对于社会智库党组织而言，培养和发展党员工作尤为重要，肩负着为智库发展、培养和储备优秀人才的重要任务。社会智库党组织要按照发展党员的程序，把政治标准作为考核的首要标准，培养政治立场坚定、业务能力突出的优秀人才。②

二、创建责任明确的理事会，把握智库发展的大局和方向

与传统的社科研究机构相比，新型智库的组织形式创新主要体现在智库组织机构的构成方式和人员课题组织形式等方面。其中，建立理事会制度是新型智库组织形式创新的重要体现。③ 新型智库的最大特点是协同，不仅是智库内部的协同，也包括智库外部的协同。建立新型智库理事会，是智库协同发展的需要，这既需要与相关实际部门之间的协同，也需要与部门或系统内跨领域部门力量之间的协同。智库理事会承担着把握战略方向、审议重大事项，加强对外传播、提高智库知名度、构建多维人际网络等职能，是现代智库治理结构中不可或缺的一部分。

第一，建成职责明确的智库理事会，发挥应有的功能作用。首先，发挥引领发展的"导向"作用，把握智库研究的大局与方向。理事会是智库的最高决策机构，负责智库重大问题的决策，并确保决策符合智库的宗旨和理念。其次，发挥互动沟通的"桥梁"作用。对外，一方面，智库要发挥好决策部门与智库之间的桥梁纽带作用，推动智库研究与国家和社会的发展方向结合起来，与党和国家重大决策需求结合起来，与决策部门的重点工作结合起来，做到供需对接、供适所需；另一方面，理事会可以广泛吸纳外部资源，帮助智库搭建起官、产、学、媒合作平台，构建广泛的社会网络，为智库发展创造良好的外部环境。第二，构建成员多样的理事会，扩大对外影响力。理事会成员包括知名学者、实务部门退休领导、著名主流媒体负责人、企业家等政产学媒的各类人员，兼顾学术水平与决策经验。第三，完善定期议事机制。智库应定期召开理事会，保障理事会切实发挥作用，为智库建设贡献更多力量。理事会内容包括智库成果、项目未来发展方向、审核财务事项等。

---

①② 高宏芳：《"党管智库"在社会智库发展中的实现机制研究》，华东理工大学硕士学位论文，2019年。
③ 刘西忠：《新型智库质量提升与国家治理现代化》，江苏人民出版社2021年版，第16~24页。

三、打造阵容强大的学术委员会，发挥专家咨询作用

学术委员会作为智库学术研究的指导机构，主要负责审定研究计划、审核研究成果、监督学风学纪等。发挥好学术委员会在学术规划、学术组织、学术审议等方面的作用，发挥好首席专家的领军作用，推动内部治理科学化、规范化。

第一，充分认识学术委员会的作用与意义，发挥指导和督促职能。学术委员会作为科研院所的最高学术决策机构和学术咨询、审议、评定机构，其职责主要涵盖制定各种学术标准、确定学术研究方向、不定期对智库重大战略性和热点问题开展研讨、维护学术道德、整饬学术伦理等。学术委员会不仅负责研究提出和讨论研究中心重大课题选题，还要负责对重大课题的动态全过程管理，即负责重大课题的中期检查、结题评审以及成果评定工作。学术委员会要主动谋划具有前瞻性、战略性、全局性的重大课题研究，主抓智库研究领域出现的难点和痛点，根据课题的方向，指导院内专家跨部门组建研究团队，监督其保时保质完成任务。例如，新华社实行"1＋N＋n"内部管理模式，由新华社智库学术委员会进行统筹协调，下设"N"个智库研究中心与"n"个研究室、项目课题组，学术委员会与各中心之间实行"管理统一标准、分片服务；工作统一安排，分头实施；人员统一调度，分点驻守"的自上而下的垂直管理模式，[1] 整合全社的研究性力量，形成媒体领域咨政研究与智库建设合力。第二，组建内外结合的学术委员会。智库学术委员会通常由国内外相关领域知名专家组成，为智库提供学理性保障。智库应深入挖掘人才资源，定位全国、聚焦高端，坚持分布均衡和数量适度的原则，多层次、全方位地吸纳国内外有影响力的专家学者、理论工作者、实践工作者以及经济社会发展各行业领军人才，搭建学术委员会。第三，积极发挥学术委员会的职能。学术委员要对智库重大报告、重大研究课题认真审议，对成果进行严格评审，讨论修改，保证、提高研究成果质量。

第三节 构建规范化项目管理体系，
优化课题组织管理

北大国发院院长姚洋认为"智库是思想与智力产品的生产者，全面地评价一

---

[1] 资料由本书课题组调研获得。

个智库，不仅要看其终端产品，也要监督其生产链"。① 智库可以凭借扎实的学术基础、高水平的科研人才和完善的科研管理制度，通过创新项目课题管理模式、完善科研生产流程实现科研管理的有序、高效，促进科研与咨询工作效率的提升。因此，新型智库要坚持"选题机制灵活化、研究管理系统化、质量控制严格化、文档管理专业化"的建设思路，从选题机制、项目组织、科研管理等方面，整合资源网络，构建具有针对性、系统化的项目组织与科研管理体系。

一、完善选题机制，开展针对性研究

智库的研究选题都是从现实需求出发，旨在解决某个或某类具体现实问题而开展的具有针对性的研究。一般而言，智库通过"命题作业"和"自动选题"两种形式获得研究课题。② "命题作业"是指政府或企业向智库机构交办课题。除此之外，智库也会可以结合自身特色对相关领域的公共政策进行研究，主动提出课题。

第一，建立领导选题与自主立题相结合的选题机制。智库进行党委政府下达的课题研究是智库研究主要内容。智库一方面要关注党委政府关注的问题，进行对策性研究，另一方面也要深耕自身领域，善于发现问题、提出问题，对挖掘出来的选题进行分析研究。

第二，研究选题长线与短线结合，跟踪性与前瞻性并重。首先，智库的选题应围绕党和国家事业发展中面临的热点、难点和重点问题。对策设计是智库咨政功能的一种，其目的在于服务政府的科学决策。因此，智库需要研究已进入政策议程的问题，研究决策者关注的问题。这就要求智库首先要了解政府的决策咨询需求，针对政府关注的议题和待解决的问题开展对策设计、提出政策建议，进而满足决策咨询需求。③ 智库可以结合研究专业领域和工作重点，申请承担省委省政府、国家部委研究题目作为重点课题选题，以提高服务决策的针对性和实效性。如宏观院重点课题的选题就与国家发展改革委规划司进行了充分的前期对接，根据其需求并结合各所研究领域，设定了"十四五"规划前期系列研究选题作为年度重点课题。其次，选取持续性跟踪研究课题，进行前瞻性研究。在已经引起政府关注的问题之外，还存在着大量未被发现的问题，智库更需要关注未

---

① 霍文琦：《智库评价要考察其调研质量》，智库中国网，2016 年 5 月 31 日，http：//www.china. com. cn/opinion/think/2016 – 05/31/con – tent_38568943. htm。

② 宋忠惠、郑军卫、齐世杰等：《基于典型智库实践的智库产品质量控制与影响因素研究》，载于《图书与情报》2017 年第 1 期。

③ 柏必成：《智库功能定位与智库研究课题的选择》，载于《智库理论与实践》2019 年第 4 期。

来、着眼长远，让具有苗头性与倾向性的议题能够得到政府的关注，开展面向未来的"储备性"政策研究，既要想政府之所想，又要想政府之未想，这就要求智库针对未来可能出现的新情况和新问题开展前瞻性与战略性的政策研究，重点是要做到对研究领域热点进行持续监测。智库对热点进行持续的监测有助于把握研究重点，保证研究的价值。智库在建设的初期主要以政府委托项目的形式提供服务，这一时期的热点监测工作不到位会造成智库产品的采用率低下。在智库建设到较为成熟的阶段时，研究内容不限于政府委派的项目，还包括智库结合时事热点挖掘出研究方向，经过报备、讨论和审批等流程正式开展研究。从建设初期的受委托为主到建设成熟时期的受委托与自发挖掘并存，热点监测环节是支撑智库研究课题自发掘工作的重要环节，智库通过这一环节对国内外研究方向充分把握，配合政府部门的相关需求，设计出真正适合政府部门的研究课题，降低无效研究和重复研究等情况发生的概率。最后，形成"1 个方向性课题 + N 个高度相关的课题"的选题和研究模式。这种模式能够有效打破课题组之间的信息障碍，强化各项智库决策的协同性，同时使研究人员形成长期系统的研究方向，提升研究水平，促进信息和成果共享。总体而言，智库一方面要善于应变，只要是研究领域相关的问题，都要及时地跟进研究；另一方面，智库又要以不变应万变，始终牢牢坚守自己的研究领域，实现专业化、职业化、高端化方向的智库研究。

第三，选题原则明确，意见征求广泛。首先，智库在课题的选择上应秉持求真务实的态度，既要向上看（面向政府），又要向下看（面向公众），破除"对上不对下"以及急功近利的思维观念，从点点滴滴做起，不断积累智库的影响力。其次，建立多方面专家协同参与的集成研讨机制。智库可以邀请决策部门的政策研究人员，会同院士专家、管理专家和本领域的专家等参与研讨，提出既瞄准国家重大需求，又能发挥自身科研优势的重大选题，建立起定期与政府沟通的渠道和机制、年度选题制度与临时性任务结合的机制。最后，建立选题月度务虚会或闭门会议制度。智库要定期召开研究人员选题务虚会、闭门会议，进行头脑风暴。各研究团队和研究人员在开放式的务虚会上汇报选题方向和提纲，智库成员进行讨论交流，分享心得，挖掘选题价值，完善选题方向。

二、规范项目管理，人员配置灵活

目前我国智库的研究组织方式主要存在三种模式。第一，学科制组织模式。这种模式沿袭了传统的学科划分方式，以学科为单位进行研究活动组织。这种模式具有同属一个学科、沟通顺畅的优点，但是也存在着缺乏多学科智库的解剖、

473

研究报告综合性不够的问题。第二，围绕研究主题形成研究所或研究中心。这种模式在一定程度上打破了纯粹以学科为组织建制的方式，但某一学科的主导地位仍然较为凸显。第三，矩阵式项目组织形式。这种组织形式在日常管理时并不将研究人员按照学科或研究主题进行组织化管理，当课题需要时，将相关学科背景、有兴趣的人员组织成一个临时的课题组，共同攻克项目。这种模式的好处是职能管理和资源调配都由智库管理层进行，具有更强的动员能力，从而实现人才和资源的更为灵活的调配。这种基于自愿、个人研究兴趣以及多学科的组织形式，将智库研究人员的积极性和主观能动性充分调动起来，从而能够提供更加优质的智库产品。智库的研究不同于传统的学科研究，智库研究的内容一般都需要跨学科的融合，具有很强的综合性。学科背景束缚下的智库往往由于缺乏学科的视角与研究人员之间的合作而损害研究的质量。因此，针对智库研究的跨学科特性与综合性，智库的研究项目应采用"矩阵式"的管理方式，建立由院党委组直接领导的综合协调机制，在重要研究领域和重点交办任务上，由院领导直接牵头，采用项目制管理模式，整合全院优势资源力量，打破单位、学科"壁垒"，开展集中攻关，由粗放式的管理转向精细化管理。

首先，建立重大任务导向的科研任务组织模式。（1）采用学科领域与研究任务相结合的矩阵式运行机制。智库人员配置纵向上按学科类别分组，横向上按照研究课题分组。要建立以学科或研究方向为基础、由学科负责人牵头的纵向管理机制。在进行课题研究时，根据任务性质和要求，从按学科划分的各小组中抽调研究人员组成课题的研究队伍；项目完成以后，再进行新的人员组合。如中央党校（国家行政学院）实行首席专家负责制，由政治素养强、责任心强、组织能力强的学科带头人担任首席专家，特定智库项目组完成任务后，或及时撤销，或根据不同时期决策咨询需要长期存续和动态调整。（2）为项目建立统一的行政支援服务。行政支援部门一方面负责智库对外联络、成果产品报送；另一方面应对智库内部各类项目进行统一管理、全面协调，为每一个课题（项目）配备"课题秘书"专人负责，负责课题进度管理、文字编校、财务报销等工作。通过课题秘书，形成"督办制度"，有利于课题报告按时、高质量完成，同时也大幅度减少核心专家申报、填表、开会、报销、结项的繁琐工作。（3）在管理上对课题进行分级分类管理。智库可以将课题进行分类，并采取相应的管理方式。如对于重大课题，可以由领导或指定院内学术带头人牵头，整合院所科研骨干组建课题组开展相关研究工作。对于一般课题，可以由院内研究人员结合研究专业领域，聚焦经济社会发展重要问题和形势变化，设立或认领课题进行重点研究与跟踪分析。

其次，采取跨学科专家深度协同的研究模式。（1）建立多层次的研究团队。智库应建立包括总体组、专家组和评议组三个层次的研究队伍，组织政策、情报、专业、管理四类专家发挥各自所长、深度协同开展研究，确保研究成果的前瞻性和可操作性。（2）实行"课题负责人"制。智库要实行"课题负责人＋课题组长＋课题副组长"的合作协同机制。课题负责人由智库的理事长、副理事长和学术委员会副主任等经验丰富的资深专家担任，课题组长由智库内科研骨干担任，并鼓励智库青年人才担任课题组副组长，形成"老—中—青"梯形研究队伍，全方位调动研究资源，有效保障课题的顺利开展和有序进行，也有利于通过"传、帮、带"提升课题研究质量和水平。

最后，充分利用首席专家，切实发挥首席专家抓运行，出成果，带团队，促发展的作用。首席专家介入并把握研究过程，对于研究成果不仅能够知其然，而且能够知其所以然，更能促进提高研究质量。首席专家务实工作，带领研究团队一起研究讨论，对每一个课题报告进行多轮次的反复讨论和修改，能在一定程度上带动、培养年轻人，推动智库的团队化建设。《浙江省新型智库建设管理办法（实行)》指出，智库应设立首席专家，且必须为智库主要研究方向的国内外知名专家或省内顶尖专家。《湖南省省级重点智库管理办法》，明确首席专家为课题研究带头人，负责领衔重大项目的研究。[1] 宏观院秉承公开竞争和择优选拔的原则，在全球范围内招聘专业素养高、社会影响力大、责任意识和职业精神突出，有信念、肯担当、讲奉献的首席专家。首席专家对智库理事会负责，具有项目研究组成员选聘权、项目经费支配权、代表研究院行使本专业领域学术指导权。[2]

三、把握课题进度，管控项目课题全流程

在研究实施阶段，项目组成员按照研究计划开展数据收集、分析、文字撰写等工作，是智库生产产品的核心环节。在此过程中，智库需要进行阶段性的关注，确保产品按时保质地完成。

第一，加强制度建设，完善课题和项目的规范管理文件。（1）智库要提高课题研究水平，确保研究成果的质量，需要结合实际情况出台课题管理办法。其中，要对课题的管理原则、总体目标、管理机构和职责、管理流程、评审机制、成果转化等做出明确的、具有可操作性的设计。例如，国经中心明确了基金课题管理贯彻"客观、公正、公开、专业、规范"的原则，坚持检查质量导向，体现

---

[1] 刘西忠：《新型智库质量提升与国家治理现代化》，江苏人民出版社 2021 年版，第 16～24 页。
[2] 资料由本书课题组调研获得。

奖优罚劣，实行严格淘汰机制。① （2）针对选题、开题、中期和结题每一个环节给出详细的管理流程和要求，形成从"立题—开题—中期检查—结题评审—结题后管理"的全流程工作框架，把质量管理落实到课题管理每一个环节。例如，宏观院在 2010 年制定了《重点课题管理办法》和《应急课题管理办法》，对《基本科研业务费课题管理办法》进行了 5 次修订，2018 年新增了《战略平台课题管理办法》等，框架体系较为完善，对于促进形成知识型和创新型管理模式，树立良好的院风、学风和文风，提升智库建设水平提供了切实有效的制度保障。②

第二，制定项目研究计划，进行内部评估。研究计划是课题在研究过程中的行动指南，无论是短期性的课题还是需要经过长期研究的课题，要保证课题在研究过程中不为日常琐碎的工作干扰，按期实现研究目标，在确定项目的参与成员后，智库应根据项目的具体情况制定一定时期内的研究计划，未来的研究过程控制与管理都按计划进行。在研究过程中，课题组成员应定期对研究项目进行监测和内部评估，进行持续的跟踪和监控。项目负责人针对项目的内容进行评估。研究计划的确立是否科学和合理，研究过程中是否遵照其执行，也是评审阶段专家进行课题验收和评价的主要依据。

第三，发挥学术委员会过程管理的作用。在开题阶段由学术委员会统一开题，申请人汇报课题设计框架、研究重点、准备突破的创新点，再经学术委员提问、交流，根据投票数量决定课题负责人。智库也可以实行课题组自行邀请专家开题的模式，这种模式更加灵活，可以进一步优化课题管理程序、保障课题研究时间。在中期检查阶段，学术委员与课题负责人进行深入交流，对中期成果给予指导和评价，形成书面意见。在成果验收阶段，院学术委员会对课题成果进行逐项评议并投票，给予建议后由课题组再修改形成最终成果。总体而言，智库项目和课题的规范化、精细化管理，能够有效提升研究质量和管理效率。通过精细化管理，完善课题研究流程和质量控制机制，智库才能将现有资源发挥最大效益，进而提升智库的决策咨询工作能力和水平。

四、建立质量控制体系，保证成果质量

要保证研究的高质量，智库应通过质量审查对研究成果的质量进行评审。③

---

① ② 资料由本书课题组调研获得。
③ 宋忠惠、郑军卫、齐世杰等：《基于典型智库实践的智库产品质量控制与影响因素研究》，载于《图书与情报》2017 年第 1 期。

新型智库的质量控制体系相较于传统智库来说，应该更注重系统化、针对性和发展性，应该在质量标准、评审运行方面，层层严格把控，整体综合提高智库产品的质量。

第一，制定严格的质量标准，提升智库产品的规范化水平。智库产品质量的提高是提升智库服务的基础，因此，有必要对产品的质量标准提出"精细化"的要求。[1] 美国国家科学院的研究报告需要经过 9 道严格的评审，包括报告是否清晰描述了要解决的问题、所有的问题是否都得到了解决、作者是否能胜任这一工作等。目前我国的智库对于智库产品的要求相对简化，存在过于笼统、标准不明确和可操作性不强等问题，如智库只是使用"需要有创新性""论证充分即可"等词语简单概括，并没有具体定义创新，由各个评审专家自己把握，没有进一步的要求，因此，智库产品的质量标准可以更为具体、精细。[2]

第二，建立健全严格、全面的评审运行机制。首先，推进既灵活又严格的同行评议机制。对于报送上级的简报、调研、总数建议等成果，采取内部专家审核及小组讨论等方式进行评审；对于用于发表和公众传播的论文等成果，采取内外专家结合并统一审核标准的方法。其次，多层次评审，严格把关成果评审与验收。设立课题负责人、智库办公室、匿名专家三层评审机制，规定具体评审方式和验收通过指标（如无记名投票得票率等），并由各层级办公室通报验收结果，同时，所有成果的课题负责人应根据修改意见进行修改完善，形成最终成果。例如，军事科学院、国防大学借鉴工程领域管理理念与方法，实行"课题树"（包括树冠课题、主干课题、根系课题）科研管理方式，面向不同层次开展研究成果考评。与此同时，智库可探索实施"末位警示制"，对于验收排名（如通过得票数呈现等）靠后的单位给予警示，以期进一步提升课题的成果质量和应用情况。最后，建立一套科学的评审组成员遴选机制。智库对于评审组成员的选择应坚持客观性与科学性的原则，可以采用聘请智库外部专家的方式或者直接委托专业评估机构进行成果的质量评估。

五、加强文档管控，实现资料复用

随着智库的建设持续深入地推进，加强智库内部文件管控不仅是维护和管理智库信息和知识资产的重要途径，也是完善智库管理的内在要求。智库要着重从以下途径采取措施加强文件管控，实现智库产品的复用。

第一，增强文档管理意识。智库文件的形成具有分散性，智库的文件管控有

---

①② 张倩：《新型智库的产品质量控制机制研究》，载于《创新科技》2018 年第 5 期。

赖于智库内部成员协同参与，个人的文件管理意识尤为必要。智库要充分重视培养成员在日常工作中建立并加强自身的文件资产、信息保密、知识产权保护等相关意识，帮助他们建立对文件更加明确的利用需求，同时积极开展相关专业知识和业务的培训，引导成员学习如何有效地管理智库文件、预防或减少业务活动中存在的文件安全风险。第二，将制度规范贯穿文档管理全程。文档工作制度是依据国家相关政策、在文档管理过程中共同遵守的办事规章。[①] 智库应结合自身实际情况建立一套符合智库管理的制度规范，促进智库文档利用环节的规范化与流程化。智库员工要注意遵守相应的职业章程规范，明确各自的职责内容，分工清晰，责任分明。第三，确保文档信息的完整性。智库文档作为智库活动的原始凭证，真实地记录了智库实践的全过程，具有重要的保存价值。文档信息需要具备完整性与全面性的特征才可满足智库多样化的使用需求。因此，对于智库的文档资料要及时归档，避免出现信息断层与缺失，否则难以满足智库研究人员对文档资源的使用需求。目前，智库在进行文档归档工作中，往往归档的都是成果式材料，忽视采集的原始数据、计算过程、设计思路等过程式材料，大大降低了档案的完整性。[②] 研究数据是构成文档信息的重要组成部分，只有真实、准确与完整地记录研究活动，才能真正地发挥出这些数据的价值。第四，建立文档管控系统。智库作为信息和知识密集型组织，加强智库信息化建设已经成为推动智库创新变革和现代化发展的必然要求，但我国智库目前尚在发展初期，信息化、数字化技术的应用并不广泛、也不成熟。对此，智库可以联合专业的系统开发商，结合机构内部的业务流程开发专业的文件管理信息系统，提升智库文件管理的效率和管理质量。从长远角度考虑，智库应加快搭建集成性的信息管理系统，以技术创新推动管理思维的变革，促进智库整体管理效率的提升。

第四节　注重智库研究产品规划设计，
打造特色品牌产品

坚持产品特色化的建设思路，强化智库产品的总体规划和产品矩阵设计，加强智库产品生产、传播的规范化运作，整合智库资源，以产品为载体与用户进行有机集成，着力打造全方位、多层次的产品，进而巩固和扩大产品影响力。

---

① 朱玉媛：《档案学基础》，武汉大学出版社 2008 年版，第 96 页。
② 张宝帅：《新形势下科研档案采集工作的现状与策略》，载于《智库观察》2018 年第 36 期。

一、将智库产品纳入智库建设战略规划

智库应坚持"规划为先、统筹并行、追求效益"的原则，优先将产品纳入智库建设战略规划，统筹现有资源强化智库产品的组织管理与策划设计职能，明确产品类别并将其纳入工作考核体系，为产品管理工作提供有力支撑。

第一，高站位制定智库产品建设战略。首先，将智库产品建设纳入智库发展全局统筹考虑。加快对产品管理的组织架构、制度流程规范、专业研究平台、专业人才引培管用等方面进行更加明确、具体、详尽的谋划设计，与智库的数字化转型、人力资源、智库文化建设等子战略做好融合对接工作，有效保障人力、物力、财力的投入。同时，进一步完善智库产品建设的有关制度，加强产品建设的指导、监督和检查。其次，强化智库产品策划部门职能。智库应结合战略目标和工作安排，强化智库产品规划部门职能，分设内参编辑组、信息报送组、产品策划组、宣传传播组等，结合岗位需求充实队伍，负责内参编辑与质量把控、内部对策型与对外干预型政策信息报送发、产品规划路线设计和对外宣传推介等工作，共同承担产品规划工作的组织、协调、指导与反馈工作。产品规划短期与长期结合、理论与咨政产品、短平快的决策咨询报告与具有长远战略意义厚重的"大部头"相结合。优秀的智库产品，应该是能够引领时代的有思想含量、理论分量和过硬质量的原创性著作。智库研究要有深厚的积淀，在党委政府决策咨询需要时能够厚积薄发。智库成果要有一定的积淀，既有短平快获得领导批示的应急性决策咨询成果，又有大部头的能够产生重要影响力和持续影响力的力作。作为依靠决策咨询影响决策的智库，真正能够影响人类社会思想进程和社会发展大势的产品，是多年来精心创作的具有颠覆性创新的著作。优秀的智库不是依靠应急研究，临时抱佛脚，而是着眼于发展战略，开展长期、持续、跟踪的研究，辅之以大量的数据、事例支撑，形成思想和战略层面的重要成果。最后，界定智库产品类别并纳入工作绩效考核。制定《智库产品管理办法》，对各类研究报告、决策内参、图书期刊、媒体咨文、决策参考性理论文章及其他具有决策咨询价值的成果类产品，和政策咨询会、座谈会、专题讲座、专家讲坛、工作坊以及发挥决策咨询作用的文件起草、社会调研、为领导授课等活动类产品，分类制定产品管理实施细则，对成果类和活动类产品进行范围界定和评价等级认定；将各类产品纳入科研考核、课题结项、业绩奖励和职称评定等层面，评价标准突出产品的政策性、针对性和适用性。

第二，打造对象精准的成果产品矩阵。智库以搭建精益化、特色化产品体系为目标，从用户的需求出发，着力打造智库产品，为塑造独特的智库形象奠定产

品基础。首先，圈定官方信息报送和传播渠道。对于政策咨询类的成果，创办内部刊物，直接向主管部门及时报送情报研究、咨询研究、决策研究的重要成果与智库建设的进展。例如创办《要报》《专报》。《要报》内容更为简单，主要报告研究观点与结论；《专报》要聚焦一个问题，更加突出专业方面的内容。其次，在服务公共政策决策后，智库应将服务的重点转向社会公众。智库专家进行宣讲和解读政策，把党委政府的政策完整、准确地传递给公众。打造包括月度动态快报、年度报告、专题研究报告、中长期研究报告等在内的面向公众传播智库研究成果的品牌序列，形成"皮书—报告—期刊—汇编"的刊物报告成果。智库要处理好服务小众与引导大众的关系，在智库研究中认真践行以人民为中心的发展思想，始终坚持以人民为中心的研究导向，强化以人民为中心的咨政取向。

二、服务党委政府的决策咨询需求是智库产品规划的出发点

服务党和政府决策是智库的基本宗旨，政策研究咨询是智库的主攻方向。智库要牢固树立问题导向、需求导向，紧紧围绕本阶段各地经济社会发展重大战略部署，注重跟踪党委政府的政策、规划，积极加强与党政部门及其研究机构的合作，在瞄准应用需求、服务重大决策中定向选题，做到选准题、答好题、服好务。

第一，聚焦党委政府，提升应用实效。首先，加强主动作为意识、贴身服务意识、快速反应意识，以优质高效的研究成果提升竞争力。智库要定时定期与党委政府所属的政策研究机构保持沟通联系，及时了解党委政府关心关注的中心任务和重点工作，熟悉了解重大决策部署和重要工作任务的实际落实情况，为承担政策研究、决策评估、政策解读等奠定基础。一是要探索建立新型智库建设理事会等议事协调机构，落实党管智库的要求、发挥智库理事会的中枢纽带作用。重大课题可由协调机构直接安排给相应智库开展研究，实现供需精准对接。二是要组建互联互通信息共享平台，由智库管理部门牵头指导协调，建立起智库与党委政府决策部门对接的供需大平台，打造开放便利的互联网大数据平台，及时发布需求、避免无效供给、实现精准用智。其次，加强智库专业化、特色化、精细化建设，深入调研、深耕专业、精于致用，及时开展前瞻性、针对性、储备性政策研究。[①] 智库要善于研读各类政策文本，梳理清楚所研究领域在国家和省级层面的重要思路和决策，通过这种方式了解当前党政的主要工作方向、目标、任务和

---

① 王玥芳、谢磊：《高水平智库：在供需有效对接中精准发力》，中国共产党新闻网，2019 年 1 月 14 日，http://theory.people.com.cn/n1/2019/0114/c40531 – 30525496.html。

重点，然后结合现实问题，寻找到研究方向与解决方案。例如，江苏省决策咨询研究基地的选题指南，就是根据省委省政府年度工作要点提炼，根据省里重要的会议和文件精神整理形成，[①] 从实际工作部门征集而来的。

第二，基于自身定位，打造特色产品。智库研究报告的选题更多地是着眼于中观偏微观层面，要能够接地气，要能够解决一些实际问题。随着国家治理的顶层设计越来越完善，现在智库更多的责任是结合中央的政策，结合地方的实际处理好部分与全局的关系，拿出能够解决这个地方具体问题的一些实际方案。不同的智库的视野也不一样，应该有所区分。国家级智库还要研究国家层面的一些宏观问题，省级层面的智库更多关注具体政策层面的问题，市和县等基层智库主要是关注政策落实层面的问题。

三、加强智库研究成果推广，提高智库话语权

智库为公共政策服务，智库成果只有嵌入公共政策链条之中，才能发挥作用。智库成果转化的形式主要包括政策性转化和社会化传播，分别从不同的角度影响公共政策。

第一，加强与决策部门联系，提升政策影响力。智库以服务公共政策和战略问题为宗旨，智库成果转化最主要的渠道和方式，是通过决策者进行政策性转化。搭建智政互动平台。重点智库要与国家、省级部门建立联系机制并参与决策咨询，创建内部成果报送机制，搭建直接向党中央、国务院有关决策部门及时报送智库研究成果的通道。例如长江产经研究院成为工信智库联盟（工信部主办）的核心成员单位、国务院参事室长江经济带发展研究中心成员单位；[②] 中国科学院与国务院研究室共建了"中国创新战略和政策研究中心"，依托战略咨询院开展事关国家发展全局的针对性、战略性、储备性创新战略和政策问题研究，直接服务国务院宏观决策。

第二，多方位合作互动，扩大社会影响力。智库要为公共政策提供高质量服务，不但要有强大的思想生产能力，还要有强大的传播发声能力，包括政策性转化和社会化传播。智库思想产品的社会化传播，转化为人民群众的思想观念和客观认知，形成思想影响。加强智库思想产品的大众化传播，既是智库实现自身价值的重要表现形式，也是影响公共政策的一种有效方式。对于一般智库来说，

---

① 资料由本书课题组调研获得。
② 《新春呈献：长江产业经济研究院 2019 年度工作总结》，搜狐网，2020 年 1 月 24 日，https：//www.sohu.com/a/368705635_701468。

要摆脱神秘化色彩，处理好"小众"传播与"大众"传播的关系，促进智库思想产品的广泛传播。一方面，智库要搭建"智智—智产—智媒"互动平台。一是打造智智互动平台。智库一方面要将自身建设成为"平台化智库"，开展无边界整合性研究，运用互联网思维，创新研究模式，如长江产经研究院打造"线上圆桌会""长江产经论坛"等品牌活动。另一方面，智库需要与国内外各类高校、研究机构建立联合研究。例如长江产经研究院发起成立长三角产业创新智库联盟、中国经济江苏联合研究会等。① 二是成立智产互动平台。智库要秉持"以自身所处地区为依托，向周边扩散，进而辐射全国各地"的思路，搭建与各地产业实践平台的合作模式，形成研究实践基地。如长江产经研究院先后与苏州新加坡工业园区、南京江北新区（国家级新区）、泰兴经济开发区（精细化工）、江苏省产业技术研究院、昆明市人民政府研究室、重庆两江新区等建立了深入合作关系，联合开展研究。② 三是深化智媒互动平台。智库要与媒体形成紧密联系，充分发挥自身的舆论引导作用。积极与新华社、"人民日报"、"光明日报"等媒体形成合作关系，例如建立战略合作关系出版报告、申请成为媒体的全国调研点合作内参直报、加入智库传播矩阵等。另一方面，智库要注重对普通大众的思想引导。首先，积极发行和传播出版物，出版物是智库产品的主要类型，也是智库产品公开面世、扩大影响力的主要途径和方式，出版物的形式也多样化，一是期刊杂志，如传统基金会的《政策论坛》《今日传统》，卡托研究所的《卡托信函》《卡托期刊》；二是专著书籍，布鲁金斯学会的学者会进行与现实密切相关的政策性研究和理论基础研究，每年都会出版许多图书，内容涵盖社会科学理论问题以及与重要公共政策问题相关的社会、经济、政治和外交事务，③ 给公众提供了解政策形势的渠道。其次，通过公益活动等方式，发挥智库专家的专业知识，为社区开展咨询服务、公益讲座或者精神文明建设等社会活动，促进智库与社区的良好互动。除此之外，智库还可以将为公共解读政策的服务推进，通过在主流媒体上就政府重要政策、突发性事件的影响切实为群众解答疑惑，对涉及民生的问题进行公益呼吁，积极和媒体开展互动，为公共问题提出有力建议，推动问题得到高效解决，最后通过强化观念实现对群众的引领，采取多种方式对科学的社会观念进行传播，推动社会观念的有效转型。

第三，做好产品学术推广，增强学术影响力。深厚的学理根基以及学术的创新、理论的突破，为更好地解决现实问题提供理论依据和方法指导；多变的、复杂的现实问题为学术研究提供新的视角和思路，有利于学术的创新和突破。智库

---

① 资料整理自南京大学长江产业经济研究院官网，https://idei.nju.edu.cn/main.htm。
② 资料由本书课题组调研获得。
③ 资料整理自布鲁金斯学会官网，https://www.brookings.or.us/。

的学术影响力通过智库产品直接体现，智库产品通常是新思想、新理论的重要来源，引领学术和科技创新。一流智库中汇聚的专业领军人物和杰出人才通过发表高质量论文、出版学术专著等方式，形成智库产品的学术影响力。国际上很多一流智库都非常注重学术研究和学术影响力。如布鲁金斯学会在进行政策研究的同时，也进行学术研究，学术成果发表在专业学术期刊上或自己的网站上；学会的研究员还进行专著的撰写，日常的研究工作为专著的撰写积累了丰富的理论知识和实际经验，专著也是一段时间之内研究成果的总结。[1]

第五节　深化经费管理制度改革，促进资金高效使用

习近平总书记指出，"要完善符合科技创新规律的资源配置方式，解决简单套用行政预算和财务管理方法管理科技资源等问题，优化基础研究、战略高技术研究、社会公益类研究的支持方式，力求科技创新活动效率最大化。要着力改革和创新科研经费使用和管理方式，让经费为人的创造性活动服务，而不能让人的创造性活动为经费服务。"[2] 党的十八大以来，党和国家为推进新型智库建设出台了一系列改革举措，智库在管理体制特别是科研经费改革方面的尝试取得了明显的成效。但总的来看，新型智库经费管理机制改革还不到位，智库科研项目经费的使用和管理基本上沿用了行政单位资金管理方式，符合智库研究规律的科研资金的投入机制、科研成果的评价奖励机制、资金绩效的评价机制等尚未健全完善。推进中国新型智库高质量建设，离不开科学规范的管理机制。新型智库的日常运行、课题资助、专家咨询等，均需要资金的充分投入作为保障。资金投入后，用在何处、怎么用、怎么评估用的绩效，这就需要科学合理、严密规范的资金管理机制予以规范。智库要为新时代改革开放和社会主义现代化建设提供更加有力的智力支撑，必须优化资金管理机制，做到所投方向正确、使用行为规范、评估客观科学、奖惩更加公平，力争以资金的高效使用，实现智库成果的高产出。

一、建立高效的经费投向机制

建立智库科研项目经费投向机制，才能确保项目研究的选题是当前经济社会

① 韩瑞珍、邱均平：《中国高质量智库产品价值与设计理念研究》，载于《图书馆》2019 年第 7 期。
② 新华社：《习近平：为建设世界科技强国而奋斗》，2016 年 5 月 31 日，http：//www. xinhua-net. com/politics/2016－05/31/c_1118965169. htm。

发展需求、高层决策部署落实、人民迫切需要解决的问题，才能确保智库的资金用于智库的能力建设上。第一，谋划智库科研项目经费投向，把握好智库研究的着力点。智库肩负着为党委政府科学决策提供高质量智力支持的重要使命。适应地方经济社会发展需求，紧紧围绕党和政府决策急需的重大课题开展前瞻性、针对性和储备性政策研究，提出专业化、建设性和实用性的政策建议，多出经得起实践检验的研究成果是新型智库开展科研项目研究的首要任务。新型智库科研项目经费管理机制优化的首要原则，是要确保有限的资金能够最大限度地投入到满足地方经济社会发展重大课题的研究上，做到高质量的有效产出，切实发挥物质保障的支撑作用。① 当前，智库研究应着眼于新发展阶段国家重大战略和国家大事的落实落地问题，智库研究项目的资金应重点投入到事关"十四五"时期各地区经济社会发展和现代化建设的重大课题中，引导智库的研究者总结经验、分析问题、发现规律、探索路径和提出对策，从而提供有力、有效的智库成果。第二，经费支出重点向人和课题研究倾斜，把重点放到增强研究力量、提升政策研究咨询水平、服务决策的核心能力建设上。核心是加大用于智库人员脑力劳动和智力创造的支出比例，在符合财政规范的前提下，最大限度地激发智库人员在项目研究和决策咨询中的积极性、主动性与创造性。要从真正满足智库发展需要出发，尊重智库人员付出的智力劳动成本，将更多的经费用于支持研究人员的研究和创新，有效提高资金运行的激励作用。智库要秉承"两条腿走路"的精神，以高校智库为例，一方面，鼓励教授在学术研究之外参加智库工作，发挥老一辈专家长期进行政策研究的经验和优势，另一方面，大力培养年轻人参与智库工作的兴趣和能力。智库需要将经费用于引进智库管理及政策研究专职人员，择优录取从事政策研究、研究成果较多的博士后。同时，也要重视青年智库型人才的培养，鼓励和培养优秀的博士研究生、硕士研究生、本科生参与课题研究。

二、规范科研项目经费使用机制

在科学设置使用项目后，智库要不断健全完善经费的使用管理制度，根据智库研究特点，科学设置项目间的使用比例。科学制定智库科研项目经费预算，合理编制具体开支计划，规范支出范围，明确执行标准，提高资金使用效益。第一，完善智库科研项目资金使用机制，进行分类管理。智库项目研究包括社会调查、资料整理、研究思考、成果转化等过程，资金的使用应符合智库研究特点。可尝试将智库科研项目资金的使用分成物耗成本、智力报偿、成果转化推介、精

---

① 陈振明、黄元灿：《推进地方新型智库建设的思考》，载于《中国行政管理》2017 年第 11 期。

品成果奖励四个不同类别进行使用和管理，促使科研项目资金进一步符合智库研究规律，形成既能充分体现智力价值，又能提高资金使用效率的科研项目资金使用新机制。根据科研项目经费使用类别进行分类管理，其中物耗成本允许课题组根据科研计划灵活使用，主要指图书资料费、数据采集费、差旅费、会议费、国际合作与交流费、印刷费等有票据可报销的费用；智力报偿是直接发放给项目组成员的智力劳动成本，以绩效形式发放，分过程绩效和达标绩效，按照科研工作进度发放过程绩效，根据项目完成和达标情况发放达标绩效；项目成果转化推介费主要用于智库研究成果出版、交流、宣传推介，提升智库项目成果的社会影响力；精品成果奖励是给予生产出较高学术价值和社会价值成果的智库人员奖励，以此鼓励智库研究人员多出高质量智库成果。[1] 第二，制定经费使用办法，做到经费使用规范。智库对于专项经费要以"合理合规、公开公平、宁缺毋滥、拉开档次、绩效导向"为指导原则，制定《专项经费管理办法》，对直接参加决策咨询政策研究的一线研究人员及研究团队，根据实际贡献给予奖励。奖励经费包括智力投入补偿和研究成果奖励两个部分。智力投入补偿部分以过程评估的方式进行绩效评价，一般于提交研究提纲或初稿后发放，规定每个课题发放额度；研究成果奖励部分以结果评估的方式进行绩效评价，一般于研究成果满足通过验收、获得批示、入选智库报告、刊发文章等条件下发放。

三、建立健全资金监管机制

创新智库科研项目经费使用方式离不开对资金使用的有效监管。智库应优化资金监管机制，尝试建立职责清晰、科学规范、公开透明的新型智库科研项目经费监督机制。首先，建立健全科研项目资金管理办法，明确项目资金管理的相关责任，明确项目承担单位法人、主管领导、项目负责人的相关责任。在实行课题组长负责制的科研组织模式下，智库需要规定各研究中心的法定代表人是科研经费管理的法定责任人，负责管理和监督科研经费的预算与使用。课题组长作为课题研究经费使用的直接责任人，需要严格执行智库有关规定，自觉接受智库领导的管理与监督。[2] 其次，进一步完善项目资金的使用范围和经费支出权限。项目负责人在规定的使用额度内，要严格执行项目管理的相关责任，经费支出应具备完整的佐证材料，符合科研活动或事项的要求。对于大额资金使用，相关项目承担单位法人、主管领导要严格执行审批程序，并规定其承担相关连带责任。课题

---

[1][2] 杨君、程珺红、王彦坤：《地方新型智库科研项目经费管理机制优化路径研究》，载于《智库理论与实践》2021年第4期。

研究经费在具体使用时，实行主管审批和领款人（经办人）相互分离，课题组组长负责审批课题组成员、副组长审批课题组长的研究经费支出事项。同时，对于单笔经费的额度，智库也要制定相关要求，超过限制则需经过院长办公会审批。最后，健全经费使用公示制度。对项目资金预算与决算情况、资金使用调整情况进行公示，保证科研项目经费使用规范高效、公开透明。

第六节　完善成果评价体系与激励机制

智库成果评价作为引导智库发展的指挥棒具有重要意义。《意见》明确指出"深化智库成果评价机制改革。完善以质量创新和实际贡献为导向的评价办法，构建用户评价、同行评价、社会评价相结合的指标体系"。随着智库发展的不断加快，我国智库急需建立科学、合理、完善可靠、客观的智库成果评价机制，以此规范和约束智库活动、提高智库研究活动的资源配置效率，从而充分有效发挥智库对国家和社会的贡献。

一、建立健全成果认定办法和管理机制

智库研究是在学理基础上的政策研究，强调面向问题，强调面向应用。智库在建设过程中，应纠正哲学社会科学的"五唯"倾向，将智库的内参和研究报告、政策评价成果、参与政府决策咨询活动都纳入成果认定范围，改变只有专著和论文才是研究成果的错误认知。智库改革成果考核评价机制，完善以"质量创新"和"实际贡献"为导向的双向评价思路，加大智库咨政研究类成果在考核评价体系中的权重，将是否被党和决策部门采纳、是否在党和国家重大政策中得到体现、是否在社会公众中产生重要政策影响作为主要评价标准。

首先，成果认定向咨政成果倾斜。传统成果认定更多以学术成果为导向，智库不同于传统的研究机构，智库成果应作为人员考核的重要衡量条件。（1）在制度上向咨政成果倾斜。在职称评聘、工作量考核、成果奖评审、工作组织奖评审、研究基地和创新团队建设等多个方面对决策咨询予以倾斜。浙江省委党校出台《精品和优秀咨询成果奖励》《高端智库专家课题资助奖励暂行办法》《咨政奖评选办法（试行）》等系列激励奖励制度，充分调动了各方力量为智库建设、为政府中心工作和长远发展献计献策，将决策咨询成果作为职称评定的重要标准之一，激励教研人员科研转型。（2）将智库成果作为重要因素纳入专业技术职位

评审、岗位聘任等各环节，明确智库成果的分类。一方面，明确智库研究成果的形式包括：经济社会发展重大问题专题报告；重大决策咨询报告；社会公共政策建议方案或评估报告；经济社会发展建设重要规划；重大立法建议；改革发展重大问题深入调研数据和报告；阐释党委政府重大决策的专题报告；党委政府重要学习辅导报告。另一方面，将被党政机关、立法部门采纳，或相关领导给予肯定性批示的智库成果，在内部资政刊物、媒体等发表的研究报告、理论文章、决策建议纳入认定的智库研究成果。例如，浙江大学 2018 年制定《智库研究高级职务任职基本条件》，开始实施智库研究高级职务评聘工作，部分院系也将智库研究成果纳入科研评价体系，并在职称晋升等工作中予以充分体现。[1] 中国社会科学评价研究院开展了"中国智库咨政建言奖""中国智库学术成果奖"和"中国智库创新人才奖"的评选工作，在对智库创新人才进行评价时，从学术影响力、政策影响力和社会影响力以及智库领导力四个维度对智库人才开展更为综合的全面考察。[2]

其次，将技术支援性工作纳入成果考核。根据 CTTI 收集到的各种认定奖励文本来看，各类智库都看重批示的行政级别，行政级别越高的批示得奖越重。这种做法简单粗暴，必然导致智库更愿意为决策者服务而不是为决策过程服务，必然导致智库更愿意为高端决策者服务而不是为基层治理服务，必然导致着力揣摩领导意图的政策研究而不是基于客观事实基础上的政策研究。实际上，智库所承担的大量政策评估、政策宣传等工作产生批示的概率小，但是这些技术支援性工作恰恰是政府更需要的。因此，这些工作都应该纳入智库成果的认定范围。对于国家高端智库和省级重点智库而言，智库的主要功能是咨政建言；对于大多数专业智库而言，用专业能力为党委政府提供技术性支援工作往往不会产生批示，但也应该将这一类的技术性支援纳入智库的成果认定机制中。[3]

二、制定科学的成果评价机制

成果评价是知识生产的重要环节，智库成果的评价相较于其他成果尤其具有复杂性：容易受到研究内容、主观判断、政治因素和文化因素等方面的影响，且

---

① 资料整理自浙江大学人事处官网，https://rwsk.zju.edu.cn/_upload/article/files/5a/45/41bcc0ef4d6189b20bdd3685340d/f6b05486 - eeae - 4e00 - 972f - 1a37aa39bd75.pdf。

② 《第一届中国智库建设与评价高峰论坛圆满落幕》，中国社会科学评价研究院官网，2019 年 4 月 18 日，http://casses.cssn.cn/xsyw/201904/t20190418_4866286.shtml。

③ 李刚：《创新机制、重心下移、嵌入决策过程：中国特色新型智库建设的"下半场"》，载于《图书馆论坛》2019 年第 3 期。

多表现为观点理念和价值判断，学术价值与社会效益很难用定量化工具描述。[①]智库的成果评价要坚持三个基本原则，一是定性评价与定量评价相结合；二是形式评价与内容评价相结合；三是理论与实践相结合，必须根据不同的评价对象、评价内容和评价角度设计适用的评价指标体系。智库应建立以转化应用绩效为导向的成果评价制度，以解决国家重大发展领域决策需求为出发点，将智库研究成果评价与服务决策紧密结合起来，以智库理事会、学术委员会为评价主体，运用定量指标和定性评价相结合的方法，建立以"决策贡献程度"为核心的成果评价制度。

第一，构建以成果质量与实际贡献为导向的评价标准，突出思想性、科学性、建设性、前瞻性、独立性。智库在考核的过程中，必须坚持成果第一导向，在激励和分配上向一线研究人员倾斜。智库成果评价要解决团队成果共享和分割问题，合理确定每位专家的贡献，形成基于合作和团队研究导向的绩效评价机制和激励机制。

第二，建立分层次、分链条、分类型的智库绩效评价体系。智库成果种类众多，分级分类评定法是比较有效的评估方法。首先，根据成果的面向对象采用不同的评价方法。对于上级交办的课题，不能将成果上报作为终点，而应将研究结论对实际问题的适用性、上级领导和单位对成果有用性的认定纳入评价标准。这类成果的实际参考价值应放在首位，采取上级领导的直接主观评判方法，促进智库的科研更加贴近政府部门的工作要求，从而提升、改善智库对上级服务的能力和质量。对于智库内部的常规课题研究成果，采用双重评价机制。首先由智库领导、学术委员会对成果内容进行评价并给出判断，符合条件的再向上级领导和有关部门报送。上报到领导或有关部门的科研成果采取接收人评价手段，采用加分激励机制。对于横向课题的成果评价，遵循"谁委托，谁评价"的原则，由横向课题的委托人评价课题成果的质量与价值，以成果的有用性和实效性作为主要的评测标准。对于科研人员的基础理论研究成果，学术论文可以参照高校的评价体系，以发表学术论文的刊物等级进行成果评价，强化学术性和规范性；学术专著的评价由院学术委员会认定，以是否具有理论创新价值为标准。[②] 其次，建立长短期结合的评价体系。过去智库使用的学术科研评价系统一般通过时间界定对论文、著作等学术成果进行评价，更多的是使用短期评价方法。智库成果研究周期长、研究范围广，从智库成果的呈送到最终实施可能要经历十几年，具有突出的时间累加效应。这就要求智库成果评价体系必须加强短期评价指标与长期评价指

---

①② 徐少同：《中国智库发展转型背景下的成果评价体系研究——以广东省社科院为例》，载于《社会科学管理与评论》2010年第1期。

标的相互协同，在满足短期性研究的智库成果需要的基础上，评价指标体系应具备一种长期的循环性。对于长周期的智库成果，要根据其不同的时间段所获得的评价构建动态评价指标体系。[①]

第三，建立公正客观的评价办法。智库要准确公正评价智库成果的价值，需要建立和规范智库成果考评机制，科学合理制定评价标准与评价程序，组织专职部门、主管部门和专业第三方机构对智库成果科学开展评估，提升智库竞争力与公信力。一是尽可能选聘一些相关社会实践阅历较为丰富同时理论功底厚实的人参与智库成果的评估。社会实践阅历的丰富程度对于看问题的全面度有重要影响，更有利于评估的准确性。二是建立由第三方主导的评估体系。第三方评估的优点在于能够更多从全局出发考虑成果的应用价值。但是，对于第三方评估中所可能产生的各种机会主义行为，智库应建立健全的预防措施与责任追究制度。例如，日本智库除了成立专门的评审委员会对研究成果进行项目验收外，还会对研究成果进行匿名评审，通过翻译或直接撰写英文研究成果，邀请外国同行评审等，评审意见作为政府考核指标，也作为上报或刊发的依据。三是探索建立由各方组成的智库评价研讨机制。将评价过程转变为学术研讨的过程，通过研讨进一步确定成果的价值。参与的人员包含涉及利益的有关方、无利益关系的有关方及资深的研究专家等。通过各方对有关问题的进一步辩论和讨论，最终达成共识，有利于智库成果进行进一步的补充与完善，使其更具有现实可行性。[②]

三、建立激励和约束并重的考核机制

随着新型智库发展形势与环境变化，智库研究内容和领域多元化，智库研究队伍不断壮大，优化智库考评机制，对新型智库实力和研究水平进行科学评价，是推进中国特色新型智库建设的现实需要。建立激励约束并重的新型智库考评机制，突出激励约束功能，明确激励约束手段，在正向激励和负向约束的共同作用下调动智库研究人员的热情与创新积极性，提升新型智库研究能力和决策咨询服务能力。首先，建立以激励约束为导向的新型智库绩效考评机制。激励约束是考评机制的重要功能，旨在通过考评结果对相关人员进行与其绩效相应的奖惩，从而达到激励先进、鞭策后进、共同提升的效果。因此，新型智库的考评机制应充分突出激励约束导向，建立科学且具有操作性的激励约束机制，以激励约束手段

[①] 蒋晓飞：《协同理论视角下的智库成果评价研究》，广西大学硕士学位论文，2017年。
[②] 宋圭武：《智库成果评价及评论员素质要求》，载于《甘肃农业》2019年第2期。

对智库人员进行相应的奖励和惩罚，规范其行为，使其个人行为与组织行为、个人目标与组织目标保持一致，提升研究成果质量和影响力，增强新型智库的整体实力和竞争力，为党委政府提供优质的决策咨询服务，推进公共决策科学化、民主化。其次，构建以实绩为导向的新型智库激励标准体系。在现有智库绩效考评模式下，智库研究人员科研论文、领导批示、咨政建言、成果要报等研究成果在数量、等级上的差异直接影响其获得奖励或惩戒的程度。但是，这种激励约束方式不能有效区分智库研究人员的实绩与虚绩。因此，智库应建立以实绩为导向的激励约束标准体系，确保激励约束方式、强度与研究人员实绩相匹配。智库评价既关注研究成果数量，更重视研究成果质量和转化率。在激励过程中，将研究成果数量作为激励的基准，理论性成果的社会影响力，如成果转载、大量引用等，政策建言的转化率，如采纳并在公共实践中予以推广，都应予以重要的激励。[1]最后，奖励形式要多元，注重精神激励。中共中央印发《人才改革意见》提出"加大对创新人才激励力度……完善科研人员收入分配政策"。[2]智库进行考核一定要认识到考核本身并不是目的，考核的最终目标是与激励机制紧密结合，通过激励使人员增强归属感和认同感，产生自我价值实现的荣誉感，实现对人的全面提升，最大程度发挥智库的智力资源，为国家发展作出贡献，同时促使智库不断完善运营机制、提升管理水平、激发智库创新，以便生产更多更好的思想产品，真正发挥智库在决策民主化进程中的作用。根据马斯洛需求层次论，智库可以将奖励分为三类：精神激励、物质激励以及社会激励。其中精神激励包括年度评优、晋级、培训，获得承接重大课题、参与重大项目的资格等方式；物质激励与精神激励相对应，包括薪资提升、奖金、项目经费，以及享受出国、休假等多种福利；社会激励包括个人知名度与影响力的提升、获得社会荣誉和文化资源、拥有更广泛发展机会等。例如，宏观院对连续三年考核优秀的人员授予"高端智库建设杰出贡献奖"；对中央决策作出重要贡献的退休专家，授予"终身研究员"荣誉称号。[3]智库通过激励机制提供更多更好的福利和待遇，使得更多员工的生活条件得以改善，生活质量得以提升，发展机会得到拓展，个人价值追求得以实现，从而更积极地投入到智库工作中来，创造更多的价值。

---

① 易文波、成志刚：《新型智库绩效考评机制建设难点及路径选择——基于激励约束并重视角》，载于《湘潭大学学报（哲学社会科学版）》2020年第3期。
② 新华社：《中共中央印发〈关于深化人才发展体制机制改革的意见〉》，中国政府网，2016年3月21日，http://www.gov.cn/xinwen/2016-03-21/content_5056113.htm。
③ 资料由本书课题组调研获得。

小　结

当前，新型智库既面临着难得的发展机遇，也面临着严峻挑战，迫切需要加强智库的内部治理与组织管理。坚持党的领导，以中国特色新型智库文化作为智库发展的风向标，确保智库沿着正确的道路发展；从顶层设计上完善智库的治理架构，以规范化的项目组织与管理提升智库产品质量；以特色产品塑造品牌扩大智库影响力；以完善的经费管理制度促进资金高效使用；以多样化的成果激励提高研究人员积极性。期望通过多方并举促进智库功能更好地发挥，强化参与国家治理的内涵基础，提升推动国家治理的整体效能。

第十三章

加快建设新型智库数字化工作体系

$20$15 年 8 月，国务院印发《促进大数据发展行动纲要》，强调要建立"用数据说话、用数据决策、用数据管理、用数据创新"的管理机制，实现基于数据的科学决策。[①] 2017 年 12 月，习近平总书记在主持中共中央政治局第二次集体学习时强调，要建立健全大数据辅助科学决策和社会治理的机制，推进政府管理和社会治理模式创新，提升国家治理现代化水平。[②] 2021 年 3 月，《中华人民共和国国民经济和社会发展第十四个五年规划和 2035 年远景目标纲要》[③] 正式发布，其中第五章开篇便提到"迎接数字时代，激活数据要素潜能……以数字化转型整体驱动生产方式、生活方式和治理方式变革。"新型智库作为国家治理体系和治理能力现代化建设的重要支撑力量，其核心职能是辅助党委政府科学决策，主要工作是将各种信息或数据进行汇总整理、分析与研判，生产对政府决策和大众认知产生影响的高质量成果。可以说，数据决策与智库建设是我国的未来重点发展领域，二者联动将起到事半功倍的效果。在此背景下，新型智库应加快数字化工作体系建设，推动智库实现信息化、数据化、智能化发展，以高质量研究研判形势、科学建言、辅助决策，以"数字化思维"推进国家治理体系和治理能力

[①] 《国务院关于印发促进大数据发展行动纲要的通知》，中国政府网，2015 年 8 月 31 日，http://www.gov.cn/zhengce/content/2015 –09/05/content_10137.htm。

[②] 《习近平在中共中央政治局第二次集体学习时强调：实施国家大数据战略加快建设数字中国》，央广网，2017 年 12 月 10 日，http://china.cnr.cn/news/20171210/t20171210_524056124.shtml。

[③] 新华社：《中华人民共和国国民经济和社会发展第十四个五年规划和 2035 年远景目标纲要》，中国政府网，2021 年 3 月 13 日，http://www.gov.cn/xinwen/2021 –03/13/content_5592681.htm。

492

现代化进程。

第一节　加强顶层设计和统筹协调，夯实
智库数字化改革的治理基础

面对新形势、新需求、新矛盾、新问题，迫切要求智库数字化水平持续提高，既要围绕新型智库发展规律，又要符合中国实际、体现中国特色。为此，必须加强顶层设计、统筹协调推进，注重政策引导、结构布局、主次兼顾，下大力气抓好数字化工作建设方向和战略规划的问题，使我国新型智库数字化建设满足时代需求和决策需要，加快推进智库的数字化转型。

一、加强政策引导，健全完善智库数字化工作制度体系

高水平的数字化建设有助于推动智库治理的现代化，而完善的制度体系能够有效推进智库的数字化转型进程。2015 年 1 月，中共中央办公厅、国务院办公厅印发的《意见》提出要重视决策理论和跨学科研究，推进研究方法、政策分析工具和技术手段创新，搭建互联互通的信息共享平台，深化研究体制改革；2020 年 2 月，《意见（2020 - 2022）》审议通过，强调要充分利用大数据、云计算等技术，加强专业数据库、案例库和信息系统平台建设，为决策咨询提供有力的信息和技术保障。但是，智库数字化建设是一项长期的系统工程，需要制定一整套制度文件，对数字化建设的总体目标、行动规划、改革路径，以及其他相关活动进行规范、引导、激励、约束与评估，保障该项工作有序规范地推进。

第一，制定新型智库数字化建设的中长期战略规划。推进智库数字化进程的首要工作是明确总体建设目标，制定具有针对性的建设规划。相关主管部门应将创新数字化工作的理论、技术、规则等置于战略位置，持续深入推进顶层设计和长远谋划，一方面针对当前智库数字化建设现状制定短期及中长期规划，明确未来数字化建设的发展定位和目标，制定具体的行动规划和宏观纲要；另一方面要实行差异化战略，根据职能定位、研究领域、资源禀赋情况制定实施策略，努力建成定位明晰、特色鲜明、制度创新、引领发展的中国特色的数字化智库，避免重复建设和同质化竞争。

第二，制定面向智库的数字化建设方案与管理办法。通过专家征询对智库数字化相关工作进行讨论，有针对性地探讨智库数字化建设过程中可能遇到的体制

493

壁垒和困境，加快推进智库数字化工作有序开展。此外，在制定具体的工作管理办法过程中，应注意以下几点：一是明确智库数字化改革创新的实施目标，注重本土化的制度实现路径；二是在深度分析智库数字化工作的障碍壁垒与结构性矛盾的基础上，对现有相关大数据、数字化、数据科学等相关政策法规进行初步整合与优化，增强智库政策体系、数字化工作政策体系和其他相关政策的配套性、协同性、互补性；三是加强智库数字化工作相关政策法规的跟进评估，在政策制定与实施过程中及时沟通反馈，逐步推进并完善智库数字化工作制度体系。

第三，构建统一规范的智库数据资源标准体系。质量提升，标准先行。标准是数据管理的基础，也是保证数据互联、互通、互操作的前提。如何将多源异构、零散纷乱的数据转换成适合智库需求的格式和类型，将海量数据资源汇聚整合成为高价值的数字资产，是智库数字化转型工作急需解决的问题。[1] 2020 年 10 月 29 日，党的十九届五中全会通过《中共中央关于制定国民经济和社会发展第十四个五年规划和二〇三五年远景目标的建议》，强调"建立数据资源产权、交易流通、跨境传输和安全保护等基础制度和标准规范，推动数据资源开发利用。"[2] 智库作为国家治理能力和治理体系现代化的重要组成部分，其数字化建设也是国家数据资源建设体系的重要内容。因此，需要建立一套适应决策需求的智库数据标准规范体系，对数据资源的组织、管理、交换、存储、服务等各环节进行较为完善的约定。一是制定元数据管理规范，对智库数据资源的背景、来源、内容、数据结构、业务规则、数据别名、数据转换规则、技术配置、数据访问权限和数据用途等进行描述；二是制定数据交换标准，包含业务规范、数据格式定义与软件接口定义等；三是制定数据存储规范，对智库数据从存储技术、存储介质、组织管理形式、组织管理层次、检索查询语言、平台工具选择、安全备份策略、访问权限控制和数据保护等进行规范；四是制定数据服务标准，包含产品定义、业务规范、数据接口定义等，促进数据互联互通，推动智库数据共享与业务协同，为用户提供精准的数据服务和知识服务。此外，数据资源建设机构资质要求、数据库系统选型要求、网络发布标准等内容的过程控制也需要加以关注和重视。

二、明确组织方式，健全自上而下的组织协调与推进机制

新型智库数字化建设是一项复杂的工程，其过程受到政治、经济、科技等各

---

[1] 张耀军：《探索新型智库数字化发展实践路径》，载于《光明日报》2018 年 7 月 5 日。
[2] 新华社：《中共中央关于制定国民经济和社会发展第十四个五年规划和二〇三五年远景目标的建议》，中国政府网，2020 年 11 月 3 日，http://www.gov.cn/zhengce/2020-11/03/content_5556991.htm。

种社会因素的影响，也牵涉到多方组织机构，必须要加强统筹协调，明确组织方式，发挥出党和国家在智库数字治理中的引导作用，加快推进新型智库数字化建设进程。

第一，建立智库数字化工作的集中统一领导体制，即设立智库数字化工作领导小组。根据实际需要，可在全国社科规划办设立智库数字化工作领导小组，将其作为智库数字化建设的领导机构，并由工信部门协助配合，共同负责智库数字化建设工作的总体规划与战略部署。主要职责包括：确定智库数字化建设工作的指导思想、目标和任务，负责数字化建设中的关系协调和重大问题的决议；审定智库数字化建设工作计划、建设方案、总体设计、项目实施及建设经费管理等工作；全程跟踪智库数字化建设工作进度，评估各项相关政策的实际执行效果等。

第二，明确智库数字化工作的日常办事机构，即设立智库数字化工作秘书处。为确保智库数字化工作有序推进，需在智库数字化工作领导小组下设秘书处作为日常办事机构，负责数字化建设工作的组织与实施。主要职责包括：贯彻执行领导小组关于数字化建设工作的决定、部署，研究和起草智库数字化建设规划、计划和总体方案；组织协调推动数字化建设工作，草拟数字化建设工作要点和实施计划，组织建设方案编制、申报、审查指导等工作，监督检查建设情况、协调重大问题；组织开展数字化建设研讨和经验交流推广工作，汇总、统计各部门数字化建设工作进展情况，负责日常联络与沟通工作；承办上级交办的其他工作任务，组织召开工作会议，承担领导小组日常工作等。

第三，要求智库将数字化建设工作纳入发展规划之中。为保证各级各类智库加快推进智库数字化建设进程，有必要将该项工作列为智库建设的"规定动作"，将其纳入智库改革发展事业全局统筹考虑，加快对涉及智库数字化工作的组织架构、流程规范、平台建设、技术人才引培管用等方面进行更明确、具体、详尽的谋划设计，与智库资产运营、人力资源、文化建设等子战略做好融合对接，有效保障人力、物力、财力的投入，确保数字化建设工作高效有序运行。此外，由于智库数字化建设对技术水平、基础设施等要求较高，需要根据经济发展情况制定不同的建设目标和要求，因地制宜、因库制宜，实行差异化战略。按照智库信息化、数据化、智能化"三步走"战略，经济发达地区智库尽可能实现"智能化"建设目标，中等发达地区智库尽可能实现"数据化"建设目标，欠发达地区智库尽可能实现"信息化"建设目标，分域分级精准实施，逐步逐项扎实推进，相互协作、相互配合、形成合力，共同实现智库数字化建设总体目标。

第二节　大力推进智库信息化系统建设，
提升管理质量与工作效率

当前，大数据正掀起一场影响深远的思维变革，云计算、人工智能等现代技术广泛应用，使智库营运管理、课题管理、产品生产、文档管控等工作的模式发生转变，推动智库加速向数字化方向演进。智库信息化系统是实现数字化运作的主要工具，它能够对智库业务活动实现实时在线信息化管理，通过业务协同实现对科研过程产生的信息或数据进行有序积累和标准化，推动智库管理规范化、流程化、自动化，提高管理质量和工作效率。

一、实现智库运营过程中各类数据的信息化

智库信息化系统的运营管理功能模块主要用来实现智库运营过程中各类数据的信息化，辅助智库运营管理人员提高工作效率。该模块主要包括专家管理、机构管理、经费管理、绩效考核、云研讨等功能。

专家管理功能是指建立以专家个人基本信息、学术成果和学术社交圈为基本单位的数据集，分类存储专家档案，对智库专家的学科分布、知识总量、优长学科与短板进行全方位的统计分析与可视化展示；此外，还要加强专家政策咨询类活动的文件存档，将会议纪要、会议通知、会议代表通讯录、会议指南、会议邀请函、会议论文集等辅助材料以数字化形式悉数归档，形成无形资产沉淀。

机构管理功能主要包括智库成员信息的采集录入、查询、修改和删除、项目承接情况查询等，借助图表可视化技术，将专家活跃度、成果产出量、工作动态、课题进展、机构荣誉、任务完成进度等信息以"一屏看"的方式全方位展现，便于实时查看机构状态，及时发现问题，调整工作对策。

经费管理功能主要包括各人员、项目、机构的经费使用审批与查询，以及网上预约报账、线上报销、项目经费使用进度可视化、在线咨询等便捷功能，实现对预算管理、采购管理、资产管理、合同管理等环节的线上一体化处理。

绩效考核功能是对智库人员进行周期性工作表现检查与评估，是以专家个人为单位对其工作绩效进行自动化统计和分析，评估专家及团队的绩效并生成奖励

方案,① 涉及考核指标设置、绩效工作计划查询、绩效考核进度查看、考核结果申诉、绩效面谈辅导、述职报告上传、满意度调查、绩效业务单据自动创建,以及基于文本分析及舆情采集的成果质量自动化评估等功能,实现绩效考核全员线上参与,为干部任命、职级与岗位调整、培训计划设计等提供科学依据。

云研讨功能是借助系统平台开展线上研讨并自动采集专家观点,具备专家意见规整、后期一键导出、追踪历史观点、专家热点分析等功能,以解决传统线上群聊模式中出现的信息杂乱琐碎、交流格式不规范、后期难以复盘讨论等问题。

可见,运营管理模块通过汇集智库的专家、机构、人员、经费、考核信息,把分散、零碎的信息整合并进行标准化处理,便于智库科研业务工作的日常管理。

二、实现智库课题全周期管理过程的规范化

智库信息化系统课题管理功能模块的作用是通过信息化手段实现智库课题流程性事务的规范化管理,在短时间内最大限度地汇聚不同领域专家的智慧,为智库研究提供科研协同功能,具体包括机构专家推荐、研究任务管控、过程性材料管理、成果质量评价反馈等功能。

机构专家推荐功能:针对不同课题需求,借助系统内收录的专家档案,通过专家上传的科研数据和用户行为数据,结合大数据和智能分析技术从中推荐相匹配的智库专家或机构,建立跨地域、跨机构的线上线下互动虚拟课题组,联动整合不同界别的专家资源。

研究任务管控功能:根据理事会、咨询委员会、学术委员会、课题组组长、课题组成员等不同角色,分配不同的访问权限,理事会或咨询委员会成员负责重大问题决策、重大课题监督、重大事项审议等;学术委员会成员负责课题成果质量控制、学术指导、科研规划等;课题组组长负责分配具体研究任务与指导具体研究问题;课题组成员负责执行各类具体研究任务。

过程性材料管理功能:课题组成员实时上传研究过程的数据资源,如原始数据、二次加工数据等,按照数据类型或实施阶段进行分类整理与存储,以便实现资料复用,如国网能源研究院专门设计了项目归档系统,规定收集研究过程数据,并强制要求归档最终成果报告;也可以对内容进行智能分析和深度挖掘,把控课题实施过程的规范性。②

成果质量评价反馈功能:支持审阅验收成果评价与意见反馈,提供专家评审意

---

① 徐宁、宗明明:《数字化赋能新型智库高质量发展》,载于《中国社会科学报》2021 年 5 月 20 日。
② 资料由本书课题组调研获得。

见模板，允许在线修订研究报告，并批注是否通过，以便返回课题组再次修改。

可见，课题管理模块一方面可以确保课题管理过程的高效与可追溯，另一方面借助相关技术实现课题信息与人员、机构、衍生成果之间的自动关联，以及业务数据的自动统计分析，极大地提高课题管理的效率和研究质量。此外，将专家成果信息与课题进度、经费使用相关联，有效实现自动化的绩效统计分析和计算，提高资金使用效率与课题完成度。

三、实现智库产品生产与管理过程的高效化

智库信息化系统的产品管理功能模块的作用是针对智库的产品产出提供便捷高效的管理工具，具体包含成果类产品管理、活动类产品管理、产品智能推荐等功能。

成果类产品管理功能是对智库专家的研究报告、决策内参、图书期刊、媒体咨文、决策参考性理论文章及其他具有决策咨询价值的成果类产品进行分级分类管理。系统会自动识别智库专家上传的相关成果，分析其擅长领域和研究特征，形成对应领域的知识库，便于资料查询与复用。

活动类产品管理功能是对智库举办的重大会议、小型闭门会议、内部座谈会等，以及专家参与的政策咨询会、座谈会、专题讲座、专家讲坛、工作坊和发挥决策咨询作用的文件起草、社会调研、领导授课、项目评估等活动类产品进行分级分类管理。两大产品管理模块均可按照所属单位、产出时间、质量等级等标准进行整合组织，促进产品生产、管理、报送、反馈等工作的流程化、规范化、标准化管理，确保产品管理工作高效有序运行。

产品智能推荐功能能够实现基于海量数据的智能推荐匹配以及基于匹配结果的主题热词自动化抽取，并能够根据定制化需求完成推荐结果实时更新，如世界资源研究所（WRI）自建的机构知识库就是自身历年研究数据的积累，研究人员可通过检索快速查找和定位某一特定研究领域的地图、数据集、信息图或其他可视化资源，避免重复劳动。[①]

四、实现智库文档管控的专业化、系统化

智库信息化系统的文档管理功能模块是以加强智库文档管理与风险控制为

---

① 黄如花、李白杨、饶雪瑜：《面向新型智库建设的知识服务：图书情报机构的新机遇》，载于《图书馆》2015年第5期。

主要目的的，确保文档为智库所用，服务智库政策研究。该模块除拥有文档采集、分类、保存与利用等功能以外，还需要具备风险控制功能，以保证系统的安全运行。①

文档采集功能，是文档形成者或文档工作人员通过互相配合，及时、完整与高效地采集项目研究过程的文档资料、智库各类成果的文档资料、经费管理过程中产生的文档资料、智库研究人员的个人文档资料等，并对文档内容的有用性、可读性和可利用程度进行价值鉴定，形成有价值的、值得保存的智库文档。

文档分类功能，是以智库职能活动的内容分析为基础，按照"职能—活动—事务"业务分类方案合理地管理文档资料，使其呈现出所具备的文档价值，节省管理成本。当然，智库也可按照文档内容、文档所属机构、文档名称、文档建成时间等特征分类整理。

文档保存功能，借助一定的存储技术和工具，以统一特定的存储格式，将智库实践过程中产生的文档资源结合起来，形成智库特有的知识资产，满足用户多样化的使用需求。智库文档的保存过程尤其强调文档内容的长期可读性、真实性和完整性，以及必要文档的备份问题。

文档利用功能，即在可利用的范围内与准许利用的程度上进行检索、查阅、分享与使用文档信息的过程，② 强调文档可检索性、文档访问可控性、文档可共享性和文档使用安全性等方面，重点要满足用户文档信息的检索与利用需求，加强文档载体的保密性和技术防范措施的实施力度，确保文档传递与使用的安全性。

文档管理工作的风险控制，借助系统安全技术、访问控制技术、备份技术、保密技术等，强化风险识别功能，加大对文档信息不真实准确、文档信息不全面、文档信息缺少价值、文档管理不符合规定等风险的安全管控力度，保障文档管理系统功能的顺利实现。

第三节 构建特色化、功能化、品牌化数据库，重视数据积累与复用

当前，大量数据、资料、文件以数字化形式呈现，数据库的建立成为现代智

---

① 丁怡：《智库文档管控系统架构设计与风险控制》，南京大学硕士学位论文，2019 年。
② 赵屹：《数字时代的文件与档案管理》，世界图书出版集团 2013 年版，第 49~50 页。

库数字化、平台化、智慧化运营的关键。2020 年，中山大学黄晓斌教授团队对广东省 101 所智库的专题数据库建设情况进行调研，发现仅 12 所智库建立了专题数据库、知识库、成果库或借助网站主页汇总相关信息资源，部分数据库只能在内网访问或者经过认证登录后才能使用。[①] 可见，专著、论文等传统印刷出版物仍然是科研成果的首选形式，智库普遍不太重视数据库建设的规范性和长期性，数据服务平台功能单一、可用性较差，难以满足更多实用性需求。正如广东省社会科学院副院长赵细康所言："人才是兵，数据库则是武器。没有数据库，无法打胜仗。"[②] 因此，智库需根据自身情况，采取自建、合作共建、购买租借、外包等方式开展数据库建设，拓展智库研究的信息源，将信息数据资源优势更好地转化为决策研究优势。

一、注重自有资源沉淀，加强特色数据库建设

特色数据库是智库利用自己的资源优势建立起来的一种具有自我特色的信息资源库，是为智库量身打造的集资源采集、推送、检索、监测与管理于一身的特色网络信息化平台。因此，智库需充分认识到自有数据库的重要性，将智库自有数据资源进行归类整合，形成特色数据集，为智库的政策研究提供资源。

第一，自建与共建结合，凝练彰显智库研究特色。智库可根据自身技术水平和资金配置，按需选择适合自己的数据库建设方式，可采用自主设计，也可联合外部技术团队合作完成数据库建设。一方面，明确智库定位、找准研究亮点，在搭建特色数据库的基础上设置专题子库，列明相关领域的最新成果以及作者库、机构库、视频库和图表库，存储原始、独特的研究数据和前沿的热点资讯，确保智库研究的专业性、权威性与前瞻性；另一方面，多维合作共建，通过与不同类型的机构合作共建专题数据库，保障特色资源的优势互补，形成复合型专题资源数据库，提升智库研究的创新水平。如人大国发院自行建立了诸多服务政策研究的专业数据库，包括用于内参约稿、课题安排、过程管理的专家库和成果库以及依托项目建立的"一带一路"国别数据库等，还有与京东、腾讯、字节跳动等外部企业合作形成的专题数据集，为智库专家提供稳定持续的数据服务与保障；上海海事大学图书馆在自建海事特色专题数据库过程中，购买海事类数据库和航运咨询报告，整理集合多个免费的海事信息网站，创建了国际领先的海事文献信息

---

① 黄晓斌、彭佳芳：《广东地方特色新型智库建设现状调查与分析》，载于《图书馆论坛》2020 年第 8 期。

② 《智库建设与知识数据融合应用研讨会在珠海召开》，搜狐网，2019 年 1 月 21 日，https：//www.sohu.com/a/290551454_734862。

三大高地集群。①

第二，大力推进专家库建设，借助外力提升智库决策服务响应能力。随着智库业务的扩展，项目复杂度的提升，快速准确地为课题项目匹配到合适的外部专家是智库面对的现实难题。专家库的建设不仅能对智库内部专家成员进行管理，还能解决由于人际关系或名人效应造成的项目需求与专家实际能力不匹配的问题，实现对外部专家和项目实施的精准管理。首先，要多渠道吸引外部专家"入库"，将国内国外优秀人才的有关信息，全部搜集入库，进行分析整理，有目标、有计划、有重点地引进；其次，要根据智库的项目需求对入库专家进行科学分类和标引，对专家参与过的项目成果进行评级，整理出智库专家与团队红黑名单，作为日后项目承接对象选择的重要依据；最后，加强入库专家的动态管理，运用智能推荐技术进行专家管理和专家精准匹配，通过数据挖掘与分析技术对专家背景进行深度分析和画像描述，运用大数据关联分析对专家成果、活动、媒体采访等多维信息进行标引和可视化展示，并根据项目执行情况建立专家个人信用档案，设置专家评价机制和考核指标，对入库专家进行信用认定、审核、评价以及其他方面的信用管理。②

第三，实现专家、成果、政策信息多元融合，从数据管理跃升为知识管理。基于智库的专业领域与特色，构建专家库、成果库和政策库，并进行关联分析与可视化展示。其中，专家库是结合自然语言处理、机器学习、知识图谱等技术，为智库提供专家信息自动更新、全面画像与智能服务等功能；成果库应包含图书、报告、内参、报纸文章、专利、项目等海内外相关领域的最新研究成果，为智库提供快速获取全球成果、广泛消除语言障碍、精准描绘研究成果等功能，如中国社会科学网数据中心将社会科学领域的学术期刊、社会调查资料和学术经典整合在一个开放平台中，供研究者交流使用；③ 政策库是基于人工智能、知识图谱、机器深度学习等技术，汇集国内权威政策数据并对其进行整合、分类、挖掘、分析呈现，构建算法模型、政策语料库及标签库，通过深度加工实现政策数据关联、精准匹配，为政策检索、政策分析等提供支撑，主要功能包括政策查询、政策推送、政策演化分析、政策关联性分析等。例如：新华社根据中宣部中央媒体重点融发项目规划，自主研发"智库云"大数据平台，将专家库、课题库、成果库融为一体，丰富研究数据，为智库研究提

① 吕长红、陈伟炯、梁伟波等：《高校图书馆信息智库构建研究》，载于《新世纪图书馆》2014年第2期。

② 谭青、唐满华、刘泉江：《湖南省科技专家库管理存在问题及对策探讨》，载于《科技资讯》2021年第5期。

③ 吴田：《大数据助推新型智库建设》，载于《光明日报》2017年6月1日。

供相关支持；安邦咨询依托 25 年来的研究和服务积累，利用独特的"动态信息追踪方法"和"公共政策文献计量与内容分析"工具，建有国内唯一一款围绕政府工作而搭建的数据库系统——政府大数据信息库，为追踪、收集、整理、分析关于区域一体化、基层治理、智慧城市、重大公共事件等各类热点信息提供一个坚实的平台。[①]

二、积极与外部接轨，多渠道搭建动态开源数据库

海量资源带动数据库市场不断发展，而资源共建共享逐渐成为智库建设的新趋势。当前，很多机构尝试将数据库资源作开源处理，供科研工作者采买或租用，实现数据资源的有效归集与高效利用，这是当前大数据迅猛发展背景下资源共建共享的一大进步。当前，智库搭建开源数据库的主要途径有以下两种：一是自主收集、整合公开数据后形成专题数据库，如美国国家经济研究局通过对联邦统计机构每月公布的经济数据进行分析研判，建立了商业周期测定数据库（Business Cycle Dating），[②] 该数据库公开预测经济周期的开始、结束、持续时长，受到众多经济研究机构、商业机构和政府决策部门的引用和参考；二是与其他组织机构合作共建开源数据库，如德国国际政治与安全事务研究所和其他研究机构合作构建了欧洲国际关系和地区研究学科信息网络，共同建立了可公开访问的国际关系与区域研究领域的世界事务在线数据库（World Affair Online，WAO），[③] 内含众多有关国际安全事务的公共文献工具、参考书目、新闻报道、学术报告等，是欧洲最大的国际关系研究文献数据库。

因此，新型智库要积极与外部接轨，借助海量开源资料，整合搭建更多动态开源数据库，共同打造一个繁荣共享、互助和谐的"数字生态共同体"。第一，定期获取开源数据，及时掌握最新数据资源。运用先进技术手段，及时掌握海内外开源数据库的资源更新情况，了解不同开源数据库的服务对象与资源质量，有效判断各开源数据库的适用范围，借助开源接口或数据挖掘技术获取所需的网络开放资源，保证数据资源的全面性以支撑智库研究。例如：中国工程院自主建成了一个共享开放的数据服务平台——中国工程科技知识中心，该平台不仅包含自建的院士专家库、学术活动库、咨询报告库等，还通过深度检索技术实现对新闻、论坛、开放获取的期刊文献资源、维基百科、百度百科等网络开放资源进行

---

① 《信息分析的"工匠精神"》，企鹅号 – 安邦咨询 Anbound，2019 年 8 月 28 日，https：//kuaibao.qq.com/s/20190828A0M3DO00？refer＝cp_1026。

② National Bureau of Economic Research，https：//www.nber.org/research/business – cycle – dating。

③ Stiftung Wissenschaft und Politik，https：//fiviblk.de/en/wao – database/online – access/.

知识挖掘和整合，[①] 为工程科技领域数据开放共享提供安全可靠全面的资源支撑。第二，通过购买或租用市场上的开源数据库，确保获取全面、完整、权威的外部数据资源。根据智库研究需求与专业特色，按需购买或租用在国际与国内知名度高、影响力大的开源数据库，便于研究人员直接在开源数据库中检索获得所需数据。例如：江西科技创新战略研究院每年以 1.3 亿元采购中国科学院文献情报中心的所有数据资源、DDA 数据分析工具、DI 专利检索和分析平台、incoPat 全球专利数据库、稀土产业数据监测平台等，为全院职工、科研人员提供充足的图书报刊、数字资源等信息服务；国网能源研究院每年会投入 200 万～300 万元的资金对外采购数据，包括国际能源署等国际权威数据、知名报告数据和万德、彭博等商业数据库数据等。[②]

三、强调"品牌强库"，提高数据库品牌影响力和认知度

建设数据库的初衷是为智库工作者提供快捷便利的资源服务，但目前数据库在市场推广上正面临着知名度低、传播力度小、美誉度差等困境。智库应紧抓国家提倡自主创新的机遇，依托具有自主知识产权的数据库产品，牢固树立品牌理念，打造数据库品牌。当前，多数智库仅将数据库建设作为一项辅助科研工作的项目来推进，而非将其视为一款产品对其品牌定位、品牌价值、推广传播进行统筹策划，这也导致数据库产生知名度和影响力相对滞后，多数是在其"衍生"产品（如基于数据库生产出的论文、图书、报告、咨政建言等）获得高度评价后，产品使用者才逐渐关注到数据库本身的价值。如中国社科院国家金融与发展实验室每年对全国宏观经济态势进行分析，并形成极具影响的《年度中国杠杆率报告》，而这一报告的数据则来自"中国宏观杠杆率数据库"；[③] 综研院与英国 Z/Yen 集团联合发布《中国金融中心指数（CDI CFCI）报告》，该报告的形成则主要依托"全球金融中心指数平台"；[④] 北大国发院定期会以研究报告的形式展现中国经济发展态势，报告数据主要来源于自主搭建的"中国投资者情绪指数""中国消费者信心指数""中国创新创业区域指数"等指数平台。[⑤]

为解决自有数据库知名度低的问题，智库必须调整思路，加强数据库的质量

---

① 《中国工程科技知识中心建设发展报告 2012～2016》，中国工程科技知识中心官网，2017 年 5 月 1 日，http://www.ckcest.cn/aboutUs/Subcenter1。

② 以上资料均由本书课题组调研获得。

③ 资料整理自中国社科院国家金融与发展实验室官网，http://114.115.232.154：8080/。

④ 《第 25 期全球金融中心指数》，中国金融中心信息网，2021 年 3 月 18 日，http://www.cfci.org.cn/html/2021/03/18/20210318110335665000 1513.html。

⑤ 资料整理自北京大学国家发展研究院官网，http://nsd.pku.edu.cn/zsfb/zgtzzqxzs/index.htm。

建设和品牌建设，旨在将其打造成为服务行业发展的、有影响力的知识服务平台，如皮书数据库是以皮书品牌图书资源为基础全力打造的数据库产品，以品牌资源、产品优质、服务到位深得业界和用户认可，而它的成功不仅在于专注皮书本身的质量建设，也离不开其在数据库品牌塑造上所做的很多尝试，如皮书运营发布和营销推广、皮书评价评奖体系建设、皮书系列传统出版与数字出版联动发展等，努力走品牌创新之路。① 智库数据库品牌建设是一个分步阶段过程。第一，品牌准备阶段，智库要树立品牌意识，优先将数据库视为一个数字产品进行筹划，将"产品"打造成"精品"；然后要建立管理体制，设立数据库品牌建设工作小组，完善特色数据库品牌建设制度，充分发挥其决策、管理、控制、计划、协调等职能。第二，品牌策划阶段，智库要在进行数据库品牌定位之前开展调研工作，对用户的信息需求、信息使用心理、信息使用习惯、信息能力以及对数据库的认知程度进行调查；根据调研结果，明确目标用户和竞争对手，研究竞争对手的优劣势，为数据库品牌准确定位。第三，品牌建设阶段，具体包括资源收集与整合、数据的标引与著录、数据录入、平台建设、功能开发与修复等，直接决定数据库品牌建设的成败。第四，推广传播阶段，主要包括制定推广传播计划、借助媒体宣传、开展营销活动等，扩大数据库的知名度，提高数据库的利用率。第五，品牌维护与衍生阶段，为保持数据库品牌生命力，需要做好数据库的更新迭代工作，补充数据资源、拓展功能需求，提高用户体验、增强用户粘性，不断改进、完善现有数据库功能；还要借助数据库资源，创新性地产出更多优质"衍生"产品，如指数报告、调研报告、咨政报告等专题成果，或专题报告会、青年交流论坛、学术大讲堂等专题活动，彰显数据库更多的潜在价值。

第四节　创新智库研究方法、工具与模型库，推动科学决策走向智能化

如今，数据正在成为一种生产资料，方法、工具与模型在智库研究中的地位逐步升高，逐渐成为决定海量数据能否转化为有用知识的关键。但是，当前智库运用抽样调查、小样本数据统计等传统研究方法较多，以数据挖掘分析、文理交叉融合、人工智能技术、可视化、机器深度学习等技术为基础的多元方法、技术

---

① 胡涛：《立足品牌　专注质量　打造精品——皮书数据库建设之路》，载于《出版广角》2014 年第 Z3 期。

工具与模型尚未过多普及。① 因此，智库必须加强研究方法、工具与模型的广泛应用，帮助智库解决复杂问题，推进决策科学化、智能化。

一、掌握运用多元研究方法，助力开展智库高质量研究

随着大数据技术的日益普及和数据资源的爆发增长，单纯依靠人力的传统智库研究方法（如实地调研、专家访谈、问卷调查等）已经无法满足智库发展需求，需要掌握运用多元研究方法，提高整体研究质量与效率。

第一，掌握正确的信息采集方式方法。信息的收集可以通过索要、订购、实地、人际关系网络等方法展开，面向特定的信息需求、广泛的信息搜集对象，智库工作者需要采用不同的方法进行数据和信息的搜集，具体表现在任务驱动型、对象驱动型、技术驱动型三种类型。一是任务驱动型，即面向不同的任务需要相应变化搜集方法。以获取研究对象信息为任务，需采用现场观察、数据库检索等方法对官方网站、活动会议等公开信息或借助人际关系网络进行搜集，以提取有价值的、隐含的数据信息；以社交网络知识发现为目标，可通过关注目标对象、进行主题搜索、构建关系网络、定向或定题信息获取的方式进行搜集。② 二是对象驱动型，即根据不同搜集对象的特点，搜集方法也需要相应改变。针对传统印刷和电子媒介数据的搜集，以受众面广泛、发行量巨大的报纸、期刊和书籍等公开出版物为主要搜集对象，其中印刷媒介依然是获取信息的主要渠道；针对互联网数据搜集，可通过访问数据库、搜索引擎技术和直接访问各种网站三种方法进行搜集；③ 利用数据服务公司自主开发的多种开源工具（OSINT），④ 还有具备网络轮询、数据收集等功能的开源网络工具（如 Cacti），都可用于收集任何规模网络中的数据信息。三是技术驱动型，即通过自动化或半自动化的信息搜集技术，完成人力无法满足的任务需求。⑤ 目前，将大数据、人工智能技术引入搜集过程已然是一种趋势，如构建基于知识库的主动式专题搜索引擎系统模型，设计基于

① 张耀军：《探索新型智库数字化发展实践路径》，载于《光明日报》2018 年 7 月 5 日。

② 戴丽娜：《试论社交网络在开源安全情报中的应用》，载于《信息安全与通信保密》2016 年第 1 期。

③ Zenobia S., Homan M. B., Analyzing international military medical services: developing a methodology for information acquisition from open source data. *International Journal of Intelligence and Counter Intelligence*, No. 1, 2020, pp. 18 – 23.

④ Hoppa M. A., Debb S. M., Hsieh G., et al. Twitter OSINT: automated open source intelligence collection, analysis & visualization tool. *Annual Review of Cybertheory and Telemedicine*, 2019, pp. 121 – 128.

⑤ Eldridge C., Hobbs C., Moran M., Fusing algorithms and analysts: open-source intelligence in the age of "Big Data". *Intelligence and National Security*, No. 3, 2017, pp. 1 – 16.

互联网的开源情报挖掘系统等。① 如中石油经研院除定期网络收集与购买数据外，还自主开发了中国石油成品油市场情报系统，在全国各省（市）加油站、油库布局了 5 万多个信息监测点，通过大数据等先进技术手段，每日自动采集各地区汽柴油批发、零售市场的最新数据；还在平台上开发了专项调查问卷接口，为不定期开展特殊事件影响分析、重点问题分析、区域市场新动向预测等创造了良好的工具条件。②

第二，注重信息分析方法的综合与协同。随着智库面临问题的复杂度越来越高，综合运用不同领域、不同学科的分析方法也变得十分必要。一是归纳法与演绎法相结合。杜润生曾在 1984 年 2 月举办的中国农业发展战略讨论会上指出，做研究要"多用归纳法、少用演绎法"，③ 用归纳法把新事务归纳进我们的视野中，再用大量经验丰富我们的理论。演绎法是根据一般原理推论、证明特殊事实的方法，是从一般到个别的思维过程；归纳法是用大量特殊事实推论、证明一般原理的方法，是从个别到一般的思维过程。归纳和演绎是互相联系、互相补充、密不可分的。二是定性法与定量法相结合。定性方法包括因果分析法、比较分析法以及矛盾分析法等；定量方法包括经济计量研究方法、文献计量法、科学预见法、专利计量法以及线性规划法等。智库要灵活运用各类分析方法，如利用情景分析法和层次分析法，求出多决策目标下的情景权值特征向量与对应的目标权值特征向量，选出最优情景；④ 采用层次分析法和熵值法对人力资本价值进行计量评估；⑤ 采用 LDA 主体模型和社会网络方法，对技术融合进行测度并分析技术融合趋势；⑥ 日本科技政策研究所采用文献共被引方法对全球顶尖科技论文进行聚类分析，识别出研究前沿及其相关系数，最后通过文本挖掘结合专家知识对研究领域的文本内容进行解读；⑦ 奥地利科技研究所设计了一套精简的文献计量方法用来预测专家评议的研究前沿，研究过程中综合运用了引文分析、聚类分析、逻辑回归等定量分析方法，优化了对科技前沿识别的经典研究范式。⑧ 三是全面与

---

① 傅畅：《面向专题应用的开源情报挖掘系统研究与应用》，电子科技大学硕士学位论文，2016 年。

② 资料由本书课题组调研获得。

③ 赵树凯：《杜润生怎样做政策研究？》，载于《财新周刊》2015 年 11 月 19 日。

④ 于森、刘佳、刘柯等：《基于情景分析和层次分析的优化决策方法》，中国科学院大学科技成果，2010 年 12 月 31 日。

⑤ 黄凤、王兆君：《基于层次分析法和熵值法的企业管理型人力资本价值的计量》，载于《学术交流》2010 年第 2 期。

⑥ 罗恺、袁晓东：《基于 LDA 主题模型与社会网络的专利技术融合趋势研究——以关节机器人为例》，载于《情报杂志》2021 年第 3 期。

⑦ 张毅菁：《智库运作机制对优化竞争情报循环的启示》，载于《竞争情报》2016 年第 1 期。

⑧ 张军、周磊、慕慧鸽：《国际权威智库定量研究方法进展与趋势》，载于《图书情报工作》2015 年第 7 期。

重点相结合。正如北京长城企业战略研究所提出的创新驱动"三方法",[①] 即关键少数方法（"80/20/4"创意法则）、长板理论、东方头脑风暴法等。其中,关键少数方法强调要从抓重点的 20% 到抓关键的 4%,要求智库在进行海量信息分析过程中,要抓重点,将待解决的问题聚焦到重点问题和重点领域;长板理论是要求智库在提供最终解决方案过程中,既要考虑如何补短板,又要关注如何锻长板;东方头脑风暴法是要求智库不能单纯地移植或嫁接西方理论,而是要站在中国国情的角度思考问题的解决方案。

第三,创新智能化技术在智库研究中的应用。人工智能的高级阶段是认知智能,认知智能的基础是知识。[②] 以知识为中心的智库研究,是在当前以数据为中心的信息分析基础上,利用自然语言处理、计算机视觉、语音识别、机器学习、知识图谱、仿真模拟等智能化技术,对各类知识的智能获取、存储、运算和应用,实现各类研究场景的智能感知与认知。因此,为适应越发复杂多样的决策需求,智库必须加快智能化技术在智库研究中的应用,从文本、图像、社交网络、数据库中把知识抽取出来,高效地存储、高性能地查询、动态地更新已经获取的知识,并分析挖掘知识潜在的关联关系,从而为决策者提供智慧搜索、智能问答、场景演示等知识服务,如区块链技术能够使智库资源真正实现智慧化的共享,实现信息服务和服务绩效区块链化;利用大数据和云计算技术,能够形成"云服务 + 人工服务"的创新云平台信息服务模式;利用大数据技术和机器学习技术,能够分析用户行为特征,从而更快速准确地对研究数据进行挖掘,并结合人工手段生产出更具有针对性的知识服务和产品。

二、丰富并应用智能化科研工具,支持智库进行知识生产

科研工具作为"物化"智库工作者思想的有效手段,是将智库专家智慧转化为可行政策建议的载体和桥梁,在智库研究中发挥着越来越重要的作用。[③] 当前,我国智库研究水平与顶尖智库仍有差距,科研工具模型和研究方法体系建设相对落后,[④] 极大地影响着智库研究的效率。因此,科研工具的有效运用将是提升智库研究实力、产出高水平成果的重要方式之一。

---

① 岳渤、杨洋:《创新驱动三方法》,载于《中国经贸》2013 年第 8 期。
② 刘宗毅、谢珊珊、莫中秋、孙碧娇:《大国博弈背景下的新时代国防科技情报转型发展研究》,载于《情报理论与实践》2021 年第 4 期。
③ 郑海峰、方彤、宋玉坤、李亭亭:《智库机构科研工具发展及应用管理研究》,载于《管理观察》2019 年第 5 期。
④ 单卫国:《推进智库建设提升国家和企业软实力》,载于《理论视野》2014 年第 5 期。

第一，合理运用各类科研软件工具。结合上述研究，按照功能划分，支撑智库研究工作的软件工具可分为数据采集类、数据分析类、业务管理类、方案制定类 4 大类。智库若具备一定的技术能力或拥有专业的技术团队，可自行设计一款符合自身需求的研究工具，如国内警务情报领域熟知的 IBM i2 公司系列分析工具，以可视化情报分析见长，不仅能基于事件进行分析，还能分析社交网络中人和人联系的紧密程度以及其中的关键人物；① 江苏省敏捷智库自建的信息分析工具可根据不同的任务要求和服务对象，将采集到的数据映射到不同的模型算法，得出相关结果后采用可视化的技术辅助决策；Maltego 作为一款用于公开源信息采集和分析的软件，不仅能对人际社会网络进行分析，还可以理解多种抽象概念并找出它们之间的联系。② 当然，智库工作者也可以与一些商业咨询机构合作开发设计对应的科研工具，借助专业工具简化工作流程，降低工作成本。除此以外，也可尝试通过网络渠道寻找免费的开源工具包，在减少资金投入的基础上，借助免费的软件工具完成相应的科研任务，但采用这种方式找到的工具并不能完全匹配自己的需求，且安全性也无法得到保障，一定程度上会影响成果产出的质量。

第二，统筹管理各类科研工具，打造智库研究"百宝箱"。科研工具通常是智库研究人员根据需求自主寻找的，这种方式不仅会浪费科研人员过多精力，对于智库而言，也无法及时将这些经验资产转变为可随时取用的科研工具"百宝箱"。因此，智库可对科研工具进行统筹管理和共享开放，一是应内部制定和定期更新科研工具清单，标明适用范围、功能、操作方法及运维人员信息，提升科研工具使用率，辅助科研工作；二是针对自建科研工具，按需研究制定科研工具管理办法，从工具管理职责分工、采购需求提出、入库归档、应用及变更管理等方面，规范管理流程，明确各个环节的具体要求，落实管理主体及其职能，不断增强科研工具获取、维护、利用、保管的意识和能力；三是针对部分通用性和技术性较强的软件工具，可由信息技术部门统筹安排，专人负责工具的获取来源、使用说明、运行维护、二次开发等工作，并协助科研人员及时找到合适的科研工具，定期组织开展相关培训，不断提升研究人员对技术工具的应用能力；信息技术部门内部也要成立工具应用维护团队，加强培训学习，提升整体运维能力。

第三，科学评估科研工具的易用性、可靠性、安全性等。科研工具从根本上还是属于软件产品，对科研工具的评估也需要按照软件产品的质量标准来测评。结合国家质量监督检验检疫总局和国家标准化管理委员会共同发布的《软件产品

---

① 石玉：《卓越的可视化情报分析软件开发商——IBM i2 公司及其产品介绍》，载于《中国安防》2019 年第 3 期。

② Bradbury D., In plain view: open source intelligence. *Computer Fraud & Security*, No. 4, 2011, pp. 4 – 9.

质量要求和测试国家标准（GB/T25000.51 - 2016）》，[①] 根据软件产品质量评估模型，即功能适应性、性能效率、兼容性、易用性、可靠性、安全性、维护性、可移植性等 8 大特征，对智库科研工具进行科学评估；或从安全性、可靠性和合法性三个方面对科研工具进行评价，包括若干正面指标和负面指标；[②] 或从安全性、协同性、速度、易用性、适应性和准确性等方面对科研工具进行评估。[③] 经过定期评估，有助于降低信息风险，发现科研工具应用、运维、管理中存在的问题，并进行针对性地分析改进，从而达到安全、高效利用科研工具的目的。

三、构建成熟的智能化模型库，强化决策支撑能力

支撑智库研究的模型库是一种结合决策任务和数据特征来动态优化的深加工手段。智库利用数据算法建立分析与预测模型，发挥数据融合、多尺度数据耦合等大数据技术作用，能够实现对智库研究对象和研究议题的数字化挖掘和深度分析，推动智库成果及时有效对接决策需求。[④] 近年来，有些智库尝试将获取的海量数据通过建立模型和算法的方式全面客观地分析研究对象，大大提升了智库研究的水平和效率。例如：上海前滩综研运用量化分析技术手段，识别商办楼宇租金、建筑体量、企业性质等方面的关联性，构建楼宇基准租金和税收水平的评价模型，评价结果有效辅助政府决策；国网能源院建有一个以大型数据库、专业模型工具和智能分析应用软件系统为主体的公司级全球能源研究统一平台，还建有泛在电力物联网商业模式仿真实验室、能源电力规划实验室、电力供需研究实验室、经营与财务仿真实验室等，为能源行业的重大决策提供强大的技术支持；厦门大学数据科学与决策咨询研究中心与南方电网完成了"客户满意度评价模型"和"深圳电力需求分析及预测"平台系统，与银联商务联合开发了"互联网信用风险评估模型"，获得了业界广泛好评；[⑤] 中石油经研院建成了国际油价预测等 20 余个经济分析预测模型，还专门建立"信息资源开发中心"，负责文献与档

---

① 国家质量监督检验检疫总局、国家标准化管理委员会：《系统与软件工程 系统与软件质量要求和评价（SQuaRE）第 51 部分：就绪可用软件产品（RUSP）的质量要求和测试细则（GB/T25000.51 - 2016）》，国家标准全文公开系统，2017 年 5 月 1 日，http：//openstd. samr. gov. cn/bzgk/gb/newGbInfo？hc-no = 4D62FDB5C72083A33B532CFBB08BB197。

② Akhgar B.，Bayerl P. S.，Samp - Son F.，Open source intelligence investigation：from strategy to implementation. *Cham*：*Springer*，2016，pp. 153 - 165.

③ Chae J.，Graham D.，Henderson A.，et al，*A system approach for evaluating current and emerging army open-source Intelligence tools*，Orlando：2019 IEEE International Systems Conference（SysCon），2019，pp. 1 - 5.

④ 张耀军：《探索新型智库数字化发展实践路径》，载于《光明日报》2018 年 7 月 5 日。

⑤ 资料整理自厦门大学数据科学与决策咨询研究中心官网，http：//dsdc. xmu. edu. cn/lxwm. htm。

案管理、工程方法模型的开发、信息资源采购加工处理等工作。[1]

因此，智库在开发设计模型库过程中，一是力求全视角，立足于地区、国家乃至全球发展新局势，树立智库研究的全局观与系统观，或致力于构建涵盖经济金融、文化教育、能源环境、社会发展、科学技术等多领域的解决方案。二是强调多视角，既能将采集到的数据与历史数据作横向或纵向的比较，针对事件变化及内在原因提供专业的决策建议，[2] 也能将采集到的数据进行自动分类，融合相关分析模型，对事件的潜在发展趋势做出超前的预测判断，并以图表等可视化形式加以呈现，供决策者参考。[3] 三是注重创新性，面向不同的研究主题，分别提出针对不确定环境、多目标决策等基础前沿问题的评价指标、测量方法与研究模型，或者针对原有方法进行不同程度的创新以适应不断变化的环境和领域，丰富智库智能化模型体系，提升智库信息工作的时效性、准确性、科学性。四是保障适用性，智库研究模型的设计应符合现实应用情况，符合智库的多样性需求和快速变化的业务需要，在正式投入使用前进行评估测试，同时也要不断进行迭代更新，保证其能够解决某一领域的实际研究问题。

第五节　保障配套措施到位，确保智库数字化工作有序有效推进

智库数字化工作的高效有序运作离不开稳定持续的后备力量保障。智库为可持续推进数字化建设，需要加快推进信息部门的高标准建设，加强专项经费的管理与投入力度，健全技术人才的引培用机制，搭建支撑智库数字化工作的外部协作网络，以保障智库更好地为党和政府科学决策提供信息支持。

一、推动信息部门高标准建设，加强智库数字化工作的组织管理

蓬勃发展的数据资源建设和智能技术应用，昭示着新型智库的组织架构也在向着数字化方向转型。在全球很多知名智库中，信息部门成为其组织架构不可或

---

① 资料整理自中国石油集团经济技术研究院官网，http：//etri. cnpc. com. cn/etri/index. shtml。
② 王加祥：《基于大数据的教育宏观决策信息化智库构建研究》，载于《智库理论与实践》2021 年第 5 期。
③ 葛宁玲：《基于相关性分析的多维数据融合方法》，北京邮电大学硕士学位论文，2020 年。

缺的一部分。例如：布鲁金斯学会设有技术研究机构，负责在分析研究中应用先进的大数据处理分析技术，研究人员和用户可以利用数据交互功能，智能筛选出所需的目标数据，从而快速定位问题核心，提高研究效率；[1] 兰德公司设有独立的情报研究中心，一方面不断收集历史项目数据，另一方面持续建设和完善国防科技领域专题数据库，并利用数据分析、数据挖掘等手段挖掘客户的潜在需求，发掘数据的隐藏价值，从而更精确、更高效地提供服务；[2] 英国发展研究院为配合其"将知识应用于发展实践"的理念，专门设立了知识服务信息部，内设各类信息收集、传递、互动和共享平台，如知识合作中心、资源中心、学习小组等，提供各类信息资源以及咨询服务；日本著名的野村综合研究所建有自己的信息银行，专门收集国内外各类信息资料以及各地区、各行业的宏观与微观数据信息，为智库的咨询研究提供了完备的信息情报支持。[3]

可见，我国智库应进一步整合信息职能，在其组织框架下建构一个能够统领数字化工作全局的信息部门——数字化管理中心，也可以将该职能统一划归至信息基础较好、极具技术优势的信息服务部门、技术部门等，既能充分发挥"信息处"的功能角色，也能与具体的"行动处"（多数指智库研究部门、专门负责人员、经费、行政事务的管理部门等）形成互动和互补。在具体实践中，智库领导层作为战略决策层，拥有智库数字化工作的统筹规划、指导管理、监督检查等事项的最高决策权。当然，他们不仅是智库数字化工作的总体规划部署者和服务受益者，同时也是关键信息的来源点，能够及时传达最新的政策思路，增强智库信息工作的快速响应能力。数字化管理中心是智库数字化建设工作的主要执行单位，具有信息搜集、信息处理与分析、信息服务等职能，负责数据库、技术工具、模型库的设计开发与迭代更新职能，也负责与其他职能部门、外部合作方进行交流沟通，疏通政府内外部信息报送渠道，汇总、整理、分析各类信息数据，及时为决策部门提供数字化保障服务。

二、加强经费管理与投入力度，保障智库数字化工作平稳运转

稳定、持续地获取资金是智库生存与发展的前提和根本，而数字化专项资金则能够有效保障智库及时获取国内外优质数据资料，引入或开发尖端信息技术、

---

① 资料整理自布鲁金斯学会官网，https：//www.brookings.or.us/8/Departments。
② 资料整理自兰德公司官网，https：//www.rand.org/about/organization.html。
③ 王世伟：《试析情报工作在智库中的前端作用——以上海社会科学院信息研究所为例》，载于《情报资料工作》2011年第2期。

培养并引进高水平技术人才。海外智库对信息技术的资金支持力度相对较大，一般来自可自由支配的非定向收入。以布鲁金斯学会为例，其 2020 年非定向财政总收入为 2 492 万美元，其中管理与总务支出费用为 1 978 万美元，占非定向收入的 79%，其中"信息技术类"支出 250 万美元，占管理与总务支出的 13%。同时，根据布鲁金斯学会 2018～2020 年财政报表显示，三年间"信息技术类"支出占比在 11%～13% 之间，[①] 波动幅度虽然不大，但整体呈上升趋势，说明布鲁金斯学会比较重视智库数字化建设并逐步加大专项投入，持续加强以技术支撑推进智库高质量发展。反观国内，由于政府拨款是多数公益类事业单位的主要收入来源，拨款数额与使用范围的固定性使得我国很多智库在资金分配上受到一定的限制，多数资金都用于维系智库的日常运作，真正用于数字化建设的资金变得很少。因此，我国智库需要坚持"管理精细化、渠道多元化、效能最大化"原则，加大专项经费投入与管理力度，通过建立健全专项经费管理办法、完善经费使用监管机制、明确数字化建设成本构成、加大数字化建设经费投入力度，为智库推进数字化建设提供坚实的物质保障，支撑智库更好地用技术手段感知社会态势、畅通沟通渠道、辅助科学决策。

第一，制定专项经费管理办法与使用细则，细化资金投入占比。政府应适时出台《中国特色新型智库数字化建设专项经费管理办法》，宏观把控智库数字化建设经费管理过程，做到优化服务、放管结合、严宽相济。一方面，明确智库数字化建设的背景与必要性，引导各类智库重视智库数字化建设，有效盘活、合理使用专项经费，并监管智库创收路径，确保智库在合法合规的基础上不断开拓资金来源渠道，提升智库创收能力，通过"自给自足"支持智库数字化建设。另一方面，推动智库资金保障多渠道并行，在管理办法中明确每年划出一部分经费成立"智库数字化建设专项经费"，建立共有资金池，保障智库数字化建设的基础经费充裕；同时根据各家智库的数据库、信息系统、工具与模型等建设情况设立特色资助经费，鼓励智库打造特色数据库、信息系统和平台，以"物质激励 + 增量改革"助推智库数字化建设进程。此外，要求智库制定详细的数字化建设预决算报告，细化资金投入占比。一方面，智库要根据中央和地方出台的各类智库经费管理办法和相关政策文件，以及自身的经费使用情况，制定科学详细的数字化建设经费使用细则，并撰写数字化建设年度预决算报告，确保智库在数字化建设资金使用方面有章可循。另一方面，智库要进一步细化数字化建设的经费需求，合理配置经费资源，既要继续投入充足的资金用于信息系统与平台的开发运维，

---

① 统计数据来自布鲁金斯学会 2018～2020 年财政年报，https://www.brookings.or.us/115/Budget - Financial - Reports。

也要加大对国内外优质数据资源的采买力度，更要加强对数字化智力成本的重视程度，划出充足资金投入到数字化人才培养中，确保智库数字化建设全面、可持续发展。

第二，加大数字化建设资金支持力度，强化资金监管和审计。差异化扶持各类智库数字化建设，设置奖励性经费提升建设积极性。一方面，对于自主创收能力较弱、体制机制约束较大的智库，加大数字化建设专项资金支持力度，每年通过考核智库的数字化建设成效，差异化拨付奖励性经费，既保障智库均有充足的资金投入到数字化建设中，又能够拉开一定经费差距，激励智库展开良性竞争，提升智库数字化建设的积极性。另一方面，对于自主创收能力强、经费较为充足的智库，政府可适度增减资金投入，并通过考核决定下一年的拨付金额，以有增有减的年度经费拨付方式激发智库提升数字化建设的可持续性与创新力。加大对智库数字化建设经费的监管与审计，提高资金的利用效率。政府不仅需要加大对智库数字化建设的经费支持力度，更需要加大对经费使用的监管力度。一方面，通过年度考核评估智库数据库、技术工具与模型库对决策咨询研究的支撑力度与应用效果，对比智库年度经费的预算与决算，剖析智库数字化建设方面的经费使用情况。另一方面，加强过程管控，定期对智库的经费使用情况进行监管与审计，及时发现问题，有效解决问题，做到经费用在关键处、科学管理促发展。

三、健全智库技术人才引培用机制，激发智库技术团队潜能

在大数据应用的技术需求牵引下，数据科学研究不断壮大，理解业务需求、熟悉相关技术方法、了解数据资源的信息技术人员将扮演越来越重要的角色，探索并建立高素质智库技术人才引进、培养与使用模式势在必行。智库需坚持以高水平培养技术人才、高效率整合内外资源、高要求建立考评机制为原则，打造结构合理、背景多元、科学优质的信息技术团队，开发多样化人才培养模式，为智库有序、科学、精益开展数字化建设工作提供坚实的智力支撑。

第一，设立专门的信息主管，充当智库数字化工作的组织员、指挥员和协调员。当前，国际上有关数据信息的工作岗位一般有信息分析师、首席信息官、数据科学家、数据工程师等，这些岗位遍及IT（信息技术）、通讯、咨询、能源、医院、政府部门、科研机构等众多领域；用工方式灵活，全职、兼职、实习、临时均有出现；学术背景不限，金融、经济、外事、历史、政治学、社会学、国际关系等均可申请；岗位职责包括：收集并归类信息需求，研究、评价与整合各种信息源，跟踪信息产品或服务的使用情况、市场需求、发展方向，跟踪客户、合

作者、对手、政策环境、经济环境的变化态势，提供高质量的信息产品，为重大项目提供信息支持，面向决策者开展日常分析和专题简报，为智库专家提供研究支持和信息情报保障等。[1] 基于此，我国智库可根据现实需求，专门设置信息主管岗位，主要负责智库数字化建设工作的组织协调和工作推动；也可以在信息主管的基础上，增设分管负责人，如系统主管、外宣主管、行政主管和项目主管等，明确各项数字化工作岗位的职责范围和权力约束，保障各项工作的高效顺畅。此外，智库也可以按照工作职能的内容细化岗位，通常包括学科专家、计算机专家、数据专家及业务辅助人员。具体来说，学科专家是智库的研究人员，初步数据分析后，依托学科专家结合具体场景确定有效方案；计算机专家是精通计算机技术和软硬件维护的智库人才，能够开展日常数据系统维护与管理工作；数据专家是大数据分析人员，涉及信息的采集、挖掘和利用的过程；业务辅助人员是在信息工作流程中负责组织协同和管理的服务人员，通常由智库办公室或者科研处的行政工作人员兼任。

第二，形成搭配合宜的研究团队，优化信息岗位职能。内外互通、专兼结合，打造"资深专家＋青年人才"专业梯队。一方面，智库技术团队需要通过内部培养与外部聘请相结合的形式，邀请计算机、信息技术、大数据分析等领域的资深技术专家加入智库信息技术团队，以"项目带头人""项目技术指导"等身份为智库技术团队宏观把握行业前沿技术发展动向，并通过远程或实地等参与模式嵌入各政策研究小组，为智库研究工作提供及时精准的数据支撑与服务；另一方面，智库技术团队的主体成员应为青年技术人才，不仅需要招募国内外知名高校计算机等相关专业的毕业生任职智库专职技术岗，还应设置实习岗、志愿者服务岗等临时岗位，招募信息技术领域的本科生和硕士生参加到智库信息技术工作中，保持技术团队的工作活力与创新氛围。完善技术部门与团队职能，助推信息服务向知识服务过渡转变。一方面，智库均需完善技术部门与团队的职能，将智库信息主管列入智库理事会或咨询委员会，参与到智库建设的重大决策之中，有效解决智库数字化建设方面的战略问题，敏锐捕捉数字技术带来的智库转型与发展机会，科学把控智库数字化建设预算投入与长远策划，辅助高层领导科学决策智库的数字化建设工作。另一方面，智库数字化建设的重点应从软硬件技术系统的开发与运维逐步转向为对数据内容的深度挖掘与分析，突破传统的信息管理思维，进一步完善舆情监测、信息与情报抓取、数据挖掘、内容分析等深加工职能，提升智库的研究水平与成果价值。

---

[1] 赵小康、周爱民：《公开源情报的基础性价值及可靠性评价研究》，载于《情报杂志》2011 年第10 期。

第三，搭建智库技术人才培养"蓄水池"，增强内外合作交流。政产学研合作共建智库大数据人才培养基地，为智库数字化建设储备技术人才。由中央及地方宣传部门牵头，高校、互联网企业、智库多方强强联合，坚持以"资源共享、人才共育、基地共建"为原则，充分发挥各方特色优势，集中资源、形成合力，打造我国智库信息技术人才链，搭建我国智库优秀信息技术人才发展培养平台，建成智库技术人才创新示范区，为智库输送更多更强的数字化技术人才。定期举办各类培训活动，全面提升智库人员的整体信息素养。定期举办大数据、人工智能等专题沙龙，倡导全国各级各类智库积极参与，邀请高校、互联网企业等知名技术专家为智库专家做专题讲座，借助这种全国范围的大型信息技能与素养培训，让研究人员在做好自身工作的同时充分了解新兴技术的演进与发展，掌握一定的数据挖掘与分析技能，优化智库人员的知识结构，拓宽智库人员的技术视野，从而提升智库整体的数字化建设意识与水平，促使研究人员在研究过程中借助先进技术高效率、高水平完成政策研究工作，产出具备前瞻性与创新性的智库成果。

第四，树立"严考核强激励"管理理念，提高团队工作积极性。增设工程师评聘序列，拓宽智库信息技术人才晋升通道。专门针对智库信息技术人才增设技术工程师评聘序列，提升数字化工作在智库整体建设中的认可程度，使专职技术团队成员能够明确自身发展方向，兼职技术人员能够拓展成长空间，根据自己的专业水平与实际兴趣选择合适的发展通道。与此同时，智库在打通技术人才上升渠道的同时，更有机会吸引到外部计算机技术、人工智能等领域的优秀人才加盟智库，激发团队整体的创新活力，为团队建设稳定持续地输送新鲜优质血液。制定信息技术人员绩效考评方案，加大目标和关键成果导向的激励力度。一方面，为强化智库信息技术人员的服务与支撑水平，必须尽快制定针对信息技术人员的绩效考评方案，采用分层分类办法。对专职重点技术人员展开严格考核，考核结果作为薪酬调整、职级晋升、人员培训、先进个人评选等工作的重要参考。对固定技术部门的负责人实行任期目标考核制度，明确任期内的任务及奖惩机制。对普通技术人员实行代表性工作考核机制，将工作内容分为常规性工作、附加性工作和应急性工作，分别配置不同分值；规定每年除完成常规性工作以外，可将基于智库研究项目开展的应急性数据支撑工作和基于自主技术研发兴趣开展的附加性工作作为技术人员的增值任务，作为考评的特色亮点酌情打分。另一方面，由于技术研发与知识服务对创新性要求较高，导致数字化工作具有更高的不确定性，因此在人员激励方面应摒弃结构化评价的思想，运用目标与关键成果法对技术人员进行考核激励，通过明确技术部门的目标以及每个目标达成的可衡量关键成果，量化多目标工作，加大对关键成果的奖励力度，让智库信息技术人员从

515

"等事做"转为"找事做"。

四、搭建支撑智库数字化工作的外部协作网络,实现互联互通

国研中心沈俊杰认为,加强信息交流协作是适应信息化时代政策咨询研究工作的迫切需求,也是促进新型智库健康发展的必由之路。[①] 但目前"数据孤岛""信息孤岛"效应严重制约了智库的发展,需要合力打造一个共同参与、优势互补、协同高效、合作共赢的外部协作网络以支撑智库的决策咨询研究,达到"1+1>2"的效果,如陕西省智库联盟的成立,其中目的之一就是实现资源、信息、数据的共享,发挥合作联盟的合力效应;[②] 在成都举行的2020新经济大会上,成渝高质量发展智库联盟正式宣布成立,明确将联合业界建立成渝产业大数据平台,以数据互用共享驱动川渝两地协同发展。[③]

第一,打造智库信息资源共享合作联盟。可参照中国高等教育文献保障系统(CALIS),建立智库信息资源共享合作联盟,协同完成数据集成、资源供给、信息共享、服务协同等工作,提高决策咨询服务水平和效率。首先,构建内外多级联动的信息资源共享机制。由于当前多数智库在数字化建设过程中各自为政,智库与其他机构没有形成统一的信息资源共享机制,而且上下级单位之间容易因数据标准不统一或数据共享不及时而出现意见分歧,因此需在统一的数据资源标准下,在管理层面完善各级各类制度规范,在技术层面以开放在线数据接口为主要方式,构建智库内部与外部、国家级与省市县级多级联动的信息资源共享机制,保证从内向外、自上而下的政策统筹、数据交互共享与系统兼容,形成更大合力。其次,制定相关制度保障联盟的良性运作。通过制定联盟章程、管理办法等工作制度,划分智库联盟权利与义务的界限,依法监督智库联盟行为,由政府相关部门对智库联盟的建设、运作和发展给予一定的政策扶持和资金支持,如加大对智库联盟的财政拨款力度,出台一些税收相关的福利政策等。由于双方属于管理与被管理、服务与被服务、需要与被需要的关系,这种政策激励也能间接缓解政府与智库联盟两方的经济压力。然后,联盟内部也要制定相关规则制度对联盟

---

① 《专家研讨大数据时代智库建设 加强信息交流协作》,人民网,2016年5月13日,http://media.people.com.cn/n1/2016/0517/c14677-28356910.html。

② 陆航:《陕西智库联盟成立》,中国社会科学网,2020年9月18日,http://ex.cssn.cn/zx/xjg/202009/t20200918_5184480.shtml。

③ 曹惠君:《2020新经济大会在成都举行 聚焦"后疫情时代"新经济重启与改变》,中国新闻网,2020年8月27日,http://www.sc.chinanews.com/zxjzzsc/2020-08-27/133789.html。

成员加以约束，联盟成员根据自身定位承担不同的责任与义务，并定期接受科研工作业绩评估。智库联盟基于贡献大小合理分配利益，采取多元化的奖励和惩罚措施，让联盟成员积极参与并融入联盟的建设当中去，改变以往智库联盟依赖性强、合作性弱的名存实亡局面。最后，为该联盟设计一个线上信息资源共享综合平台，建立数据汇交制度，目的是进一步深化智库联盟合作，加强需求对接，实现资源共享、互利共赢。联盟成员有权快速了解到自己所需的信息，如智库联盟简介、研究人员、专家观点、研究成果和联盟动态等信息，并能通过积极沟通交流找到合适的项目承接对象，大大缩短用户挑选合作方的时间，服务程序也变得更加精简快捷。同时，联盟的内部研究人员也可在综合平台上及时对科研项目进行交流合作，沟通了解双方的工作进度，上传有关智库成果和数据资料，实现资源分享。联盟应专门安排专业技术团队及时更新和维护平台资源，避免出现智库成果分享不及时的情况，确保线上信息资源共享平台的正常运作。

第二，搭建智库与政府、技术公司、媒体的外部协作网络，与政府部门合作提升智库信息服务精准度。政府是最重要、最权威的信息来源渠道，原因在于：政府提供的信息具有可靠性与稀缺性，有效提升政策建议的可操作性和可采纳程度；政府在社会网络中占据着"结构洞"的位置，为智库带来信息、调研和渠道资源的优势。一方面，政府可以通过采购、外包等方式与智库形成合作关系，共同完成双方无法单独完成的数据服务或信息分析任务。另一方面，政府也是智库提供信息服务的保障者。如国外相关立法机构会制定工作外包服务相关法律，为智库实施信息工作外包服务提供合法依据和制度保障，如 2006 年美国制定的《美国情报系统人力资源战略五年规划》，鼓励使用外包雇员，使其成为美国情报系统力量的一部分。在我国，党中央关于新型智库强调要"充分利用大数据、云计算等技术，加强专业数据库、案例库和信息系统平台建设，为决策咨询研究提供有力的信息和技术保障"[1]，这为智库数字化工作提供强有力的制度保障。与技术公司合作增强智库信息工作专业化。智库不是专业的信息机构，往往在信息搜集、信息挖掘，甚至是信息技术应用方面都远不如专业的技术公司，但两者之间通过优势互助，能够大大提高决策建议的准确性和科学性。一方面，智库拥有大量的专家智慧，技术公司的决策方案大多是通过大数据分析得出，专家智慧可以检验数据研究的合理性，而技术公司能为专家提供重要的数据支持，创新数据驱动的决策咨询服务供给模式；另一方面，智库作为政府科学决策的第三方机构，更有机会参与政府决策过程，存在显著的价值导向，而技术公司基于大数据

---

[1] 《江苏新型智库数字化建设研讨会在我院召开》，长江产业经济研究院官网，2021 年 5 月 14 日，https：//idei.nju.edu.cn/06/f5/c26386a526069/page.htm。

分析的决策具有市场机制和参与政府决策的间接性，不具有明显的价值导向。这种身份定位的差异为智库产出客观且面向市场需求的决策方案提供了重要补充。此外，考虑到数据资源维护的高成本特征，有必要探索建立智库与技术公司联合运营与维护的长效合作机制，通过政府资助、商业销售、托管服务等多种手段实现智库数据资源的可持续发展与运营。[①] 与媒体合作提升智库信息传递效能。与媒体合作是智库信息传播的最直接手段。智库除了需要利用报纸、期刊、书籍、论文和研究报告等传统媒体渠道发布智库研究成果，还需要尝试新媒体传播，建立多元的成果传播渠道。首先，智库要建立门户网站，定期更新，要在醒目的位置提供与智库数据服务相关的平台链接。同时，建立微信公众号、微博、短视频宣传平台等，充分利用现有的社会资源，尝试与知名的新媒体公司合作，用吸引大众的传播方式和内容形式将智库专家和借助数据库、技术工具或模型库衍生出的智库成果"推出去"，达到影响公众思想观念和行为决策的目的。此外，智库利用社交网络平台，还可以直接结交目标用户或加入社交网络中相应群组，通过人际交流方式获取更多隐性知识。同时，在利用社交网络平台构筑人际网络时，可以综合运用不同类型社交网络平台功能，帮助信息技术人员准确筛选合适的关注对象，随时掌握信息动态，甚至可以通过互动获取所需的潜在信息，实现智库成果的定向研究与精准推送。

小　　结

总而言之，在当前大数据、人工智能等新技术快速发展的环境下，数字化工作对智库研究的支撑超越了以往任何时候，智库的数字化工作体系建设愈加重要且紧迫。为满足新型智库数字化建设工作的需要，智库首先要从数字化工作的顶层设计与统筹协调入手，加强政策引导，明确组织方式，夯实智库数字化改革的治理基础；其次，提出信息化、数据化、智能化的"三化"发展路径，实现智库的管理质量提升、多源数据积累与复用、科学决策的智能化；最后，要强化工作保障措施，为智库数字化工作提供组织基础、专项资金、技术人才、外部协作网络等方面的支撑力量，从而持续有效地推动智库的数字化工作体系建设，使智库能从复杂混沌的信息场景中，真正实现资源共享、互联互通，及时、高效、科学地为党委政府提供有力的数字化支撑和决策支持。

[①] 王晓光：《加强人文社科数据资源建设与管理》，载于《光明日报》2018 年 7 月 5 日。

第十四章

构建基于政策全过程的智库嵌入式决策咨询服务体系

公共政策的过程复杂而漫长，政府在公共决策过程中，尤其是重大决策过程中，从前期的议题发起、内容制定，中期的执行落实，到后期的决策评估、政策反馈都给智库提供了广阔的参与空间，智库在其中发挥智力支撑、舆论引导、沟通桥梁等作用。[①] 嵌入式决策咨询服务是指智库作为政府的"外脑"，与政府的"内脑"（政府内部政策研究部室）协同工作，嵌入政府政策研究的全过程的咨询服务方式。[②] 当前，智库的研究咨询业务过于集中在政策过程的前端，业务模式头重脚轻，很多智库在决策智力市场上的定位模糊不清。对于大多数智库来说，核心竞争力不应只体现在写内参上，而要体现在做咨询、做规划、处理数据、做项目评估上，这才是新型智库未来安身立命，形成品牌的资本。[③] 因此，本章构建了基于政策全过程的智库嵌入式决策咨询服务体系，期望智库在不久的未来将客户定位和业务重心下移，充分利用嵌入式决策咨询服务消除信息的不对称，真正嵌入到政策全过程和决策制定的各个流程，实现自己的品牌价值，真正从传统的学术研究机关转向技术支援型的现代智库。

---

① 李刚、王斯敏、冯雅、甘琳等：《CTTI 智库报告（2019）》，南京大学出版社 2020 年版，第 57 ~ 58 页。

②③ 李刚、郭婷婷：《智库嵌入式决策咨询服务模式》，载于《智库理论与实践》2019 年第 2 期。

第一节 打造良好公共关系，实现
政策共同体圈层嵌入

政策过程嵌入的一个重要前提是实现对政策共同体圈层的嵌入，即公共关系的嵌入。智库研究与单纯学术研究的一个重要区别是学术研究强调"板凳要坐十年稳""两耳不闻窗外事"，较少关注公共关系。但除少数具有保密性质的智库外，绝大多数智库都需要建立公共关系。公共关系里面包含政府关系、产业关系、媒体关系及学术关系等，其中最重要的是政府关系。[①] 一个合格的智库，必须深入嵌入党和政府的政策共同体，与政府部门保持密切联系。通过获得政府机关的经费资助、方向指导、政策支持等方式，智库及其专家获得了经济、政治和职业方面的利益，并可借此对其他组织形成优势；而智库则为政府机关提供决策咨询，政府也获得了决策上的智力回报，这种过程实际上是政府与智库的互惠过程。[②]

一、注意保持智库研究的相对独立性

我国最典型的古代智库之一——稷下学宫享有高度的身份独立，稷下先生和君主之间的关系并不是完全的依附，而是亦君臣，亦师友。这种相对独立的关系使得学术和政治之间既坚守了各自的界限和尺度，又保持了双方之间的黏度和张力，是稷下学宫能发展百年的内在基础，这对我国现代智库研究仍具有借鉴意义。[③] 我国部分智库虽然当前研究自主性相对不足，但在与政府部门建构关系网络时，也要注意尽量规避各方利益背景的影响，明确自身定位与发展目标，秉持客观中立的价值取向，运用科学前沿的研究方法提出政策咨询意见，保证高质量研究。进一步加强自主性建设，尤其是在坚持党的领导的前提下，应加强发挥智库的批判和纠错功能，树立问题导向和问题意识，严肃、理性地提出不同意见，充分释放智库自身的决策咨询服务功能，真正成为党和政

---

① 李刚、郭婷婷：《智库嵌入式决策咨询服务模式》，载于《智库理论与实践》2019 年第 2 期。
② 梁健：《科学决策视阈下中国特色新型智库建设——基于政府—智库—公众三方互动的思考》，载于《决策咨询》2020 年第 2 期。
③ 张霄：《从稷下学宫看智库的独立性》，载于《智库理论与实践》2019 年第 2 期。

府的参谋和助手。①

二、与政府建立深厚联系，重点推进中国特色"旋转门"机制建设

智库向政府做深层嵌入，目的不是去"搞庸俗的关系"，而是要消除信息不对称，如果信息不对称，那么智库的信息供给可能就是浪费。第一，发挥智库专家作用。很多智库资深专家本身即是学界、业界知名人士，与政府部门交流频繁，具有强大的人脉资源网络。要充分借力专家的人脉渠道，更快获得政府信任，建立常态化良好合作关系。第二，智库要积极进行自我宣传与推广，主动融入政府决策咨询活动。要积极主动参与政府信息通报会、专家咨询会、学术研讨沙龙等活动，向政府部门进行互动宣传，展现研究实力，争取在信息采集、选题征集、专家咨询、学术研讨、实地调研、成果共享等方面开展深度合作，与政府建立良好的关系，经常往来联系，掌握用户的信息需求。第三，进行中国特色新型智库人才"旋转门"机制的本土实践。智库与政府之间的人才流动能够显著激发人才活力，有效保障决策科学性。首先，在人才培养上，智库方应定期选派研究人员到政府体验式学习或转任政府领导职务，研究人员长期专注特定领域，在熟悉政府工作流程及决策约束条件后，所拟定的决策理念和决策方案会更具实操性；其次，在干部与人才的选拔使用上，智库机构可积极推荐有复合工作经历的研究人员参与政府重大决策课题研究，推荐干部转任至专业能力要求高的政府部门工作；② 最后，在人才引进上，智库方可以吸收更多具有政府工作经验的人士进入智库，吸纳退休官员加入，获得制定政策的经验，并通过他们更好地向政府机构传递信息。比如，当前全球化智库（CCG）积极探索如何打造国际化的顾问委员会，吸纳包括欧美同学会原常务副会长、全国人大外事委员会原副主任、中国科协原副主席等具备资深行政经验和丰富政策制定经历的前政府官员。③

---

① 孙蔚、张宇婷：《从西方智库"独立性"看新时代中国特色新型智库的构建》，载于《智库理论与实践》2021 年第 4 期。

② 孟宪斌：《智库成果与政府决策的良性互动——基于"需求侧—供给侧"的双重反思》，载于《天津行政学院学报》2019 年第 6 期。

③ 任恒：《构建我国新型智库"旋转门"机制：内涵、现状及思路》，载于《北京工业大学学报（社会科学版）》2021 年第 1 期。

第二节　积极主动参与议程设置，提出专业化政策建议

政策议程设置是决策过程的起始阶段，也是最为核心的环节之一。政府资源的有限决定了仅有部分议题能够进入正式政策议程，如何让民众关心的、社会发展需要的议题入选，是智库在议程设置阶段的咨政任务。① 智库要转变理念，将服务政府部门决策咨询作为重中之重，不断拓宽决策咨询渠道，密切关注大政方针，基于深厚的研究基础，把握政府课题承接等机会，通过政府议程和公共议程启发公共政策议程设置，为决策提供专业化科学依据乃至决策方案。

一、在理念上从关注学术和理论研究转变为关注政策和对策研究

转变理念是当前新型智库创新科研组织体系首要考虑的问题，也就是如何解决从关注学术和理论研究向关注政策和对策研究转变这一问题。首先，做研究应沉得下心，开展长期跟踪研究，避免陷入急功近利式研究。研究要经得起时间考验，优秀的研究成果往往更需要时间的验证。多数政策研究项目都是政府委托针对现实问题提出，要致力于寻找长期或全面的解决方案，或针对特定专业领域和议题进行长时间的研究、调研、评估、反馈、再研究过程。例如江西理工大学有色金属产业发展研究院不盲目跟随热潮，始终坚持开展有色金属相关研究，持续跟踪、调查研究粤港澳大湾区建设对周边地区经济社会的影响，当前已成为我国研究有色金属的重镇。其次，智库可以通过拓宽服务决策咨询渠道、加强内部刊物建设等方式，以转变服务对象和服务模式实现理念上的转变。当前作为"领头羊"的国家高端智库方阵已经进行了相关路径探索。例如，在刊物建设方面，国研院拥有《国际问题研究》《国际资料》等较多公开刊物和内部刊物，内刊皆报送给中办、国办、人大、政协、外交部等；在咨询渠道建设方面，国研院每月定期向中宣部报送高端智库成果报告，积极主动地服务中央决策和国家外交事业；财科院会主动与理事会对接，定期向理事会秘书处报送《财政智库专报》和《国家高端智库报告》，及时汇报智库建设相关进展和动态，还主动宣传智库建设与科学研究方面的成功经验与优秀成果。此外，财科院主动承接并高质量完成理

① 李刚、王斯敏、冯雅、甘琳等：《CTTI 智库报告（2019）》，南京大学出版社 2020 年版，第 51 页。

事会交办的课题任务，按时完成并上报国家高端智库理事会秘书处。

二、参与政府议程，研究重大政策为决策层提供参考

首先，积极主动参与议程设置前端工作，发挥"参谋"功能。我国的咨询具有典型的中国特色。例如《意见》这一文件的出台就体现了中国特色。[①] 2013 年 4 月 15 日，习近平总书记作出有关中国特色新型智库建设的批示后，为全面贯彻这一重要批示，由中宣部牵头起草新型智库建设的文件。全国哲学社会科学工作办公室的有关同志做了几百场调研，几乎阅读完了当时能够找到的所有中外智库研究的著作和论文。该文件的出台也得到了很多智库机构的协助，从信息搜集开始，一些智库的调研团队到欧洲、美国、日本去调研智库，形成调研报告。对智库来说，不能等到需要文件出台的时候再参与工作，而是要在一项决策意向（idea）形成的时候就开始工作，与政府共同搜集文本信息，并全面搜集各种信息，分析研判后再做实地调研，最终的工作才是形成报告。[②]

其次，发挥主观能动性，以多种形式参与政策议程设置。智库应把握时机，主动服务，针对当前社会重大政策问题，结合自身研究优势进行专题研究，或直接参与政府议程，或自主开展调研，积极开展文件起草、方案策划等工作，将研究成果通过内参、课题、建议等多种形式通过上报渠道专送给各级各部门政研室、研究室和党政部门，从而被纳入政府议程。如中南财经政法大学法治发展与司法改革研究中心专家徐汉明的《检察长列席审判委员会制度的探索与发展》报告，被最高检《领导参阅件》采用，并被吸纳入重要立法建议之中;[③] 华南理工大学公共政策研究院关注重大政策议题，以政策报告《公共政策研究内参》作为建言献策内参的核心成果，积极服务于国家战略和政策影响力建设。2016 年其向中央报送的 16 份政策报告中被中宣部、教育部采用 12 份。[④] 有时，决策方发现了社会中亟待改善或解决的问题，但由于现象复杂，决策事关重大，而智库有深厚的研究积累和突出的专业优势，政策制定者便有可能寻求智库帮助，邀请各智库专家来进一步识别和界定问题，这给智库介入政策议程设置提供了机会。智库方要积极回应决策者的委托或邀请，在关键时刻发挥智囊作用，推出与决策方

---

① 中共中央办公厅、国务院办公厅：《关于加强中国特色新型智库建设的意见》，中国政府网，2015 年 1 月 20 日，http://www.gov.cn/xinwen/2015-01/20/content_2807126.htm。
② 李刚、郭婷婷：《智库嵌入式决策咨询服务模式》，载于《智库理论与实践》2019 年第 2 期。
③ 李刚、王斯敏、冯雅、甘琳等：《CTTI 智库报告（2019）》，南京大学出版社 2020 年版，第 51 页。
④ 杨沐、林珅：《中国特色新型高校智库的探索与多维度能力建设——基于华南理工大学公共政策研究院的个案研究》，载于《智库理论与实践》2018 年第 1 期。

需求高度契合的思想产品，使得政策制定者重视智库智力支持，建立起信任关系，也为智库后续的发展打下坚实基础。此外，智库在议程设置阶段的成功介入能够使智库受到重视，为智库后续参与政策过程赢得先机。

三、引导公众议程，推动公共问题列入政府决策议程

公众议程是指社会问题引起公众关注的过程，从而影响政府议程设置。智库在公众议程中便有着类似的"启智"和"聚焦"作用，即从专业角度澄清相关概念，对议题进行聚焦和界定，引导公众的价值观念，形成有利于被决策者采纳的舆论氛围。[1] 有时候摆事实、讲道理的方式可能无法引起决策方的注意，智库可以采用"外压模式"，扮演政策活动家角色，以政府和社会的"中间人"身份，争取民意支持，推动社会公共问题进入政策议程，向决策部门提出政策问题及专业化政策建议，促成决策者关注该问题，并竭力促使公共问题得到切合实际的解决。如近几年疫苗事件引起社会广泛关注，推动了《中华人民共和国疫苗管理法》的出台。又如 2003 年国家启动中长期科技发展规划战略研究，科技界多家智库（如北京大学、国研中心等）通过各种媒体发声，特别是 2003 年北京大学教授路风的《中国大型飞机发展战略研究报告》通过媒体公开发表后，社会反响强烈，国家最终把大飞机列为 16 个重大科技专项之一，并把自主创新写入我国中长期发展规划的指导原则。[2] 此外，在互联网时代，智库要时刻关注网络舆论，定期组织公共活动，注意结合多种传播手段、借助各类媒体平台进行推广和传播，才能更好引导公共议程，成为议程设置的关键平台。

四、紧贴政策需求，联系实际结合自身定位做好选题工作

首先，在选题方向上，智库由于类型不同，定位不同，功能也各异。目前，我国党政部门智库应当主要围绕党和政府工作大局，着眼于各类短平快的热点、难点、焦点问题进行研究，并尽可能做到科研成果转化为政策和建议；高校智库则应当发挥人才与学科聚集优势，瞄准国际前沿性、战略性课题开展多维度的深入系统研究，为党和政府提供重大基础性、理论性、前瞻性的决策咨询服务；党校、社科院智库则应当紧扣经济社会发展的热点问题，以问题为导向，从地方视角出发，发挥深入实际调查的优势和理论分析工具优势，为党和政府提

① 李刚、王斯敏、冯雅、甘琳等：《CTTI 智库报告（2019）》，南京大学出版社 2020 年版，第 51 页。
② 袁志彬：《智库影响科技政策议程设置模式研究》，载于《中国科学院院刊》2017 年第 6 期。

供鲜活的世情、国情、省情或市情调研信息，并在此基础上提出战略性研究报告和决策咨询建议；企业智库、民间智库则应发挥其灵活多样的机制和优势，根据经济社会发展实际需要，促进产学研一体化发展和科技创新活动，发挥智库的创新引领作用。[1] 其次，在选题模式上，建立信息和成果共享的"1 + N"选题和研究模式，邀请学术委员会及特聘专家进行选题指导，各下属研究平台或课题组共同研讨选题方向，打破信息壁垒，强化各项智库决策的协同性，增强选题的科学性，提升研究水平。

五、长期跟踪议题，把握政策窗口适时建言献策

美国学者约翰·W. 金登（John W. Kingdon）把公共问题引起决策者注意并进入政策议程的机会称为"政策窗口"。[2]"政策窗口"是公共政策过程的一个核心环节，政策建议要注意把握时机。智库研究成果能否影响公共决策，首先在于该成果能否摆到决策者桌面上，进入政策议程。政策方案需要与之相适宜的政策问题，并产生政治紧迫性或政治必要性，才能推动政策议程。智库专家需要密切关注大政方针，结合重要的社会问题进行扎实专业的研究，并等待着对他们最有利的政治条件成熟起来。"政策窗口"开启，就意味着从设定政策议题到最终决策为止的过程所必需的诸多条件已经成熟。智库应把握好政策窗口的开启契机，关注权力更替、政治价值转向等特殊政治时期或突发偶然事件发生时机，利用内部渠道或采取适宜的传播策略使得已准备好的政策方案进入决策者视野，全力以赴把它变成政策议题。同时，"政策窗口"的开启或许不仅一次，对于重大政策议题的长期跟踪是十分必要的，政策成功的先例往往成为站稳脚跟的理论支撑点，并为之后的持续研究提供思想逻辑与战略战术。

第三节　开展政策调研与辩论，为决策者提供科学客观的政策分析

现今智库已成为中国决策链条中必不可少的环节，各方对智库产生了前所未

---

[1] 权衡：《建设新型智库推动决策咨询科学化、民主化》，载于《中国党政干部论坛》2015 年第 1 期。

[2] ［美］约翰·W. 金登著，丁煌、方兴译：《议程、备选方案与公共政策》，中国人民大学出版社2004 年版，第 68 页。

有的高要求、高标准与高期待。日益综合多元的现实难题决定了决策层需要征求智库的专业意见，智库需要在某个领域长期跟踪调研，才能为政府决策提供专业意见，此时智库应是在某个领域的深度探秘者。网络时代纷繁复杂的舆情决定了决策层需要强化与智库的互动，智库应充分了解社会实情，直面大众意见，充当政府与社会的真诚沟通者。

一、开展长期国情跟踪研究，推动基层调研落到实处

重视党和政府关注的重大实际问题的调研。了解真实国情，掌握真实数据，不仅要做问卷调查，还要进行田野调查，使对策建议建立在可靠的基础上。习近平总书记多次强调要在全党大兴调查研究之风，要求唯真唯实。[①] 只有深入基层一线，才能察实情、出实招、求实效。要瞄准国家重大战略需求，沉下心去开展深入研究，提出更多接地气、可操作的对策建议。

首先，积极推动科学布局基层调研点。利用体制内亲缘关系、智库联盟等多方优势选择有代表性地方和单位建立常态化合作机制和固定调研联系点。此后，针对专题问题长期进行跟踪调研评估，总结经验，解决问题，持续改进。例如江西师范大学区域发展研究院在产业园设计与共建研究方面，团队考察了90多个产业园，同时着力加强与相关部门对接，进行百县调研，获得大量第一手资料。[②]

其次，更加广泛、全面且有针对性地收集信息，增加民意传递渠道。综合采用多种调查方式，结合查阅文件资料、问卷调查、实地调研、民意测验、座谈走访、网络舆情、听证会等方法，对公众观点和社会现实进行科学的整理分析，充分掌握利益相关者真实诉求，可以过滤庞杂的无效意见，最终形成精简专业的调研报告，更加准确有效地将社会公众的利益诉求传达给政府，实现国家、公众和专家三种力量的理性沟通。如安徽省高校管理大数据研究中心2018年参与安徽省高校师生满意度调查，共调查了27所高校、学生15 051人，老师1 355人，分析师生对于高等教育质量的满意程度，对我国高等教育的政策与实施、管理与教学、支持与服务等各方面现状进行了全面系统的梳理，切实传达了政策相关者的意见。又如江南大学食品安全风险治理研究团队结合食品安全问题，先后对20多个省（自治区、直辖市）90多个地级市进行了实地调

---

① 刘奇：《人民日报：大力弘扬唯实求真精神——学习贯彻习近平同志关于调查研究的重要论述》，人民网，2018 年 9 月 20 日，http://opinion.people.com.cn/n1/2018/0920/c1003 – 30303899.html。

② 资料由本书课题组调研获得。

查，访谈 4 万多名基层干部群众、400 多家食品生产经营企业，形成了调研报告，呈送中共中央办公厅、国务院办公厅，将人民的声音传达给政府；同时国内主流网络媒体与主要新媒体门户网站也不同程度地转载了该调查报告，引起社会关注和舆论讨论，进一步增加了公众参与，推动了更广泛的民意表达。[1]没有调研就没有建议权。要敢于冲破智库的"舒适区"，大力实施"潜水式调研""饱和式调研"，把科研人员逼到基层、赶到一线、回到现场，深入田头、走进街头、坐上炕头做好一线调查、做好"切片观察"，成为党委政府不可替代的第三方信息源，解决好智库不愿调研、不会调研、不敢调研的问题，为产出可靠咨政成果提供保障。[2]

最后，加强决策咨询场景嵌入，参与政府会议与调研现场。决策咨询场景嵌入是指智库通过积极参加政府的调研活动、决策咨询会议、政策路演活动等，获得决策咨询活动现场感，全面了解政策产生的前因后果。简单地说就是智库和政府建立良好的互动关系，参与到政府的决策工作场景中去。这一点尤其重要。如果决策部门与智库的互动不够深入，智库难以有机会参与政府政策研讨，便会出现"文件数据得不到、政策信息得不到、批示反馈看不到"的问题。因此，嵌入政府的会议现场和调研现场非常重要。[3]

二、通过数字化建设提升技术支援能力

决策的养料是理念与信息。[4] 社会与信息环境的变化，促使智库研究人员在研究和交流的过程中越来越重视使用和共享相关数据，智库研究逐渐开始以既有的事实数据作为研究起点，通过内容分析和数据挖掘来探索发现"新知"。因此，要重视加强信息化顶层设计、整体规划与统筹协调，持续推进数据库、工具模型的建设开发，利用信息化技术与智慧化研究为智库的业务开展与日常管理注入新的能量。首先，建立起多条稳定的信息来源渠道，可以分为直接生产创造和间接搜集获取两种渠道。其中，直接生产创造可以由开展具体调研而展开，或通过实验获取相关数据；间接搜集可通过公开数据、自建合建和购买数据库等途径获取。只有具备来源可靠、内容丰富、深入细致的文献与数据资源，才能开展具有前瞻性、战略性和决策现实意义的智库研究。其次，打造智库智能服务数字化平台，贯穿智库研究全周期，通过智慧化建设解决中国特色新型智库体系建设需求

① 李刚、王斯敏、冯雅、甘琳等：《CTTI 智库报告（2019）》，南京大学出版社 2020 年版，第 52 页。
② 周湘智：《中国智库建设行动逻辑》，社会科学文献出版社 2019 年版，第 108 页。
③ 李刚、郭婷婷：《智库嵌入式决策咨询服务模式》，载于《智库理论与实践》2019 年第 2 期。
④ 郑永年：《内部多元主义与中国新型智库建设》，东方出版社 2016 年版，第 89 页。

与现实的矛盾。数字化平台可囊括工具化业务系统、资源化数据库和智能化服务，实现在线数字化管理，革新智库研究模式，加强多界别智库专家整合联动，增加智库成果与社会各界的交互反馈，为智库知识生产数字化赋能。与此同时，要注意智库研究资源的建设不能仅仅满足于一般数据的汇集，而要实现从薄数据（thin data）到厚数据（thick data）的关联。所谓厚数据，是指"利用人类学定性研究法来阐释的数据，旨在揭示情感、故事和意义"。[①]薄数据呈现的是事实，而厚数据不仅呈现事实，还包括事实的前后联系和意义，简言之，厚数据能够更多揭示表面数据背后的内在原因及其发生机制，体现着各种数据关系背后的社会背景。智库要纵观全局，整合大数据与厚数据，才能更全面、更深入地把握和理解问题，完成对研究对象的问题解决和理论创新。

三、参与政策辩论，成为多元利益和价值观念的政策参与渠道

作为政府决策的"外脑"，智库的职能就是在决策过程中向治国理政者提供专业政策分析和决策咨询。在政策分析市场上，最终需求方是政府决策者，在政策辩论过程中，当一个政策方案优于另一个方案时，提出或支持这一方案的学者在辩论中就会获得更高的政府声誉和公众知名度。[②]随着中国经济改革的深入和市场化进程的加速，中国社会利益群体逐渐分化，各种价值观念更加多元，[③]内、外部决策事项日益复杂。智库作为政府和社会的沟通桥梁，首先应对各类政策问题进行扎实深入的研究，拿出最优的政策方案，在政策分析市场上占据较大话语权；其次要坚持"唯实求真，守正出新"的核心理念，实事求是说真话，理性进行各种意见的交锋和辩论，较为全面地将各方的利益诉求和政策声音在听证会、专家咨询会上进行传达，帮助政府和其他政策参与者从更多不同角度看待社会现象和问题，将智库思想与社会力量相结合，进行共同的政策倡议，产生更大的政策影响。

---

① 《大数据离不开"厚数据"》，36氪官网，2015年5月31日，https://36kr.com/p/16471393 73057。
② 朱旭峰：《中国智库建设10大关键词》，载于《理论学习》2015年第3期。
③ 薛澜：《智库热的冷思考：破解中国特色智库发展之道》，载于《中国行政管理》2014年第5期。

第四节　为政策执行者提供有深度有见地的
政策解读，推进政策执行到位

优秀智库汇聚了大量精英人才，对宏观性战略性政策问题进行长期跟踪分析和前瞻性研究，具有专业性、权威性的特点。在一项政策即将落实或已经下发后，智库常常充当启发民智的"思想源泉"，通过政策教育帮助公众更好地理解决策意义，增进社会公众认同。除了面向社会大众的政策教育之外，不论是政府内部人员，还是政策即将推行前的民意试探，也都需要智库专家迅速高效、权威精准地将比较深奥晦涩的政策转换为更易理解的要点，进而提高政策效果，增进社会福祉。

一、开展政策解读，使政府人员全面、准确、深刻理解政策内容

面向政府人员的政策解读是政策执行过程中的一项重要功能活动。上层决策者制定的政策往往比较宏观，在向下逐级贯彻落实的过程中，每一层级的政府人员若是理解有所偏差，在实际执行过程中便可能出现差错。因此，智库专家可以在政府部门内部开展政策宣讲会、培训讲座等，充当"政策分析师"角色，从第三方角度客观理性地详细解读国家政策的实际状况与相关信息，帮助政府人员更好消化和理解决策意图与落实方向，保证政策准确贯彻执行，达到预期效果。此外，智库也可以充分发挥政府智囊作用，定期为政府部门人员开展公共政策知识的授课，例如探究什么是公共政策形成的原因和决定性因素？为什么政府做这些事情？政治制度、政治过程和政治行为对公共政策产生的影响等等。政策解读与政策实践相互促进提高，而智库专家也能在与政府人员的交流过程中，更加了解当前政策落实的现状与困难，有利于开展后续研究。

二、在政策吹风会上发挥智囊作用，助推决策取得积极成效

在一项重大决策正式发布前，政策例行吹风会可以帮助决策者听取社会各个阶层的反应和意见，综合考量，谨慎认真地总结完善即将推行的政策，若有必要

则可能做适当调整、修改，以期最大限度地满足人民需要和促进社会发展。首先，智库在平时应进行长期的研究积累以及培养强大的研究能力，力争成为某一专业领域的佼佼者，唯有如此，智库才有能力在关键时刻抓住政策参与机会；其次，与决策者保持长期互动，建立良好且稳定的关系，尽可能争取和决策者面对面的交流机会，这对于智库的政策参与具有关键意义；最后，也要注意扩大社会影响力，增强自身权威性，获取较高社会知名度，这样才能具备有利的政策参与条件。在此前提下，智库要积极举荐智库专家参与政策吹风会，在会议开始前对政策进行深入研究分析，充分发挥智库专业性与权威性特点，参与政策解读、专家评论、热点回应、政策实施效果预评估等工作，提供精准、客观、科学、理性的政策分析和意见建议，有助于公众了解政策目的和意义，从而凝聚共识，推动重大决策过程更科学、决策执行更高效、决策效果更完善。

第五节　完善政策评估与反馈机制，找准后续工作发力点

公共政策评估与反馈是国家治理现代化必不可少的组成部分，我国公共政策评估与反馈起步较晚，总体而言仍处于探索阶段。党的十八大以来，政策评估越来越受到中央和各级地方政府的重视，越来越受到社会各界的关注，党的十九届四中全会提到的"决策评估、监督"[1] 即是对政策执行效果进行评估，从而为政策变化、政策改进和新政制定提供依据，帮助政府优化政策资源配置，提高政策运行的科学性和准确性。智库集科学、客观、公正、专业于一体，以第三方视角进行政策评估，及时准确把握真实社情民意并进行反馈，提高重大决策的科学性和公信力，这应是智库长期担当的重要社会职责。

一、持续追踪，有效评估政策落地效果

首先，公共政策的执行效果需要专业团队进行长期的跟踪评估。政策评估的能力和水平也反映决策咨询机构向政府建言献策的能力和水平，因此智库评估人才队伍需要具备较高的专业素质和政策参与经验，在政策评估方面具有显著优势，在这种背景下，高校智库、社会智库等非党政部门智库可以成为优秀的第三

---

[1]　新华社：《中共中央关于坚持和完善中国特色社会主义制度，推进国家治理体系和治理能力现代化若干重大问题的决定》，中国政府网，2019 年 11 月 5 日，http：//www.gov.cn/zhengce/2019 – 11/05/content_5449023.htm。

方政策评估者。① 其次，智库应与政府部门建立密切合作关系，争取受邀或主动参与到政策效果的跟踪评价中。充分发挥自身的专业优势，秉承科学开放的理念，基于广泛全面的调研，作出科学全面客观的评估，充分考察公共政策与基层实际匹配度，对公共政策的适应性和绩效进行评价。与此同时，对存在问题进行整理，明确后期工作新发力点，提出具体的、有针对性的对策和建议。

二、深入调研，探究政策落实欠佳原因

尽管各级政府科学决策、依法行政的能力不断提升，但仍有不少公共政策制定或执行不当，抑或是由于社会经济环境等发生变化而变得不合时宜。智库可在全面客观调查基础上对收集的数据、材料进行分析整理，撰写政策评估报告，反馈相关责任主体态度，分析总结政策利弊，推断探究失利原因，提出修订调整意见，甚至是直接参与政策的后续调整工作，及时化解利益相关方的矛盾，进一步促进政策公平、民主，提高政策效率。如广东国际战略研究院联合北京大学企业大数据研究中心针对民企参与"一带一路"项目建设不足的现实情况，对广东省14 500家民企进行调研，覆盖广东省21个地级市，29个市、区（县），基于一手的微观企业调查数据，就民企参与"一带一路"建设的现状、参与意愿、存在问题以及背后的原因等进行深入剖析和总结，形成《民企参与"一带一路"建设："强意愿、不迈步"的成因与对策》报告，为接下来发挥民企力量推动"一带一路"建设，实现合作共赢提出了搭建可落地实施的产学研平台、设立中国境外投资"一站式"管理模式等对策建议。又如中共贵州省委党校针对铜仁市思南县易地扶贫搬迁政策落实存在的难题，在思南县易地扶贫板桥镇安置点等多个安置点进行了问卷调查与深入访谈，形成了《铜仁市思南县易地扶贫搬迁的真正难题及其破解之策》，被省级内参《贵州决策咨询》2019年第1期采纳，并获得贵州省委书记和贵州省政协副主席肯定性批示，为后续易地扶贫搬迁的政策制定提供了借鉴。②

三、全面分析，总结成功经验提供借鉴

智库开展公共政策评估与反馈工作，除了发现已有政策存在的问题与不足，提出改进意见之外，还应对一些创新的、成功的政策经验进行总结，并结合本地

---

① 李刚、王斯敏、冯雅、甘琳等：《CTTI智库报告（2019）》，南京大学出版社2020年版，第56页。

② 李刚、王斯敏、冯雅、甘琳等：《CTTI智库报告（2019）》，南京大学出版社2020年版，第57页。

实际因地制宜地提出推广建议。智库对试点政策及时进行评估反馈,有助于进一步完善政策,促进政策经验迅速推广,如浙江省县域医共体试点工作开展半年后,浙江大学社会治理研究院课题组基于县域医共体绩效、能力以及组织、制度等维度,对这项工作进行了第三方独立评估,总结了试点工作的成功经验,并进一步提出了推进全省县域医共体建设的政策建议,其中9条政策建议被浙江省委办公厅、省政府办公厅《关于全面推进县域医疗卫生服务共同体建设的意见》采纳,先进经验得到充分肯定,并很快转化为公共政策。[1] 智库要做好全面政策评估,并且及时、有说服力地反映给相关权力部门,构成完整的政策过程环,做到全过程参与。领导批示不是咨询工作的完成,智库应持续关注领导将这个批示至哪个部门、委局,跟踪并与其紧密合作,参与该批示的政策协商环节,直至决策成为文件,并对文件的执行效果进行评估。[2]

四、收集民意,依托自身优势进行沟通与反馈

任何公共决策都有可能因为主观或客观的原因发生偏差,所以反思与纠偏是科学决策的必要环节和基本要求。智库应主动确立政策反思与纠偏的意识,参与决策的全过程,任何一项决策都不可能十全十美,唯有不断反省,持续完善,才能不断矫正前进的方向,才能助推政府提高科学决策的水平。

由中国智库索引(CTTI)系统中收集的数据可得各个政策过程阶段所产生的内参报批比(见图14-1),可见政策过程前段批示率远高于中段,但在政策评估与反馈阶段,报批比的走势却出现了"翘尾",虽然智库在政策过程末段报送内参数量不到前段总量的5%,但报批比却高于议程设置阶段。这说明了我国政府对智库参与政策评估与反馈的需求有很大上升空间。[3]

一项决策好不好,最终要看老百姓认不认可、满不满意。智库作为政府之外的公共机构,可以连接公众与政府,为两者的互动提供有效沟通的平台和纽带。在一项政策执行后,智库要充当社会与政府之间的桥梁,依托自身优势进行社情民意调研,通过重大决策通告会、听证会听取民众反馈,通过微博、微信、论坛等社会媒体平台捕捉公众舆论风向,充分搜集民众的意见和建议等评价信息,着重观察该政策是否执行正常、执行的结果与政策制定的初衷是否相符、社会是否

---

① 李刚、王斯敏、冯雅、甘琳等:《CTTI智库报告(2019)》,南京大学出版社2020年版,第57~58页。

② 李刚、郭婷婷:《智库嵌入式决策咨询服务模式》,载于《智库理论与实践》2019年第2期。

③ 王传奇、李刚、丁炫凯:《智库政策影响力评价中的"唯批示论"迷思——基于政策过程理论视角的研究》,载于《图书与情报》2019年第3期。

有抵触的情绪与思想等问题，及时发现决策实施过程中所产生的偏差和不良影响，梳理成文反馈给政府决策者，协助政府从这些问题中找到根本的症结所在。同时，作为决策共同体的智库要群策群力，提出能够解决问题的合理建议，促使政府加以修正、改进，总结成败得失，吸取正反两方面的经验教训，才能让政策制定不断得到最大程度的优化。

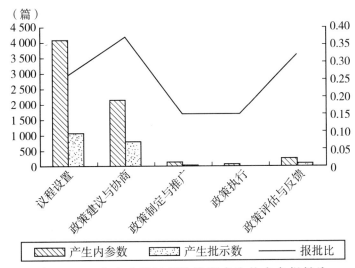

图 14 - 1　各个政策过程阶段所产生的内参报批比

资料来源：来自中国智库索引（CTTI）系统。

小　结

　　中国特色新型智库的目的是建立一批适应中国国情、以战略问题和公共政策为主要研究对象，以服务于党和国家科学民主依法决策为宗旨的非营利性研究咨询机构。[①] 经过几年的发展，新型智库服务政府决策咨询的方式不断丰富完善，在议程设置、政策调研与辩论、政策教育、政策评估与反馈等公共政策过程中发挥着越来越重要的作用，现已成为党和政府科学民主决策的重要智囊、服务社会改革的重要参谋。[②] 构建与新时代、新发展阶段相适应的政策全过程的嵌入式决策咨询服务体系，对智库而言既是机遇又是挑战。下一阶段，智库建设的重心是

---

　　① 中共中央办公厅、国务院办公厅：《关于加强中国特色新型智库建设的意见》，中国政府网，2015 年 1 月 20 日，http：//www. gov. cn/xinwen/2015 - 01/20/content_2807126. htm。

　　② 李刚、王斯敏、冯雅、甘琳等：《CTTI 智库报告（2019）》，南京大学出版社 2020 年版，第 56 页。

要解决浮于表面、注重形式传播的问题；与政府建立密切联系，保持常态化沟通；坚持深入调研，服务基层；广泛汇聚民意，服务群众；前瞻专业研究，服务发展；聚焦热点难点，服务大局。在政策全过程发挥自身优势，形成技术支援能力，发挥"内脑"与"外脑"协同研究咨询效应。最终，在发展中不断提升自身能力，以高质量成果咨政辅政，不断增强智库的决策影响力、社会影响力，使智库成为提升政府科学决策并推动决策现代化的有力保障。期盼中国特色新型智库"高光时刻"的到来，期望智库能够拥有更广阔的决策咨询天地。

第十五章

加强传播能力建设，科学
引导国内外舆论

壮大主流舆论、凝聚社会共识，发挥智库阐释党的理论、解读公共政策、研判社会舆情、引导社会热点、疏导公众情绪，[①] 这是新型智库的基本功能。西方智库也不回避价值倡导，我国智库就更不应该以客观中立为名淡化传播工作，而应该积极开展政策教育、社会舆论引导。智库界要深刻认识新形势下加强和改进国际传播工作的重要性和必要性，下大气力加强国际传播能力建设，形成同我国综合国力和国际地位相匹配的国际话语权，为我国改革发展稳定营造有利的外部舆论环境，为推动构建人类命运共同体作出积极贡献。[②] 智库传播要区别于大众传播，要体现智库专家传播应该具有的专业性和学理性。

第一节　提升智库传播素养，实现智库传播专业化

智库的传播意识是采取智库传播行动的前提。新型智库应当转变智库建设的传统思维，意识到社会影响力的形成不仅需要依靠高水平的研究成果，也需要一

---

① 中共中央办公厅、国务院办公厅：《关于加强中国特色新型智库建设的意见》，中国政府网，2015年1月20日，http://www.gov.cn/xinwen/2015-01/20/content_2807126.htm。

② 《习近平主持中共中央政治局第三十次集体学习并讲话》，中国政府网，2021年6月1日，http://www.gov.cn/xinwen/2021-06/01/content_5614684.htm。

535

定的传播能力、推广能力和营销能力。[①] 智库应进一步提升传播素养，积极融入信息时代，加强传播手段和传播机制建设，综合培育智库的学术影响力、社会影响力和政策影响力。对于已具有一定知名度的智库，应当更加主动地参与社会公共事务，传播政策思想，为民众答疑解惑，引导理性舆论，减少社会负面情绪和不和谐因素，正面促进党和国家政策制定与实施。[②]

一、树立智库传播意识，传播流程规范化

智库进行社会传播的动力由用户需求、智库目标任务以及社会责任需要两部分组成。首先，政府对公众舆论的引导需求。[③] 智库的公共传播可以化解、沟通政府决策层与社会舆论之间的矛盾，智库借助微博、微信、官方网站等新媒体，利用通俗易懂的文字语言、图片、视频等，向社会公众解读政策和普及政策。公众也对智库信息的传播有所需求。马斯洛认为当人类的生理需求得到满足，安全得到保证后，会有与他人交往和被尊重及实现自我等需求。[④] 而智库为公共事务、突发事件、政策或制度等问题提供的解读、答疑解惑和沟通信息等可以满足公众对热点或政策问题等信息的需求，以及了解国家政策走向，参与社会舆论，满足社交等需求。其次，智库目标、任务以及社会责任需要的推动。《意见》中明确提出，要"充分发挥中国特色新型智库咨政建言、理论创新、舆论引导、社会服务、公共外交等重要功能。"[⑤] 这不仅要求中国特色新型智库有扎实的理论研究功底和强大的咨政建言能力，还要求智库有卓越的公共传播能力。智库承担着服务国家、服务政府、提供高质量思想和政策方案、发出智库声音等社会责任。[⑥] 因此，智库的目标、任务和社会责任推动了智库公共传播要实现影响社会大众、引领社会思潮、引导社会舆论、服务社会等目标就需要开展传播活动，让更多的社会大众接受并认同智库产品。

第一，创造良好的智库传播环境。传播环境是智库信息传播的场所和空间，是智库传播活动存在、发生和创新的基础。除了社会经济水平、文化环境等宏观环境因素，还有智库的内部环境。内部环境主要指智库组织内部环境，包括管理

---

①② 石伟：《着力发挥智库在舆论引导中的作用》，载于《学习时报》2019 年 2 月 18 日。

③ 李中梅、张向先、刘金承：《新媒体环境下智库信息传播机理研究》，载于《智库理论与实践》2020 年第 2 期。

④ Maslow A. H. , A theory of human motivation. *Psychological Review*, 1943, P. 370.

⑤ 中共中央办公厅、国务院办公厅：《关于加强中国特色新型智库建设的意见》，中国政府网，2015 年 1 月 20 日，http：//www. gov. cn/xinwen/2015 – 01/20/content_2807126. htm。

⑥ 毅欧：《智库要有自己的独立价值和社会责任》，智库中国网，2019 年 10 月 5 日，http：//www. china. com. cn/opinion/think/2016 – 10/26/content_39570057. htm。

制度、组织文化等。其中管理制度包括学术研究制度、人员管理制度、资金管理制度、媒体管理制度、对外联络制度等。智库健全社会传播的制度建设，能够为其创造良好的传播环境。智库需要处理好服务小众与服务大众的关系，将服务人民群众纳入智库传播的重要内容，通过成立智库传播管理部门、制定考核管理制度，定期对该部门管理者和员工进行考核，保证其按时保质地完成工作；制定内容发布、传播、交流以及反馈处理等方面的管理制度，制定内容传播的审核制度，为智库产品的传播把好关，通过规范化的管理规定，实现智库信息从发布、传播到反馈、回复等标准化流程，保证智库传播的快速、有效、稳定运行；制定智库传播品牌、监控管理以及隐私安全等方面的规章制度，提高智库识别度，提高传播力。[①]

第二，建立规范化的传播方案。首先，在传播时机上做好规划。热度高、时效性强的智库信息更容易引发社会公众的关注，提升智库传播内容的时效性可以提高传播效果。[②] 智库内容的适时传播可使受众在短时间内对传播内容和议题产生兴趣，并及时做出反馈。此外，抓住重要时间节点，如国内外重要会议、论坛、节日或纪念日，相关主题的智库成果更容易受到关注。智库传播内容有别于其他机构，智库产品在新媒体平台进行发布前，需要经过层层审核和把关，确认其科学性和正确性，往往会推迟智库产品的发布，容易引起智库传播的滞后。因此，在保证智库信息科学性、可靠性的前提下，应尽可能简化审核程序、加快审核进度，提升智库信息的发布效率，提升智库的时效性，尤其是针对当前时期的突发事件、热点问题的智库产品，更应注重其传播效率。其次，智库运营部门应按智库产品内容分类，不同类型的智库产品分别制定生产、发布程序和传播策略。政策的评估和效果评估报告、政策及事件的建议报告、政策及决策的社会反馈报告等均需要智库专家经过严密的分析和计算，形成有数据支撑的完整报告，准确性要求高，对政府和社会的影响巨大，这类产品的生产和发布程序应谨慎处理、严格把关，进行智库传播时应面对需要该成果的特定人群，进行小范围传播；智库对于地区或领域的年度报告、行业报告等所需数据繁多，工作量偏大，该类智库成果应减少生产和发布程序，有计划地推送和传播；专家对突发事件的"进行时"事件报告，对容易产生负面影响、形成不良社会舆论、影响政府形象和社会稳定事件的分析报告，应最大可能简化生产和发布程序，利用智库专家的权威形象，通过新媒体平台向社会大众大范围传播，达到舆情管控、舆论引导，

[①] 李中梅、张向先、刘金承：《新媒体环境下智库信息传播机理研究》，载于《智库理论与实践》2020 年第 2 期。

[②] 朱涛、薛俊波：《基于传导动力学方程的智库传播模型及其应用》，载于《智库理论与实践》2021 年第 1 期。

消除社会公众对政策和事件的误读和不良影响的目的。最后，提高传播内容的可读性。传播内容的可读性直接影响受众的关注度。在可读性方面，要注意篇幅、"抓眼球"和话语体系。在篇幅上要合理控制，尽可能采用短句、短篇幅的形式。在话语体系上，需要注意使用受众熟悉的话语体系。语言上要通俗易懂，表达上要直截了当，便于不同学科知识背景的人阅读。以智库进行政策解读为例，政策解读的目标是为大众所理解，因此大众的理解能力决定着智库进行政策解读的话语方式。智库要将精致语言转化为通俗语言。智库在进行政策解读时，需要将一些专业词语转换为通俗的词语或表达方式便于公众理解。公共政策在内容方面、传播过程中都将精致性作为典型的特征，以体现公共部门的公共性和权威性。但智库政策解读的受众大多是对于公共政策理解有困难的人群，精致性的语言并不能有效促进公共政策的传播。为了使普通大众能够理解公共政策的内容和实质，智库在进行政策传播、政策解读时应改变精致性的风格，转向通俗的语言风格。[①]一方面，在词汇选择方面以普通大众常用字眼为主。普通大众的话语系统与政策研究人员的话语系统具有较大差别，通俗语言的生成应该立足大众的话语系统，选择普通大众话语系统里常用的词汇。另一方面，减少强制性口吻，多用建议性口吻。政策解读是公共政策的有机转换，智库需要在维持基本内容不变的前提下，改变一些外在形式，其中非常重要的一点便是政策解读口吻的转变，减少政策文本的强制性，增加与公众沟通的建议性口吻。[②]

二、建立专业化的营运团队，研究与传播融合

智库可以通过内部培养与外部引进结合的方式培育一支既懂传媒又懂智库的专业化团队，负责传播平台的运作，以及广告、公关、传播、营销等工作，提高智库传播平台的服务能力与大众传播的服务能力。[③]比如利用云计算、推荐引擎、社交网络推荐算法等技术，建立基于智库用户兴趣偏好轨迹的精准分析模型、挖掘智库用户的偏好和需求，为智库用户提供实时、精准的智库信息，提高智库信息传播的精准性，提升智库信息传播效果；借助头条号、抖音等传播营销服务平台，利用微博、搜狐网等新媒体发布智库产品，拓宽智库传播渠道，提高智库产品的曝光率和传播影响力。

---

① 朱涛、薛俊波：《基于传导动力学方程的智库传播模型及其应用》，载于《智库理论与实践》2021年第1期。
② 薛丹：《公共政策话语与新媒体话语的沟通与解读》，载于《重庆行政》2019年第1期。
③ 李中梅、张向先、刘金承：《新媒体环境下智库信息传播机理研究》，载于《智库理论与实践》2020年第2期。

　　第一，设立专门的传播部门或传播团队。欧美智库常设智库总监负责总体协调智库传播事宜，投入大量的资源来增加媒体曝光度，提高智库的公众形象。如布鲁金斯学会即拥有一支经验丰富的智库传播团队，该团队花费大量时间和精力更新网站上的智库信息，并实时监控网站数据流量，确保智库在知名媒体上的高曝光率。我国智库研究人员多，但是宣传、行政人员和技术人员少，对传播工作不够重视。例如，高校智库由于一般都是高校内设的研究机构，不具备专业的宣传力量，智库传播工作成为高校智库行政办公人员兼职工作；社会智库具有灵活的运营机制，但是经费紧张，出于成本控制的原因，一般也不会花费很多人力负责智库传播。但是，智库的传播需要一批高素质的传播者，才能够进行跨文化的交流与传播。因此，智库可以成立专门的传播部门或设立专员，让专业人做专业事，全面、系统负责智库传播事宜。在传播人才方面，智库一方面可以引进一些在公共关系和传播方面具有较强能力和社会资源的传媒界人才，设立专门的外联部门，负责与媒体、民众进行联系，捕捉民众关心的焦点话题、分析民情舆情，[①]观察舆论走向，帮助智库专家选择适当的介入时机和传播方式；另一方面，智库可以自主培养传播人才，与大学的国际学院、社会学院、传媒学院等院系合作开设人才培养项目，扎实推进高素质传播人才培养战略。第二，根据项目成立传播小组，成员包含专业的运营人员与研究人员。运营人员负责系统地设计、统筹智库成果的传播，进行传播结果的记录与反馈；研究人员负责对传播内容进行通俗化解释，使其更容易被公众接受，同时对传播过程中公众提出的问题进行答疑解惑。第三，设立传播主管岗位。智库传播主管负责对传播内容的政治性、学术性、数据可靠性及格式等进行审核。设立专门的传播与推介部门，有助于改变智库分散化、碎片化的传播状态，便于智库在统筹传播资源的基础上开展有计划、有组织的传播。相对于个体化和分散化的传播，专业化的传播与推介部门更注重实现传播内容、传播对象与传播载体的有机结合，发挥好组织化传播的优势，策划与实施一些主题集中、形式多样、连续性强的传播活动，使智库的传播产生综合效应、整体效应与品牌效应。

第二节　根据受众选择传播渠道，适应多元传播场景

　　智库产品的传播推广能力是构成智库社会影响力的重要因素，智库影响力的

---

　　①　石伟：《着力发挥智库在舆论引导中的作用》，载于《学习时报》2019 年 2 月 18 日。

大小不仅取决于产品的质量，也与传播的方式与能力密切相关。系统、顺畅的传播渠道与机制能够为智库发挥社会影响力提供广阔的平台，从而有效扩大智库产品的传播规模与宣传效应。因此，智库应紧跟时代步伐，充分利用各类媒介进行宣传推广工作，既要积极同电视、广播、报纸、杂志等传统媒体进行深度合作，通过新闻报道、专栏文章等方式来解读公共政策，分析社会热点，也要借力微信、微博等新媒体载体来引导社会舆论，提高智库及其专家在媒体中的出镜率和曝光率，进一步提升智库的社会影响力。同时，智库在进行思想传播时应避免叙事过于专业化、学理化，应将复杂的专业问题用社会大众都能接受的方式来表达，善于运用个性化、接地气、有亲和力的语言风格，采用更为新颖的、更符合时代特点的、更具多样化的表达方式来传播思想观点，真正让受众听得懂、真信服。①

一、打造面向业界、学界的专业渠道

智库的研究要建立在深厚的学术基础之上，只有深厚的学术理论、先进的研究方法、详实的数据支撑才能确保智库研究的科学性和可持续性。同样，智库的社会影响力还需要来自学术界的认可，形成学术影响力。② 智库的学术影响力主要来自智库自身的学术基础和研究水平，但是系统的学术阵地的建设也尤为重要。因此，智库应建立广泛而活跃的学术阵地。

第一，重视相关期刊与出版物的出版和推广，形成一批有质量和影响力的学术成果。首先，智库主办的学术期刊，不仅要紧跟前沿的理论成果，成为智库集聚学术思想、汇集学者资源的重要阵地。其次，内容上与智库研究的主要方向相吻合，突出宏观政策和国家战略的研究，形成开放包容又自成体系的学术探讨和政策研究的平台。③ 此外，出版著作是智库发表系统性观点的重要方式，理论性的学术著作、论文集、专题年度报告、系列丛书、普及类著作等，都是智库集中表达学术观点、进行严谨学术论证、系统梳理和研究国家重大战略性问题的有效载体。新书的出版要做好后续推广，通过新书发布会、相关报刊网站的新书推荐、书评等方式，扩大著作的知晓度和影响力。

第二，召开各种形式的学术活动扩大学术影响力和社会影响力。智库通过主办学术讨论会、专题研讨会、工作坊、学术报告会、讲座等活动，邀请相关学者、新闻媒体及社会人士参与，形成思想交流、学术交锋的场所，在传播智库自

① 石伟：《着力发挥智库在舆论引导中的作用》，载于《学习时报》2019年2月18日。
②③ 周石：《浅析智库提升社会传播能力的途径》，载于《高教学刊》2016年第13期。

身的学术观点的同时，也能够不断吸收其他学者的智慧。智库作为号召者和发起者，主办高水平的学术活动本身就已体现其学术影响力。同时，通过在学术场合发表学术观点，获得其他学者的认可或进行有益探讨，不仅能够提升在学术界的影响力，还可通过新闻媒体的宣传将这种学术影响力扩展至社会。[1] 智库在举办论坛会议等活动时，涉及"议题策划者""内容编辑"两种角色。在活动筹备期，智库扮演着论坛主题和议题的"策划者"角色。智库论坛从宏观主题的定位到具体议题的设计都体现出智库的价值诉求和政策倡导目标。智库活动在策划选题时可以通过媒体渠道征集公众议题，融合在论坛现场的主题讨论中。在活动结束后，智库作为"内容编辑"对嘉宾发言进行编辑与处理。智库应安排专员将嘉宾的言论观点加以提炼、包装，投放到智库官方网站、微博和微信公众号上，同时调动内外部媒体渠道资源，进行广泛的二次呈现和传播。

二、建立面向普通大众的下沉式渠道

目前我国智库成果的内容多与政府政策相关，因此研究成果的实证性较强，成果多以"报告""白皮书""汇编"、研究专著等形式发布，有学术根底的专业人员在接受这些信息时没有障碍。智库要扩大传播面，提高民众影响力，必须考虑到非专业读者的理解能力。[2] 智库的研究成果不能只在研究人员的"精英圈子"里自说自话，需要结合不同的媒介渠道，了解受众的不同需要，对普通公众采取更为"接地气"的传播形式。

第一，建设好"智库传媒"，打造智库舆论传播的主动性平台。目前，我国智库在传统印刷媒介的运用上比较成熟，但还需重视网络媒体的建设和社交媒体的使用。在这一点上可以学习西方智库的一些经验。西方智库向来很重视对自身媒体的建设，美国传统基金会鼓励学者参加广播、电视的评论节目，1994 年和1996 年建立了两套设备先进的无线电播音室。互联网传播时代，西方一些智库更建立起全媒体传播平台，例如布鲁金斯学会投入巨资用于网络的设计、维护和更新，在其网站上，公众既可以阅读学会的政策报告、购买书籍，也可收听、收看学会举办的会议及学者在各大电子媒体上接受访问的录音或录像。此外，学会网站上公布了管理层的成员名单和所有学者的名单及联系方式，公众可以非常方便地与这些学者直接沟通；网站页面可用多种语言形式浏览阅读，为其拓展传播影响力发挥了积极作用。我国多数智库的新媒体建设，网站信息多为智库活动和

---

① 周石：《浅析智库提升社会传播能力的途径》，载于《高教学刊》2016 年第 13 期。
② 陆丹、谢慧铃：《智库舆论传播现状和发展策略研究》，载于《编辑之友》2015 年第 9 期。

工作动态的"平面布告栏",对网络媒体的互动特性利用不到位。① 因此,智库要加强自身的媒体建设,打造舆论传播的主动性平台。在网络媒介信息呈现方式上更"接地气",善于以通俗易懂的文字语言,贴近大众的沟通技巧,对社会公众进行政策的解读和成果的普及。

第二,官方网站是智库的信息中枢和互动门户,要充分借助门户网站,发挥信息网络平台宣介功能,提升社会影响力。普通公众由于专业性技能的不足,对智库的了解更多通过查找智库的官方网站了解信息。目前我国智库官方网站的建立尚不完善,存在着"僵尸网站"的现象。尽管微信、微博等新媒体逐渐成为人们获取信息的主要渠道,但相较于传统媒体,在重大事件的传播渠道中,民众对官方机构的门户网站表现出了明显的信任与偏向,② 因此,智库自己的官网也非常重要,要把智库官网建成"一站式媒体库",用户可以购买到智库出版的书籍等实体产品,订阅邮件,查看智库论坛录像、获得智库专家的背景资料与联系方式。要建好官网,要注意以下几点:(1) 保证智库网站的更新频率,应及时跟进智库关注领域、机构动态,并优化网站结构类目突出重点信息,以专题页面、新闻转载、首页滚屏等形式加强智库重大信息的抵达率。智库网站还可以通过标签功能、超链接的有效运用,形成强交互性的融合媒体界面。例如,将主题关键字以超链接标签形式呈现,用户可以点击标签深入了解机构在同一主题下的其他成果。(2) 加强网页分享,促进信息传播。网页分享功能可以使用户在发现有价值的文章时,点击收藏将网页上内容分享给好友,通过用户的社会化网络为智库网站带来更多的流量。智库通过积极引入网站页面分享功能,能够促进网站社会化流量增加,从而增加网站在搜索引擎中的排名和权重,更加吸引社会公众浏览。③ (3) 借助官网开展教育与培训工作。北大国发院开展了公开课培训、公司特设培训、新商业领袖培育计划、暑期学校和中国学习之旅等形式的教育培训内容,有针对性地提供服务,扩大影响力。④ (4) 开发和官网配套的 APP。APP 已成为智能手机不可缺少的应用软件。智能终端的应用开发应该成为智库提升传播力的新立足点。智库应不断开发并按时更新,不断完善,将政治时事、大众点评、专家热点评析、政策解读成果以点对点的方式定期及时向群众传达。(5) 官网要丰富视频和音频节目。目前智库成果的公共传播基本都是以文字形式展示,视频和音频较少。新媒体作为良好的可视化传播途径,以图片或视频的形式可以更加简

---

① 王莉丽:《论美国思想库的舆论传播》,载于《现代传播(中国传媒大学学报)》2010 年第 2 期。

② 王婉婉:《基于受众中心的中国科技智库传播策略研究》,载于《新闻研究导刊》2018 年第 19 期。

③ 殷志华、兰宗敏:《充分借助信息网络平台 提升新型智库社会影响——建好智库门户网站的几点建议》,载于《新经济导刊》2014 年第 9 期。

④ 杨思洛、冯雅:《中国智库网络影响力分系统对比评价研究》,载于《重庆大学学报(社会科学版)》2017 年第 2 期。

单、通俗地展示智库的研究成果，从而更好地吸引群众。智库可以通过优酷、爱奇艺、抖音等各类视频平台进行品牌传播、内容分享。

第三，发挥专家力量，借助主流媒体的权威性延伸影响力。智库除了需要搭建各种网络平台来传播自己的思想观点，另一个能够有效扩大社会影响力的方式就是在各种媒体上发声。智库专家基于专业权威和价值中立的特征，对于国家重大战略问题、社会经济发展各个领域中的焦点热点问题，可以在各大媒体上发表见解、文章，进行政策解读、解答公众疑惑、发表理论观点。这不仅能实现智库引导社会舆论的功能，还能提高智库的知名度和公信力。随着传统媒体、新媒体发展的日新月异，智库专家依托媒体发表观点的渠道和形式也日渐增多。智库专家可以作为嘉宾在新闻、政论、访谈类电视广播节目中发表言论，可以客串当主持人，也可以在重要报刊中发表观点或写评论文章，开辟评论专栏；[1] 此外，目前各类新闻门户网站都设有智库专版或评论专版，如凤凰网的"凤凰国际智库"，智库专家可以在网络媒体中发表思想观点。除了接受采访、邀约撰稿或主动投稿等方式借助各媒体平台发表观点外，智库还可以通过主动"制造"媒体焦点、引导社会舆论。如智库自身的重大研究成果、专题报告、年度报告等可通过新闻发布会等形式推出，提出主要研究结论或思想观点，并通过新闻媒体的宣传引起社会的关注和讨论。我国智库要深刻研究与传媒合作的路径和提升渠道，用传媒独立的见解、独到的思考、独特的视角来帮助智库观察社会、引领思潮。

三、增强与公众的互动，进行研究成果个性化推送

智库不仅应利用各种媒介凝聚人气、提升关注度，还应为不同利益诉求的群体提供交流平台，鼓励公众参与议题讨论和政策辩论，积极同民众展开互动，倾听公众意见，在交流中引导舆论，在沟通中赢得民心，以客观公正的立场平衡各方分歧，促进共识形成。[2] 智库除了向社会公众发布研究成果、思想观点，还要对特殊的受众进行有针对性的个性化推送。首先，智库在官方网站设置读者的信息订阅功能，根据读者的阅读偏好，通过电子邮件等进行定期的个性化推送。在官方网站设立留言区或讨论区，提供公众发表意见、提出建议的渠道，也便于实时把握公众意见，持续维护民意认同。其次，智库借助新媒体与公众进行互动。相对于官方网站，各类新媒体平台（如微博、微信等）所能提供的互动方式更加

---

① 周石：《浅析智库提升社会传播能力的途径》，载于《高教学刊》2016 年第 13 期。
② 刘鹏飞：《媒体建设特色新型智库的契机与路径》，载于《青年记者》2019 年第 15 期。

丰富，成本也比较低。智库公众号平台可搭配各种互动方式，可以及时有效地沟通意见、汇聚民意。同时，公众通过新媒体平台的意见表达同时兼具社交功能，这样增强了互动的广泛性和趣味性。① 智库的社会影响力首先要靠自身的研究实力，研究成果不仅能够为政府提供建设性的决策建议，也要获得社会公众的认可，并能够引导公众积极参与政策讨论，起到咨政辅政和启迪民智的双重作用。同时，智库还要选择合适的方式在社会舆论中提出观点、制造影响。在互联网时代，各种传播媒介的发展为智库影响力的扩大提供了多种途径，智库可以建立自己的学术阵地、舆论阵地，成为学术观点、政策观点的传播源；也可以借助各类传统媒体和新媒体渠道，成为有影响力的发言者。②

第三节　传播主流思想价值，凝聚社会正能量

中国特色新型智库是推动国家治理现代化、促进经济社会发展、保护和增进公共利益的思想库和智囊团。由于智库具有专业性、权威性、前瞻性和思想性等特点，可以在引导社会舆论的过程中发挥独特优势。首先，智库能够对党和国家的重大方针和政策进行全方位、多视角的分析解读，对其做出全面客观而科学的阐释，把公众的注意力引导到符合政策目标、符合社会稳定与发展大局、符合广大人民群众利益的方向上来。其次，智库能够凭借自己敏锐的嗅觉、深刻的洞察、专业的优势以及身份的灵活性，研究建设与发展中的战略问题，为我国深化改革、民生保障与社会健康发展提供重要的思想和智力支持。③

一、阐释党的理论，解读公共政策

中国特色新型智库，既要遵循国际智库运作的一般规律，体现专业性要求，又必须和中国特定国情结合起来。坚持中国共产党的领导就是新型智库的鲜明特征。新型智库深深根植于中国特有国情、体制机制之下，把握正确政治方向至关重要。"中国特色"特在要坚持中国道路、采用中国视角、聚焦中国发展，坚持党对智库的领导，坚持中国特色社会主义理论、制度和道路，在路线方针上与党

---

① 周石：《浅析智库提升社会传播能力的途径》，载于《高教学刊》2016 年第 13 期。
② 陆丹、谢慧铃：《智库舆论传播现状和发展策略研究》，载于《编辑之友》2015 年第 9 期。
③ 肖昊宸：《智库要着力发挥舆论引导功能》，载于《中国社会科学报》2016 年 7 月 12 日。

中央保持一致。智库要善于运用中国视角，立足中国国情，从维护国家根本利益出发，围绕热点、重点和焦点问题发出自己的声音。通过各种大众媒体，从不同视角阐释党的理论，积极进行政策传播、理论普及或案例分析，帮助社会各界深入了解公共议题，引导大家理解和支持中央和地方党委、政府的决策，凝聚社会共识。透过智库的窗口，公众可以认识到政策议题、学术话题与现实生活的客观联系，在学术思想、政策知识、社会信息的充分作用下辨明事实，沟通意见，达到官方与民间的信息对称。首先，学术语言科普化。智库学者应从学术理论模型、科研框架走向现实场景，掌握将书面理论内容转化为应用型内容的能力。只有做出公众能看懂的政策讨论内容，方能使公众产生共鸣感与价值关联感，开始思考、进而接受科学的观点体系。公众的思考是议题获得群众基础的起点，智库专家应当采取一些语言技巧为知识注入生命力和人情味，使之活跃于公众当中，引起社会关注。同时，公众站在个人的角度思考国家政策问题，往往容易忽略国家举措的宏观目标、长远价值，放任这种情况发展，有可能危及决策的合理制定。此时，智库专家就能站在更高的视角将事实全貌进行清晰描述、准确判断传达给公众，使之理解政府举措的宏观战略意义。[1]

二、壮大主流舆论，凝聚社会共识

积极配合中央在思想理论战线的部署，以进步的姿态和权威的声音扩大主流舆论阵地，引领社会思潮。[2] 党的十八大以来，"四个全面"战略部署等重大举措的深入实施直接涉及公众利益，有些还涉及敏感问题，如果相关说明解释工作做得不到位，会引起公众的误解和负面情绪，不利于党委政府决策的落实。这方面，智库做了大量卓有成效的工作，在一些公共事件与话题上立场鲜明，能够迅速发声，主动出击引导舆论走向。在重塑新闻传播格局的形势下，智库一方面要紧紧围绕党的中心工作，善于运用中国的理论观点和话语体系去总结中国实践，而不是"削中国实践之足，适西方理论之履"，以深度解读社会热点和公共政策为利器，及时有效化解热点难点问题；另一方面，要善于利用主流媒体的"两微一端"快速发展的契机，改变过去重研究、轻推广，特别是不重视社会宣传的固有观念，使得智库在更好地传播正能量、弘扬主流价值观、塑造健康积极的社会舆论、构建舆论引导新格局等方面起到更加重要的作用，促进社会的和谐稳定。

---

① 殷志华、兰宗敏：《充分借助信息网络平台　提升新型智库社会影响——建好智库门户网站的几点建议》，载于《新经济导刊》2014 年第 9 期。

② 黄铁苗、蒋鑫：《新时代深圳加强智库建设的思考》，载于《开放导报》2018 年第 2 期。

三、研判社会舆情，及时回应诉求

智库是调整国家社会矛盾的重要工具，是反映民间意见、补充完善政府决策的重要保障。政府决策的科学化、民主化、法治化，更要广泛征求社会各阶层专业人士的意见。智库的研究是以政策和决策为导向，进行独立思考。在社会舆论场中，由于与公众的沟通存在的一些问题，一些公众对政府出台的公共政策往往持怀疑甚至否定的态度，特别是对官方的宣传不太信任，他们更愿意相信第三方的意见。因此，出自智库专家学者的研究成果的宣传效果会较好。智库要对党的方针政策客观分析、理性阐释，帮助社会公众理解支持中央大政方针和决策部署，要以平等的眼光看待社会，以通俗的语言讲述公众听得懂的道理，而不是简单地为政策"背书"，这样公众才更易于接受。

四、引导社会热点，疏导公众情绪

智库要为舆论热点解热降温。在对重大突发事件的报道中，传统媒体保持着较强的议题设置能力，特别是其"两微一端"表现突出，已经成为沟通官方舆论场与民间舆论场的桥梁。如国内的一些重大新闻热点，最早往往是由"自媒体"发布文字和视频引发关注，而事件后续的一系列报道环节都是由传统媒体主导议程设置，特别是以评论与解读贯穿其间，在满足公众信息需求的同时，又防止了舆论极端化的趋向。遗憾的是，在许多舆论场合，我们听不到智库的声音。智库的缺位是造成社会舆论失理、失信、失控的一个重要因素。如果说新闻媒体在突发事件中要在第一时间发声，先入为主，占据舆论的主动权，那么智库就要紧随其后作出评论和解读，深入思考，引导公众理性看待问题。新闻报道讲究的是"快"，智库报告讲究的是"深"，两者互补，既满足了公众关注热点新闻的心理，又满足了公众探究事件真相的愿望，从而引导公众理性地思考。

新冠肺炎疫情发生以来，习近平总书记就加强舆论引导工作作出了一系列重要指示。加强疫情信息的公开与共享，巩固壮大主流舆论，是智库助力疫情防控的重要方式。智库要着眼于壮大主流舆论、凝聚社会共识，主动与主流媒体合作联动，在应对疫情形势不断变化的过程中，聚焦热点问题，组织权威专家通过报纸、电视、网络等媒介发声，解读疫情防控形势，纠正对疫情的错误认知，疏解因疫情带来的焦虑情绪；组织相关领域的专家学者撰写文章，及时宣传普及疫情防控知识，及时向社会传播科学、理性的观点，发挥智库研判社会舆情、引导社会热点、疏导公众情绪的积极作用，不断增强人们抗击疫情的决心和勇气。①

第四节　建立传播反馈与评价机制

随着信息传播技术的发展，中国智库发展面临着新的挑战和机遇，智库的发展离不开高质量的智库信息和有效的传播途径，传播途径也由传统媒体逐渐向新媒体倾斜。智库应当重视产品传播效果的研究，重视传播途径对智库传播的影响。通过评价智库产品传播效果，可以有效、精准地对传播过程及影响因素进行干预和调整，提升智库社会传播效果，增强智库对社会舆论的引导力，实现"思想传播的最后一公里"。

一、搭建传播反馈平台，优化传播策略

智库通过内容传播的方式深度参与公众舆论场的信息互动，必然要构建完善的反馈机制，搭建舆论互动的智库传播平台。第一，构建完善的反馈网络。拥有结构合理的网络系统，反馈机制才能更好地发挥作用。首先是内部反馈网络。建立传播监测网，由内部传播人员负责监测传播效果，根据时段及时记录并总结反馈材料，提出改进的措施，提交传播部门与管理人员参考。其次，形成外部网络。一是同业反馈。保持与其他智库的联系，通过相互交流能够得到许多启发。二是专家学者反馈。邀请传播学界的专家座谈，获得专业评价与提示。三是受众反馈。通过热线电话、手机短信、电子邮件、网络论坛等形式，广泛收集受众意见反馈。这些层次的反馈意见形成立体网络，覆盖了社会各个阶层的受众，他们的意见通过反馈网源源不断地进入智库传播部门，为其改进提供参考依据。第二，建立与社会公众的沟通交流渠道。公众是社会舆论的主要参与者，社会舆论影响政策议程的制定，影响社会环境的稳定，智库应与社会公众建立沟通交流渠道，积极发挥启民的功能。智库可以提供订阅邮件、开设网络论坛、热点话题讨论、网络媒体及社交媒体平台交互等服务，为智库用户提供获取、评论和交流的途径，并掌握民情民意和社会大众需求。智库应及时回应用户的疑惑与反馈，可以参考用户订阅量、页面浏览量、智库信息转发和评论数等指标，挖掘智库用户

---

① 徐晓明：《提升智库服务疫情防控能力》，人民网，2021 年 7 月 21 日，https://baijiahao.baidu. com/s? id =1660089560892950747&wfr = spider&for = pc。

兴趣，提高智库信息传播的效果和影响力。第三，培养公众对智库的长期关注度。智库应有意识地从微信后台留言、评论中收集用户反馈，从中挖掘公众的议题兴趣点与话语偏好，甚至为不同的用户群体开设微信读者群，对来自不同地域、关注不同议题的用户开展有针对性的社群运营。具体包括在智库论坛活动过程中开展多媒体联动式直播、时事话题点的提炼和定向推送等。在社群运营中促成公众之间相互分享交流与合作，并从互动产生的话题内容中有意识地改变下一次内容分享的策划，例如邀请专家分享其关注的话题，每一次的交互分享和反馈都有助于智库机构把握用户深层的内容需求，对下一步的内容传播方案做出调整。①

二、建立传播效果的评估机制，提高传播效果

新媒体环境下，智库利用多个渠道进行信息传播，传播效果也参差不齐，因此，应对智库的传播效果进行评价，建立传播效果的评估机制。智库进行传播效果评估有两个目标：一是通过智库传播效果评价，判断智库传播是否达到预期目的；二是筛选出传播效率高的传播内容进行分析，为后续舆情的管控和舆论的引导提供资源保障，为智库社会传播能力的建设、智库的传播影响力的提高提供参考建议。第一，组建专业、权威与中立的评估团队。② 评估团队是评估工作有效运作的根本保证。从评估团队构成来看，应涵盖政府、学术、媒体、公众等多领域代表，分别从对外传播内容、技术、效果等层面各司其职开展工作，以保证评估的专业性。同时，评估团队的四方对接，也将很大程度上提高智库社会传播能力建设的运作效率。从评估团队选派来看，应采取公开透明的遴选办法，可以在细分领域专家数据库的基础上开展公推直选，切实保证评估工作的公信力。第二，制定简明务实、兼顾发展的评估标准。评估标准是引导智库社会传播能力建设有序推进的重要指针，也是开展传播效果评估的出发点与立足点。因此，在制定评估标准时，一是要简明务实，通过简练明白的语句将传播意图清晰准确地表述出来，并对评估规则予以详细说明，使之具备可操作性，避免留下过多的自由裁量空间。二是要立足现实兼顾发展。在制定评估标准时，既要契合当前智库传播的客观能力，又要适当做出超前目标，形成持续创新的激励机制。③ 第三，采取定期与不定期相结合的评估模式。通常情况下，传播效果将呈现累进式的发酵

① 殷志华、兰宗敏：《充分借助信息网络平台　提升新型智库社会影响——建好智库门户网站的几点建议》，载于《新经济导刊》2014年第9期。
② 周方冶：《智库对外传播能力建设研究》，载于《社会科学文摘》2019年第2期。
③ 周方冶：《东南亚民心相通的智库对外传播能力建设研究》，载于《云南社会科学》2018年第6期。

过程，因此，有必要采取定期评估方式进行不间断观测，以把握其量变到质变的发展趋势，特别是潜在的迹象。定期评估可以采取季度或年度方式进行，具体周期长短取决于智库传播力度强弱。传播力度越强，引发传播效果变化越快，周期也就越短，反之亦然。但是，无论周期长短，准备工作都应常态化，特别是对反馈信息的采集和整理，应随着传播工作同步展开，并依托大数据技术进行筛选、梳理和整合，从而为定期评估提供分析和判断依据。除了定期评估，智库也有必要在发生各类重大或意外事件的情况下开展不定期评估，包括当期与后期评估两个环节，一方面对相关事件发生时进行传播效果观测，另一方面在事件发生过后一段时间，再次对传播效果进行观测，以确认是否存在外溢效应或根本影响，避免短期波动影响评估团队对长期趋势的客观判断。[1]

第五节　坚守人类命运共同体理念，
提升智库国际传播能力

相对于中国综合国力与国际贡献率的提升，中国国际话语影响力却处于相对弱势地位，出现了当今中国国际地位与形象同中国国际话语权二者之间的错位与不同步状况。近年来，虽有"中国梦""和平发展""人类命运共同体"等中国理念以及"一带一路"倡议等中国自身话语范式，但中国作为联合国的创始国和安理会五大常任理事国之一，在制定国际机制、引导国际舆论等部分领域和关键性问题上仍呈"失语""寡语"状态。面对高举具有自身特色社会主义旗帜的中国，以美国为首的拥有强大国际话语权的西方国家则根据其话语哲学、话语逻辑和话语立场评判中国，致使中国深处西方话语框架和话语陷阱之中。面对咄咄逼人的国际话语环境，国内宣传虽然声势浩大，然而在海外却只有零星的声音，有影响力的言论更是少之又少，这既不符合当今中国的国际地位和形象，也不利于构建有利于中国发展的世界政治经济秩序。2021年5月31日，中共中央政治局就加强我国国际传播能力建设进行第三十次集体学习。习近平总书记主持学习时强调，讲好中国故事，传播好中国声音，展示真实、立体、全面的中国，是加强我国国际传播能力建设的重要任务。[2] 要深刻认识新形势下加强和改进国际传播工作的重要性和必要性，下大气力加强国际传播能力建设，形成同我国综合国力

---

① 周方冶：《智库对外传播能力建设研究》，载于《社会科学文摘》2019年第2期。

② 《习近平：讲好中国故事，传播好中国声音》，求是网，2021年6月2日，http://www.qstheory.cn/zhuanqu/2021-06/02/c_1127522386.htm。

和国际地位相匹配的国际话语权，为我国改革发展稳定营造有利外部舆论环境，为推动构建人类命运共同体作出积极贡献。公共外交是智库的基本功能，智库是国际传播的主力之一，我国国际关系领域和国别研究领域的智库应该把国际传播能力提升作为智库建设的重心任务之一。

一、加快构建中国话语和中国叙事体系

习近平总书记指出，要加快构建中国话语和中国叙事体系，用中国理论阐释中国实践，用中国实践升华中国理论，打造融通中外的新概念、新范畴、新表述，更加充分、更加鲜明地展现中国故事及其背后的思想力量和精神力量。要围绕中国精神、中国价值、中国力量，从政治、经济、文化、社会、生态文明等多个视角进行深入研究，为开展国际传播工作提供学理支撑。要更好推动中华文化走出去，以文载道、以文传声、以文化人，向世界阐释推介更多具有中国特色、体现中国精神、蕴藏中国智慧的优秀文化。要注重把握好基调，既开放自信也谦逊谦和，努力塑造可信、可爱、可敬的中国形象。[①] 习近平总书记的精辟论述对智库国际话语力建设具有直接的指导价值。

（一）对外传播的内容与形式创新

传播内容是影响智库传播能力最基础也是最根本的要素，没有好的、有效的内容，提升智库的话语力就是空谈，智库的活动就起不到真正的效果。生产高水平、高质量的传播内容不仅是智库建设的首要任务，亦是智库进行对外沟通与交流的先决条件。面对国际受众，智库产品不能是中文的直译，必须根据产品对象、舆论环境设计内容和形式。具体来说，内容形式设计可从以下几个角度下功夫。

1. 针对不同对象，转换叙事语言体系

从对外传播的话语对象角度看，在话语传播过程中要考虑话语对象的选择、话语对象的感受与接受程度，这是中国对外话语传播成败的重要因素。我国在国际话语表达方式上存在着一些问题，制约着国际受众对中国的理解与接受。一方面，西方难以理解中国传统的叙事思维。长期以来，中华民族在中华文化的滋养下，形成了委婉、感性的特征，与西方人直截了当、逻辑性强的表达方式形成鲜明对比。另一方面，过度拘泥于国内话语体系。语言的差异是阻碍中国话语走向

---

① 《习近平：讲好中国故事，传播好中国声音》，求是网，2020年7月1日，http://www.qstheory.cn/zhuanqu/202106/02/c_1127522386.htm。

世界的障碍之一。国际传播的内容对国内所特有的文本、表述风格未能予以有效的话语转换。智库必须有针对性地对不同的国家和民族采用适合其话语主体的叙述方式，摆脱僵化的传统思维模式，改变以往"先道理，再叙事"的表达方式，在把握西方人思维特征的基础上，努力探寻为他们所易于接受的话语方式。除此之外，我们还要不断摆脱国内话语体系的束缚，不断跨越中西方的语言障碍，努力用西方人所能理解的话语方式来阐述具有中国特色的话语内容，① 营造更为灵活、更贴近实际、更具感召力的内容形式。

2. 塑造共享的价值元素讲好中国故事

一国话语若要被国际社会所认可和接受，必须超越以自我为中心的定位，一方面需要具备国际视野、全球战略眼光，且能为世界和平进步解决某种问题或产生某种合理利益。另一方面，需要极具中国特色、又颇有国际感召力和影响力的融通中外的国际共享价值情感元素。中国向来不乏极具国际共享之价值元素的理论与素材。在理论方面，新中国成立之初的"和平共处五项原则""三个世界划分"理论，以及当今的"一带一路"倡议、"人类命运共同体思想"等等。这些国际共享思想和理念，对中国和世界许多国家乃至全球共同发展和繁荣意义深远。尤其是习近平总书记提出的超越了种族、国家、文化和意识形态限制的人类命运共同体理念，"是全人类的共同价值，也是联合国的共同目标"。② 人类命运共同体思想如今已形成一个系统的话语体系，不仅向世界表明了中国坚持走和平发展道路的方略，而且凸显了中国人民与世界人民同舟共济、休戚与共的国际情怀。在素材方面，从中国底蕴深厚的历史、多样和谐的文化、壮美秀丽的山河等都能塑造出有温度的中国形象、中国精神、中国价值、中国力量。智库一方面要加强对已有理论的研究，注重研究的国际化角度，积极探索中西方人文的共同点，在人类命运共同体的话语框架下塑造细化的国际共享价值理念；另一方面，要善于寻找元素打造世界性的 IP 讲述中国故事。如具有浓浓的中国风情的李子柒作品，向世界展示精致、文明、可亲、具有烟火气和人情味的中国形象，成了全媒体时代展示中国形象的生动案例。

（二）打造面向全球的中国发展学知识体系

改革开放以来，我国经济社会发展取得的举世瞩目的成就是任何人无法否定的。中国作为负责任的大国，积极承担国际义务。

---

① 陈鑫：《"人类命运共同体"国际传播的困境与出路》，载于《宁夏社会科学》2018 年第 5 期。

② 习近平：《携手构建合作共赢新伙伴　同心打造人类命运共同体——在第七十届联合国大会一般性辩论时的讲话》，载于《中国产经》2015 年第 10 期。

2016 年 5 月 17 日，习近平总书记在哲学社会科学工作座谈会上的讲话指出，要发挥我国哲学社会科学界的作用，特别强调要注意加强话语体系的建设，尽快摆脱我国哲学社会科学界在国际上有理说不出、说了传不开的现状。[①]社会发展总结不到位。这方面工作，虽然人大重阳研究院、复旦中国研究院和浙江师大非洲研究院等在总结传播中国经济和社会发展经验方面已经取得了一定的成绩，但是"中国发展学"的知识体系、学术体系、传播体系尚未完全建立，提炼出的标识性概念还较少。[②]建议由政府相关机构出台鼓励措施与计划，智库界与学术界联手形成知识联盟，加速攻坚，在习近平新时代中国特色社会主义思想的指引下，积极探讨中国实践、中国文化在全球传播语境下的新内涵，中国精神、中国力量如何为全球发展提供了新动力，将中华民族的胸怀、情感、良知，以及当代中国的实践经验，融入新的概念、范畴、术语、理论、标准、规则的创造中去。智库应集中精力归纳总结中国主张、中国智慧、中国方案；要全面提炼我国的发展观、文明观、安全观、人权观、生态观、国际秩序观和全球治理观；要倡导多边主义，反对单边主义、霸权主义，引导国际社会共同塑造更加公正合理的国际新秩序，建设新型国际关系。要善于运用各种生动感人的事例，说明中国发展本身就是对世界的最大贡献、为解决人类问题贡献了智慧。[③]

二、增强国际议题研究和设置能力

国际议题的设置反映出智库发现和发起议题与话题的能力，也能体现智库能否得到国际社会和同行的认可并追随这一话题展开研究和讨论的能力。凭借国际议题设置，智库不仅可以将该国的发展模式、发展道路以及国际实践情况恰当地展现出来，而且能够吸引其他国际行为主体的积极关注，抢占国际问题研究前沿，引领相关领域的研究讨论风潮，塑造自身的权威性与影响力。

目前，我国在国际议题设置上可谓喜忧参半。一方面，我国具备了主动设置国际议题的一定优势。比如在经济方面，中国的伟大实践及其历史性的成就为其他国家提供相应经验；在发展模式方面，中国发展模式可为广大新兴国家和发展中国家提供有益借鉴；在扶贫脱贫方面，中国有效开展了人类历史上规

[①] 习近平：《在哲学社会科学工作座谈会上的讲话》，新华网，2016 年 5 月 18 日，http://www.xinhuanet.com//politics/2016 - 05/18/c_1118891128_4.htm.

[②] 李刚：《我国智库全球传播的七大"短板"》，载于《科学与管理》2018 年第 1 期。

[③] 陆玖：《构建立体国际传播新格局，让世界更好了解中国》，新京报评论，2021 年 7 月 21 日，https://baijiahao.baidu.com/s? id = 1701383512815335902&wfr = spider&for = pc。

模最大的减贫行动，取得了举世公认的脱贫解困成果等，"人类命运共同体"的理念将中国与世界融为一体，为中国与全球的发展提供了新的思路。这些国际性的重大成就与理论是中国主动设置国际议题的优势。智库界应该充分利用这些素材，精心设置相关国际议题，从国际化眼光和全球意识入手，体现"人类命运共同体"的思维和理念，通过国际演讲、公共外交和媒体外宣，向世界正面讲授中国故事、中国经验。另一方面，中国在国际议题设置上仍面临西方国家的压迫。

有鉴于此，智库必须密切关注全球性国际问题，主动设置议题，抢占舆论先机。讲述中国精神、中国力量、中国理论、中国道路与中国实践，增强主动设置国际议题之意愿，积极设置高端国际话语议题，主动引导国际舆论。在具体操作层面，议题设置除了内容表达方式与深度的问题需要智库精心设计，还需要注意智库研究的议题不同于学术问题，需要面向实际问题，侧重于解决切实存在的问题并提供解决方案，因此其研究必然涉及多领域、跨学科。在重大议题研究的过程中，不仅需要翔实的事实数据还需要恰当的研究范式和研究方法，这些仅凭一家智库难以胜任，需要来自不同领域的专家与组织协作完成。国际知名智库罗马俱乐部在议题设置和研究选题方面，在国际上具有重大的影响力。罗马俱乐部聚焦于人类发展的重大问题，对选题有着严苛的要求，在研究过程中设有全程监控反馈机制，坚持基于事实得出结论，注重研究的连续性和整合性，以确保研究能够有高质量的呈现。虽然罗马俱乐部从 1968 年成立，截至 2017 年近五十年的时间中，一共只出版了 43 个咨询报告，但大部分报告都产生了巨大的社会和学术影响力，产生了深远的国际影响。以其 1972 年发表的《增长的极限》为例，该项目由 17 位来自自然科学和社会科学不同学科领域的研究团队完成，他们分别来自美国、土耳其、伊朗、联邦德国、民主德国、印度和挪威。在《增长的极限》之后，罗马俱乐部持续更新了后续的系列报告，如 2012 年出版引发新关注的《2052 报告》，还为各种世界问题筹建了相关活动和项目，如其建立的"人类困境"项目等。[①] 总之，智库通过建立广泛的合作关系，不断拓展国际发展空间。目前，虽然大量的国内智库仍然单兵作战，但重大国际议题的国内外智库协助研究推广已被部分智库充分认识并实践。2015 年 4 月 8 日，"一带一路"智库合作联盟在北京成立。该联盟是由中共中央对外联络部牵头，联合国研中心、中国社会科学院、复旦大学成立的联盟，为整合研究资源、加强分工协调、形成智慧合力提供了有效的方式。"丝路国际智库网络"（SiLKS）由国研中心发起，于

[①] 戴琦、袁曦临：《议题设置推动智库国际化发展的实证研究》，载于《情报资料工作》2019 年第 3 期。

第十五章 加强传播能力建设，科学引导国内外舆论

2015 年 10 月在西班牙首都马德里正式启动。启动仪式上，来自 27 个国家 40 个成员智库和联合国开发计划署等 3 个伙伴机构作为发起成员与合作伙伴，共同发表"丝路国际智库网络"成立宣言。SiLKS 的建立标志着打造智库国际合作高端平台迈出了关键的第一步。SiLKS 截至 2020 年 9 月，已发展为 59 个成员，一直活跃在"一带一路"理论与实践的最前线，为落实联合国 2030 年可持续发展议程、促进全球可持续发展、完善全球经济治理体系和推动构建人类命运共同体作出了重要贡献。①

三、推进智库的全媒体建设

（一）打造具有国际影响力的出版物

创办有影响力的出版物和杂志是智库传播国际化的重要手段，国际知名智库大多有自己的刊物，如战略与国际问题研究中心的《华盛顿季刊》，卡内基国际和平基金会的《外交政策》，布鲁金斯学会的《布鲁金斯评论》，尼克松中心的《国家利益》季刊和外交关系委员会的《外交》双月刊等。这些刊物均为非大众刊物，专业性较强，作者主要是政府官员和知名学者，面向的读者也很高端，多为各个政府部门的决策者和各个领域的意见领袖，同时也被其他国家和地区的决策者、意见领袖和媒体关注。以美国外交关系委员会的《外交》为例。《外交》自 1922 年创刊以来，已经成为美国对外事务的喉舌。《外交》是一个带有学术色彩的外交事务论坛，经常登载政府官员和著名学者关于国际问题的评论和政策建议，这些建议通过《外交》这个媒介平台被刊发后，经常产生巨大影响，进而被政策制定者采纳。乔治·凯南遏制苏联的战略构想、塞缪尔·亨廷顿的"文明的冲突"、佐利克将中国定位为"利益攸关方""中美 G2 模式"等最早都是在《外交》中提出来的，产生了巨大的国际影响力。② 当前，我国智库界已经认识到创办国际杂志的重要性，比如，在中国科技期刊卓越行动计划指引下，每年都有大量高校智库与科技智库创办的期刊脱颖而出。但是这些期刊都集中于科技领域，人文领域在国际学术圈的影响力相对较弱，且当前智库界缺少有国际影响力、面向大众的出版物。建议一方面国内智库共同体可以尝试联合打造智库的英

---

① 刘阳：《丝路国际智库网络呼吁高质量共建"一带一路"》，新华网，2021 年 7 月 21 日，http://www.xinhuanet.com/2020 – 09/30/c_1126564112.htm。

② 王眉：《智库国际传播与对外话语体系构建》，载于《新疆师范大学学报（哲学社会科学版）》2015 年第 6 期。

文期刊。不仅仅是国内智库之间的合作，也可以尝试与海外智库或者有实力的媒体、出版社共同打造。另一方面，国家相关部门可以降低设置国际杂志的门槛，鼓励、创造环境让有实力的智库与国内信得过的媒体合作，共同创办面向海外大众的高端杂志，打造中国的有世界影响力的杂志。除了打造国际高端杂志，智库也可从成果出版上下功夫，将智库的优秀成果翻译成外文直接出版。智库需要将大量在中文世界沉睡的观点、理论精心打包转换送出去。智库界可以联手合作，定期在海外出版系列图书和在有影响力的学术刊物上发表直接面向全球政界、商界、学界的研究成果。此外，在出版的传播效率上，智库界应创新出版方式，加快研究成果的数字化和多语种化，实现在线公开发布，提升传播速度；还可以努力尝试与国际主流媒体合作，一是借助其高效的出版渠道，合作出版著作，二是将智库的研究文章、观点推荐给相关媒体，就热点问题发表中国见解，引领国际舆论。

（二）完善国际化的智库网站建设

官方网站是智库的门面，是智库多类型舆论影响渠道的整合平台，在某种程度上能够直接反映智库的建设水准。国际一流智库普遍注重通过网站传播、推销其思想成果和产品，比如布鲁金斯学会建有内容丰富的多语种网站，[1] 官网是其日常智库内容传播、影响舆论的主要渠道。根据 2018 年布鲁金斯学会年度报告发布的数据，其官网年度访问量（PV）为 3 680 万，月均 306 万。美国战略与国际研究中心网站保持每日日均更新量在 5 篇左右，月均 PV 达到 500 万，[2] 其研讨活动的视频直播常被各大国际媒体转播，网络影响力在全球范围内持续提升。

网站质量已成为智库传播实力最具象征意义的指标。和国际知名智库相比较，当前我国智库网站建设存在一定的差距，一方面表现在链接数和总网页数等方面的差异；[3] 另一方面国内智库外文网站的建设还远远不足，大多智库英文官网建设还不完善，部分网站总体设计排版混乱、结构散乱、图片不清、链接失效，受众体验比较差，没有进行日常管理。

国内智库需要在思想上重视官方网站建设，提升网站国际化程度：第一，整合自身特色资源，建设自有品牌网站。将研究成果分门别类，吸引全球读者阅读研究报告和评论文章，网站在内容更新上应加强策划，强化在全球关注问题上的

---

① 资料整理自布鲁金斯学会官网，http：//www.brookings.edu。
② 资料整理自美国战略与国际研究中心官网，http：//csis.org/。
③ 黄开木、樊振佳、卢胜军、栗琳：《基于链接分析法的中美智库网站比较研究》，载于《情报理论与实践》2014 年第 11 期。

议题设置，为全球受众提供紧扣热点的阅读体验。增加网站智库学者和专家的英文评论文章的发布量，对国际热点问题及时发声；及时传播国际交流活动动态；强化深度研究报告的编译和传播，通过内容和载体的建设，逐渐夯实对外话语传播网络的基础。第二，建设多语种网站，打破全球受众的语言障碍，根据目标国公众的关注焦点，精心选择传播内容。外文网站不应是中文网站的直接翻译，需要根据全球用户的阅读兴趣和阅读习惯提供有针对性的设计界面和内容，有条件的智库还可以提供多语言版本和面向不同文化的界面设计。网站在制作时应考虑到国外受众的习惯，通过清晰的板块设置，以他们容易接受的方式来展示，以便于国外读者、专家及媒体获取并转载研究成果。第三，优化网站功能，包括信息推送功能、自助功能、添加社交媒体功能等，跟踪与分析受众的阅读倾向，提供点对点定制信息，满足受众的个性化阅读需求。网站应注重完善搜索功能和互动功能，方便受众查找自己感兴趣的内容，并通过网站平台的互动交流来收集舆情，增强受众黏度，从而引导网站的国际化建设和智库学者的国际化研究方向。此外，除文字内容外，相关的图片以及可视化的视频等多样化传播手段也会提高受众的浏览体验。①

（三）建设新媒体国际传播矩阵

除了网站，国际社交新媒体的布局和利用非常重要。新媒体创造了一种用户广泛参与互动式的国际传播模式，其数字化、交互性、个性化、超时空性等特点改变了国际传播的话语方式。詹姆斯·麦甘认为，"网络的发展加剧了资金问题……全天候媒体和网络有助于提升智库形象，使智库能够获得更大范围、更多样化的受众，能以较低的成本传播其出版物。非营利组织的繁荣发展促进了智库和地方、州和国际层次的非政府组织的合作，网络化有助于新机制的运用，从而更有效地影响政策和传播至更大范围的受众。"② 目前，我国智库在对内传播中，利用微信、微博等平台实现智库成果的共享和交流，很好地扩大了智库在国内的影响力。但在对外传播中，虽然我国智库数量众多，但是不善于利用全球社交网络将成果转化为影响全球舆论的资源。目前，我国只有少数几家智库在 Facebook、Twitter、YouTube 和 Instagram 等平台建立账号，还没有形成一定规模的影响力。③对于大多数智库来说，社交平台的布局意识还没有完全形成。智库建设新媒体国际传播矩阵可从以下三方面入手。

---

① ③ 杨云涛：《中国智库国际传播实践发展现状及改进建议——以智库英文网站建设为例》，载于《智库理论与实践》2019 年第 3 期。

② 庄雪娇：《论中国智库的国际传播新媒体矩阵：现状与未来》，载于《智库理论与实践》2020 年第 2 期。

1. 针对受众偏好，精心设计内容

海外公众是智库传播的主要对象，公众的关注与评价是对智库的国际话语权建设效果最直接的反馈。因此，引导海外公众正面关注是智库国际话语权建设的基本目标。实现面向国际大众传播的目标，智库需要走出象牙塔，实现传播的"大众转向"：在议题选择上，跟进国际社会或当地社会热点；在传播策略上，力求通俗新颖，符合不同国家的公众偏好；在媒介选择上，运用国际主流媒体，通过频繁亮相大众媒体，用个性化语言表达立场与传播思想。

2. 充分利用传播载体，创新传播手段

智库要建立自己的全球网络传播体系，除了官方网站传播外，还应拓展其他网络传播渠道，在国际虚拟平台上建立宣传品牌。如在 Twitter、Facebook、Instagram、YouTube、Clubhouse 上开设账号，开发 APP、小程序等方式和观众互动，传播最新成果，快速引导和影响社会舆情。同时，创新传播手段，可以鼓励或包装有实力和魅力的研究人员开设社交媒体账号，就热点问题发表观点，从而形成平台和个人双向推动的正向效应，扩大传播辐射能力，提升智库的全球传播效果。此外，通过社交媒体，智库在长期的传播过程中可以培养固定的海外受众成为粉丝，发展庞大的国际朋友圈，形成智库宝贵的人脉资源。长期粉丝有可能成为海外发声的传播点。

3. 利用数据分析手段，实现精准传播

受众接触信息时，多关注个性化需求，这就导致了传播碎片化。当前，网络信息技术特别是大数据技术的发展为实施精准传播提供了有利条件。依托大数据技术，可以对不同国家不同受众的特征、爱好、信息需求等进行分析，同时分析不同国家的受众对中国存在哪些误解，以此为基础为不同国家不同受众提供具有针对性的信息内容。智库在国际环境中传播研究成果、观点时，尤其需要通过大数据多维度细分国际受众的阅读倾向，通过合适的传播渠道将合适的信息精准地将内容投向不同国家的不同受众。精准传播是一个不断完善、不断接近精准的过程，并需要通过效果评估与信息反馈进行优化。

四、培养一支专业化的智库国际传播队伍

智库走向国际，必须打造适应国际发展要求的团队。国际化的人才队伍建设是智库话语权建设的重要基础，是开展其他工作的前提。国际化人才队伍不仅需要对国际议题敏捷的把握能力，对复杂国际关系的清晰认识，对特定国际议题深厚的研究能力，掌握语言、媒体等对外交流工具，而且需要视野、思维模式、知识结构等方面的国际化的要求，需要适合对外交流和传播方式的表达能力。智库

可以打造"国际问题专家＋跨学科研究团队＋外语人才＋运营专员"的核心团队，采用"小核心大外围"的人才建设方式，充分激活智库的社会资本。具体可从以下两个方面入手。

（一）打造智库的国际人才引进、使用机制

国际化人才，从智库国际化视角，就是视野和能力达到国际水平，善于从国际全局发现和把握问题，提升智库国际传播力的人才。具体来说，智库的国际化人才应该包括三种类型，即具有国际视野和跨文化思维的学术人才、外语人才和运营人才。显然，优秀的智库国际化人才是稀缺的，其不仅体现在专业性的要求上，还体现在其丰富的国际实践经验和跨国文化沟通能力上。我国智库要打造高质量的国际化人才团队，必须创新人才吸纳制度，加快国际化人才引进，打造适合国际化人才发展的工作环境，吸引优秀的国际化人才加入。

西方智库，尤其是美国智库不分种族、国籍在全球范围内广纳贤才的做法，形成了全球人才招募与吸纳机制，利用国外知识精英为其效力。这些外籍专家多半在母国接受了高等教育，对母国的语言运用、政治特点、人文风俗均有相当好的基础，然后在研究生阶段留学美国，毕业后留在华盛顿、纽约等智库聚集区工作，参与到美国智库对其母国政策的咨询与研究工作中。这使得西方知名智库对全球情况了如指掌，保证前瞻性、深刻性研究的同时，也为智库国际合作交流储备了优质人才"集团军"。以美国智库中的华人为例，卡内基国际和平研究院、布鲁金斯学会、国际战略研究中心（CSIS）、兰德公司等一流智库都有大量优秀华人雇员。布鲁金斯学会约翰·桑顿中国中心主任李成是一个典型案例。他在中国接受了大学教育，在美国博士毕业后留在美国工作，美国布鲁金斯学会约翰·桑顿中国中心在 2014 年 2 月聘任其为中心主任，李成凭借对中国政治的深入研究，成为美国顶级中国问题研究团队的翘楚。[①]

我国智库首先可以充分利用"旋转门"机制，吸纳海外专家、海归人才、驻外使节等高水平研究和管理人才，利用其丰富的学识能力、政治经验、人际网络、管理才能，提升智库成员的整体国际化程度。条件成熟的智库可以进一步引进有广泛影响力的国外前政要、著名学者和社会名流，助力智库发展。

其次，可加强国内智库间国际化建设的交流与合作，通过加强跨学科合作，畅通国内相关领域智库专家学者和各种国际人才的对话合作渠道，共建、共享智库成果，打造相关研究领域的学术共同体，建立宣传传播的人才协作、资源共享机制。可以尝试在全国范围内合作建立国际人才数据库供智库界使用。

---

① 李刚：《西方智库国际交流合作的经验》，载于《中国社会科学报》2018 年 4 月 4 日。

再次，需要进一步探讨开放聘请外籍研究人员。目前智库对外籍人员的聘用上有一定的困难，但是，国内智库仍然可以另辟蹊径。例如，全球化智库（CCG）秉承"不求所有，但求所用"的人才观念，除全职智库研究和专业人员外，充分利用研究网络，广泛吸纳海外人才，建立了由100余位国内外知名学术专家和特邀高级研究员组成的国际化研究团队。2020年，CCG不断拓展、丰富自身的研究网络，吸纳了多位在政界、智库和学术界等领域具有广泛影响力的海外资深人士加入研究团队。其中包括原WTO（世界贸易组织）总干事高级顾问、巴西前对外贸易部长塔蒂亚娜·拉塞尔达·普拉泽雷斯（Tatiana Prazeres），博鳌亚洲论坛秘书长政策顾问、中巴经济走廊（CPEC）前特使扎法尔·乌丁·马赫默德（Zafar Uddin Mahmood）等极具实力的国际化人才。[1]

最后，智库吸纳国际化人才要考虑国内的留学人才。目前，智库对海归人才有着足够的重视，但对在我国的大量的海外留学生鲜有关注。这些留学生虽然严格意义上不能算国际化人才，但是他们的多元文化背景、跨文化的沟通能力显然是智库发展国际化业务中能用到的。英美智库招募名牌大学的在校外籍学生担任实习生，招募外籍访问学者任兼职研究员。这一做法不仅为智库注入了多元化的"新鲜血液"，也用智库独特的组织文化影响被招募者的思想和品质。[2] 这种做法为智库谋求国际影响力和国际话语权创造了极大优势。据报道，仅2019年，就有来自202个国家和地区的397 635名各类外国留学人员在我国31个省、自治区、直辖市的811所高等学校、科研院所和其他教学机构中学习。[3] 智库可以与相关高校合作，通过设立奖学金，提供实习岗位的方式去发掘利用这一宝矿，逐渐将海外来华人才引进智库规划中；在来华留学的外国留学生和来华工作的外籍人士中培养知华、亲华的友好人士，吸收他们加入智库的国际研究与运营业务。

（二）建立多元化的国际人才培养方式

现成的国际化人才是稀缺性资源，对于大多数智库来说，对现有人才的挖潜培养是打造国际化人才队伍最为直接、可操作且必要的方式。

1. 找准国际化人才基本定位，制定合理的培养计划

每个智库对国际化人才的需求不同，必须根据自身的业务特点对国际化人才建设目标进行画像。根据自身的人才潜力制定合理的国际化人才培养方案。在国

[1] 《国内外多名专家近期加入CCG研究网》，澎湃新闻网，2021年7月13日，https：//m. thepa-per. cn/newsDetail_forward_11307618。

[2] 李刚：《西方智库国际交流合作的经验》，载于《中国社会科学报》2018年4月4日。

[3] 《2019年全国来华留学生数据发布》，山东教育网，2021年7月13日，http：//www. jxdx. org. cn/gnjy/14176. html。

际化研究人才培养方面，智库要设置专门的智库国际化研究人才选用和培养计划，将拓展和提高从事国际关系、国际传播学科等研究领域的专家数量和质量纳入整体人才培养方案中；在国际化管理人才培养方面，智库要建立能进行组织协调国际事务、进行日常行政和人员管理的人才培养方案，保证智库对外工作的正常高效运转。

2. 设立多元化的人才培养途径

对智库人员的国际化能力进行跟踪画像，根据其背景、研究水平、实践能力提供不同层次与形式的培训项目。对智库工作人员长期开展日常的国际化相关知识科普分享会，增强组织的国际化意识；对国际化团队，定期设计国际化专业课程，例如根据智库研究对象和对外交往国家独特的语言文化，开设特定的语言学科培训；创造条件鼓励研究人员开展国际化方面的基础研究、长线研究、攻坚研究，为优秀人才到政府机构工作、对外交流以及在国内外媒体发声提供更多机会；实施国际组织人才培养战略，推动智库拔尖人才到国际组织任职，竞选重要岗位。

3. 依托高校力量设立高水平国际化人才培训基地

我国高校可以针对智库的国际化人才培养要求，建立多层次、多类别的培养体系。目前，我国已经形成了一批具有国际影响力的国际关系类智库，比如中国现代国际关系研究院、国研院、国防大学国家安全学院、上海国际问题研究院、复旦大学美国研究中心等，这些智库大多是高校和研究机构智库，能为智库国际化人才的培养提供充分的知识资源和师资力量。智库可以在培养人才的过程中借助国内高校、研究机构的力量，结成知识联盟。我国智库可以建立智库与高校或研究机构之间的人员交流机制，在大学设置培养基地，定期输送智库的管理人才、研究人才等到高校参加开设的课程，智库邀请大学学者进行联合课题研究，充分利用高校的师资力量和学术资源，配合高校的课程体系开发专门为智库培养人才的培训项目，为国际化人才的培养提供理论支撑、教育平台和实践环境。[1]

4. 搭建信息化平台，联合培养国际化人才

可以由政府或者知名智库发起，整合社会力量，搭建信息化教育平台。当前我国一些领域已经有由政府主导的聚合全国优秀资源搭建的在线行业培训平台，如广电部门推出的新闻出版知识在线学习平台，供全国出版界定期学习培训。[2]智库界也可以搭建在线国际化教育培训平台，如此可以集中行业的优势资源，极大拓展每家智库的学习资源，使智库研究人员能够从方便快捷的渠道获取丰

---

① 刘思妗：《中国智库国际化人才培养的路径探析》，载于《智库理论与实践》2019 年第 3 期。

② 金鑫：《新闻出版知识在线开通　教、学、管、考实现网络化》，载于《中国新闻出版报》2006年 3 月 29 日。

富的知识和最新的资讯，帮助他们获取更多有价值的国际化领域的知识。同时，智库人员还能在平台开展跨地区的学习交流，将传统的单向传递式学习转变为互动式学习。

5. 为智库国际传播人才培养建立"容错"机制

智库争夺国际话语权离不开外交、外宣的支持和指导，离不开国家发展的大环境。当前，智库走向国际的道路还很长，任务还很艰巨。和欧美国家智库相比，我国智库的国际合作与交流还处于刚刚起步阶段，与国外智库的交流还处于开放摸索之中，绝大多数的智库研究人员都是一直从事研究工作，无论是咨询经验还是从政经验，都与国外智库研究人员有一定差距，国际交流经验还不成熟。因此，需要各有关部门的合作、支持、指导和善待，对他们要充分信任，允许他们大胆探索、试错，为他们创造大胆讲话、勇于争夺话语权的良好氛围，引导国内舆论的包容。此外，还可推动智库专家在各大新媒体平台开设公众号，如微博、抖音等开设公众号，并与这些新媒体平台合作，通过各类技术手段与数据算法，推广这些专家。与此同时，继续扩大目前外交部新闻司每逢大事就会积极向中央电视台、中国国际电视台等传统媒体平台推荐专家的制度，打造一批"金牌宣传官"、专业讲好中国故事的"学术网红"，在国内外多层面形塑中国的正面国家形象。①

小　结

智库传播是新型智库建设的重要内容。智库所承担的咨政启民、引导舆论、凝聚社会共识以及公共外交等重任，都需要借助智库思想、成果的传播活动来完成。智库要强化传播意识，加强传播工作的计划性。智库要明确目标受众，知道自己的受众在哪里。对外讲好中国故事，为我国和平发展创造良好的国际舆论环境。对公众的传播，重点在宣传习近平新时代中国特色社会主义思想，增强"四个自信"，做到"两个维护"，要加强政策教育和舆论引导，为发展凝聚共识，建立良好的沟通和反馈机制，实现疏导公众情绪、引导社会热点、引领社会思潮和舆论，维护社会稳定。智库应提高自身综合实力及新媒体运作水平，丰富传播内容的类型与形式，拓宽智库传播渠道，提高智库组织传播的精准性，提高智库组织传播的效能。

---

① 王文：《调动"百万大军"——论中国智库对外传播的进展、困境与政策建议》，载于《智库理论与实践》2021 年第 1 期。

参 考 文 献

［1］安建军：《〈2017年大众创业万众创新发展报告〉发布会在京举行》，载于《中国经贸导刊》2018年第28期。

［2］安静赜、李永胜、田瑞华、马桂英、张学刚、李玉贵、孙杰、黄伟、李红、陶克陶夫、王晓娟、靳文旭、乌力吉、庄虔友：《聚焦"五个定位"、发挥"四个作用"、推进办学治校能力提升》，载于《理论研究》2020年第6期。

［3］安淑新：《国外智库管理运行机制及对我国的启示》，载于《当代经济管理》2011年第5期。

［4］柏必成：《智库功能定位与智库研究课题的选择》，载于《智库理论与实践》2019年第4期。

［5］卜雪梅：《智库与媒体的融合与发展》，载于《新闻战线》2018年第18期。

［6］《财经智库》编辑部：《庆祝中华人民共和国成立70周年书系》，载于《财经智库》2020年第1期。

［7］曹文娟：《建设新型智库 服务交通强国》，载于《中国交通报》2018年3月27日。

［8］陈朝宗：《智库型人才的素质结构、资本投入与培养渠道》，载于《重庆社会科学》2013年第6期。

［9］陈东恒：《着力防止和克服智库研究行政化》，载于《智库理论与实践》2019年第4期。

［10］陈国营、鲍建强、钟伟军、陈明：《中国大学智库评价研究：维度与指标》，载于《高教发展与评估》2016年第5期。

［11］陈俊源：《国家治理现代化视域下中国高校特色新型智库建设研究——以福建省高校特色新型智库为例》，载于《教育评论》2020年第11期。

［12］陈鑫：《"人类命运共同体"国际传播的困境与出路》，载于《宁夏社会科学》2018年第5期。

　　[13] 陈英霞、刘昊：《美国一流高校智库人员配置与管理模式研究——以斯坦福大学胡佛研究所为例》，载于《比较教育研究》2014 年第 2 期。

　　[14] 陈媛媛、李刚：《智库网站影响力评价指标体系研究》，载于《图书馆论坛》2016 年第 5 期。

　　[15] 陈振明、黄元灿：《推进地方新型智库建设的思考》，载于《中国行政管理》2017 年第 11 期。

　　[16] 陈振明：《政策科学与智库建设》，载于《中国行政管理》2014 年第 5 期。

　　[17] 陈祝红：《我国民间智库发展历程研究》，江西农业大学硕士学位论文，2017 年。

　　[18] 程煜、徐路：《专业智库：加强社会科学经世致用功能的新路径》，载于《图书馆杂志》2020 年第 12 期。

　　[19] 程中原：《信史立国：当代中国史研究纵横谈》，上海人民出版社 2015 年版。

　　[20] 崔树义、杨金卫：《新型智库建设理论与实践》，人民出版社 2015 年版。

　　[21]《打造创新引领的高端科技智库》，载于《科技日报》2015 年 10 月 1 日。

　　[22] 大公报社人民手册编辑委员会：《1959 人民手册》，大公报社 1959 年版。

　　[23] 代涛：《建设国家科技决策咨询制度，支撑创新驱动发展》，载于《中国科学报》2017 年 4 月 24 日。

　　[24] 戴丽娜：《试论社交网络在开源安全情报中的应用》，载于《信息安全与通信保密》2016 年第 1 期。

　　[25] 戴琦、袁曦临：《议题设置推动智库国际化发展的实证研究》，载于《情报资料工作》2019 年第 3 期。

　　[26] 戴文颖：《中央苏区群众工作的经验研究——以〈长冈乡调查〉为例》，载于《祖国》2019 年第 7 期。

　　[27] 单卫国：《推进智库建设提升国家和企业软实力》，载于《理论视野》2014 年第 5 期。

　　[28] 邓小平：《地方财政工作要有全局观念（一九五四年一月二十五日）》，载于《财政》1989 年第 6 期。

　　[29]《邓小平文选》第 1 卷，人民出版社 1993 年版。

　　[30]《邓小平文选》第 1 卷，人民出版社 1994 年版。

　　[31]《邓小平文选》第 2 卷，人民出版社 1994 年版。

　　[32]《邓小平文选》第 3 卷，人民出版社 1993 年版。

［33］丁宏：《英国智库建设的启示》，载于《理论学习》2016 年第 5 期。

［34］丁怡、李刚：《我国高校智库人力资源配置模式研究》，载于《智库理论与实践》2017 年第 2 期。

［35］丁怡：《智库文档管控系统架构设计与风险控制》，南京大学硕士学位论文，2019 年。

［36］董成颖、李刚：《改革开放以来中国智库研究综述》，载于《情报探索》2017 年第 12 期。

［37］董德兵：《坚持以党的政治建设为统领》，载于《中国纪检监察报》2020 年 3 月 26 日。

［38］多丽丝·菲舍尔：《智库的独立性与资金支持——以德国为例》，载于《开放导报》2014 年第 4 期。

［39］樊宪雷：《三中全会和改革开放》，青岛出版社 2016 年版。

［40］范思立：《国研中心建设国际一流高端智库取得明显成效》，载于《中国经济时报》2019 年 2 月 18 日。

［41］范志强：《挖掘党校资源、创新工作机制全力打造新型红色智库的几点思考》，载于《智库理论与实践》2017 年第 2 期。

［42］冯雅、李刚：《新型智库传播现状与优化策略研究——基于 CTTI 来源智库媒体影响力的实证分析》，载于《图书与情报》2019 年第 3 期。

［43］傅畅：《面向专题应用的开源情报挖掘系统研究与应用》，电子科技大学硕士学位论文，2016 年。

［44］高宏芳：《"党管智库"在社会智库发展中的实现机制研究》，华东理工大学硕士学位论文，2019 年。

［45］高雅丽：《〈中国创新战略与政策研究 2019〉发布》，载于《中国科学报》2019 年 7 月 18 日。

［46］高莹：《推动中国经济学重大理论与现实问题研究》，载于《中国社会科学报》2021 年 4 月 23 日。

［47］葛宁玲：《基于相关性分析的多维数据融合方法》，北京邮电大学硕士学位论文，2020 年。

［48］龚晨：《以机制创新推进党校新型智库建设》，载于《中共山西省委党校学报》2020 年第 4 期。

［49］《构建哲学社会科学创新体系，为繁荣社会主义先进文化服务——中国社会科学院启动哲学社会科学创新工程》，载于《社会科学管理与评论》2011 年第 3 期。

［50］谷峰：《把百姓的事放在心里》，载于《河北日报》2017 年 8 月 14 日。

564

［51］顾海良：《中国特色新型智库建设的高校作用与责任》，载于《中国高等教育》2015 年第 7 期。

［52］顾敏敏：《京津冀智库协同创新的推进机制研究》，载于《开封教育学院学报》2017 年第 9 期。

［53］光明日报评论员：《调查研究是谋事之基成事之道》，载于《光明日报》2018 年 2 月 24 日。

［54］光明日报评论员：《坚持党对一切工作的领导》，载于《光明日报》2017 年 10 月 28 日。

［55］广西壮族自治区人民政府：《关于加强广西特色新型智库建设的实施意见》，载于《广西日报》2016 年 1 月 21 日。

［56］郭晶、宗一君：《我国新型高校智库成果管理策略现状分析与对策——以上海交通大学智库为例》，载于《实证社会科学》2017 年第 1 期。

［57］郭岚：《国外智库产业发展模式及其演化机制》，载于《重庆社会科学》2013 年第 3 期。

［58］郭万达：《以体制机制创新激发智库活力》，载于《光明日报》2019 年 8 月 5 日。

［59］国家工程科技思想库建设项目组：《国家工程科技思想库建设研究》，中国科学技术出版社 2013 年版。

［60］国家科委科技政策局：《软科学的崛起：中国软科学研究机构》，地震出版社 1989 年版。

［61］国务院发展研究中心大事记编写组：《国务院发展研究中心大事记——1980～2013》，中国发展出版社 2015 年版。

［62］国务院发展研究中心课题组：《对中国医疗卫生体制改革的评价与建议》，载于《中国发展评论》2005 年第 1 期。

［63］国务院发展研究中心：《强化智库软实力　拓展国际朋友圈》，载于《光明日报》2019 年 7 月 1 日。

［64］韩佳燕、赵勇、赵筱媛：《美国高端智库的政策专家储备及其人才吸引机制研究——以兰德公司为例》，载于《情报杂志》2019 年第 4 期。

［65］韩庆祥、陈远章：《学习把握新时代中国特色社会主义的大逻辑》，载于《理论导报》2018 年第 6 期。

［66］韩瑞珍、邱均平：《中国高质量智库产品价值与设计理念研究》，载于《图书馆》2019 年第 7 期。

［67］郝日虹：《提升语言咨政能力》，载于《中国社会科学报》2015 年 6 月 19 日。

［68］侯经川：《国外思想库的知识管理》，载于《科研管理》2004年第6期。

［69］侯雪静：《向全球发布〈中国减贫学〉智库报告》，载于《新华每日电讯》2021年3月1日。

［70］侯燕妮：《我省将建设科技智库体系》，载于《陕西日报》2017年9月14日。

［71］侯月娟：《部校共建中的高端智库建设与人才培养创新——中国政法大学光明新闻传播学院部校共建模式探析》，载于《西部学刊（新闻与传播）》2016年第3期。

［72］胡鞍钢：《建设中国特色新型智库：实践与总结》，载于《上海行政学院学报》2014年第2期。

［73］胡鞍钢：《总序》，载于《国情报告（第十四卷2011年（上））》2012年9月1日。

［74］胡兵：《新时代中共中央党校干部教育培训研究》，中共中央党校博士学位论文，2019年。

［75］胡海滨：《智库绩效考核：制度设计与执行》，载于《智库理论与实践》2019年第1期。

［76］胡涛：《立足品牌　专注质量　打造精品——皮书数据库建设之路》，载于《出版广角》2014年第Z3期。

［77］胡五生、龚文霞：《基于案例对比分析的高校智库建设研究》，载于《新世纪图书馆》2019年第5期。

［78］黄凤、王兆君：《基于层次分析法和熵值法的企业管理型人力资本价值的计量》，载于《学术交流》2010年第2期。

［79］黄海涛、任仕暄：《习近平新时代中国特色社会主义思想的形成和发展——以调查研究为科学依据》，载于《江汉学术》2019年第5期。

［80］黄蕙：《中国特色新型智库的历史新方位和新使命——专访中国现代国际关系研究院院长袁鹏》，载于《当代中国与世界》2021年第1期。

［81］黄蕙：《中国特色新型智库国际传播力研究——基于创办〈当代中国与世界〉智库学刊的实例分析》，载于《智库理论与实践》2021年第4期。

［82］黄晋鸿：《科研改革为智库带来政策红利》，载于《光明日报》2016年12月14日。

［83］黄晋鸿、曲海燕：《新时代中国特色新型智库的行为评价研究——基于2016~2019年全国31家省级社会科学院的调查数据》，载于《情报理论与实践》2021年第7期。

［84］黄晋鸿：《意识觉醒促进社科机构强化智库建设》，载于《中国改革

报》2019 年 5 月 29 日。

　　[85] 黄开木、樊振佳、卢胜军、栗琳：《基于链接分析法的中美智库网站比较研究》，载于《情报理论与实践》2014 年第 11 期。

　　[86] 黄磊：《智库大数据决策支持信息保障技术服务体系建设研究》，陕西师范大学硕士学位论文，2019 年。

　　[87] 黄清子、马亮：《如何评价中国智库评价——基于五组评价报告的比较研究》，载于《中国社会科学评价》2020 年第 4 期。

　　[88] 黄如花、李白杨、饶雪瑜：《面向新型智库建设的知识服务：图书情报机构的新机遇》，载于《图书馆》2015 年第 5 期。

　　[89] 黄如花：《我国政府数据开放共享标准体系构建》，载于《图书与情报》2020 年第 3 期。

　　[90] 黄铁苗、蒋鑫：《新时代深圳加强智库建设的思考》，载于《开放导报》2018 年第 2 期。

　　[91] 黄晓斌、邓宝赛：《我国智库政策文献的计量可视化分析》，载于《智库理论与实践》2020 年第 3 期。

　　[92] 黄晓斌、彭佳芳：《广东地方特色新型智库建设现状调查与分析》，载于《图书馆论坛》2020 年第 8 期。

　　[93] 黄勋敏：《SWOT 分析——帮你做成功的求职者》，载于《中国青年报》2001 年 2 月 8 日。

　　[94] 黄英：《积极推进交叉学科在考古学研究领域的发展——访中国社会科学院考古所考古科技实验研究中心主任袁靖》，载于《社会科学管理与评论》2004 年第 2 期。

　　[95] 贾杨、朱旭峰：《中国智库的独特发展道路：对国外学者研究之思辨》，载于《南京社会科学》2018 年第 10 期。

　　[96] 贾宇：《立足高端　服务决策　引领发展》，载于《光明日报》2016 年 12 月 1 日。

　　[97] 江苏省人民政府：《关于加强江苏新型智库建设的实施意见》，载于《新华日报》2015 年 11 月 6 日。

　　[98] 姜洁：《深入研究党建理论和实际问题　为构建中国化的马克思主义党建理论体系作出新的更大贡献》，载于《人民日报》2016 年 3 月 24 日。

　　[99] 姜淑萍：《"改革是社会主义制度的自我完善"——对邓小平关于如何坚持和完善中国特色社会主义制度论述的思考》，载于《党的文献》2018 年第 3 期。

　　[100] 蒋建农：《创建新中国的政策与策略准备——新中国成立前夕毛泽东相关

著作版本研究》，载于《湘潭大学学报（哲学社会科学版）》2019 年第 43 卷第 4 期。

［101］蒋晓飞：《协同理论视角下的智库成果评价研究》，广西大学硕士学位论文，2017 年。

［102］焦德武、张胜、王斯敏：《国家高端智库战疫情：积极关注现实 提供智力支持》，载于《光明日报》2020 年 6 月 1 日。

［103］教育部：《中国教育年鉴（2007）》，人民教育出版社 2007 年版。

［104］金鑫：《新闻出版知识在线开通 教、学、管、考实现网络化》，载于《中国新闻出版报》2006 年 3 月 29 日。

［105］金志峰：《新型高校智库多元化人才管理机制探析——美国的经验与启示》，载于《中国行政管理》2019 年第 3 期。

［106］金志峰、杨小敏：《高校智库人员考核评价——基于职业发展通道理论的基本思路与体系构建》，载于《国家教育行政学院学报》2019 年第 5 期。

［107］敬茂明：《地方党委政研室应在新型智库建设中起好四大作用》，载于《邓小平研究》2019 年第 1 期。

［108］鞠维伟：《当前国内智库人才培养现状、问题及对策》，载于《智库理论与实践》2019 年第 1 期。

［109］瞿振元：《高校智库建设要出思想、出人才，还要育人》，载于《光明日报》2015 年 7 月 7 日。

［110］军事科学院：《强化过程管理 确保成果质量》，载于《光明日报》2019 年 7 月 1 日。

［111］孔放、李刚：《国外智库的主要评价模式》，载于《新华日报》2015 年 7 月 10 日。

［112］昆明市文史研究馆编：《少年战士：云南早期共产党人播火记》，人民出版社 2021 年版。

［113］赖先进：《国际智库发展模式》，中共中央党校出版社 2017 年版。

［114］兰德公司：《兰德研究生院 2015 年年度院长报告》，兰德公司 2015 年版。

［115］雷蒙德·J. 斯特鲁伊克著，李刚等译：《完善智库管理：智库、"研究与倡导型"非政府组织及其资助者的实践指南》，南京大学出版社 2017 年版。

［116］李安方：《中国智库竞争力建设方略》，上海社会科学院出版社 2010 年版。

［117］李芳、初景利：《新型智库战略与核心能力——"2016 新型智库核心能力建设"高级研修班内容要点解析》，载于《智库理论与实践》2016 年第 4 期。

［118］李凤虎、冯芸：《河南省社科院实施院市院校合作 整合资源共享平

台》，载于《河南日报》2016年2月14日。

[119] 李敢、宋卫清：《中国智库"政策分析市场"及其"政治嵌入知识体系"再考察》，载于《浙江树人大学学报（人文社会科学）》2020年第5期。

[120] 李刚：《创新机制、重心下移、嵌入决策过程：中国特色新型智库建设的"下半场"》，载于《图书馆论坛》2019年第3期。

[121] 李刚、丁炫凯：《习近平治国理政思想是新型智库建设的指针》，载于《智库理论与实践》2016年第1期。

[122] 李刚、甘琳、徐路：《智库知识体系制度化建构的进程与路径》，载于《图书与情报》2019年第3期。

[123] 李刚：《高校新型智库治理与营运》，载于《决策与信息》2018年第11期。

[124] 李刚：《关于进一步加强高校新型智库建设若干问题的思考》，载于《江苏高教》2019年第10期。

[125] 李刚、郭婷婷：《智库嵌入式决策咨询服务模式》，载于《智库理论与实践》2019年第2期。

[126] 李刚：《建立智库全层次全要素评价体系》，载于《光明日报》2017年2月9日。

[127] 李刚、李梓萌：《新民主主义革命时期党的调查研究与政策研究》，载于《社会治理》2022年第4期。

[128] 李刚：《破解我国智库体制的"三明治陷阱"》，载于《科学与管理》2018年第6期。

[129] 李刚：《实体化是新型智库建设的方向》，载于《科学与管理》2017年第4期。

[130] 李刚：《外延扩张与内涵发展：新型智库的路径选择》，载于《智库理论与实践》2016年第4期。

[131] 李刚、王斯敏、冯雅、甘琳等：《CTTI智库报告（2019）》，南京大学出版社2020年版。

[132] 李刚、王斯敏、吕诚诚等：《CTTI智库报告（2020）》，南京大学出版社2022年版。

[133] 李刚、王斯敏、邹婧雅等：《CTTI智库报告（2018）》，南京大学出版社2019年版。

[134] 李刚：《我国智库全球传播的七大"短板"》，载于《科学与管理》2018年第1期。

[135] 李刚：《西方智库国际交流合作的经验》，载于《中国社会科学报》

2018 年 4 月 4 日。

[136] 李刚：《哲学社会科学的"智库范式"》，载于《理论与现代化》2017年第 3 期。

[137] 李纲、李阳：《面向决策的智库协同创新情报服务：功能定位与体系构建》，载于《图书与情报》2016 年第 1 期。

[138] 李光：《现代思想库与科学决策》，科学出版社 1991 年版。

[139] 李国强：《对当前中国智库建设若干问题的认识》，载于《智库理论与实践》2016 年第 4 期。

[140] 李国强：《对"加强中国特色新型智库建设"的认识和探索》，载于《中国行政管理》2014 年第 5 期。

[141] 李国强、李昂：《我国党政直属智库建设新进展新探索》，载于《光明日报》2016 年 3 月 30 日。

[142] 李海楠：《"一流作风"保障"一流智库"建设》，载于《中国经济时报》2013 年 9 月 6 日。

[143] 李建军、崔树义：《世界各国智库研究》，人民出版社 2010 年版。

[144] 李君安、王政武：《社科院与其学术期刊互促共进研究》，载于《青年记者》2019 年第 2 期。

[145] 李兰：《智库发展需加强基础研究》，载于《经济参考报》2016 年 3 月 10 日。

[146] 李瑞、李北伟、季忠洋：《地方智库协同创新的要素协同、知识服务创新与价值共创——基于服务主导逻辑的视角》，载于《情报杂志》2020 年第 1 期。

[147] 李瑞、李北伟、李扬：《地方智库协同创新模式选择与实现路径》，载于《情报杂志》2019 年第 8 期。

[148] 李瑞英：《中国社科院全面启动"走转改"活动》，载于《光明日报》2011 年 10 月 14 日。

[149] 李伟：《百年大变局：中国高质量发展的挑战与机遇》，载于《第一财经日报》2019 年 3 月 18 日。

[150] 李伟：《发挥高端智库优势，服务国家发展大局》，载于《中国经济时报》2019 年 3 月 12 日。

[151] 李伟：《深化体制机制改革 建设高质量中国特色新型智库》，载于《光明日报》2015 年 1 月 22 日。

[152] 李先昭：《中国经济江苏智库联合研究会正式成立》，载于《新华日报》2020 年 6 月 19 日。

[153] 李晓光、张伟伟：《论新时代决策思维方法的生成根基与整体构成》，

载于《思想教育研究》2020 年第 8 期。

[154] 李雪：《打造大数据时代的数字智库——甘肃省社会科学院院长王福生访谈录》，载于《经济师》2021 年第 1 期。

[155] 李雪：《地方社科院智库建设应处理好的几个关系——天津市社会科学院党组书记、院长史瑞杰访谈录》，载于《经济师》2018 年第 1 期。

[156] 李雪：《推进实施社会科学创新工程　加快建设中国特色新型智库——山东社会科学院院长张述存访谈录》，载于《经济师》2017 年第 7 期。

[157] 李雪：《新时代地方社科院改革发展的使命与思路——江苏省社会科学院党委书记、院长夏锦文访谈录》，载于《经济师》2019 年第 5 期。

[158] 李雪：《智库建设与实践对接　提升服务经济社会发展功能——甘肃省社会科学院院长王福生访谈录》，载于《经济师》2015 年第 9 期。

[159] 李亚慧、范英杰：《建设我国新型高校智库的必要性及关键点研究》，载于《内蒙古财经大学学报》2018 年第 3 期。

[160] 李焱平：《毛泽东：注重和擅长调查研究的典范》，载于《党史文汇》2015 年第 2 期。

[161] 李佑新、陈龙：《毛泽东"实事求是"思想的湘学渊源》，载于《哲学研究》2010 年第 1 期。

[162] 李宇博：《浅析邓小平党团建设思想——基于对〈党与抗日民主政权〉的解读》，载于《邓小平研究》2017 年第 5 期。

[163] 李韵婷、张日新：《治理结构在资源投入和智库产出中的调节作用研究——基于 125 家高校智库数据的实证分析》，载于《高校教育管理》2020 年第 1 期。

[164] 李政刚：《新型地方科技智库建设实证研究——以重庆为例》，载于《智库理论与实践》2018 年第 1 期。

[165] 李中梅、张向先、刘金承：《新媒体环境下智库信息传播机理研究》，载于《智库理论与实践》2020 年第 2 期。

[166] 李忠峰：《刘尚希："降成本"核心在于降低制度成本》，载于《中国财经报》2018 年 7 月 26 日。

[167] 里昕：《京沪地区智库的发展经验及借鉴》，载于《智库理论与实践》2018 年第 3 期。

[168] 理轩：《民心是最大的政治　正义是最强的力量——学习习近平总书记关于反腐败斗争的重要论述》，载于《中国纪检监察》2016 年第 2 期。

[169] 历克斯·阿贝拉：《兰德公司与美国的崛起》，新华出版社 2011 年版。

[170] 梁红军、邸淑珍：《习近平"以人民为中心"思想的内在价值与逻

辑》，载于《石河子大学学报（哲学社会科学版）》2018年第3期。

[171] 梁健：《科学决策视阈下中国特色新型智库建设——基于政府—智库—公众三方互动的思考》，载于《决策咨询》2020年第2期。

[172] 梁丽、张学福、周密：《基于政策反馈理论的智库评价模型构建研究》，载于《情报杂志》2021年第8期。

[173] 梁宵萌：《哈佛大学图书馆面向智库的服务策略与启示》，载于《图书馆论坛》2019年第7期。

[174] 林飞：《思想羽翼掠过时代高地》，载于《解放军报》2021年3月19日。

[175] 凌琪：《黄晋鸿：以机制改革释放"人才红利"》，载于《中国社会科学报》2016年8月4日。

[176] 凌锐燕：《国家治理现代化进程中的协商民主问题研究》，中共中央党校博士学位论文，2015年。

[177] 刘大可：《党校行政学院智库建设的对策建议》，载于《领导文萃》2015年第18期。

[178] 刘德海：《江苏新型智库从这里扬帆远航》，载于《群众·大众学堂》2015年11月17日。

[179] 刘德海：《江苏新型智库发展报告（2015~2018）》，江苏人民出版社2020年版。

[180] 刘风光、柴韬、李海红、梁娜、刘晋伟：《国家治理视域下中国特色新型智库建设现实审视与发展策略》，载于《治理现代化研究》2019年第1期。

[181] 刘福才、张继明：《高校智库的价值定位与可持续发展》，载于《教育研究》2017年第10期。

[182] 刘红春：《我国社会智库健康发展的几个思路》，载于《理论探索》2017年第3期。

[183] 刘杰：《当前高校科研人员的发展状态及发展路径》，载于《智库时代》2019年第37期。

[184] 刘林元、姚润皋：《中国马克思主义哲学史（下卷）》，江苏人民出版社2007年版。

[185] 刘玫：《深入一线调研　做好资政文章——青岛市委党校打造地方新型智库综述》，载于《学习时报》2022年5月20日。

[186] 刘鹏飞：《媒体建设特色新型智库的契机与路径》，载于《青年记者》2019年第15期。

[187] 刘圣中：《公共政策学》，武汉大学出版社2008年版。

［188］刘思妤：《中国智库国际化人才培养的路径探析》，载于《智库理论与实践》2019 年第 3 期。

［189］刘西忠：《从民间智库到社会智库：理念创新与路径重塑》，载于《苏州大学学报（哲学社会科学版）》2015 年第 6 期。

［190］刘西忠：《新型智库质量提升与国家治理现代化》，江苏人民出版社 2021 年版。

［191］刘修兵：《2016 年将推动文化艺术智库体系建设》，载于《中国文化报》2016 年 3 月 3 日。

［192］刘炎东：《如何打造高质量科研——访江苏省委党校副校长杨明》，载于《学习时报》2013 年 7 月 15 日。

［193］刘艳莉：《新闻传播学核心期刊基金项目论文计量分析》，载于《内蒙古科技与经济》2017 年第 19 期。

［194］刘元春：《思想力是智库灵魂》，载于《唯实（现代管理）》2016 年第 8 期。

［195］刘昀献：《谋事之基　成事之道》，载于《北京日报》2018 年 7 月 9 日。

［196］刘宗毅、谢珊珊、莫中秋、孙碧娇：《大国博弈背景下的新时代国防科技情报转型发展研究》，载于《情报理论与实践》2021 年第 4 期。

［197］龙德、蔡翔：《中华人民共和国通鉴》，辽宁人民出版社 2000 年版。

［198］隆斌：《"精准"监督护航"精准"扶贫》，载于《中国纪检监察》2018 年第 12 期。

［199］卢小宾、黎炜祎：《国外智库的类型与评价模式研究》，载于《情报理论与实践》2018 年第 8 期。

［200］卢小宾、黎炜祎：《智库评价体系构建研究》，载于《情报资料工作》2019 年第 3 期。

［201］鲁言：《意识形态工作关乎党和国家前途命运》，载于《红旗文稿》2016 年第 6 期。

［202］陆丹、谢慧铃：《智库舆论传播现状和发展策略研究》，载于《编辑之友》2015 年第 9 期。

［203］吕长红、陈伟炯、梁伟波等：《高校图书馆信息智库构建研究》，载于《新世纪图书馆》2014 年第 2 期。

［204］罗繁明、袁俊、赵恒煜：《基于大数据的特色新型智库平台建设研究——以广东智库信息化平台为例》，载于《情报资料工作》2020 年第 5 期。

［205］罗恺、袁晓东：《基于 LDA 主题模型与社会网络的专利技术融合趋势

研究——以关节机器人为例》，载于《情报杂志》2021 年第 3 期。

[206] 罗昕、李芷娴：《外脑的力量：全球互联网治理中的美国智库角色》，载于《现代传播（中国传媒大学学报）》2019 年第 3 期。

[207] 马建堂：《以党建高质量发展引领国家高端智库建设》，载于《旗帜》2021 年第 2 期。

[208] 马军卫：《加强地方新型智库建设面临的制约与缓解探析》，载于《中共济南市委党校学报》2018 年第 6 期。

[209] 马雪雯、李刚：《迈向成熟的现代智库——省级重点智库建设的政策、体系和网络分析》，载于《智库理论与实践》2020 年第 4 期。

[210]《毛泽东农村调查文集》，人民出版社 1982 年版。

[211]《毛泽东选集》第 1 卷，人民出版社 1991 年版。

[212]《毛泽东文集》第 2 卷，人民出版社 1993 年版。

[213]《毛泽东选集》第 2 卷，人民出版社 1991 年版。

[214]《毛泽东选集》第 3 卷，人民出版社 1991 年版。

[215]《毛泽东选集》第 4 卷，北京人民出版社 1991 年版。

[216]《毛泽东文集》第 7 卷，人民出版社 1999 年版。

[217]《毛泽东文集》第 8 卷，人民出版社 1999 年版。

[218]《毛泽东早期文稿》，湖南出版社 1995 年版。

[219][美] 雷蒙德·J. 斯特鲁伊克著，李刚等译：《完善智库管理：智库、"研究与倡导型"非政府组织及其资助者的实践指南》，南京大学出版社 2017 年版。

[220][美] 罗伯特·E. 斯塔克著，李刚、王传奇、甘琳等译：《智库与教育评价大师课：基于标准的评价与回应式评价》，南京大学出版社 2021 年版。

[221][美] 约翰·W. 金登著，丁煌、方兴译：《议程、备选方案与公共政策》，中国人民大学出版社 2004 年版。

[222][美] 詹姆斯·G. 麦甘、安娜·威登、吉莉恩·拉弗蒂著，王晓毅等译：《智库的力量：公共政策研究机构如何促进社会发展》，社会科学文献出版社 2016 年版。

[223] 孟轲、马从辉：《推进马克思主义大众化》，载于《人民日报》2012 年 12 月 3 日。

[224] 孟卫：《北京党校设立机构加强决策咨询工作》，载于《学习时报》2013 年 7 月 15 日。

[225] 孟宪斌：《智库成果与政府决策的良性互动——基于"需求侧—供给侧"的双重反思》，载于《天津行政学院学报》2019 年第 6 期。

［226］苗树彬：《努力建设高端社会智库》，载于《中国党政干部论坛》2015 年第 1 期。

［227］闵学勤：《智库驱动：社会治理创新的中国探索》，载于《南京社会科学》2016 年第 2 期。

［228］穆占劳：《外国思想库：怎样用人？怎样管理？》，载于《学习时报》2004 年 6 月 7 日。

［229］倪千淼：《政府数据开放共享的法治难题与化解之策》，载于《西南民族大学学报（人文社会科学版）》2021 年第 1 期。

［230］宁波市委改革办：《象山县：建立智库联盟提高决策科学化水平》，载于《宁波通讯》2015 年第 19 卷。

［231］宁启文：《切实加强农业农村经济发展新型智库建设》，载于《农民日报》2015 年 6 月 5 日。

［232］牛冲槐、王聪、郭丽芳、樊燕萍、芮雪琴：《科技型人才聚集下的知识溢出效应研究》，载于《管理学报》2010 年第 1 期。

［233］欧阳坚：《把协商民主作为公共决策的重要程序》，载于《人民政协报》2019 年 7 月 17 日。

［234］裴蕾、周立群：《高校智库专职研究队伍建设的必要性和建议》，载于《未来与发展》2019 年第 2 期。

［235］彭大成：《湖湘文化与毛泽东》，湖南人民出版社 2003 年版。

［236］彭灵灵：《"社会政策时代"智库的价值、影响机制与体系建构》，载于《湖北社会科学》2019 年第 3 期。

［237］彭大成：《湖湘文化与毛泽东》，湖南人民出版社 2003 年版。

［238］彭洲红、陈霏、李刚：《新型智库信息能力要素与建设路径》，载于《智库理论与实践》2021 年第 3 期。

［239］《戚振宏院长出席夏季达沃斯论坛》，载于《国际问题研究》2018 年第 6 期。

［240］齐鹏飞：《改革开放 40 年"中国特色大国外交"的发展历程和基本经验》，载于《学海》2019 年第 1 期。

［241］祁雷：《法治是治国理政的基本方式》，载于《南方日报》2015 年 11 月 9 日。

［242］乔元正：《高校智库建设内外部协同的原理、问题及其对策》，载于《现代教育管理》2017 年第 7 期。

［243］庆海涛、李刚：《智库专家评价指标体系研究》，载于《图书馆论坛》2017 年第 10 期。

[244] 权衡:《建设新型智库推动决策咨询科学化、民主化》,载于《中国党政干部论坛》2015 第 1 期。

[245] 全守杰、王运来:《高校智库的涵义与特征》,载于《现代教育管理》2016 年第 1 期。

[246] 人民日报评论部:《以法治思维图善治》,载于《人民日报》2014 年 3 月 11 日。

[247] 任福兵、李玉环:《供应链视角下媒体智库知识服务能力评价体系研究》,载于《情报理论与实践》2020 年第 4 期。

[248] 任恒:《构建我国新型智库"旋转门"机制:内涵、现状及思路》,载于《北京工业大学学报(社会科学版)》2021 年第 1 期。

[249] 任恒:《国内智库研究的知识图谱:现状、热点及趋势——基于 CSSCI 期刊(1998~2016)的文献计量分析》,载于《情报科学》2018 年第 9 期。

[250] 任恒:《政府购买社会智库服务:实现机制、运行困境及其推进策略》,载于《湖北社会科学》2017 年第 8 期。

[251] 任恒:《政府向新型智库购买决策咨询服务:模式、困境及其对策》,载于《情报杂志》2018 年第 7 期。

[252] 任晓:《第五种权力》,北京大学出版社 2015 年版。

[253] 任晓:《第五种权力——美国思想库的成长、功能与运作机制》,载于《美国问题研究》2001 年第 1 期。

[254] 上海社会科学院:《奋力推进体制机制改革创新》,载于《光明日报》2019 年 7 月 1 日。

[255] 上海社会科学院智库研究中心:《2013 年全球智库报告——影响力排名与政策建议》,上海社会科学院出版社 2014 年版。

[256] 上海社会科学院智库研究中心项目组、李凌:《中国智库影响力的实证研究与政策建议》,载于《社会科学》2014 年第 4 期。

[257] 佘惠敏、刘松柏:《跑好科技创新"接力赛"——习近平总书记重要讲话在两院院士中引起热烈反响》,载于《经济日报》2014 年 6 月 10 日。

[258] 申国昌、程功群:《中国特色新型教育智库的角色定位及建设路径》,载于《华东师范大学学报(教育科学版)》2018 年第 6 期。

[259] 申静、张璐、刘莹:《社会智库人才机制初探》,载于《中国科技资源导刊》2019 年第 1 期。

[260] 沈国麟:《同城协同:上海高校智库建设实践探索》,载于《社会科学文摘》2018 年第 10 期。

[261] 沈进建:《美国决策制度下的智库市场初探——基于市场视野下的分

析》，载于《智库理论与实践》2016 年第 5 期。

[262] 石伟：《准确把握智库的四重属性》，载于《学习时报》2018 年 1 月 29 日。

[263] 石伟：《着力发挥智库在舆论引导中的作用》，载于《学习时报》2019 年 2 月 18 日。

[264] 石玉：《卓越的可视化情报分析软件开发商——IBM i2 公司及其产品介绍》，载于《中国安防》2019 年第 3 期。

[265] 石仲泉：《才溪乡调查是一部独特的教科书》，载于《北京日报》2019 年 6 月 24 日。

[266] 史海燕：《毛泽东调查研究思想的形成、内涵及启示》，载于《党史文汇》2019 年第 1 期。

[267] 双传学：《以智库全程化参与助推科学化决策》，载于《光明日报》2016 年 5 月 25 日。

[268] 宋圭武：《智库成果评价及评论员素质要求》，载于《甘肃农业》2019 年第 2 期。

[269] 宋悦华、朱帅：《高校智库成果评价探析》，载于《扬州大学学报（高教研究版）》2019 年第 1 期。

[270] 宋忠惠、郑军卫、齐世杰等：《基于典型智库实践的智库产品质量控制与影响因素研究》，载于《图书与情报》2017 年第 1 期。

[271] 孙少龙：《人民标尺——从百年奋斗看中国共产党政治立场》，载于《新华每日电讯》2021 年 6 月 29 日。

[272] 孙伟丽：《当好决策助手 发挥智库作用——自治区人大常委会办公厅研究室在土右旗举办全区人大信息工作培训班》，载于《内蒙古人大》2017 年第 7 期。

[273] 孙蔚：《国家治理视野下的中国特色新型智库》，载于《中共中央党校学报》2014 年第 4 期。

[274] 孙蔚、张宇婷：《从西方智库"独立性"看新时代中国特色新型智库的构建》，载于《智库理论与实践》2021 年第 4 期。

[275] 孙文静：《推动地方党校特色新型智库建设走在前列》，载于《青岛日报》2020 年 12 月 29 日。

[276] 孙英兰：《向科学进军 中国科技史上的第一个规划》，载于《科学大观园》2021 年第 13 期。

[277] 孙志茹、张志强：《基于信息流的思想库政策影响力分析框架研究》，载于《图书情报工作》2011 年第 20 期。

[278] 谭青、唐满华、刘泉江：《湖南省科技专家库管理存在问题及对策探讨》，载于《科技资讯》2021 年第 5 期。

[279] 谭玉、蔡雨阳、郭玉瑶：《党建智库建设的国际比较及其对中国的启示》，载于《中共山西省委党校学报》2019 年第 1 期。

[280] 汤建军、郑代良、黄渊基：《中国特色新型智库评价体系初探》，载于《湘潭大学学报（哲学社会科学版）》2018 年第 4 期。

[281] 汤俊峰：《打造中国特色新型军事智库》，载于《中国国防报》2014 年 10 月 7 日。

[282] 唐果媛、吕青：《我国智库研究文献的计量分析》，载于《智库理论与实践》2016 年第 1 期。

[283] 唐磊：《当代智库的知识生产》，中国社会科学出版社 2015 年版。

[284] 田慧生：《当前教育智库建设的形势、方向与思路》，载于《中国教育学刊》2016 年第 11 期。

[285] 田凯：《组织外形化：非协调约束下的组织运作——一个研究中国慈善组织与政府关系的理论框架》，载于《社会学研究》2004 年第 4 期。

[286] 田山俊、王婧茹：《一流大学智库的多元化治理——基于哥伦比亚大学东亚研究所的分析》，载于《高教探索》2018 年第 9 期。

[287] 涂小莉：《研究式教学在党外代表人士教育培训中的探索与实践——以中山市社会主义学院为例》，载于《广东省社会主义学院学报》2016 年第 5 期。

[288] 万京华：《从红中社到新华社》，载于《百年潮》2011 年第 8 期。

[289] 《万里文选》，人民出版社 1995 年版。

[290] 汪川：《关于中国独立型防务智库传播对象和内容的研究》，载于《智库理论与实践》2016 年第 3 期。

[291] 汪锋：《高校一流学科与新型智库建设的互动机制研究》，载于《中国高教研究》2016 年第 9 期。

[292] 汪桥红、周丽、刘嘉伟：《中国特色新型智库治理体系构建研究》，载于《学海》2018 年第 6 期。

[293] 王波：《李烈：没想到成为国务院参事》，载于《中国青年报》2011 年 4 月 20 日。

[294] 王传奇、李刚、丁炫凯：《智库政策影响力评价中的"唯批示论"迷思——基于政策过程理论视角的研究》，载于《图书与情报》2019 年第 3 期。

[295] 王春法：《美国思想库的运行机制研究》，载于《社会科学管理与评论》2004 年第 2 期。

[296] 王德生：《全球智库发展动向》，载于《竞争情报》2016 年第 1 期。

［297］王定毅：《习近平全面从严治党思想研究》，中共中央党校博士学位论文，2017 年。

［298］王方：《中国特色新型智库的内涵、建设实践及着力点研究》，载于《智库理论与实践》2021 年第 1 期。

［299］王厚全：《智库演化论》，中共中央党校博士学位论文，2016 年。

［300］王辉、彭倩：《美国智库人才创新机制及其启示》，载于《决策探索（上）》2018 年第 1 期。

［301］王辉耀、苗绿：《大国智库》，人民出版社 2014 年版。

［302］王辉耀、苗绿：《如何建设好媒体智库》，载于《传媒》2018 年第 15 期。

［303］王辉耀、苗绿：《中国智库的国际影响力提升路径研究》，载于《西北工业大学学报（社会科学版）》2018 年第 3 期。

［304］王辉耀、苗绿：《中国智库建设现状、问题及建议》，载于《情报工程》2018 年第 4 期。

［305］王辉耀：《如何打造中国特色智库人才"旋转门"》，载于《光明日报》2016 年 10 月 19 日。

［306］王辉耀：《提高新型智库的决策咨询能力》，载于《新西部》2017 年第 8 期。

［307］王辉耀：《完善法治环境　推动智库发展》，载于《中国党政干部论坛》2016 年第 4 期。

［308］王辉耀：《中国智库国际化的实践与思考》，载于《中国行政管理》2014 年第 5 期。

［309］王纪刚：《延安风尚》，世界图书出版公司 2017 年版。

［310］王继承、冯巍：《合格的政策分析家是怎样炼成的——兰德公司的人力资源管理》，载于《中国发展观察》2012 年第 9 期。

［311］王继承：《兰德公司的成功奥秘（下）》，载于《中国经济时报》2012 年 10 月 19 日。

［312］王加祥：《基于大数据的教育宏观决策信息化智库构建研究》，载于《智库理论与实践》2021 年第 5 期。

［313］王建梁、郭万婷：《我国教育智库建设：问题与对策》，载于《教育发展研究》2014 年第 9 期。

［314］王健：《地方智库参与政府决策的路径和实践——以地方社会科学院为例》，载于《中国党政干部论坛》2015 年第 6 期。

［315］王健、沈桂龙、陈骅：《智库转型——理论创新与实践探索》，生

活·读书·新知三联书店 2012 年版。

[316] 王金照、赵彬、钱越、高强、张立君：《党的领导与中国特色党政智库建设》，载于《中国领导科学》2018 年第 6 期。

[317] 王莉丽：《论美国思想库的舆论传播》，载于《现代传播（中国传媒大学学报）》2010 年第 2 期。

[318] 王莉丽：《旋转门：美国思想库研究》，国家行政学院出版社 2010 年版。

[319] 王莉丽：《智力资本：中国智库核心竞争力》，中国人民大学出版社 2015 年版。

[320] 王莉、吴文清：《地方高校智库建设的系统论分析》，载于《系统科学学报》2016 年第 2 期。

[321] 王丽琳：《以"创新工程"实现"双轮驱动" 社科院智库科研步入改革期》，载于《解放日报》2015 年 2 月 25 日。

[322] 王眉：《智库国际传播与对外话语体系构建》，载于《新疆师范大学学报（哲学社会科学版）》2015 年第 6 期。

[323] 王娉：《山东省、中科院、青岛市三方签署合作协议 共建海洋大科学中心和山东能源研究院》，载于《青岛日报》2019 年 6 月 18 日。

[324] 王琪、李刚：《创新文化建设是驱动智库发展的主要抓手》，载于《新华日报》2018 年 1 月 17 日。

[325] 王琪、李刚：《智库创新文化研究——来自 NORC 的经验》，载于《农业图书情报学刊》2018 年第 1 期。

[326] 王巧然：《中国石油试行科技完全项目制管理》，载于《中国石油报》2015 年 12 月 18 日。

[327] 王诗苇：《高校智库建设与人才培养的互动机制研究》，载于《智库时代》2019 年第 28 期。

[328] 王世伟：《试析情报工作在智库中的前端作用——以上海社会科学院信息研究所为例》，载于《情报资料工作》2011 年第 2 期。

[329] 王斯敏：《光明日报〈智库〉版与读者见面》，载于《光明日报》2014 年 12 月 25 日。

[330] 王斯敏、焦德武、张胜等：《不负使命、奋发有为 以高端成果服务国家决策——国家高端智库建设经验交流会发言摘登》，载于《光明日报》2019 年 7 月 1 日。

[331] 王斯敏：《〈全球智库评价报告〉在京发布》，载于《光明日报》2015 年 2 月 12 日。

［332］王斯敏：《让中国智库"领头雁阵"振翅高飞》，载于《光明日报》2016年12月2日。

［333］王斯敏：《新型智库为中国特色大国外交贡献力量》，载于《光明日报》2018年8月2日。

［334］王斯敏：《智库评价：要不要做，如何做好？》，载于《光明日报》2016年2月3日。

［335］王涛：《习近平的历史思维研究》，山东大学硕士学位论文，2018年。

［336］王婉婉：《基于受众中心的中国科技智库传播策略研究》，载于《新闻研究导刊》2018年第19期。

［337］王伟光：《实施哲学社会科学创新工程建设具有中国特色、中国风格、中国气派的哲学社会科学》，载于《中国高校社会科学》2013年第5期。

［338］王文：《调动"百万大军"——论中国智库对外传播的进展、困境与政策建议》，载于《智库理论与实践》2021年第1期。

［339］王文：《建设国际知名智库中国任重道远》，载于《中国社会科学报》2018年4月4日。

［340］王文、李振：《中国智库评价体系的现状与展望》，载于《智库理论与实践》2016年第4期。

［341］王文：《论智库与学术的异同》，载于《智库理论与实践》2017年第2期。

［342］王文涛、刘燕华：《智库运行和智库产品的评价要点》，载于《智库理论与实践》2016年第2期。

［343］王文：《智库，战略大传播的发动机》，载于《对外传播》2014年第2期。

［344］王晓光：《加强人文社科数据资源建设与管理》，载于《光明日报》2018年7月5日。

［345］王晓琴：《完善地市级党校智库成果转化机制的思考》，载于《学理论》2018年第6期。

［346］王燕文：《智库建设要有担当有格局有谋略》，载于《党建》2016年第3期。

［347］王永志、张亚勇：《中国特色新型党建智库建设：内涵、困境与对策》，载于《理论导刊》2018年第7期。

［348］王造兰：《新形势下加强党校学科建设的研究》，载于《中共南宁市委党校学报》2017年第3期。

［349］王铮：《美国兰德公司的运营特点与发展态势》，载于《智库理论与

实践》2016 年第 1 期。

[350] 王志刚:《科技创新是提高社会生产力和综合国力的战略支撑》,载于《人民日报》2012 年 12 月 18 日。

[351] 王志章:《日本智库发展经验及其对我国打造高端新型智库的启示》,载于《思想战线》2014 年第 2 期。

[352] 危旭芳:《充分发挥党校在建设中国特色新型智库中的应有作用》,载于《探求》2016 年第 1 期。

[353] 温勇、张瑶:《军队智库建设重在搞好顶层设计》,载于《解放军报》2015 年 3 月 22 日。

[354] 文少保:《我国政府向智库购买决策咨询服务的价值、困境与路径选择》,载于《社会科学文摘》2016 年第 5 期。

[355] 吴铭:《胡鞍钢:2030 中国迈向共同富裕》,载于《社会观察》2012 年第 4 期。

[356] 吴天佑、傅曦:《美国重要思想库》,时事出版社 1982 年版。

[357] 吴田:《大数据助推新型智库建设》,载于《光明日报》2017 年 6 月 1 日。

[358] 吴田:《国内社会智库发展综合评价研究:基于 AMI 指标体系》,载于《中国社会科学评价》2018 年第 2 期。

[359] 武勇:《中国东盟携手共绘合作发展愿景》,载于《中国社会科学报》2019 年 9 月 23 日。

[360] 孟献丽、王玉鹏:《推进马克思主义大众化》,载于《人民日报》2012 年 12 月 3 日。

[361] 吴闻:《新增国家高端智库建设试点单位名单公布》,载于《浙江大学报》2021 年 3 月 27 日。

[362] 习近平:《摆脱贫困》,福建人民出版社 1992 年版。

[363] 习近平:《干在实处,走在前列》,中共中央党校出版社 2006 年版。

[364] 习近平:《决胜全面建成小康社会 夺取新时代中国特色社会主义伟大胜利》,载于《人民日报》2017 年 10 月 28 日。

[365] 习近平:《决胜全面建成小康社会 夺取新时代中国特色社会主义伟大胜利——在中国共产党第十九次全国代表大会上的报告》,人民出版社 2017 年版。

[366] 习近平:《牢记历史经验历史教训历史警示 为国家治理能力现代化提供有益借鉴》,载于《人民日报》2014 年 10 月 14 日。

[367] 习近平:《论坚持党对一切工作的领导》,中央文献出版社 2019 年版。

［368］习近平：《谈谈调查研究》，载于《学习时报》2011 年 11 月 21 日。

［369］习近平：《为建设世界科技强国而奋斗——在全国科技创新大会、两院院士大会、中国科协第九次全国代表大会上的讲话》，载于《科协论坛》2016 年第 6 期。

［370］《习近平谈治国理政》第一卷，外文出版社 2018 年版。

［371］《习近平谈治国理政》第二卷，外文出版社 2017 年版。

［372］《习近平谈治国理政》第三卷，外文出版社 2020 年版。

［373］《习近平谈治国理政》，外文出版社 2014 年版。

［374］《习近平总书记系列重要讲话读本》，民族出版社 2014 年版。

［375］习近平：《携手构建合作共赢新伙伴　同心打造人类命运共同体——在第七十届联合国大会一般性辩论时的讲话》，载于《中国产经》2015 年第 10 期。

［376］习近平：《在北京大学师生座谈会上的讲话》，载于《人民日报》2018 年 5 月 3 日。

［377］习近平：《在党的十九届一中全会上的讲话》，载于《求是》2018 年第 1 期。

［378］习近平：《在第十三届全国人民代表大会第一次会议上的讲话》，载于《人民日报》2018 年 3 月 21 日。

［379］习近平：《在“七一勋章”颁授仪式上的讲话》，载于《人民日报》2021 年 6 月 30 日。

［380］习近平：《在庆祝改革开放 40 周年大会上的讲话》，载于《人民日报》2018 年 12 月 19 日。

［381］习近平：《在庆祝中国共产党成立 95 周年大会上的讲话》，载于《人民日报》2016 年 7 月 2 日。

［382］习近平：《在全国党校工作会议上的讲话》，载于《求是》2016 年第 9 期。

［383］习近平：《在哲学社会科学工作座谈会上的讲话》，载于《人民日报》2016 年 5 月 19 日。

［384］习近平：《在哲学社会科学工作座谈会上的讲话》，人民出版社 2016 年版。

［385］习近平：《之江新语》，浙江人民出版社 2007 年版。

［386］习近平：《知之深爱之切》，河北人民出版社 2015 年版。

［387］夏锦文：《为改革开放再出发用好社科理论研究“三支笔”》，载于《新华日报》2019 年 1 月 8 日。

［388］咸鸣霞、曾维和：《新型智库社科人才作用发挥的结构困境与对策探

计》，载于《情报科学》2020 年第 1 期。

[389] 肖昊宸：《智库要着力发挥舆论引导功能》，载于《中国社会科学报》2016 年 7 月 12 日。

[390] 谢伏瞻：《加快构建中国特色哲学社会科学学科体系、学术体系、话语体系》，载于《中国社会科学》2019 年第 5 期。

[391] 谢伏瞻：《谱写加快构建中国特色哲学社会科学新篇章》，载于《人民日报》2021 年 5 月 20 日。

[392] 辛刚国、陈新专：《地方新型智库建设理论与实践》，人民出版社 2019 年版。

[393] 新华社：《巩固发展最广泛的爱国统一战线　为实现中国梦提供广泛力量支持》，载于《人民日报》2015 年 5 月 21 日。

[394] 新华社：《贯彻落实好新时代党的组织路线　不断把党建设得更加坚强有力》，载于《人民日报》2020 年 7 月 1 日。

[395] 新华社：《宏观研究与一线调查两手并重》，载于《光明日报》2019 年 7 月 1 日。

[396] 新华社：《加快构建具有全球竞争力的人才制度体系》，载于《人民日报》2016 年 5 月 16 日。

[397] 新华社：《中共中央关于全面深化改革若干重大问题的决定》，载于《人民日报》2013 年 11 月 16 日。

[398] 邢文明、郭安琪、秦顺、杨玲：《科学数据管理与共享的 FAIR 原则——背景、内容与实施》，载于《信息资源管理学报》2021 年第 2 期。

[399] 熊晓晓、施云燕、任福君：《中国智库的经费运营模式研究——以中国高端智库为例》，载于《今日科苑》2021 年第 4 期。

[400] 徐家良等：《社会组织蓝皮书：中国社会智库发展报告》，社会科学文献出版社 2018 年版。

[401] 徐婧、唐川：《世界一流高校智库专家构成特点研究——以贝尔弗科学与国际事务研究中心为例》，载于《中国高校科技》2020 年第 8 期。

[402] 徐魁鸿：《我国教育智库的现状、问题及发展策略》，载于《教育与考试》2020 年第 3 期。

[403] 徐宁、宗明明：《数字化赋能新型智库高质量发展》，载于《中国社会科学报》2021 年 5 月 20 日。

[404] 徐少同：《中国智库发展转型背景下的成果评价体系研究——以广东省社科院为例》，载于《社会科学管理与评论》2010 年第 1 期。

[405] 徐湘明：《协商民主视角下人民政协制度研究》，南京师范大学博士

学位论文，2017 年。

[406] 徐晓虎、陈圻：《智库发展历程及前景展望》，载于《中国科技论坛》2012 年第 7 期。

[407] 徐铮、解毅飞：《我国体育产业智库研究之进展》，载于《山东体育科技》2019 年第 5 期。

[408] 许共城：《欧美智库比较及对中国智库发展的启示》，载于《经济社会体制比较》2010 年第 2 期。

[409] 许共城：《日本智库的发展概况》，载于《学习时报》2013 年 7 月 15 日。

[410] 薛丹：《公共政策话语与新媒体话语的沟通与解读》，载于《重庆行政》2019 年第 1 期。

[411] 薛惠锋：《从互联网时代走向大数据时代》，载于《法制日报》2017 年 6 月 1 日。

[412] 薛澜：《智库热的冷思考：破解中国特色智库发展之道》，载于《中国行政管理》2014 年第 5 期。

[413] 薛澜、朱旭峰：《"中国思想库"：涵义、分类与研究展望》，载于《科学学研究》2006 年第 3 期。

[414] 学习时报调研组：《"党校＋高校"推动党校教育全覆盖——江苏省镇江市委党校与高校联手推进党员教育培训工作》，载于《学习时报》2020 年 7 月 5 日。

[415] 亚历克斯·阿贝拉：《兰德公司与美国的崛起》，新华出版社 2011 年版。

[416] 闫志开、王延飞：《智库运转机制比较分析》，载于《情报理论与实践》2015 年第 5 期。

[417] 杨东平：《"减负"，还得釜底抽薪》，载于《中国教育报》2018 年 3 月 10 日。

[418] 杨军：《加强和改善党对哲学社会科学工作的领导》，载于《中国社会科学报》2016 年 6 月 7 日。

[419] 杨君、程珺红、王彦坤：《地方新型智库科研项目经费管理机制优化路径研究》，载于《智库理论与实践》2021 年第 4 期。

[420] 杨锴、周岩：《引智创新型高校智库团队成员配置方法研究》，载于《情报杂志》2019 年第 11 期。

[421] 杨梅：《2019 年山东社科院创新工程精品成果分析报告》，载于《中国社会科学报》2020 年 6 月 10 日。

［422］杨谧：《新浪智库平台上线》，载于《光明日报》2015 年 8 月 13 日。

［423］杨沐、邓淑宜：《"智库热"与政策思想市场》，载于《智库理论与实践》2016 年第 5 期。

［424］杨沐、林坤：《中国特色新型高校智库的探索与多维度能力建设——基于华南理工大学公共政策研究院的个案研究》，载于《智库理论与实践》2018 年第 1 期。

［425］杨思洛、冯雅：《中国智库网络影响力分系统对比评价研究》，载于《重庆大学学报（社会科学版）》2017 年第 2 期。

［426］杨亚琴：《中国特色新型智库现代化建设的若干思考——以智库影响力评价为视角的分析》，载于《中国科学院院刊》2021 年第 1 期。

［427］杨阳、任佳妮、钱虹等：《地方科技文献共享平台建设的发展思考》，载于《中国科技资源导刊》2020 年第 1 期。

［428］杨玉成：《试论习近平新时代中国特色社会主义思想蕴含的方法论体系》，载于《党建研究》2020 年第 10 期。

［429］杨云涛：《中国智库国际传播实践发展现状及改进建议——以智库英文网站建设为例》，载于《智库理论与实践》2019 年第 3 期。

［430］杨尊伟、刘宝存：《美国智库的类型、运行机制和基本特征》，载于《中国高校科技》2014 年第 7 期。

［431］叶文松：《中华人民共和国政府机关总览》，中国物资出版社 1993 年版。

［432］叶祝弟：《警惕学术研究中的"苏联学难题"——对当前大学智库热的反思》，载于《社会观察》2015 年第 11 期。

［433］易剑东、任慧涛：《中国体育智库建设研究》，载于《武汉体育学院学报》2015 年第 7 期。

［434］易文波、成志刚：《新型智库绩效考评机制建设难点及路径选择——基于激励约束并重视角》，载于《湘潭大学学报（哲学社会科学版）》2020 年第 3 期。

［435］殷志华、兰宗敏：《充分借助信息网络平台 提升新型智库社会影响——建好智库门户网站的几点建议》，载于《新经济导刊》2014 年第 9 期。

［436］尹朝晖：《我国智库国际传播力建设的路径论析》，载于《领导科学》2016 年第 11 期。

［437］［英］李约瑟著，《中国科学技术史》翻译小组译：《中国科学技术史（第 3 卷）》，科学出版社 1990 年版。

［438］［英］迈克尔·迪伦著，闫笑岩译：《邓小平》，国际文化出版公司

2017 年版。

[439] 于光远等：《改变中国命运的 41 天：十一届三中全会、中央工作会议亲身经历记》，海天出版社 1998 年版。

[440] 于今：《中国智库发展报告》，国家行政学院出版社 2011 年版。

[441] 于森、刘佳、刘柯等：《基于情景分析和层次分析的优化决策方法》，中国科学院大学科技成果，2010 年 12 月 31 日。

[442] 余晖、刘福才：《英国高校智库：功能定位、运行机制和服务模式》，载于《比较教育研究》2018 年第 12 期。

[443] 豫文：《建设服务党委政府决策的新型智库——河南省委党校（行政学院）智库建设纪实》，载于《学习时报》2020 年 3 月 27 日。

[444] 袁超乘：《中共建党前后的"马克思学说研究会"考辩（1920～1923)》，载于《党史研究与教学》2019 年第 6 期。

[445] 袁鹏：《美国思想库：概念及起源》，载于《国际资料信息》2002 年第 10 期。

[446] 袁永、胡海鹏：《科研院所建设高水平科技决策智库路径研究》，载于《科学管理研究》2019 年第 4 期。

[447] 袁志彬：《智库影响科技政策议程设置模式研究》，载于《中国科学院院刊》2017 年第 6 期。

[448] 岳渤、杨洋：《创新驱动三方法》，载于《中国经贸》2013 年第 8 期。

[449] 张宝帅：《新形势下科研档案采集工作的现状与策略》，载于《智库观察》2018 年第 36 期。

[450] 张大卫：《加快构建中国特色新型智库生态圈》，载于《光明日报》2016 年 12 月 14 日。

[451] 张大卫：《美国全球知名智库发展现状与启示》，载于《光明日报》2016 年 8 月 10 日。

[452] 张大卫、张瑾：《加快构建中国特色新型智库生态圈》，中国经济出版社 2017 年版。

[453] 张凡：《〈中国减贫密码〉：一部跨越山海的减贫史诗》，载于《中国艺术报》2021 年 3 月 15 日。

[454] 张锋：《日本智库的发展历程及借鉴价值》，载于《人民论坛》2019 年第 17 期。

[455] 张华：《我国新型智库建设与地方社科院科研转型研究》，载于《东岳论丛》2010 年第 10 期。

[456] 张辉菲、刘佐菁、陈敏、陈杰：《关于我国智库人才创新管理与培养

的研究》，载于《科技管理研究》2018 年第 4 期。

[457] 张佳敏：《基于激励理论对企业绩效考核结果应用的启示》，载于《现代经济信息》2019 年第 24 期。

[458] 张瑾：《全球顶尖高校附属智库的启示——以贝尔弗科学与国际事务中心为例》，载于《中国社会科学报》2018 年 4 月 12 日。

[459] 张军、周磊、慕慧鸽：《国际权威智库定量研究方法进展与趋势》，载于《图书情报工作》2015 年第 7 期。

[460] 张丽萍、郑庆昌：《国内新兴智库崛起对地方高端智库建设的启示——基于习近平智库观视角》，载于《中共福建省委党校学报》2017 年第 10 期。

[461] 张骞：《新中国成立以来的决策体制演变及智库发展回顾》，载于《全国商情》2016 年第 27 期。

[462] 张乾友：《"被指标治理"模式的生成及其治理逻辑》，载于《探索与争鸣》2021 年第 2 期。

[463] 张倩：《新型智库的产品质量控制机制研究》，载于《创新科技》2018 年第 5 期。

[464] 张睿峰、李莉：《关于建设中国特色新型高端军事智库的思考》，载于《智库理论与实践》2020 年第 2 期。

[465] 张胜、贾宇：《2016 中国智库治理论坛在南京举行》，载于《智库理论与实践》2016 年第 1 期。

[466] 张胜：《山东智库联盟成立》，载于《光明日报》2015 年 7 月 22 日。

[467] 张舒雅：《打造国际油气合作利益共同体》，载于《中国石油报》2019 年 12 月 6 日。

[468] 张述存：《地方高端智库建设研究》，人民出版社 2017 年版。

[469] 张维为：《建设"四位一体"一流高端智库》，载于《光明日报》2016 年 3 月 3 日。

[470] 张伟伟：《习近平新时代决策思维方法研究》，北京科技大学博士学位论文，2021 年。

[471] 张伟：《智库能力评价与创新》，中共中央党校出版社 2017 年版。

[472] 张霄：《从稷下学宫看智库的独立性》，载于《智库理论与实践》2019 年第 2 期。

[473] 张新培、赵文华：《谁在为著名高校智库工作——基于人员任职经历的结构化网络分析》，载于《清华大学教育研究》2014 年第 6 期。

[474] 张旭：《智库法律地位与主体准入制度的比较研究》，载于《智库理论与实践》2020 年第 3 期。

[475] 张垚：《中国智库：面临最好发展机遇》，载于《人民日报》2014 年 2 月 16 日。

[476] 张耀军：《探索新型智库数字化发展实践路径》，载于《光明日报》2018 年 7 月 5 日。

[477] 张毅菁：《智库运作机制对优化竞争情报循环的启示》，载于《竞争情报》2016 年第 1 期。

[478] 张颖春：《中国咨询机构的政府决策咨询功能研究》，天津人民出版社 2013 年版。

[479] 张志强、苏娜：《国际一流智库的研究方法创新》，载于《中国科学院院刊》2017 年第 12 期。

[480] 张志强：《中国特色新型智库需要建设特色核心能力》，载于《邓小平研究》2019 年第 1 期。

[481] 章功常：《"北京市自然科学界和社会科学界联席会议首次会议"在京召开》，载于《自然辩证法研究》2004 年第 1 期。

[482] 赵景洲：《日本野村综合研究所见闻》，载于《科学学与科学技术管理》1987 年第 1 期。

[483] 赵磊、蒋正翔：《智库助力"一带一路"建设五年回眸》，载于《光明日报》2019 年 2 月 18 日。

[484] 赵蓉英、刘卓著、张畅：《国内外智库评价研究进展》，载于《情报科学》2021 年第 6 期。

[485] 赵胜勤：《试论政府部门研究机构的设置》，载于《社联通讯》1987 年第 2 期。

[486] 赵树凯：《杜润生怎样做政策研究?》，载于《财新周刊》2015 年 11 月 19 日。

[487] 赵小康、周爱民：《公开源情报的基础性价值及可靠性评价研究》，载于《情报杂志》2011 年第 10 期。

[488] 赵晓呼：《中国参政党：理论实践、自身建设》，天津人民出版社 1999 年版。

[489] 赵屹：《数字时代的文件与档案管理》，世界图书出版集团 2013 年版。

[490] 甄占民：《党校应走在智库建设的前列》，载于《学习时报》2017 年 7 月 28 日。

[491] 郑海峰、柴莹：《企业智库在中国特色新型智库体系中的定位及发展研究》，载于《智库理论与实践》2017 年第 4 期。

[492] 郑海峰、方彤、宋玉坤、李亭亭：《智库机构科研工具发展及应用管

理研究》，载于《管理观察》2019 年第 5 期。

［493］郑荣、王洁、杨冉：《合作联盟视角下图情机构与智库的协同创新与保障机制建设》，载于《图书情报工作》2018 年第 19 期。

［494］郑瑞萍：《构建哲学社会科学创新体系，为繁荣社会主义先进文化服务——中国社会科学院启动哲学社会科学创新工程》，载于《社会科学管理与评论》2011 年第 3 期。

［495］郑永年：《内部多元主义与中国新型智库建设》，东方出版社 2016 年版。

［496］中共中央党校（国家行政学院）：《服务党的理论创新聚焦重大问题研究》，载于《光明日报》2019 年 7 月 1 日。

［497］中共中央党校理论研究室编、刘海藩主编：《历史的丰碑：中华人民共和国国史全鉴－科技卷》，中共中央文献出版社 2004 年版。

［498］《〈中共中央关于全面深化改革若干重大问题的决定〉辅导读本》，人民出版社 2013 年版。

［499］《马克思恩格斯选集》（第 3 卷），人民出版社 2009 年版。

［500］《马克思恩格斯选集》（第 3 卷），人民出版社 1972 年版。

［501］中共中央文献研究室编：《邓小平年谱（1975～1997）》（下卷），中央文献出版社 2004 年版。

［502］中共中央文献研究室编：《毛泽东年谱（一九四九～一九七六）》第二卷，中央文献出版社 2013 年版。

［503］中共中央文献研究室编：《毛泽东年谱（一九四九～一九七六）》第四卷，中央文献出版社 2013 年版。

［504］中共中央文献研究室、中共湖南省委《毛泽东早期文稿》编辑组：《毛泽东早期文稿（一九一二年六月～一九二〇年十一月）》，湖南人民出版社 2008 年版。

［505］中共中央文献研讨室：《建国以来毛泽东文稿（第四册）》，中央文献出版社 1990 年版。

［506］中共中央宣传部办公厅、中央档案馆编研部编：《中国共产党宣传工作文献选编》（1915～1937），学习出版社 1996 年版。

［507］中共中央宣传部：《习近平总书记系列重要讲话读本（2016 年版）》，学习出版社、人民出版社 2016 年版。

［508］中国科学院文献情报中心《智库理论与实践》编辑部：《智库能力与新型智库建设——2017 第二届新型智库核心能力建设高级研修班通知（第一轮）》，载于《智库理论与实践》2017 年第 4 期。

［509］中国科学院文献情报中心《智库理论与实践》编辑部：《智库能力与新型智库建设——2018 第三届新型智库核心能力建设高级研修班通知（第一轮)》，载于《智库理论与实践》2018 年第 3 期。

［510］中国科学院文献情报中心《智库理论与实践》编辑部：《2019 第四届智库能力与新型智库建设高级研修班通知》，载于《图书情报工作》2019 年第11 期。

［511］中国科学院文献情报中心《智库理论与实践》编辑部：《第五届智库能力与新型智库建设高级研修班成功举办》，载于《智库理论与实践》2021 年第4 期。

［512］中国社会科学院党组：《建设哲学社会科学创新体系》，载于《求是》2013 年第 8 期。

［513］中国社会科学院国家全球战略智库：《经费花在关键处　科学管理促发展》，载于《光明日报》2019 年 7 月 1 日。

［514］中国现代国际关系研究院：《拓展国际视野　强化战略研究》，载于《光明日报》2019 年 7 月 1 日。

［515］中国中共党史学会：《中国共产党历史系列辞典》，中共党史出版社、党建读物出版社 2019 年版。

［516］中山大学粤港澳发展研究院：《加强供需对接　提升研究实效性》，载于《光明日报》2019 年 7 月 1 日。

［517］中央党校采访实录编辑室：《习近平的七年知青岁月》，中共中央党校出版社 2017 年版。

［518］《中央全面深化改革领导小组第十八次会议通过〈国家高端智库建设试点工作方案〉》，载于《中国人才》2015 年第 23 卷。

［519］仲组轩：《中组部印发〈关于进一步发挥全国党建研究会党建高端智库作用的意见〉》，载于《中国组织人事报》2018 年 11 月 12 日。

［520］周达谋、刘清、李宏：《智库的国际影响力认知框架》，载于《智库理论与实践》2021 年第 4 期。

［521］周方冶：《东南亚民心相通的智库对外传播能力建设研究》，载于《云南社会科学》2018 年第 6 期。

［522］周方冶：《智库对外传播能力建设研究》，载于《社会科学文摘》2019 年第 2 期。

［523］周光礼、武建鑫：《什么是世界一流学科》，载于《中国高教研究》2016 年第 1 期。

［524］周丽、余敏江：《政府购买社会智库服务的必要性与制度供给》，载

591

于《南京社会科学》2016 年第 10 期。

[525] 周庆翔：《创新地方党校智库建设思路》，载于《学习时报》2020 年 6 月 30 日。

[526] 周仁准：《多维竞争模式下的行业协会价值及制度保障》，载于《安徽工业大学学报（社会科学版）》2007 年第 1 期。

[527] 周三多、陈传明、鲁明泓：《管理学——原理与方法》，复旦大学出版社 2009 年版。

[528] 周石：《浅析智库提升社会传播能力的途径》，载于《高教学刊》2016 年第 13 期。

[529] 周锡银：《民族理论研究的又一佳作——〈邓小平与西南少数民族——在主持西南局工作的日子里〉评介》，载于《西南民族大学学报（人文社科版）》2004 年第 11 期。

[530] 周湘智：《迎接智库研究的 2.0 时代》，载于《光明日报》2015 年 8 月 5 日。

[531] 周湘智：《中国特色新型智库：出场逻辑、运作机理与基本范式》，载于《图书情报工作》2021 年第 15 期。

[532] 周湘智：《中国智库建设行动逻辑》，社会科学文献出版社 2019 年版。

[533] 朱峰、王丹若：《领导者的外脑：当代西方思想库》，浙江人民出版社 1990 年版。

[534] 朱宏亮、蒋艳：《中国高校智库发展现状与未来策略思考》，载于《高校教育管理》2016 年第 10 期。

[535] 朱洪波、贺羽：《咨政视阈下的科技思想库建设》，载于《科协论坛》2015 年第 3 期。

[536] 朱敏、房俊民：《智库评价研究进展及我国智库评价建设》，载于《情报杂志》2017 年第 8 期。

[537] 朱明星：《邓小平实事求是思想研究》，扬州大学硕士学位论文，2012 年。

[538] 朱涛、薛俊波：《基于传导动力学方程的智库传播模型及其应用》，载于《智库理论与实践》2021 年第 1 期。

[539] 朱旭峰：《二轨国际机制与中国思想库发展》，载于《公共外交季刊》2013 年第 16 期。

[540] 朱旭峰：《中国思想库：政策过程中的影响力研究》，清华大学出版社 2009 年版。

[541] 朱旭峰：《中国智库建设 10 大关键词》，载于《理论学习》2015 年

第 3 期。

［542］朱玉媛：《档案学基础》，武汉大学出版社 2008 年版。

［543］庄雪娇：《论中国智库的国际传播新媒体矩阵：现状与未来》，载于《智库理论与实践》2021 年第 2 期。

［544］综合开发研究院（中国·深圳）：《改革完善内部治理　致力建设新型智库》，载于《光明日报》2019 年 7 月 1 日。

［545］邹婧雅、于亮、李刚：《以国际智库为来源的开源情报评价框架研究》，载于《图书情报工作》2021 年第 1 期。

［546］邹逸安、何立坚：《国外思想库及其成功的经验》，载于《中国科技论坛》1991 年第 4 期。

［547］邹宇春、张丹、张彬：《CAPI 不是万能的：入户调查执行方式与系统性误差》，载于《学习与探索》2019 年第 6 期。

［548］左雪松：《中国特色新型智库建设的定位思考》，载于《情报杂志》2018 年第 6 期。

［549］Abelson D. E., *Do think tanks matter assessing the impact of public policy institutes.* Montreal：Mc Gill-queen's University Press，2002.

［550］Akhgar B.，Bayerl P. S.，Sampson F.，*Open source intelligence investigation：from strategy to implementation.* Cham：Springer，2016.

［551］Andrew R.，*Think tanks，Public policy，and the Politics of Expertise.* New York：Cambridge University Press，2004.

［552］Barbara A. M.，Public intellectuals and think tanks a free market in ideas?. *International Journal Politics，Culture，and Society*，No. 4，2012.

［553］Bradbury D.，In plain view：open source intelligence. *Computer Fraud & Security*，No. 4，2011.

［554］Chae J.，Graham D.，Henderson A.，et al，A system approach for evaluating current and emerging army open-source Intelligence tools，Orlando：2019 IEEE International Systems Conference（SysCon），2019.

［555］David M.，*Is Deliberative Democracy Unfair to Disadvantaged Groups? Democracy as Public Deliberation：New Perspectives*，Edited by Maurizio Passerin D'entreves. USA：Manchester University Press，2002.

［556］Drucker P. F.，*Managing in a Time of Great Change*，New York：Truman Talley Books/Dutton，1995.

［557］Eldridge C.，Hobbs C.，Moran M.，Fusing algorithms and analysts：open-source intelligence in the age of "Big Data". *Intelligence and National Security*,

No. 3, 2017.

[558] Espedalen L. E. , *The effect of team size on management team performance*: *The mediating role of relationship conflict and team cohesion.* Unpublished Master thesis: University of Oslo, 2011.

[559] Glaser B. , Holton J. , *The Grounded Theory Seminar Reader.* Mill Valley: Sociology Press, 2007.

[560] Hoppa M. A. , Debb S. M. , Hsieh G. , et al. Twitter OSINT: automated open source intelligence collection, analysis & visualization tool. Annual Review of Cybertheory and Telemedicine, 2019.

[561] James G. M. . *Think Tanks and Policy Advice in the United States*: *Academics, Advisors and Advocates.* Abingdon, England and New York. New York: Routledge, 2007.

[562] Jorge M. , Valadez, *Deliberative Democracy, Politics Legitimacy, and Self Democracy in Multiculture Societies.* USA: Westview Press, 2001.

[563] Joseph M. B. , "Deliberative Democarcy: The Majority Principle in Republic Government" in How Democracy Is the Constitution? . Washington: American Enterprise Institute, 1980.

[564] Joshua C. , *Deliberation and Democratic Legitimacy*, *Deliberative Democracy*: *Essays on Reason and Politics.* Edited by James Bob-man and William Rehg. USA: The MIT Press, 1997.

[565] Maslow A. H. , A theory of human motivation. *Psychological Review*, 1943.

[566] Peterson G. L. , Interviews: An introduction to qualitative research interviewing. *Journal of Phenomenological Psychology*, No. 7, 1997.

[567] Rescher N. , Early RAND as a talent incubator: An extraordinary experiment. *Independent Review*, No. 3, 2018.

[568] Rescher N. , In studies in 20th century philosophy. Frankfurt: ONTOS, 2005.

[569] Smith J. A. , *Idea Brokers*: *Think Tanks and the Rise of the New Policy Elite.* New York: The Free Press, 1991.

[570] Strauss A. , *Qualitative Analysis for Social Scientists.* Cambridge: Cambridge University Press, 1987.

[571] Struyk R. , *Improving Think Tank Management*: *Practical Guidance for Think Tanks, Research Advocacy NGOs, and Their Funders.* Washington, D. C. : Re-

sults for Development Institute, 2015.

[572] Tanner S. M. , Changing windows on a changing china: The evolving "Think Tank" system and the case of the public security sector. *China Quarterly*, Vol. 7, 2002.

[573] Wanous J. P. , Youtz M. A. , Solution diversity and the quality of group decisions. *Academy of Management Journal*, No. 1, 1986.

[574] Weaver R. K. , The changing world of think-tanks. *Political Science and Politics*, No. 3, 1989.

[575] Zenobia S. , Homan M. B. , Analyzing international military medical services: developing a methodology for information acquisition from open source data. *International Journal of Intelligence and Counter Intelligence*, No. 1, 2020.

后　记

　　《推动智库建设健康发展研究》是 2017 年教育部哲学社会科学研究重大课题攻关项目"推动智库建设健康发展研究"的总报告，也是南京大学中国智库研究与评价中心课题组智库研究积累的一次集中呈现。

　　2013 年 8 月，我到美国威斯康星大学访学，开始全身心投入国内外政策研究组织和智库机构的资料收集与研究，弹指间已近十年。课题组智库研究大致有以下几个特点：第一，重资料和数据占有。我本科和硕士专业都是图书馆学，博士专业是历史学。这两个学科都特别强调资料收集整理的重要性，因此尽可能地占有资料几乎成为我治学的潜意识。2013 年 8 月到 2014 年 8 月，我在麦迪逊访学时基本上已经把美国一流大学图书馆和市场上能看到和能买到的智库书籍和论文大致收齐。2015 年后，南京大学中国智库研究与评价中心和光明日报社理论部在江苏省哲学社会科学规划办公室和南京大学出版社大力支持下合作开发了"中国智库索引"（Chinese Think Tank Index，CTTI）。CTTI 系统目前已经迭代三个版本，其广泛收集的来源智库数据成为课题组智库研究的第一手资料。第二，重知识引进消化和国际学术合作。课题组研究是从引进和翻译西方智库著作起步的。南京大学出版社策划了"南大智库文丛"并聘请我担任主编。近 10 年来，我主持了 12 种英美智库著作的翻译，已经正式出版 10 种。这套丛书逐渐受到学术界重视，广东省教育研究院的李清刚教授曾说："在学术界以追求论文产出为唯一评判标准的时候，李刚教授却'不识时务'地大费周章于西方智库译介工作。幸好，他的坚持也有了累累硕果。通过阅读他翻译的系列'大部头'，可以让我们透过西方智库华丽无比的面纱看透其光怪陆离的机理，增强中国学术自信。"这套丛书中的《思想产业——悲观主义者、党派分子及财阀如何改变思想市场》还获得了 2019 新京报年度阅读推荐，相信出版界的人都知道这个奖项的分量。不管别人如何评价这个学术路径，课题组正是通过这种"笨"方式逐渐掌握现代智库基础知识的。第三，紧密联系实际。2015 年之前，我研究智库纯粹是学术性的，但当 2015 年 1 月 20 日新华社播发了中办和国办印发的《关于加强中国特色新型智库建设的意见》后，课题组的研究便与实践需求紧密结合了起来。因为时代之需，我才有机会参与了江苏省新型智库建设发展规划、智库评估和智库培训的一些活动。后来，课题组先后接到山东省委宣传部、江西省委宣传部、南京市委宣传部、清华大学、吉林大学、河南大学、山东社科院、天津社科院等单位智库评估和智库系统建设的任务。这些任务都让课题组有更多机会直接观察到智库建设的方方面面。因此，《推动智库建设健康发展研究》很多观点是从实践中悟出来的。第四，服务学科建设和人才培养。在南京大学文科"双一流"学科建设资助和大力扶持下，CTTI 已经成为南京大学"C刊、C书、C库"3C中文学术综合评价体系的一个组成部分。截至2022年8月，南京大学信息管理学院智库研究方向已经毕业9名博士、25名硕士，智库研究成为南京大学图书情报与档案管理学科发展的新增量之一。

《推动智库建设健康发展研究》是一项大型研究报告，但它并非简单的"现状—问题—建议"的三段论式对策研究报告。课题组设计了一整套中国特色新型智库建设的分析体系，包含理论分析、实践分析和方法分析。合计15章的研究报告实际上分理论篇、实践篇和方法篇，理论篇阐述了习近平总书记有关加强中国特色新型智库建设的重要论述，并以总书记重要论述为指引构建了新型智库的类型、属性、功能等基本范畴。实践篇系统总结了社会科学"五路大军"近十年新型智库建设的巨大成绩，剖析了存在的关键问题。方法篇也是本报告的重点，实际上也是比较全面的中国特色新型智库建设指南。可以说，我们课题组初步构建了比较完整的中国特色新型智库的学术体系，这也是教育部哲学社会科学研究重大课题攻关项目的期待与目标所在。

《推动智库建设健康发展研究》是课题组集体的成果。在课题申报的时候，唐洲雁、刘鸿武、王斯敏、王文、刘西忠、沈国麟诸君都指导并参与了相关工作，这几年他们也一直关心此项目的研究进展。需要特别指出的是，在王斯敏同志的支持帮助下，我们课题组和光明日报社智库团队在北京顺利完成国家高端智库等单位的智库调研活动。

本书各章初稿撰稿人如下：

章名	撰稿人
第一章　绪论	甘琳
第二章　中国特色新型智库的基本范畴	吕诚诚
第三章　中国特色新型智库的源流与演进	魏弋

章名	撰稿人
第四章 中国特色新型智库治理体系基本形成	吕诚诚
第五章 坚持重点先行的新型智库发展格局	吕诚诚
第六章 中国特色新型智库实体建设的主要进展	吕诚诚、甘琳、陈亚明、陈霏、钱楚涵
第七章 智库研究与评价取得长足进步	魏弋、钱楚涵
第八章 中国特色新型智库建设的"溢出效应"	甘琳
第九章 新型智库发展过程中的主要问题	甘琳、陈霏
第十章 构建供需对称协调有序的智库行业发展生态	陈霏、魏弋
第十一章 建设自我驱动高效专业的智库团队	吕诚诚
第十二章 完善智库内部治理与科研管理	钱楚涵
第十三章 加快建设新型智库数字化工作体系	吕诚诚
第十四章 构建基于政策全过程的智库嵌入式决策咨询服务体系	陈霏
第十五章 加强传播能力建设，科学引导国内外舆论	钱楚涵、陈亚明

　　我向来认为科研项目是培养博士生和硕士生最重要的载体。学生之所以能在南京大学这种高水平研究大学里得到深度淬炼，与课题组的科研项目经历关系很大。自然科学进入了大科学时代，社会科学也进入了大科学时代，团队作战已经成为科研趋势，通过项目培养人才成为一流大学人才培养的基本模式。我很感谢课题组所有已经毕业和在读的博士生和硕士生，他们跟着我吃了很多苦头。近十年来，我们开发了一个 CTTI 系统，在"南大智库文丛"下翻译和编纂了 17 本书，发表智库方面的论文近百篇，他们的汗水变成了博士和硕士文凭，也内化成为独立开展学术研究的能力。本书也是一样，初稿文本是研究生撰写的，参加撰稿的同学是幸运的，因为本书成果是课题组多年积累下来的，部分毕业的同学无法参与署名，但是他们的贡献我会时刻铭记在心。全书提纲和主要观点都经过我长时间的思考和构想，很多章节我进行了改写，因此这里不存在文责自负问题，本书如有错误，我负全部责任。

　　感谢教育部社科司对课题的指导，感谢江苏省哲学社会科学规划办对课题的指导，感谢南京大学社科处和信息管理学院对课题的支持。感谢李国强、黄仁伟、陆先高、李建平、杨忠、朱庆葆、王月清、尚庆飞、许益军、汪桥红、周丽、李玉波、孙建军、朱庆华、徐宁等同志对课题的指导和支持，也感谢责任编辑的辛勤工作。

李　刚

2022 年 9 月 4 日

教育部哲学社會科学研究重大课题攻関項目
成果出版列表

序号	书名	首席专家
1	《马克思主义基础理论若干重大问题研究》	陈先达
2	《马克思主义理论学科体系建构与建设研究》	张雷声
3	《马克思主义整体性研究》	逄锦聚
4	《改革开放以来马克思主义在中国的发展》	顾钰民
5	《新时期　新探索　新征程 ——当代资本主义国家共产党的理论与实践研究》	聂运麟
6	《坚持马克思主义在意识形态领域指导地位研究》	陈先达
7	《当代资本主义新变化的批判性解读》	唐正东
8	《当代中国人精神生活研究》	童世骏
9	《弘扬与培育民族精神研究》	杨叔子
10	《当代科学哲学的发展趋势》	郭贵春
11	《服务型政府建设规律研究》	朱光磊
12	《地方政府改革与深化行政管理体制改革研究》	沈荣华
13	《面向知识表示与推理的自然语言逻辑》	鞠实儿
14	《当代宗教冲突与对话研究》	张志刚
15	《马克思主义文艺理论中国化研究》	朱立元
16	《历史题材文学创作重大问题研究》	童庆炳
17	《现代中西高校公共艺术教育比较研究》	曾繁仁
18	《西方文论中国化与中国文论建设》	王一川
19	《中华民族音乐文化的国际传播与推广》	王耀华
20	《楚地出土戰國簡册［十四種］》	陈　伟
21	《近代中国的知识与制度转型》	桑　兵
22	《中国抗战在世界反法西斯战争中的历史地位》	胡德坤
23	《近代以来日本对华认识及其行动选择研究》	杨栋梁
24	《京津冀都市圈的崛起与中国经济发展》	周立群
25	《金融市场全球化下的中国监管体系研究》	曹凤岐
26	《中国市场经济发展研究》	刘　伟
27	《全球经济调整中的中国经济增长与宏观调控体系研究》	黄　达
28	《中国特大都市圈与世界制造业中心研究》	李廉水

序号	书　名	首席专家
29	《中国产业竞争力研究》	赵彦云
30	《东北老工业基地资源型城市发展可持续产业问题研究》	宋冬林
31	《转型时期消费需求升级与产业发展研究》	臧旭恒
32	《中国金融国际化中的风险防范与金融安全研究》	刘锡良
33	《全球新型金融危机与中国的外汇储备战略》	陈雨露
34	《全球金融危机与新常态下的中国产业发展》	段文斌
35	《中国民营经济制度创新与发展》	李维安
36	《中国现代服务经济理论与发展战略研究》	陈　宪
37	《中国转型期的社会风险及公共危机管理研究》	丁烈云
38	《人文社会科学研究成果评价体系研究》	刘大椿
39	《中国工业化、城镇化进程中的农村土地问题研究》	曲福田
40	《中国农村社区建设研究》	项继权
41	《东北老工业基地改造与振兴研究》	程　伟
42	《全面建设小康社会进程中的我国就业发展战略研究》	曾湘泉
43	《自主创新战略与国际竞争力研究》	吴贵生
44	《转轨经济中的反行政性垄断与促进竞争政策研究》	于良春
45	《面向公共服务的电子政务管理体系研究》	孙宝文
46	《产权理论比较与中国产权制度变革》	黄少安
47	《中国企业集团成长与重组研究》	蓝海林
48	《我国资源、环境、人口与经济承载能力研究》	邱　东
49	《"病有所医"——目标、路径与战略选择》	高建民
50	《税收对国民收入分配调控作用研究》	郭庆旺
51	《多党合作与中国共产党执政能力建设研究》	周淑真
52	《规范收入分配秩序研究》	杨灿明
53	《中国社会转型中的政府治理模式研究》	娄成武
54	《中国加入区域经济一体化研究》	黄卫平
55	《金融体制改革和货币问题研究》	王广谦
56	《人民币均衡汇率问题研究》	姜波克
57	《我国土地制度与社会经济协调发展研究》	黄祖辉
58	《南水北调工程与中部地区经济社会可持续发展研究》	杨云彦
59	《产业集聚与区域经济协调发展研究》	王　珺

序号	书　名	首席专家
60	《我国货币政策体系与传导机制研究》	刘　伟
61	《我国民法典体系问题研究》	王利明
62	《中国司法制度的基础理论问题研究》	陈光中
63	《多元化纠纷解决机制与和谐社会的构建》	范　愉
64	《中国和平发展的重大前沿国际法律问题研究》	曾令良
65	《中国法制现代化的理论与实践》	徐显明
66	《农村土地问题立法研究》	陈小君
67	《知识产权制度变革与发展研究》	吴汉东
68	《中国能源安全若干法律与政策问题研究》	黄　进
69	《城乡统筹视角下我国城乡双向商贸流通体系研究》	任保平
70	《产权强度、土地流转与农民权益保护》	罗必良
71	《我国建设用地总量控制与差别化管理政策研究》	欧名豪
72	《矿产资源有偿使用制度与生态补偿机制》	李国平
73	《巨灾风险管理制度创新研究》	卓　志
74	《国有资产法律保护机制研究》	李曙光
75	《中国与全球油气资源重点区域合作研究》	王　震
76	《可持续发展的中国新型农村社会养老保险制度研究》	邓大松
77	《农民工权益保护理论与实践研究》	刘林平
78	《大学生就业创业教育研究》	杨晓慧
79	《新能源与可再生能源法律与政策研究》	李艳芳
80	《中国海外投资的风险防范与管控体系研究》	陈菲琼
81	《生活质量的指标构建与现状评价》	周长城
82	《中国公民人文素质研究》	石亚军
83	《城市化进程中的重大社会问题及其对策研究》	李　强
84	《中国农村与农民问题前沿研究》	徐　勇
85	《西部开发中的人口流动与族际交往研究》	马　戎
86	《现代农业发展战略研究》	周应恒
87	《综合交通运输体系研究——认知与建构》	荣朝和
88	《中国独生子女问题研究》	风笑天
89	《我国粮食安全保障体系研究》	胡小平
90	《我国食品安全风险防控研究》	王　硕

序号	书　名	首席专家
121	《农民工子女问题研究》	袁振国
122	《当代大学生诚信制度建设及加强大学生思想政治工作研究》	黄蓉生
123	《从失衡走向平衡：素质教育课程评价体系研究》	钟启泉 崔允漷
124	《构建城乡一体化的教育体制机制研究》	李　玲
125	《高校思想政治理论课教育教学质量监测体系研究》	张耀灿
126	《处境不利儿童的心理发展现状与教育对策研究》	申继亮
127	《学习过程与机制研究》	莫　雷
128	《青少年心理健康素质调查研究》	沈德立
129	《灾后中小学生心理疏导研究》	林崇德
130	《民族地区教育优先发展研究》	张诗亚
131	《WTO 主要成员贸易政策体系与对策研究》	张汉林
132	《中国和平发展的国际环境分析》	叶自成
133	《冷战时期美国重大外交政策案例研究》	沈志华
134	《新时期中非合作关系研究》	刘鸿武
135	《我国的地缘政治及其战略研究》	倪世雄
136	《中国海洋发展战略研究》	徐祥民
137	《深化医药卫生体制改革研究》	孟庆跃
138	《华侨华人在中国软实力建设中的作用研究》	黄　平
139	《我国地方法制建设理论与实践研究》	葛洪义
140	《城市化理论重构与城市化战略研究》	张鸿雁
141	《境外宗教渗透论》	段德智
142	《中部崛起过程中的新型工业化研究》	陈晓红
143	《农村社会保障制度研究》	赵　曼
144	《中国艺术学学科体系建设研究》	黄会林
145	《人工耳蜗术后儿童康复教育的原理与方法》	黄昭鸣
146	《我国少数民族音乐资源的保护与开发研究》	樊祖荫
147	《中国道德文化的传统理念与现代践行研究》	李建华
148	《低碳经济转型下的中国排放权交易体系》	齐绍洲
149	《中国东北亚战略与政策研究》	刘清才
150	《促进经济发展方式转变的地方财税体制改革研究》	钟晓敏
151	《中国—东盟区域经济一体化》	范祚军

序号	书　名	首席专家
152	《非传统安全合作与中俄关系》	冯绍雷
153	《外资并购与我国产业安全研究》	李善民
154	《近代汉字术语的生成演变与中西日文化互动研究》	冯天瑜
155	《新时期加强社会组织建设研究》	李友梅
156	《民办学校分类管理政策研究》	周海涛
157	《我国城市住房制度改革研究》	高　波
158	《新媒体环境下的危机传播及舆论引导研究》	喻国明
159	《法治国家建设中的司法判例制度研究》	何家弘
160	《中国女性高层次人才发展规律及发展对策研究》	佟　新
161	《国际金融中心法制环境研究》	周仲飞
162	《居民收入占国民收入比重统计指标体系研究》	刘　扬
163	《中国历代边疆治理研究》	程妮娜
164	《性别视角下的中国文学与文化》	乔以钢
165	《我国公共财政风险评估及其防范对策研究》	吴俊培
166	《中国历代民歌史论》	陈书录
167	《大学生村官成长成才机制研究》	马抗美
168	《完善学校突发事件应急管理机制研究》	马怀德
169	《秦简牍整理与研究》	陈　伟
170	《出土简帛与古史再建》	李学勤
171	《民间借贷与非法集资风险防范的法律机制研究》	岳彩申
172	《新时期社会治安防控体系建设研究》	宫志刚
173	《加快发展我国生产服务业研究》	李江帆
174	《基本公共服务均等化研究》	张贤明
175	《职业教育质量评价体系研究》	周志刚
176	《中国大学校长管理专业化研究》	宣　勇
177	《"两型社会"建设标准及指标体系研究》	陈晓红
178	《中国与中亚地区国家关系研究》	潘志平
179	《保障我国海上通道安全研究》	吕　靖
180	《世界主要国家安全体制机制研究》	刘胜湘
181	《中国流动人口的城市逐梦》	杨菊华
182	《建设人口均衡型社会研究》	刘渝琳
183	《农产品流通体系建设的机制创新与政策体系研究》	夏春玉

序号	书 名	首席专家
184	《区域经济一体化中府际合作的法律问题研究》	石佑启
185	《城乡劳动力平等就业研究》	姚先国
186	《20世纪朱子学研究精华集成——从学术思想史的视角》	乐爱国
187	《拔尖创新人才成长规律与培养模式研究》	林崇德
188	《生态文明制度建设研究》	陈晓红
189	《我国城镇住房保障体系及运行机制研究》	虞晓芬
190	《中国战略性新兴产业国际化战略研究》	汪 涛
191	《证据科学论纲》	张保生
192	《要素成本上升背景下我国外贸中长期发展趋势研究》	黄建忠
193	《中国历代长城研究》	段清波
194	《当代技术哲学的发展趋势研究》	吴国林
195	《20世纪中国社会思潮研究》	高瑞泉
196	《中国社会保障制度整合与体系完善重大问题研究》	丁建定
197	《民族地区特殊类型贫困与反贫困研究》	李俊杰
198	《扩大消费需求的长效机制研究》	臧旭恒
199	《我国土地出让制度改革及收益共享机制研究》	石晓平
200	《高等学校分类体系及其设置标准研究》	史秋衡
201	《全面加强学校德育体系建设研究》	杜时忠
202	《生态环境公益诉讼机制研究》	颜运秋
203	《科学研究与高等教育深度融合的知识创新体系建设研究》	杜德斌
204	《女性高层次人才成长规律与发展对策研究》	罗瑾琏
205	《岳麓秦简与秦代法律制度研究》	陈松长
206	《民办教育分类管理政策实施跟踪与评估研究》	周海涛
207	《建立城乡统一的建设用地市场研究》	张安录
208	《迈向高质量发展的经济结构转变研究》	郭熙保
209	《中国社会福利理论与制度构建——以适度普惠社会福利制度为例》	彭华民
210	《提高教育系统廉政文化建设实效性和针对性研究》	罗国振
211	《毒品成瘾及其复吸行为——心理学的研究视角》	沈模卫
212	《英语世界的中国文学译介与研究》	曹顺庆
213	《建立公开规范的住房公积金制度研究》	王先柱

序号	书　名	首席专家
214	《现代归纳逻辑理论及其应用研究》	何向东
215	《时代变迁、技术扩散与教育变革：信息化教育的理论与实践探索》	杨　浩
216	《城镇化进程中新生代农民工职业教育与社会融合问题研究》	褚宏启 薛二勇
217	《我国先进制造业发展战略研究》	唐晓华
218	《融合与修正：跨文化交流的逻辑与认知研究》	鞠实儿
219	《中国新生代农民工收入状况与消费行为研究》	金晓彤
220	《高校少数民族应用型人才培养模式综合改革研究》	张学敏
221	《中国的立法体制研究》	陈　俊
222	《教师社会经济地位问题：现实与选择》	劳凯声
223	《中国现代职业教育质量保障体系研究》	赵志群
224	《欧洲农村城镇化进程及其借鉴意义》	刘景华
225	《国际金融危机后全球需求结构变化及其对中国的影响》	陈万灵
226	《创新法治人才培养机制》	杜承铭
227	《法治中国建设背景下警察权研究》	余凌云
228	《高校财务管理创新与财务风险防范机制研究》	徐明稚
229	《义务教育学校布局问题研究》	雷万鹏
230	《高校党员领导干部清正、党政领导班子清廉的长效机制研究》	汪　曣
231	《二十国集团与全球经济治理研究》	黄茂兴
232	《高校内部权力运行制约与监督体系研究》	张德祥
233	《职业教育办学模式改革研究》	石伟平
234	《职业教育现代学徒制理论研究与实践探索》	徐国庆
235	《全球化背景下国际秩序重构与中国国家安全战略研究》	张汉林
236	《进一步扩大服务业开放的模式和路径研究》	申明浩
237	《自然资源管理体制研究》	宋马林
238	《高考改革试点方案跟踪与评估研究》	钟秉林
239	《全面提高党的建设科学化水平》	齐卫平
240	《"绿色化"的重大意义及实现途径研究》	张俊飚
241	《利率市场化背景下的金融风险研究》	田利辉
242	《经济全球化背景下中国反垄断战略研究》	王先林